정전(正戰)과 내전

정전(正戰)과 내전

카를 슈미트의 국제질서사상

오오타케 코지 지음
윤인로 옮김

산지니

일러두기

1. 이 책은 大竹弘二,『正戦と内戦──カール·シュミットの国際秩序思想』, 以文社, 2009를 옮긴 것이다.
2. 슈미트의 저작에서 인용된 문장들은 원문과 마찬가지로 본문 속에 약어로 표기했다. 예컨대 '(1934b:714[160])'이라는 표시는 책 끝의「참고문헌표」에 나오는 1934년도 저작들 중 b항목, 원문 쪽수, 일역본 쪽수를 말한다. 때때로 국역본과 비교해본 대목들이 있지만 저자가 행한 번역과 인용의 의지를 더 우선시했다.
3. 저자가 슈미트의 저작이 아닌 문헌들을 인용하면서 일본어 번역본 쪽수를 '[ ]' 안에 표기한 부분들은 일단 그대로 따랐으나, 가독성을 위해 일역본 출처는 따로 밝히지 않았다.
4. 윗점으로 강조되고 있는 것은 **고딕체**로 표시했다.
5. 본문 및 각주 속에 저자가 첨가한 것들은 '[ ]' 속에, 옮긴이가 첨가한 것들은 '〔 〕' 속에 넣었다.

차례

서론: 보편주의, 현실주의, 광역질서

카를 슈미트(1888~1985)의 국제질서사상에 관해서는 여러 측면들이 지적되고 있다. 국제정치에 인권 같은 보편이념을 들여온 것에 대해 비판하는 반보편주의, 주권국가를 국제정치의 배타적 주체로 포착하는 '현실주의리얼리즘'의 입장, 또는 나치스 침략정책의 정당화로 간주되는 '광역질서(Großraumordnung)' 구상 등이 그것이다. 이 중에서 슈미트가 정치항쟁이란 '인간성' 같은 보편적 도덕개념에 의해 오염되지 않아야 한다고 보는 반보편주의적 입장을 취하고 있는 것은 당장엔 의문의 여지가 없다. 그러나 문제는 그의 그런 보편주의 비판이 무엇을 준거점으로 행해지고 있는가이다. 그것은 국가주의의 절대성을 견지하려는 입장에 기초했던 것인가. 그러나 흔히 말해지는 슈미트의 '국가주의적인' 입장은 어떻게 초국가적인 광역질서 구상과 화합하는 것인가. 그가 주권국가로부터 광역질서로 사고의 중심을 이동하게 된 것은 그때그때의 정치정세에 몸을 맞추려는 단순한 기회주의적 거동에 지나지 않았던 것인가.

이런 의문에 답하기 위해서라도 우선은 슈미트의 국제질서사상을 구성하는 것으로 간주되는 여러 측면들인 반보편주의, 현실주의, 광역질서 같은 것들에 대해 그 내실을 검토해두지 않으면 안 된다. 거기서부터 분명해지는 것은 단순히 국제질서의 문제에 한정되지 않는, 좀 더 근본적인 그의 사고 모티프이다. 즉 '장소확정(Ortung)'[1]. 슈미트는 장소확정

---

1) 슈미트는 장소확정이라는 낱말과 나란히 "장소결정(Verortung)"이라는 단어 또한 거의 동일한 뜻으로 자주 사용한다. 스페인의 로마법학자 알바로 돌스는 1949년 슈미트에게 보낸 편지에서 그 개념에 대한 적절한 스페인 번역어를 탐문했고, 슈미트가 "'장소특정[Localización]'은 너무 연약하고도 중립적으로 울립니다"(BwSO:78)라고 답신했

을 파괴하는 것 혹은 '장소상실(Entortung)'을 야기하는 것이라고 보편주의를 공격하며, 그런 보편주의는 슈미트에게 매번 여러 모습들로 변주되어갈 것이었다(추상적 규범주의, 법실증주의, 경제, 기술, 인도주의, 아메리카니즘, 코뮤니즘(러시아), 정전正戰("정당한 전쟁"), 유대인, 바다, 세계내전, 절대적인 적(절대적 적대), 종말론적 진보사관, 세계의 통일, 세계혁명적 파르티잔……). 그에게 문제였던 것은 그러한 장소상실에 대항하여 보편화할 수 없는 구체적 장소의 질서로서 (국제)법질서를 회복하는 일이었다. 그 어떤 법질서이든, 나아가 일반적으로 그 어떤 말이나 개념이든 그것이 본래 뿌리내렸던 일회적 장소로, 그것에 의미를 부여하는 고유의 장소로 되돌려놓지 않으면 안 되는 것이다. 그리하여 슈미트는 회복되어야만 할 역사적 일회성을 여러 형태들로 추구하게 된다(구체적 질서, 노모스, 광역, 정치적인 것, 취득(Nahme), 선線, 땅, 상황, 내밀한 비밀(Arcanum), 카테콘, 현실적인 적(현실적 적대), 토지적 파르티잔……). 그의 사상 행로는 일관되게 보편성(장소상실)과 일회성(장소확정)의 상극을 통해 전개되는 것이라고 해도 과언이 아니다.

보편적 인도주의에 대한 비판: 정치와 도덕의 분리

슈미트는 양차 세계대전 시기의 국제정세 속에서 근대 정치질서의 범형이던 주권국가가 바야흐로 커다란 기로에 서게 된다고 동시대를 진단하게 된다. 즉 그가 보기에 16세기의 종교내전을 극복하고 국내평화를 실현했던 근대 주권국가는 오늘날 그 형해화가 진전되고, 이와 함께 주권국가를 기초한 종래의 국제질서도 크게 변질되고 있다. 이것을 증표하고 있는 것이 바로 국제법의 의미변화이다. 다시 말해 주권적 독립에 기초하여 평화와 전쟁을 결정하는 국가만이 유일한 법주체이던 국제법,

---

던 것을 수용해 '뿌리박음[radicación]'이라는 번역어를 제안했다(BwSO:83). 이에 대해 슈미트는 "('장소결정'에다가) '뿌리박음'이라는 단어를 맞춘 것은 저의 의도에 너무도 잘 들어맞습니다"(BwSO:86)라고 쓰면서 찬동의 뜻을 표했다.

이른바 '유럽공법(jus publicum Europaeum)'으로부터 국가주권을 넘어서는 구속력을 가진 고차원적 규범으로서의 보편주의적 국제법으로의 변용이 그것이다. 1920년대에 발단하는 슈미트의 이러한 시대진단은 1차 대전의 패전국 독일이 전후 베르사유=제네바 체제 아래에서 여러 국제법 규정에 의거한 사실상의 주권박탈을 강요당하고 있다는 인식에 기초한 것이었다. 그런 까닭에 동시대의 국제질서가 역사적 변용을 겪고 있다는 슈미트의 판단의 근저에는 그가 독일 내셔널리스트로서 베르사유 조약에 대해 가졌던 르쌍티망이 있었음을 부정할 수 없는바, 그는 보편주의적 국제법을 기만적인 것으로 탄핵하고자 했던 것이다.

2차 대전에서 독일이 다시 패하고 뉘른베르크 재판에서 새로운 종류의 전쟁범죄가 판결의 대상이 되었을 때 슈미트의 보편주의 비판은 더욱 첨예해진다. 특히 그가 창끝을 겨누었던 것은 두 개의 새로운 전쟁범죄 개념, 다시 말해 "공격전쟁"("평화에 대한 죄")과 "인도人道에 대한 죄"이다.[2] 그것들이 확실히 '무차별 전쟁관'으로부터 '차별화하는 전쟁 개념'(정전론正戰論)으로의 전환을 나타내는 징후에 다름 아니었기 때문이다.

---

2) 우선에 슈미트는 그 두 전쟁범죄 개념을 구별하려는 듯하다. 실제로, 다가올 전쟁재판의 피고가 되리라고 걱정했던 공업가 프리드리히 플릭의 의뢰를 받아 1945년 8월에 작성한 법감정서(1994VA:15ff.[3-6])라거나, 1948~50년에 걸쳐 작성된 국제법의 보충학습 교재(1948~50:767ff.), 또는 1947년부터 51년에 걸쳐 써진 『주석집(글로사리움〔Glossarium〕)』(1991G:120, 137) 같은 2차 대전 직후의 여러 텍스트들 속에는 '공격전쟁'과 '인도에 대한 죄'의 준별이 주장되고, 슈미트 자신은 어디까지나 소급효력 금지원칙, 곧 '법률 없이는 범죄도 형벌도 없다(nullum crimen, nulla poena sine lege)'는 관점으로부터, 2차 대전이 발발한 1939년의 시점에선 아직 실정국제법상의 범죄를 구성하지 않았던 '공격전쟁'을 전쟁범죄로 재판하는 일의 타당성을 문제 삼고 있을 뿐이라고 진술된다(무엇보다도 1930년대의 나치스 시기에는 슈미트 자신이 "법률 없이는 형벌도 없다"는 소급효력금지 원칙을 형식주의적인 법실증주의의 명제라고 비난했다는 점, 그 명제에 대해 "형벌 없이는 범죄도 없다(nullum crimen sine poena)"는 실체적 질서에 기초한 나치스 국가의 정의(正義) 원칙을 대치시켰다는 점(1934b:714[160]; 1935c:9[192-3])을 일단 제시해 놓기로 한다). 그리고 "인도에 대한 죄"에 관해서는 "그 비인간성이 극히 중대한 동시에 명백하므로", "이제까지의 실정형법을 전혀 고려하지 않고도 벌할 수 있다"(1994VA:23[14])고 서술하면서 그것이 새로운 전쟁범죄 개념으로 성립할 여지를 인정하는 듯하다. 그러하되 그 입장은 '인도에 대한 죄'라는 개념을 힐난하는 『주석집』 곳곳의 서술에 의해 사실상 철회되고 있다고 말할 수 있다.

그가 양차대전 사이의 시기로부터 일관되게 문제시해왔던 것은 주권국가 중심적인 국제법 아래에서 법적으로 동권同權의 '적'이던 교전상대가 국제법의 보편주의적 법제화에 따라 '범죄자'로 변화하는 과정이었다. 이를 슈미트는 전쟁의 '범위제약(Hegung〔한계틀의 설정〕)'을 소실시킴으로써 도덕적 관점 아래서 범죄화된 교전상대를 대상으로 섬멸전쟁을 일으키는 것으로 봤다. 그리고 그는 이미 1920년대에 그렇게 "적으로부터 인간이라는 성질을 박탈한, 그럼으로써 전쟁이 유난히 비인간적인 것이 되는"(1927a:20) 위험을 피하기 위해 '인류' 같은 도덕적 의미를 가진 보편개념은 정치적인 것의 카테고리로부터 엄격히 분절시킬 것을 주장했다. 그리하여 2차 대전 직후의 시기에 써진 『주석집글로사리움』에서는 법개념으로서의 '인도에 대한 죄'를 비판하는 대목이 반복적으로 나오게 되는 것이다. "'인도에 대한 죄'란 무엇인가. 사랑에 대한 죄 따위가 있는가. 살인은 범죄이며 강간이나 아동유괴 따위도 그렇다. 이러한 〔죄〕구성요건 전부를 빼놓고서 무엇이 여전히 순수한 비인도성이라는 범죄로 남는단 말인가"(1991G:113). 슈미트에게 그러한 전쟁범죄 개념은 독일의 도덕적 차별화에 이용되는 것에 지나지 않았다. "인도에 대한 죄와 인도를 위한 죄가 존재한다. 인도에 대한 죄는 독일에 의해 범해진다. 인도를 위한 죄는 독일을 상대로 범해진다."(1991G:282).

정치와 도덕의 혼동에 대한 슈미트의 비판은 논증전략상 이중의 의미를 갖는다. 한편으로 그가 드러내려는 것은, '인류' 같은 보편개념이 섞여 들어감으로써 도덕에 의해 오염된 정치항쟁이 적을 "단순히 격퇴되어야 할 뿐 아니라 최종적으로 **섬멸**되어야 할 […] 비인간적 괴물"로서 도덕적으로 단죄하려는 "특히 정도가 심한 비인간적 전쟁"(1927a:9; 1932BP:37[(2)33])에 도달하는 것이다(정치의 도덕화). 다른 한편에서 슈미트는 '인류'라는 것이 추상적인 보편개념에 불과하므로 그것 자체로는 그 어떤 정치적 대립의 담당자로도 부족하며, 그렇기에 그 개념은 언제나 특정 당파에 의한 "제국주의적 확장의 특히 유용한 이데올로기적 도구"(1932BP:55[(2)63])로 기능한다고 주장한다(도덕의 정치화). 그러므로 슈미트는 이데올로기 비판의 의도로 '인류를 입에 담는 자는 속이고자 한다'는 프루동적인 경구를 즐겨 언급하는 것이다. "온갖 인도주의의 배후에 있는 것이란, 누가 인간인지는 내가 결정한다는 요구"(1991G:191)인 것이다.

보편주의 이데올로기에 대한 슈미트의 그런 비판이 독일 내셔널리스트로서의 열정에 강하게 자극받고 있는 것은 사실이다. 그렇지만 그가 보편주의적 국제법에 저항하기 위해 주권국가를 중심에 두었던 종래의 국제법질서를 소박하게 신뢰했다는 주장은 의심스럽다. 실제로 그가 1939년에 신국제법질서로서의 "광역질서"를 제기했던 것은 주권국가가 "하나의 역사적 시대와 결부되어 있던 도구적 개념"이지 시대와 장소에 상관없이 보편적으로 타당한 정치질서는 아니라는 인식에 이르렀기 때문이다. 이 인식은 나치스의 패배에 의해 광역의 실현이 좌절된 듯 보이는 2차 대전 이후에도 변하지 않는다. 1960년대에도 여전히 "국가성의 시대는 바야흐로 종언에 이르렀다"(1932BP:10[(1)90])고 명확히 말해지고 있기 때문이다. 그렇기에 2차 대전 말기보다도 그가 더 빈번히 언급하기 시작하는 '유럽공법'이라는 단어에 담겨 있는 뜻은 단지 주권국가에 기초한 국제법질서의 회복에 대한 희구가 아니다. 곧 슈미트는 "국가 간 자연상태의 세계시민적 평화에 대한 좀 더 현실주의적인 대안"으로서 "고전적 국제법질서로의 회귀"를 들고 나왔던 게[3] 아니다. 그렇다는 것은 슈미트의 사상이 국제질서를 주권국가 중심적으로 파악하는 '현실주의'나 '현실정치(Realpolitik)'로 불리는 입장과 어떻게 다른지를 보여준다.

현실주의의 국제정치학?: 슈미트와 한스 J. 모겐소

슈미트가 자주 '현실주의'의 국제정치학자로 간주된다면, 그것은 주

3) Jürgen Habermas, *Die Einbeziehung des Anderen*, Frankfurt a. M. 1996, S.227f.[222-223]

권국가를 상대화하는 보편주의적 국제법제에 대한 회의 때문일 것이다. 그런 까닭에 국제관계를 법제화의 진보라는 관점에서가 아니라 주권국가의 힘의 관계로 포착하는 현실주의학파를 2차 대전 이후 미국에서 확립한 한스 J. 모겐소(모르겐타우)와 슈미트의 친연성이 자주 지적되는 것이다.4) 실제로 두 사람의 사상에는 많은 공통요소가 있다. 유달리 현저한 점은 국제정치 속으로 보편적인 도덕적 요구를 도입하는 것에 대한 거부이다. 모겐소의 역사진단은 슈미트의 그것과 극히 유사하다. 곧 두 사람은 국제관계의 상대적 안정성을 확보해왔던 주권국가 중심적 베스트팔렌 체제의 '세력 균형'이 20세기에 들어와 정치를 도덕주의적으로 오염시키는 미소 간의 외교에 의해 해체될 위기에 노출됐다고 말한다.5)

모겐소의 경우에 그러한 진단은 하나의 외교실천상에서의 의미를 갖는 것이었다. 요컨대 냉전기 미국에 몸을 두었던 그가 힘을 쏟은 것은 미국이 자주 빠져드는 '도덕적 십자군'이 소련과의 관계에서 서로의 보편주의적 이데올로기를 내세운 타협 불가능한 대립으로 고조되는 것을 막기 위해 오직 "국익(National Interest)"만을 "하나의 지침, 하나의 사고 기준, 하나의 행동규칙"으로 하는 외교정책을 제기하는 일이었다.6)

---

4) 슈미트와 모겐소의 관계를 논하고 있는 것으로는 William E. Scheuermanm, *Carl Schmitt. The End of Law*, Lanham 1999, S.225-251. 이 저작에 대해 벤더스키는 그들 두 사상가의 영향관계를 지나치게 큰 것으로 보고 있다고 비판하지만 그들의 공통성이 '현실주의'적 입장에 있다는 것은 인정하는 듯하다(Joseph W. Bendersky, »The Definite and the Dubious. Carl Schmitt's Influence on Conservative Political and Legal Theory in the US«, in: *Telos*, 122 (2002), S.45). 그들의 사상에 관한 좀 더 최근의 상세한 분석으로는 Martti Koskenniemi, »Carl Schmitt, Hans Morgenthau, and the Image of Law in International Relations«, in: Michael Byers (Hg.), *The Role of Law in International Politics*, Oxford University Press 2000, S.17-34 및 Martti Koskenniemi, *The Gentile Civilizer of Nations*, Cambridge University Press 2002, S.413-509.

5) 이 징후로 여겨지는 것이 1차 대전 말기에 나타난 두 개의 이데올로기, 곧 자유민주주의의 이념에 기초한 미국 대통령 윌슨의 간섭주의와 러시아 볼셰비키의 혁명이념이다. "세계를 민주주의에 따라 안전한 것으로 만들고자 했던 윌슨의 십자군 속에 이미 국제적 도덕주의의 궁극적으로 타락한 형태가 싹트고 있었다. 나아가 우리는 그 타락이 볼셰비즘의 세계적 야망 속에서 완전히 드러나고 있었음을 안다."(Hans J. Morgenthau, *In Defense of the National Interest*, New York, 1951, S.37[33])

따라서 그의 정치적 현실주의는 국익을 초월하는 보편적 목적의 추구를 포기한다. 국제관계를 통제하는 것은 도덕적인 또는 법적인 보편성에 대한 요구가 아니라 여러 국가들이 힘과 이익을 상호 고려하고 양해함으로써 만들어진 안정화의 역학 이외에 다른 것이 아니었다. 그렇지만 정치의 도덕화에 대한 비판의 지점에서는 서로 일치할지라도 슈미트가 모겐소의 '국익중심주의'를 공유하고 있었던 것인지는 검토의 여지가 있다.

슈미트와 모겐소 사이에는 단지 사상 내용상의 유사성에 그치지 않는, 좀 더 직접적인 전기상·학문상의 영향관계가 있었다는 것이 이미 여러 번 지적되었다. 독일의 유대인 가정에서 태어나 1930년대 초까지 학문적 경력을 독일에서 쌓았던 모겐소가 초기의 사상 형성의 적잖은 부분을 슈미트에게 빚지고 있음은 만년의 그 자신이 고백하고 있다.[7] 한편 슈미트 쪽이 모겐소로부터 받은 영향에 대해서도 자주 언급되는데, 그것은 특히 슈미트의 『정치적인 것의 개념』 초판(1927)과 2판(1932) 텍스트의 같고 다름에 있어 모겐소의 학위논문인 『국제사법, 그 한계와 본질』(1929)이 주었다고 추측되는 영향에 관한 것이다.[8] 즉 그 2판에서 '정치적인 것'을 정의할 때 채용되었던 '강도(Intensität)'의 모델이 다름 아닌 모겐소 학위논문으로부터의 표절일 가능성이 지적되고 있는 것이다.[9]

---

6) Ebd., S.242.[254]

7) Hans J. Morgenthau, »An Interllectual Autobiography«, in: *Society,* 15(2) (1978), S.67f.

8) 『정치적인 것의 개념』은 초판은 먼저 1927년 『사회과학·사회정책논총(Archiv für Sozialwissenschaft und Sozialpolitik)』의 지면에 발표되고, 다음으로 2판이 1932년에 단행본으로 출판되었다. 그리고 3판은 나치스 대두 이후인 1933년에 출판되었다. 위의 잡지에 1932년 레오 스트라우스가 발표한 「『정치적인 것의 개념』에 대한 주석」이 2판과 3판의 같고 다름에 큰 영향을 준 사정을 상세히 분석한 것으로는 Heinrich Maier, *Carl Schmitt, Leo Strauss und »Der Begriff des Politischen«*, Stuttgart 1988이 있지만, 거기에는 초판과 2판의 중요한 차이, 즉 정치적인 것을 "다른 영역과 병립하는 고유의 영역"으로 보는가 그렇지 않은가에 대해서도 지적되고 있다(Ebd., S.25f.[26-27]).

그 학위논문에서 모겐소는『정치적인 것의 개념』초판에서 행해지고 있는 정치적인 것의 정의에 대해 반론을 편다. 다시 말해 정치적인 것이란 슈미트가 정의내린 "인간의 사고와 행동에 있어 상대적으로 자립한 다른 영역들, 즉 도덕적인 것, 미적인 것, 경제적인 것 등등과 나란히 독자적 영역으로서 자립해 존재하는"(1927a:3) 것이 아니다. 그 어떤 영역의 문제일지라도 국제사회에서 어떤 국가의 생존관심에 관련된 정도가 증대하면 그것은 정치적 성질을 띠게 되는 것이다. 그런 뜻에서 정치적인 것이란 아무런 '실체'를 가질 리 없는 것이며 오히려 "그 어떤 실체에도 부수될 수 있는 특성·질·색조"10)에 다름 아닌 것이다. 모겐소의 그런 논의에 대한 슈미트의 표절 여부는 어찌됐든『정치적인 것의 개념』2판에선 정치적인 것에 특유한 지표가 무엇보다도 강도의 고조된 대립으로서

---

9) 모겐소의 학위논문 자체가『정치적인 것의 개념』초판에 대한 응답이었지만(H. J. Morgenthau, »An Interllectual Autobiography«, a.a.O,, S.68), 그는 거기서 슈미트보다 깊게 파고들어 '정치적인 것'의 개념을 "강도의 정도(Grade der Intensität, Intensitätsgrade)"에 따라 거듭 규정하고 있다(H. J. Morgenthau, *Die internationale Rechtspflege*, ihr Wesen und ihre Grenzen, Leipzig 1929, S.69f.). 슈미트가 이 논문을 읽고 모겐소에게 편지까지 보냈던 것은 사실이다. 그리고『정치적인 것의 개념』2판에 앞서 1930년부터 슈미트의 저작에는 모겐소의 영향으로 여겨지는 서술이 나타나기 시작한다. 예를 들어 1930년『국가윤리학과 다원론국가』에는 "정치적인 것이란 정확하게는 어떤 단위가 갖는 강도의 정도를 지칭하는 것일 따름이다"(1930a:141 [108])라는 정의가 보이고, 또 같은 해의『후고 프로이스』에도 "'정치적'이라는 말은 다른 현상 영역이나 소재와는 구별되는 고유한 현상 영역이나 소재가 아니라 특정한 결합 또는 분리가 갖는 강도의 정도를 지칭하는 것일 따름이다"(1930HP:26[236])라는,『정치적인 것의 개념』2판과 거의 변함없는 규정이 행해지고 있다. 그때 슈미트는 모겐소의 이름을 전혀 언급하지 않았고 이를 모겐소 자신은 슈미트의 표절이라고 주장했다(H. J. Morgenthau, »An Interllectual Autobiography«, a.a.O,, S.68). '강도' 모델을 통한 두 사람의 영향관계에 대해서는 W. E. Scheuerman, *Carl Schmitt. The End of Law*, a.a.O., S.225-230; Christoph Frei, *J. Morgenthau. An Interllectual Autobiography*, Baton Rouge 2001, S.160; M. Koskenniemi, *The Gentile Civilizer of Nations*, a.a.O., S.436, S.441f. 참조. 이에 대해 초판과 2판의 사이에는 "아무런 '근본적 변경'도 없다"고 반론하고 있는 것으로는 Joseph W. Bendersky, »The Definite and the Dubious. Carl Schmitt's Influence on Conservative Political and Legal Theory in the US«, a.a.O,, S.44. 참조.

10) Hans J. Morgenthau, *Die internationale Rechtspflege, ihr Wesen und ihre Grenzen*, a.a.O., S.67.

의 적과 동지友敵 각각의 결속이라고 말하면서 다음과 같이 그 정의를 수정하고 있다. "정치적인 것이란 고유한 현상 영역을 드러내는 것이 아니라 결합과 분리가 갖는 강도의 정도를 지칭하는 것일 따름이다."(1932BP:36[(2)35]). 그렇지만 이로써 모겐소와 슈미트의 입장이 일치하는 것이라고 말할 수는 없다. 언뜻 아무리 유사해 보일지라도 두 사람이 말하는 '정치적인 것'은 애초부터 이론적 전제를 근본적으로 달리하고 있다. 그리고 실제로 슈미트가 모겐소의 '현실주의'에 동의하지 않을 이유도 거기에 있다.

모겐소는 1933년에 출판된 저작에서 '색조', '질', 곧 '강도'로서의 '정치적인 것'이라는 규정을 재차 확인하고 있다.[11] 그러나 이때 모겐소는 그것과 비슷한 서술로 고쳐 써진 『정치적인 것의 개념』 2판의 슈미트를 여전히 비판한다. 즉 그가 보기에 슈미트가 말하는 적과 동지 각각의 결속은 그렇게 되기까지의 대립의 강도가 고조된 사회학적이고 나아가 심리학적인 기초를 간과하고 있기에 어떤 "형이상학"으로 빠지고 있다.[12] 모겐소에게 중요한 것은 정치 대립의 경험적 기초를 탐구하는 것이고, 그의 슈미트 비판은 궁극적으론 모겐소 자신이 가진 특유의 심리학주의에 기인하는 것이다.[13] 모겐소는 정치적으로 여겨지는 온갖 활동의 근원을 인간의 심리 속에 있는 "힘의 의지"에서 발견하려는 것이다.[14] 이러한 심리학주의로 인해, 국제관계의 법제화가 진전하리라고

11) Hans J. Morgenthau, *La notion du "poliüque" et la thérie différends internationaux*, Paris 1933, S.34ff.

12) Ebd., S.44-61. 특히 S.53.

13) Vgl. W. E. Scheuerman, *Carl Schmitt. The End of Law*, a.a.O., S.239f. 모겐소는 1930년의 초고 『인간의 본질로부터 유래하는 정치적인 것에 대해』 속에서, 정치적인 것의 기원을 탐구하기 위해서는 이른바 국가영역에 머물지 않고 인간 심리로까지 거슬러 올라가는 일이 중요하다고 강조한다(vgl Ch. Frei, *Hans J. Morgenthau. An Intellectual Biography*, a.a.O., S.124f). 또 1934년의 초고 『국가의 현실성을 둘러싼 독일국가학의 투쟁』에서도 심리학적 탐구의 결여를 이유로 슈미트 등의 국법론을 불충분하다고 비판한다(vgl. ebd., S.117ff., M. Koskenniemi, *The Gentile Civilizer of Nations*, a.a.O., S.452f.).

14) Hans J. Morgenthau, *La notion du "poliüque" et la thérie différends inter-*

여전히 기대하던 초기 모겐소의 논의[15]는 어쩔 수 없이 서서히 변질된다. 이 점을 보여주는 것이 1934년의 교수자격논문으로 '규범의 현실성'을 탐구할 때 그가 취한 방법론이다. 그는 거기서 존재/당위의 신칸트주의적 이원론을 폐기하진 않았을지라도 상대화하여 당위나 법규범이 그 자체로 타당성을 가진 이념적 현실이 될 수 있는 이유를 "규범을 지탱하는 심리-물리적 활동의 문제"로서 검토한다.[16] 즉 규범이 인간의 의지를 규정할 수 있는 것은 그런 규범을 위반한 경우 "제재(sanction)"가 예상되기 때문이고, 이는 "쾌快를 구하여 불쾌를 물리친다"는 "인간심리학 전체의 기본적 공리"에 기초해 있다는 것이다.[17] 따라서 그는 규범적인 정正·부정不正의 기원을 심리학적 쾌와 불쾌의 감정으로 보는 것이고, 때문에 제재의 존재야말로 규범이 타당하기 위해서는 결정적인 것이 된다. 그리고 국제법의 불안정성은 바로 그런 제재 수단의 "미발달성"에서 기인한다.[18] 그럼에도 국제관계를 안정화하기 위해서는 각기 독자적인 제재 체계와 강제 수단을 소유한 여러 국가들이 합종연횡을 통해, 안정성을 깬 경우에 대항세력 측으로부터 제재가 예상되도록 균형상태를 형성하는 수밖에는 없다. 이런 논의에 기초해 국제제재를 논한 1934년의 논문에 처음으로 "여러 제재 체계들의 갖가지 결합을 편성하는" 일을 통한 "균형" 또는 "밸런스 오브 파워"가 명시적으로 언급된다.[19] 이에 따라 국제법은

---

nationaux, a.a.O., S.43. 이 용어법이 니체적인 것은 우연이 아니다. 모겐소의 심리학주의적인 입장은 다름 아닌 니체를 경유하여 형성됐던 것이기 때문이다. 초기의 모겐소에게 니체가 심대한 영향을 주었음을 지적한 것으로는 Ch. Frei, *Hans J. Morgenthau. An Intellectual Biography*, a.a.O., S.93-113.

15) Hans J. Morgenthau, *Die internationale Rechtspflege, ihr Wesen und ihre Grenzen*, a.a.O., S.149ff.

16) Hans J. Morgenthau, *La réalité des normes particulier des normes du droit international*, Paris 1934, S.13.

17) Ebd., S.46.

18) Ebd., S.243.

19) Hans J. Morgenthau, »Théorie des sanctions internationals(suite ey fin.)«, in: *Revue de droit international et de legislation comparée*, 16 (1935), S.827.

결국엔 주권국가 간 힘의 관계의 귀결로 환원되고 마는 것처럼 보인다.[20] 그리고 1937년 미국 망명 이후인 1940년 발표된 법실증주의에 대한 비판적 논문에서는 "심리학적, 정치적, 경제적인 여러 힘들" 속에서 국제법의 현실성을 찾는 "'현실주의' 법학" 또는 "기능법학"을 주장하게 된다.[21] "국제법은 자신의 존재를 최종수단으로서의 힘에 의해 뒷받침된 국가들의 동일하거나 상보적인 이해관심 차원에서 짊어지는가, 아니면 그런 동일한 이해관심이 존재하지 않을 경우 특정 국가가 국제법의 규정을 깨지 못하도록 단순히 방지하려는 밸런스 오브 파워의 차원에서 짊어지는가. 이해관심의 공동체도 밸런스 오브 파워도 존재하지 않는 곳에 국제법은 존재하지 않는다."[22] 이른바 현실주의학파의 탄생까지는 앞으로 겨우 한 걸음이 남았다.

그렇지만 법규범의 기초를 심리학적인 혹은 사회학적인 사실에서 구하는 논의에 슈미트는 결코 동의하지 않을 것이다. 규범이 가진 이념적 현실성을 심리-물리적 활동에서 도출하는 모겐소의 1934년도 교수자격 논문은 명시적으로는 법규범을 경험적 사실로부터 엄밀히 분리시켜 아프리오리한[선험적인] 당위의 체계를 구축하는 켈젠의 순수법학을 비판의 대상으로 삼은 것이었다.[23] 실제로 그 점에선 슈미트의 입장은 켈젠 쪽에 가깝다고 할 수 있다. "규범으로서의 법은 사실로부터 도출할 수 없다"(1914WS:10[18])는 슈미트의 입장은 초기부터 일관된 것이기 때문이다. 이는 슈미트에게 정치라는 것이 이른바 "이상주의아이디얼리즘"와 대치되는 "홉스적"인 혹은 "마키아벨리적"인 "권력의 현실주의"[24]와

---

20) 실제로 이 논문에서는 "[로카르노 조약에서 보이듯] 새로운 법기술의 배후에서는 국제사회의 낡은 구조, 즉 여기서 우리가 다루는 문제에 한정하면 베스트팔렌 강화조약 이래로 변함없는 구조가 다시 드러난다"(ebd., S.833)고 하면서, 1차 대전 이후 국제법의 발전에 대해 비극적인 견해를 표명하게 된다.

21) Hans J. Morgenthau, »Positivism, Functionalism, and Law«, in: *American Journal of International Law*, 34 (1940), S.273f.

22) Ebd., S.275.

23) Vgl. Hans J. Morgenthau, *La réalité des normes particulier des normes du droit international*, a.a.O., S.1-17.

어떻게 다른지를 명확히 보여준다. 실제로 그는 법을 힘으로 환원하는 것을 거부하며, 국가이성의 이름 아래 정치를 단순한 권력기술로 폄훼하는 "마키아벨리적 정치 개념"을 비판하고 있다. "정치적인 것에는 반드시 이념이 들어 있기"(1923RK:28[133]) 때문이다. 모겐소의 현실주의가 마이네케의 『근대사에서의 국가이성의 이념』(1924)에 보이는 독일적 "현실정치(Realpolitik)"론을 미국에 이식했던 것이라고 한다면[25], 이미 1926년에 마이네케의 그 저작에 비판적 서평을 썼던 슈미트에게 중요한 것은, "보편적인 도덕률의 희생"이라는 "비극적 죄과"의 근저에서 수행되고 있는 국가의 권력정치[26] 따위가 아니라, 언제나 이념이나 개념의 투쟁으로서 드러나는 정치였던 것이다. 그리고 그런 이념정치의 현실을 형성하는 것이 법, 그중에서도 국제법인 것이다. 그러므로 슈미트는 보편주의적 국제법제를 비판하는 가운데, 일종의 권력이론가가 된 모겐소에 대비되는 한층 새로운 국제**법**질서의 탐구로 향한다.[27] 필요한 것은 주권국가로의 회귀가 아니라 법질서로서의 이념을 새로이 창출하는 일이었던 것이다. 그리고 보편주의에 대항하게 되는 그 새로운 국제법질

---

24) John H. Herz, »Looking at Carl Schmitt from the Vantage Point of the 1990s«, in: Interpretation, 19 (1992), S.311. 존 하츠는 원래 켈젠의 제자였지만, 모겐소와 마찬가지로 1930년대 독일에서 미국으로 망명한 뒤부터 '현실주의'의 입장에 선 국제정치학자가 된다. 그리고 슈미트와도 유사하게, 주권국가를 넘어서는 세계적 집행권력의 확립을 요구한 켈젠의 정전(正戰)론에 비판을 가하게 된다(vgl. Sibylle Tönnies, »Krieg gegen Krieg. Gegenposition: Carl Schmitt und Hans Kelsen«, in: *Frankfurter Allgemeine Zeitung*, 19. November 2003, S.N3). 하츠에 관해서는 M. Koskenniemi, *The Gentile Civilizer of Nations*, a.a.O., S.471f.도 참조.

25) Vgl Ch. Frei, *Hans J. Morgenthau. An Intellectual Biography*, a.a.O., S.218f. 모겐소는 마키아벨리 연구를 기획하고 있던 1927년 여름에 마이네케의 국가이성론을 읽고 있었다(vgl. ebd., S122f.).

26) Friedrich Meinecke, *Die Idee der Staatsräson in der neueren Geschichte*, München 1957, S.502.[579] 마이네케의 이 저작을 관통하고 있는 것은, 국가이성에 의해 행동하는 정치가란 언제나 크라토스와 에토스, 권력과 도덕의 상극으로 찢겨진다는 비극성의 인식이다. 정치적 행위자는 그러한 비극적 경험에 의해 동시에 도덕적으로도 심각한 행위자가 된다는 이 막스 베버적 인간관을 모겐소 또한 공유하고 있다. Vgl. W. E. Scheuermanm, *Carl Schmitt. The End of Law*, a.a.O., S.250f.

27) Vgl. M. Koskenniemi, *The Gentile Civilizer of Nations*, a.a.O., S.460.

서란 유럽이라는 구체적 공간에 뿌리박은 것이지 않으면 안 되었다. '유럽공법'이라는 슈미트의 용어에서 보이는 것은 주권국가에 의한 권력정치의 현실주의가 아니라 유럽적 법질서의 회복을 지향하는 이념정치적인 입장 이외에 다른 게 아니었다.

유럽광역질서와 그 함정: 신新우익의 슈미트

1939년 이후 슈미트의 광역질서 구상은 다름 아닌 미국과 소련이라는 동서 두 날개의 보편주의 사이에 끼이게 된 유럽의 아이덴티티와 관련된 것이었다. 2차 대전 이후가 되면, 광역질서 형성에 대한 언급은 분명 아무런 구체성 없는 추상적 전망으로서만 드러나게 되지만, 냉전 상황 아래서도 미소의 이데올로기적인 세계 대립에 말려들지 않는 독립된 공간질서로서의 유럽의 확립에 대한 요구는 결코 방기되지 않았다. 이와 같이 보편주의 비판에 결속된 유럽적 아이덴티티의 주장은 실제로 냉전 이후의 세계에서야말로 엑츄얼한[현행적인] 의미를 가져오는 것처럼 보인다. 왜냐하면 정확히 냉전종결과 함께 하나의 강력한 보편주의 이데올로기가 공공연한 것이 되기 때문이다. 그것을 두드러지게 보여주는 것이 알렉상드르 코제브의 에피고넨 프랜시스 후쿠야마의 "역사의 종언"이다. 그는 모겐소를 위시한 현실주의학파의 국제정치이론에 사망 선고를 내림으로써 "자유민주주의", 즉 서구민주주의와 시장경제의 세계적 확대를 역사의 목적으로 하는 새로운 이념정치를 제기했던 것이다.28)

이미 1950년대에 코제브의 '역사의 종언'이라는 인식에 이의를 제기했던 슈미트라면, 그러한 '네오콘적인' 이데올로기에 결코 동의하지 않을 것이다. 실제로는 특수한 미국적 이해관심의 표현이라고 할 수

---

28) Francis Fukuyama, *The End of History and Last Man*, New York 1992, S.245-265.[(下)193-154] 현실주의학파에 대한 후쿠야마의 이념정치적 비판에 관해서는 Martin Meyer, *Ende der Geschichte?,* München/Wien 1993, s.41ff. 및 Herfried Münkler, »Realpolitik heute«, in: *Merkur*, Sonderheft, 59 (2005), S.824f.

있을 그 보편주의적 이데올로기를 비판하면서도 고전적인 현실주의로 후퇴하지 않기 위해 슈미트가 누차 지반으로 삼았던 것이 유럽이라는 지정학적 아이덴티티였고, 그의 논의는 그러한 문제들을 위한 단서를 주고 있다고도 볼 수 있다.[29] 인권이나 민주화라는 보편적 요구에 기초한 간섭정책의 시시비비가 이념정치 상의 커다란 문제로 부상하게 된 1990년대 이후[30], 미국에 의한 인도적 개입을 비판하고 보편화 불가능한 유럽의 문화적 아이덴티티를 주장하기 위하여 슈미트를 원용하는 경향은 특히 유럽의 '신우익(Neue Rechte, Nouvelle droite)'에게서 현저하다.

'신우익'으로 불리는 사상 조류가 유럽에서 주목받게 됐던 것은 1970년대 말이다. 특히 그 중심적 이데올로그로 꼽히는 이가 프랑스의 알랭 드 브누아[31]인데 그의 사상은 아르민 몰러로 대표되는 독일의 신우익에서 동맹자를 발견하게 된다.[32] 신우익에 대한 '보수혁명' 이론가, 특히

---

29) 이렇게 냉전 이후 세계질서 속 유럽이라는 관점에서 슈미트의 주목하고 있는 논고로서는, Paul Piccone/Gary L. Ulmen, »Schmitt's 'Testament' and the Future of Europe«, in: *Telos*, 83 (1990), S.3-34 및 Gary L. Ulmen, »Toward a New World order. Introduction to Carl Schmitt's 'the Land Appropriation of a new world'«, in: *Telos*, 109 (1996), S.3-27이 있다.

30) Vgl. H. Münkler, »Realpolitik heute«, a.a.O., S.826ff.

31) 알랭 드 브누아(Alain de Benoist 1943-). 1960년 새로운 파시스트 학생조직 '내셔널리스트 학생연맹(FEN)'을 결성하고, 1968년에는 신우익의 중심단체가 되는 '유럽문명조사·연구집단(GRECE)'의 창설멤버가 된다. GRECE의 잡지 『누벨레 에콜(Nouvelle Ecole)』이나 『엘레망(Élément)』의 편집주임으로 집필활동을 전개하고, 1977년도 저작 『오른쪽에서 보다(vu de droite)』가 프랑스 아카데미가 주는 에세 대상을 수상한 뒤로 신우익의 중심적 이론가로 각광 받는다. 80년대 이후에는 활동의 장을 독일로도 넓힌다. 2003년에는 그가 편집한 카를 슈미트의 상세한 서지가 출판되었다(vgl. Alain de Benoist, *Carl Schmitt. Bibliographie seiner Schriften und Korrespondenzen*, Berlin 2003). 드 브누아를 중심으로 한 프랑스 신우익의 사상에 관한 간명한 해설은, 하타야마 토시오, 「'신우익' 현상: 프랑스 극우의 사상적 부흥」, 『사회과학연구 연보』 제21호, 류코쿠대학 사회과학연구소, 1991년 3월, 23-38쪽.

32) 아르민 몰러(Armin Mohler 1920-2003). 스위스 출신의 신우익계열 문필가·저널리스트. '보수혁명'이라는 낱말은 그의 1950년 저작 『독일에서의 보수혁명 1918-1931』에 의해 인구에 회자되었다. 1960년대에는 그리스도교회동맹(CSU)에서 정치활동에 종사하기도 했지만, 70년대 이후에는 자신도 창간에 관여했던 잡지 『크리티콘(critićon)』을 중심으로 집필활동에 전념했다. 1980년 전후부터는 몰러가 『크리티콘』에 드 브누아의 논문을 번역하여 게재했던 것처럼(Alain de Benoist, »In aller

슈미트의 영향은 그 사상 내용으로부터도 명백하다.[33] 그들이 비판의 창끝을 겨눈 것은 한쪽으로는 자유주의 경제의 확대에 의한 국가의 탈정치화였고[34] 다른 한쪽으로는 인권이나 인간성에 호소함으로써 문화적 차이와 다양성을 말소하는 '평등주의'였다. 그런 것들이 바로 미국적 자유민주주의가 대표하는 이데올로기가 됐던바, 반미주의에 이어진 신우익의 반보편주의는 냉전 종결 이후 걸프전쟁이나 유고 폭격을 경험하는 가운데 점점 더 강화되어갔다.[35]

1991년에 독일 신우익의 유력지 『융게 프라이하이트(젊은 자유)』(1986년 창간)는 드 브누아 등의 참가 아래 '서구의 기만(Die Heuchelei des Westens)'이라는 제목의 특집을 꾸리고, 같은 해 1991년 걸프전쟁을 두고 보편주의적 이데올로기로 특수한 이해관계로 은폐하는 서구의 전쟁으로, 특히 미국의 전쟁으로 간주하고 비난한다.[36] 또 코소보 분쟁에 대한 이른바 인도적 개입이라고 하는 1999년 유고 공습에 즈음해서는 '인류를 입에 담는 자는 속이고자 한다'는 슈미트가 즐겨 쓰는 경구가 자주 환기되며 신우익 내부에 머무르지 않고 그 개입의 시시비비가 크게 논의되었다.[37] 2001년 9·11 테러 이후 신우익의 반미주의 경향은 훨씬

Freundschaft«, in: *Criticón*, 60/61 (1980), S.199-202), 독일과 프랑스 신우익 간의 제휴가 강화되어 간다.

33) 신우익과 슈미트의 영향관계에 관해서는 Jan-Werner Müller, A Dagerous Mind, New Haven/London 2003, S.207-218에서 다뤄지고 있다.

34) 드 브누아는 다름 아닌 그 지점에서 슈미트에 의한 "탈정치화"의 시대진단을 거점으로 삼고 있다(vgl. Alain de Benoist, vu de droite, Paris 1977, S.216f.; Manfred Baldus, »Carl Schmitt im Hexagon«, in: *Der Staat*, 26 (1987), S.580f.). 단, 그런 탈정치화는 더 이상 국가가 아니라 문화나 사상 같은 '메타 정치적' 영역에서 정치적인 것의 장을 발견하는바, 그것은 그 장에서의 헤게모니 획득을 지향하는 드 브누아의 '우익 그람시주의' 전략의 전제가 되기도 한다.

35) 걸프전쟁 및 유고 공습시의 드 브누아의 활동에 관해서는 Alfred Schobert, »Netze, Viren, Ströme. Wurzeln und das Reich oder. Wie Alain de Benoist mit Carl Schmitt der 'Dampfwalze der Globalisierung' trotzen will«, in: *Kultur Revolution*, 44 (2002), S.23.

36) Klaus Kriener, »Plettenberg - Freiburg - Potsdam. Über den Einfluß Carl Schmitts auf die Junge Freiheit.«, in: Helmut Kellershohn (Hg.), *Das Plagiar. Der Völkische Nationalismus der Junge Freiheit*, Duisburg 1994, S.199.

더 두드러진다. 뿐만 아니라 아프간 공격이나 이라크 전쟁 무렵에 슈미트적 어투로 행해진 미국 비판, 즉 '정전正戰'으로서의 대테러 전쟁에 대한 비판[38]이나, "인권의 레토릭이 시장의 확대와 관련된 글로벌화의 이데올로기적 은폐로 기능한다"[39]는 미국적 글로벌화에 대한 비판 등은 일정한 설득력까지 갖는 것처럼 보인다.[40]

신우익이 그런 반보편주의와 반미국제국주의의 지반으로 삼은 것은 슈미트와 마찬가지로 국가가 아니라 오히려 유럽이라는 문화적 틀이다.[41] 특히 일찍이 친독일적인 입장을 표명하고 독일·프랑스 양국의 제휴에 대해 말했던 드 브누아[42]는 글로벌화에 의해 잃어버린 유럽 공통의 '뿌리'를 발견해야 한다고 주장한다. 실제로 냉전 시절의 그는 "유럽은 오늘날 두 개의 영향권으로 분할되어 진정한 주권도 진정한 자립성도 소유하"지 못했고 "동서 관계의 체스판 위에 놓인 말"이 되고 있다는 인식을 보인다.[43] "보편적인 민주주의적 사명"이나 "계급투쟁"

37) Vgl. J.-W. Müller, *A Dangerous Mind*, a.a.O., S.225f. 드 브누아는 슈미트에 의거하면서 유고 공습과 옛 유고 전범법정의 인도주의 이데올로기를 비판하는데, 이에 관해서는 Danilo Zolo, *Invoking Humanity*, London/New York 2002, S.58f. 참조. 하버마스 또한 유고 공습이 한창일 때 『차이트』 지면에 발표한 논문에서 인도적 개입을 지지하는 자기 입장의 반대논거로서 슈미트의 저 경구를 언급하고 있다(Jügen Habermas, *Zeit der Übergänge*, Frankfurt a. M. 2001, S.32).

38) Vgl. A. Schobert, »Netze, Viren, Ströme. Wurzeln und das Reich oder. Wie Alain de Benoist mit Carl Schmitt der 'dampfwalze der Globalisierung' trotzen will«, a.a.O., S.30f.

39) Alain de Benoist, *Kritik der Menschenrechte*, Berlin 2004, S.10.

40) 9·11 이후의 미국 외교정책에 대한 슈미트적 입장에서의 평가는 우익정당 독일국가민주당(NPD)의 중앙기관지 『독일의 소리(Deutsche stimme)』에 게재된 신우익 계열 이론가 귄터 마슈케의 이라크 전쟁 관련 발언에서도 보인다. "'세계내정(內政)'에 대한 한층 더한 요구는 근본적으로는 자신의 사회적 표준을 관철할 수 있기 위해 모든 곳에서 국가성을 제거하려는 미국 제국주의의 위장에 불과합니다. 즉 모든 개개인들은 유일하게 유력한 대국이 자기 뜻대로 하는, 또 그 대국만이 해석하는 사회적·경제적 게임 규칙에 종속되는 겁니다. 따라서 복종은 있어도 보호는 없는 것으로, 이것이 특정한 미국이데올로기의 '이상적인' 사고인 것입니다."(Günter Maschke, »Vereinigte Staaten sind die Macht der Un-ordnung«, in: *Deutsche stimmt*, Juni 2003)

41) Vgl. J.-W. Müller, *A Dangerous Mind*, a.a.O., S.207f.

42) Vgl. Alain de Benoist, »In aller Freundschaft«, a.a.O., S.199f.

같은 보편주의적 이데올로기에 얽매인 미소 두 세력은 "다원성에 의거한 사고에 이르지 못한다."[44] 드 브누아에게 중요했던 것은 "모든 문화를 살아 있는 그대로 보존하고 세계의 다양성을 구하여 세계정치의 무대에 불가결한 다원성을 회복시키는 일을 시험하는"[45] 것이었다.

이러한 드 브누아의 전망에는 "정치적 세계는 다원세계[Pluriversum]이지 보편세계[Universum]가 아니"(1927a:19; 1932BP:54[(2) 61])라는, 1930년 전후의 슈미트의 인식이 반영되어 있다. 그 무렵 아직 '여러 국가들의 다원주의'를 염두에 두고 있던 슈미트는 얼마 지나지 않아 미소 양 대국의 '세계통일' 이데올로기에 대항하는 여러 '광역'의 다원성을 주장하게 된다. 드 브누아 등의 신우익은 바로 그것을 (우익정당인 독일국가민주당의 강령이기도 한) '에스노 다원주의(Ethnopluralismus)'로 손질해 가다듬었던 것이다. 이제 '다원세계'로서의 정치적인 것의 구제는 문화적 다원성의 보호와 유지에 관계되는 것이다. 그렇게 드 브누아는 문화적 고유성에 뿌리박은 다원적 세계를 구성하는 새로운 질서로서, 슈미트와 마찬가지로 "국민국가와 추상적 보편주의에 대한 대안"으로서의 "제국의 이념"을 제기한다. "오늘날에는 제국의 이념이야말로 국민국가에 대한 대안으로서 유럽이 낳은 유일한 모델이다."[46]

---

43) Alain de Benoist, *Europe, Tiers Monde, Même combat*, Paris 1986, S.14.

44) Ebd., S.12.

45) Ebd., S.222.

46) Alain de Benoist, »The Idwa of Empire« in: *Telos*, 98/99 (1993/1994), S.96. 여기서 드 브누아는 슈미트가 말하는 '광역'과 '라이히(Reich)'의 이념도 언급하고 있다(vgl. ebd., S.95). 또 드 브누아는 2차 대전 직후의 한 시기에 코제브가 구상했던 '라틴제국'의 이념도 건드린다. 1950년대에는 '역사의 종언'에 의한 세계통일인가 광역인가를 둘러싸고 슈미트와 논쟁을 펼쳤던 코제브이지만, 종전 직후 그는 단순한 보편사적 전망을 지녔던 게 아니라 앵글로색슨 국가들에도 소련에도 맞설 수 있는 자립한 유럽을 프랑스가 중심이 된 라틴 국가들의 통합을 통해 형성하려는 구상을 갖고 있었다(vgl. Alexandre Kojève, »L'Empire Latin«, in: *La Régle de Jeu*, 1 (1990), S.89-123). 코제브의 라틴제국 구상에 대해서는 Dominique Auffret, *Alexandre Kojève*, Paris 1990, S.282ff.[411-422] 참조. 이 라틴제국 구상을 슈미트의 광역이론과 비교한 것은 Felix Blindow, *Carl Schmitts Reichsordnung*, Berlin 1999, S.161ff. 참조.

이로써 보편화 불가능한 문화적 아이덴티티로 결합된 지역질서로서의 유럽이 미국적 글로벌리즘에 대한 저항의 지반이 된다. 실제로 인도적 개입을 둘러싼 미국과 유럽 간의 이해의 차이가 명백하게 드러난 코소보 개입 같은 사례는 신우익에 의해 '유럽에 대한 미국의 전쟁'으로까지 간주됐던 것이다.47) 드 브누아의 일관된 관심은 문화의 차이와 다양성을 지키는 제국질서의 다원적 형성을 향해 있다고 할 수 있을 것이다.

나치스의 인종주의 이데올로기로부터 선을 그으려는 유럽 신우익의 일반적인 자기규정에 따라 드 브누아는 '에스노 다원주의'에 어떠한 인종주의도 함의되지 않았다고 주장한다. 그의 말에 따르면 자신들의 문화다원주의는 오히려 반인종주의를 의도한 것이다. 여기서 그의 비판이 향하고 있는 대상은 보편적인 권리평등에 의거해 인종차별의 해소를 지향하는 프랑스적인 동화주의이다. 이 '보편주의적인 반인종주의'가 결국엔 차이를 무시하고 하나의 문화적 생활형식을 강요하는 일종의 인종주의로 귀착된다는 것이다. 이에 대항해 드 브누아가 제기하는 것은 '차이주의적인 반인종주의'이고, 그것이 목적으로 삼는 것은 여러 문화들이 가진 아이덴티티의 방위로 규정된다.

신우익에 의한 그러한 문화주의적 언설이 실제로는 '차이를 향한 권리'라는 이름으로 위장된 인종주의에 다름 아니라는 것은 이미 많이 지적되었다.48) 그것은 피에르-앙드레 타기에프가 드 브누아의 논의를 다시 한 번 반전시켜 '차이주의적인 인종주의'로 규정한 것처럼, 또는 에티엔 발리바르가 '인종 없는 인종주의'49)라고 부른 것에 지나지 않는 것이다.

---

47) Vgl. D. Zolo, *Invoking Humanity*, a.a.O., S.42ff. '유럽에 대한 미국의 전쟁'이라는 것은 샤를 샤프티에의 말이고, 그는 1999년 『엘레망』의 지면에 드 브누아와 연명으로 '서력 2000년의 신우익'에 관한 '메니페스토'를 발표했다.

48) 신우익의 인종주의에 관하여 특히 상세한 연구를 행한 것이 피에르-앙드레 타기에프이다. 예컨대 pierre-André Taguieff, *Sur la Nouvelle droite*, Paris 1994, S.64-106 참조. 발리바르 또한 신우익이 대두해온 80년대의 정세 속에서 그 '신인종주의'에 관한 검토를 행하고 있다(Étienne Balibar/ Immanuel Wallerstein, *Race, nation, classe*, Paris 1988, S.27-41[31-51]). 일본어 문헌으로서는 하타야마 토시오, 「'신우익' 현상: 프랑스 극우의 사상적 부흥」, 앞의 논문집, 30쪽 참조.

49) É. Balibar/ I. Wallerstein, *Race, nation*, a.a.O., S.33ff.[37]

거기서는 차이가 인종적·생물학적으로 절대화되는 것이 아니라 문화에 기초한 것으로 상대화된다. 그때 생겨나는 것은 문화적 차이의 절대화이다. 결국 이 새로운 인종주의란 "동물학적인 인종(신체적인 인류학)의 주제계로부터 에스니시티나 '문화'의 주제계(사회적인 동시에/또한 문화적인 인류학)로 이행"하지만, 그것은 "'정신적'('문화적') 전통의 근본적인 이질성"이나 "여러 문화의 공약불가능성(절대적 문화상대주의)"을 주장하기 위한 것에 다름 아니다.[50] 신우익의 '에스노 다원주의'는 여러 문화들의 분리를 통해 유럽의 문화적 고유성을 방위한다는 의식으로 동기 부여되고 있다. 그러므로 그 인종주의는 유럽과 구식민지 사이의 인구이동이 역전된 오늘날 탈식민지화의 시대에는 이민노동자의 배척이라고 하는 "배제의 인종주의"[51]로 드러나는 것이다.

따라서 이상과 같은 신우익의 사상사적 문맥을 고려한다면, 가령 모종의 보편주의적 입장이 이데올로기적 기능을 담당할 위험이 있다고 해서 광역질서 구상이 그런 보편주의에 대한 대안일 수 있는 것처럼 보인다고 할지라도, 그러한 슈미트적 전망은 더 큰 함정을 수반한다고 하지 않을 수 없을 것이다. 여러 광역의 다원성을 향한 전망은 세계질서에 관한 "문명의 충돌" 또는 "문화들의 투쟁"과 비슷한 견해로 이어지지만[52],

---

50) P.-A. Taguieff, *Sur la Nouvelle droite*, a.a.O., S.67. 생물학적 본질주의로부터 사회구성주체로 이행하는 인종차별론에 관해서는 Michael Hardt/ Antonio Negri, *Empire*, Harvard University Press 2000, S.190ff.[247-254]에서도 논해지고 있다. 무엇보다 하트/네그리의 최종적 의도는 "차이주의적인[differentialistic] 인종주의"가 더 나아가 차이를 다양한 사회실천에 의해 만들어내고 포섭하며 관리하는 〈제국〉의 "시차적인[differential] 인종주의"로 이행하고 있음을 밝히는 데에 있다.

51) P.-A. Taguieff, *Sur la Nouvelle droite*, a.a.O., S.98.

52) Vgl. J. Habermas, *Der gespaltene Westen*, a,a,O,, S.192.[264] '문화들의 투쟁(Kampf der Kulturen)'이란 새뮤얼 헌팅턴의 주저 『문명의 충돌(The Clash of Civilization)』(1996) 독일어판의 제목이다. 발리바르 또한 세계질서에 관한 헌팅턴의 전망을 슈미트의 광역질서 구상과 비교·검토하고 있다(vgl. É. Balibar, *L'Europe, l'Amélique, la guerre*, Paris 2003, S.141-157.[161-181] 드 브누아는 보편주의에 대한 "문화들의 봉기(Aufstand der Kulturen)"라는 자신의 전망을 헌팅턴에 맞선 대항 프로그램으로 설정하고 있는 듯하지만(vgl. Alain de Benoist, *Aufstand der Kulturen*, 2.Aufl., Berlin 2003, S.8f.), 발리바르는 헌팅턴이 "문명들을 '존재론화'하는 경향" 속에서 "'문화적' 인종주의가 보이는 오늘날의 몇 가지 형태로부터 그리

문명이나 문화 사이의 이러한 '메타정치적인' 경계설정 자체가 "우리 현대문화의 한복판에 그런 차이를 **완강히** 확립된 경계로서 새로이 부과하"는, "경계의 정치적 사용"[53]이라는 실천의 일부가 된다. 결국 광역적 아이덴티티의 설정은 슈미트가 말하는 정치적인 적·동지의 결단과 같은 자의성을 면할 수 없으며, 그 상태로는 국제질서의 신뢰할 수 있는 지반이 될 수 없는 것이다.

장소상실, 보편화 가능성, 행위수행성

슈미트에게는 보편화 불가능한, 역사적으로 일회적인 것에 대한 강한 집착이 있다. 일반적 규범 그 자체가 아니라 그것이 구체적인 개별사례에 어떻게 적용되는지를 추적·연구한 초기의 『법률과 판결』을 출발점으로, 그 어떤 말이나 개념이든 그것이 삽입되어 사용되고 있는 특정한 문맥에서의 '항쟁적인(polemisch)' 의미야말로 중요하다는 『정치적인 것의 개념』 등, 매번의 일회적 '상황'을 간파하는 것에 슈미트는 관심을 기울인다. 그 어떤 보편적 규범·이념·개념이라 할지라도 그것은 특정한 상황 아래서 구체적인 누군가에 의해 해석되어 적용됨으로써 비로소 현실에 통용된다. 요컨대 그것들은 늘 어떤 상황 속에 위치 정해져 있는 것이고 그 기능은 문맥에 의존적일 수밖에 없다. 그런 까닭에 도덕적 보편주의로부터의 순화를 의도했던 슈미트의 '정치적인 것'에 대한 사고는 역사적으로 일회적인 상황에 자신의 '장소확정'을 행하려 한다. 그럼으로써 그는 보편성을 표방하는 그 어떤 주장에 대해서도 회의의 눈길을 보내고, 베르사유=제네바 국제법체제나 뉘른베르크 재판에 대한 공격에서 보이듯 보편주의적 주장의 배후에는 늘 특수한 이해관심이 은폐되어 있음을 이데올로기 비판적으로 폭로하려고 했다.

멀리 떨어져 있지 않다"(É. Balibar, *L'Europe, l'Amélique, la guerre*, a,a,O,, S.192.[165])고 서술함으로써 둘의 근친성을 지적하고 있다.

53) Ebd., S.155.[178]

그렇지만 어떤 특수한 이해관심이 보편적 언설을 통해 관철되는 것은 단순한 이데올로기적 은폐 이상의 것을 의미한다. 2차 대전 패전 직후 뉘른베르크 재판을 함께 목격했던 카를 야스퍼스는 그 재판에서 전승국 열강의 권력주장을 보면서도 동시에 미래를 향한 약속이라고도 부를 수 있는 것을 포착하고자 했다. 독일인으로서 세계로부터의 규탄에 노출된 상황 아래 있으면서도, 그는 그 재판에서 독일인에 대한 단순한 단죄 이상의 가능성을 발견하고자 했던 것이다. 슈미트가 힐난하듯 뉘른베르크 재판이 아무리 형법상의 소급효력 금지원칙에 저촉되는 사후 재판으로 보일지라도, 그것이 단순히 권력정치적 "승자의 심판"으로만 끝나버리는 것은 아니다. 요컨대 그 국제법정은 독일이 과거에 이미 범했던 죄를 심판하는 것에만 머무르지 않으며 모든 나라가 이후의 장래에 따라야 할 규범의 실현을 선취하고 있다.

> 뉘른베르크를 수립한 열강은 자신들이 세계질서에 복종하는 것을 통해 서로 협력하여 세계정부의 실현을 기대한다고 증언하는 것이 된다. 그들은 승리의 결과로서 단순히 그들 자신의 국가만이 아니라 인류에 대한 책임을 현실로 인수하는 의지를 증언하고 있는 것이다. 이 증언이 위증이어서는 안 된다.[54)]

가령 정치적인 성격을 띤 재판일지라도 그 규범이 보편화된다면 그것은 세계질서를 건설하기 위한 한 걸음일 수 있다. 뉘른베르크 재판이 그러한 진보의 연계 고리가 될지 말지는 "단지 뉘른베르크만으로 결정될 리가 없"는 것이며, 거기서 선취된 세계질서의 실현에 대한 책임을 전승국 열강 모두가 받아들인다는 보증도 없다. 그러나 그러한 보편적 요구를 수반하는 국제재판을 일단 시행하는 것으로 적어도 여러 강대국은 자신들 스스로도 따라야만 하는 약속을 미래 쪽을 향해 서약한 것이다. "뉘른베르크에서 일어나고 있는 일은 그것이 아무리 많은 이설들의 초점이

---

54) Karl Jaspers, *Schuldfrage*, München/Zürich, 1987, S.39.[90-91]

되고 있을지라도 오늘 인류에게 필요하다고 여겨지는 생성 중인 세계질서의 어렴풋하고도 양의적인 예고일 것이다."[55)]

야스퍼스가 뉘른베르크 재판에서 간파한 것은 칸트가 만년의 역사철학 속에서 "역사의 증표(Geschichtszeichen)"라고 불렀던 것과 다르지 않다. 그것은 요컨대 인류사의 도덕적 진보의 징후이다. 칸트로부터 켈젠, 하버마스에 이르는 칸트주의의 계보는 아무리 이기적인 동기로부터 행동하는 국가라 할지라도 대외적으로는 타국이 수용 가능한 법(올바름) 혹은 대의를 드높이는 일이 불가피하다는 사실 속에서 그런 역사철학적인 진보의 확신을 발견한다.[56)] 스스로의 행위를 정당화하기 위해 의거하게 되는 보편적 요구는 아직 법학적인 혹은 제도적인 정당화가 아님에도 인류의 진보에 가담하는 일을 행위수행적인 형태로 공적으로 약속하는 것이다. 칸트주의적인 '이상주의'라는 것이 있다고 한다면, 그것은 바로 그러한 보편화의 지평이 갖는 불가피성으로서 파악되어야 한다. 그 '이상주의'는 더 이상 '현실주의'와의 대칭적인 대립관계에 있는 것이 아니다. 왜냐하면 어떤 '현실주의적인' 주장이 아무리 보편주의적 요구를 거절했다고 할지라도 스스로를 정당한 것으로서 관철하기 위해서는 일정한 보편화의 가능성을, 즉 타자의 이해가능성을 전제하지 않으면 안 되기 때문이다. 어떠한 이념성도 들어 있지 않은 현실주의 따위란 있을 수 없는 것이다.

그런 사정은 무엇보다도 '현실주의학파'의 원조가 되는 모겐소조차도 모르고 있던 일이었까. 그러니까 그가 1920년대에 썼던 논문에서 바이마

55) Ebd., S.39.[92]

56) Vgl. Immamuel Kant, »Zum ewigen Frieden«, in: ders., *Schriften zur Anthropologie, Geschichtsphilosophie, Politik und Pedagogik 1*, Frankfurt, a. M. 1977, S.210.[40-41] 하버마스는 걸프전쟁에서의 다국적군의 무력행사에서 그러한 세계시민상태로의 약속을 발견하고자 했다. 즉 무력행사를 두고 "많은 이들이 한낱 구실로 사용한 것에 지나지 않는다"고 말할지라도, "연합국 측이 최후까지 국제연합에 의한 정통화를 요구했다"는 점은 "국제정치의 **미래**라는 관점에서 각별히 주목하지 않으면 안 되는 것이었다." 왜냐하면 그 점은 "대국이 연계되어 나온 규범이라면 그것에 대해 사람들은 적어도 호소할 수가 있"음을 보여주기 때문이었다(Jürgen Habermas, *Vergangenheit als Zukunft*, Zürich 1991, S.18ff.[18-19]

르 공화국의 수상이자 외상 구스타프 슈트레제만을 "독일적 국제법 정치의 창시자"로서 찬미했었을 때 말이다. 국익중심적인 현실정치의 입장을 취하면서도 대유럽 협조정책을 통해 1925년 로카르노 조약 체결과 1926년 독일의 국제연맹 가입을 실현했던 슈트레제만 외교는 모겐소에겐 하나의 이상이었다. 그는 말한다. 이제 "국제법 정치"란 "국가가 자유로이 선택할 수 있는 여러 가능성들 중 하나"가 아니라 "하나의 필연"이 된 세계에 있는바[57], 그에게 슈트레제만은 "이념이 현실의 형성에 미치는 영향의 가치"[58]를 인식하지 못했던 독일 제2공화국의 과거 '현실정치'를 극복함으로써 독일에 비로소 체계적인 국제법 정치를 수행한 인물이었다. 슈트레제만은 "새로운 외교기술로서의 현대 국제법이라는 수단"을 "그것이 보편적인 이념적 목적에 입각하면서도 동시에 특수 독일적 이해관심에도 대응할 수 있는 방식으로 사용함"으로써[59] "독일인임을 그만두지 않고서도 유럽인으로서 말할 수 있었던"[60] 것이다. 어떠한 권력주장도 이미 열려진 보편성의 지평 위에서만 관철될 수 있는 것이고 누구도 그 지평을 벗어날 수 없는 것이다. 말년의 모겐소가 표방한 '현실주의'는 미국과 소련 두 강대국이 보편주의적 이데올로기를 내세워 대립하는 특수한 역사상황에 대한 처방전이었지만, 그때에도 그는 보편적 요구에 대한 거부를 원리적으로 관철시킬 수 있다고 믿었던 것일까.

근대적 자기주장의 지평으로서의 보편화 가능성이라는 문제는 더욱 래디컬화[급진화/근본화]되지 않으면 안 된다. 즉 명시적으로는 보편적인 이념이나 대의를 통해 스스로를 근거 짓지 않고 단지 개별적 이해관계의 관철만을 내세우는 권력주장이 행해질 경우조차도 그 속에는 스스로의 주관적 의도를 넘어서려는 계기가 내재한다. 혹여 정말로 슈미트의 이데올로기 비판이 단순히 모든 보편화의 가능성을 거부하고 정치적 현실을

57) Hans Morgenthau, »Stresemann ais Schöpfer der deutschen Völkerrechtspoliti«, in: *Die Justiz*, 5 (1929), S.170.

58) Ebd., S.171

59) Ebd., S.175

60) Ebd., S.176

특수한 이해관계의 충돌로 환원하고 있을 뿐이라고 한다면, "행위수행 모순"이라는 하버마스의 슈미트 비판은 적중하게 될 것이다. 즉 근대의 자기이해는 타자에게 수용되기 위해 선취된 보편적 전제를 자기언급적으로 실현해가는 점에 있는 것이고, 그런 관점에서라면, 슈미트적인 이데올로기 비판도 분명 타자의 이해 가능성을 전제하는 것인 이상 그 철저한 반보편주의적 입장을 일관되게 관철시킬 수는 없는 까닭이다.

> 보편주의적인 기준을 선별적으로 혹은 시야 협착적으로 적용하는 것에 대한 비판은 모두 이미 그런 보편주의적인 기준을 전제하지 않을 수 없습니다. 그것과 마찬가지로 보편주의적인 언설이 이데올로기적인 은폐를 위해 이용되고 있음을 탈구축적으로 들추어내는 그 어떤 작업들도 그런 보편주의적 언설에 의해 선취되고 있는 비판적 관점을 전제하고 있는 것입니다.[61]

모든 자기주장에 내재하는 이 보편화 가능성이 반드시 하버마스가 생각하는 것처럼 특수한 이해관심으로부터 보편적 언설이나 법제도의 구축으로 향해 가는 진보적 과정이라고 간주될 필요는 없다. 그것은 그러한 칸트주의적인 역사철학보다는 오히려 타자에 의한 영유 가능성, 곧 타자가 어떤 특정 문맥에 뿌리박은 개념이나 언설을 전혀 다른 문맥으로 옮겨서 바꿔 이용할 수 있을 가능성으로서 포착할 수 있을 것이다. 어떤 언설이든 그것이 타자에게 이해 가능한 한에서는 그 고유의 장소로부터 떼어내질 수 있는 래디컬한 '행위수행성'이 내재하고 있다.

실제로 슈미트 또한 자신의 사고 행보 속에서 주체가 스스로의 제어를 넘어서고 마는 행위수행성에 시달리고 있었다. 질서의 구체성이나 정상성에서 잘라내져 전술적 무기로 이용되는 합법성, 공공성 속에서 오해·왜곡에 노출되어 도구화·기술화된 학문적 어휘나 개념, 역사의 가속에 의해 자신의 의도에 반하는 것을 수행하고 마는 그리스도교적 에피메테

61) J. Habermas, *Der gespaltene Westen, a.a.O.*, S.30f.[32]

우스, 강대국에 의한 세계정치 속에서 단지 장기 말이 되고 만 토착적 파르티잔……. '장소확정'의 시도가 불가피하게 '장소상실'을 수반하고 마는 것을 보여주는 그러한 이론적 모티프들은 상황적 일회성의 순수한 회복이 불가능한 것임을 드러내고 있다. 이런 '장소상실'은 슈미트가 사고했던 것처럼 기술이나 경제, 인도주의적 도덕 같은 것들에 책임이 귀속되는 것이 아니라, 결코 일반화될 수 없는 구체적 상황 속에 멈춰서서 그것을 지속하려는 '정치적인 것'의 사고 그 자체에 내재하는 아포리아의 표현에 다름 아닌 것이다.

규범이나 언설의 보편적 내용 그 자체보다도 그것들이 실제로 통용되고 있는 구체적 사례에 관심을 기울이는 슈미트는 분명히 정당하다. 그러나 문제는 그가 보편성에 포섭되는 일 없이 일회적인 장소를 민족적으로 혹은 지정학적으로 획정된 '구체적 질서'나 '광역'으로서 회복시키려고 했던 점에 있다. 슈미트의 의도에 반하여 그러한 장소는 독일이건 유럽이건 그 어떤 특정 아이덴티티로도 안정화시킬 수 없는 것이었다. 오히려 역사적으로 일회적인 것이란, 슈미트 자신이 알고 있었던 것처럼 스스로가 그때그때 몸을 두고 있는 '상황'으로서만 질문될 수 있는 것이고, 그러한 일회성에 대한 책임은 '상황을 인식하는 것'에서 시작되는 것이다. 그럼에도 하나의 지정학적인 장소에 본래적으로 뿌리박는 것을 지향한 슈미트는 그렇게 함으로써 실제로는 역사의 일회성을 놓쳐버리고 마는 동시에, 사람들이 결코 벗어날 수 없는 보편화의 행위수행이 갖는 힘으로부터 헛되이 벗어나고자 하는 것이다. 이리하여 그의 생애에 걸친 사고의 행로는 그 자체가 행위수행적으로, 장소확정 시도의 필연적인 좌절을 드러내고 있음이 분명해질 것이다. 슈미트는 일회적인 장소에 뿌리박는 일의 불가능성에 어쩔 수 없이 반복적으로 직면했고 일회성과 보편화 가능성 사이의 틈새에서 유동하고 있었다. 그렇지만 슈미트 자신에게 있어서는 스스로의 기대를 부수고 좌절을 강제하는 것에 다름 아니었던 그 아포리아 속에서야말로 그의 이론이 지닌 여러 가능성과 사정거리가 산출될 것이었다.

개념의 투쟁, 노모스, 영속적인 예외상태: 본론의 구성과 더불어

슈미트의 정치사상은 결코 단순한 '현실주의'로는 환원될 수 없다. 그에게 결정적인 것은 국제정치를 포함해 본디 일반적으로 모든 정치에서 사실적 힘의 관계 이상의 것이 작용하고 있음을 발견하는 일이었다. 그러므로 슈미트는 권력정치의 입장을 단호히 물리친다. "그 어떤 정치체제도 권력주장의 단순한 기술만으로는 단 한 세대조차도 존속할 수 없다. 정치적인 것에는 이념이 포함되어 있다."(1923RK:28[131-132]) 곧 슈미트를 특징짓고 있는 것은 그 이념정치적인 애스펙트〔양상·국면·전망〕이다. 그에게 인간의 정치적 실존을 결정적으로 규정하고 있는 것은 무엇보다도 언어나 어휘, 특히 법 개념이라고 하는 관념적 계기이며, 그런 까닭에 그 정치투쟁은 곧바로 언설투쟁의 성격을 띠게 되는 것이다. "세계사란 개념 투쟁이며 법적 확신을 둘러싼 투쟁이기도 했다."(1934b: 714[161]) 따라서 슈미트는 법학자로서 베르사유=제네바 국제법이나 서구 자유주의법학에 대해 언설적인 법학투쟁 속에서 스스로의 정치실천의 주요한 영역을 발견했던 것이다. 이 책의 1장에서는 1910년대인 초기 슈미트에게 이미 보이는 두 가지 입장, 곧 '결단주의'와 '픽션주의'가 특히 1930년대에 그가 주장하게 되는 말이나 법 개념을 둘러싼 정치투쟁으로 어떻게 이어지고 있었는지를 밝힌다.

슈미트는 국가주의보다도 국제관계 속에 근원적인 질서원리가 존재한다고 본다. 따라서 그를 '국가주의자'로만 간주하는 것으로는 (특히 후기) 슈미트 사상의 일면만을 파악할 수 있을 따름이다. 오히려 그에게는 '노모스'가 국가주권에 대해 우위에 있다. 노모스란 보편성을 표방하는 추상적 규범주의의 법에 대치되는 '구체적 질서'로서의 법이다. 이는 1930년대 전반의 나치스 시기에는 독일민족에 고유한 생의 질서·공동체질서가 염두에 있었던 것과 연결되지만, 1940년대 이후가 되면 유럽이라는 지정학적 장소에 겹쳐지는 것으로 되어간다. 그러므로 2차 대전 이후의 슈미트가 '유럽공법'을 이야기할 때에 그 역점은 결코 주권국가 그 자체에 있지 않다. 주권국가중심적인 유럽 국제법질서라는 것은 어디까지나 과거에 '역사적으로 일회적으로' 실현된 노모스의 모습이므로, 오늘 새로이 드러나야 할 노모스가 과거의 그것을 반복할 필요는 없으며 그럴 수도 없다. 중요한 것은 보편화 불가능한 유럽 고유의 질서를 재건하는 일이었다. 무엇보다도 추상적 규범주의로 환원할 수 없는 구체적 국제법질서의 구상은 이미 1910년대의 슈미트에게서 알아챌 수 있는 것이었다. 제네바 국제연맹(Völkerbund[1919-46])에 대한 대항 프로그램이라고도 할 수 있을 그의 '연방(Bund)' 이론이 그것이다. 2장에서는 슈미트의 연방 구상과 그것이 점차 포기되어가는 1930년대의 경위를 뒤쫓으며 규명한다.

여전히 주권국가를 일정한 기초로 삼았던 1920년대의 연방 이론 대신에 30년대 말에 슈미트가 새로 도드라지게 내세웠던 것이 '광역질서'의 구상이다. 이는 종래의 국가중심적인 국제법과도, 보편주의적인 국제법과도 다른 새로운 국제법질서가 되었다. 3장에서는 2차 대전 시기 슈미트의 광역이론을 규명함과 동시에, 그것과 거의 같은 시기 그가 관심을 기울였고 전후 『대지의 노모스』로 결실 맺게 되는 주제, 곧 장소상실 과정으로서의 유럽 국제법의 역사에 대해서도 검토한다.

슈미트는 광역 구상을 통해 노모스로서의 유럽질서를 지키려 했던 것인데, 이는 예컨대 하버마스가 주장하듯 "모종의 '유럽인민'이라는 실체가 아닌 ……유럽 규모의 정치적 공공성이라는 커뮤니케이션 네트에 의존하는"62) 방식의 유럽 통합과는 근본적으로 다른 것이었다. 하버마스에게 유럽의 아이덴티티는 포스트 관습적인 도덕의식에 근거한, 보편화하는 자기 이해를 통해 형성되지 않으면 안 되는 것이었다. 이와는 달리 슈미트의 노모스는 "질서[Ordnung]와 장소확정[Ortung] 간의 통일로서의 법"(1950NE:13[14])이며 특정한 구체적 토지에 뿌리박고 있지 않으면 안 된다. 그것은 스스로의 보편화를 거부하는 '선線'에 의해 한정된

62) Jürgen Habermas, *Die Einbeziehung des Anderen*, a.a.O., S.184[180]

하나의 공간라움질서이다. 그런 한에서 슈미트에게 유럽은 모종의 민족이나 문화로 실체화된다고까지는 할 수 없어도 신우익적 상호배제의 구획선에 근거한 '에스노 다원주의'로 이어질 가능성을 품고 있다. 어느 쪽이든 슈미트가 두려워했던 것은 역사적인 고유성을 갖춘 공간질서가 글로벌하게 지배권을 확대한 기술, 경제, 인도주의적 도덕에 의해 파괴되어 균일화되는 것이었다. 그리고 냉전시대의 슈미트는 이를 종말론적인 '역사의 종언'으로 간주하고 그것을 체현한 미국과 소련 두 강대국의 보편지배에 의해 유럽질서가 위기에 처해 있다고 생각했다. 4장에서는 동서 대립이나 선진국들에서의 산업사회의 도래라는 상황을 두고 '세계내전(Weltbürgerkrieg)'이라고 진단한 전후 슈미트의 사상 전개와 그 역사철학적이고 신학적인 이론 배경을 밝힌다.

이미 모든 장소의 고유성이 상실되어가는 것처럼 보였던 2차 대전 이후의 상황 속에서 슈미트는 구체적인 공간질서를 만들어내는 노모스의 담당자를 쉼 없이 요청했었다. 그리고 그는 식민지 해방투쟁이라는 전후의 세계정세를 눈앞에 두고서는 토지에 뿌리박고 싸우는 파르티잔 속에서 그 담당자를 발견하게 된다. 슈미트의 눈에는 파르티잔이야말로 국가를 대신해 새로이 '정치적인 것'의 가능성을 부흥시킬 수 있을 것처럼 비춰졌던 것이다. 5장에서는 1960년대의 파르티잔 이론과 그것이 직면했던 곤란에 대해 검토한다.

후기 슈미트에게 장소확정의 일회성을 드러내는 키워드가 되는 것이 '내밀·비밀(Arcanum)'[63]이다. 공공성의 영역에서는 모든 것이 그 본래의 장소를 박탈당한다는 것이고, 따라서 공공성으로부터 물러나 숨어

63) 〔원문의 단어는 "秘奧". 이 낱말을 저자는 "Arcanum"의 일본어 역어로 택한 듯하다. 라틴어 아르카눔은 '책상의 서랍'을 뜻하며, 그 서랍에 담긴 것, 숨겨진 것, 비밀, 신비 등의 의미를 지니게 되었다(그 단어의 복수형은 아르카나). 예술·기예·학문 등의 심오한 경지, 들여다볼 수 없는 사물의 깊숙한 장소를 뜻하는 "秘奧"는 이후 이 책에서 "기밀" "비밀" "비의"와 함께 사용되는데, 그 단어들과 "秘奧"를 구별하기 적당한 역어를 정하지 못했다(여기서는 목차에서 그랬던 것처럼 '내밀·비밀'로 옮겨보았다). "秘奧"와 "Arcanum"이 저자에 의해 자주 등가적으로 병기되고 있음에 근거하여 이후부터는 원문의 "秘奧"를 '아르카눔'으로 부득이 음역하기로 한다.〕

듦으로써 침묵과 비밀 속으로 침잠하는 것이 전후의 슈미트에게는 장소의 고유성을 고수하는 길이 되는 것이다. 그렇다고 할지라도 그는 '이름(Name)'과 '취득(Nahme)'이라는 일회적 행위와 결속된 공공성, 곧 장소확정을 현전화하려는 공공성까지도 생각하고 있었다. 그리고 그것에 대응해 이번에는 '아르카눔' 쪽에서도 장소상실을 뜻하는 비밀의 공간이 발견되는데, 후기 슈미트가 '권력의 앞방前室[대기실]'이라고 불렀던 것이 그것이다. 거기서 질문되고 있는 것은 법규범으로부터의 집행권력의 자립화, 곧 예외상태의 문제에 다름 아니다. 전후의 그런 논의에서는 예외상태의 이론이 주권이론을 넘어서까지 래디컬화되고 있음이 명확해질 것이다. 6장에서는 '아르카눔'의 모티프를 단서로 슈미트가 이른바 영속적인 예외상태의 가능성까지도 이론화하고 있었던 사정을 해명하고, 또 예외상태의 그런 영속화·일상화가 1960/70년대 독일의 현실정치에서도 커다란 토픽으로 떠올랐던 것임을 드러낸다. 최종적으로 문제가 되는 것은 '국가성의 시대의 종언'이라는 슈미트의 진단이 뜻하는 바를 그 래디컬한 함의에서 밝혀내는 것이다.

제1장 규범, 픽션, 개념의 정치 (1910년~1930년대 중반)

일반적으로 슈미트의 사상은 '국가주의적'인 것으로 간주되며, 그 점에 근본적인 이의를 제기할 수는 없는 것으로 생각되고 있다. 그렇지라도 슈미트의 내력을 살핀다면[1], 그가 1871년 통일 이후의 독일에서 융성함을 자랑했던 하인리히 트라이치케와 같은 권력국가론으로부터는 아무런 결정적 영향을 받지 않았다는 것도 분명하다. 그 한 원인으로서는 우선 그의 가톨리시즘을 들 수 있을 것이다. 슈미트는 1888년 7월 독일 중서부 저지 산악지역인 자우얼란트의 소도시 플레텐베르크에서 태어났지만, 그의 일족은 원래 그 지역 출신이 아니라 라인강 서안의 모젤 지방에서 온 가톨릭 이주민이었다. 1958년의 일기에 기록된 전기적인 메모 속에서 슈미트는 자신의 "1888-1900년의 유년 시대"를 "자우얼란트적인 것 내부로 장소를 상실해버린 아이펠=모젤적 가톨리시즘"[2]으로 특징짓고 있다. 가톨릭이 탄압받은 1870년대 "문화투쟁의 기억"이 여전히 뿌리 깊게 남아 있던 당시 프로테스탄트 중심의 통일 독일에서 슈미트는 본래 있어야만 할 토지로부터 잘려나가고 있다고(이후의 그의 용어로 말하자면 '장소를 상실하고 있다'고) 느꼈다. "디아스포라 속으로 태어났다"[3]는 감정 때문에 젊은 날의 슈미트는 내셔널리즘에 아무 의문도

1) 초기 슈미트의 전기에 관해서는 Joseph W. Bendersky, *Carl Schmitt, Theorist for the Reich*, Prinston University Press, 1983, S.3-20[3-26]; Paul Noack, *Carl Schmitt*, Frankfurt a. M./Berlin l996, S.15-26이 있지만, 일본어 문헌으로서는 특히 사노 마코토, 『근대계몽비판과 나치즘의 정신』, 쇼분샤, 2003, 3-14쪽이 상세하다.

2) »Aussprache«, in: Helmut Quaritsch (Hg.), *Complexio Oppositorum*, Berlin 1988, S.105

3) P. Noack, *Carl Schmitt*, a.a.O., S.17

없이 몸을 맡길 수는 없었다고도 할 수 있겠다.

무엇보다도 "1900-1907년의 유년 시대"에 다녔던 김나지움의 자유주의적이기까지 했던 "인문주의적 교양"을 통해 슈미트는 자신의 가톨릭 신앙을 어느 정도는 상대화하거나 "탈전체화"하고 있었다.[4] 그리고 1907년부터 베를린대학에서 법학을 배우기 시작할 때 그에게 이론적인 영향을 줬던 것은 '신칸트주의'였고, 그것에 의해 그의 국가이해는 "탈헤겔화됐던"바, 당시 적지 않게 보이던 국가권력이론적인 헤겔주의로부터는 거리를 두게 됐던 것이다. 이는 슈미트 자신이 스스로의 "1907-1918년의 청년기"를 회고적으로 특징지었던 것이지만, 1934년의 저작 속에서 "법학적 사유의 세 종류"로 유형화된 "규범주의", "결단주의", "구체적 질서 사상"이 슈미트의 사상 행로와 겹친다는 널리 알려진 해석을 수용한다면[5], 슈미트의 청년기는 정확히 '규범주의'로 획정된 시기에 해당된다. 실제로 이후 뮌헨대학을 거쳐 최종적으로 학적을 둔 스트라스부르크대학에서 집필된 1910년도 학위논문 『책임과 그 종류』에는 지도교수였던 형법학자 프리츠 반 카르카의 신칸트주의로부터 받은 영향이 보인다. 이 학위논문에서는 신칸트주의적인 입장에 의해 구스타프 라드부르흐와 같은 책임 개념의 심리학적 이해가 거부되고 있다.[6] 슈미트에 따르면

---

4) »Aussprache«, in: Helmut Quaritsch (Hg.), *Complexio Oppositorum*, a.a.O., S.105

5) 이러한 시기 구분은 우선 1934년에 발데마르 구리안이 '파울 뮐러'라는 가명으로 발표한 슈미트론 속에서 도입되고(Waldemar Gurian(Paul Müler), »Entscheidung und Ordnung«, in: *Schweizerische Rundschau*, 34 (1934), S.575), 나아가 1935년에 카를 뢰비트가 마찬가지로 '후고 피알라'라는 가명으로 발표한 슈미트의 정치적 낭만주의에 관한 논문에서도 확인된다(Karl Löwith(Hugo Fiala), »Politischer Dezisionismus«, in: *intemationalm de la théorie du droit*, 9 (1935), S.122. 이 논문 전후 개정판으로는 Karl Löwith, »Der okkasionelle Dezisionismus von C. Schmitt«, in: *dürfriger Zeit. Sämtliche Schriften, Bd.1*, Stuttgart 1984, S.59f.[142-143]. 또 Hans krupa, Carl Schmitts Theorie des "politischen," Leipzig 1937, S.3ff.[132-142]에서도 슈미트의 사상이 "가톨릭적 규범주의", "결단주의", "구체적 질서·형성사상"이라는 세 단계로 나눠지고 있다. 슈미트의 사고 행로의 이러한 시기 구분은 전후가 되어서도 다음과 같은 부분에서 이어지고 있다. Jürgen Fijalkowski, *Die Wendung zum Führerstaat*, Köln/Opladen 1958, S.XX 및 Hasso Hofmann, *Legitimität gegen Legitimität*, 3.Aufl., Berlin 1995, S.22.

책임 개념을 규정하기 위해서는 그것의 "실질적 내용"이 아니라 실정형법에 기초한 그 "형식적 구조"에서 출발해야만 하는 것이었다(1910SS: 1f.,16f.). 이러한 법실증주의적 전제에서 신칸트파의 방법론을 발견하는 일은 어렵지 않다.

그러나 동시에 슈미트가 이 학위논문에서 책임 개념을 규정하면서 내부주관적인 심적 과정을 중심에 둔 심리학주의적 고찰을 물리치면서도 인간의 의지에 의한 목적 정초라는 뜻에서의 내면적 경과를 중시할 때, 그것은 더 이상 신칸트파적인 형식주의에 머물지 않는다. 그는 책임을 "귀책능력 있는 인간에 의한, 법의 목적과 합치하지 않는 구체적 목적 정초"(1910SS:92)로 정의하고, 위법행위를 초래하는 "악惡의지"란 개인이 국가의 목적과 다른 목적 정초를 행하는 것이라고 간주한다. 이리하여 목적 개념이라는 실체적 내용에 관계되는 계기를 책임을 정의하는 데에 이용함으로써 책임에 관한 질문은 최종적으로는 실정법을 넘어선 "메타법률적"(1910SS:155) 질문이 되는 것이다. 이 점에서 슈미트는 말하자면 절차주의적인 법실증주의로부터는 선을 긋고 있다. 초기의 어떤 메모에는 이렇게 씌어 있다. "법은 목적이지 수단이 아니다. 이 점에 칸트와 포이어바흐의 오류가 있다. ……개인은 법을 수단으로 이용할 수가 있지만, 그 이념에 따르자면, 법이 수단으로 간주되는 경우에 법은 인식될 수가 없는 것이다."(2003T:65) 이리하여 슈미트에게 법이란 수단이나 절차가 아니라 일정한 실체적 내용을 상정한 목적이 된다. 이것이 이후 ('헌법률' 아닌) '헌법', '구체적 질서', '노모스' 같이 형식적인 법을 넘어선 실체적 질서원리를 줄곧 요청하는 슈미트의 '실체주의적' 사고를 규정하게 될 것이다.

그러나 초기의 슈미트에게는 법실증주의와는 다른 형태로 신칸트주의의 영향이 보이기도 한다. 즉 한스 파이잉거의 『〈마치 ~인 것처럼〉의

---

6) vgl., Reinhard Mehring, *Pathetisches Denken,* Berlin 1989, S.28. 이 최초 시기의 논문에 관해서는 Michele Nicoletti, »Die Ursprünge von Carl Schmitts 'Politische Theologie'«, in: H. Quaritsch (Hg.), *Complexio Oppositorum*, a.a.O., S.110ff.[19-22]; Gary L. Ulmen, *Politischer Mehrwert*, Weinheim 1991, S.102ff.

철학』(1911)에서 유래한 '픽션주의'가 그것이다. 슈미트가 인간의 행위와 실천의 궁극적 의의를 픽션으로서의 이념을 향한 헌신으로 볼 때, 그의 정치적 사고 속에서는 단순한 힘을 넘어선 이념성의 계기야말로 결정적인 역할을 맡게 된다. 사실 1914년에 출판되고 16년에 스트라스부르크대학에서 교수자격논문으로 받아들여진 『국가의 가치와 개인의 의미』 속에서 법은 사실이나 힘으로부터는 도출될 수 없는 것이라는 점이 거듭 강조되고 있다. 그렇게 법의 타당근거를 사실이나 힘에서 구하는 것은 "권력이론"(1914WS:24)으로서 배척되며, 거꾸로 "힘으로부터 법이 해명되는 것이 아니라 법으로부터 힘이 해명되는 것이지 않으면 안 된다"(1914WS:24)고 말하는 것이다. 그리고 "규범주의"에서 "결단주의"로 이행하는 시기라고 말해지는 1차 대전 이후의 슈미트일지라도, 결코 단순하게 법에서 힘으로, 규범에서 사실적 권력주장으로 이행했던 건 아니다. 『정치신학』(1922)에서도 여전히 "힘은 법에 관하여 아무것도 증명하지 않는다"(1922PT:26[26])고 언명됨으로써 법의 권력이론이 퇴각되고 있는 것이다. 슈미트에게 중요한 것은 정치질서란 언제나 단순한 사실적 힘 이상의 이념적인 계기에 의해 근거부여된다는 것이었다(『로마 가톨리시즘과 정치형식』(1923)에서는 그런 이념을 향한 힘을 갖고서 "인간생활의 질료에 대한 특수하게 형식적인 우위"(1923RK: 14[125])를 구현하는 정치형식의 범형이 주권국가가 아니라 가톨릭교회 속에서 발견된다). 말하자면 그의 사고를 특징짓고 있는 것은 "법을 힘으로 환원하는 것이 아니라 힘이 자기 정통화와 자기 안정화를 위해 만들어내지 않으면 안 될 필요불가결한 전제로서 법을 정식화한다"는, "초월론적·화용론적인" 혹은 "이념정치적인" 애스펙트〔양상·국면·전망〕인 것이다.7)

초기의 픽션주의에서 이념정치적인 시야·좌표視座를 획득함으로써 슈미트에게 정치항쟁은 이념을 둘러싼 싸움의 성격을 띠게 된다. 이것에

7) Reinhard Mehring, »Macht im Recht. Carl Schmitts Rechtsbegriff in seiner Entwicklung«, in: *Der Staat*, 43 (2004), S.2.

는 어쩌면 1차 대전 중인 1915년 2월부터 뮌헨에서 병역을 행하던 슈미트가 1917년 3월 1일부터 바이에른 육군성에서 국내외의 평화운동이나 적대적 출판물을 감시하는 임무를 맡고 '프로파간다'라는 비군사적인 수단에 주목하게 됐던 일이 영향을 끼쳤을지도 모른다. 1918년 5월에 써진 어떤 논평문 속에서 그는 "여론을 부패시키고 국내의 불온을 부추겨 최전선에서 시도될 수 없었던 것을 최전선의 배후에서 달성하는"(1918b:395) 적국의 프로파간다에 주의를 환기시키면서 이렇게 말한다. "평화운동과 [영국·프랑스의] 협상진영은 독일국민 사이에 대립을 퍼트리려는 중이다. 그것들은 나아가 사상의 여러 흐름들을 끌어내 이용하고 종교적(인간주의적)이거나 내정적인(자유주의적, 민주주의적, 사회주의적) 기획을 그들 자신의 기획과 동일화함으로써 개념들을 왜곡시키며 그럼으로써 무언가를 달성하려는 중이다."(1918b:399)

그러한 말·어휘·개념을 둘러싼 투쟁이 머지않아 슈미트의 중심적인 물음으로 부상하게 된다. 단순한 사실적 힘의 충돌이 아니라 언어라는 이념적 위상에서의 투쟁이야말로 정치투쟁에 있어 결정적인 역할을 맡는다고 여겨지는 것이다. 이 이념정치적 입장은 한편으로 정치질서의 원리가 되는 정치이념(신화)의 창출을 요청하는 데로 이어지게 된다. 다른 한편으로 그것은 특정 국민의 정신적 독립을 위협한다고 여겨지는 이질적 이념이나 법 개념에 대한 언설적 투쟁이라는 형태를 취하게 된다. 이는 특히 1920년대 이래 보편주의를 표방한 1차 대전 이후의 베르사유=제네바 국제법질서를 기만적인 것으로 폭로하려는 이데올로기 비판적인 시도가 되며, 30년대 나치스 시기가 되면 서구 자유주의의 법 개념에 대한 법학자의 투쟁으로서 드러나게 될 것이었다. 법학자 슈미트에게 중요한 것은 (법) 개념의 정치였던 것이다.[8)]

---

8) 특히 슈미트에게서의 개념의 정치를 중심적 주제로 삼고 있는 논고로는 Jan Müller, »Carl Schmitt's method. Between ideology, demonology and myth«, in: *Journal of Political Ideologies*, 4 (1999), S.61-85.

I. 규범과 결단

1. 사법결단의 자립성

초기의 슈미트는 언뜻 신칸트주의에 전형적인 방법을 논의의 출발점으로 삼고 있는 것처럼 보인다. 예컨대 그는 “법은 사실로부터 도출할 수 있는 것인가”(1914WS:20)라는 물음에 대해 “법과 힘이라는 두 세계는 양립 불가능한 형태로 자립해서 병존하는 것이지 않으면 안 된다”(1914WS:22)고 부정적으로 회답하는데, 거기에는 존재/당위, 사실/규범의 신칸트주의적 이원론이 반영되어 있는 것처럼 보이기도 한다. 그러하되 슈미트에게 중요한 것은 그런 이원론 그 자체가 아니다. 오히려 그의 노력은 일관되게 그런 이원론의 “가교”와 “매개”를 향해 기울여지고 있다.9)

1912년의 저작 『법률과 판결』 속에서 슈미트는 바로 그 매개의 행위가 “법실천[법실무]”에서 체현되고 있다고 생각했다. 그 전형이 법률을 구체적인 개별사례에 적용하는 재판관의 사법결단이다. 이러한 법실천은 법률 그 자체로부터는 자립한 위치값을 갖는 것이기에 그것에 대한 고유한 탐구가 행해질 필요가 있는 것이다. “모순을 내포하지 않는 완결된 규범체계를 추구하는” “엄밀한 뜻에서의 법학”과, “모든 관심을 구체적인 개별사례에 집중하는” “법실천” 혹은 “법적용”은 엄밀하게 구별되지 않으면 안 되는 것이었다(1912GU:58). 슈미트가 칸트를 시사하면서 말하듯이, 법실천이 “그 자체로서는 더 이상 법률의 내용이 아니며 방법론적으로 자립한 영역에 속해” 있는 것은 “판단력의 교설의 자립성”에 견줄 수 있다(1913b:166). 따라서 『법률과 판결』의 논의는 결코 신칸트주의적 패러다임의 틀로 수렴되는 것은 아니지만, 어떤 뜻에선 칸트 자신의

---

9) M. Nicoletti, »Die Ursprünge von Carl Schmitts ‘Politische Theologie’«, in: H. Quaritsch (Hg.), *Complexio Oppositorum*, a.a.O., S.109.[18]

문제설정에는 충실하다. 즉 슈미트가 사법결단이라는 문제로 다루고 있는 것은 개별 구체적 사례에 대한 일반적 규범의 적용문제이고, 다름 아닌 판단력에 의한 매개의 문제였던 것이다.

개별사례에 관한 판결을 내리는 재판관의 법실천은 법률의 내용 그 자체로부터는 자립해 있는 것일지라도 아무 규범적 원리도 갖지 않고 자의적으로 내맡겨져 있는 것은 아니다. 슈미트가 『법률과 판결』에서 추적·연구하는 중심적인 질문은 어디까지나 규범적·법학적인 것이다. 즉 "법실천에서 내려지는 결단이 **법학적으로 옳다**고 간주되는 것은 언제인가"(1912GU:1, 강조는 인용자)라는 질문이 그것이다. 재판관의 결단은 법률의 내용 그 자체와는 다른 종류의 규범적 원리에 의해 **옳은** 결단이기를 요구받고 있을 터이다. 그런 까닭에 이제는 규범/사실, 존재/당위의 이원론과는 전혀 다른 구별 하나가 문제시된다. 즉 법률의 내용에 관계된 "법이론"과 나란히 "법실천"이 또 하나의 규범영역으로서 존재하고 있다는 것이 중요해진다. "법실천은 스스로에게 특유한 올바름의 기준을 가짐으로써 법률에 대해 자립할 수 있게 된다."(1913b:166) 그리고 슈미트는 그 "법실천에 고유한 올바름의 기준"(1912GU:2)을 찾아내고자 하는 것이다.

따라서 법률 자체의 규범적 내용으로부터는 법실천의 올바름의 기준을 끌어낼 수 없다. 즉 재판관의 사법결단은 법률의 올바른 "해석"과는 전혀 다른 것이지 않으면 안 된다. 슈미트가 볼 때, "올바른 해석"과 "올바른 결단"이 혼동되고 마는 지점에서 오늘날 흔히들 사법결단의 올바름의 기준으로 간주되는 "적법성(Gesetzmäßigkeit)"의 요청이 출현하고 마는 것이다. 이 '적법성'이라는 기준을 따른다면 사법결단은 단지 개개의 특수사례를 법률의 규범적 내용의 일반성으로 "포섭하는(subsumieren)" 일에 지나지 않은 것이 되고 만다. 이 경우 "(상대적으로) 확고한 규범내용 아래로 포섭될 수 있는 것이라면 그 결단은 옳다. 포섭가능한 결단이 옳은 결단이므로 포섭가능성이야말로 기준이 되는"(1912GU:38f.) 셈이다. 그러하되 구체적 사례에서 사법결단을 내리기 위해서는 주어진 법률을 옳게 '해석'하고 그 일반성으로 개별사례를 '포섭'하는 이상의 것이 종종 필요하게 될 터이다. 질문되고 있는 것은 다름 아닌 규칙이 자명한 것으로 주어지지 않는 곳에서의 결단이다. 머지않아 슈미트 사상의 대명사가 되기도 하는 "예외"를 향한 시야·좌표가 이 초기의 논문 속에서 이미 드러나고 있는 것이다. 즉 "법률에 의해 규제되고 있다는 것에 의문의 여지가 있"는 "의심스런 사례"야말로 "학문적 관심이나 실천적 관심이 출발점으로 삼는 것이다."(1912GU:6) "아직 특별한 법률규칙이 발견되지 않고 있음에도 종종 결단을 요구하는" 사례에 관하여 "재판관은 결코 실정법으로 만족할 수 없으므로", "포섭장치"나 "법률기계" 이상의 것을 기준으로 삼지 않으면 안 된다는 것이다(1912GU:9).

법률의 해석과 개별사례에서의 결단은 영역을 전혀 달리하는 것이고, 법률을 아무리 옳게 해석했을지라도 그것으로 구체적인 사례를 맞아 올바른 결단이 내려지게 될 리는 없다.

> 해석의 올바름(이는 단지 추상적인 내용만을 염려하여 여러 구체적인 개별사례를 그저 그 내용의 확인을 위해 이용하는 것일 따름이다)과 구체적 결단의 올바름이 동일한 것으로 이해되자마자, 실제생활에 관계없이 추상적으로 타당한 법조규를 개별사례에 대한 구체적 적용과 결부시키고 있는 끈을 잃어버리고 만다. (1912GU:29)

"적법성"이라는 기준은 법규범체계의 무모순적인 일반적 타당성을 확정하는 이론적 해석에만 관여할 뿐, 그 실천적 적용의 기준일 수는 없는 것이다. "실천 속에서 내려지는 여러 결단의 올바름에 관하여 법실천에 특유한 기준을 주기 위해서는 '적법성'이라는 기준이 충분할 수 없다. ……그렇기에 다른 기준을 찾아내야만 한다."(1912GU:42).

2. 법확정성의 요청

슈미트의 노력은 올바른 사법결단을 위한 기준을 타당한 실정법규범에 대한 해석으로부터 독립한 형태로 획득하려는 것으로 향해 있다. 그때 그가 출발점으로 삼는 것은, 그 어떤 법률에 기초해 그 어떤 판결을 내릴 경우일지라도 무릇 사법결단이라는 것이 행해질 때에는 언제나 전제가 되는, 하나의 형식적인, "사실적으로 작용하고 있는 요청"(1912GU:55)에 다름 아니다. 그것이 "법확정성(Rechtsbestimmtheit)"의 요청이라고 불리는 것이다. "법실천에 고유하고 올바른 기준이란 이제 법확정성의 요청으로부터 획득되지 않으면 안 된다."(1912GU:59)

'법확정성'이란 무엇인가. 그것은 결단 자신에게 속하는 결단의 근거지음, 즉 그것이 어떤 내용을 갖든지 애초에 "결단이 내려져 있다(das Entschiedensein)"는, 혹은 "단적으로 확정되어 있다(das bloße Festgestelltsein)"는 사실 그 자체이다(1912GU:49). 규범의 내용은 규범 그 자체를 근거지을 수 없으며, 그런 근거지음을 위해서는 "내용적 무관심(inhaltliche Indifferenz)의 계기"로서 "추상적으로 확정되어 있다는 계기"가 필요한 것이다(1912GU:66f.). 그런 까닭에 슈미트는 결단에 관해 중요한 것이 그 내용이라기보다는 결단이 행해졌다는 사실 그 자체이며, "특정한 방식으로 결단하는 것이라기보다는 애초에 결단이 행해지고 있다는 것이 중요해지는 사례"(1912GU:63)가 존재한다는 점을 거듭 강조한다.

결단에 있어 내용적 무관심의 계기를 향한 그런 착안에서 이른바 '결단주의'의 싹을 간취하는 것은 그리 어렵지 않다. 실제로 '결단주의'적인 저작의 전형으로 여겨지는 1922년의 『정치신학』에서도 다음과 같이 말해지고 있다.

> 구체적인 모든 법적 결정은 내용적 무관심의 계기를 포함하고 있다. 왜냐하면 법적 결단은 그 전제로부터 완전히 남김없이 도출될 수 있는 것이

> 아니기 때문이며 결정이 불가결하다는 사정은 줄곧 하나의 자립된 결정적 계기이기 때문이다. (1922PT:36[42])

그러나 주의해야 하는 것은 슈미트가 어떤 내용일지라도 관계없는 자의적 결단을 칭송하고 있는 게 아니라는 점이다. 특히 『법률과 판결』에서 법확정성은 "**예측가능한** 결단을 주기"(1912GU:67) 위한 것이라는 점이 명확히 서술되어 있다. 사법결단은 개별 재판관의 주관적 판단에 좌우되어서는 안 되며, 언제나 일정한 예견가능성과 항상성을 갖지 않으면 안 된다(이 점에서 슈미트의 논의는 주의주의적인 주관주의를 소지하고 있는 헤르만 칸토로비츠 등의 자유법운동과는 구별된다). 단순한 주관적 자의에 빠지지 않는 결단을 확보하는 일이야말로 다름 아닌 법확정성의 요청인 것이다.

그러면 내용적으로 무관심함에도 결단에 일정한 예측이나 예견의 가능성을 부여하기 위해서는 어떻게 해야 되는가. '적법성'이라는 기준을 단념하고서도 사법결단이 재판관의 주관적 자의에 빠지는 일 없이 일정한 객관성을 확보하는 일은 어떻게 가능해지는가. 슈미트는 현대의 재판에서 합의재판이 지배적으로 되고 있는 점에 주목한다. 그리고 그런 합의 원리를 단서로 결단의 객관성과 예측가능성을 확보할 수 있는 실천 고유의 기준을 다음과 같이 정식화한다.

> 오늘날 어떤 사법결단이 옳다고 여겨지는 것은 다른 재판관일지라도 동일하게 결단했으리라고 상정할 수 있는 경우이다. 여기서 '다른 재판관'은 법률을 배운 현대 법률가의 경험적 유형을 의미하고 있다. (1912GU:63)

합의제라는 것은 사법결단의 근거가 여러 재판관들의 검증에 노출된다는 것을 뜻한다. 결단의 근거지음이 결단 자신에게 속한다고 할지라도 어떤 결단이 행해지기만 하면 그것으로 그 결단의 근거지음이 마무리되는 것은 아니다. 오히려 그 근거지음은 결단의 근거를 제시하여 그것을 다른 재판관에게도 받아들여질 수 있게 하는 "설득의 실천"[10]이라는 성격을 띠는 것이다. "더 많은 재판관에 의해 근거가 검증된 결단은 예견과 예측이 가능하며, 다른 재판관일지라도 동일하게 결단했으리라는 더 높은 개연성을 갖게 될 것이다."(1912GU:74f.)

여기서 슈미트가 문제로 삼고 있는 것은 결단의 보편화 가능성에 다름 아니다. 그리고 실제로 앞의 정식은 슈미트 자신이 서술하듯이 보편화 원칙으로서 칸트가 말하는 정언명법을 변형한 것이다(1912GU: 78).[11] 어떤 주관적 결단의 올바름은 그것이 보편적 법칙과 일치하는가 아닌가에 의존한다. 이는 미리부터 보편적인 법규칙으로 주어진 무언가를 중심에 둔 '적법성'과 혼동되어서는 안 된다. 슈미트의 경우에 결단이 보편성을 획득한다는 것은 그 결단이 다른 재판관들도 마찬가지의 결론에 이르리라는 정당한 근거를 가진 결단으로서 승인될 수 있다는 뜻이다. 어떤 결단이 보편적이고 안정적으로 내려진 결론이라는 기대를 근거짓는 수단으로서 "적법성"이 역할을 할지라도 "적법한" 결단 모두가 보편적으로 옳은 것이 되는 것은 아니다(1912GU:88). 실천의 올바름의 기준은 법규범과는 차원을 달리하는 실천의 위상 그 자체에서 찾아져야만 한다. 그런 맥락에서 질문되고 있는 것은 어떤 결단의 예견가능한 안정성을 확보하기 위해 그것의 보편화를 지향하는 재판관에 의한 실천인 것이다.

이 『법률과 판결』에서의 슈미트는 결단('법실천' 혹은 '법적용')의 영역을 자립적인 것으로 간주함에도 그것이 규범에 대해 우위에 점한다는 것까지 상정하고 있는 건 아니다. 재판관은 입법자가 아니므로 그 실천은 기존의 법률을 넘어서는 새로운 법을 만드는 것이어서는 안 된다. "재판관은 법을 창조하는 것이 아니라 법에 의거하는 것이다."(1912GU:

10) Elien Kennedy, *Constitutional Failure, Durham*/London 2004, S.71.

11) 하소 호프만은 이를 두고 정언명법의 "공리주의적인 수정"이라고 하면서 다음과 같이 표현한다. "당신은 예견가능하고 계산가능한 결단을 내려야만 한다. 그것이 보편적인 규칙으로서 받아들여진다고 상정할 수 있는 격률에 따라 결단하라."(H. Hofmann, *Legitimität gegen Legitimität*, a.a.O., S.36)

103) 이런 뜻에서 슈미트는 앞서 서술한 것처럼 정식화된 실천 고유의 기준을 "자율적(autonom)이라기보다는 토착적(autochthon)"이라고 불러야 한다고 주장함(1912GU:118)에도, 규범에 대한 결단의 상대적 자립성의 발견은 이른바 '결단주의'로의 길을 열었던 것이라고도 할 수 있을 것이다.12) 규범을 적용하기 위한 결단이, 적용되어야만 할 해당 규범을 넘어서버리고 마는 일이 일어날 수 있는 것이다. 실제로 규범으로부터 자립한 "결단 그 자체의 고유한 의의"를 인정한 이 초기 저작의 입장은, 사후적으로 보면 주관적 결단이라는 문제계로 연결되고 있었던바, 이는 『법률과 판결』의 1969년 재출간에 붙인 서문 속에서 슈미트 자신에 의해 확인되는 것이다.

결단의 자립성이라는 사상은 국가론적 차원에서의 귀결도 수반하고 있었다. 그것은 국가주권을 정치적 결단으로서 정의하는 것에 이르렀으며, 독재가 그 논의의 결론이라는 인식에 도달했던 것이다.13)

이후 슈미트의 너무도 유명한, 예외상태에서의 주권자의 결단, 종종 '무無로부터의' 법정립의 양상을 드러내는 결단은 모두 『법률과 판단』에서 논의됐던 일반적 규범과 개별사례 간의 매개라는 문제, 이른바 적용 문제의 래디컬화에 다름 아닌 것이다.

---

12) Vgl. H. Hofmann, *Legitimität gegen Legitimität*, a.a.O., S.23.

13) Carl Schmitt, Vorbemerkung zu *Gesetz und Urteil*, 2.Aufl., München 1969. 1921년도 『독재』의 초판 「서문」에서 슈미트는 독재의 본질을 다름 아닌 법을 실현하기 위해 있는 절차가 법 그 자체로부터 분리되고, 나아가 법을 넘어가버리고 만다는 점에서 보게 된다. "역사적-정치적 현실 속에서 독재에 의해 그 지배가 확보되어야 할 바로 그 규범이 무시되어버리고 만다는 점에 이 [독재라는] 개념의 내적 변증법이 있다. 따라서 실현되어야 할 규범의 지배와 그것을 실현하는 방법 사이에는 대립이 생겨나는 것이다. 법철학적으로는 그 지점에, 곧 법의 규범과 법실현의 규범이 분리될 수 있다는 보편적 가능성에 독재의 본질이 있다."(1921D:XVII[10]) 이러한 전도의 가능성을 알아차리게 된 슈미트 속에 규범주의로부터 결단주의로의, 즉 "힘에 대한 법의 우위로부터 법에 대한 힘의 우위로의 패러다임의 전환"(Ruth Groh, *Arbeit an der Heillosigkeit der Welt*, Frankfurt a. M. 1998, S.82f.)이 있음은 종종 지적되고 있다.

3. 국가에 의한 법실현

『법률과 판결』에서는 규범과 현실의 이원론을 매개하는 '법실천' 혹은 '법적용'이 사법결단의 문제로서 질문되었다. 이는 2년 뒤인 1914년에 출판된 『국가의 가치와 개인의 의미』에서는 "법실현"의 문제로 변주되게 된다.14) 그리고 이 논문 속에서는 그런 이원론을 가교하는 매개자로서의 역할이 "국가"에 귀속된다. 1921년 『독재』의 「서문」에서 사용되고 있는 단어로 말하자면 국가란 "법규범"과는 구별되는 "법실현규범"인 것이다(1921D:XX[13-14]).

> 규범과 실재하는 경험세계를 대치시킴으로써, 한쪽 세계로부터 다른 쪽 세계로의 이행점이라는 국가의 지위가 귀결된다. 구성적 지점으로서의 국가 속에서 순수사고로서의 법은 세속적 현상으로서의 법이 된다. **이에 따르면 국가란 법적 형성물이고 그 의미는 전적으로 법을 실현한다는 과제 속에 있다.** (1914WS:52)

슈미트는 '법규범'과 경험적 사실 사이에서 국가에 의한 '법실현'이라는 이행과 매개의 장을 발견하는 것이다.

『국가의 가치와 개인의 의미』에서는 실현되어야 할 '법규범'과 '법실현규범'으로서의 국가라는 두 가지 규범영역이 구별됨으로써 두 종류의 법이 대치되게 된다. 즉 하나는 "국가에 앞서 현존하고 있던, 국가와는 독립된 사상으로서의 법"이며 다른 하나는 "국가의 법[국법]"이다(1914WS:75). 그러나 첫 번째 것, 국가가 실현해야 할 '법사상'이라는 것을 통해 슈미트가 대체 무엇을 생각하고 있었는지가 문제이다. 그에 따르면 '법사상'과 '국법'은 실질적 내용을 가진 두 가지 법영역으로 구별되는 것이 아니다. 오히려 그 구별은 모든 경험적인 법규범 그 자체

14) Vgl. H. Hofmann, *Legitimität gegen Legitimität*, a.a.O., S.39.

내부에 기입되어 있는 것으로 여겨진다.

> 하지만 두 가지 법의 그러한 대립은 내용적으로 규정된 조규를 갖는 두 가지 완결된 단위의 대치 같은 것이 아니라, 개개의 경험적인 법규 내부에서는 의당 그런 구별이 행해질 수 있는 것이다. (1914WS:72f.)

즉 국가에 앞선 시원적인 법은 경험적으로 정립된 국법을 통해서만 비로소 그 존재를 헤아릴 수 있는 것이다. 이에 관해서는 국법에 정당성을 부여하는 어떤 것이라는 말 이상으로 설명할 수는 없다. 그런 까닭에 슈미트는 추상적인 사상으로서만 존재하는 전前국가적인 법의 구체적 내용은 일절 언급하지 않으면서, 단지 그것을 "자연주의 없는 자연법"(1914WS:76)이라는 이름으로 가리킬 따름이다. 오히려 그가 관심을 갖는 것은 추상적인 법사상을 경험적 세계 속에서 실현하기 위한 가교의 문제인 것이다. 여기서도 또한 결단의 물음이 드러난다. "현실을 규범으로 만들어 바꾸는 일에 도움이 될 법사상은 실정적이지 않으면 안 된다. 즉 그 내용은 주권적인 결단의 행위를 통해 **정립**措定되는 것이며, 조문이 되어 구체적인 형식을 취하는 것과 같이 언명되는 것이다."(1914WS: 78)

여기서 다시 슈미트는 『법률과 판결』에서처럼 법의 내용보다도 어떤 법이 정립되고 있다는 단적인 사실에 눈길을 보내고 있다.

> 모든 실정적인 법률 속에는 〈단적으로 확정되어 있다〉고 하는 계기가 타당하다는 것이 불가결한 것으로 들어 있다. 이에 따른다면, 애초에 무엇인가가 실정적인 규정이 되고 있다고 하는 사실[Daß] 쪽이야말로 어떠한 내용이 실정적인 규정이 되고 있는가보다도 종종 더 중요하다. (1914WS:78)

그리고 그러한 내용적 무관심의 계기는 『국가의 가치와 개인의 의미』

속에서는 법을 실현하는 국가의 결단에 의해 초래되는 것으로 간주된다. "이 내용적 무관심—이는 나의 논고 『법률과 판단』에서의 설명과 관련된다—이라는 것은 국가의 실현노력으로부터 생겨난다."(1914WS:79) 슈미트에게 추상적인 법사상이란 경험적 현상과는 완전히 격절되어 있으며 스스로를 세계 속에서 구체화할 수 없다. "법은 자기 자신을 넘어가서 스스로를 실현하려는 의지를 갖지 않는"(1914WS:35) 것인 이상, 자신의 실현을 위해서는 법규범과는 다른 위상을 도입할 필요가 있다. 그것이 법실현의 심급으로서의 국가인 것이다.

여기에는 슈미트에게 결정적인 것이 되는 질문, 곧 〈누가〉 결단하는가라는 물음의 싹이 있다. 질문되어야만 하는 것은 법의 내용 그 자체라기보다는 누가 그 법을 실현하는 것인가, 혹은 누가 그 법을 정의하고 적용하는 것인가이다. 즉 "누가 명하는가(Quis judicabit)"라는 질문이다. 이는 이후 『정치신학』에서 명확하게 강조될 것이다.

> 무엇이든 임의의 법률을 누구나가 집행하고 실현한다는 것은 있을 수 없는 일이다. 그러하되 결정규범으로서의 법규는 어떻게 결정되어야 하는가를 말하는 데에 머물 뿐, 누가 결정해야 하는가에 관해서는 얘기하지 못한다. ……그 질문은 권한에 관한 물음이다. 이는 법규의 내용적인 법의 성격으로부터는 결코 제기되는 일이 없으며 또 답할 수도 없는 질문인 것이다. (1922PT:38[45-46])

이러한 권한 문제의 시야·좌표에 의해 슈미트는 법에 어떠한 규범적 내용이 씌어 있는지를 밝히는 일보다도 오히려 그때그때의 구체적 상황 속에서 법을 해석·운용하는 실권을 가진 배후의 누군가를 들추어내는 데에 관심을 기울이게 된다. 그의 이러한 이데올로기 비판적인 몸짓이 특히 현저하게 드러났던 것이, 뒤에서 보게 될 것처럼 베르사유=제네바 국제법체제에 대한 비판인 것이다.

『국가의 가치와 개인의 의미』에서는 여전히 국가에 의한 법실현이란

"힘에 대한 법의 우위를 지키면서"(1914WS:38) 행해져야 한다고 강조된다. "힘이 그 자체로 국가가 될 리는 없다. ……국가의 권위는 힘이 아니라 국가가 실현하는 법 속에 있다."(1914WS:69) 바로 그렇기 때문에 국가는 "(단지 최강이 아니라) 최고의 권력"(1914a:529)이라는 이름으로 지시되는 것이다. 그러하되 『국가의 가치와 개인의 의미』에서는 국가만이 유일한 법실현주체로 간주됨으로써 분명 국가의 절대화가 준비되고 있는 것처럼 보이기도 한다. 이 저작에서 슈미트는 철저한 반개인주의의 입장에 서있다. 즉 개인이란 어디까지나 경험적 사실성에 속한 존재에 불과하며 그것 자체로서는 아무런 규범적 주체일 수가 없다. 그런 주체일 수 있으려면 개인은 고차적인 목적으로서의 법이나 이념에 "헌신"하지 않으면 안 된다. 그러하되 개인이 이념에 직접 몸을 바치는 것이 가능했던 "직접성의 시대"는 이제 지나갔고, 오늘날 "간접성의 시대"에는 개인과 이념 간의 "매개"가 불가결하다(1914WS:108). 그리고 국가야말로 그런 매개를 행하는 것이지만, 마찬가지로 교회라는 제도에 구제의 직접성을 거부하는 매개자의 역할을 귀속시키고 있는 『교회의 가시성』에서 말해지듯이, 슈미트에게 특징적인 것은 이념으로의 가교란 인간 개인 측에서는 불가능하며 언제나 "위로부터 아래로" 행해지는 것이라는 점이다(1917:75[98]).[15] 국가는 법으로부터 그 권위를 수취하고 개인은 그런 법실현주체로서의 국가에 참여함으로써만 가치를 가질 수 있는 것이다. "개개의 인간과 결속될 수 있는 가치란 모두 하나의 법칙성이 가진 초개인적인 리듬에 헌신하는 데에 있다. 모든 가치현상의 이 근본원칙이란 국가라는 세계 속에서 무엇보다 명확하게 실행된다."(1914WS:93). 개인의 의미는 법을 향한 헌신 및 법실현이라는 과제를 홀로 떠맡는 국가를 향한 헌신 속에 있는 셈이다.

전기적 사실을 보면, 슈미트는 학위논문 『책임과 그 종류』를 1910년에 마무리한 뒤에 잠시 뒤셀도르프와 그 근교에서 사법수습생으로 법실무에

---

15) M. Nicoletti, »Die Ursprünge von Carl Schmitts 'Politische Theologie'«, a.a.O., S.124f.[36]

종사했는데, 이 시기의 일기 속에서 그는 다름 아닌 법률가로서 그런 실무에 몰입하는 것에 자기 자신의 적성이 있다고 느끼고 있었던 듯하다. 즉 "나는 성격학적으로 변호사이다. 내가 힘을 다하는 것은 타자의 형편뿐이다."(2003T:42) 그리고 "성격학적으로 변호사란 이념에 몸을 바치고 나아가 자기를 잊는다. ……타자의 형편—여기서 그것은 국가이지만—에 몸을 바치는 것이 고차적 의미에서 변호사의 일과 관리의 본질이다."(2003T:44) 그러하되 슈미트가 단지 국가권위에 대한 맹목적 복종을 준비하는 듯한 논의만을 전개하고 있었던 것도 아니다. 실제로 그에게는 초개인적인 과제로의 몰입과 헌신의 요청이 그런 과제의 인위성 즉 픽션성에 대한 자각과 기묘한 형태로 공존하고 있다. 이 '픽션주의'로부터 그의 정치실천의 두 가지 측면, 즉 한편으로는 정치신화를 향한 요구, 다른 한편으로는 보편주의 이데올로기에 대한 비판이 생겨나게 되는 것이다.

Ⅱ. 픽션주의로부터 이념정치로

1. 픽션을 향한 헌신과 그 유용성

슈미트에게 개인이나 국가가 무언가 가치를 가질 수 있는 것은 그것들이 단순한 경험적 사실성을 넘어 규범적 영역으로 파고들어 가는 경우이다. 사실성의 영역으로부터의 그런 넘어섬은 픽션의 힘을 빌릴 때야말로 가능해진다. 그리고 법이란 바로 그런 픽션에 다름 아니다. 초기의 슈미트는 1910년대 전반기에 유행했던 한스 파이잉거의 『〈마치 ~인 것처럼〉의 철학』(1911)에서 착상을 얻어 독특한 "픽션주의" 사상을 다듬었던 것이다.[16] 파이잉거의 그 저작에서는 "픽션"이 과학적 인식의 "보조 개념"으

16) 초기 슈미트에게서의 픽션주의에 관해서는 R. Mehring, *Pathetisches Denken*, a.a.O., S.25-33; G. Meuter, *Der Katechon*, a.a.O., S.244-255를 참조. 일본어 문헌으로는

로 위치 정해져 있고[17], 픽션의 방법은 특히 수학과 법학 분야에서 옳게 적용되어 그 발전에 기여해온 것으로 되어 있다.[18] 슈미트에게 파이잉거의 결정적 중요성은 그런 "법학적 픽션"이라는 생각을 제기했던 점에 있었다. "법생활은 픽션에서 셀 수 없이 많은 진보를 빚지고 있다. ……중요한 것은 픽션을 적절한 한계 속에서 보전하는 것이다. 이는 파이잉거의 저작에서 법학자가 보는 무엇보다 중요한 점이다. 즉 픽션 그 자체란 아무런 비난의 대상이 아니라는 것을 보여주고 있다는 점이다."(1913a:805)

그러하되 슈미트는 파이잉거적인 픽션 개념을 더 래디컬한 형태로 수용한다. 파이잉거는 픽션 개념이 "잠정적"이라는 점에 주의를 촉구하고 과학적 인식의 진보에 따라 수정될 수 있는 가능성을 언급한다.[19] 하지만 슈미트는 그 점에서 파이잉거가 아직 진리의 시비를 전제하고 있음을 불충분하게 여기면서, 진위를 묻는 태도를 법학적 픽션의 영역에서 완전히 보류할 것을 요구한다. 질문되는 것은 모종의 실재세계에 관한 인식이 아니라 픽션을 우리의 삶에 유용한 도움이 되도록 하는 것이다. "우리의 사고란 세계를 완전히 개념적으로 파악하는 것이 아니다. 우리의 사고가 지향하는 바는 닫힌 무모순적 표상조형이며 우리가 삶에 능숙해지는 일을 돕는다는 목적을 실천적으로 지니고 있는 것이다. 픽션의 정당화의 근거와 한계는 그것이 우리의 그런 사고에서 갖는 가치 속에 있기에, 그 전제가 비현실적이고 불가능하다는 이의를 픽션에 대해 제기하는 것은 본말전도이다."(1911:430)

슈미트에 따르면 "법에 있어 본래의 픽션"은 엄밀하게는 "파이잉거가 말하는 뜻에서의 픽션"이 아니며, 그렇기에 그것을 "의식적인 허위의 상정"이라고 부르는 것조차 부정확한 것이다. "'참되지 않은'이라는 것이

타케미네 요시카즈, 「'미망의 가르침': 슈미트/바그너/칸트」, 나카마사 마사키 편, 『미(美)의 폴리틱』, 오차노미즈쇼보, 2003, 133-166쪽.

17) Hans Vaihinger, *Die Philosophie des Als Ob*, Berlin 1911, S.18f.

18) Ebd., S.47

19) Ebd., S.127, 173

픽션 속에 끼워 넣어져 있는 것은 오로지 자연주의에 의해서이다."(1914 WS:102). 진위라는 것은 픽션의 외부에 모종의 실재를 상정한 자연주의의 입장에서만 말해질 수 있을 뿐이다. 『국가의 가치와 개인의 의미』 속에서 법이념이 "자연주의 없는 자연법"이라는 이름으로 지시되는 까닭은 "법에 있어서의 반자연주의"(1914WS:108)라는 슈미트의 입장에서야말로 이해될 수 있는 것이다. 법생활이라는 것 모두는 아무런 외부세계로의 지시를 포함하지 않는 법학적 픽션을 기초로 구축된다. 법학은 자연과학이나 사실학과는 근본적으로 다른 것이므로, 경험적 사실성과는 분절된 고유의 개념세계를 그 자체로 형성하는 픽션에 기초해 있다. 법생활을 규정하는 것은 반자연주의적인 픽션주의이지 않으면 안 되는 것이다.

혹시 슈미트의 픽션주의가 실재물과의 대응에 기초한 진위 판단을 보류하는 것이라고 한다면, 그것은 신앙이나 신념의 영역에 접근하는 것으로 볼 수도 있다. 혹은 오히려 픽션 속에서 산다는 것은 그에게 일종의 "미망迷妄[Wahn]"과도 같은 것이 된다. 실제로 『법률과 판결』에는 "법실천 또한 얼마간의 미망 없이는 결코 순조로울 수 없는 일에 속한다"(1912GU:42)는 한 문장이 보인다. 거기서 슈미트가 인용하고 있는 대사는 리하르트 바그너의 악극《뉘른베르크의 명가수》3막 1장 말미의 주인공 한스 작스가 노래한 〈미망의 고백〉에서 따온 것이다.[20] 실제로 이 〈미망의 독백〉은 파이잉거가 삶과 배움에 대한 픽션의 유용성을 언급하면서 거론하고 있으며[21], 슈미트 또한 그 독백 속에서 『〈마치 ~인 것처럼〉의 철학』에 대한 가장 적절한 표현을 봤던 것이다.

소년 시절부터 음악에 큰 관심을 갖고 있었던 슈미트는 1912년에

---

20) 《뉘른베르크의 명가수》 중 〈미망의 독백〉 말미의 원문은 다음과 같다. "Jetzt schauen wir, wie Hans Sachs es macht,/ daß er den Wahn fein lenken kann,/ ein edler Werk zu tun:/ denn läßt er uns nidht ruhn,/ selbst hier in Nürnberg,/ so sei's um solche werk',/ die selten vor gemeinen Dingen,/ und nie ohm' eingen Wahn gelingen."

21) H. Vaihinger, *Die Philosophie des Als Ob*, a.a.O., S.771.

집필한 바그너론에서[22] 이렇게 말하고 있다. "그런 까닭에 바그너가 '미망'이라는 것으로 이해하고 있는 것이…… '마치 ~인 것처럼'의 철학 체계에 있어 특히 중요해진다고 한다면, 그것은 이 새로운 철학이 미망에 관한 모든 학설을 거둬들이고 있는 체계연관의 표현 하나를 바그너에게서 발견했기 때문이다. 그렇기에 미망에 관한 리하르트 바그너의 교설은 정당하게도 『〈마치 ~인 것처럼〉의 철학』 속에서 고유한 철학적 의의를 지닌 인식으로서 이야기됐던 것이다."(1912c:240)

미망이란 사실에 관한 이론적 인식에 관여하는 것이라기보다는 오히려 실천적 행위를 가능하게 한다는 점에 그 의의가 있다. 미망 속에서 사람은 "다른 영역으로 높여진다." 즉 미망의 의의는 "본래적으로 윤리적인 생의 영역에 있다."(1912c:240) 여기서 슈미트는 칸트의 실천이성에 있어서의 자유 이념을 픽션으로서 이해한 파이잉거에 의존하면서도[23] 그것을 더욱 래디컬화한다. 즉 슈미트에게 자유로운 인간적 행위는 칸트적인 "이성신앙"에 머무는 것이 아니라 오히려 "신화"라고 부를 수 있는 고차적 목적을 향한 신념에 의해 가능해지는 것이다.[24] 미망에 관한 바그너의 교설에서는 "신화형성의 과정 전체"가 "새로운 존엄을 수취한다."(1912c:240)

일상적인 삶을 떠나 고차적 목적에 몸을 바침으로써 달성되는 위대한 행위의 사례를 슈미트는 돈 키호테라는 인물형상 속에서도 발견하게 된다. 풍차와 싸우는 그의 망상이 드러내 보이는 것은 "눈앞의 현실을 불가해한 것으로까지 무시하게 되는, 하나의 이념을 향한 열광"(1912b:349)이다. 이 망상은 건전한 오성의 관점에선 웃음거리가 될지라도 슈미트에겐 그렇지 않았다. "돈 키호테에게는 사물과 일의 사실적 연관을 통찰하는 것보다도 그저 자신의 고차적 목적만이 중요한"(1912b:349) 것으로, 이는 하나의 위대한 윤리적 파토스의 표현인 것이다. 중요한

22) 타케미네 요시카즈, 「'미망의 가르침': 슈미트/바그너/칸트」, 앞의 책, 133-135쪽 참조.

23) H. Vaihinger, *Die Philosophie des Als Ob*, a.a.O., S.647f.

24) Vgl. R. Mehring, *Pathetisches Denken*, a.a.O., S.29.

것은 그 목적이 사실로서 존재하는가 아닌가 따위가 아니라, 그것을 향한 신념에 기초해 행동하는 것이다. 이를 가리키는 것이 다음과 같은 돈 키호테적 격률이다. "나는 나의 둘시네아를 믿는다. 왜냐하면 그녀가 정말로 존재하는가 아닌가는 문제가 아니기 때문에."(1912b:349)

거기로부터, 법이념을 향한 헌신 및 법이념을 실현하는 국가에 대한 헌신을 통해서만 개인은 가치를 얻을 수 있다는『국가의 가치와 개인의 의미』에서의 입장은 이해될 수 있다. 개인은 고차적 과제에 몸을 바침으로써만이 단순한 경험적 사실성의 영역을 넘어설 수 있는 것이다.

> 과제와의 동일화, 일의 형편에 대한 극도의 헌신, 과제를 향한 몰입, 국가 및 한 과제의 봉사자라는 긍지, 일의 형편에 대해 최대한으로 겸양하는 자기망각, 이런 것들만이 그들[카이사르, 프리드리히 대왕, 비스마르크] 인생의 위대하고 감탄할 만한 순간을 만들어내고 있다. (1914WS:90)

그러한 과제는 다름 아닌 작스가 〈미망의 독백〉 말미에서 노래하고 있듯이 "얼마간의 미망 없이는 결코 순조로울 수 없는" 일이다.

그러하되 슈미트에게서 픽션에 대한 몰입 그 자체는 자기목적이 되고 있는 것만은 아니다. 그는 또 픽션을 우리의 삶을 위해 도움이 되게 하는 일, 즉 "픽션의 실천적 유용성"(1913a:805)까지도 강조하기 때문이다. 바그너론의 결미는 다음과 같이 되어 있다. "최후에 생겨나는 것은 실천적 행위를 위한 가장 아름답고 가장 숭고한 '마치 ~인 것처럼'의 철학이다. 즉 미망의 유용성과 편리성의 인식이며, 그것이 실천에 있어서는 불가피하다는 인식이다."(1912c:241) 슈미트가 픽션의 유용성을 강조할 때, 거기서 보이는 것은 이념에 대한 신념이라기보다는 픽션이 일정한 목적을 위한 수단으로서 이용될 수 있다는 입장이다. 그렇다면 슈미트에겐 픽션에 관한 서로 다른 두 견해가 동거하고 있다고 볼 수도 있을 것이다. 그중 하나는 픽션 그 자체가 믿고 몸을 바치는 것에 값하는 이념이라고 보는 견해. 다른 하나는 픽션이란 역시 인위적으로 구성된 것이며 목적을 위한 유용한 수단이라고 보는 깨인 견해. 종종 지적되듯이 슈미트는 픽션이라는 것에 대해 그렇게 둘로 분열된 양의적인 포착 방식을 갖고 있었는데25), 거기로부터 그의 두 가지 종류의 이념정치적 실천이 귀결된다. 즉 한편으로 슈미트는 신념에 의해 그 실재성과 객관성이 생겨나고 그것에 의해 우리의 삶이 맵시 있게 형태화되는 "좋은" 픽션, 즉 "정치신화"를 창출하고자 한다. 다른 한편에서 그는 보편적이라는 것을 표방하면서도 실제로는 정치의 도구가 되고 있는 "나쁜" 픽션으로서의 법실증주의에 비판의 창끝을 겨눈다. 이는 특히 1차 대전 이후의 보편주의적 국제법학과 베르사유=제네바 국제법질서에 대한 이데올로기 비판적 투쟁으로 이어지게 되는 것이다.

2. 정치신화의 창조

a. 언어의 신화작용

초기 슈미트의 픽션주의는 정치에 관한 그의 견해를 결정적인 방식으로 규정하게 됐다. 즉 그에게 언제나 정치란 주어진 물질적 현실을 넘어선 일정한 관념세계의 구축을 둘러싸고 전개되는 것이다. 정치는 결코 단순한 사실적 권력기술로 환원되어서는 안 되는 것이며, 거기서는 이념이야말로 결정적인 역할을 맡고 있다. 슈미트는 1923년의 『로마 가톨리시즘과 정치형식』에서 아메리카니즘이나 볼셰비즘에서 체현되는 경제적·기술적 사고에 저항하면서 "대표"의 원리를 관철하는 가톨리시즘의 이념적인 힘을 강조해 말한다. "그 어떤 정치체제도 권력주장의 단순한 기술만으로는 단 한 세대조차도 존속할 수 없다. 정치적인 것에는 이념이 포함되어 있다. 정치는 권위 없이는 존재하지 못하며 권위는 확신의 에토스 없이는 존재하지 못하기 때문이다."(1923RK:28[131-132])

---

25) 슈미트의 픽션주의에서 보이는 이러한 분열에 대한 지적은 R. Mehring, *Pathetisches Denken*, a.a.O., S.30ff.; G. Meuter, *Der Katechon*, a.a.O., S.65f.; R. Groh, *Arbeit an der Heillosigkeit der Welt*, a.a.O., S.253f.; E. Kennedy, *Constitutional Failure*, a.a.O., S.70f.

다다이즘의 주창자였지만 이후 가톨릭으로 개종한 후고 발이 1924년 『정치신학』에 대한 서평 속에서 슈미트를 "이데올로그"로 규정한 것은 바로 그런 문맥에서 이해할 수 있다.

> 이데올로그는 삶의 모든 사실이나 자신의 경험전체를 이념에 의해 삶이 지배되고 있다는 근본확신 주위로 결집시킨다. 그 확신이란, 삶이라는 것이 결코 그것을 조건짓는 것에 따라서가 아니라 오히려 그런 조건이 되는 자유롭고 독립된 통찰에 따를 때만, 나아가서는 이념에 따를 때만 질서화될 수 있고 쌓아올려질 수 있다는 믿음이다.[26]

인간의 삶은 오로지 이념 또는 이데올로기의 힘에 의해 구성되는 것이다. 발의 이 서평은 이후 자주 지적될 슈미트의 이념정치적 애스펙트〔양상·국면·전망〕를 간파한 최초의 논고라고 할 수 있다. 슈미트에게 어떤 정치적 실존이나 정치적 통일, 혹은 헌법은 단지 사실적인 상태로서 현존하는 것이 아니라 모종의 정치이념을 통해 형성되는 것이다. 즉 "구체적인 지배는 버팀목이 되는 정치적 이념에 의해 정통화되고 있는 것이며, 바로 그것을 통해서 지속적인 타당성의 요구를 갖게 되는"[27] 것이다.

그런 이념정치적 입장에서 이해될 수 있는 것이 개념의 세계에서 고유한 실재성을 간파하는 슈미트의 방법론이다.[28] 그는 유명한 "개념의 사회학"이라는 방법을 『정치신학』에서 제기하고 법이나 개념을 물질적 하부구조로부터 도출하는 것을 거부하면서, "이념적인 것으로서의 철저한 개념성"을 "정신적이면서도 실질적인 두 동일물"로서 포착하고자

---

26) Hugo Ball, »Carl Schmitts Politisclie Theologie«, in: Jacob Taubes (Hg.), *Der rst dieser Welt, Carl Schmitt und die Folgen*, 2.Aufl., München 1985, S.100.

27) Vgl. Ernst Rudolf Huber, »Verfassung und Verfassungswirklichkeit bei Carl Schmitt«, in: *Blätter für Deutsche Philosophie*, 5 (1931), S.309.

28) 슈미트의 방법에 있어 개념성의 의의를 후고 발이 지적하듯이 그의 '이데올로그'성으로부터 출발하여 검토하고 있는 것으로는 와니 아키라, 『교회·공법학·국가』, 도쿄대출판회, 1990, 128-140쪽.

한다(1922PT:50[60]). 법이나 개념으로 된 관념세계는 픽션일지라도 다른 무엇으로도 환원불가능한 실재성을 갖고 있다. 슈미트는 "법학의 전제로서의 개념실재론"(1991:17, 110)에 관해 이야기한 적이 있지만[29], 그것은 다름 아닌 픽션이 그 자체로 실재세계를 형성하고 있다고 간주하는 픽션주의에서 연원하는 것이다. 이리하여, 이미 자주 지적되고 있지만 개념세계를 객관적 현실 그 자체로 간주하는 슈미트의 입장이 생겨나게 되는 것이다.[30] 이때 개념을 형성하는 것은 그 자체로 현실을 형성하는 것과 같은 뜻이 된다. 슈미트에게 "개념의 형성은 거리를 취하면서 단지 관찰하는 것이 아니라 동시에 필연적으로 형식을 가져오는 개입인 것이다."[31] 어떤 특정 상황이 언어와 개념에 의해 어떻게 정의되는가라는 문제가 슈미트의 정치실천에서 중심적인 의미를 갖는 것은 그런 까닭에서다. 언어와 개념, 특히 법으로 구축된 언어와 개념은 인간의 사고양식이나 삶의 존재방식을 직접적으로 규정한다. 따라서 다름 아닌 어휘나 법 개념을 둘러싸고 행해지는 정치야말로 슈미트가 법학자로서 무엇보다 관심을 기울이게 되는 것이다. "개념을 향한 슈미트의 열정은

---

29) "예컨대 나의 추측으로는 진정한 법학적 사고란 적어도 공법에 있어서는 개념실재론적인 것이며……"(1934DARD:8[347]). 호르스트 엠케는 "슈미트의 사고를 규정하고 있는 독특한 정태적 개념실재론"에 관해 지적하고 있다(Horst Ehmke, *Grenzen der Verfassungsänderung*, Berlin 1953, S.52. 슈미트의 '개념실재론'의 이념정치적인 의미에 관해 검토하고 있는 것으로는 R. Groh, *Arbeit an der Heillosigkeit der Welt*, a.a.O., S.74-114.

30) "슈미트에게 개념은 현실을 구성한다. 이제 개념이 적합하지 않다면, 말하자면 세계는 붕괴한다."(Horst Ehmke, *Grenzen der Verfassungsänderung*, a.a.O., S.52f.) "천진난만한 독자에게는 과도한 요구나 개념의 유희로밖에는 생각되지 않는 것도 슈미트에게는 그의 방법의 본질적인 실현이다. 그에게 개념은 사고모델이 아니라 현실과 동일한 것이다."(Heinrich Muth, »Carl Schmitt in der deutschen Innenpolitik des Sommers 1932«, in: Theodor Schieder (Hg.), *Historische Zeitschrift, Beiheft 1. Beiträge zur Geschichte der Weimarer Republik*, Mücnhen 1971, S.141[(2)203]. "여기로부터 개념에 대한 그의 접근방식이 결실을 맺는데, 곧 그가 이해하고 있는 여러 말들을 다름 아닌 객관적 실재로서 지각하고, 그 실재를 말이 그렇게 있을 수 있는 것 이상으로 중대하고 결정적이며 진정한 것으로 수취하는 방식이 결실을 맺는 것이다."(Christian Meier, »Zu Carl Schmitts Begriffsbildung«, in: H. Quaritsch (Hg.), *Complexio Oppositorum*, a.a.O., S.554f.)

31) H. Hofmann, *Legitimität gegen Legitimität*, a.a.O., S.88

법학자라는 그의 직업에 뿌리내리고 있고, 그는 마음 깊은 곳에서부터 법학자였다."[32)]

언어와 개념의 작용에서 결정적인 의의를 발견한 슈미트의 이념정치는 정치신화의 요청에 다다른다.[33)] 그가 언어나 개념에서 고유한 실재성을 간파하고자 할 때, 그것들은 단지 모종의 목적에 사용되는 도구나 수단으로 간주되고 있는 게 아니다. 슈미트가 "신화"라고 부르고 있는 것은 그런 수단성에서 해방된, 그것 자체로서 헌신해야 할 현실로서 구성된 픽션세계이다. 언어나 개념이 더 이상 목적을 위한 수단이 아니게 될 때, 즉 그때그때 모종의 의미내용을 전달하는 커뮤니케이션 수단이 아니게 될 때 픽션은 신화로까지 높여지게 되는 것이다. 바그너론에서 픽션의 문제가 되는 것은 그 비현실성에 대한 왈가왈부가 아니라 "상징과 신화에 올바른 위치를 할당하는"(1912c:240) 것이라고 서술되어 있다. 슈미트는 만년이 되어서도 여전히 "나의 '학습'은 신화를 발견하는 길 위에서 행해져왔다"고 회고하는바, 그에게 중요한 것은 "개념이 신화적인 성질을 수취한다"는 점이었다.[34)] 말하자면 "과학적 합리주의의 투명한 언어"가 아니라 "이미지"로서의 성격을 띤 언어야말로 정치에 본질적인 것이 되는 것이다.[35)]

청년 슈미트는 언어의 바로 그런 신화형성적 의미가 자신의 친구였던 테오도어 도이블러의 시작품 속에서 명확히 드러나고 있다고 생각했

---

32) H. Quaritsch, *Positionen und Begriffe Carl Schmitt*, a.a.O., S.23.[42]

33) 이에 관해서는 다음과 같은 비판도 있다. "[정치적인 것에는 이념이 포함되어 있다는] 슈미트의 정식에는 완전히 동의한다. 의문이 있다고 한다면, 그것은 권력주장의 단순한 기술로는 본질적으로 불충분하다는 점에 대한 답으로서 정치신화가 불가피하다고 추론할 필요가 있겠는가라는 것이다."(Klaus-Michael Kodalle, »Zwischen politichen Mythen und gesellschaftlichen Grundwerten. Carl Sctimitts Anstöße und die gegenwärtige Debatte über 'zivilreiigion'«, in: Hans-Georg Flickinger (Hg.), *Die Autonomie des politischen. Carl Schmitts Kamnf um einen beschäigten Begriff*, Weinheim 1990, S.81)

34) Vgl. Ch. Meier, »Zu Carl Schmitts Begriffsbildung«, a.a.O., S.554.

35) Michele Nicoletti, »Review to 'Carl Schmitt nella Stampa Periodica Italiana(1973-1986)'«, in: *Telos*, 72 (1987), S.224.

다.[36] 슈미트가 보기에 현대란 "수단[Mittel]의 시대" 또는 "간접성[Mittelbarkeit]의 시대"였으며(1914WS:108), 고차적 이념이나 목적을 잃고 모두가 수단만을 추구하게 됐던 점에 현대의 위기가 있는 것이었다. 그것은 "무목적성의 시대"에 다름 아닌바, "우리는 수단을 목적 위에 차려 놓고 자신의 목적을 위해 거듭 새로운 수단을 발명하지만 이제 더 이상 제정신을 되찾을 수는 없다."(2003T:34) 기술과 자본주의가 이 시대의 특징을 이루고 있다. "이 시대는 스스로를 자본주의적인, 기계적인, 상대주의적인 시대, 교통과 기술과 조직의 시대라고 부른다. 사실, 이 시대에 특징을 부여하는 것은 '경영'인 것처럼 보인다. 경영이란 모종의 빈궁 혹은 무의미한 목적을 위해 대규모로 기능하는 수단이고, 목적에 앞선 수단의 전반적 긴급성이다."(1916N:59)

기술의 발전은 수단이라는 점에서는 진보를 가져오지만, 그럼으로써 목적이 수단에 비해 부차적인 것이 되고 말며 사람은 그저 수단성의 영역에만 관심을 기울이게 된다. 이는 다름 아닌 자본주의 속에서 교환수단으로서의 화폐가 절대화되고 화폐유통과정이 자립화하는 것에서 전형적으로 드러난다.

> 수단의 지배로서의 자본주의는 좋든 싫든 그 자체로 몰락해간다. 왜냐하면 그 어떤 목적도 우리에겐 결여되어 있기 때문이다. ……금을 위해 금을 벌어 모으는 것은 무의미하다. 수단은 순환을 거듭하지만 더 높은 수준으로 높아질 수 없으며 하잘것없는 끝없이 이어지는 반복에 머문다. ……인간은 수단을 숭배해 목적을 잃어버리고 말았다. (2003T:64)

---

36) 테오도어 도이블러(Theodor Däubler, 1876-1934). 시인·저널리스트. 당시는 오스트리아=헝가리령이었던 아드리아해 연안의 트리에스테에서 태어났다. 표현주의나 미래파 예술가들과의 교류 속에서 『북극광』(1910)을 출발점으로 시작활동이나 예술비평에 몰두하는 등, 다양한 강연·저널리즘활동에 종사했고, 유럽이나 중동 각지를 둘러보고 쓴 기행문도 남아 있다. 1927년에는 독일 펜클럽 회장이 됐다. 슈미트가 도이블러와 알게 된 것은 1912년이었다.

그런 화폐와 마찬가지의 것은 커뮤니케이션 수단으로서의 언어에 관해서도 들어맞는다. 언어가 단지 의사소통을 위한 전달수단으로 포착되고 있는 한, 일상의 언어적 커뮤니케이션은 목적 없는 화폐교환과정과 마찬가지로 텅 빈 것에 지나지 않는다. 오히려 슈미트에게 언어란 간접성의 영역을 벗어나지 않으면 안 되며 더 이상 단순히 특정 목적에 봉사하는 수단이 아니라 그 자체가 목적이 되어야만 한다. 즉 언어 그 자체가 헌신에 값하는 신화로서의 성격을 획득하지 않으면 안 되는 것이다.

1912년에 집필된 도이블러에 관한 초고 및 1916년에 단행본으로 출판된『테오도어 도이블러의 「북극광」』 같은 논고 속에서 슈미트는 도이블러의 시작詩作이 그런 간접성과 수단성으로부터 언어를 해방하는 일에 성공했다고 간주했다.[37] "「북극광」이 언어에 대해 맺는 관계는 대단히 근원적이고 직접적이기에 우리들 간접성의 시대란 그 작품으로부터 멀리 떨어져버릴지도 모를 정도이다."(1988a:348) 일상적인 이해 속에서 언어는 의사의 전달을 위한 수단과 도구에 불과하다.

> 일상생활의 언어는 목적에 의해 지배되고 있다. 즉 그 목적이란 타인에게 자신을 이해시키고 타인과 자신 사이에 공리주의적 의도에 의해 의미를 갖는 공동체를 설립한다는 것이다. ……일상생활의 언어에서는 그 어떤 신화도 시작詩作될 수 없다. (1916N:43)

언어라는 것은 "시민생활의 언어감각"으로 소진되는 것이 아니라 "순수하게 미적인 기능"까지도 갖는다(1988a:350). 도이블러는 "일상적인 의사소통의 수단이라는 자연주의의 숭고한 거부"(1916N:47)를 통해

---

37) 도이블러의 시작언어에 관한 슈미트의 해석을 논하고 있는 것으로는 Reinhard Mehring, *Pathetisches Denken*, Berlin 1989, S.42ff.; Ingeborg Villinger, »Politische Fiktion. Carl Schmitts literarische Experimente«, in: Bernhard J. Dotzler (Hg.), *Technopathologien*, München 1992, S.217f,; G. Meuter, *Der Katechon*, a.a.O., S.106ff.; J. Müller, »Carl Schmitt's method. Between ideology, demonology and myth«, a.a.O., S.74f.

일상적인 기능으로부터 언어를 해방시켰던 것이다. 그렇게 "언어는 완전하게 미적인 수단이 된다."(1916N:43, 1988a:350)

이와 같이 수단으로서의 성격을 극복하고 미적인 의미를 획득한 언어를, 슈미트는 한편에서 "이미지"로서(1916N:25, 29, 51), 다른 한편에서는 "음악"으로서 특징짓는다(1916N:42, 50). 둘 어느 쪽이든 그 근원적인 기능으로 되돌려 보내진 언어의 모습에 다름 아니다. 특히 언어와 음악의 관계에 관해 슈미트는 바그너와 도이블러를 비교한다. 바그너는 "예술의 본질을 언어에서 보고 있"으므로 "언제나 시작을 앞세우며 음악을 시작에 종속시킨다."(1988a:349) 실제로 바그너는 음악에 대해 언어를 우위에 놓는다. 그렇기에 "바그너의 폭력성은 애초에 언어 쪽이 아니라 음악 쪽으로 향해 있다."(1988a:350; (1916N:42) 이와는 반대로 도이블러는 언어를 통해 음악으로 회귀하고자 한다. "도이블러는 언어로부터 음악을 전개하기 위해 언어 속으로 완전히 파고들어 간다."(1988a:350) 그에게 언어는 일상적인 전달 기능을 잃어버린 "음악"으로까지 해소된다. 시작은 "언어의 음향에 대한 완전한 헌신"(1988a:352, 1916N:44)에 다름 아닌 것이다. 이것이야말로 슈미트가 보는 도이블러 시작언어의 신화형성적인 의미이다. 말하자면 도이블러의 시작은 "언어를 그 전달 기능으로부터 개시開示적 성격으로 해방시킨다"는 것이다.[38)]

그리하여 슈미트는 도이블러의 시작을 통해, '간접성의 시대'를 극복한 언어와 일상적으로 사용되는 커뮤니케이션 수단이 아닌 신화로서의 언어의 가능성을 발견하고자 했다.[39)] 이 언어는 무언가 임의적인 의도를

---

38) 이 하이데거적 말투를 차용하여 해설하고 있는 것으로는 R. Mehring, *Pathetisches Denken*, a.a.O., S.48; G. Meuter, *Der Katechon*, a.a.O., S.108. 『주석집』에서 슈미트는 하이데거의 이름을 거론하면서 19세기 이래의 기능화·도구화된 법언어를 비판하면서 다음과 같이 말한다. "아무리 우리가 원죄를 짊어지고 있을지라도 우리들 가련한 법학자들은 언어에 결부되어 있는 것이다. 언어는 존재의 집이다. 그리고 이 100년간의 법학자의 언어는 이 100년간의 건축과 마찬가지 정도로 추악하다."(1991G:271) 에른스트 휴스메르트는 만년의 슈미트가 죽기 1년 전에 서술했다고 하는 다음의 발언을 전하고 있다. "횔덜린을 대신하여 도이블러와 조우했었다면 하이데거는 독일 최대의 언어철학자가 되어있었겠죠."(zit. nach: R. Mehring, *Pathetisches Denken*, a.a.O., S.49)

전달하는 도구로 이용되는 것이 아니라 모종의 '미망'에 의해 그것에 몰입할 수 있을 따름인 것이다. 그러나 슈미트에겐 그처럼 단순한 수단성으로부터 해방된다는 바로 그 점에 픽션이 갖는 최고도의 실천적 의의가 있다. 개념이나 어휘의 구축을 둘러싸고 행해지는 슈미트의 노력이란, 언어를 통해 헌신해야 할 삶의 질서를 설립하려는 '개념실재론'적인 픽션주의의 한 가지 가능성을 추구했던 것에 다름 아니다.

b. 신화에 의한 투쟁

초기 슈미트의 픽션주의는 신화 창출에 대한 요구가 되며, 이는 대중을 말려들게 하는 미망으로서의 신화가 갖는 정치적인 힘의 발견으로 이어져간다. 신화의 그런 힘을 향한 칭송이 가장 현저하게 드러나는 것이 1923년의 초판 출간 이후 1926년에 2판을 찍은 『현대 의회주의의 정신사적 상황』에 증보된 4장이다. 이후에 "신화의 정치이론"이라는 제목으로 1940년도의 논문집 『입장과 개념』에 단독으로 수록되는 그 글 속에서 슈미트는 현대 의회주의의 공개적 토의 원리에 맞서 소렐의 사상에서 체현되는 "직접적이고 능동적인 결단의 교설"로서의 "신화의 이론"을 대치시킨다(1926LP:80[90]). 세계사적 활동을 만들어내는 것은 토론에 의한 합리적 고려가 아니라 "순수한 생의 본능의 깊이에서 태어나"는

---

39) 하지만 2차 대전 이후의 『옥중기』에서 슈미트는 여전히 도이블러를 평가하면서도 그로부터 일정한 거리를 취하게 된다. 이는 슈미트가 그 사이에 '북극광'이라는 비유가 얼마나 '역사철학적인 의미'를 갖고 있는지를 이해했기 때문이다. 즉 북극광이란 프루동에게서 보이는 것처럼, 사멸할 운명의 땅위로부터 구제되기 위하여 자신의 힘으로 정신을 향해 높아지려는 인류의 그노시스를 표현하는 것이다. "북극광은 자기 자신을 구제하는 인류의 기상학적 상징이고, 땅위의 프로메테우스들로부터 우주를 향해 해방되는 자생적 광휘이다. ……도이블러에게 극광이란 인류를 정신에 의해, 정신에 있어서 구제하는 일에 대한 땅위에서의 증인이자 보증자인 것이다."(1950ECS:49[155]) 인류의 자기구제가 가능하다고 하는 이 "프로메테우스적 북극광 이념"은 생시몽 등 19세기 사회주의 진보사관의 "정신사적 문맥" 속에 위치 부여되는 것이다. 하지만 이러한 사상은 결코 인간 측으로부터는 신과의 현격한 격차를 가교할 수 없다고 여기는 "그리스도교적 에피메테우스"로서의 슈미트에겐 하나의 오만에 다름 아닌 것이었다. 이리하여 슈미트는 "왜 나의 마음이 도이블러로부터 긴 시간 속에 걸쳐 서서히 멀어졌던 것인지를 간신히 알게 되었다"고 말한다(1950ECS:51[156]).

“위대한 열광, 위대한 도덕적 결단 및 위대한 신화” 뿐이다. 그리하여 열광한 대중이 창출한 “신화적 이미지”야말로 “그들의 에네르기가 추진되게 하며 그들에게 순교의 힘과 그 힘의 행사를 위한 용기를 주는 것이다.”(1926LP:80[91])

의회토론과 신화 간의 그런 대치는 이미 1919년에 초판이 나온 『정치적 낭만주의』 속에서 그 대응물을 발견할 수 있다. 즉 “정치적 낭만주의자”와 “낭만주의적 정치가” 간의 대치가 그것이다(1919PR:15[184]). 의회주의적 토론의 미결단에는 정치적 낭만주의자의 미결단이 대응한다. 이 낭만주의자가 탐구하는 세계의 진정한 원인을 이루는 실재란 필경 그의 주관적인 내면성일 따름이다. 거기서는 세계의 모든 대상과 대립이 낭만주의자의 주관성을 비대화시키기 위한 단순한 계기·원인에 지나지 않는다. 모든 것을 조화 속에서 포괄하는 “고차적인 제3자”라는 주관성으로의 도피에는 객관적 행위를 향한 결단을 가져오는 실존적 심각함이 결여되어 있는 것이다.

하지만 다른 한쪽에, 계기·원인으로서의 낭만주의적 대상을 “심리적인 자극전달을 향하는 비낭만적인 능력과 결단의 힘, 즉 ‘고차적’인 게 아니라 통상적 의미에서의 행동의 능력”(1919PR:144[179]; 1925PR:152[185])에 연결시킬 수 있는 낭만주의자의 유형이 있다. 이 “낭만주의적 정치가”의 전형으로 슈미트가 거론하는 이는 앞에서도 언급했던 픽션에 열광하는 돈 키호테이다.

> 낭만주의적으로 구성된 기회의 정치의 불멸하는 전형은 돈 키호테이다. 그는 낭만주의적인 정치가이지 정치적 낭만주의자가 아니다. 그는 고차적 조화 따위가 아니라 옳고 그름을 구별하면서 자신이 옳다고 간주하는 것에 관해 결단하는 능력을 갖고 있다. 이는 정치적 낭만주의자에게는 완전히 결여된 능력이다. (1919PR:145[181]; 1925PR:153[186])

돈 키호테에게 허구적인 관념은 단순히 주관적이기만 한 공상의 전개로 이어지는 것이 아니라 객관적인 행위의 힘을 낳는 것이다. 그런 관념은 단순한 낭만주의적 계기·원인이 아니라 신화를 향한 가능성을 갖는다. 실제로 1925년 출판된 『정치적 낭만주의』 2판에 오면 명시적으로 신화라는 단어가 언급된다. "정치적인 또는 역사적인 신화의 창조는 정치활동을 그 근원으로 삼으며, 또 신화라 할지라도 단념할 수 없는 연속된 논거의 그물코는 정치적 에네르기로부터 유출된다. 오직 현실의 전쟁에서만 신화는 성립한다."(1925PR:166[203])

그렇게 신화가 현실의 전쟁에서 태어난다고 말하면서 슈미트는 신화가 가진 항쟁적인 의미를 강조하게 된다. 실제로 앞의 의회주의론 4장에서는, 소렐이 말하는 프롤레타리아트가 "오늘날 위대한 신화의 담당자"(1926LP:81[91])인 까닭으로 그들이 부르주아지에 대한 투쟁의 의지를 보존하고 있기 때문이라고 설명되고 있다.

> 프롤레타리아트는 계급투쟁을 ……현실의 전쟁으로 믿지 않으면 안 된다. 프롤레타리아트는 계급투쟁을 과학적 구성 없이 생의 본능으로부터 포착하며, 나아가 계급투쟁을 자신들에게 결전의 용기를 주는 위대한 신화의 창조자로서 파악한다. (1926LP:83[94])

그러한 계급투쟁의 신화이든, 아니면 때마침 1922년 로마 진군으로 권력을 장악한 무솔리니의 이탈리아 파시즘을 거론하면서 언급되는 국민적인 것의 신화이든 그것들에는 언제나 모종의 항쟁을 향한 결단이 있다는 것이다. 이 의회주의론에서 말해지는 신화는 1910년대의 픽션주의 문맥에서 언급되고 있던 때에 비해 극히 전투적인 뉘앙스를 띠게 된다. "인간의 삶에 가치 있는 것은 이성적 추론에서 생겨나는 것이 아니다. 그것은 전시 속에서, 위대한 신화적 이미지에 고무되고 투쟁에 참가하는 인간에게서 생겨나는 것이다."(1926LP:83[95])

이렇게 신화가 갖는 투쟁적 성격이 전면에 내세워지게 됐던 것에는 아마도 동시기에 일어난 사건 하나가 영향을 미쳤을 것이다. 슈미트에게 커다란 충격을 주었던 루르 점령이 그것이다. 1923년 1월, 독일의 전쟁배상 지불 지연을 베르사유 조약 위반으로 간주한 프랑스 및 벨기에는 그것을 구실로 공업 지대인 루르 지방을 포함한 라인란트에 군대를 진주시켰다. 국제조약 위반에 대한 법집행이라는 명목으로 행해졌던 이 점령은 슈미트에게 적·동지의 구별이라는 너무도 유명한 정치적 결단의 정식을 생각해내는 계기를 제공했던 동시에[40], 단순한 벌거벗은 힘의 충돌이 아닌 이념의 항쟁으로서의 정치를 확인하게 만들었다. 그 실력행위는 베르사유=제네바 체제의 국제법 개념에 의해 이념적으로 정초된 것이었기 때문이다. 따라서 적이 의존하고 있는 이념적 기초 또는 법 개념을 비판하는 것이야말로 정치항쟁에서는 결정적으로 중요해지게 된다.

슈미트가 정치신화의 항쟁적 의미를 강조할 때, 그것은 정치가 모름지기 그러한 이념정치로서 전개된다는 인식에 기초해 있다. 어떤 국민이 그 정치적 실존을 잃게 되는 것은 다름 아닌 적의 이념이나 법 개념을 받아들이고 말았을 때이다. 그런 까닭에 슈미트는 신화라는 이름 아래 정치적 실존의 이념적인 정초를 주장하는 것이다. 그에게서 신화가 "적·동지 결속의 도구"가 된다는 것은 정치가 언제나 "개념을 둘러싼 투쟁"이고, 그것이 궁극적으로는 "높여지고 강화된 이념"으로서의 정치신화 간의 투쟁으로 귀착하기 때문이다.[41] 이리하여 여기서 검토되고 있는 의회주의론의 4장은 '바이마르=제네바=베르사유에 대한 투쟁'의 기록이라고 할 수 있을 1940년도의 논문집 『입장과 개념』의 첫머리에 수록되는 것이다. 1923년에 집필된 것으로 여겨지는 '신화의 정치이론'에 관한 그 논고는 사실상 루르 점령을 목도함으로써 시작된, 베르사유=제네바 국제법질서에 대한 이념정치적 투쟁을 표시하는 최초의 도큐먼트로 간주될 수 있다. 그 국제법 개념 또한 슈미트가 현창하는 정치신화와 마찬가지

40) Vgl. Günter Maschke, »Die Zweideutigkeit der 'Entscheidung'«, in: H. Quaritsch (Hg.), *Complexio Oppositorum*, a.a.O., S.215f.[78])

41) R. Groh, *Arbeit an der Heillosigkeit der Welt*, a.a.O., S.86f..

로 하나의 픽션이긴 하지만, 그것은 그 추상적 보편주의·법실증주의로 인해 개개의 정치적 실존의 구체성을 말소하고 마는 '나쁜' 픽션이다. 이리하여 초기의 픽션주의로부터 유래하는 슈미트의 또 한 가지 정치실천으로서, 보편주의적인 픽션에 대한 이데올로기 비판이 드러나게 되는 것이다.

3. 법학적 픽션의 도구화: 개념의 확장 가능성

법 개념은 픽션인바, 그럴 때 그것은 일정한 정치적 이용의 가능성을 면할 수 없다. 이렇게 픽션으로서 만들어낸 법상태에 관하여 슈미트는 1921년도 저작 『독재』의 싹이 된 초기 논문 「독재와 계엄상태」(1916) 속에서 다루었다.[42] 즉 법학적 픽션으로서의 "계엄상태"가 그것이다. 그는 국가의 위기라는 것이 그 자체 허구적으로 구축된 구성물일 수도 있음을, 계엄상태에 대한 관념이 프랑스혁명 이래로 더듬어온 역사를 검토하면서 논한다. 계엄상태는 19세기를 경과하는 와중에 그 성격이 변용됐다는 것이다. 즉 외부의 적과의 투쟁이 문제인 계엄상태로부터 내부의 적의 진압에 이용되는 계엄상태로의 이행이 그것이다.

「독재와 계엄상태」에서는 그런 발전에 대응하는 두 가지 계엄상태가 구별되고 있다. 그것은 "**군사** 목적의 수행을 위한 수단"으로서의 "'실효적인[effektiv]' 계엄상태"와 "**치안경찰** 제도"로서 "'정치적인' 혹은 '픽션적인[fiktiv]' 계엄상태" 간의 구별이다(1916a:8). 이는 프랑스의 역사적 경위에 입각하여 설명되고 있다. 즉 1793년의 혁명전쟁에서는 실제로 외국세력으로부터 국토를 방위할 필요에 몰려 있었던 것이지만, 1830년

42) 이 논문을 쓸 무렵의 슈미트가 염두에 두고 있던 상황은 1차 대전 발발과 함께 제국헌법 제68조 및 1851년 프로이센 계엄상태법, 1912년의 바이에른 전시계엄법을 법적 근거로 하여 독일 전토에 깔리게 된 '계엄상태(Belagerungszustand)' 또는 '전시계엄상태(Kriegszustand)'였다. 분명 슈미트가 예외상태의 문제에 관심을 집중하게 되는 것은 1차 대전 종결을 앞뒤로 한 혁명소란에 직면했기 때문이지만, 그 기본적인 착상은 이미 1차 대전 중의 독일 국내 계엄상태를 계기로 작성된 이 논문 속에서 드러나고 있다.

및 1848년의 혁명상황에서 문제가 됐던 것은 오히려 국내에서의 봉기와 소란이었던 것이다. 여기서는 "사실로서(ipso facto)" 현존하고 있던 계엄상태로부터 "선언되는" 것으로 픽션으로서 만들어내지는 계엄상태로의 전환이 보인다(1916a:10). 말하자면 픽션으로서의 계엄상태는 "정부가 반대자와 투쟁할 때의 내정內政적 도구"(1916a:13)에 다름 아닌 것이다.

19세기에서의 그런 발전은 1921년도 『독재』의 마지막 장에서 좀 더 상세히 다뤄지고 있다.

> 이 개념[계엄상태]의 발전에 있어 전환의 계기는 ……사실상의 계엄상태를 대신하여 법적 픽션의 창설이라는 뜻에서 계엄상태의 '선언'이 드러나는 지점으로부터 시작된다. ……정부의 선언이라는 형식적 행위가 현실의 급박한 상황을 대신하는 것이다. 이 개념이 정치적 의미를 수취함으로써 군사기술적인 절차가 내정에 봉사하게 되는 것이다. (1921D:182f.[206-207])

이제 계엄상태는 '선언'을 통해 허구적으로 구축되며 정치적 항쟁의 수단으로서 이용될 수 있게 된다. 외부의 적에 대한 군사행동이었던 '실효적' 계엄상태를 대신하여, 확립된 법치국가의 제도 속으로 내재화된 '정치적' 또는 '픽션적' 계엄상태가 드러나게 되는 것이다.[43]

법학적 픽션의 그러한 정치적 이용에 눈길을 주면서 슈미트가 결정적인 중요성을 보고 있는 것은 이른바 권한 문제이다. 즉 "누가 결정하는가"

---

43) 계엄상태를 '실효적'인 또는 '픽션적'('정치적')인 것으로 준별할 때 슈미트는 법학자 테오도어 라이나흐가 1885년도 저작 『계엄상태에 관하여(De l'éat de siège)』에서 도입한 구별을 답습하고 있다. 조르조 아감벤 또한 그 구별에 주목하고(G. Agamben, *Stato di eccezione*, Torino 2003, S.11ff.[10-16]), 거기서 예외상태를 둘러싼 슈미트와 벤야민의 서로 다른 사고를 독해하고 있다(Ebd., S.76f.[117-119]). 이때 아감벤은 벤야민이 「역사의 개념에 관하여」의 8번 테제에서 슈미트를 의식하면서 쓰고 있는 '진정한 예외상태(der wirkliche Ausnahmezustand)'라는 것이 슈미트가 말하는 '실효적인(effektiv)' 계엄상태를 다시 해석한 것이라고 간주한다.

라는 물음이 그것이다. 모든 법이나 이념은 그것을 실현하는 〈누군가〉를 항상 필요로 하며, 그 어떤 인칭성도 결여한 채로 타당성을 획득하는 것은 있을 수 없다. 법은 자기 자신을 실현하거나 집행하는 것이 불가능하므로 현실에서 타당하게 결단하는 구체적 인격으로서의 〈누군가〉가 불가결하다. 재판관의 사법결단이 법규범의 내용으로부터 상대적으로 자립해 있음을 주장한 『법률과 판결』 이래로, 슈미트는 누가 법을 정립·해석·적용하는가라는 권한 문제에 일관되게 관심을 집중시켜왔다. 『국가의 가치와 개인의 의미』에서는 이렇게 되어 있다. "그 어떤 법률도 자기 자신을 집행할 수 없다. 언제나 오직 인간이야말로 법률의 수호역으로서 설립되어 있는 것이다."(1914WS:83) 동일한 것이 1934년도 『법학적 사고의 세 종류에 관하여』에서도 법실증주의 혹은 규범주의에 대한 비판의 문맥 속에서 주장되고 있다.

> 왜냐하면 법률은 자기 자신을 적용, 운용, 혹은 집행할 수가 없는 것이기 때문이다. 법률은 자신을 해석하는 것도, 정의하는 것도, 재가하는 것도 불가능하다. 법률은 또—그 자신이 규범이기를 그만두지 않고서는—스스로를 해석하고 운용할 구체적 인간을 지명하는 것도, 임명하는 것도 불가능하다. (1934DARD:14[354])

따라서 중요한 것은 실정적인 법조규 그 자체라기보다는 그때그때의 구체적인 개별사례에 있어 그 조규의 내용이 어떻게 해석되어야 하는지를 누가 결정하는가라는 문제인 것이다. 그러한 권한 문제는 『정치신학』 속에서 특히 중심적인 문제 중 하나가 되고 있다. 가령 법의 내용이 "일반적 보편성에서 부여되고 있"을지라도 "구체적 현실은 구체적으로 판정되지 않으면 안 되는" 것이기 때문에, 그런 법에는 언제나 "변형"이 생기기 마련이다.

법이념이 자기 자신을 스스로 변형시킬 수 없다는 것은, 누가 그것을

> 적용해야 하는가라는 문제에 관해 법이념이 아무것도 말하고 있지 않다는 것으로부터 이미 명백한 것이다. 모든 변형에는 권위의 개입[auctoritatis interpositio]이 있다. (1922PT:37[43])

주권자란 규범이 현실화되기 위해 필요한 바로 그 〈누군가〉인 것이다. 구체적 현실 속에서 그때그때 법을 정의하고 해석하며 적용할 수 있는 자야말로 주권을 손에 쥐고 있는 자라고 할 수 있는 것이다.

이러한 법학적 픽션에 있어 권한 문제는 1923년 루르 점령을 계기로 본격화한 베르사유=제네바 체제에 대한 슈미트의 투쟁 속에서 결정적인 역할을 점하게 된다. 그해부터 양산되기 시작한 그의 국제법 논문 전부는 보편적 규범으로 여겨진 국제법의 배후에서 진정으로 결정을 행하고 있는 것은 누구인가라는 물음을 둘러싸고 전개되고 있다고 해도 과언이 아니다. 슈미트는 '국제연맹의 핵심문제'에 관한 논고에서 베르사유 조약에 기초하여 설립됐던 제네바 국제연맹과 그것에 이어지는 전쟁방지를 위한 다양한 국제법제가 그때그때의 구체적 상황에서 법규범의 내용을 해석하고 적용하는 그 〈누군가〉에 관한 질문을 간과하고 있는 까닭에 그 어떤 국제평화도 보장할 수 없게 되고 있다고 주장한다. 그런 추상적 규범주의는 스스로가 보장하고자 하는 여러 국제법적 대상의 픽션적 성격에 대한 인식이 결여되어 있다는 것이다.

예컨대 국제연맹규약 속에 국가의 독립이나 주권의 보장이 명시되어 있다고 할지라도, 애초에 중요한 물음은 "보장되고 있는 사례가 존재하고 있는지 아닌지, 정치적 독립이나 주권의 자유로운 행사가 침해되거나 위협받고 있는지 아닌지를 누가 결정하는가"(1926KV:26)이다. 또는 열강의 공격으로부터의 보호가 보장되고 있을지라도 "무엇이 공격인가를 엄밀하게 정의하는" 일 없이는 "열강 스스로가 자신들의 군사행동에 관해 그것이 공격인지 방어인지를 결정해"버리는 일이 일어날 수 있는 것이다(1926KV:27f.). 나아가 예컨대 평화의 교란으로부터의 보호가 규정되고 있을지라도 "평화의 교란"이라는 일반적인 규정만을 거론하는 것만으로는 그 무엇도 보장하지 못한다(1924b:6; 1926KV:32). "질문되어야만 하는 것은 구체적으로 평화란 무엇인지를, 혹은 구체적으로 무엇이 평화의 교란이나 위험을 이루는지를, 위협받는 평화가 지켜지고 교란된 평화가 어떤 구체적 수단에 의해 재건되는지를 누가 결정하는가라는 것이다. 언제나 동일한 질문이 계속 남아 있는 것이다. 즉 누가 명하는가[Quis judicabit]라는 질문이."(1925b:55)

평화의 교란이나 공격 같은 법적 규정은 현실의 상태라기보다는 법학적 픽션이다. 슈미트가 보기에 독일은 그런 법적 규정의 구체적인 내용을 결정하는 권한을 빼앗겼으므로 동시에 자신의 주권을 빼앗기고 열강의 지배에 굴종하고 있다. 열강에 의해 결정된 법학적 픽션의 으뜸가는 사례는 베르사유 조약의 42~44조에 따라 라인 강 좌우 기슭 50킬로미터에 걸쳐 설정된 비무장지대이다. 1924년 제네바 의정서는 그 비무장에 대한 위반을 "공격"으로 규정한다. 그러나 그것은 열강이 정한 픽션에 따라 정의되는 공격 개념으로, "그런 픽션은 통상 어떤 특정 국가에 일방적으로 부과되는 것이고, 그렇기에 순전한 정치적 목적을 가질 뿐 아무런 법적 의미도 갖지 않는 것이다."(1926KV:29) 결국 거기서는 "픽션에 기초한 구성요건이 존재하고 있는지 어떤지"를 "열강 자신이 자신의 이익을 위해 결정하는" 것에 불과한 셈이다(1926KV:30). "공격자라는 픽션은 ……정치적 개념이지 보편적인 법의 개념이 아니다."(1924b:6) 법 개념을 단지 보편적인 것으로서 수취하면서 그 픽션성과 항쟁적 의미를 놓치는 자는 "은폐, 익명성, 불가시성"에 의해 위장된 "외국의 지배의 부정不正"에 굴종하는 것이 된다(1925a:36) 『정치신학』에 따르면, "정상"으로 간주되는 상태를 법질서로서 설립하는 자가 주권자이다(1922PT:19[21]) 베르사유=제네바 체제 아래에서 국제법적으로 정통으로 여겨지는 상태를 만들어내고 있는 것은 전승국 열강이며, 따라서 주권의 소재는 그들에게 있다. 픽션으로서의 법의 내용보다도 "법적용" 또는 "법실천", "법실현"에 관해 질문하는, 그렇게 법의 권한에 관해 질문하는 초기부터의 슈미트의 관심은 1차 대전 이후에 국제법상의 정상성을 만들어내고 있는 게 누구인지를 들추어내는 이데올로기 비판으로 이어지고 있었던 것이다.

슈미트의 관점에서 보면 베르사유=제네바 체제 아래에서 서구 열강은 국제법이라는 규범언설의 힘을 빌려 자기의 지배를 전개하고 있다. 이는 결코 벌거벗은 권력정치가 아니며 범규범 내용의 해석권을 사실상 장악함으로써 행사되는 지배인 것이다. 그러하되 실제로는 슈미트가 그런 지배실천을 단순히 비판하기만 하는 것은 아니다. 오히려 법의 내용을 구체적 사태와 겹쳐 유연하게 해석하면서 관철시키는 그런 권력주장이 위대함의 한 가지 표현으로도 간주되고 있기 때문이다.

실제로 미국 제국주의에 관한 1932년의 논문에서 슈미트는 법의 유연한 해석과 적용을 통해 지배를 행사하는 현대 제국주의에 대해 칭송과도 유사한 평가를 내리고 있다. 그는 "다의적이고 '탄력적'인 원칙" 혹은 "정치적 법"(1932a:168[320])으로서의 먼로 선언을 이용한 미국 제국주의의 지배실천에 관해 감탄 섞어 이야기한다.

> [먼로 선언의] 이 현저한 탄력성과 확장가능성, 모든 가능성을 열어두는, 특히나 법인가 정치인가의 양자택일까지도 미결정인 채로 놓아둘 수 있는 상태, 내 생각으로는 바로 그것이야말로 모든 진정하고 위대한 제국주의의 특징이다. (1929a:169[321])

또 그러한 제국주의는 다른 여러 민족들에게 자신이 규정하는 법 개념을 받아들이게 만든 민족의 역사적인 힘을 증거로 내보이는 것이기도 하다. "어떤 대민족이 다른 여러 민족들의 언어양식, 나아가서는 사고양식마저 지배하고 어휘, 술어, 개념을 그 자신이 결정하려는 때야말로 진정한 정치적 권력이 표현되고 있는 경우이다. ……역사적으로 중요한 제국주의에서는 단지 육해군의 무장이나 경제적·재정적인 부유함만 아니라 정치적·법적 개념의 내용을 스스로가 결정하는 능력 또한 본질적인 것이었다."(1932a:179[331])

슈미트에게 정치적 항쟁의 사활을 쥐고 있는 것은 어떤 민족이 자신의 정치질서의 기초인 법 개념 또는 정치이념을 자기 스스로 규정할 수 있는 있는가 없는가라는 물음에 다름 아니다. 언어를 지배하는 자야말로 정치적 지배를 획득하는 것이다. “카이사르는 주主이자 문법을 초월한다[Caesar dominus et supra grammaticam].”(1932a:179[331]) 슈미트에게 정치항쟁은 단순한 권력정치가 아니라 언설의 영역을 주요 전장으로 하는 이념정치적 성격을 띠게 된다. 그런 뜻에서 그는 “이데올로그인 동시에 ‘이데올로기 비판자’”[44]가 되는 것이다. 이렇게 초기 슈미트의 픽션주의는 인간의 삶이나 사고법을 규정하는 어휘나 개념에서 결정적인 정치적 의미를 발견하는 입장으로 이어지고 있었던 것이다. 그리고 그러한 개념의 투쟁, 개념의 정치를 가장 전형적으로 체현하고 있는 것이 다름 아닌 나치스 시기의 슈미트가 지칠 줄 모르고 강조하게 되는 법학자의 투쟁인 것이다.

Ⅲ. 정신적 종속의 논리

1. 법치국가 개념을 둘러싼 투쟁

그 어떤 개념일지라도 시대와 장소의 제약을 받지 않고 불변의 의미내용을 줄곧 보존할 수는 없는 것이다. 보편적으로 타당하다고 상정된 개념이더라도 그것을 누가 어떤 상황에서 해석하고 있는가에 따라 그때그때의 일회적 의미내용을 수취하게 되는 것이다. 언어나 개념은 그러한 상황의존적 성격을 떨쳐버릴 수 없는 것으로, 언제나 실천 속에 박혀 들어가 있다. 그런 까닭에 어떤 개념을 파악할 때 문제시해야만 하는 것은 그 개념의 확고부동한 보편적 의미내용을 집어내는 일이 아니라

44) J. Müller, »Carl Schmitt's method. Between ideology, demonology and myth«, a.a.O., S.63.

그것이 모종의 일회적 기능을 맡고 있는 특정한 구체적 상황을 인식하는 일인 것이다. 동일한 개념일지라도 다른 상황이나 문맥 속으로 옮겨져 변했다면 전혀 다른 의미를 띠게 될 수 있기 때문이다. 이러한 상황의존적 다의성을 내포하고 있는 개념이 단일한 의미의 선명성을 획득하는 것은 그 개념이 어떤 상황에서 어떤 역할을 맡고 있는지를 내다볼 수 있을 때이다. 중요한 것은 개념에 있어서의 실천의 계기 또는 그 일회성의 계기이고, 개념에 "정치적인 것"의 각인을 새겨 넣는 그 "항쟁적인 의미"인 것이다. 슈미트에게 여러 개념들은 "전제를 갖지 않는 중립적·추상적 셰마[형식·형태]가 아니라 항쟁적이며 상황에 구속된 구체적인 것이고 그렇기에 그것은 여기서 정신적인 투쟁의 무기로 사용될 수 있는 것이다."[45]

슈미트는 1930년경이 되면 개념이 구체적 상황으로부터 결코 분절될 수 없는 "항쟁적인 의미"를 갖는다는 것을 거듭 강조하게 된다.

> 모든 정치적인 개념은 어떤 구체적 외정外政[외교] 혹은 내정 상에서의 대립에서 생겨나는 것이고, 그런 대립을 결여한다면 오해를 부르게 될 무의미한 추상만이 남게 된다. 그런 까닭에 구체적인 상황, 즉 구체적인 대립을 추상화하는 것은 허용될 수 없다. (1930HP:5[219])

마찬가지로 1932년도 『정치적인 것의 개념』 2판에서는 1927년도 초판에는 보이지 않았던 다음과 같은 유명한 언명이 드러나 있다.

> 모든 정치적인 개념, 표상, 언어는 **항쟁적인** 의미를 갖는다. 그것들은 어떤 구체적 대립을 눈여겨보고 있으며 그렇게 어떤 구체적 상황과 결속되어 있다. (1932BP:31[(2)22])

---

45) Ernst Rudolf Huber, »'Positionen und Begriffe': Eine Auseinandersetzung mit Carl Schmitt«, in: *Zeitschrift für die gesamte Staatswissenschaft*, 101 (1941), S.3.

상황을 갖지 않는 개념 따위란 존재하지 않는다. 개념은 자신의 유의미성을 상황으로부터만 획득할 수 있다. 따라서 보편적인 또는 중립적인 것을 표방하는 개념이나 어휘의 이데올로기적 효과에 대한 슈미트의 비판은 상황의 인식이야말로 아르키메데스의 점으로 삼고 있다. 상황의 구체성과 일회성에 맹목인 자는 어떤 개념이 그때그때 실천적으로 어떤 기능을 맡고 있는지를 이해할 수 없으며 기만당하고 마는 것이다. 중요한 것은 그 개념이 어떤 상황 아래서 누구로부터 누구로 향해 사용되고 있는가를 간파하는 일이다. 아무리 중립적이고 비정치적인 것으로 간주되는 개념일지라도 그것으로부터 실천적인 가치를 불식할 수는 없으며, 그런 까닭에 "정치적인 것"으로서의 성격을 띠게 될 여지는 그 개념에 언제나 잉태되어 있는 것이다. 슈미트가 관심을 기울이는 것은 "정치적인 언어나 개념의 형성에 있어 본질적으로 항쟁적인 성격"(1932BP:31[(2) 24])이며 언어가 가진 항쟁적·정치적인 측면이다. 그에게 정치란 무엇보다 먼저 언설투쟁에 다름 아니다.

1933년 1월 30일에 히틀러 내각이 성립한 뒤, 3월 24일 전권위임법의 제정을 거쳐 5월에 정당이나 노동조합의 해산 및 금지에 의해 나치스의 독재체제가 거의 확립된다. 같은 해 4월 말 나치스 입장을 결정하고 이 새로운 정치체제에 독일의 운명을 걸었던 슈미트는 독일민족이 서구 제국주의의 법 개념의 영향을 벗어나 정신적인 자립을 획득해야만 함을 점점 더 강하게 주장하게 된다. 언어에 의한 투쟁에는 그 자체로 어떤 민족의 독립이 걸려 있는 것이다. 같은 해 6월 20일의 강연, 즉 4월 1일자로 부임한 쾰른대학의 교수 취임강연에서 슈미트는 말한다. "우리의 의식이 파지할 수 있는 세계사의 내용은 어느 시대에나 언어와 개념을 둘러싼 투쟁이었다."(1933d:191[334]) 그런 개념투쟁으로서의 정치라는 관점은 이후에도 이따금씩 반복된다. "세계사란 단순히 군사병기의 투쟁이 아니며 경제적 권력수단에 의한 투쟁도 아니다. 세계사는 개념의 투쟁 및 법적 확신의 투쟁이기도 한 것이다."(1934b:714[161])

학문 분야에서의 학설 간 싸움 또한 변함없이 그런 개념투쟁으로 간주된다. 그것은 단순히 과학적 객관성을 둘러싼 싸움이 아니라 그 자체로 지극히 정치적인 의미를 띤 대립이 될 수 있는 것이다.

> 학설의 대립은 즉각 정치적 대립이 되는 것처럼 보인다. 예컨대 공법 학설의 학문적 성과는 어떤 입장이 즉각 다른 입장을 공격하는 일에 실천적으로 사용될 수 없는 것이 아니며, 이론의 투쟁은 통째로 여러 민족들이나 당파들 간의 정치투쟁으로 이행한다. (1933d:190[334])

그런 까닭으로 슈미트는 "타자에 의해 지배받는 민족에게 자유로운 학문은 있을 수 없"다고 말하며, 학문의 자립이야말로 "정치적 자유"의 조건 중 하나가 되는 것이다(1933d:198[343]). 어떤 민족은 자기 스스로 고유한 학문을 획득하고 그에 따라 자신의 정치적 실존을 설립하지 않으면 안 된다. 여기서부터 서구 자유주의 국가들과는 다른 독일 고유의 법 개념을 만들어내려는 나치스 시기 슈미트의 법학투쟁이 드러나게 된다.

1934년도 저작 『제2제국의 국가기구와 그 붕괴』 속에서 슈미트는 19세기 독일의 헌법상황을 부르주아적인 자유주의적 법사상에 의한 프로이센적 "병사국가"의 침식과정으로 포착하며, 1918년의 패전과 바이마르 체제에서의 그러한 "정신적 종속"이 완성됐다고 말한다.[46)]

---

46) Vgl. H. Hofmann, *Legitimität gegen Legitimität*, a.a.O., S.90ff; George Schwab, *The challenge of the exception*, Berlin 1970, S.126ff.[164-166]; Reinhard Mehring, »Geist gegen Gesetz. Carl Schmitts Destruktion des positiven Rechtsdenkens«, in: Bernd Wacker (Hg.), *Die eigentlich katholische Verschärfung*···, Mücnhen 1994, S.234ff. 슈왑은 이 시기 슈미트가 '병사국가'를 옹호하는 논진을 폈던 한 가지 원인으로, 당시 격화되고 있던 나치스 돌격대(SA)와 국방군 간의 항쟁 속에서 슈미트가 나치스 체제의 기둥을 국방군에서 발견하고자 했다는 점을 들고 있다. 이 항쟁은 잘 알려져 있듯이 1934년 6월 30일부터 3일간 수장 에른스트 룀을 위시한 돌격대 대원이 숙청되는 결과로 끝난다. 같은 해 8월에 발표된 슈미트의 논문 「총통은 법을 보호한다」는 히틀러의 명령으로 행해진 이 숙청의 정당화였다.

> 우리는 19세기에 이른바 '입헌적인' 즉 **자유주의적인 법치국가의 헌법사상을 수용하여** 서구의 자유민주주의적 국가이념이나 법이념에 종속됐다. 그런 까닭에 우리는 전쟁에서 괴멸되었으며, 그 정신적 붕괴의 기록으로 작성됐던 것이 1919년의 바이마르헌법인 것이다. (1934b:717[176])

따라서 슈미트에게 중대한 과제는 그런 이질적 법사상의 정신적인 영향으로부터 독일이 벗어나는 것이었다. "무엇보다 중요한 것은 **나치스적이지 않은 법사상으로의 정신적 종속을 방지하는 일**이다."(1934b:717[175]) 그리하여 법학자 슈미트는 서구 자유주의의 법 개념으로부터 자유로운 독일 고유의 새로운 국민사회주의적 법사상을 설립하려는 것이다. 그리고 그의 그런 법학에서의 노력이 가장 현저한 형태로 드러났던 것은 '법치국가'라는 개념을 둘러싼 투쟁에서였다.

나치스 입장 이후 1933년 7월에 괴링에 의해 프로이센 추밀고문관에 임명된 슈미트는 10월에 베를린대학 교수로 옮겨가며 11월에는 '국민사회주의 독일법률가 연맹'의 대학교관부 회장이 된다. 이렇게 제3제국 '계관 법학자'로서의 지위를 굳혔던 슈미트는 나치스 체제에서 법학자가 짊어진 민족적 사명에 대한 자부심을 거듭 표명한다.47) 법학자야말로 법 개념을 근본적으로 쇄신함으로써 독일 민족 고유의 법질서 형성에 주도적인 역할을 맡아야 한다는 것이다. 이 신질서는 종래 서구 자유주의의 어휘와 개념으로 정의할 수 있는 것이어서는 안 된다. 이리하여 나치스 정권 초기의 슈미트는 서구 국가들이 나치스의 법체제에 품고 있던 의심

---

47) "우리는 대학이나 법률가의 실무에 있어 오늘날에도 여전히 지배적인 사고의 유형과 싸우고 있다. 즉 우리와는 이질적인 법률가의 사고양식을 독일에서 지배적인 것일 수 있게 만든, 우리와는 본질적으로 이질적인 사고유형과 싸우고 있는 것이다."(1934c:227[227]) "우리의 견해에 따르면, 독일의 법률가는 오늘날에도 여전히 **독일의 법 발전을 이끄는 지도자이며 담당자**라는 사명을 띠고 있다."(1934b:698[244]) "우리는 우리들의 새로운 생으로부터 유출되는 고유한 형식과 개념으로써 앎을 발견해내고, 그 앎에 지속성과 저항력을 부여하는 사명을 눈앞에 두고 있다. 그 어떤 독일 법률가도 그러한 사명으로부터 벗어날 수 없다."(1934e:12) "법을 독일적으로 혁신하는 작업은 결코 입법수단에만 관계된 사정이 아니다. 독일법학 또한 완전한 책임을 지고 이 사명에 관여하는 것이다."(1936a:[133])

과 불신을 반박하면서, 나치스의 그것이 더 이상 그들의 법 개념이나 용어법으로는 이해될 수 없는 전혀 새로운 질서임을 보이고자 했다.

법질서의 이해를 둘러싼 나치스와 서방 국가들 간의 알력은 나치스에 의한 공산당 탄압의 계기가 된 1933년 2월 27일의 국회의사당 방화사건의 재판에서 표면화된다. 그때 이 사건의 범인으로 지목된 공산당원 마리누스 판 데어 루페에 대해 소급적으로 사형을 적용하기 위해 3월 29일 이른바 '판 데어 루페 법'이 제정됐다. 같은 해 9월에 심리가 시작된 이 사건의 재판은 국내외의 큰 관심을 모으게 되는데, 특히나 형법의 소급효력 금지 원칙을 침범하는 그런 사후법에 대해 적지 않은 비판이 제기되면서 나치스 독일의 '법치국가'로서의 자격이 의문시되었다. 이에 맞서 슈미트는 나치스 체제가 종래의 자유주의적 법치국가 개념으로는 이해할 수 없는 새로운 '법치국가'임을 주장하고자 했다. 서구 자유주의에 대한 슈미트의 투쟁이 법치국가라는 개념을 둘러싸고 전개되는 것이다. "'법치국가'라는 말을 둘러싸고서는 특히나 국민사회주의국가의 최근 1년간 뜨겁고 격렬한 투쟁이 행해져왔다. 어떤 말을 둘러싼 투쟁은 통상 정치대립이나 권력투쟁이 말의 투쟁이라는 형태로 펴져가게 되는 징후인 것이다."(1934b:713[158])

슈미트에게 법치국가라는 단어는 그 자체로는 아무것도 뜻하지 않는다. 시대나 장소의 구체성에 대응했던 다양한 종류의 '법치국가'가 있을 수 있으므로, "누구도 학문적 책임을 지고 법치국가 **그 자체**에 관해 이야기할 수는 없다."(1934b:715[168]) 그럼에도 19세기 이래 지배적인 것이 된 자유주의적 사고는 법치국가라는 말을 부당하게 독점하고 자유주의적인 입헌체제를 갖지 않는 국가를 모두 '법치국가'에 반하는 것으로 단죄했다(1934a:27; 1934b:715[166]). 이렇게 슈미트는 법치국가라는 단어가 결코 중립적인 학문적 개념이 아니라 항쟁적인 의미를 가진 정치적 개념이었음을 명확히 하고자 한다. 그 개념이 실제로 서구 자유주의에 이용된 "항쟁적=정치적 개념"(1934c:4[182])이었다는 이유에서다.

> 그러나 이미 서술했듯이 우리는 지금까지 독일을 지배했고 오늘날에도 자유민주주의적인 국가를 지배하고 있는 법치국가 개념의 지배요구에 대해 결코 정신적으로 종속되어서는 안 된다. 그런 법치국가 개념은 논리필연적으로 자유주의적 원칙에 의해 구성된 국가만을 법치국가로 간주하고 마는 것이기 때문이다. (1934b:716[171])

이리하여 슈미트는 자유주의에 의한 법치국가 개념의 독점에 맞서 그 내실을 완전히 쇄신한 법치국가 개념을 대치시키고자 한다. 그에게 나치스 독일은 여전히 '법치국가'로 간주되지 않으면 안 되는 것이었다. 그것은 자유주의적인 법치국가와는 전혀 다른 "나치스적 독일법치국가" 또는 "아돌프 히틀러의 독일법치국가"로 불려야 할 것이었다(1934b: 716, 717[169, 175]; 1935b:199[207]; 1935c:10[184]).[48)]

슈미트는 이렇게 말한다. "**우리는 법 개념에 사고의 변용을 초래한다** [umdenken]."(1934c:229[123]) 이러한 "개념의 사고변용[Umdenken]이라는 의미론적 조작"에 의해 그는 말하자면 개념의 해석을 둘러싼 "의미론적 투쟁"을 꾀하고 있는 것이다.[49)] 법치국가 개념의 새로운 해석을 설립하는 일은 결코 말의 단순한 유희가 아니다. 그것은 정신적 투쟁의 불가결한 일부를 이루고 있다. 어떤 개념의 해석은 그 자체 지극히 정치적인 성격을 띨 수 있는 것이고, 정치항쟁은 자주 그러한 해석의 싸움이 되어 드러나는 것이다. 그런 까닭에 해석의 변용을 통해 어떤 개념의 내실을 바꿔내려는 일은 그 개념이 종래에 갖고 있던 정신적인

---

48) 법치국가 개념을 둘러싸고 슈미트가 전개한 논쟁에 관해서는 G. Schwab, *The challenge of the exception*, a.a.O., S.117ff.[154-157] 슈왑에 의하면, 슈미트는 당초 나치스 독일을 '법치국가'라는 개념으로 이해하는 것 자체를 거부하고 있었지만, 그를 〈독일법률가 신문〉의 편집장에 임명한 국민사회주의 독일법률가 연맹의 창설자 한스 프랑크가 1934년에 나치스 독일을 '아돌프 히틀러의 독일 법치국가'라고 규정한 것을 계기로 슈미트 자신 또한 법치국가 개념을 다시 평가했다고 한다. 그러나 슈미트는 일찍이 나치스 입당과 거의 같은 시기의 강연에서 이미 새로운 국가를 두고 "자유주의적인 영역과 결부된 종래적 형태가 아닌 '정의의 국가'라는 뜻에서의" 법치국가라고 주장하고 있었다(1933c:959).

49) G. Meuter, *Der Katechon*, a.a.O,, S.98.

영향력으로부터 벗어나기 위한 수단이 된다.

> 효과적인 상투어나 인상적인 말이 정신적 투쟁 속에서 극복되고 **해석을 변경시키는** 일은 정신사에서 전형적인 사건이다. (1935b:197[205])

슈미트는 말하자면 법치국가 개념의 해석변경을 통해 서구 자유주의로의 정신적 종속을 벗어나려는 것이다.

모든 언어, 용어, 개념, 나아가 법이란 언제나 해석의 다의성을 품고 있다. "우리는 동일한 어휘라고 할지라도 다른 민족의 입에서 그것은 다른 울림을 발할 뿐만 아니라, 그 의미에서도 또 일의 형편에서도 그 어휘가 무언가 다른 것을 가리키게 됨을 안다."(1933BV:45[76]) 슈미트는 독일민족의 정신적 자립을 위해 개념의 그러한 다의성을 이용하는 것으로서, 그때 문제는 법치국가 개념에 관한 독일 고유의 해석을 설립하는 일이었다. 새로운 나치스적 법질서의 건설과 함께 법치국가라는 단어도 전혀 새로운 의미를 수취하는 것이다. "**종래의 특정한** 말이 갖는 의미 또한 법체계의 기초가 전체적인 차원에서 혁신됨으로써 변화될 수 있는 것이다."(1934d:694[239]) 그런 까닭에 중요한 것은 기존의 의미로 이해되는 법치국가 개념의 정의에 나치스 체제가 들어맞는가 아닌가가 아니다. 거꾸로 나치즘의 정신에 의해 법치국가 개념을 재해석하지 않으면 안 되는 것이다. "**따라서 우리는 나치즘 이전부터 존재하고 있는 법치국가 개념에 기초하여 나치즘을 규정하는 것이 아니라, 거꾸로 나치즘으로부터 법치국가를 규정한다.**"(1934b:716[169])

슈미트가 보기에 자유주의적인 법치국가 개념을 특징짓고 있는 것은 법실증주의적인 규범주의이다. 실정법을 유일한 규범원리로 하는 그 형식주의는 이른바 '법률 없이는 형벌도 없다(nulla poena sine lege)'는 명제에 의해 표현된다. 앞의 '판 데어 루페 법'에 대해 사후법이라는 비판을 퍼부은 서구 자유주의 국가들의 논조는 바로 그런 사상을 기초로 삼은 것이다. 이는 당시 학설적으로는 라드부르흐로 대표되던 것으로,

실질적 정의正義보다는 실정법에 기초한 '법적 안정성(Rechtssicherheit)' 쪽을 옹호한 그의 사상에 슈미트는 공격의 창끝을 겨누고 있다(무엇보다 나치스의 경험을 거친 2차 대전 직후가 되면, 슈미트는 부정의한 실정법에 대한 비판기준이 될 수 있을 실질적 정의의 여지를 말한 라드부르흐의 유명한 '라드부르흐 정식'을 인정하는 한편, 나치스 시기라면 거부했었을 '법률 없이는 형벌도 없다'는 고전적 원칙을 끌어와 뉘른베르크 전범재판을 사후법이라고 힐난한다).[50] 왜냐하면 실정법의 해석·운용의 안정성과 예견가능성은 애초에 실정법을 넘어서는 모종의 실질적 원리가 없으면 확보될 수 없는 것이기 때문이다. 1932년의 저작 『합법성과 정당성』에서 슈미트는 "합법적 혁명"의 위험에 노출된 바이마르 말기의 혼란을 눈앞에 두고서는, 지켜야만 할 불가침의 헌법실체를 잃어버린 형식적 합법성이란 여러 당파들의 입장에 의해 그때그때 자의적으로 해석되고 이용될 수 있는 "전술적인 도구"로 추락하고 마는 것이라고 경고했다. 실질적인 내용을 가진 정의를 추방하고 형식주의적인 "법률국가(Gesetzesstaat)"가 된 자유주의적 법치국가는 스스로가 지키고자 하는 법적 안정성 그 자체를 실제로는 파괴해버리고 마는 것이다. "현실의 구체적 질서를 존중하는 대신에 추상적인 규범이나 개념의 체계를 붙잡을 때, 우리는 정의만이 아니라 법적 안정성까지도 파괴해버리고 만다."(1934c:227[228]) 그런 까닭에 슈미트는 "법률 없이는 형벌도 없다"는 "실증주의적=법률국가적 명제"에 맞서 "정의의 원리"로서의 "형벌 없이는 범죄도 없다(nullum crimen sine poena)"는 명제를 대치시킨다(1934b:714[160]; 1934d:693[237]; 1935c:9[192]). 공산당원 판 데어 루페의 처형은 구체적·실질적 질서원리의 침해에 대한, 단순한 법률을 넘어선 처벌이며, 그러한 처벌은 종종 실정법이 미치는 효력을

50) 법적 안정성을 둘러싼 슈미트와 라드부르흐의 논의를 대조하고 있는 것으로는 Henrique Ricardo Otten, »Der Sinn der Einheit im Recht. Grundpositlonen Carl Schmitts, Gustav Radbruches und Hans Kelsens«, in: Andreas Göbel/ Dirk van Laak/ Ingeborg Villinger (Hg.), *Metamorphosen des Politischen*, Berlin 1995, S.42ff.

넘어서 내려질 필요가 있다는 것이다. 그리고 그것을 사후법으로 비판하는 것은 구체적 질서에 대해 추상적·보편적 규칙을 우선시키는 자유주의적 '법률국가'에 전형적인 발상으로 간주된다. "법치국가"는 19세기의 경과를 통해 그런 '법률국가'가 됨으로써 실질적인 정의를 실현하려는 국가, 즉 "정의의 국가(gerechter Staat, Gerechtigkeitsstaat)"에 대립하는 것으로 변용되어버렸다(1934b:714[161]; 1935b:190[198]). 이에 맞서 슈미트는 "나치스국가란 정의의 국가다"(1933g:2794)라고 언명한다. 나치스국가에서는 법실증주의처럼 법이 정의나 인륜으로부터 분절되어서는 안 되는 것이다(1934NV:16, 28). "우리는 무엇보다 먼저 법과 정의 양쪽 모두를 실현하고자 한다."(1934b:713[160]) 이리하여 슈미트에 의한 법치국가 개념의 해석변경이라는 언설실천은 '나치스적 법치국가'를 다름 아닌 '정의의 국가'로 특징짓는 것으로 귀착되는 것이다.[51]

여기서 문제가 되고 있는 것은 말할 것도 없이 1930년대의 슈미트의 "구체적 질서 사상"이다. 서구 자유주의법학에 대한 나치스법학의 투쟁은 (무원칙한 결단주의와 결속되어 있던) 규범주의에 맞서 벌이는 구체적 질서 사상의 투쟁인 것이다. "우리는 추상적=규범주의적 유형으로부터 구체적 질서 사상의 유형으로 향하고 있다."(1934c:228[231]) 실정법을 넘어서는 질서원리를 갖지 않은 법실증주의적 규범주의는 그렇기 때문에 오히려 법의 해석과 운용을 자의적인 결단에 맡길 여지를 확장하고 만다. 일반적 규범으로서의 법률은 모두 그것에 앞서 각 민족의 생을 규정하고 있는 구체적 질서를 기준으로 하여 해석·운용될 때 비로소

51) 무엇보다 슈미트는 1935년이 되면 법치국가 개념의 해석변경에 머물지 않고, "'법치국가'라는 말은 영원한 말일 수 없다"(1935d:85)고 하면서 그 개념 자체가 최종적으로는 폐기되어야만 하는 것으로 간주하기에 이르는 듯하다. 법치국가 개념을 둘러싸고 나치스 법학자들 사이에서 생겨난 논쟁을 총괄하는 논문에서 슈미트는 새로운 나치스국가가 완성되는 그날에는, "자유주의적인 법치국가를 항쟁적으로 극복하기 위해 법치국가 개념의 해석을 변경한다는, 가까운 장래에 지극히 중요한 가치를 갖는 일 또한 소멸한다"고 쓰고 있다(1935b:201[209]). 그리고 1936년에는 "'법치국가'를 둘러싼 논쟁은 이미 시대에 뒤떨어진 것이다"(1936d:185)라고 단정한다.

법적 안정성을 확보할 수 있다는 것이다.

하지만 이전부터 이미 거듭 지적되어왔듯이, 1934년도 저작『법학적 사고의 세 종류』에서 "노모스"라고도 불리고 있는 이 "구체적 질서"(1934DARD:13f.[352-354])에 대해 슈미트는 그 자체로 대단히 불명확한 내실만을 부여하고 있다. 그것은 추상적 규범이나 일반적 규칙이 아니라 각 민족에 고유한 구체적 생의 질서·공동체질서로 되어 있지만, 결국 그것은 규범적 근거가 전적으로 박약한 나치스적 "세계관"으로 인도되고 만다. "나치스 세계관 속에서의 민족의 정치적 통일"이라는 기초에 터 잡고서는 "법이—긴급사태에서는 규범주의적인 법률을 거슬러—자유로이 전개되는" 것이다.52)

> 오늘날 독일의 모든 법은 ……오직 나치스의 정신에 의해서만 지배되어야 한다. 이것이 **제1의 해석원리**이고, 우리는 그것을 실천적으로 계속 타당한 규범의 거대한 복합체에 대해서도 염두에 두어야만 한다. 모든 해석은 **나치스적 의미에 따른 해석**이지 않으면 안 된다. (1934b:717[173])

법률의 그런 나치스적 해석이나 운용이라는 것은 그 자체로 지극히 자의적이다. 그리고 그것은 법률을 자유로이 운용하는 집행자 쪽에 법률의 규범적 내용을 폐기할 수 있을 정도의 강력한 권한을 인정하는 것으로 이어져간다. 즉 "총통의 의지"가 법률을 대신하여 "무엇이 법으로서 타당해야 할 것인가에 관한 (히틀러의) 정치지도의 절대적 해석권력"53)이 칭송되는 것이다. "총통의 의지를 따르는 것도, 헤라클레이토스가 우리에게 말했던 것처럼 마찬가지로 노모스이다. ……독일민족의 총통[지도자(Führer)] 아돌프 히틀러. 그 의지는 오늘날 독일민족의 노모스이다."(1933h:252)

나치스 시기의 슈미트는 "지도자원리(Führertum)"를 나치스적 법치

---

52) Bernd Rüthers, *Entartetes Recht*, München 1998, S.69.

53) Ebd., S.75.

국가의 중핵으로 포착함으로써 자유주의적 법치국가에서 보이는 입법, 행정, 나아가 사법 간의 구별을 폐기하고자 했다. 이는 예외상태에서는 눈앞의 구체적 사태에 대처하기 위한 "조치(Maßahme)"가 일반적 법규범에 우선한다는 1920년대의 독재론 및 변동하는 사회·경제상황에서 조치를 통해 즉석에서 개입할 수 있는 행정부에 입법부를 넘어선 역할을 인정하고자 했던 1930년대 초기의 전체국가론의 귀결에 다름 아니다. 그리고 최종적으로 나치스 시기가 되면 일반적 규범으로서의 법률은, 상황에 응하여 무한히 유연하게 운용될 수 있도록 하는 "지도(Führung)"에 의해 완전히 허공에 매달리고 만다. 바로 이 점을 두고, 과거 1920년대 베를린 상과대학 교수이던 슈미트 아래에서 학위를 취득하고 나치스 대두 이후 독일을 떠나 망명한 이른바 "좌익 슈미트주의(Links-schmit-tianismus)"의 프란츠 노이만은 나치스 법률 이데올로기의 전형적 특징이라고 간주하게 된다.54) 나치스 체제에서는 법률을 사실상 무효화할 정도의 자유롭고 유연한 법운용이 집행권력에게 인정되었기 때문이다. 실제로 이 시기에 슈미트는 광범위한 해석·운용의 여지를 남긴 지극히 일반성 높은 법 개념, 이른바 "일반조항"을 구체적 질서사고를 위해 활용할 것을 자주 주장하고 있다(1933SBV:43f.[72-73]; 1934DARD: 48f.[392-393]).

그러나 그렇게 유연하고 동태적인 법운용은 동시에 구체적 질서라는 정태적인 질서실체의 확보를 전제하고 있다.55) 그리고 그 질서실체는

---

54) 프란츠 노이만은 1차 대전 중에 출판된 고전적인 나치즘 연구 『비히모스』에서 슈미트의 이론틀을 빌려, "일반적 법률과 계약은 어떤 일정한 단계에서 소실되며 개별적 조치로 대체된다. 법률이 갖는 일반성에 대한 절대적 부정이 국가사회주의 법이론의 핵심이었다"(Franz Neumann, *Behemoth*, New York 1944, S.452[384])고 지적한다.

55) 에른스트 루돌프 후버는 이미 1931년의 시점에서 슈미트의 헌법론에는 근본결단에 관한 정태적·안정적인 계기와 나란히 동태적인 계기, 즉 "정치적 통일이 가로놓인 '운동'" 또는 "특정한 역사적 시점에서 발견된 정치적 통일의 구조가 가로놓인 구체적이고 가변적인 상태"라는 계기가 함께 있음을 지적하고, 그것을 "헌법"과 "헌법현실(Verfassungswirklichkeit)" 간의 대비로 설명하고 있다(E. R. Huber, »Verfassung und Verfassungswirklichkeit bei Carl Schmitt«, a.a.O., S.308). 잉게보르크 마우스 또한 "슈미트의 헌법이론 속에 존재하는 동태적인 계기와 안정화된 계기라는 〈대립물의

그것 자체로 자신의 내용을 자의적으로 충전할 수밖에는 없는 것이다. 이는 결국 구체적 질서 사상에서도 법은 일정한 당파성의 도구로 깎아내려지는 귀결을 초래하게 된다. 법실증주의적인 규범주의는 여러 당파들에 의한 법의 도구화에 대해 무력하고 법운용을 자의적인 결단주의에 맡겨버리고 만다면서 비판하던 슈미트였지만, 그런 비판은 그 자신에게로 되돌아오는 것이었다. 그에게도 법은 구체적 질서라는 이름으로 정당화된 특정 이데올로기를 관철하기 위하여 유용한 수단이 된다. 법 개념의 나치스적 해석이라는 것 자체가 법학적 픽션의 정치적인 이용에 다름 아니다. 구체적 질서 사상은 "종래의 법을 새로운 권력자의 의지에 따라 변형하기 위한 완전한 도구"로 기능하는 것이다.[56] 슈미트는 추상적 규범주의로 환원되지 않고 구체적 현실에 뿌리박은 법 개념의 형성을 지향했던 것임에도, 이 지향은 법을 자의적인 해석과 운용으로 넘겨줘버리는 것에 이어지고 있었던 것이다. "정치적으로 방향이 설정된 도구화와 실체적 진리요구 간의 혼합"[57]이 애초부터 드러나고 있던 슈미트의 개념 형성은 법 개념의 이데올로기적 도구화로 귀착하는 것이다. 그렇다면 서구 자유주의 법학에 대한 슈미트의 이데올로기 비판은 지극히 불확실한 지반 위에서 행해지고 있는 것이 된다. 구체적 질서에 입각해 있다고 여긴 그의 반보편주의적 대항언설은 그 자체로 불충분한 근거만을 갖고 있는 것이다. 말년의 슈미트가 쓰던 단어로 말하자면, 그는 개념의 '장소확정(Ortung)'에 성공하지 못하고 있다. 슈미트의 '개념실재론'은 개념을 "주관적 당파성의 대상"으로 삼는, "순수하고 무제한적인 유명론을 향한 은밀한 신조고백"이 됐던 것이다.[58]

복합체〉"에 관해 지적하고 있다(Ingeborg Maus, B*ügerliche Rechtstheorie und Faschismus*, 2.Aufl, München 1980, S.112[184]).

56) B. Rüthers, *Entartetes Recht*, a.a.O., S.76.

57) G. Meuter, *Der Katechon*, a.a.O,, S.96.

58) H. Mut, »Carl Schmitt in der deutschen Innenpolitik des Sommers 1932«, a.a.O., S.142.[(2)201]

2. '정신의 투쟁은 인간들의 투쟁 이상으로 가혹하다'

a. 문자와 정신

슈미트가 법 개념의 해석을 둘러싸고 언설투쟁을 전개할 때에 중요했던 것은 실정화된 법률의 조문 자체가 아니라 그 법 개념에 누가 어떤 내용을 부여하는가라는 점이었다. 즉 법의 "문자"가 아니라 그 "정신"이야말로 문제인 것이다. 법학투쟁 속에서 슈미트가 눈여겨보고 있던 것은 법률의 실정성 배후에 있는 정신이었다.59) 어떤 민족의 언어가 자신에게 고유한 말이나 개념만이 아니라 다른 민족으로부터 "인계(Rezeption)"된 차용어까지도 구성요소로 삼게 되는 것은 불가피하다. "그 어떤 언어에도 차용어가 있으며 좋은 차용어와 나쁜 차용어가 있는 것처럼 그 어떤 법생활에도 차용개념이나 차용사상이 있다."(1934c:226[224]) 그런 까닭에 슈미트의 개념정치에서는 다른 민족의 개념을 받아들이는 것 자체가 거부되지 않는다. 결정적인 것은 차용된 혹은 인계된 개념에 어떤 정신이 불어넣어져 있는가이다.

법치국가라는 종래의 개념을 이어받으면서도 그것에 나치스적인 해석을 부여하는 것은 그 개념의 정신을 갈아 넣는 일을 뜻한다. 이와 같은 정신의 교체를 통한 서구 자유주의 개념의 재영유를 통해 나치스는 그 정신적 승리를 축복한다.

> 적지 않은 정신적 승리들은 적대자의 양식, 찬가, 관용구를 이어받는 와중에 표명된다. ……말을 불법적으로 점유하고 있는 자의 손으로부터 나치스 운동은 이미 강력하고 탁월한 많은 말들을 탈환했다. (1935b: 197f.[205-206])

---

59) 라인하르트 메링은 '정신' 개념이 "법률적 사고의 피안에 있는 신화에 대한 슈미트의 연구를 푸는 열쇠"라고도 말한다(R. Mehring, »Geist gegen Gesetz. Carl Schmitts Destruktion des positiven Rechtsdenkens«, a.a.O., S.244).

그런 까닭에 법 개념의 투쟁이란 단지 법률에 쓰여 있는 문자를 둘러싸고 전개되는 것이 아니라 그것에 심어져 있어야 할 정신을 둘러싼 투쟁이다. 독일의 모든 법이 오늘날 "나치스의 정신"에 따라 해석되어야 한다는 것은 거기로부터 자유주의라는 낡은 정신을 축출하고 새로운 정신을 다시 부여하기 위해서이다. "낡은 정신이 연명되는 것"은 "이질적이고 유해하며 위험한 정신의 침입을 야기하는" 것이며, "법적 실천이나 법적 생활 속에 좋은 싫든 혼란을 초래하고, 이미 나치스적인 것이 되고 있던 우리 민족의 법감정에 현저한 상처를 입히는 것이기 때문에 위험한 것이다."(1934d:717[173]) 여기서 적으로 설정되고 있는 것은 어디까지나 '낡은 정신'이다. 새롭게 제정된 법률일지라도 낡은 정신에 의해 운용되는 것이라면 법질서는 종래의 옛것에 머문다. 거꾸로 말하자면 기존의 법률일지라도 새로운 정신 아래에서 해석과 운용을 전개시킬 수 있게 된다면, 그 문자의 의미는 근본적으로 쇄신된다. 낡은 정신과 새로운 정신 사이에서야말로 투쟁이 행해지는 것이다. "나치즘의 새로운 정신은 모든 법 분야에서 법률문자의 새로운 해석을 통해 바이마르의 무無정신에 승리를 거두었다."(1934d:695[240])

법 개념의 해석을 둘러싼 투쟁이란 요컨대 법의 문자 배후에서 전개되는 정신의 투쟁에 다름 아니다. 문자에는 모름지기 정신이 수반되어 있다. 문제인 것은 실정적으로 기록되어 있는 문자 속에 어떤 정신이 존재하고 있는가를 그때그때 읽어내는 일이다.

> 모종의 의미로 중요하다고 할 정신이라는 것 없이는 문자 따위도 존재하지 않는다. 법률의 문자와 정신, 법률의 말과 의미 간의 분리는 기본적으로 생각할 수도 없는 것이다. ……따라서 기존의 말에서 새로운 정신에 대한 해석의 거처를 구하는 법해석이란 실제로는 결코 **정신**과 대립하는 **말**에 기초하는 것이 아니라 말의 **새로운 정신**과 대립하는 **종래의 낡은 정신**에 기초하는 것이다. (1934d:693[237])

따라서 투쟁은 언제나 문자와 정신 사이에서가 아니라 한 정신과 다른 정신 사이에서 생긴다. 거기에서 정치투쟁의 그때그때의 일회적 구체성이 생겨나는 것이다. 언뜻 보아 중립적이며 무정신으로 여겨지는 것의 배후에도 특정한 어떤 정신이 작용하고 있음을 알아차려야만 하는 것이다. 이미 슈미트는 발터 라테나우의 저작 『시대의 비판』(1912)에 대한 초기의 서평에서 현대의 기계시대가 무정신적인 것임을 개탄하는 라테나우의 시대진단을 비판했었다. 라테나우는 "기계의 시대에 본질적인 것"을 "그것이 혼을 갖지 않는"다는 점에서 본다(1912a:324). 하지만 슈미트가 보기에 "기계와 혼의 대립"으로만 시대를 인식할 수 있는 자는 "가련한 혼을 완전히 구원이 결여된 상태 속에 멈춰 세워놓는" 그노시스적 세계상에 몸을 맡겨버리고 만다. 즉 세계는 "무정신이 정신에 대해 영원히 승리하는 악마의 일"이 될 따름인 것이다(1916N:63).

그러나 슈미트에게 정신이 결여되어 있는 세계 따위란 있을 수 없다. 사람들이 기술시대를 그러한 무정신의 시대로 간주한다면, 그것은 단지 그들이 중립화와 탈정치화의 이데올로기에 현혹되어 있음을 증거할 따름이다. 1929년 1월에 행해진 강연에 기초한 논고 『중립화와 탈정치화의 시대』에서는 완전한 중립화가 달성되는 것처럼 보이는 기술시대 속에서 정신을 간취할 수 없는 자는 결코 소멸하지 않는 구체적 투쟁상황을 놓쳐버림으로써 무정신이나 죽음에 가까워진다고 비난받는다.

> 죽음 이외의 그 무엇도 자기 자신에 맞서는 것을 갖지 않는 삶이란 더 이상 삶이 아니라 무기력이며 무력함이다. 더 이상 죽음 이외에 그 어떤 적도 알지 못하며 자신의 적을 공허한 기계로만 인식하는 자는 삶보다는 죽음에 가까워지고 있는 것이다. ……자기 쪽에서는 정신과 삶만을, 상대편 쪽에서는 죽음과 기계만을 보는 결속은 투쟁의 포기 이외에 다른 무엇도 뜻하지 않는다. ……삶이 죽음과, 정신이 비정신과 싸우는 것이 아니다. 정신은 정신과, 삶은 삶과 싸우는 것이다. (1929:95[168-169])

기술은 적이 될 수 없으며, 적이란 중립적인 기술의 배후에 있는 구체적인 누군가일 수밖에 없다. 죽음의 배후에 있는 삶, 기계의 배후에 있는 정신이야말로 간파해야만 되는 것이다.

그렇게 슈미트는 추상적이고 보편적인 것을 표방하는 규범의 배후에서, 일정한 역할을 띠고 삽입되어 있는 구체적인 상황이나 그것을 도구로 이용하고 있는 특수한 이해관심의 주인을 간파하고자 한다. 그에게 정치투쟁이란 살아 있는 정신끼리의 실존을 건 투쟁 이외에 다른 것일 수 없다. 문자 속에서 정신을 본다는 것은 중립적인 규범 속에서 그때그때 일회적이고 구체적인 적을 인식하는 일이다. 그런 까닭에 종래의 낡은 자유주의적 법치국가의 법체계일지라도 단지 중립적이고 보편적인 것일 수는 없으며, 독일 고유의 정신과는 이질적인 어떤 특정한 정신에 의해 산출됐던 것에 다름 아니다. 이러한 이질적인 정신을 자신의 적으로서 결정할 수 있는 자야말로 자신이 놓인 구체적 상황을 인식하고 투쟁 속에서 자신의 생을 확인할 수가 있는 것이다.

슈미트에게 어떤 법질서가 무엇인지를 정하는 것은 그 문자라기보다는 그 정신이다. 따라서 새로운 법질서의 확립을 위해서는 단지 사람들이 같은 법률의 문자 아래에서 생활하는 것만이 아니라 사람들이 같은 정신을 공유하는 일이 사활을 건 주요 문제가 된다. 이러한 정신적 일치의 필요성은 특히 법률가에 관하여 딱 들어맞는다. "법의 적용과 형성을 위탁받은 법률가에게는 국가 전체질서의 정신이나 세계관이 스며들어 있지 않으면 안 된다."(1934d:695[239]) 가령 법언어가 문자의 레벨에서 일신되었을지라도 사람들 사이에 정신의 불일치가 있다면 그 법질서는 교란된다. 즉 지향되고 있던 신질서와는 전혀 다른 형태로 법이 해석되고 운용되는 일이 일어날 수 있는 것이다. 그런 까닭에 슈미트가 무엇보다 먼저 공격하게 되는 것은 형식상으로는 같은 법질서에 속하면서 그 정신의 레벨에서 반역하는 자이다. 자유주의적인 "독일지식인"이 바로 그러하다. 그 '독일지식인'은 "결코 독일**민족**에 속하지 않았"으며 "독일**정신**에도 속하지 않았었다."(1933e:1[272]) 그들은 19세기 이래로 서구 자유주의에서 유래하는 이질적인 정신을, 나아가서는 이질적인 민족성을 독일 속에 잠입시킴으로써, 정신적으로 결맹되는 "민족적 유대"를 위협해왔던 것이다. 그리고 슈미트는 그러한 독일민족의 정신적인 전체성을 내부로부터 파괴하는 이질적인 정신을, 특히 유대인 속에서 찾아냈던 것이다.

b. 정신의 전체성, 유대인의 기만

이미 거듭 지적되고 있듯이 슈미트의 반유대주의는 나치스가 대두한 이후에 비로소 드러나는 것이며, 특히 그것은 슈미트에게 나치스적인 인종이론이 희박하다는 법학자 오토 켈로이터 등의 공격에 응답할 필요성에 독촉받던 1934년 이래로 현저해진다.[60] 그러나 설령 계기가 그렇게 '상황주의적'이었다고 할지라도, 슈미트는 반유대주의를 자신의 이론체계 내부에 정합적으로 편성해 넣는 일에 서서히 성공해간다. 즉 유대인은 법실증주의적인 규범주의를 체현하는 형상으로 위치부여되는 것이다. 1934년 『법학적 사고의 세 종류』에서는 구체적 질서 사상 아래에서 살고 있던 중세 게르만인에 대해 "토지도 국가도 교회도 갖지 않고서는 다만 '법률' 속에서만 사는 민족들"이 대치되어 있다. "그들에게는 규범주의적인 사고가 유일한 합리적 법사상으로 여겨진다."(1934DARD:9[348]) 유대인이야말로 그런 민족의 전형이 되고 있으며, 이후 구체적인 토지로부터 분절된 유대인의 사고의 추상성이 거듭 비판의 대상이 된다. 이른바 공간라움이론을 전개한 2차 대전 시기가 되면, 슈미트는 1942년의 광역질서론 제4판 7장으로 수록된 논문 속에서 유대인 학자들이 전재하는 공허하고 중성화된 공간개념을 공격한다. "모든 민족이 자신의 식민지 개간사업에 의해 형성된 토지 및 그것으로부터 생겨난

60) Vgl. J. W. Bendersky, *Carl Schmitt, Theorist for the Reich*, a.a.O., S.222f[270-276]; B. Rüthers, *Carl Schmitt, Dritten Reich*, München 1990, S.72f.[93-94]

구체적 권력형식과 맺는 관계는 유대인의 정신으로는 이해될 수 없는 것이다."(1942VGO:78f.[146]) 유대적 사고는 각 민족 고유의 토지에 뿌리박은 구체적 질서를 파괴하고 공간을 추상적으로 획일화하는 보편주의로 특징화되는 것이기 때문이다.

유대인의 추상적 보편주의 또는 공허한 합법주의에 대한 비판은 2차 대전 이후에 기록된 일기 『주석집』 속에서 특히 현저하게 드러나게 된다.[61] 거기서 슈미트는 "유대인은 예수 그리스도를 사법형식에 따라 살해했다"(1991G:258)고 말하며 유대인에 의한 그리스도 살해가 법의 이름으로 행해졌음을 주장한다. 이것이 말해주고 있는 것은 그리스도가 법의 바깥에 있는 범죄자로서 처형됐다는 점이다.

> 그리스도는 법권리를 빼앗긴 자로서, 노예로서 죽었다. 그리스도의 십자가형은 법 바깥[hors la loi]의 사건이었다. 누가 이 성인을 법 바깥에 놓았던가. 유대인과 이교도의 공범성이다. (1991G:208)[62]

그리스도의 그러한 합법적 살해에 관한 언급은 이 일기가 쓰인 시점에서 슈미트 자신이 눈앞에 두고 있던 구체적 상황에 대한 응답으로 이해되어야 한다.[63] 즉 거기서 염두에 놓인 것은 당시 심리가 한창이던 뉘른베

---

61) Vgl. Reinhard Mehring, »Zu Carl Schmitts Dämonologie. Nach seinem Glossarium«, in: *Rechtstheorie*, 23 (1992), S.268ff.; Micha Brumlik, »Carl Schmitts theologisch-politischer Antijudaismus«, in: Bernd Wacker (Hg.), *Die eigentlich katholische Verschärfung*…, a.a.O., S.247-256.

62) 슈미트는 1930년대 후반에 그리스도의 십자가형에 관한 고찰에 몰두하는데(vgl. Raphael Gross, *Carl Schmitt und die Juden*, Frankfurt a. M. 2000, S.280[208]), 이 십자가형이 법외선고의 조치였다는 것은 2차 대전 이후의 저작에서도 거듭 서술되고 있다. "그[그리스도]를 참수할 수는 없었다. 더 이상 그 어떤 법도 갖지 않는 이상, 그는 이제 법적인 뜻에서의 머리를 갖고 있지 않았던 것이다. 그는 타국의 정복자가 그에게 내린 십자가형에 의해 노예로서 죽는다."(1950ECS:61[162]). "십자가형은 노예에 대한 정치적 조치이고 법의 바깥에[hors-la-loi] 내놓이게 하는 형벌이다. 그것은 〈그에게 노예적 방법으로 부과된 형벌[supplicium sumptum de eo in servilem modum]〉이었다."(1970PTⅡ:92[315])

63) Martin Leutzsch, »Der Bezug auf die Bibel und ihre Wirkungsgeschichte bei

르크 재판에 다름 아니다. 슈미트에게 그 재판은 보편주의적인 국제법질서 아래서 산출된 정전正戰 사상의 필연적 귀결이었다. 독일은 그 차별화된 전쟁 개념에 근거한 합법적 말살의 희생으로 바쳐지고 있다는 것이다. 그리고 슈미트에게는 독일을 차별화·범죄화하는 그런 추상적 규범주의가 바로 유대적인 법학사고와 궤를 같이하는 것으로 여겨졌다. 『주석집』에는 독일인 쪽이 유대인의 박해를 박해받고 있었다는 식의 피해망상적인 서술이 보이는데(1991G:45, 256), 이는 (직접적으로는 1947년 봄에 전범 용의로 구속된 슈미트를 뉘른베르크에서 심문한 유대계 독일인 망명자 로버트 W. 캠프너를 암시하고 있는 것이지만) 보편주의적인 국제법정 앞에서 독일인이 범죄자로서 무자격 선고를 받고 있다고 여겼기 때문이다. 이리하여 그 전쟁범죄 재판은 여러 구체적인 공간질서들을 넘어서 보편적으로 타당한 규범의 지배를 전 세계에 미치는 유대적 법학사고의 승리로 간주되는 것이다.

유대인을 공허한 형식주의로 특징화하는 슈미트의 논의는 청년 헤겔이 초기 저작 『그리스도교의 정신과 그 운명』에서 정식화한 철학적 반유대주의를 계승한 것이라고 할 수 있다. 즉 헤겔은 칸트의 정언명법에서 보이는 형식주의에 대한 비판과 자신의 논의를 계속 포개면서 법률의 형식적인 준수만을 고집하는 유대인에게는 사랑에 의한 화해가 결여되어 있다고 비난했었다.64)

> 실증주의에 대한 나의 거부는 나이가 들면서 떠올랐던 것이다. 젊었을 때 그것은 좀 더 큰 의미가 있었던 것일까. 청년 헤겔에 의한 '실정법'의

Carl Schmitt«, in: Bernd Wacker (Hg.), *Die eigentlich katholische Verschärfung*…, a.a.O., S.193ff.에서는 슈미트의 그런 서술에 대한 성서해석학적 배경이 검토되고 있지만, 애초에 『주석집』에서 행한 슈미트의 발언 중 다수가 패전 이후의 독일이 놓인 구체적인 법적·정치적 상황에 의해 규정되고 있다는 점은 고려되지 않고 있다.

64) 슈미트 또한 헤겔에게서 유대교 비판과 칸트 논리학 비판이 연관되어 있음을 완전히 의식하고 있다. "정언명법은 실제로 법칙[율법]을 위한 법칙[율법]이다. 그리스도 탄생 이후의 유대교."(1991G:57)

거부와 비교해보자. 실정법=법칙성=유대교=전제專制=당위와 규범의 경련. (1991G:209)

헤겔에게서는 "범죄자를 범죄자이게만 하"려는 "법률[율법]"은 단지 "인간본성의 한 단편"에 지나지 않았다(1991G:200). 헤겔에 따르면 사랑을 통해 인간은 외재적으로 명령을 내릴 뿐인 초월적 규범으로서의 율법을 넘어설 수 있다. 그러나 유대인은 실정화된 율법을 넘어서려는 정신의 작용에 맹목이다. 실증[실정]주의적인 유대인은 문자만을 볼 뿐 정신을 볼 수 없다. 유대의 율법은 추상적 규범에 지나지 않으며 유대인에게 가능한 것은 단지 그 명령에 형식적으로 복종하는 것밖에는 없다.[65]

그렇다고 해서 슈미트에게 유대적 사고가 그저 합법주의적인 엄격주의로 끝나버리는 것은 아니다. 그것은 단순한 무정신이 아니며 그것에도 역시 정신이 존재하고 있기 때문이다. 나치스 시기 슈미트의 반유대주의는 '국민사회주의 독일법률가 연맹'에서 이름을 바꾼 '국민사회주의 법옹호자 연맹'의 대학 교관부 모임이 '법학에서의 유대성'이라는 제목으로 1936년 10월 3일과 4일에 개최한 회의의 개회 강연에서 정점을

65) 하지만 슈미트는 이후 노모스론의 문맥에서는 바빌론 유수 이전까지의 모세의 율법이 여전히 "토지취득과 토지분배에 기초한 구체적 질서"였다고 간주한다. 알렉산드리아의 필론이 '노모스'라는 그리스어를 구약성서에 나오는 '법률'의 번역어로 삼았던 때부터 모세의 율법도, 유수 이후의 율법도 구별되지 않고 함께 규범주의적으로 이해되는 개념이 되고 말았다는 것이다(1959:579f). 노모스 개념에 관해서는 1929년도 『헌법론』에서 간단히 언급되는 것을 빼면(1928VL:142[172]), 1934년도 『법학적 사유의 세 종류』에서 비로소 본격적으로 논해진다. 거기서는 핀다로스의 단편에서 "왕인 노모스(Nomos Basileus)"라고 불리는 경우의 '노모스'가 규범주의적으로 '법률'로 이해됨으로써, 노모스가 본래 지니고 있던 "구체적인 생의 질서·공동체질서"로서의 의미를 잃어버리고 말았다고 지적된다(1934DARD12f.[351-354]). 2차 대전 시기가 되면 슈미트는 스페인의 로마법학자 알바로 돌스의 연구에 의거하여, 그리스어 '노모스'가 키케로에 의해 "렉스=법(rex)"이라는 라틴어로 번역되고 만 것이 서양 언어문화의 "최대의 하중"이 됨으로써 오늘에 이르기까지 줄곧 노모스 개념의 규범주의적 오해를 야기하고 있다고 주장한다(1950LR:427[92]; 1953:502; 1959:578f.; 1970PT Ⅱ:87[310]). 구약성서의 법률도, 그리스어 노모스도 원래는 구체적 질서로서의 의미를 갖고 있었다는 것이다.

찍는데, 그 강연은 "유대정신과 싸우는 독일법학"라는 제목을 달고 있었다. 유대인이 단순히 합법성의 형식주의적 준수에 머물고 있다면 그것만한 위험성은 없다. 유대인이 위험한 것은 합법성을 준수한다는 겉모습 아래에서 이질적인 정신으로서 잠입해 법질서 속에 정신적인 혼란을 야기하기 때문이다. 그것을 특징짓는 것은, 말하자면 "**유대적 카오스와 유대적 법칙성, 무정부주의적 니힐리즘과 실증주의적 규범주의, 조야한 감각주의적 유물론과 극히 추상적인 도덕주의라는 양극성**"(1936g:28[286])에 다름 아니다. 질서를 향한 형식적인 순응과 동화를 "가면"으로 쓰고서 유대인은 전혀 이질적인 정신을 숨겨 넣음으로써 그 질서를 안쪽으로부터 침식한다. 외견적으로는 결코 법질서를 파괴하고자 하지 않으며 변화에도 차례로 적응해가지만 정신의 차원에서는 이질적인 그대로 머무는 "기만"의 능력이야말로 유대정신의 특징이라는 것이다. 합법성을 '가면'으로서 이용하는 유대인의 '기만'의 능력은 『주석집』에서도 지적된다. "어쨌든 법률을 거슬러 사랑과 카리스마를 한없이 믿는 그리스도교도보다도 유대인은 공허해진 합법성 속에서의 논리나 전술이나 실천에 더 숙달되어 있다."(1991G:154) 즉 여기선 법률의 문자는 지켜지지만 그 정신이 교체됨으로써 합법성이 전술적으로 이용되는 도구가 되고 마는, 이른바 '합법적 혁명'의 문제가 반유대주의적인 언설과 결합되고 있는 것이다.

법질서의 정신적인 침식이라는 문제를 슈미트는 1938년의 홉스론 『리바이어던』 속에서 추적·연구하게 된다.66) 거기서 보이는 것은 근대국가가 이제 더 이상 정신적인 힘을 갖지 않는 거대한 기계장치가 됨으로써 '전체국가'일 수 없게 됐다는 인식이다. 슈미트는 이 단행본에 앞선 1937년의 논문에서도 홉스와 함께 탄생한 근대국가는 "기계화 과정"에 집어삼켜져 "거대한 기계, 터무니없는 메커니즘"으로 변용되고 말았다는 진단을 내리고 있었다(1937c:145[20]) "메커니즘에서 전체성은 〔관

---

66) 슈미트의 이 홉스론을 1938년에 출간된 레오 스트라우스의 저작 『홉스의 정치학』과의 응답관계라는 문맥에서 상세히 검토하고 있는 것으로는 타케시마 히로유키, 『카를 슈미트의 정치: '근대'를 향한 반역』, 후우코샤, 2002, 87-140쪽.

철]불가능하다."(137c:146[21]) 그렇게 기술화된 국가가 질서의 전체성을 확보할 수 없다는 것은 그것이 사람들의 내면이나 정신에 대해 그 어떤 권력도 갖지 못하기 때문이다. 게다가 이른바 '리바이어던'으로서의 국가의 그러한 운명은 홉스의 이론 속에 미리부터 설정되어 있었던 것이다. 그것은 홉스 자신이 내면적 자유를 국가권력의 지배가 미치지 않는 것으로 유보해 놓았던 데에서 기인한다. 내면적 유보라는 이 "갈라진 틈새"야말로 근대 개인주의 및 자유주의의 돌파구가 되었다. 그것이 이내 외면에 대한 내면의, 공적인 것에 대한 사적인 것의 우위로의 반전을 야기함으로써 리바이어던을 안쪽으로부터 붕괴시켰다는 것이다.

슈미트에게 말하게 하자면, 그러한 내면적 유보를 최대한으로 이용해 "생명력 있는 리바이어던의 거세에 협력했던"(1938L:110[85]) 것이 자유주의적인 유대인 사상가들, 즉 17세기의 스피노자, 18세기의 모제스 멘델스존, 19세기의 프리드리히 슈탈이었음에 틀림없다. 이 유대인들은 결코 공공연하게 리바이어던에 반항했던 게 아니다. 그들은 리바이어던에 당초부터 내재하고 있던 개인적 사상의 자유라는 계기를 발판으로 하여 안쪽으로부터 리바이어던의 혼을 빼내버렸다. 즉 그들은 정신이나 내면 같은 비가시적인 영역에서 국가질서의 전체성이라는 알맹이를 빼버리고 있었던 것이다. 보이지 않게 질서에 불화를 초래하는 유대인을 두고 신앙인을 기만하는 "거짓 형제"라고 말하는 신약성서의 한 구절을 시사하면서(「갈라디아인에게 보낸 편지」 2: 4), 『주석집』의 슈미트는 말한다. "우리들 사이에 불일치가 생겨났을 때 유대인은 잠입한다[sichsubintroduzieren]. 이것이 이해되지 않는 한, 구원은 없다. 스피노자는 그렇게 잠입한 최초의 사람이었다."(1991G:290) 이리하여 리바이어던은 그 정신의 차원에서 분해되고 만다. 어떤 "유대=카발라적 해석", 특히 15세기의 카발라 학자 이삭 아브라바넬의 해석에서처럼 리바이어던은 도살되어 유대인들의 만찬에 바쳐졌던 것이다(1938L:16ff. [40-41]).

슈미트에 따르면 외견상 아무리 질서의 통일이 지켜지고 있을지라도 정신에 불화가 존재한다면 국가에는 치명적인 것이다. "공적인 힘이나 권력은 여전히 완전하고도 강하게 승인되거나 충실하게 존중될지도 모르지만, 그것은 이제 단순히 공적인 힘이나 외적인 힘으로서 공동화되고 있고 이미 안쪽으로부터 혼이 빼내지고 있다."(1938L:94[79]) 내면이나 양심이 개인의 자유에 맡겨지면 국가에 남는 것은 혼을 갖지 않은 기계장치로서의 성격일 뿐이다. 국가는 기술적으로 중립화된 장치가 되며, 그렇게 19세기가 되면 정신을 갖지 않은 실정법체계인 법실증주의적 '법률국가'가 드러나게 되는 것이다. 설령 형식상으로는 법질서가 준수되고 있을지라도 정신에 관한 것이 사람들의 자유에 맡겨지고 있다면 질서의 전체성은 확보될 수 없다.

> 근대의 국가조직이 가진 경이적인 장비는 통일적인 의지나 통일적인 정신을 필요로 한다. ……서로 대립하는 다양한 정신이 어디에선가 그런 장비를 움직이게 되면 기계는 즉각 무너지며, 그것과 동시에 법률국가적인 합법성의 체계도 파괴된다. 실증주의적인 법률국가가 기초해 있는 자유주의의 제도들이나 법 개념은 가장 자유주의적이지 않은 여러 세력들의 무기나 권력거점이 되었다. (1938L:118[90-91])

기술화·기능화된 국가는 각각의 당파들이 그때그때 자의적으로 이용할 수 있는 전술적인 도구로 추락한다는 것이다.

그런 까닭에 슈미트에게 어떤 질서란 정신으로까지 미치는 하나의 전체성으로서 구축되지 않으면 안 되는 것이었다. 따라서 1930년대 전반기의 전체국가론에서는 영화나 라디오 같은 대중심리에 영향을 주는 새로운 미디어 프로파간다 기술이 여론이나 국민의 의지를 형성하기 위한 국가의 유력한 권력수단으로 평가됐던 것이다(1933a:186[115]; 1933b:367ff.[82-84]).[67] 분명 1938년의 홉스론에 오면 새로운 기술

---

67) 이미 1928년도 『헌법론』에서도 영화를 "사회심리적 차원에서의 동질성으로 통합하는 수단으로 이용할" 수 있을 가능성이 언급되고 있다. "영화에 의한 대중감화라는 정치

수단에 대한 그런 기대는 보이지 않는다. 그러나 사람들 사이에 정신적 전체성을 만들어내는 일은 중요한 과제로 계속 이어지고 있으며, 그렇기에 신화의 형성이 중요시되는 것이다. 홉스에 의해 불려나온 리바이어던은 결국엔 그런 "정치신화적 이미지"(1938L:23[44])가 될 수 없었다. 그것은 내면적 자유를 국가권력의 영향으로부터 유보시켜 둠으로써 정신에서의 일치를 불가능하게 만들었기 때문이다. 정치투쟁은 단지 물리적인 힘의 충돌이 아니라 정신의 영역까지 포함한 정치신화에 의한 싸움이어야만 한다. 정치질서는 언어·개념·법을 포괄하는 하나의 세계관으로서 성립되고 있기 때문이다.

이렇게 1938년의 홉스론과 거의 동시기의 논문들에서는 단지 군사적인 것만이 아닌 정신적·세계관적 투쟁이 된 전쟁이야말로 이른바 "전체국가=총력전(totaler Krieg)"의 성격을 띤다고 규정되고 있다.

> 전쟁은 전혀 새롭고 높은 차원에서, 더 이상 순수하게 군사적이지 않은 적대행동으로서 계속된다. 여기서의 총력전이란 군사 외적인 사실과 현상영역(경제, 프로파간다, 비전투원의 심리적·도덕적 에네르기) 또한 적과의 대결에 포함되고 있다는 점에 그 특징이 있다.(1938d:110[108])

슈미트에 따르면 각각의 전쟁법은 "스스로의 독자성에 기초해 특유의 세계관적·국제법적·헌법적 개념이나 이념의 세계를 전개시킨다."(1937a:238[29]) 그때 특히 슈미트가 주목하는 것은 영국의 해전에 기초한 "전체적 세계상"의 강력한 힘이다. 그것은 "세계사에서 모종의 위대한 전쟁법만이 그럴 수 있었던 것처럼 종교적·세계관적·정신적·도덕적 힘들을 동원하는 방법을 이해하고 있"는 것으로서, "전면적

문제는 대단히 중요한 것으로, 어느 국가도 이 강력한 심리기술상의 장치를 컨트롤하지 않고 방치할 수는 없다. 즉 국가는 영화를 정치로부터 멀리 떨어뜨려 중립화해야, 아니 실제로는—정치적인 것이란 피할 수 없는 게 아니므로—기존의 질서를 위해 도움이 되도록 하지 않으면 안 된다."(1928VL:168[200])

적대"를 가능케 하는 것이었다(1937a:238[29]). 이는 실제로 1차 대전에서 현저하게 드러났다. "1914-1918년의 대독일 전쟁에서 영국의 세계선전은 문명과 인류, 민주주의와 자유의 이름으로 프로이센=독일의 '군국주의'에 터무니없는 정신적·도덕적 에네르기를 투입시킬 수 있었다."(1937a:238[30]) 즉 영국의 총력전은 단지 군사적 대비나 물자가 아니라 차별화된 전쟁 개념, 곧 다름 아닌 정전 사상이라는 이데올로기적 계기가 동력이 되고 있었다는 것이다. 그런 까닭에 슈미트에게 중대한 것은 바로 그 영국적 세계관에 대한 정신적인 투쟁에 다름 아니었다. 다른 이데올로기를 정치신화로서 구축함으로써, 그러한 차별화된 전쟁을 가져오는 세계관에 대항하지 않으면 안 되었던 것이다.

슈미트는 종종 정신의 투쟁은 인간들끼리의 투쟁과 같은 정도로, 혹은 그것 이상으로 가혹하다는 아르튀르 랭보의 말을 끌어내고 있다(1937a: 239[31]; 1991G:502; BwSFrl:35). 정치투쟁이 그 최대의 강도에 이르는 무대는 다름 아닌 정신의 영역인 것이다. 어떤 정치질서의 힘이란 그것이 정신적 전체성을 만들어 낼 수 있는 능력을 통해서만이 증명된다. 따라서 슈미트의 정치투쟁은 이데올로기적인 차원에서의 실천, 이른바 헤게모니 투쟁으로서의 성격을 띠게 된다. 제국주의 지배의 으뜸가는 위험은 자신의 정신이 타국의 규범적인 어휘와 개념에 물들어버리고 만다는 점에 있으며, 그것에 맞서서는 고유의 법 개념, 나아가서는 신화를 형성함으로써 세계관적으로 저항하지 않으면 안 된다. 그런 까닭에 슈미트는 법학자로서의 입장에서 어휘나 개념을 둘러싼 투쟁에 계속 집착했던 것이다. 민족의 정치적 자립의 명운이란 그것이 하나의 정신적 전체성을 이룰 수 있을 것인가에 걸려 있는 것이다(슈미트는 2차 대전 이후가 되면 논의의 역점을 완전히 역전시켜, 오히려 내면으로의 고독한 침잠에서 전체적인 정치지배로부터의 피난소를 발견하게 될 것이다. 이 책 6장을 참조.) 정치투쟁의 귀추는 정신적 자립을 달성할 수 있을 이념의 형성력에 의해 정해진다. 그러한 슈미트의 이념정치적 시야·좌표는 2차 대전 시기가 되면 '라이히'68) 와 '광역'이라는 새로운 국제법질서 개념을 제창하는 것으로 이어지게 된다.

68) ['라이히(Reich)'. 나라, 국가, 정부, 당국 등을 뜻하는 Staat 곁에서 Reich는 제국, 왕국, 영토, 국토, 국가 등을 뜻한다. das Dritte Reich(제3제국, 히틀러 통치하의 나치스 독일, 1933-1945)는 그 한 사례가 될 것이며, 저자는 "독일 제국라이히"과 같은 식으로 표기한다. 슈미트가 "번역불가능하다"고 말하는 점에 근거하여 이후 '라이히'로 음역하게 될 이 낱말을 슈미트는 통치의 주체 설정 및 그 형질, 그런 통치주체를 정립하고 지도하는 정당성의 근거 및 정통성의 원리에 대한 천착을 좀 더 강하게 띤 것으로 활용한다. 이는 슈미트의 쾰른대학 취임강연「라이히·국가·연방」(1933)에서 (부정적으로) 주제화되며, 이후「역외 열강의 간섭금지를 동반하는 국제법적 광역질서: 국제법에서의 라이히 개념의 기여」(1942)를 통해 '광역'을 인도하는 구체적 질서의 원리로 정초된다. 이는 이 책 3장에서 본격적으로 분석된다.]

제2장 국제연맹과 유럽질서 (1923년~1938년)

1912년도『국가의 가치와 개인의 의미』는 초개인적인 가치에 개인이 헌신하기 위해서는 매개로서의 국가가 불가결하다고 강조함으로써, 슈미트의 이른바 '국가주의적인' 입장을 두르러지게 하는 것으로 보인다. 그러하되 그 당시의 슈미트는 결코 현실의 독일국가를 단순히 칭송하고 있었던 것이 아니라, 오히려 내셔널리스트적인 영광으로부터는 거리를 취하고 있었다. 그는 1차 대전 발발 이후의 일기 속에서 개전과 함께 국가가 개인에 대해 영향을 미칠 수 있게 된 강력한 힘을 두려운 것이라고 몇 번씩이나 토로하고 있다. "전쟁, 목숨을 잃는 몇 천 명의 병사, 경우에 따라서는 소가 풀을 먹듯이 나를 탐식할 이 권력기구에 대한 나의 무력함을 생각할 때, 내게 국가란 두렵고, 음침하며 참혹한, 터무니없는 것으로 여겨진다."(2003T:209f.)

국가에 대한 그런 불신은 1914년 9월 친구인 프리츠 아이슬러의 전사, 그리고 1915년 2월에 시작된 뮌헨에서의 병역 경험 속에서 더욱 강화되어간다.

> 세계대전은 어떤 결과를 낳을 것인가. 독일은 정의의 나라가 되고 개인을 무화하는 나라가 된다. 이는 바로 내가 국가에 관한 저서[『국가의 가치와 개인의 의미』]에서 국가의 이상으로 서술했던 것을 실현한다. ……두렵다. 나는 어느새 희생자가 되고, 그 때문에 욕지거리를 듣는다. 싫고 역겹다. 신이여, 도우라. (2005M:24)

병역 중의 일기에는 프로이센과 군국주의에 대한 혐오(2005M:28, 77, 95) 및 국가를 마주한 개인의 절망적인 무력함(2005M:130, 138)이 거듭 표명된다. '반국가적'이라고까지 할 수 있을 이런 태도에는 가톨릭 신자인 슈미트가 프로이센 지도 아래의 프로테스탄트적 독일 제2제국에 대해 예전부터 느끼고 있던 위화감이 반영되어 있다고 볼 수도 있을 것이다.[1] 어느 쪽이든 그가 1차 대전 시기 내셔널리즘에 열광하는 일은 없었으며 그 군역에 그다지 긍지를 느끼지도 않았다는 것이 사실이다.[2] 슈미트는 대전 중의 독일지식인들에게 널리 보였던 생각, 즉 독일이 다름 아닌 세계사적 사명을 짊어진 정전을 수행하고 있다는 "1914년의 이념"[3]과는 거리가 먼 곳에 있었다. 오히려 그에게 1차 대전은 기계화·기능화된 기술시대가 초래한 파국, 이른바 "종말론적인 공황"(1916N: 64)에 다름 아니었던 것이다.

반국가적인 심정을 숨기지 않았던 슈미트에게 전환의 계기를 가져왔던 것은 독일의 패전과 혁명의 경험이었다. 1919년 7월까지 뮌헨에서 군무에 종사하던 슈미트는 패전의 혼란을 계기로 한 공산주의세력이 같은 해 4월에 수립한 뮌헨 레테공화국을 즉각 체험하게 된다. 슈미트 자신이 끊임없이 신변의 위험을 느끼고 있었다고 회상하는 이 혁명소란이 근대국가의 결정적 역할을 다름 아닌 질서와 안전의 유지에서 발견하게 되는 그의 사상형성에 큰 영향을 주었다고 할 수 있을 것이다.[4] 동시에 패전에 따라 독일이 감수하게 됐던 베르사유 조약은 슈미트에게 내셔널리스트로서의 심정을 불러 일깨우는 계기가 됐다.[5] 실제로 많은

1) Vgl. Joseph W. Bendersky, *Carl Schmitt, Theorist for the Reich*, a.a.O., S.5ff.[5-7]; Paul Noack, *Carl Schmitt*, a.a.O., S.52.

2) Vgl. H. Quaritsch, *Positionen und Begriffe Carl Schmitt*, a.a.O., S.58ff.[100-101]; P. Noack, *Carl Schmitt*, a.a.O., S.39.

3) 1차 대전 시기의 독일에 있어 '1914년의 이념'에 관해서는 Hermann Lübbe, *Politische Philosophie in Deutschland. Studien zu ihrer Geschichte*, Basel/Stuttgart 1963, S.173-238.[171-239]

4) Vgl. J. W. Bendersky, *Carl Schmitt, Theorist for the Reich*, a.a.O., S.21f.[28]; P. Noack, *Carl Schmitt*, a.a.O., S.40, 55.

독일인에게 이 조약은 제231조의 전쟁책임조항에서 보이듯이 독일에 일방적으로 전쟁책임을 짊어지게 한 부당한 것이었고 최고도의 국민적 굴욕에 다름 아니었다. 1919년 막스 베버와 알게 되어 뮌헨대학에서 행해지던 베버의 세미나에 참가하는 기회를 얻은 슈미트는 그때를 회상하며 다음과 같이 말한다.[6] "나는 당시에 개인적으로 막스 베버와 서로를 아는 사이가 되고, 나아가 1919/20년 겨울학기 그의 세미나 멤버가 되었습니다. 그는 복수復讐주의자였습니다. 그것은 베르사유에 대한 모든 복수주의들 중에서도 내가 경험한 것들 가운데 가장 과격한 것이었습니다."[7] 이때 슈미트 또한 많든 적든 베버와 유사한 감정을 품었을 것임은 상상하기 어렵지 않다. 베르사유 조약에 따른 "전쟁책임 문제(Kriegsschuldfrage)"는 1차 대전 이후의 독일에서 지극히 큰 정치적·학문적 토픽으로 논의되고 있던 것이며, "전쟁책임이라는 거짓말(Kriegsschuldlüge)"을 목청 높여 선전하는 보수 내셔널리스트만이 아니라 켈젠 같은 이들 또한 권력정치의 잔재가 여전히 보이는 베르사유 조약으로부터 제네바 국제연맹이 분절되어야 한다고 주장했었다. 1~2차 대전 사이의 전간기에 슈미트가 전쟁책임 문제에 관하여 직접 논한 일은 거의 없지만,[8] 그러한 일반적 분위기 속에서 그의 "반베르사유"적인 심정이

---

5) Vgl. H. Quaritsch, *Positionen und Begriffe Carl Schmitt*, a.a.O., S.60.[101]

6) 슈미트는 1918년 11월 4일에 뮌헨에서 행해진 베버의 강연 「독일의 신질서」를 시작으로 「직업으로서의 학문」이나 「직업으로서의 정치」를 포함해 종전 전후까지의 베버의 모든 강연회를 찾아갔었다. 1919년부터 1920년에 걸쳐 뮌헨대학에서의 베버의 강의 및 세미나에 출석했었고, 1920년 1월 24일에는 오스발트 슈펭글러에 관하여 베버와 사적인 대화를 나눴다고도 한다. Vgl. G. L. Ulmen, *Politischer Mehrwert*, a.a.O., S.20ff.

7) Zit. nach: Helmut Quaritsch, »Bausteine zu einer wissenschaftlichen Biographie«, in: H. Quaritsch (Hg.), *Complexio Oppositorum*, a.a.O., S.79. 마찬가지의 지적은 1975년 1월 3일자 줄리앙 프로인트 앞으로 보낸 편지에서도 행해지고 있다. "막스 베버는 복수주의에 '귀함이 있다'는 겁니다. ……베버는 정말로 트라우마로 인한 정신적 쇼크로 고통스러워했습니다. 그는 베르사유의 굴욕을 자기 자신의 굴욕이라고 느끼고 있었습니다."(BwSFr3:75)

8) 예컨대 나치스 시기인 1934년의 강연 「국민사회주의와 국제법」에서 슈미트는 선동적인 말투로 전쟁책임 문제를 짧게 언급하고 있다. "베르사유 조약의 **전쟁책임조항**(제231조)은 강요명령[Diktat]이라는 강제규범에 인륜적으로 정의(正義)에 적합한 기초를 부여

양성되고 있었음은 의심의 여지가 없다.[9)]

군무를 끝내고 바로 뒤인 1919년 9월 1일에 뮌헨 상과대학의 강사직을 얻은 슈미트는 이후 21년부터 22년에 걸쳐 6개월 정도 그라이프스발트 대학의 정교수로 근무한 다음, 22년 봄에 본대학의 정교수로 부임한다. 그리고 출생한 고향 플레텐베르크에 가까운 이 라인란트의 땅에서 슈미트는 베르사유 조약에 대한 분노를 새로이 하는 사건을 지근거리에서 경험하게 된다. 즉 1923년 1월 프랑스·벨기에 군대에 의한 루르 지방 점령이 그것이다. 베르사유 조약의 배상의무 불이행을 구실로 한 전승국의 이 일방적인 군사행동이야말로 1차 대전 이후의 국제법질서에 대한 슈미트의 본격적인 비판이 개시됨을 알리는 사건이었다.[10)] 1940년에 출판된 슈미트의 논문집 『바이마르=제네바=베르사유에 대한 투쟁에서의 입장과 개념』은 바로 그 1923년을 그런 투쟁이 개시된 해로 위치시키고 있다. 이 이후의 슈미트는 독일을 에워싼 국제정치의 현상에 대해 국내 헌법상의 문제들에 못지않은 커다란 관심을 기울이게 되며, 베르사유=제네바 국제법질서에 대한 지칠 줄 모르는 비판을 반복하게 되는 것이다.

슈미트는 루르 점령 속에서 제국주의의 새로운 지배형태를 알아차렸다. 그 새로움이란 루르 점령의 군사행동이 '법'의 집행이라는 체제体裁[양식·형식]를 취하고 있다는 점이다. 1차 대전 이후의 국제안전보장 체제를 규정하고 있는 법적인 틀, 즉 베르사유 조약과 제네바 국제연맹은 실제로는 평화구축에 아무런 기여를 하고 있지 않다. 즉 그것들은 강대국이

하고자 시도하고 있다. 그러나 전쟁책임이라는 거짓말은 그 미세한 법학적 형식에 있어서도 이미 무너져 내림으로써 방기되었다."(1934NV:19) 무엇보다 이를 제외한다면, 슈미트가 전쟁책임조항이나 빌헬름 2세의 전쟁범죄를 규정한 베르사유 조약 제227조를 본격적으로 주제화하고 있는 것은 오히려 1945년 8월에 작성된 법감정서(1994VA:24ff.[16-26])나 『대지의 노모스』와 같은(1950NE:233ff.[334-349]) 2차 대전 이후의 저작에서이다. 그런 한에서 그 주제에 대한 슈미트의 관심은 2차 대전 이후의 국제군사법정에 직면하여 비로소 생겨났던 것이라고 할 수 있을 것이다.

9) Vgl. Reinhard Mehring, *Carl Schmitt zur Einführung*, 2.Aufl., Hamburg 2001, S.34f.

10) Vgl. ebd., S.35f.

스스로의 권력요구를 법적 조치의 이름 아래 수행하는 데에만 도움이 될 따름이라는 것이다. “누가 명하는가(Quis judicabit)”, 즉 누가 법을 정의하고 해석하고 적용하는가의 문제가 간과될 때에 법의 지배란 제국주의의 도구로 추락하는 일이 벌어지는 것이다. 그럴 때 지배의 공개성을 확보할 터인 법은 외국 세력에 의한 “은폐, 익명성, 불가시성”(1925a:36)의 컨트롤에 굴복하고 마는 것이다. 슈미트가 보기에 현대 제국주의는 스스로를 다름 아닌 법적 언설을 통해 무장함으로써 지배를 행사하고 있다. 그리고 그런 실력행사의 규범적 정당화의 가능성과 함께 생겨나는 것이 이른바 ‘정전正戰’이다. 국제연맹 아래서 행해진 법적 재판으로서의 정전의 문제는 전간기에 슈미트를 포함한 여러 국제정치학자들·법학자들의 관심을 불러 모으게 됐던 것이다.[11]

그러하되 슈미트는 단지 독일 내셔널리스트로서 베르사유=제네바 체제를 공격하는 것으로 만족하지 않았다. 전간기의 그가 지향하고 있던 것은 기존의 제네바 국제연맹(Völkerbund)에 머물지 않는, 진정한 ‘연방(Bund)’을 국제적으로 구축하는 일에 다름 아니었다.[12] 그런 까닭에 ‘결단주의적인’ 주권이론을 신봉하고 있었다고 간주되는 1920년대의 슈미트일지라도, 평화와 전쟁의 결정을 독점하는 국가주권의 절대성을 무조건적으로 칭송하고 있었던 것은 아니다. 오히려 그러한 연방질서의 내부에서는 주권국가의 지표일 전쟁권이란 필연적으로 일정한 제한을 따르지 않으면 안 되는 것이다. 그의 관심은 어디까지나 국제법질서의

11) 슈미트, 켈젠, 허쉬 라우터파하트 등, 양차 대전 전간기의 국제법학자들이 전쟁 개념의 전환을 둘러싸고 확산됐던 논의를 검토한 이른 시기의 일본어 문헌으로는 오다 시게루/이시모타 야스오 편집위원대표, 『소가와 타케오 논문집: 국제법과 전쟁위법화』, 신잔사, 2004, 114-137쪽을 참조. 좀 더 최근의 것으로는 야나기하라 마사하루, 「이른바 ‘무차별 전쟁관’과 전쟁의 위법화」, 『세계법 연보』 20호, 2001, 3-29쪽 및 니시 타이라, 「전쟁 개념의 전환이란 무엇인가: 20세기의 유럽 국제법 이론가들의 전쟁과 평화의 법」, 『국제법외교잡지』 14권 4호, 2006 63-90쪽을 참조.

12) 1920년대 슈미트의 ‘연방주의’를 지적하고 있는 문헌은 그리 많지 않은데, 예컨대 Hauke Brunkhorst, »The Right to war. Hegemonial Geopolitics or Civic Constitutionalism?«, in: *Constellations*, 11 (2004), S.512-526에서는 그의 연방 이론에 대한 재평가가 보인다.

제도적 구축에 있었다. 슈미트는 제네바 국제연맹이 그러한 이념적 국제법질서로서의 '연방'일 수 없다고 말한다. 그렇다면 그는 자신이 구상한 '진정한 연방'의 조건을 무엇에서 보고 있었던 것인가. 이를 해명할 때 그의 연방이념이 보편주의와는 분명하게 구별되는, 아니 오히려 보편주의에 저항하는 유럽적 질서의 가능성을 추구했던 시도였음이 명확해질 것이다.

I. 진정한 '연방'의 구축을 향하여

1. 정통성과 〈현상〉

1차 대전 말기인 1918년 1월 8일 미합중국 대통령 우드로 윌슨의 「평화원칙 14개조」에서 제기된 '국제연맹'은 1919년 4월 28일 베르사유 강화회의 총회에서 채택된 「국제연맹 규약」을 통해 현실화된다. 전체 26개조로 된 이 연맹 규약에 조인한 가맹국은 동시에 베르사유 조약의 조인국이기도 했으므로 국제연맹은 그 유래부터가 베르사유 조약을 구성하는 요소의 일부를 이루는 것이었다. 그런 한에서 1920년 1월에 본부를 제네바에 설치하고 활동을 개시한 국제연맹이, 1차 대전의 패전국에 강요한 전승국의 '복수주의적인' 국제질서라고도 할 수 있을 베르사유 체제와 관계된 것이었음은 부정할 수 없다. 그런 가운데 독일이나 오스트리아 같은 패전국의 지식인들 중에서 어떤 이는 내셔널리스트적인 입장에서 국제연맹을 베르사유 체제와 더불어 전면적으로 거부하고, 또 어떤 자는 발터 슈킨이나 한스 베베르크 혹은 켈젠처럼 리버럴한 입장에서 국제연맹이 전후 달성한 평화구축 순기능을 부분적으로 평가하면서도 전승국에 의한 권력정치의 산물인 베르사유 조약으로부터 국제연맹을 분절시키려는 일에 진력하게 된다. 슈미트 또한 국제연맹이 단지 전승국 중심의 베르사유 체제를 정당화하는 것에 머물 뿐인가, 아니면 여러 국가들의 동등한 권한同權을 보장하는 진정한 '연방'을 향하는 것인가라는 두 가지 평가 사이에서 흔들리게 되는 것이다.

확실히 국제연맹의 분쟁처리 능력과 평화유지 기능은 당초부터 의문에 붙여졌다. 특히 국제연맹 이념을 제기한 당시의 미국 및 러시아 혁명에 의해 세계 최초의 사회주의국가가 된 소련이라는 두 강대국의 불참은 그것의 국제질서로서의 불완전성이라는 인상을 각인시키는 것이었다. 그러하되 슈미트에게 국제연맹의 본질적 문제는 그렇게 "미합중국이나 러시아, 그리고 현재는 독일 같은 주요 국가들이 구성국이지 않기에 연맹이 보편적인 성격을 갖지 못하고 전 지구상으로 확장되어 있는 것도 아니"라는 점에 있는 게 아니었다(1924b:3). 국제연맹이 진정한 연방인가 아닌가의 기준은 그러한 "단순한 공간적 보편성"에 있는 것이 아니다. "연방이란 여러 국가들 간의 법적 질서가 표현된 하나의 전체를 뜻하며", 그 존립을 위해서는 "어떤 법적인 질서원리"가 필요하다(1926KV:18). 그런 내적인 질서원리에 의해서만이 연방은 단순한 "정치적·실무적 목적을 갖는 구성체", 즉 외적인 적대자를 상정한 "동맹(Bündnis)"과는 다른 하나의 법질서일 수 있게 되는 것이다. 그리고 슈미트는 진정한 연방이 존립하기 위한 두 가지 지표를 지명하게 된다. 즉 "어떤 최소한의 보장[Garantie]과 동질성[Homogenität]"(1924b:4; 1926KV:21)이 그것이다.

"어떤 특정한 종류의 보장 없이 국제연맹은 존재하지 않는다."(1924b:4) 그런 뜻에서 분명 국제연맹 또한 일정한 보장은 확보하고 있기는 했다. 그 경우에 문제가 되는 것은 "무엇이 보장되고 있는가", 혹은 "보장의 대상은 무엇인가"이다. 국제연맹 조약의 제10조는 대략 다음과 같은 보장의 대상을 규정하고 있다.[13] 즉 영토의 불가침성, 정치적 독립, 공격에 대한 보호, 위협에 대한 보호. 그러하되 슈미트가 질문을 던지는

---

13) 연맹규약 제10조는 다음과 같다. "연맹국은 연맹 각국의 영토 보전 및 현재의 정치적 독립을 존중하며, 이를 외부의 침략에 대해 옹호할 것을 약속한다. 침략의 경우, 또는 그런 위협 및 위험이 있을 경우에는, 연맹 이사회는 본 조항의 의무를 이행할 수단을 상정해야 한다."

지점은 그것이 대체 어떠한 정통성 원리를 따라 규정된 보장인가라는 것이다. 국제연맹은 단지 전승국의 권력정치가 반영된 대전 종료 직후의 〈현상(Status quo)〉을 유지하기 위한 것이 아닌가. "그것은 연맹의 창설시에 존재했던 소유상태, 즉 강화조약이 초래한 소유상태가 **정통**이라는 것을 전제로 하고 있다."(1924b:7) 그렇게 법적으로 〈현상〉이 정통이라는 것이 보장되지만, 그러나 애초에 단순한 〈현상〉은 그 어떤 정통성 원리도 될 수 없는 것일 터이다. 오히려 "정통성의 보장이야말로 하나의 연방을 창설하는 일이 될 것이다."(1926KV:46) 하지만 기존의 국제연맹이 문제로 삼고 있는 것은 단지 "**〈현상〉의 정통성을 보장하는**"(1926KV:38) 일에 지나지 않았다.

슈미트는 이제까지의 역사에서 국제법공동체를 구성해왔던 정통성 원리를 예거한다. 베스트팔렌 조약 이후 19세기까지 기능하고 있던 "유럽의 세력균형"의 원리나 그 경합원리였던 "자연국경"론, 나아가 19세기 이후의 "국민성원리" 등이 그것이다(1924b:14f.; 1926KV:56ff.). 국제법상에서 "정상"으로 여겨지는 상태는 그때그때 그것들의 정통성 원리를 기준으로 하여 비판되어왔던 것이다. 이러한 명확한 정통성 원리에 기초해 구축된 국제법공동체의 이상적인 사례로서 슈미트는 자주 나폴레옹 전쟁 종결 이후의 신성동맹체제를 언급한다. "1818년의 신성동맹은 유럽 대륙을 하나의 연방으로 정돈[구성·편성]하고자 했었다."(1934PF:1)

과연 〈현상〉을 향한 고집은 1818년 이래 구체제 복고의 시기에도 분명 현저한 것이었다. "20년에 걸친 대對프랑스 연합 전쟁 이후, 19세기에는 1815년 이래의 유럽인 거의 한 세대 전체가 〈현상〉의 정통성이라는 정식으로 환원되는 정신상황에 있었다."(1929:79f.[144]) 그런 뜻에서 분명 "1818년과 1919년, 빈 회의와 파리 강화회의, 신성동맹과 국제연맹의 역사적 평행성"(1930VPF:2; 1934PF:2)을 지적할 수 있다. 그러하되 "'신성동맹'으로 불리고 있던 1815년의 제후 연합은 1919년 강화조약에 있어서의 제네바 국제연맹에 비해 공정하고도 이성적인 유럽적 사건이었다."(1933f:379) 실제로 1815년에는 "패배한 프랑스가 1919년의 국제연맹에서처럼 가혹한 취급을 당하는 일은 없었다."(1934PF:2) 이 차이는 오로지 신성동맹 체제가 "왕조적 정통성"이라는 명확한 정통성 원리에 기초해 있던 국제질서였던 데에서 기인한다. 거기서는 군주제원리에 따른 국가라면 그런 유럽적 질서의 정통 속에서 동일한 권한의 구성원으로 승인되었던 것이다. "신성동맹의 저명한 외교관들은 적어도 정통성에 관해 이야기하고 있었던 것이며, 단순한 사실이나 그저 사실적인 정치상황이 아니라 **정상**이라고 여겨지는 상태를 보장하고 있었던 것이다."(1925b:58)

국제연맹에 결여되어 있는 것은 바로 그런 정통성 원리이다. "**국제법적인 정통성의 문제야말로 국제연맹의 핵심문제**"(1924b:14)임에도 "오늘날까지 국제연맹에서는 구체적으로 적용 가능한 여러 원리들이 아무것도 인정되지 않는다."(1926KV:60) 그것은 전적으로 무원칙한 현상유지일 뿐만 아니라, 더 나쁘게는 1차 대전 직후 열강의 사실적 권력관계가 반영된 〈현상〉을 국제관계의 법제화라는 이름 아래 정통으로서 또 합법으로서 추인하고 있다.

> 이러한 방식으로 모든 전쟁을 폐기하는 것이 순조롭게 될 경우, 강자는 힘이나 재산만이 아니라 법까지도 갖게 되며 전쟁보다 더 나쁜 것이 생겨날 것이다. 즉 정치적인 혹은 경제적인 적대자가 사법형식에 따라 살해되는 일이 그것이다. 이 적대자는 전쟁에서 패배한 것이 아니라 재판 속에서 사형선고를 받고 집행당하는 것이다. (1925b:58)

강자의 〈현상〉에 저항하려는 약자의 모든 시도에는 불법행위의 낙인이 찍히는 것이다. 실제로 국제연맹이 진정으로 법질서라고 한다면 기존 상태의 법적합적인 변경을 가능케 하기 위한 일정한 원리가 있어야만 함에도, 국제연맹 규약에서는 그러한 원리가 어디서도 발견되지 않는다(1924b:12; 1926KV:51) 〈현상〉의 변경은 그것이 무엇이든 비합법이 되는 것이다. 슈미트에 따르면 그것은 규범근거를 단지 실정적으로 주어진 것 속에서 찾는 권력이론인 켈젠적 법실증주의의 결함과 일체이다. "그때그때의 상황에 대한 실증주의적 정통화는 전승국 열강의 제국주의 정책에 봉사하는 것 말고는 할 수 있는 게 없다."14) 법에 근거를 놓기 위한 정통화원리를 결여한 채로 국제관계의 법제화를 밀고 나가더라도, 그것은 권력정치의 〈현상〉을 사후적으로 정당화하는 것으로 추락할 뿐이다.

법질서가 성립하기 위해서는 우선 "정상(normal)"으로 간주되는 상태가 만들어지지 않으면 안 된다. 『정치신학』에서 주장된 이 유명한 테제는 독일의 국제법적 지위를 다룬 1920년대의 논문들에서도 반복된다.

> 법은 진공상태에서 타당한 것이 아니므로 모든 법은 상황법이다. 따라서 법제도로서의 국제연맹 또한 정상으로 간주되는 상황 없이는 있을 수 없다. (1924b:10)15)

국제연맹의 문제는 이 정상의 상태가 모종의 정통성 원리에 입각해 규정되고 있는 것이 아니라 단순한 〈현상〉이 그저 그대로 정상으로 간주되고 있다는 점에 있다. 그리고 정상상태常態에 관한 결정을 행하는 자를 주권자라고 부른다면, 여기서는 대전 종결 직후의 기존 소유상태를 정통이자 불변하는 정상상태로 삼고 있는 전승국 열강이야말로 주권적인 것이다. 베르사유=제네바 국제법체제는 하나의 법학적 픽션이다. 그리고 이 법질서가 전제로 삼고 있는 정상상태란 실제로는 단지 무원칙한

---

14) H. Hofmann, *Legitimität gegen Legitimität*, a.a.O., S.95.

15) 마찬가지 내용이 1926년에 단행본으로 출판된 『국제연맹의 핵심문제』에서도 강조되고 있다. "법은 진공상태에서 타당한 것이 아니므로 모든 법은 상황법이다. 따라서 법제도로서의 국제연맹 또한 그 구성국의 사실적인 정치상황이나 소유상태, 그리고 그 특성이 정상으로 간주될 수 있는 경우에만 가능한 것이다."(1926KV:22) "진정한 연방에는 모든 법질서들이 그 일부를 이루고 있으며, 앞서 서술했듯 정상상황이라는 관념이 모든 법적 논리에 있어 본질적인 것이므로 연방은 정상성과 정통성이라는 전제를 미리 만들어내지 않으면 안 된다."(1926KV:42)

권력정치의 현실에 지나지 않는다는 것이다.

2. 정상상태로서의 베르사유=제네바 체제

국제연맹의 설립에 의해 1차 대전 이후의 국제사회는 전쟁의 위법화로의 길을 걷기 시작하지만, 슈미트뿐만이 아니라 독일 국내에서는 국제법의 그런 발전에 대해 부정적인 견해를 지닌 이들이 많았던 것이 사실이다. 이는 우선 그런 위법화가 독일에 일방적인 전쟁책임을 부과한, 공평성이 의심되는 베르사유 조약(특히 제231조)과 분리 불가능한 것으로 여겨졌기 때문이다. 이리하여 이른바 "전쟁책임 문제(Kriegsschuldfrage)"가 전간기 독일에서 극히 큰 논의를 불러일으키게 됐던 것이다.

그러하되 실제로 바이마르 시기의 슈미트 자신은 베르사유 조약이 부과한 독일의 전쟁범죄나 전쟁책임의 문제를 거의 다루지 않는다(이것이 주제화되는 것은 『대지의 노모스』를 포함한 2차 대전 이후의 저작이다). 오히려 새로운 국제법의 문제는 주로 루르 점령이라는 결정적 경험을 계기로 하여, 1차 대전 이후의 라인란트가 놓인 국제법적 지위와의 관련 속에서 논해진다. 라인란트의 현상을 바꾸려는 독일의 시도는 베르사유 조약의 여러 규정들에 따라 국제법상의 범죄로 간주된다. 라인란트는 독일의 주권 아래에 있음에도 그 자체가 '국제정치의 객체'가 되는 기묘한 위치에 놓여 있었다. 즉 거기서는 실질적으로 독일의 주권이 박탈되고 있는 것이다. 다름 아닌 법의 이름 아래에서 말이다. 이 점에서 슈미트는 법학적 픽션을 이용하여 수행되는 제국주의의 새로운 형태를 알아챘던 것이다.

중요한 것은 국제관계의 법제화 그 자체가 아니라 "힘에서 법으로"라는 소박한 도식으로 사고해서는 문제의 본질을 잘못 보고 만다는 점이다. 마이네케의 저작 『근대사에서의 국가이성의 이념』이 전제로 하고 있는 힘과 법의 이원론을 1926년의 서평 속에서 비판하고 있는 슈미트에게 문제가 되는 것은 오히려 "사정이 항상 그런 것처럼, 모든 당사자가 자기 쪽에 도덕성이 있다고 주장하면서도 동시에 할 수 있는 한 권력정치를 추구하고 있을 경우, 누가 결정하는가"16)라는 질문이다.

> 물론 누구든 법, 도덕, 윤리, 평화만을 바란다. 누구도 부정不正을 위하려고 하지는 않는다. 그러나 언제나 구체적으로 유일하게 흥미로운 문제는 무엇이 옳은 것인가, 평화란 무엇인가, 평화의 교란이나 위험은 무엇이며 그것은 어떤 수단으로 제거되는가, 상황이 정상으로 '평온'해지는 때는 언제인가 등등에 관하여, 그 구체적인 사례들 속에서 누가 결정하는가라는 것이다. (1926a:50[73])

그 어떤 권력정치도 스스로를 정당화하기 위해 법을 끌어내 거론한다.

> 당연하게도 열강은 모든 기회에 자신들이 법을 존중하고 있다고 주장한다. 그러나 그들은 구체적인 사례에서 무엇이 법인지에 관하여 자신들 이외의 누군가가 결정하는 것을 결코 허용하지 않을 것이다. (1924b:13; 1926 KV:54)

그런 까닭에 단지 힘에 대한 법의 지배를 칭송하는 것은 아무런 의미도 없다. 눈을 향해야 할 지점은 그 법을 누가 결정하고 있는가라는 것이다. 이렇게 슈미트에게 1차 대전 이후의 국제법제의 진보에 관계된 주요 문제는 그 법이 대체 누구를 위한 법인가라는 물음에 집중된다. "그런 까닭에 우리는 언제나 질문하지 않으면 안 된다. 구체적인 사례에서 국제연맹의 이름 아래 행위하고 있는 것은 누구인가라고 말이다."(1931 c:38)

이제 정치적 대립은 법형식으로서 드러나고 국제정치는 사법수단으로 옮겨지는 것처럼 보인다. 그러나 이는 그 구체적 내용의 결정권을 열강만이 장악한 정치적 국제법의 지배로서, 라인란트는 특히 그것의 희생이

---

16) Gopal Balakrishnan, *The Enemy, London*/New York 2000, S.79.

되고 있다. 베르사유 조약의 제42조에서는 라인 강 좌우 기슭 50킬로를 비무장지대로 하는 것이 규정되어 있다.[17] 그러하되 거기서 보이는 금지사항 규정은 "확대해석의 가능성을 여는 것으로, 그런 확대해석은 정치적인 자유를 갖는 해석이 행해질 경우에는 불가피한 것이다."(1928a:258[192]) 그것에 대한 위반이 "적대행위" 또는 "세계평화의 교란"로 간주될 수 있을 "동원을 위한 모종의 실질적인 시설" 등등이 비무장지대에서 실제로 행해지고 있다는 것을 대체 누가 결정하는가. 이러한 비무장지대의 설정 및 그에 따르는 여러 규정들은 '법학적 픽션'이며, 이는 『독재』(1921)에서 서술되었던 '픽션적인 계엄상태'와 마찬가지로 "정치적 적대자를 더 잘 억압하기 위한 수단"(1926KV:30)에 다름 아니다. 독일은 전승국 열강이 정한 비무장의 개념에 따르지 않으면 안 되며, 그들 열강에 의해 그 개념을 위반하고 있다고 해석되는 경우에는 평화를 교란하는 것으로 간주된다. 나아가 1924년 10월 2일 국제연맹의 제5회 총회에서 채택된 제네바 의정서의 제10조에서 그러한 비무장 의무에 대한 위반은 "침략[Angriff]"으로까지 규정된다.[18] 그리고 '침략' 또는 "침략자"라는 그 자체로 픽션적인 규정에 근거해 의정서는 체결국들에 "침략자에 대해 군사적으로 조치를 강구할 의무"(1925b: 53)까지도 정하고 있다. 이후에 『대지의 노모스』에서 이 의정서가 "공격전쟁의 범죄화를 향한 맹아"(1950NE:244[349])로 위치되는 까닭이 거기에 있다. 슈미트에게 말하게 한다면, 그것은 모두 〈현상〉을 변경하고자 하는 독일을 법적으로 범죄화하는 일로 향하고 있는 것이다. "독일은

17) 베르사유 조약 제42, 43, 44조는 다음과 같다. "제42조. 라인강 좌안 및 라인강 동쪽 50킬로미터에 그어진 선부터 서쪽 우안까지 독일은 보루를 정비하거나 건설하는 것이 금지된다. 제43조. 앞의 제42조에 거론된 지대에서는 항상적이든 잠정적이든 그 형태를 불문하고 무력의 주둔이나 결집, 모든 종류의 군사훈련 및 동원을 위한 그 어떤 실질적 시설의 보유도 금지된다. 제44조. 독일이 제42, 43조의 규정을 모종의 방식으로 위반했다고 여겨질 경우에는 이 조약의 체약국에 대한 적대행위, 그리고 세계평화에 대한 교란을 시도한 것으로 간주된다."

18) 제네바 의정서 제10조는 다음과 같이 시작한다. "조약 또는 본 의정서에 규정되는 약속을 위반하고 전쟁에 호소하는 모든 나라는 침략자이다. 비무장 지대를 위해 정해진 규칙을 위반하는 일은 전쟁에 호소하는 것과 같은 것으로 간주한다."

모종의 사소한 일을 구실로 침략자로서 허구적으로 구축될 수 있게 되며, 이제 국제법상의 의사擬似[모조]법률학의 체계 전체가, 또는 참이든 거짓이든 전쟁방지의 법과 전쟁금지의 법이 전력을 다해 독일에 불리하게 작용하게 된다."(1928a:259[192])

이리하여 라인란트에서 독일의 주권은 실질적으로 무효화되고 있다. 하지만 라인란트만이 아니다. 독일의 무장해제를 감시하기 위한 국제연맹 이사회의 조사권을 설정한 베르사유 조약 제213조는[19] 독일 국토 전체를 그런 주권박탈의 위기에 노출시키고 있는 것이었다(1925b:53f.; 1928a:257f.[190-191]). 슈미트에게 어떤 국가의 주권적 독립을 표면상으로는 인정하면서 사실상으로는 간섭하기 위한 여러 법적 수단들을 확보해 놓는다는 것은 다름 아닌 제국주의의 새로운 방법이었다. 즉 타국을 지배하는 방법은 군사적인 직접행동으로부터 규범을 통한 컨트롤로 변용되었던 것이다. 이는 "병합(Annexion)"이라는 지배법이 시대에 뒤떨어진 것이 됐던 점에서 두드러진다. 1차 대전 이후의 세계에서는 민족의 자결과 자유라는 대의 때문에 특정 영토의 병합이 간단히 인정될 수 없게 된다. 그러나 그러한 "병합의 단념"은 열강이 "더 효과적이고 더 많은 이익을 얻는 다른 방법을 발견했던" 점에서도 기인한다(1925a:28). 즉 열강은 소국을 독립국으로 승인한 상태에서 그 구체적 내용은 열강 자신이 결정할 수 있는 이른바 "간섭조약"을 그 소국과 체결하는 방법을 취했던 것이다. "병합을 대신하여 컨트롤과 간섭만을 이용하는 현대의 시스템은 정치적·경제적으로 많은 실제상의 이점이 있는 것 외에도, 조약의 신성성이나 〈계약은 존중되어야만 한다〉는 명제를 방패로 삼아 종속국을 도덕적으로 무력화한다는 도덕상의 이점까지도 갖는다. 간섭국은 '컨트롤 아래 놓이게 된' 나라의 본질적인 실존적 문제, 특히 무엇이 '공안과 질서'인가에 관한 구체적 규정을 결정하는

19) 베르사유 조약 제213조는 다음과 같다. "본 조약이 효력을 갖는 한, 독일은 국제연맹의 이사회가 다수결로 필요하다고 인정한 모든 조사가 모든 방법에 따라 원활히 이뤄지도록 할 의무가 있다."

것이다."(1928a:263[197])

베르사유 조약은 바로 그런 '간섭조약'과도 같다. 거기서는 내용이 완전히 무규정적인 여러 법 개념에 기초해 그것을 해석하는 열강에 의한 실질적인 지배가 행사된다. "베르사유 조약은 위험하고 무규정적인 수많은 개념들을 포함하고 있고 그 효력범위 전체가 곧바로 인식되지 않는 것이라고 할 때, 그것들은 항상적인 간섭의 기초가 될 수 있는 것이다."(1925a:32) 법의 지배라는 이름 아래서 실제로는 그 구체적 내용의 결정권을 갖지 못하게 됨으로써 열강의 컨트롤 아래 놓이게 된 국가는 독립국일 수 없으며, 자신의 정치적 실존에 관한 본질적 문제조차 스스로 결정할 수 없으므로 자결권이나 주권은 텅 비어버리게 되는 것이다. "간섭권이라는 것의 뜻은 외국의 이해관계로부터의 보호, 독립의 보호, 공공의 질서와 안전, 국제조약의 준수 등과 같은 타국의 정치적 존립에 있어 본질적인 것들을 무규정적인 특정 개념에 간섭하는 강대국이 결정한다는 것이다. 어떤 것이든 그런 간섭권에 관해 언제나 고려해야만 하는 것은 지배적 강대국이 개념의 그런 무규정성으로 인해 자신의 재량에 따라 결단을 행할 수 있고, 그럼으로써 자신이 컨트롤하는 국가의 정치적 실존을 수중에 넣을 수 있다는 점이다."(1925a:29)

슈미트에 따르면 간섭조약을 통해 행사되는 제국주의 지배는 병합이라는 직접적 지배법보다도 유해하다. 그것은 피지배국의 주민에 대한 보호책임을 전혀 지지 않는 이른바 '간접권력'에 의한 지배이기 때문이다. 슈미트가 근대 주권국가의 기초인 "보호와 복종의 직접적 연관"을 파고들어 부수는 "간접권력"에 대한 명시적 비판을 시작하는 것은 1938년의 홉스론이지만, 그 기본적인 착상은 이미 1920년대의 간섭조약 비판 속에서 드러나고 있다. 즉 직접적 지배로서의 병합 속에서 "승자는 토지 및 주민과 함께 정치적 책임과 대표를 인수하지만" 오늘날 "컨트롤을 행하는 국가는 병합에 따르는 하중을 짊어지는 일 없이 군사적·경제적 이익 모두를 손에 넣고 있다."(1925a:31) 국가권력은 슈미트가 "관헌(Obrigkeit)"이라고 부르는, 완전한 공개성을 가진 권위에 의해 행사되지 않으면 안 된다. 적어도 그런 지배란 피치자에 대한 보호를 제공할 수 없게 됐을 때는 전복될 수 있다는 뜻에서 "정치적인 것의 리스크"에 노출되어 있는 것이다. 그러나 현대에 진정한 권력자는 의도적으로 비가시성 속에 그대로 머물며, 책임을 인수하지 않고 지배의 이익만을 수중에 넣으려고 한다.

> 현대적인 방법은 진정한 권력을 은폐하고 국가생활의 공개성과 대표를 공허한 장식으로 삼기에 이른다. ……오늘날의 시대적 특징을 이루고 있는 것은 진정한 권력자가 숨겨진 상태로 머물면서 더 이상 지배가 아니라 '컨트롤'만을 행하고자 한다는 점에 있다. (1925a:34).

말할 것도 없이 여기서는 거의 같은 시기의 저작 『현대의회주의의 정신사적 상황』(1923)에서 전개되는, 공개성과 대표 기능을 잃고서 이익단체의 이해 조정을 위한 장이 되어버린 현대의회주의에 대한 비판과 동일한 논리가 보인다. 슈미트는 그렇게 비가시적이고 무책임한 권력 행사를 베르사유=제네바 체제 아래의 국제법질서에서도 간취한다. 거기서는 국가주권이 그저 장식으로 유지될 뿐이며 "외국에 의한 지배의 부정함에 익명성의 기만이 덧붙여져" 있을 뿐이기 때문이다. 따라서 베르사유=제네바 국제법체제에 관해 진정으로 눈길을 주어야 하는 것은 그 법규범 자체가 아니라 그 구체적 내용에 관하여 〈누가 결정하는가〉라는 물음이다. 보편적으로 타당하다고 여겨지는 법이 그때그때 〈누군가〉에 의해 이용되고 있는 그 구체적 상황의 일회성이야말로 인식되지 않으면 안 되는 것이다.

그렇다고 해서 슈미트가 단지 보편적 규범을 이용하고 있는 배후의 누군가를 들춰내는 이데올로기 비판에 만족하고 있는 것은 아니다. 그의 목적은 단순한 실정적 합법성의 체계를 대신해 모종의 실질적 정통성 원리에 입각한 법질서를 요구하는 것이다. 법, 특히 국제법은 그러한 원리 없이는 단순한 권력정치의 도구가 되고 만다. "국법과 국제법은 이론에서도 실천에서도 정통성의 개념을 결여할 수가 없는 것이다."(1926LP:39[42]) 그저 법이 있다는 것만으로는 불충분하며, 정통성 원리가 있을 그때 비로소 국제사회는 법질서로서 성립하는 것이다. 슈미트는 법을 모두 정치역학의 산물로 간주하려는 권력이론가가 아니다. 중요한 것은 정치적인 권력주장이란 무릇 실정적인 법체계나 모종의 정통성 원리의 조력에 의해 스스로를 정당화하고자 한다는 점이다.

> 그러나 더 나아가, 모든 권력확장이란 ……일정한 **정당화**를 끌어내는 일을 필수로 한다. 그것은 법 개념이나 법적 정식, 관용구나 쌓여 있는 슬로건 전부를 이용하여 **정통성 원리**로 삼는 일이다. 이는 단순한 '이데올로기적' 기만이 아니며 단지 프로파간다 목적에 이용되고 있는 것도 아니다. 그것은 오히려 모든 인간활동이 모종의 **정신적** 성격을 띠며, 제국주의 정치이든 역사적으로 중요한 다른 정치이든 정치란 말하자면 본성상 결코 비정신적인 것일 수 없다는 단적인 진리의 적용사례에 지나지 않는다. 인류사에서 그런 정당화나 정통성 원리가 존재하지 않았던 적은 전혀 없다. 그런 정당화 없이는 국제법도 결코 존재할 수 없었다. (1932a:163[315])

슈미트가 말하는 정치는 언제나 그러한 이념적 계기를 포함하고 있다. 그런 까닭에 그것은 사실적인 권력관계로 환원되는 것이 아니며 어디까지나 법질서의 근거정초를 기도하고 있다. 그가 지향하는 것은 '진정한 연방'으로서의 국제법질서의 구축에 다름 아닌 것이다.

3. 연방의 동질성과 국가주권

a. 정통성과 동질성

앞서 서술했듯이 슈미트는 진정한 연방의 지표로서 '보장'과 '동질성'을 거론했다. 여기서 '보장'이란 그저 권력관계가 반영된 〈현상〉의 보장이 아니라 연방을 성립시키는 정통성 원리의 보장이지 않으면 안 된다. 따라서 어떤 연방의 내부에는 일정한 정통성 원리가 그 연방의 구성국들에게 공유되고 있어야만 한다. 즉, 그런 정통성의 관점에서 볼 때 연방 구성국은 '동질적'이지 않으면 안 된다. 이것이 진정한 연방을 이루는 제2의 지표로서의 '동질성' 혹은 '동종성(Gleichartigkeit)'이 뜻하는 것이다. 특정한 가상의 적을 전제로 한 결합이라고 할 '동맹(Bündnis)'으로부터 '연방'이 구별되는 것은 그러한 내재적 원칙이 존재하기 때문이다. "동맹은 공통의 적에 의해 결합되고 공동방위 또는 공동공격의 필요가 있는 안에서 존립할 수 있다. 이에 비해 연방은 그 구성국의 일정한 동종성을 전제로 하지 않으면 안 된다."(1926KV:63)

『헌법론』에서는 "헌법의 정통성의 종류"로서 "왕조적 정통성"과 "민주주의적 정통성"이라는 두 가지가 거론되고 있지만(1928VL:87f.[112]), 그것을 슈미트는 하나의 역사적 발전으로 사고하고 있다. "1815년부터 1918년까지의 발전은 정통성 개념의 발전으로서, 즉 왕조적인 정통성에서 민주주의적인 정통성으로의 발전으로서 서술할 수 있는 것이다."(1926LP:39[42]) 그리고 그러한 국내적인 헌법상의 정통성 원리는 동시에 국제적인 연방질서를 구성하는 원리로도 될 수 있는 것이다. '왕조적 정통성'에 기초해 설립된 진정한 연방의 모델이 1815년의 신성동맹이다. "신성동맹은 이 상태에 법의 장엄함을 부여함으로써 더 나은 정치적 안전보장을 만들어내기에 왕조적 '정통성'의 원리를 고안했다."(1933f:379) 신성동맹은 왕조적 정통성을 국내적인 질서원리로 삼은 '동질적' 국가들에 의해 구성되고 있었던 것이다.

그렇다면 정통성 원리의 변천에 따라 이번에는 '민주주의적 정통성'이 새로운 국제질서의 원리로 부상하게 될 것이다.

> 바야흐로 국제법적인 정통성 원리 하나가 다시금 산출된 것으로, 1815년의 왕조적 정통성을 대신하여 보통선거권에 기초한 민주주의적 정통성이 나타난 것이다. 오늘날 민주주의적 사고를 가진 저작자들은 국제연맹이

구성국들 모두의 민주주의적 헌법을 조건으로 하지 않으면 안 된다고 요구한다. 그들은 분명 그런 조건을 진정한 연방이 필요로 하는 최소한의 동질성으로 간주하고 있는 것이다. (1926KV:76f.)

국제연맹이 진정한 연방일 수 있기 위해서는 정통성 원리가 필수이며, 이제 민주주의적 정통성이야말로 그런 것이라고 여겨지기도 했다. 그리고 슈미트 자신 또한 그러하기를 바라고 있었다. 하지만 그가 보기에 국제연맹은 민주주의적 정통성을 이념으로 삼고 있는 것처럼 보이면서도 그 원리에 기초한 구성국들의 동질성을 전혀 관철시키고 있지 못하다. 여기서 문제가 되는 것은 1차 대전 이후 민족자결의 조류 속에서 국제연맹이 지키고자 하는 내정불간섭의 원칙이다.

b. 내정간섭을 동반하는 연방

1920년대의 슈미트가 주권국가를 유일한 정치적 단위로 보고 있었던 것은 의심의 여지가 거의 없다. 그러나 동시에 그는 경우에 따라선 국가주권에 제한을 가하는 국제적 연방질서의 구축까지도 지향하고 있었다. 이런 두 가지 태도는 어떻게 양립할 수 있던 것인가. 1928년의 『헌법론』 제4편 「연방의 헌법이론」에서는 바로 그 문제의 해결이 시도되고 있다. 그리고 그것을 위한 열쇠가 되는 것이 연방 구성국의 '동질성'이라는 개념이다.[20]

"연방의 목적은 연방의 틀 안에서 모든 구성국의 정치적 실존을 보전하는 것이다."(1928VL:368[421]) 그러하되 정치적 실존의 보전 수단은

---

20) '동질성' 개념에 관해서는 민주주의의 전제(前提)를 인민의 실체적 동질성으로 보는 『헌법론』(1928)에서의 논의가 유명하지만, 그 개념이 최초로 드러나는 것은 1925년 『슈몰러 연보』 48권에 게재된 논문 「국제연맹의 핵심문제」에서이다(1926년에 단행본으로 출판된 『국제연맹의 핵심문제』는 이 논문을 확장한 것이다). 거기서는 진정한 연방의 기준으로 "최소한의 보장과 동질성"(1924b:4, 14)이 거론되고 있는데, 단행본 『국제연맹의 핵심문제』에서는 이 '동질성'에 관한 논의가 한층 더 상세히 전개된다. 그런 까닭에 슈미트가 이 개념의 착상을 얻었던 것은 국내적인 헌법질서보다는 국제연맹이라는 국제질서에 관한 고찰을 통해서였다고 하겠다.

최종적으로는 교전권에 있음에도 연방의 내부에서는 "항구적으로 자구행위가 포기"되며 "연방이 존속하는 한에서는 구성국에 대한 연방 전체의 연방적 **집행**만이 가능"하다(1928VL:369[422]). 여기서 주권의 소재는 구성국에 있는가 연방에 있는가. 이러한 "안티노미[이율배반]"는 오직 '동질성'에 의해 '지양'된다고 슈미트는 말한다. 왜냐하면 그에게 전쟁이란 "자기 자신의 정치적 실존의 존재방식에 대한 부정"을 뜻하는 "존재상의[seinsmäßig] 타자 혹은 이질자"에 대해 행해지는 것이고(1928VL:377 [430]), 헌법의 기초인 정치적 근본결단이 만들어낸 존재상의 실체를 동등하게 갖는 국가들 사이에서는 그런 실존을 건 투쟁은 일어날 수 없기 때문이다. "연방의 여러 안티노미를 해결하는 열쇠는 모든 연방이 하나의 본질적인 전제, 즉 **모든 연방 구성국의 동질성** 즉 실체적인 동종성에 기초하고 있다는 점에 있고, 이 실체적인 동종성이 구체적으로 지분국의 존재상의[seinsmäßig] 일치를 정초함으로써 연방 내에서 극한의 항쟁 사례가 생기지 않도록 한다."(1928VL:375f.[428])

따라서 거꾸로 말하자면, 그러한 실체적인 존재상의 동질성이나 동종성을 잃어버리게 될 때 연방은 위험에 빠진다. 구성국의 동질성을 유지하는 것이야말로 연방의 존립을 위한 조건인 것이다. 그런 까닭에 구성국이 그 동질성을 파괴할 수 있는 내정 차원의 근본결단을 행하는 것에 연방은 무관심할 수가 없는 것이다. 그럴 경우 구성국에 대한 연방의 간섭이 행해지는 것이다.

> **구성국의 여러 사항들에 개입하지 않는 연방은 존재하지 않는다.** 연방은 정치적 실존을 갖는 것으로서, 감독권을 가지며, 연방의 유지와 확보 및 보호의 수단에 관해 결정할 수 있으며, 필요한 경우 간섭하지 않으면 안 된다. (1928VL:370[423]

바로 그렇게 슈미트는 진정한 연방이라면 일정한 내정간섭이 필수라고 주장한다. "진정한 연방에는 최소한의 동질성을 보장하는 일에 관심을

갖고 그것을 보전·유지하기 위한 모든 간섭이 포함된다."(1926KV:76)

슈미트가 진정한 연방의 모델로 삼는 신성동맹은 그러한 내정간섭을 동반한 국제질서에 다름 아니었다. 그것은 왕조적 정통성의 방위를 목적으로 19세기 당시 발발하고 있던 각국의 자유주의적 혁명운동을 탄압하기 위해 상호 간 내정간섭도 사양하지 않았다. 하지만 슈미트는 그것을 단지 '반동적'이라고 정리해버리지 않는다. 오히려 그런 내정간섭이 국제질서의 안정을 위해서는 국내질서의 동질성을 유지할 필요가 있다는 정당한 인식에 기초하여 행해졌다고 보는 것이다. "신성동맹의 정통성 원리는 정통적 군주제로 불리고 있던 일정한 **국내적 〈현상〉**을 보장했다. 이 보장은 동시에 외정外政적 질서를 보장한다는 뜻을 가졌다. ……따라서 그 어떤 진정한 연방이든 필요불가결한 보장은 특정한 국내질서에 기초해 설립되고 있던 것이며, 그것으로 기초로 하여 국제질서도 보장될 수가 있는 것이었다. 국내질서의 일정한 동종성은 몇 개의 국가를 하나의 지속적인 연방으로 통일하기 위해서야말로 필요해지는 것이다."(1926 KV:67f.)

진정한 연방에서는 내정적 관심과 외정적 관심이 분리될 수 없으며, 그 연방은 스스로의 존립기초인 정통성 원리를 지키기 위해서는 내정간섭도 행한다. 그러나 1차 대전 이후의 국제연맹은 한편에서 일방적으로 특정한 정통성 원리를 인정하고자 하면서도, 다른 한편에서는 내정불간섭을 절대적 원칙으로 삼는 애매한 입장을 취하고 있었다. 국제연맹에 있어야만 될 정통성이란 민주주의적 정통성, 혹은 민족자결이다(이런 문맥에서 슈미트는 민주주의와 민족자결을 거의 등치시키고 있는 듯하다. 이는 현대 민주주의의 실체적 기초를 '국민성 원리'에서 보는 그의 이론에서 유래한다고 하겠다). 그러나 그 자결권이라는 것은 당시 오히려 연맹 구성국의 독립·불간섭에 근거를 주는 것이 되고 있다.

> 국제연맹은 민주주의라는 다의적인 단어가 갖는 어떤 뜻에서도 그것을 자신의 원리로서 인정하지 않았다. 국제연맹은 특히 구성국들의 헌법에

대한 그 어떤 개입도 회피하려는 듯하다. (1924b:17)

하지만 민족적 마이너리티의 문제에 눈을 돌리면, 민족자결은 "국민성 원리"에 따른 "정상적인" 국가와 그렇지 않은 "비정상적인" 국가를 구별하며, 특히 소수민족의 의지를 거슬러 위로부터 헌법이 강요되고 있는 경우 연방에 의한 간섭을 허용하는 원리가 될 수 있을 터이다. 슈미트는 그런 뜻에서 '비정상'적이며 "이질적"인 "비민주적" 국가로서의 소련을 염두에 두고 말한다.

> [신성동맹과 같이] 군주제적 정통성이 간섭을 이끌 수 있는 것과 마찬가지의 일관성을 갖고 민족의 자결권을 끌어내더라도 간섭을 정당화할 수 있다. ……혹여 헌법이 민주주의의 여러 원리들을 위반하여 압박할 경우에는 민족의 자결권이 회복되어야 마땅하며, 나아가 그 자결권은 간섭이라는 방법을 통해서까지도 행해질 수 있는 것이다.

이 점에서 국제연맹은 진정한 연방으로서는 불철저하다. 그것은 불간섭이라는 형식적인 도그마를 따라 구성국들의 국내적 정통성 원리를 일체 불문에 붙인 채로 국제법공동체를 구축하고자 한다. 그것은 연맹의 무원칙한 보편적 확대를 초래할 뿐이다. 이렇게 무원칙한 보편적 연방은 열강이 정한 단순한 〈현상〉 이외에는 그 무엇도 보장할 것을 갖지 않는다. 그런 까닭에 명목상 보전됐던 구성국의 독립성을 실질적으로 무효화하는, 그렇게 국제법을 자의적으로 남용하는 열강의 간섭을 허용하게 되는 것이다.

국제법공동체의 형성을 위해서는 형식적인 불간섭 원칙을 지킬 것이 아니라 일정한 내정간섭이 불가피하다는 것을 인정할 필요가 있다. 그리고 그 간섭은 명확한 정통성 원리에 의해 정초되지 않으면 안 된다. "제네바 국제연맹은 국내적 동질성의 문제에서조차 그 어떤 원리의 구체화도 주의 깊게 회피하고 있"(1926KV:78)는데, 그것이 진정한 연방으로 간주되기 위해서는 그 원리야말로 명확하게 되지 않으면 안 되는 것이다. 그리고 슈미트는 민주주의적 정통성의 원리에 기초해 국제연맹이 진정한 연방이 될 필요성을 주장하는 것이다.

> 민주주의적 기초 위에 선 현대의 국제연맹 또한 그 법률적 기초를 이루는 원리가 침략받게 될 경우에는 정통성의 개념을 필요로 하며, 따라서 간섭의 가능성을 필요로 하는 것이다. (1926LP:40[43])

진정한 연방은 같은 정통성 원리를 함께 갖는 동질적인 국가들로 이뤄지는 것이며, 그런 원리에 기초할 때야말로, '법학적 픽션'으로서의 실정국제법을 도구로 삼은 열강의 보편주의적 간섭을 배제하고 구성국들의 진정한 동권同權을 달성할 수 있을 터이다.

II. 미국과 소련 틈새의 국제연맹

1. 미국의 문제: 진정한 연방인가, 세계간섭인가

a. 먼로주의의 두 측면

미국 대통령 윌슨의 제언이 발단이 되어 성립된 국제연맹이었지만, 당시 미국은 상원의 반대로 베르사유 조약 및 국제연맹 규약을 비준받지 못하고 연맹에 불참했었다. 연맹 가맹에 대한 미국 국내의 반대는 1823년 12월 당시의 대통령 먼로가 연차교서에서 표명했던 이른바 먼로 선언을 기반으로 한 것이었다. 이 선언이 의도했던 것은 19세기 초두 중남미 여러 나라들에서 발흥하고 있던 독립운동에 유럽 식민열강이 간섭하는 것을 막기 위한(동시에 미국 서해안으로의 러시아의 진출을 억지하기 위한) 유럽·미국 두 대륙 간의 상호불간섭이었다. 1815년의 신성동맹에서는 왕조적 정통성의 원리에 기초하여 각국의 내정에 대한 상호 간섭이 행해지고 있었고, 그런 간섭의 대상은 스페인을 중심으로 한 유럽 열강의 식민지였던 남미 여러 국가들로까지 넓혀지고 있었기 때문이다. 이 먼로주의가 이후 아메리카 대륙의 고립정책을 정초하게 되며, 1차 대전에서 국제연맹의 가맹이 문제가 됐을 때 그것은 바로 그 고립정책에 저촉되는 것으로 판단되었던 것이다.

하지만 원래 아메리카 대륙의 방위를 목적으로 했던 먼로 교서는 슈미트가 보기에 미국·유럽 두 대륙 간의 단순한 불간섭 원칙이 아니다. 오히려 그것은 아메리카 대륙 내의 일국인 미합중국의 이해관심에 의해 규정된, 간섭정책과 불간섭정책의 독특한 결합물인 것이다. 먼로주의는 분명 신성동맹의 간섭정책에 대한 대항을 의도한 것이기는 했다. 그러나 동시에 그것은 어떤 뜻에서는 신성동맹이 유럽 대륙 내에서 행하고 있던 것을 아메리카 대륙 내에서 행하고자 하는 것이기도 했다. 즉 먼로주의는 미합중국이 아메리카 대륙의 다른 나라들에 간섭하기 위한 규범적 근거로서 이용되었다는 것이다.[21]

먼로주의에 의해 아메리카 대륙 전체가 "국제질서와 국내질서의 연관" 및 "동질성의 원리"(1926KV:73)를 인정하는 간섭이 수반된 국제질서가 됐다는 점에서 그것은 분명 진정한 연방과도 유사하다. "이 먼로 교설을 기초로 하여 아메리카 대륙은 오늘날 제네바 국제연맹보다도 훨씬 더 진정한 연방에 가까운 하나의 국제법공동체가 됐다고 할 수 있을 것이다."(1926KV: 72) 그러하되 이런 간섭은 그때그때의 정당성이 실질적으로 미합중국에 의해서만 결정된다는 점에서 그것은 슈미트가 비판하고 있던, 법적 언설을 이용한 현대 제국주의적 실천의 전형과 다르지 않은 것이었다. 미합중국은 분명 아메리카 대륙 다른 나라들의 주권적 독립을 인정하고는 있지만, 쿠바, 아이티, 산토 도밍고, 파나마, 니카라과 등에서 그 나라들이 사유재산의 보호나 공안과 질서의 유지 같은 주권국가로서

21) L. 그룩만은 무엇보다 "미국의 제국주의적 라틴 아메리카 정책이란 먼로주의로부터는 완전히 분리해야만 되는 것"이라고 주장하고 있다(Lothar Gruchmann, *Nationa-l sozialistische Grossraumordnung*, Stuttgart 1962, S.66).

의 기능이 불가능해졌다고 판단될 때는 언제든 간섭할 수 있도록 "간섭조약"을 체결하고 있다(슈미트가 사례로 드는 것은 1903년의 미국·쿠바 조약 및 같은 해의 미국·파나마 조약 등이다).

> 주권성과 자유로운 자기결정은 승인된다. 그러나 미합중국은 주권성이나 자유로운 자기결정이 남용되는 일을 막고 다른 정부나 인민에게 주권성에 관한 올바른 개념을 교시할 수 있는 권리를 갖는다. ……그러나 물론 미합중국 자신에 대해서는 그것이 주권성을 남용하고 있는가 아닌가를 다른 누구도 결정할 수 없다. (1926KV:74)

중요한 문제는 역시 〈누가 결정하는가〉이다. 아메리카 대륙의 국가들에게 간섭을 허용하지 않는 '정상적' 주권이 애초에 존재하고 있는가 아닌가의 결정이 미합중국에 의해 행해진다. 따라서 아메리카 대륙 내에서는 간섭의 시비에 대한 결정권을 쥐고 있는 미합중국이야말로 사실상의 주권자인 것이다. "미합중국이 예외적 사례에서만 개입한다는 것이 가리켜 보이는 것은 [산토 도밍고, 아이티, 쿠바 같은] 해당 국가가 여전히 주권적이라는 게 아니라 예외적인 방식으로 개입하는 것을 정당화하는 예외적 사례가 존재하고 있는가 아닌가를 스스로가 개입하는 것으로써 결정하는 국가[미합중국]의 주권성이다."(1924b:19f.)

이미 서술했듯이 헤게모니 강국이 유연하게 해석할 수 있는 법규범을 통해 행사되는 이 지배법에 관하여, 1920년대의 슈미트는 1차 대전 전승국 열강 일반이 공통적으로 소유한 현대 제국주의의 특징이라고 보고 있었다. 하지만 미국 제국주의에 관한 1930년대 전반기의 논문에서는 그것이 다름 아닌 미국의 먼로주의에 기원을 갖는 제국주의 실천임을 주장하기에 이른다.

> 19세기의 유럽 국민들의 식민지 제국주의를 특징짓고 있던 것이 보호령이나 식민지와 같은 형성물이었다고 한다면, 미합중국의 본래적 업적은

간섭조약 및 간섭을 위해 이용되는 법적 권리원천을 발명한 데에 있다. ……어떤 국가가 특정한 전제 아래서 특정한 수단으로 다른 국가의 사항들에 개입하는 일을 허용하는 법적으로 정식화된 협정, 즉 간섭조약은 미합중국에 의해 처음으로 발명됐던 것이다. (1932a:169f.[321-322])

간섭조약이라는 이 새로운 국제법적 제국주의는 "형식적인 국제법적 동권을 기초로 하고 있"지만, "걷잡을 수 없이 유연하게" 운용됨으로써 오히려 점점 더 강력한 지배력을 발휘하는 것이다(1932a:172[324]). 하지만 슈미트는 먼로주의에 기초해 19세기 아메리카 대륙 안에서만 기능해왔던 이 지배법이 이제는 그 성격이 변질되고 있다고 생각한다. 즉 미국의 제국주의 실천은 그 행사의 범위를 아메리카 대륙에 한정하지 않고 전 세계로 확대시켜가고 있다는 것이다. 슈미트에게 1차 대전 이후 세계에서의 미국과 국제연맹의 문제적인 관계는 거기서 기인하고 있다.

b. 국제연맹과 미국

미국의 요구에 의해 국제연맹 규약은 그 제21조에서 "일정한 지역에 관한 양해"로서의 먼로 선언을 배려하여, 미국이 아메리카 대륙에서 종래부터 갖고 있던 여러 특권들에 대해 모종의 승인을 부여하게 된다.[22] 슈미트가 보기에 국제연맹은 그런 승인에 의해 미국의 의지를 거슬러 아메리카 대륙에 개입할 수 있는 그 어떤 가능성도 잃게 됐다. 왜냐하면 국제연맹이 아메리카 대륙의 여러 사항들에 관여하고자 할 경우, 그것이

22) 국제연맹 조약 제21조는 다음과 같다. "본 조약은 중재재판 조약과 같은 국제약정, 또는 '먼로'주의와 같은 일정한 지역에 관한 양해이지, 평화의 확보를 목적으로 하는 일의 효력에 대해서는 아무런 영향도 미치지 않는 것으로 한다." 슈미트는 1930년에 출판되고 1934년에 개정되어 재판이 나온 국제조약집에서 이 21조에 다음과 같은 주석을 붙이고 있다. "먼로선언의 이러한 우위의 결과는 국제연맹의 아메리카 가맹국들(18개국[1934년판에서는 '17개국'], 따라서 가맹국 전체의 3분의 1)이 유럽의 문제들을 포함한 국제연맹의 모든 결정에 영향을 미치는 것이 허용되는데 반해 국제연맹은 아메리카의 문제들에 개입하는 것을 삼가지 않으면 안 된다는 것이었다."(1930 VPF:20; 1934PF:22)

먼로 선언을 침해하는 것인지 아닌지는 사실상 미국에 의해서만 결정되는 것이기 때문이다. 미국의 유연한 해석을 허용하는 먼로 선언이 국재연맹 규약보다 더 우위에 서 있는 셈이다. "이 다의적인 선언[먼로 선언]의 해석과 구체적 사례에서의 그 운용은 완전히 미합중국의 수중에 있다."(1927a:243[180])

그러하되 아메리카 대륙에 대한 국제연맹의 그런 개입이 미국이 허용하는 한도 내에서 제한되는 한편으로, 국제연맹에 대한 미국의 영향력은 미국 자신이 연맹에 불참했음에도 자신의 컨트롤 아래 있는 중남미의 연맹가입국들을 통해 확보되고 있다. 이 점에서 슈미트는 국제연맹에 대한 미국의 관계가 "공식적으로는 결석하면서도 실질적으로는 출석하고 있는 기묘한 혼합"(1927b:243[179])이라고도 부를 수 있다고 주장한다. 즉 "제네바에는 컨트롤 아래의 국가들은 출석하고 있지만 컨트롤을 행하는 상위국가[미국]는 결석하고 있다."(1927b:243[180]) 미국은 국제연맹에 대해 말하자면 '간접권력'으로서 기능하고 있는 것이다. 영향력을 행사하는 그러한 방식은 "간접적이긴 하지만 어느 것 못지않게 효과적이고 강력한 방법"이다. 이리하여 미국 쪽에서는 국제연맹에 개입할 수 있지만 그 역은 금지되는 상황이 존재하게 되는 것이다. "국제연맹의 결정은 아메리카의 여러 가맹국들에 의한 영향을 받지만, 거꾸로 미국의 여러 문제들에 대한 국제연맹의 영향력은 먼로 선언에 따라 배제된다."(1927b:244[180])

미국과 국제연맹의 관계에 대한 그런 분석이 실정에 입각해 올바르게 행해진 것인지 어떤지는 제쳐두고23), 슈미트가 1920년대에 논의를 전개

23) 연맹규약 제21조가 아메리카에 대한 국제연맹의 관여를 막는다는 슈미트의 이해가 잘못된 것임은 종종 지적되고 있다. "제21조 속에서 구체적인 사례가 먼로선언에 저촉되는가 아닌가를 결정하는 권한이 연맹 쪽에 맡겨지고 있다는 이해는 국제연맹 창설 시에는 유럽에서도 승인되고 있었던 것이다. ……특히 먼로선언과 제21조는 아메리카 나라들 간의 분쟁에 대한 국제연맹의 관할권을 제거하는 것이 아니려니와 결코 아메리카 지역에 관한 조약을 무효화하는 것도 아니라는 것은 실제적인 것으로 증명되었다."(L. Gruchmann, *Nationalsozialistische Grossraumordnung*, a.a.O., S.58) 사실 국제연맹이 아메리카 여러 나라들의 분쟁에 개입한 사례는 여럿 들 수가 있다

했을 때의 미국과 국제연맹의 관계는 그렇게 반드시 부정적으로 포착됐던 것이 아니었음을 언급해 두자. 왜냐하면 1920년대의 그는 영국·프랑스 양국을 위시한 유럽 전승국 열강의 지배 아래 놓인 베르사유=제네바 체제의 바깥쪽에 있는 미국에 대해 승자와 패자 사이의 중재자로서의 역할까지도 인정하고 있었기 때문이다.

> 유럽의 기본문제에 관한 중재자는 제네바 국제연맹이 아니라 미합중국이며, 세계대전의 패자가 여전히 정의와 공정함을 기대할 수 있을 무언가가 있다고 한다면 그것은 제네바 국제연맹으로부터가 아니라 미합중국으로부터 나온다. (1927b:245f.[182])

여기서 미국은 전승국에 의한 왜곡된 권력정치를 바로잡는 공정한 중재자로 간주되고 있다. 이는 우선 미국의 중개에 의해 1924년 8월 런던 회의에서 성립된 배상계획안(이른바 '도즈 안') 덕분에 1923년 루르 점령의 계기가 됐던 전쟁배상문제가 어느 정도 해결될 수 있었다는 현실의 정치상황을 배경으로 하고 있다.[24] 미국의 융자를 재정 재건과 배상금 지불에 할당함으로써 '상대적 안정'기에 들어갔던 독일은 1926년 9월에 국제연맹 가입을 달성하는 등 외교적으로도 일정한 복권을 이룰 수 있게 됐던 것이다.

(1921년 파나마/코스타리카, 1928년 및 1932-35년 볼리비아/파라과이, 1933년 콜롬비아/페루 등). 그뤽만에 따르면 먼로선언과 국제연맹의 관계에 관한 슈미트의 분석은 당시 "독일의 외정(外政) 사상 속에서 여러 번 보였던 잘못된 이해"(ebd., S.59)였다.

24) 1920년대의 슈미트는 도즈 안이 성립될 무렵 미국이 맡고 있던 역할을 명확히 평가하고 있다. 실제로 1928년의 논문은 다음과 같이 되어 있다. "도즈 안이 실시됐던 결정적 순간, 즉 정치적 순간에 언제나 한 사람의 '미국인'이 등장한다는 것은 특별히 주목해야 할 점이다. ……독일의 입장에서 보면 그 '미국인'을 의지함으로써 유럽의 배상위원회 구성국, 즉 유럽의 여러 정부들이 기대한 것 이상으로 공정한 결정이 내려질 가능성이 있다고 할 수 있었다."(1927b:244f.[181-182]) 그런 까닭에 처음부터 슈미트가 도즈 안을 "미국의 금융 헤게모니"의 표현으로 본 것은 아니며, 그렇기에 "채권자가 채무자를 경제적으로 컨트롤하는 시스템의 권력정치를 은폐하고 있는 완곡한 기법으로 간주한 데에 강력한 반감을 느끼고 있었다."(G. Balakrishnan, *The Enemy*, a.a.O., S.85)

다른 한편, 이론적 관점에서 보면 미국의 역할에 대한 그런 위치부여는 1930년을 앞뒤로 슈미트가 전개한 "중립적·중개적 권력"으로서의 "헌법의 파수꾼"이라는 논의를 변주한 것이라고도 할 수 있다. 즉 정치적 결정권의 담당자들 간의 의견 대립은 "**고차적인** 제3자"에 의해서 조정되는 것이 아니다. 그런 대립은 "상위가 아니라 병렬적으로 위치하는 직위를 중개하는, 따라서 **중립적인** 제3자를 통해 조정되거나 결착된다."(1931 HV:132[191]) 그리고 오늘날에는 라이히 대통령이야말로 국내 이익단체들의 다원성에 대해 중립적으로 그것들 간의 대립을 중재할 수 있는 '헌법의 파수꾼'이다. 그런 논리 위에서 슈미트는 국내질서에서의 라이히 대통령과 동일한 역할을 국제질서에서의 미국에서 인정하려는 듯하다. "미합중국을 문제로 삼는 한, 예의 그 결석과 출석의 결합은 일정한 중립성이라는 마찬가지의 결과를 가져오는 데에 도움이 된다."(1927b: 246[183]) 유럽 전승국 열강을 주체로 하는 국제연맹으로부터 거리를 취하고 있기 때문에야말로 미국은 공정한 중재자로 기능할 수 있다는 것이다.

> 미합중국이 진실한 중재자인 것이다. 여전히 낡은 전쟁상태의 잔재 속에서 연합열강의 도구인 동시에 베르사유 조약의 집행의 도구인, 즉 다름 아닌 베르사유 조약이 만들어낸 〈현상〉만을 정통화하고 있는 한에서 제네바 국제연맹은 진정한 중재자나 조정자의 역할을 맡을 수 없으며, 그 역할을 맡긴다는 점에서는 국제연맹보다도 미합중국 쪽이 정당하며 더 탁월한 것이다. (1931c:47)

분명 1920년대의 슈미트는 국제연맹이 진정한 연방이 되는 것을 바랐었다. 그러나 또한 그것이 전승국 열강의 도구이기를 멈추지 않는다는 비관적 전망도 불식할 수 없었다. 그런 까닭에 그는 독일과 유럽 열강 간의 중재자로서 거동하는 비유럽 국가들의 관여를 중시하고 있었던 것처럼 보이기도 하는 것인바[25], 특히 미국은 그런 중재자로서 국제사

회에서의 독일의 동등한 권한을 회복하는 일에 기여하리라고 기대하고 있었던 것이다.[26]

c. 미국 제국주의 비판

1929년 10월에 시작되는 세계공황이 가져온 신용불안은 도즈 배상안에 기초하여 국제적인 금융거래 시스템에 상대적 안정기의 경제발전을 의탁하고 있던 독일에 특히 심각한 영향을 주게 된다. 대공황 이후가 되어서야 비로소 슈미트는 외국 특히 미국의 자본에 종속된 '배상국가' 독일의 현상에 비판적인 시선을 보내게 된다고 할 수 있다. 그리고 미국이 명시적인 비판의 대상되는 것은 1932년의 '현대 제국주의의 국제법적 형태들'에 관한 논문에서이다. 도즈 배상안 및 대공황의 발생을 수용한 수정안으로 1930년 채택된 영 안과 같은 배상계획안이 미국의 경제적 확장주의와 결속되어 있다는 인식을 갖기에 이른 슈미트는 그 논문 속에서 우선 미국 제국주의를 '경제 제국주의'로 규정한다. 현대 제국주의의 중심은 이제 군사적인 수단에 의한 것으로부터 '비정치적인' 경제적 수단에 의한 것으로 이행하고 있다는 것이다.

무엇보다 제국주의의 이러한 변용에 관해서는 이미 1920년대의 베르사유=제네바 국제법체제에 대한 비판 속에서 문제시되고 있었다. 즉 국제연맹 규약 제10조에는 침략이나 그 위협에 대한 보호가 규정되어 있지만, 슈미트에 따르면 그것은 프로이센 군국주의를 염두에 둔 것에

---

25) 슈미트는 1930년대 전반기에 출판된 국제조약집 속에서 1930년 5월 17일 프랑스 정부가 유럽의 국제연맹 가입국 27개국에 제출한 각서에 대해 다음과 같은 주석을 붙이고 있다. "그 위에서 고려해야 할 것은 유럽 여러 나라들 간의 의견 차이나 이해 대립이 생길 때에는 국제연맹의 비유럽 국가들이 중립적이고 이해관계 없는 중재자의 역할을 맡을 수 있다는 점이며, 그런 까닭에 유럽의 문제들로부터 그들 비유럽 국가들을 배제한다면 유럽의 힘없는 나라들에 대한 유럽 강대국의 우위는 더욱 강화되고 말 것이라는 점이다."(1930VPF:45; 1934PF:49)

26) 나치스 시기인 1934년도 강연에서도 여전히, "독일이 최근 15년간의 절망적인 상황 아래서 경험해온 얼마 되지 않는 객관성과 정의란 국제연맹으로부터가 아니라 배상문제의 해결책과 결부된 도즈 안이나 영 안이 보여주듯이 미합중국을 통해 인정되어왔던 것"(1934NV:26)이라는 인식이 보인다.

다름 아니며 군사력을 수단으로 하는 "특수 독일적 방법"을 겨냥하고 있다. 이에 비해 "연맹규약 제10조는 그다지 독일적이지 않은 다른 방법, 예컨대 보급 차단 등의 경제적·재정적 강제는 위협으로서 금지되지 않으며, 그러한 비군사적 수단에 의해 행해지는 영토 변경은 겉모습에서는 전혀 폭력적이지도 강제적이지도 않은 자발적인 것으로 간주한다. 그런 한에서는 제10조는 군사적인 권력수단을 대신하여 경제적인 권력수단이 사용되는 것을 특징으로 하는 현대 제국주의의 표현이라고 하겠다."(1926KV:35f.) 이 시점에서 그런 경제 제국주의의 담당자로서 새삼스레 미합중국이 지명되고 있는 것은 아니다. 그것이 1932년이 되면 명확히 미국에 대한 독일의 경제적 종속을 뜻하게 되므로, 슈미트는 이렇게 말한다. "미국적인 [제국주의의] 형식이 기초로 삼는 새로운 구별이란 채권국과 채무국 간의 구별이다."(1932a:164[316])

그러나 실제로 슈미트가 미국 제국주의의 경제적 가면을 그리 상세히 분석하고 있는 것도 아니다. 오히려 중요한 것은 군사적 수단에 호소하는 경우는 '침략'이나 '제국주의'로서 탄핵됨에도 경제적 수단에 의한 지배는 그 뜻에서 "평화적"인 것으로 간주되고 있다는 것이 하나의 법학적 픽션에 다름 아니라는 점이다. 현대 제국주의는 법 개념을 이용한 간접지배의 방법을 취하고 있다는 것이 문제인 것이다. 그리고 슈미트에 따르면 전쟁을 단죄하는 법학적 시도는 무릇 사실상의 전쟁행위를 평화적 조치라는 규범적 픽션으로 위장하는 것을 의미한다. 이리하여 규범화된 전쟁, 즉 '정전(der gerechte Krieg)'이라는 문제계가 부상하게 되는 것이다. "제국주의는 국민전쟁을 행하지 않는 데서 더 나아가 오히려 그것을 배척한다. 제국주의는 기껏해야 국제적인 정책에 도움이 되는 전쟁을 행할 따름이다. 제국주의는 부정不正의 전쟁이 아니라 정전만을 행한다. 아니 오히려 나아가 제국주의는 군대·전차·순양함에 의해 타국이 전쟁을 행하면 그것이 분명 전쟁임에도 전혀 전쟁을 행한 것이 아니라고 인지할 것이다."(1932a:177[329])

슈미트에 따르면 이러한 정전 사상이야말로 미국 제국주의의 한 가지 커다란 특징을 이루고 있다. 그것을 증명하는 것으로 1932년의 현대 제국주의 논문에서 지명되고 있는 것이 1929년 프랑스 외교부 장관 브리앙과 미국 국무장관 켈로그의 이니셔티브 아래서 성립한 파리 부전不戰조약, 브리앙=켈로그 조약이다(슈미트는 일관되게 미국 국무장관의 이름을 따서 '켈로그 조약'이라고 부른다). 그 제1조는 "전쟁"을 "옳지 않은 것으로 보고" 그것을 "포기한다"고 명문화하고 있지만 애초에 거기서 규정된 법적 의미에서의 '전쟁'이란 무엇이었던가.27) 그리고 누가 그것을 결정하는가. 슈미트가 보기에 그것은 다름 아닌 미국이며, "미합중국 정부는 켈로그 조약을 통해 땅위의 평화에 관한 그런 결정을 제네바 국제연맹의 손으로부터 빼앗고 말았다."(1932a:176[328]) 파리 부전조약에 있어 전쟁은 한편에서는 단죄되었지만 다른 한편에서는 법적으로 평화적 조치로 간주되는 "정전"의 형태로 부활한다. 게다가 어떤 실력행사가 단죄되어야 할 전쟁인지 아닌지에 대한 결정은 이 부전조약의 조항을 정의하고 해석하고 운용하는 힘을 사실상 장악한 미국에 의존한다. "어떤 것이 언제 전쟁이고 언제 국제정책의 평화적 수단인지를, 또 언제 생명과 사유재산을 보호할 능력이 없는 국가의 질서와 안전의 유지를 위한 평화적 수단인지를 결정하는 것은 미합중국이다. 정말로 그런 결정이 행해지게 된다면 켈로그 조약은 먼로 선언이 아메리카 대륙에서 갖고 있던 것과 유사한 기능을 전 세계에 대해 가질 수 있게 될 것이다."(1932a:178[330-331])

---

27) 파리 부전조약은 전체 3개 조항으로 된 짧은 조약인데, 그 제1조는 다음과 같이 되어 있다. "체약국은 국제분쟁의 해결을 위해 전쟁에 호소하는 일을 잘못된 것으로 보며, 또 그 상호관계에서 국가의 정책수단으로서의 전쟁을 포기하는 것을 각국 인민의 이름으로 엄숙히 선언한다." 여기서 강조된 '전쟁' 개념에 관해 슈미트는 이렇게 주석한다. "전쟁에 관한 개념규정이 결여되어 있다. 경제적 강제조치, 식량 봉쇄, 원료 봉쇄, 신용 봉쇄는 전쟁으로 간주되지 않고 있다. 하지만 군사적으로 완전무장하여 행해지는 타국으로의 진군 ……또한 여전히 불가피한 것으로서 전쟁으로 간주되지 않고 있다. 전쟁이라는 단어를 사용하지 않기 위해 집행, 정벌, 조약보호를 위한 평화적 조치, 국제경찰, 평화의 보장 같은 말바꾸기를 위한 어휘들로 이미 마감질되고 있는 것이다. 그럼으로써 그 어떤 '전쟁'도 행하지 않는다는 의무는 제국주의 열강에게는 현저하게 상대화되는 것이다."(1930VPF:40f; 1934PF:44)

전쟁을 배척한 파리 부전조약에 이어지는 미국의 도덕주의에 관해 슈미트가 지적하게 되는 것은 1930년대 들어서부터이다. 특히 30년대 후반이 되면 미국이 "인류, 민주주의, 국제법의 이름 아래 전쟁의 정·부정을 정하는 중재자"(1938b:613)로서 자주 드러나는 것이 언급되며 대통령 윌슨의 자유민주주의적 이데올로기에 기초한 미국의 1차 대전 참전은 그 하나의 결정적인 징후로 간주된다.[28] 이 사건이야말로 1차 대전 이후 발전한 정전론 혹은 "차별화된 전쟁 개념"의 단서가 되는 것이기 때문이다. "윌슨 대통령의 1917년 4월 2일의 선언에 의해 미국은 독일에 대한 전쟁 속으로 끌려들어가며, 이와 동시에 차별화된 전쟁 개념의 문제는 새로운 국제법의 역사 속으로 비집고 들어간다."(1938WK:lf.)

하지만 1932년의 현대 제국주의 논문을 제외하면, 전간기에 슈미트가 미국에 비판의 창끝을 겨누는 일은 거의 없었다. 또 그 제국주의 논문에서도 미국이 단지 부정적으로만 파악되고 있는 것은 아니다. 오히려 무한정하게 일반적인 법 개념의 그때그때의 해석권·결정권을 수중에 넣음으로써 행사할 수 있게 되는 그 제국주의 실천에 향해서는 상찬의 마음조차 갖고 있었다. 그런 실천은 결코 "비열한 술책이나 마키아벨리즘" 따위가 아니었다.

> 그러한 유연성 및 넓은 개념을 이용하여 세계 전체에 그것을 존중하도록 강제하는 능력, 그런 것들은 세계사적 의의를 가진 현상인 것이다. ……어떤 대민족이 다른 여러 민족들의 언어양식, 나아가서는 사고양식을 지배하고 어휘, 술어, 개념을 자신이 정하고자 할 경우에서야말로 진정한 정치적 권력이 표현되고 있다. (1932a:179[331])

---

28) 무엇보다 1931년 초에 행해진 '독일과 서구에서의 국가 이데올로기와 국가의 현실성'에 관한 강연에서 슈미트는 이미 미국은 "국가에 대한 서구 민주주의적 이해의 전형적인 대표자 또는 창시자"로 간주되고, 그 독립선언에서 보이는 "인종" 이념에 의해 "[1차] 대전에 대한 미합중국의 참전은 이미 150년 전부터 준비되고 있었다"고 말한다(1931b:271).

미국에 대한 슈미트의 평가는 줄곧 양의적이다. 그리고 그 양의적인 미국 이해는 2차 대전 시기에 전개된 광역질서 구상에서도 발견될 수 있는 것이다. 즉 그는 경제적으로는 시어도어 루즈벨트에 의해, 인도적으로는 윌슨에 의해 대표되는 미국의 제국주의적 세계간섭을 비판하면서도 19세기 "본래의 먼로주의"를 "국제법적 광역원리의 선례"로서 평가하고(1942VGO:22[94]), 미국이 그 '본래의 먼로주의'로 회귀함으로써 광역에 기초한 세계신질서의 이념에 기여하리라고 기대하게 되는 것이다.[29)]

2. 국제연맹과 소련

a. 러시아, 기술성의 정신

1차 대전 이후의 국제질서에서 미국과 나란히 독특한 현존이었던 것이 1917년 10월 혁명에 의해 세계 최초의 사회주의국가가 되어 있던 소련이다. 이 이질적인 사회주의국가와 어떻게 마주할 것인가가 전간기 국제사회의 한 가지 커다란 문제가 되어 있었다. 그리고 슈미트의 이론체계에서도 그런 소련은 어떤 특이한 위치값을 갖고 있다. 즉 근대 유럽이 산출한 경제-기술적 사고가 러시아 볼셰비즘에 의해 그 극한으로까지 인도되었던 것이 다름 아닌 공산주의 러시아였기 때문이다. 그 유물론적 사고는 정치적인 것의 본질을 이루는 이념성을 부정한다. 1923년의 로마 가톨리시즘론에서는 바로 그 유물론적 사고가 가톨릭적 이념성의 적으로 서술되고 있다.

놀라운 것은 반정신적인 것의 정신적인 것으로의 귀결이다. 이로써 젊은 볼셰비키들은 사회주의의 높은 파도 속에서 경제-기술적 사고를 위한

29) 발리바르는 오늘날의 유럽에서도 종종 주장되는 "먼로주의의 전도", 즉 먼로주의를 유럽에 대한 미국의 간섭에 대항하기 위한 원리로서 역이용하고자 하는 언설들을 다루면서, 그러한 시도를 선취한 것으로 슈미트의 논의를 검토하고 있다(vgl. É. Balibar, *L'Europe, l'Amérique, la guerre*, a.a.O., S.106-114.[123-131]).

투쟁을, 이념에 대한 투쟁, 모든 이념 일반에 대한 투쟁으로 삼았던 것이다. (1923RK:45[142])

러시아의 땅에서는 이념, 형식, 권위, 대표(Repräsentation)에 적대하는 무신론이 그 종국에까지 다다랐다. 어떤 뜻에서 슈미트는 공산주의 러시아를 서구 자유주의보다도 위험한 적으로 간주하고 있었다고 하겠다.[30)]

슈미트에게 19세기 이래 유럽적 합리성을 위협하는 무신론적 사회주의는 언제나 러시아로부터 왔던 것이다. 가톨릭 국가철학자 도노소 코르테스가 최후의 심판과도 같은 최고도의 투쟁 상대로 택했던 무정부주의자 프루동의 경우는 여전히 유럽 구래의 도덕적 전통 아래에 있는 "로마인"이었기에, "어떤 뜻에서 도노소는 동맹자, 나아가서는 같은 편을 공격하고 있었던 것이다."(1950DC:75) 그들은 말하자면 "**서구문화권 내부에서의** 진정한 적대자"에 지나지 않았다. 마르크스와 엥겔스 또한 그 "주지주의"로 인해 여전히 "전통적인 것, 즉 당시로 말하자면 부르주아적인

30) 슈미트의 "진정한 적"이 자유주의인지 아니면 공산주의인지라는 문제는 자주 논의의 대상이 되어왔다. 레오 스트라우스는 이미 1932년도의 「카를 슈미트 『정치적인 것의 개념』에 대한 주해」 속에서 슈미트에게 자유주의는 단지 경멸될 뿐인 중립자 이상의 것이 아니며, 자유주의 비판은 진정한 적을 향해 "자유롭게 사격할 수 있는 장을 손에 넣기" 위한 "부수적 준비활동"에 불과했다고 본다(Reo Strauss, »Anmerkungen zu Carl Schmitt, Der Begriff des politischs«, in: *Archiv für Sozialwissenschaft und Sozialpolitik*, 67 (1932), S.749). 그럴 경우 진정한 적은 "반종교적인 현세-행동주의" 또는 "기술성의 정신"이라는 단어로 지명되는 공산주의가 된다. 폴커 노이만 또한 레오 스트라우스의 그런 해석을 받아들인 상태에서 슈미트의 적·동지 이론을 "마르크스주의에 대한 하나의 회답"으로 특징짓고 있으며(Volker Neumann, *Der Staat im Bürgerkrige*, Frankfurt a. M. 1980, S.94ff.), 위르겐 자이페르트도 마찬가지로 자유주의 비판은 슈미트에게 부차적인 것이며 진정한 적은 "사회주의 프롤레타리아트"였다고 본다(Jügen Seifert, »Theoretiker der Gegenrevolution«, in: *Kritische Justiz*, 18 (1985), S.194). 비교적 좌파 계열의 슈미트 논자들에게서 많이 보이는 이러한 해석에 맞서, 귄터 마슈케는 "슈미트의 주적"이 "공산주의나 사회주의"라기보다는 "결단 없는 민주주의와 그 정치적 퇴폐" 혹은 "공장과 관료의 세계"였다고 주장한다(슈미트의 진정한 적을 둘러싼 이러한 논의에 관해서는 G. Meuter, *Der Katechon*, a.Günter Maschke, *Der Tod des Carl Schmitt*, Wien 1987, S.81).a.O., S.256ff.를 참조.

것 속에서 줄곧 기거하고 있었으며, 따라서 적대자에게 정신적으로 종속된 채로 있었다."(1926LP:86[98]) 그들의 합리주의도 여전히 유럽적 전통의 지평 위에 있었던 것이다.

사회주의가 유럽적 전통으로부터 이반하는 것은 다름 아닌 러시아인 무정부주의자 바쿠닌과 함께이다. "서구문화의 모든 전통적 개념의 진정한 적은 러시아인에게서 처음으로, 특히 바쿠닌에게서 드러난다."(1926LP:83[1]) 러시아라는 토지에서야말로 유럽적 합리성의 기초를 이루는 주지주의와 정치적 이념성에 적대하는 무정부주의가 완성된다. 즉 거기서는 대중의 반주지주의적인 비합리성 및 경제-기술적 사고에 기초한 순수하게 물질적인 차안성이 무엇보다 래디컬하게 드러나는 것이다. "19세기 이래 유럽에는 서구적 전통과 교양에 대립하는 커다란 두 집단, 그 제방을 분쇄하려는 커다란 두 조류가 존재하고 있다. 대도시의 계급투쟁적 프롤레타리아트와 유럽에서 이반한 러시아가 그것이다. ……그 둘이 러시아 땅에서 소비에트 공화국으로서 합체했던 것은 깊은 사상사적 정당성을 갖는 것이다."(1923RK:63f.[153])

공산주의 러시아는 19세기 유럽에서 중심적인 정신영역이 됐던 경제-기술적인 것을 그 극단의 결론으로까지 인도했다. 이 점에서 러시아는 경제와 기술의 진보가 부른 절대적 탈정치화의 신앙에 지쳐 졸고 있는 서구 여러 나라들을 넘어선 곳에 서있다고 평가받게 된다. 1929년의 강연을 뿌리로 한 논문 『중립화와 탈정치화의 시대』에서 슈미트는 러시아가 "19세기 유럽의 문화적 전제들로부터 궁극적인 귀결을 끌어냈던" "더욱 래디컬한 형제"라고 지명하고 있다(1929:80[145]). 기술성의 시대를 기껏 혼도 정신도 삶도 결여한 기계의 시대라고 한탄하는 서구의 지식인들에 맞서[31], 러시아에서는 기술성 그 자체가 하나의 정신적

31) 슈미트는 이미 발터 라테나우의 저작 『시대의 비판』(1912)에 대한 초기의 서평 속에서도 서구 지식인에 의한 이런 류의 현대비판이 갖는 불모성을 창끝에 꿰고 있다. 즉 라테나우는 현대를 "기계의 시대"로 특징짓고는, 그것을 "혼도, 의식도, 윤리적 생산성도 없는" "목적과의 관계"만으로 규정된 "목적[중심]적 유용성의 시대"로 간주하지만, 그렇게 '혼이 없는' 기계의 시대에 자신만은 '혼'에 의지하여 그것을 비판하는 일은

의미를 갖는 종교로까지 높여지고 있다.

> 기술성의 종교를 기술 자체와 혼동하는 것은 허용될 수 없다. 반종교적인 현세-행동주의라는 대중신앙을 초래했다고는 하지만 기술성의 정신은 다름 아닌 정신이며, 나쁜 악마적 정신일지 모르지만 그것은 기계적인 것으로 정리되어버리거나 기술에 편입되어버려서도 안 되는 것이다. (1929:93[165])32)

슈미트에게 어떤 정신이 정신일 수 있는 것은 오직 정치적인 항쟁 속에서 다른 정신과 마주할 때이고, "더 이상 죽음 이외에 그 어떤 적도 알지 못하며 자신의 적을 공허한 기계로만 인식하는 자는 삶보다는 죽음에 가까워지고 있는 것이다."(1929:95[168]) 기술의 정신적 의미를 인정하는 슈미트는 기술성의 시대에서 여전히 잃지 않은 정치적인 것의 가능성을 발견하고자 하는 것이다.

중립화와 탈정치화에 의해 보편적 평화가 달성되어가는 것처럼 보이는 시대의 하층에서, 기술성의 정신을 체현하는 러시아는 정치적 항쟁의 가능성을 점점 더 높이고 있다. 그저 〈현상〉의 정통성에 고집하고 있을 뿐인 1차 대전 이후의 유럽은 그것을 알아차리지 못하고 있다. 그런 까닭에 슈미트는 유럽에 "자신의 현재적 상황에 대한 자각"을 촉구하는 것이다. 즉 그는 "중앙 유럽의 우리는 러시아인의 시선 아래에서 살고 있다"(1929:79[143])고 말한다. 유럽의 〈현상〉은 그 불변성의 겉모습

"모순"에 다름 아니며, 그런 논의란 결국 "비판"이라기보다는 단순한 "탄식"에 지나지 않는다는 것이다(1912a:324).

32) 존 P. 맥코믹은 이 중립화 논문 속에선 "기술성(Technizität, technicity)"과 "기술(Technik, technology)"이 개념적으로 구분되어 있다고 간주한다. 즉 러시아의 악마적 정신에 할당되는 '기술성'과 유럽의 엘리트를 단순히 중립성과 수동성으로 몰아넣을 뿐인 '기술'의 구분이 그것이다. Vgl. John P. McCormick, *Carl Schmitt's Critique of Liberalism*, Cambridge University Press 1997, S.102f.; Ders, »Carl Schmitt's Europe«, in: Christian Joerges/ Navrai Singh Ghaleieh (Hg.), *Darker Legacies of Law in Europa*, Oxford/Portland 2003, S.137.

과는 정반대로 러시아에 의해 파헤쳐지고 붕괴될 위험에 노출되고 있다는 것이다.

b. 국제연맹의 동질성 해체

그리하여 1920년대의 슈미트는 무원칙하게 〈현상〉을 유지할 뿐인 국제연맹이 소련에 대해 무방비상태가 되고 있음을 경고한다. 국제연맹은 '진정한 연방'에 필요한 동질성의 원리를 불문에 붙인 채로 단순한 공간적 보편성을 지향하고 있다. 이 상태라면 국제연맹은 민주주의적 정통성이라는 관점에서 볼 때 이질적인 국가일지라도 받아들이고 말 것이다. 바로 소련은 그렇게 이질적이기에 받아들이기 어려운 "비정상적" 국가일 터이다. 제3인터내셔널을 통한 프롤레타리아 세계혁명의 보편주의는 국제연맹의 정통성 원리일 수 있을 민주적-시민(부르주아)적 보편성과 양립할 수 없는 것이다.

> 현실의 연방 속에서 볼셰비즘의 러시아가 시민적-민주적 국가들과 연합한다면, 필연적으로 소비에트국가는 공산주의정당이 오늘날 의회에서 맡고 있는 역할을 행하게 될 것이다. 즉 소비에트국가는 자신이 참가하고 있는 제도를 의식적으로 이용하여 그 제도의 기초를 해체하여 제거해버리고 말 것이다. (1924b:22; 1926KV:78)

따라서 슈미트에게 민주주의적 정통성의 원리에 입각한 소련의 승인 문제는 국제연맹이 진정한 연방일 수 있는지 없는지에 대한 시금석인 것이다. 혹시 이 문제가 소홀히 다뤄진 채로 소련의 가맹이 허용된다면 연맹은 소련이 자기 편리대로 이용할 뿐인 세계혁명의 도구로 추락할 터이다.

국제연맹이 진정한 연방이 될 것을 기대하고 여기까지 진단을 내렸던 슈미트였지만, 역사의 경과는 그의 바람대로는 되지 않았다. 소련과 국제연맹의 관계는 당초의 적대관계로부터 비공식적 협력관계로 변화해갔고, 1934년 9월에는 마침내 소련의 국제연맹 가입이 실현되었다. 이러한 상황의 변화를 눈앞에 마주한 1934년경의 슈미트의 논문들에는 이제 국제연맹이 진정한 '연방'이기를 포기하고 단순한 '동맹'으로 전락했다는 인식이 보인다. 당초의 국제연맹은 미국 대통령 윌슨의 자유민주주의라는 창설이념에 기초하여 비민주적인 소련을 이질적 국가로 인식하고 있었다. 적어도 거기서는 국제연맹이 동질성에 기초한 진정한 연방이 될 가능성이 보였었다. 그러나 그 비민주적인 국내체제를 불문에 붙인 채로 소련의 가맹이 실현되고 있는 지금, 국제연맹의 파탄은 결정적으로 명확해졌다는 것이다.

> 볼셰비키의 러시아가 머지않아 "개선"됨으로써 어느새 자유민주주의적인 여러 국가사회의 동종적 구성국이 되리라고 기대되었다. 그러나 그런 기대가 소실되어버리고 만 뒤에는 윌슨의 자유민주주의적인 동질성에 기초한 제네바 국제연맹 체제 또한 실추되지 않을 수 없었다. (1934f:425)

단순히 보편적이기만을 지향하고 이질적인 국가까지도 무원칙하게 수용하고 만 국제연맹은 "더 이상 연방도 진정한 공동체도 아닌 낡은 틀의 의회주의적 동맹, 1914년의 세계대전을 불러일으킨 동맹 시스템이라는 뜻에서의 동맹일 따름"(1934NV:27f.)인 것이다.

보편적인 국제법 공동체라는 자기기만에 기초하여 소련의 가맹을 인정했을 때, 국제연맹은 스스로를 해체의 위험에 노출시키게 된다. 왜냐하면 소련 측에서 국제연맹은 세계혁명이라는 자신의 목적을 관철시키기 위한 수단이었을 뿐이기 때문이다.

> 생기를 잃어버린 제네바 국제연맹은 연방과 공동체에 어울리는 유럽의 통일을 실현하는 일에 방해가 되고 있다. 그런 한에서 소련은 국제연맹이나 상호 불화하고 있는 유럽 열강에 비해 우월하다. 때마침 그것은 자유민주주의적이며 다원주의적인 정당국가에서 중요한 지위를 점하고 있는

강력한 공산주의정당이 다른 모든 정당들에 비해 우월한 것과 마찬가지이다. 그런 정당은 우파에 대해서는 좌파에 대해서든 생각할 수 있는 모든 연립에 관해 그것을 조직하거나 방해할 수 있는 배역을 연기하고 있다. (1934f:427)

무원칙한 보편성을 모시는 국제연맹은 슈미트가 비판하는 자유주의적 다원국가, 즉 자신의 헌법을 파괴하는 세력의 존재까지도 용인하고 마는 중립국가와 동일한 결함을 안고 있는 것이다. 즉 그것은 이른바 '합법적 혁명'의 위험에 대해 무방비상태가 된 것이다.

슈미트에게 어떤 법제도는 자신을 성립시키고 있는 불가침의 정통성 원리를 잊어서는 안 되며, 자신의 정치적 실존을 위협하는 적을 놓쳐서는 안 된다. 그리고 소련이야말로 그것이 종래 그대로의 공산주의 국가인 한에서 국제법공동체의 존립을 위협하는 이질적인 적에 다름 아닌 것이다. 국제법에 관한 볼셰비키적인 이해는 서구 국가들의 국제법질서 이해와는 근본적으로 다른 것이다. 단, 이러한 견해는 애초에 먼저 소련 측에서 제기됐던 것이다. 소련의 국제법학자 E. A. 코로빈의 1924년도 저작 『과도기의 국제법』에서 그는 "사회주의 소비에트 공화국과 부르주아국가 사이에서 법적, 도덕적, 정치적 영역의 지적인 통일이 가능한가, 가능하다면 그것은 어느 정도인가"[33]라는 질문에 대해 "사회주의적인 사회제도의 기초(경제적, 윤리적, 법적 기초)는 부르주아국가의 문화-경제적 기반과는 **질적으로 다르다**"[34]는 인식을 보이면서 "완전한 국제법적 승인에 의해 표현되는, 지적이고 또 물질적인 양면에 걸쳐 국제공동체의 실현은 사회주의질서를 갖는 국가들과 부르주아적 질서를 갖는 국가들의 상호관계에서는 달성될 수 없는 것"[35]이라고 단언되고 있다. 코로빈의 이러한 생각은 소련에선 이미 1920년대 말에 마르크스주의 법학자

---

33) E. A. Korowin(Korovin) (übertragen von: Robinson Kaunas), *Das Völkerrecht der Übergangzeit*, Berlin/Grünewald 1929, S.10.[34]

34) Ebd., S.20[54]

35) Ebd., S.20[53]

E. B. 파슈카니스에 의해 비판받음으로써 반드시 볼셰비키적 국제법 이해를 대표하는 것이라고는 말할 수 없게 됐던 것이지만[36], 독일어권에서는 1929년에 출판된 독어판을 통해 당시의 법학자들 일반이 공유하는 견해가 되어 있었다.[37] 켈젠의 제자이며 나치스에 접근했었던 법학자 알프레드 페어드로스의 국제법 교과서는 코로빈을 참조하면서 소련을 유럽 국제법공동체의 적으로 인식하고 있다. "소련은……국제법적 의미에서 정상적 국가가 아니"[38]며, "볼셰비키즘의 파괴적인 힘들에 맞서 유럽 공동의 집을 지키는 일"[39]이 중요하다는 것이다. 슈미트 또한 1934년의 강연에서 다음과 같이 단언하게 된다. "공산주의적-볼셰비키적 소비에트 국가와 그것과는 다른 종류의 자본주의적-자유주의적 국가 사이에는 결코 국제법공동체가 존재하지 않으며 평화 또한 존재하지 않으며 오직 정전停戰만이 존재할 따름이다."(1934NV:17)

3. 국제연맹의 변질: 유럽적 연방의 좌절

1933년 2월부터 열린 제네바 군축회의에서 재군비 요구를 거부당한 나치스 독일은 그에 대한 불복으로서 같은 해 10월 1일 국제연맹 탈퇴를 선언한다. 이러한 시대 상황 속에서 슈미트 또한 국제연맹이 동질성에 기초한 진정한 연방이 되리라는 그 어떤 기대도 포기하기에 이른다. 그리고 국제연맹은 창설이념인 윌슨의 자유민주주의를 민주주의적 정통성이라는 동질성의 원리로서 채용하는 데에 실패했던 그 당초부터 진정한 연방으로서는 좌절되고 있었다고 주장하게 된다.

---

36) 파슈카니스에 의한 코로빈 비판에 관해서는 John H. Herz(Eduard Bristler), *Die Völkerrechtslehre des Nationalsozialismus*, Zürich 1938, S.208 및 야스이 카오루, 『유럽 광역국제법의 기초이념』, 유희카쿠, 1942, 184-152쪽 참조.

37) 일본어 번역본은 원저자가 일본어판을 위해 가필·수정한 러시아 원문을 번역하여 1933년에 출판되었다. 코로빈의 이 국제법론에 관해서는 야스이 카오루, 앞의 책, 44-45쪽에서도 언급되고 있다.

38) Alfred Verdross, *Völkerrecht,* Berlin 1937, S.54.

39) Ebd., S.27.

슈미트는 국제연맹이 동질성이 서서히 잃어가는 변질과정을 묘사하고 있다. 우선 1920년의 발족 시에 미국의 불참에 의해 자유민주주의의 이념이 애매해지고, 연맹이 유럽 전승국 열강에 의한 현상유지의 장치가 되었던 것. "1919년의 파리 강화회의에서 결의되고 규약에 따라 정해진 제네바 국제연맹과, 1920년의 제네바 국제연맹은 더 이상 동일한 단위로 간주할 수 있는 것이 아니다."(1934NV:26) 다음으로, 1922년에 이탈리아가 파시즘국가가 됨으로써 "당초에 상정되고 있던 국제연맹 구성국의 자유민주주의적인 동질성을 잃게 됐"(1934NV:26)다는 것. 또 1933년 3월 일본의 탈퇴 및 같은 해 10월 독일의 탈퇴. 나아가 이질적이고 '비정상'적인 국가인 소련이 1934년에 가맹하여 상임이사국이 됐던 것. 그리고 1936년 5월 국제연맹의 구성국이었던 에티오피아가 이탈리아에 의해 병합됐던 것. 동질성을 기초로 하여 구성국의 실존을 보장하는 것이 진정한 연방이므로, 그런 병합이 허용될 바로 그때는 "연방이란 파괴되었거나 아니면 연방 따위란 결코 존재하지 않았음이 증명되거나"(1936f:469) 둘 중 하나인 것이다. 그 무렵 이탈리아가 에티오피아에 문명국으로서의 동질성이 없음을 이유로 병합을 정당화했다는 것은 "국제연맹의 정치적 실체와 거기에 통합된 여러 국민들의 동질성에 대한 물음이 다시금 불가피하게 솟아오르고 있"(1936f:471)음을 가리켜 보이는 것이다. 국제연맹이 동질적인 국가의 연방이 아니라는 것이 이제 백일하에 드러나게 되는 것이다.

1차 대전 이후의 독일이 놓인 가혹한 국제상황 속에서 당초 1920년대의 슈미트가 가진 희망은 오로지 국제연맹이 진정한 연방이 될 수 있을지 어떨지에 내기를 거는 것이었다. 그리고 이 진정한 연방은 민주주의적 정통성이라는 국내체제의 관점에서 서로가 동질적인 국가로 이뤄지는 것으로 여겨졌다. 그러나 언뜻 보아 형식적인 그런 정통성 원리에 기초해 연방질서를 구상한 슈미트는 암묵적으로 그것이 유럽적 질서이라는 것을 전제로 삼고 있었던 듯하다. 실제로 그가 신성동맹을 진정한 연방의 모델로서 지명하는 것은 바로 그것이 "1919년의 제네바 국제연맹보다

유럽적 통일의 사상을 훨씬 고도로 실현했었"(1927b:247[184])기 때문이었다.[40] 또 1차 대전 이후의 국제사회에서 독일의 동등한 권한 회복이 주장될 때에도 그는 "공동의 유럽적 감정"(1925a:38)에 호소하고 있다. 1930년대가 되면 진정한 연방에 필요해지는 동질성이란 정통성이라는 형식적 원리보다도 유럽 여러 민족들의 동질성이라는 실체적인 것으로 변질되어가는 것처럼 보이기도 한다. "유럽 여러 민족들의 진정한 연방은 민족적 실체의 승인에서만 정초할 수 있는 것이며, 유럽 여러 민족들의 국민적·민족적 친화성이야말로 그 전제가 된다."(1936f:472)

정치적 실존을 향한 결단이 법규범에 선행한다고 주장한 1920년대의 "결단주의적인" 입장에 따라, 여러 국민들의 "무엇보다도 자연적이고 명백한 제1권리"로서의 "자유롭고 독립된 단일불가분의 실존을 향한 권리"(1928a:265[200])를 강조하는 슈미트가 국제법에 대한 국가의 정치적 실존의 우위를 주장하는 것처럼 보이는 것은 분명하다. 그러하되 슈미트는 국제법을 기만으로 간주하면서 그 법적 성격을 부정하는 태도를 "반동적"인 것으로 거부하고 있기도 하다(1934NV:15). 이렇게 법을 존중하려는 몸짓은 독일의 동등한 권한 회복을 위해서는 국제법이라는 수단이 필수라고 주장했던 히틀러의 1933년 5월 7일자 연설 등을 바탕으로 여러 나치스 이론가들이 공유하고 있던 것이다.[41] 그렇다고 해서

---

40) 유럽질서로서의 신성동맹이라는 평가는 여러 곳에서 보인다. 예컨대 1930년 출판된 국제조약집에서는, 빈 회의에서 "고립된 국가에 대한 전 유럽적 이익공동체의 우위가 부인할 수 없는 기념비로서 처음 나타났다"는 후고 프로이스의 발언이 인용되고 있으며(1930VPF:2f.), 이 조약집의 1934년 개정판에서도 신성동맹에 의해 "유럽 대륙이 하나의 연방으로 정리됐다"(1934PF:1)는 것, 그리고 그 속에서 "공동의 유럽적 이해관계가 토의되고", "유럽 대륙이 하나의 정치적 통일체가 됨으로써 통일적인 정치행동을 취할"(1934PF:4) 가능성이 생겨났다고 서술된다.

41) Vgl. J. H. Herz(E. Bristler), *Die Völkerrechtslehre des Nationalsozialismus*, a.a.O., S.67. 예컨대 구스타프 아돌프 왈츠가 히틀러의 그 연설을 가리키면서 다음과 같이 서술하고 있는 것이 전형적이다. "국민사회주의국가는 국제법질서의 타당성을 긍정하고 또 요구한다. ……합법성에 대한 총통의 고백이 국민사회주의의 투쟁에 특색을 부여하는 것이다. 이 합법성의 고백은 단지 내정의 차원만이 아니라 특히 외정의 차원에서 의미를 갖는다."(Gustav Adolf Walz, »Nationalsozialismus und Völkerrecht«, in: *Völkerbund und Völkerrecht*, 1 (1934/35), S.473f.) 그리고

슈미트가 애초부터 단순하게 주권국가 중심적인 권력이론의 입장을 취했던 것은 결코 아니다. 1930년대의 그는 국제관계에서도 "구체적 질서 사상"에 기초하여 법과 정의, 규범과 구체적 생生이 분리되지 않는 법질서의 구축을 지향하고 있었기 때문이다.

구체적으로 실존하는 민족의 기본권에 기초를 두는 것으로 여겨진 그 국제법질서가 어떤 것인지는 애매한 채로 있다. 다만 그가 그 구체적 국제법질서를 유럽적 질서로서 사고했던 것은 분명하다. 그리고 그런 사고 속에서 나치스 독일은 바로 그 유럽 국제법질서의 구성원인 것이다.

> 우리는 유럽 여러 민족들의 법공동체에 속해 있다. 우리는 필연적으로 거기에 속해 있는 것이기에 우리를 무시하거나 우리에게 창끝을 겨눌 때 유럽 국제법은 존재하지 않는다. 우리가 유럽 여러 민족들의 이 공동체로부터 배제되거나 '파문되는' 일은 있을 수 없다. (1934NV:15)

이와는 달리 예컨대 소련은 "유럽 여러 민족들의 권역 외부"에 있는 것으로 간주된다.

슈미트는 1925년 10월 유럽 7개국이 상호 불가침과 독일에 대한 제재의 해제를 약속하고 독일의 국제연맹 가입에 길을 열었던 로카르노 조약을 바로 그 "유럽 내 공동체의 시작"으로서 어느 정도 평가하지만, 1936년 3월 독일이 라인란트 비무장지대에 진주함으로써 로카르노 조약을 파기하고 그것을 대신해 소련이 참가한 새로운 로카르노 조약이 체결되는 상황이 생기자 "이 유럽 여러 국가들의 공동체"에 "본질적인 변화"가 일어날 것이라고 염려한다(1936b:457f.) "유럽 여러 민족들의 결합과

그런 뜻에서 국민사회주의는 "창조적인 폭력행사라는, 소렐에 의해 교시된 원리를 갖는 파시즘과는 근본적으로 다른" 것으로 간주된다(ebd., S.474). 야스이 카오루 또한 "민족사회주의[국민사회주의]에 있어 필요한 것은 국제법 그 자체를 전적으로 부정해버리는 것이 아니라, 민족사회주의의 입장에서 종래의 국제법을 비판함과 동시에 그 요청에 적합한 새로운 국제법을 구상하는 것이었다"고 그 특징을 부여하고 있다(야스이 카오루, 앞의 책, 33쪽).

공동체질서를 향한 발전은 진행되고 있다. 외부의 강대국을 불러들임으로써 이러한 결합을 방해하는 자는 유럽의 질서와 안녕에 대한 진짜 훼방꾼인 것이다."(1936b:458) 결코 보편적이지 않은 유럽 고유의 국제법질서, 유럽 권역 외의 세력을 배제하는 국제법질서를 구축하려는 슈미트의 시도는 2차 대전의 발발이 눈앞으로 육박해온 1930년대 말이 되면 '역외 열강의 간섭금지를 수반하는 국제법적 광역질서'의 구상에 다다르게 될 것이다.

III. 국제법과 전쟁의 의미 변화

1. 평화와 전쟁의 중간상태: 적대의 전면화

나치스 체제 성립 이후에 나치스에 입당하고 1933년 7월에는 괴링에 의해 프로이센 추밀고문관에 임명된 슈미트는 그 겉모습에서 '계관 법학자'의 지위에 있었음에도 알프레드 로젠베르크나 SS(무장친위대) 계열의 이론가들로부터 인종주의적 이데올로기의 결여를 공격받은 뒤인 1936년 12월에는 나치스의 공직에서 사실상 추방된다. 이와 함께 슈미트는 나치스의 국내적인 법체제에 관해서는 거의 발언하지 않게 되지만, 대신에 자신의 연구를 국제질서의 문제로 집중시키게 된다. 1937년 이래의 그는 전간기 베르사유=제네바 체제 아래서 진전된 보편주의적 국제법제가 전통적 국제법과 전쟁 개념을 크게 변용시키고 있는 사정을 주제화한 논문들을 차례로 발표하게 된다.

이미 1차 대전에서 클라우제비츠적인 제한전쟁관을 역전시켜 정치 쪽을 전쟁지도에 종속시킬 것을 주장한 에리히 루덴도르프가 1935년에 『총력전(Der totale Krieg)』을 출판함과 동시에 국가의 기술적, 경제적, 도덕적 차원 등등의 자원 전체를 전쟁준비에 동원하는 총력전체제의 문제가 사람들의 관심을 불러일으키게 된다. 이런 가운데 어떤 사단부대

장교단의 의뢰를 받아 '총력전'을 테마로 행한 강연에서 슈미트 또한 바야흐로 '총력전'의 위험이 점점 더 높아지고 있다는 인식을 보인다. 무엇보다 슈미트가 여기서 말하는 "총력전=전체전쟁(der totale Krieg)"이란 이른바 직접적인 군사충돌로 끝나는 것이 아니다. 그가 염두에 두고 있는 것은 오히려 평화가 법적 픽션으로 구축됨으로써 만들어지는 적대의 전면화에 다름 아닌 것이다. 현대의 전쟁이 자기 스스로 총력전을 향해 단계적으로 확대됨을 보여줬던 1차 대전의 충격은 전후가 되어 총력전을 회피하기 위한 여러 방도들을 발전시키게 된다. 그것에는 특히 국제연맹 규약 제16조에서 규정되고 있는 비군사적인, 즉 경제적인 수단을 통한 전쟁의 억지가 거론될 수 있다. 이는 무력충돌의 전면화를 피하면서도 상대에 대한 일정한 실효적 효과를 확보한다는, 말하자면 평화와 전쟁 사이의 "과도적이며 중간적인" 상태로 간주할 수 있다. 이러한 방도는 "공공연한 전쟁과 현실의 평화 사이에서의 과도적이며 중간적인 형성체이고, 그것이 의미를 가질 수 있는 지당한 근거는 총력전이 가능성으로서 배경에 놓여 있어야 하며 주의 깊게 중간을 가늠하여 자기를 제어하는 데서 머물 수 있어야 한다는 것이다."(1937a:236[28])

하지만 슈미트에 따르면 총력전을 회피하기 위한 그런 방도야말로 오늘날 총력전의 가능성을 낳고 있다. 직접적인 군사충돌만이 전쟁인 것은 아니다. 전쟁에는 말하자면 "행위[Aktion]로서의 전쟁"과 "상태[Zustand(Status)]로서의 전쟁"이 있다(1938d:102[100]). '상태로서의 전쟁'은 직접군사행동이 일어나지 않고 있는 경우에도 존재할 수 있는 것이다. 그리고 그 특징은 다름 아닌 경제적 수단까지도 포함한 비군사적 수단을 동원해 수행된다는 점에 있다.

> 이른바 **총력전**은 전투원과 비전투원 간의 구별을 지양하고 군사적 전쟁과 나란히 비군사적 전쟁을 적대성의 발로로서 인정한다. ……여기서의 총력전이란 군사 외적인 영역(경제, 선전, 비전투원의 심리적·도덕적 에네르기)까지도 적과의 대결에 동원하는 것을 말한다. ……순수 군사적인 것을

> 넘어서는 이 발걸음은 적대의 완화가 아니라 강화를 의미한다. (1938d: 109f.[108])

따라서 총력전을 억지하기 위해 고안된 과도적·중간적 방도는 다른 형태의 전쟁을 만들어내는 것에 지나지 않는다. 게다가 그것은 슈미트에겐 직접적인 군사충돌보다 더 가혹한 총력전이 될 수 있는 것이다.

> 오늘날 열강이 공공연한 전쟁과 현실의 평화 사이의 중간적 형성체 또는 중간 개념을 발견하고자 하는 것에는 대단히 지당한 이유가 있다. '총력전'이라는 표현으로 사고되고 있는 사실이 그러한 중간적 형성체를 좋든 싫든 초래하는 것이다. 그러나 이 중간적 형성체는 전쟁 개념의 새로운 문제를 해결할 수 없으며, 단지 그 문제를 다른 데에 전가시켜 연기시키고 있을 따름인 것이다. (1938WK:1)

군사충돌로서의 총력전은 경제전쟁이라는, 적대의 강도가 더 높아진 총력전으로 이행하는 것이다.

사정이 그러함에도, 사실상의 총력전인 경제전쟁이 '합법적'이고 '평화적'인 조치로 간주되어버리고 마는 데에 오늘날 국제법의 기만이 있다는 것이다. 이는 법실증주의에 기초한 법학적 픽션의 이데올로기적인 효과에 다른 게 아니다. 그리고 베르사유=제네바 체제는 전후 일관되게 현실의 전쟁을 법학적 픽션을 통해 '합법적'이고 '평화적'인 것으로 위장하는 일을 해왔다. 슈미트가 그런 기만의 전형적 예증으로 빈번히 거론하는 것이 만주사변 시기 중국에서의 일본의 군사행동을 '법학적으로는' 여전히 '평화적 조치'라고 봤던 국제법학자 한스 베베르크의 견해이다. 1차 대전 이후의 보편주의적 국제법제는 전쟁과 평화의 구별을 그렇게 불분명하게 만들어버렸다는 것이다.

이리하여 선전포고와 평화강구로써 전시와 평시를 명확히 나눈다는 종래의 국제법 원칙, 즉 키케로에 의해 정식화되고 그로티우스도 인용하고 있는, "평화와 전쟁 사이에 매개자介在者〔중재자〕 없음(Inter pacem et bellum nihil medium)"이라는 원칙은 이제 더 이상 명백하지 않게 된다. 오히려 지금 국제법상의 정상상태로 여겨지고 있는 것은 바로 그 "제3자", "중간적 가능성", "매개자"이며 국제연맹이나 파리 부전조약은 "이 무규정적이며 의도적으로 미확정적인 평화와 전쟁의 중간상태를 조약을 통해 합법화하고 정상이자 궁극적인 평화의 〈현상〉으로서 법학적으로 의제擬制〔본질상 다른 것을 법률상 동일한 것으로 간주〕하고자 했던" 것이다(1938d:107[105]). 합법화된 이 중간상태는 평화의 픽션이지 결코 "구체적 질서로서의 평화"가 아니다. 켈젠을 비롯한 빈〔Wien〕 학파의 법실증주의를 기초로 한 보편주의적 국제법은 "조약은 준수되어야만 함(pacta sunt servanda)"이라는 근본규범을 방패로 삼아 〈현상〉으로서의 이 픽션을 고집하지만, 그것은 사실상의 평화가 아직까지 존재하지 않고 있다는 것을 은폐할 뿐이다. 그리고 이는 전쟁 이상의 재액을 초래할 것이다. "혹시 〈현상〉이 그 자체로 이미 평화가 아니라고 한다면 그것을 보장하는 것은 전쟁보다도 더 나쁜 무언가, 즉 평화와 전쟁 사이 견딜 수 없는 중간상태의 합법화가 될 것이다."(1925b:59) 평화와 전쟁 사이 중간상태의 합법화가 왜 전쟁 이상으로 나쁜 것인가. 그것이 다름 아닌 '정전正戰'의 가능성을 낳기 때문이다.

2. 중립성의 위기와 정전: 세계내전으로의 길

법학적 픽션에 의해 초래되는 총력전이란 정의 또는 법을 통해 규범화된 전쟁, 즉 정전을 뜻한다. 그것은 "'정당한'이라는 명목 하에 행해지는, 모든 전쟁 속에서도 가장 전체적인 전쟁"(1938c:589)에 다름 아니다. 바로 그런 정전론, 즉 "차별화된 전쟁 개념"에 대해 슈미트는 1937년 가을의 강의를 1938년에 출판한 『차별화된 전쟁 개념으로의 전환』에서 본격적으로 공격의 창끝을 겨눈다. 그가 보기에 그러한 새로운 전쟁 개념은 국제법학적으로는 켈젠의 정전론, 혹은 위의 저작에서 좀 더 직접적으로 비판되고 있는 허쉬 라우터파하트나 조르주 셀르의 학설로 대표된다.[42] 전쟁 수행에서 일정한 보편성을 갖는 규범적 근거정초를 구하려는 그들의 기도는 오히려 총력전의 강도를 높이고 만다는 것이다. "결정적인 것은 전쟁의 **전체성**에 특히 그 **정의**正義가 포함되어 있다는 점이다. 정의 없이는 전체성을 향한 그 어떤 요구도 공허한 주장이 되고 말 것이며, 거꾸로 대규모적 방식의 정전은 오늘날 자연스레 총력전[전체 전쟁]이 된다."(1938WK:1)

정전은 적을 도덕적으로 단죄하고 적대를 전면화한다. 하지만 전쟁은 정치적인 것의 카테고리에 속하는 것이므로 도덕과 혼동되어서는 안 된다. 슈미트는 이미 1920년대부터 정치와 전쟁의 그런 도덕화를 경계하고 있었다. 1923년의 로마 가톨리시즘론에서는 로마 교회의 인격적 대표라는 사상을 적대시한 18세기 계몽주의자의 인도주의에 대해 다음과 같이 말한다.

> 인간성이라는 것만은 자주 귀에 들려오는 듯한데, 그만큼 간과되기 쉬운 점은 인간성의 이념 또한 그것이 현실화되자마자 그 현실화에 항시 들러붙어 있는 변증법에 굴복함으로써 바로 그 인간적인 것을 비인간적인 형식으로 중지하지 않을 수 없다는 것이다. (1923RK: 59[150])

그리고 '국제연맹의 핵심문제'에 관한 여러 논고들이 주의를 환기시키고 있는 것은, 국제연맹이 예전 그대로인 한, "법의 이름 아래 법이 최악의 방식으로 위협받게 되"(1924b:23; 1926KV:82)거나 "국제법과 인간성의 이름 아래 전쟁이 수행될"(1926KV:82) 위험이 있다는 점이었다. 1927년도 『정치적인 것의 개념』 초판에 따르면 "정의란 전쟁의 개념에는 포함되어 있지 않은"(1927a:17) 것이므로, 혹시 국제연맹이

42) 슈미트의 이 저작과 맺는 연관관계에서 켈젠, 라우터파하트, 셀르의 논의를 검토하고 있는 것으로는 오다 시게루/이시모타 야스오 편집위원대표, 앞의 책, 116-137쪽 및 니시 타이라, 앞의 논문, 68-81쪽, 타케시마 히로유키, 앞의 책, 164-169쪽 참조.

인간성의 이름 아래 전쟁의 그런 도덕화를 행한다면 "그것은 전쟁의 새로운 가능성을 도입함으로써 전쟁을 허용하고 동맹전쟁을 추진하게 되는 것이며, 특정한 전쟁을 정통화함으로써 일련의 전쟁 억지책을 제거해버리고 마는"(1927a:21) 것이다. 이른 시기부터의 그런 문제의식이 1930년대 후반의 저작 속에서 중심적인 주제로 전면화되는 것이다.

1차 대전 후에 진전된 국제법제는 국가주권의 발동으로서의 전쟁을 어느 정도는 금지했었다. 그러나 슈미트에 따르면 그것은 전쟁의 근본적 금지를 뜻하고 있는 게 아니다. 그것이 초래한 것은 법적으로 허용되는 전쟁과 허용되지 않는 전쟁 간의 구별이다.[43] 당대의 국제법이 전쟁을 법적 절차에 따라 수행 또는 금지되는 것으로 변화시키고 있다는 것이다. 이리하여 중세·근세의 자연법적인 정전은 이제 실정국법을 통해 정당화되는 전쟁으로서 부활한다. "전쟁의 정의正義는 일정한 국제법적 절차양식에 의해 조직화되고 '실정화'된다."(1938b:615) 그것은 "국제법 혹은 적어도 '전쟁방지법'을 일종의 형법으로 바꾸는" 것으로, 전쟁은 국내법에서의 범죄와 마찬가지로 법절차에 의해 정·부정의 판단이 내려지게 된다. 즉 주권국가로부터는 평화냐 전쟁이냐를 독점적으로 결정하는 권한이 박탈되며, 전쟁의 옳고 그름은 베르사유=제네바 체제 아래서 실정화된 보편주의적 국제법에 입각하여 결정되는 것이다. "제네바 국제연맹이 뭔가 그 이름에 값하는 것이어야만 한다면, 그것은 본질적으로 합법화의 시스템이다. 그것은 특정한 입장에서 정전의 판단을 독점하는 것이며, 특정한 나라들이 행하는 전쟁의 정·부정에 관한 결정권을 수중에 갖는 것이지만, 이는 차별화된 전쟁 개념으로의 전환과 이어짐으로써 중대한 결과를 야기하게 된다."(1938WK:2)

---

43) 주권국가 중심적인 국제법의 '무차별 전쟁관'으로부터 보편주의적 국제법의 '차별화된 전쟁 개념'으로. 이 유명한 정식의 싹은 예컨대 1930년에 출판된 국제조약집 속의 주석에서 이미 발견할 수 있다. "종래의 국제법은 모든 전쟁을 분쟁 당사자와 그 동맹국만의 관계사항으로 간주하고, 허용된 전쟁과 허용될 수 없는 전쟁 간의 구별을 완전히 포기하고 있지만, 국제연맹은 적어도 몇몇 전쟁을 근절하면서 결속된 인간성에 의해 그 부활을 억누를 것이다. **이는 주권성과 국가의 의사에 대해 설정된 인류역사상 처음 있는 진정한 제약이다.**"(1930VPF:26; 1934PF:30)

평화냐 전쟁이냐에 관한 결정권이 그렇게 국제연맹에 인도되면, 국가가 어떤 전쟁에서 '중립'을 유지하는 일은 점점 더 곤란해질 것이다. 슈미트가 보기에 국제연맹 규약의 위반국에 대해 가맹국이 공동으로 제재할 의무를 규정한 규약 제16조는 그런 징후에 다름 아니다. 실제로 1935년 10월에 시작된 이탈리아의 에티오피아 침략은 국제연맹에 의한 그런 제재를 현실문제로서 들이대게 만드는 것이었다. 국제연맹의 가맹국이던 에티오피아의 제소에 의해 같은 10월 국제연맹은 즉각 이탈리아에 대한 경제 제재를 결의하지만, 결과적으로 그것은 아무런 실효적 효과를 거두지 못하고 그저 국제연맹의 위신 저하만을 드러내는 것으로 끝났다. 하지만 이 문제를 계기로 하여 국제적인 공동 제재라는 주제가 많은 국제법학자들의 관심을 환기시키게 된다.[44]

특히 슈미트를 촉발시켰던 것은 국제연맹의 제재 의무로 스위스의 전통적인 중립정책이 위기에 빠지고 있음을 논한 스위스의 국제법학자 디트리히 쉰들러의 논의였다. 쉰들러에 따르면 "스위스는 국제연맹 가입에 따라 조약 위반국에 대해 경제 제재를 강구할 의무를 갖지"[45]만, "[연맹 규약] 제16조의 의무들과 [중립권을 인정한 1907년의] 헤이그 협정 간의 충돌이 일어나는 한에서는 헤이그 협정 쪽이 더 우월한 것이지 않으면 안 된다."[46] 그런 까닭에 "스위스는 두 권력 그룹[국제연맹과 독일·이탈리아] 양쪽 모두로부터 동일하게 독립해 있다는 점에 있어서

---

44) 예컨대 한스 모겐소는 1935년에 '국제재판의 이론'에 관한 논문을 발표하고, 국제연맹에 의한 이탈리아 제재의 실패에 즈음하여 국제법에 기초한 국제재판 일반의 유효성에 의문을 제기하게 된다. "국제연맹이 이탈리아에 대한 제재에 관해 거의 만장일치로 행했던 결의는 그 제재의 진정으로 집단적·의무적인 성격의 겉모습만을 부여하는 것에 불과하다. ……국제연맹에 의한 제재의 임의적·개별적 성격은 의심의 여지가 없다."(H. Morgenthau, »Théorie des sanctions internationals(suite et fin)«, a.a.O., S.835). 결국에 "국제연맹의 구성국에 의한 법질서의 통합이란 ……'밸런스 오브 파워'라는 이름 아래 실현되고 있음을 알 수 있는 여러 제재들의 불안정한 균형에 기초해 있다"(ebd., S.832)는 것이다.

45) Dietrich Schindler, »Die schweizerische Neutralität und die Sanktion«, in: *Völkerbund und Völkerrecht*, 2 (1935/36), S.525.

46) Ebd., S.530.

는 그 어떤 의심의 여지도 있어서는 안 되는"[47] 것이었다. 쉰들러는 스위스의 중립정책을 끝까지 지키고자 하는 의도에 이끌리고 있었던 것이지만, 1930년대 후반의 슈미트는 중립성의 위기를 스위스뿐만 아니라 당대의 국가 일반의 문제로 간주하게 된다.[48]

국제법상의 중립성이란 "지극히 엄격한 비당파성의 유지 의무, 즉 전쟁수행자 어느 한쪽을 정·부정으로 간주하는 데에 가담하지 않는 의무에 의해 특징화된다."(1938b:612) 즉 그것은 주권국가가 수행하는 전쟁의 정·부정을 묻지 않는 무차별 전쟁관과 분리될 수 없다. 하지만 혹시 국제연맹이 법적으로 정당화된 제재 조치를 통해 분쟁당사자를 도덕적으로 차별화한다면, 중립의 입장을 취하는 것은 부정을 간과하는 것으로서 허용될 수 없게 된다. "어떤 국가가 전쟁시에 항쟁하는 한쪽의 유리함을 위해 다른 한쪽에게 법적·도덕적으로 무자격을 선고하는 일을 의미와 내실로 삼는 절차를 따른다면, 이는 이미 중립의무를 훼손하고 파괴해버리고 있는 것과 다름없다."(1938a:619)

영국의 국제법학자 존 피셔 윌리엄즈와 아르놀트 D. 마그네어 또한 에티오피아를 침략한 이탈리아에 대한 제재 문제를 계기로 하여 중립성을 폐기하려는 국제연맹 규약 제16조의 함의를 밝혔다. 하지만 그들에게

---

47) Dietrich Schindler, »Die Wiederherstellung der umfassenden Neutralität der Schweiz«, in: *Völkerbund und Völkerrecht*, 4 (1938), S.692.

48) 슈미트는 이미 1930년 무렵 연맹규약 제1조에 규정된 공동 군사조치에 대한 의무 및 독일이 연맹가맹시에 그 의무에 대해 요구했던 유보에 관하여 논하고 있었다. 이때 슈미트의 일관된 관심은 국제연맹과 소련이 충돌할 경우에 독일이 중립성을 확보하는 문제로 향해 있었다. "조약의 여러 규정들에서는 제16조 아래에서 행동이 취해질 경우, 그것에 참가할 것인가 아닌가를 개개의 가맹국들이 따로따로 결정하는 일이 허용되지 않는다. 그러한 방향에서의 유보란 그것이 어떤 것이든 국제연맹의 기초를 무너뜨리는 경향을 띤 것이며 연맹가맹의 상태와는 양립될 수 없는 것임을 공개적으로 표명하는 일을 연맹이사회는 스스로의 의무로 생각하고 있다."(1930VPF: 38; 1934PF:42) 하지만 규약 제17조에서는 "비가맹국도 공동행동을 취할 것"이 규정되어 있고, "'평화를 침해하는 자'에 대한 이러한 공동조치가 특히 소비에트 러시아를 상대로 행해짐으로써 독일이 그 지리적 상황으로 보건대 행군지역, 나아가서는 전장에 될 수도 있을 전쟁에 강제적으로 참가하게 되는 일이 일어날 수도 있다."(1930 VPF:36f.; 1934PF:40)

서는 전쟁에 정·부정의 구별을 도입하는 국제법의 발전은 아무런 비판의 대상이 아니다. 슈미트는 『차별화된 전쟁 개념으로의 전환』에서 그들의 국제법 관념을 커다란 도전으로 받아들인다. "아마도 장래에는 중립국의 권리보다는 의무가 전면에 나오게 될 것"이므로 "도덕적인 사고방식을 가진 인간이라면 누구든 입장을 취하지 **않을** 수 없을 것"(1938WK:32; 1938b:612)이라는 윌리엄즈의 기대는[49] 당시의 중립자가 놓여 있던 궁핍("무참하도다, 중립인 자여!(Vae Neutris!)")을 드러낸 것에 다름 아니다. "제네바 국제연맹 내부에는 종래의 중립성의 본질을 구성해왔던 것과 같은 전쟁에 대한 법적 무차별은 존재하지 않"으며, "평화를 침해하는 자에 대해 중립성이란 존재하지 않는다."(1938WK:31). 중립성의 상실은 '차별화된 전쟁 개념', 즉 정전론으로의 전환을 현저하게 드러내 보인다. 연맹 규약 제16조에 규정된 가맹국들의 공동 제재조치는 그런 정전과도 다르지 않은 것인 셈이다.

슈미트에게 정전은 더 이상 '전쟁'이라고 부를 수조차 없는 것이다. 거기서는 종래의 국제법에서 동등한 권한을 지닌 투쟁 상대였던 적이 법학적 픽션에 의해 범죄자로 변모당한다.

---

49) 윌리엄즈는 다음과 같은 전망을 서술하고 있다. "확신할 순 없지만, 다음과 같이 예측해도 좋을지 모른다. 다음 세대에는 중립의 권리보다는 중립의 의무가 강조되고, 행동의 차원에서는 아닐지라도 사상적 차원에서는 도덕성의 요구를 인정하는 자라면 누구나 '입장을 취하지' 않을 수 없게 되는 전쟁이 발생할지도 모르는 일이다. 왜냐하면 세계적 규모에서의 분쟁이 진전되고, 그것이 단순히 '공중전'이 아니라 커다란 도덕적 문제가 걸려 있는 투쟁인 경우라고 한다면, 설령 존중해야만 되는 것일지라도 중립성이 널리 존중되는 일은 없어질 것이기 때문이다."(John Fischer Williams, »Sanctions under the Convent«, in: *Britisch book of international law*, 17 (1936), S.147f.) 마그네어 또한 "중립성의 법"이 요구하는, "전쟁의 정·부정을 고려하지 않는" "엄밀한 불편부당(不偏不黨)성"이란 이탈리아의 에티오피아 침략에 대한 국제연맹의 "집단적 안전보장"이 문제가 된 "최근 수년 사이에 이미 변해버리고 말았다"는 인식을 보이고 있는데(Arnold D. McNair, »Collective Security«, in: *Britisch book of international law*, 17 (1936), S.152), 그는 그러한 경향을 좀 더 명시적으로 긍정한다. "나는 다음과 같이 믿고 있다. 즉 집단적 안전보장의 원리가 최종적으로는 설립될 것인데, 그 원리가 최초에는 영토적인 범위에 한정된 것일지라도 머지않아 더 확대되어 감으로써 국제관계에는 좀 더 건전한 신시대가 도입될 것인바, 이로써 우리들 스스로가 자진하여 지도적인 역할을 맡고자 하는 성과를 이루게 될 것이다."(ebd. S.164)

> 제네바 전후정책의 조약체계에서는 **침략자**가 적으로 규정되고 있다. …… 여기서 국제법상의 개념구성이란 눈에 띄게 형벌적·형법적이다. 이 침략자는 국제법상으로 현대형법에서의 범죄자·행위자가 된다. (1938d:103 [101])

따라서 그러한 정전이란 '전쟁'이라기보다는 오히려 '경찰활동'에 다름 아닌 것이다.

> 국제질서가 (두 국가 사이에서의) 정당한 전쟁과 부정不正한 전쟁을 초국가적인 타당성 즉 제3국을 척도로 한 타당성에 의해 실제적으로 구별하자마자, 무력행사는 정당한 측에서는 단지 법의 실현, 집행, 제재, 국제사법 혹은 경찰이 되지만, 부정한 측에서는 단지 적법적 조치에 대한 저항, 반역 또는 범죄, 혹은 어쨌든 종래의 법제도인 '전쟁'과는 다른 그 무엇이 된다. (1938WK:42f.)

법적으로 올바르다고 간주된 쪽은 이제 어떤 전쟁도 수행하고 있지 않으며 단지 합법적 집행을 행하고 있을 따름이다. 보편주의적인 법학적 픽션 아래에서는 애초에 법적으로 그 어떤 전쟁도 존재하지 않게 되고 만다. 그런 까닭에 차별화된 전쟁 개념은 "무차별 전쟁이라는 개념만이 아니라 모든 전쟁 개념을 폐기"하는 것이며, 어떤 전쟁의 정·부정에 관한 질문이란 궁극적으로는 애초에 그것이 "전쟁인가 비전쟁인가라는 딜레마"에 다다르게 될 것이다(1938WK:41).

슈미트는 이러한 정전이 종래의 국제법에 전제되어 있던 국가 간 전쟁을 대신하여 "국제내전" 혹은 "세계내전(Weltbügerkrieg)"을 초래할 것이라고 우려한다.[50] 그러한 위험은 보편주의적인 국제법이 동시에

---

50) 슈미트는 특히 2차 대전 말기부터, 주권국가적 국제질서를 해체한 미소 두 대국의 세계대립구조를 가리키는 데에 '세계내전(Weltbürgerkrieg)'이라는 단어를 사용하

개인주의를 전제로 삼고 있는 데서 기인한다. 이렇게 "자유주의적인 개인주의와 국제법상의 보편주의 간의 양극적 결합"(1938c:589)을 대표하는 것이 조르주 셀르의 국제법학설이었다. 셀르는 국제법의 독점적인 법주체로서의 주권국가의 지위를 상대화하고 개인까지도 새로운 국제법 주체로서 승인하고자 한다. 그렇게 개인에게는 자신의 국가를 뛰어넘어 국제법에 직접 소송할 수 있는 "청구권(le droit de pétition)"이 인정된다. "국적을 고려하지 않고서 개인이 국제법질서를 구성하는 권위나 기관에 행할 수 있는 것으로서 인정된 청구권은 ……국제법질서에 의해 직접적으로 부여된 국제법의 '직접권한'을 구성한다."[51] 슈미트에게 그것이 의미하는 것은 "국제법을 위반한 국내적 지령에 대한 국제법상의 **저항권**이 모든 개인에게, 그리고 모든 국적보유자들에게까지도 주어진다"(1938WK:17)는 것이었다. 이는 주권국가의 내정에 대하여 "국제법질서의 유지와 법의 실현"을 위해 "인간성의 개입"이 행해진다는 귀결을 초래할 것이다.[52] 볼셰비즘국가와 동시에 파시즘국가나 나치즘국가에 대한 "국제법상의 개입권한"까지도 인정하고자 하는 셀르의 "인도적 개입" 이론은 슈미트에게 "전쟁을 '탈국민화'하는, 즉 국가 간 전쟁을 폐기하고 그것을 '국제화'하여 내전으로 바꾸는"(1938WK:47) 것에 다름 아니었다.

같은 시기인 1938년 홉스론에서 슈미트는 16세기의 종교내전을 극복하고 공안과 질서를 확립한 근대 주권국가가 이른바 "간접권력(potestas indirecta, indirekte Gewalt)"에 의해 침식되어가는 과정을 그려내고 있는데, 보편주의적이고 또 개인주의적인 국제법이란 바로 그런 '간접권력'의 장치로 간주되고 있다.

게 되지만, 『차별화된 전쟁 개념으로의 전환』을 포함한 1930년대 후반의 저작들에서는 주로 "국제내전(der internationale Bürgerkrieg)"이라는 단어가 사용되고 있다. 단, 1939년도 논문 「중립성과 중립화」 속에서 한번(아마도 처음으로), 볼셰비즘을 의식하는 가운데 "국제적인 세계내전(der internationale Weltbürgerkrieg)"이라는 표현이 나타난다(1939a:286).

51) Georges Scelle, *Précis de droit des gens*, Ⅱ partie, Paris 1934, S.34.

52) Ebd., S.31.

> 국가에서 자신의 질서를 찾아내는 전쟁 개념은, 오늘날 국가 간 전쟁이 국제내전으로의 변모를 강제당하고 있는 것처럼 간접권력에 기초한 보편주의적 구성체에 의해 위협받고 있다. (1939a:286)

보편주의적 국제법은 개인이 국가에 대한 합법적인 저항의 가능성을 갖도록 인정한다. 그리하여 그것은 근대국가가 합법적 폭력의 독점을 통해 극복한 내전상태를 이번에는 세계적 규모에서 부활시킨다. 근대국가는 이제 법과 정의에 관한 보편주의적 관념에 의해 위기에 노출되고 있는 것이다.

3. 연방에서 라이히-광역으로

무차별 전쟁이라는 개념에서 차별화된 전쟁 개념으로의 전환을 가져온 제네바 국제연맹의 국제법체제를 슈미트는 새로운 국제법질서로 인정하려고 하지 않는다. "나는 이렇게 요구되고 있는 [차별화된 전쟁 개념으로의] 터무니없는 전환이 이미 현실적으로 행해졌다고는 생각하지 않으며, 그런 전환을 단지 프로그램이나 요청으로 볼 때에도 그것이 충분하고 명확하며 그 자체로 모순이 없는 것이라고 생각하지도 않는다."(1938 WK:39) 국제연맹 체제는 낡은 주권국가 중심적 국제법질서를 파괴했지만 그것 자체로서는 그 어떤 질서의 이름에도 값할 수 있는 것이 아니다. 제네바 국제연맹에 의해 "분명 종래의 국제법 전체는 허공에 매달리게 됐지만, 그렇다고 새로운 질서가 만들어졌던 것은 아니"(1938WK:47)라는 것이다. 이렇게 주장하는 슈미트는 주권국가들 간에 서로의 정·부정을 묻지 않는 무차별 전쟁의 수행이라는 종래의 국제법질서로 회귀할 것을 바라고 있었던 것일까.

분명 『차별화된 전쟁 개념으로의 전환』에는 과거의 무차별 전쟁이나 국가의 중립권에 대한 노스텔지어가 농후하게 반영되어 있는 것처럼 보인다. 하지만 1920년대 이래로 슈미트는 결코 단순한 주권국가 중심주의적 입장을 취하지 않으며 다름 아닌 진정한 연방질서의 구축을 지향하고 있었다는 것을 잊어서는 안 된다. 1930년대 중반에도 여전히 "동질성, 이 동질성으로부터 의미를 수취하는 보장, 그리고 단지 합법주의적-형식주의적이지 않은 실체적 법 개념에 기초한 진정한 연방"(1935a:451), 즉 "유럽 여러 민족들의 진정한 연방"(1936f:472)을 희구하고 있던 슈미트의 문제의식은 『차별화된 전쟁 개념으로의 전환』에서도 소실되지 않는다. 거기서도 문제가 되고 있는 것은 제네바 국제연맹이 한쪽으로는 연방질서의 구성을 취하면서도 다른 한쪽으로는 차별화된 전쟁 개념을 보편주의적으로 적용하고자 함으로써 전혀 진정한 연방일 수 없게 되고 있다는 점이었다.

제네바 국제연맹은 연방주의적인 제도인 동시에 보편적인 공동체를 지향하고 있다. 하지만 슈미트는 "오늘날의 국제법 상황에서는 보편주의와 연방주의가 양립불가능"(1938WK:21)하다고 주장한다. 이러한 모순은 국제연맹이 차별화된 전쟁 개념을 비가맹국으로까지 확장하고자 한다는 점에서 드러난다. 만약 진정한 연방이라면 그 내부에서 구성국이 자유로이 전쟁권에 호소하는 일이 금지될 것임은 당연하다. 진정한 연방의 내부에서는 더 이상 전쟁이 허용되지 않으며 오직 연방에 의한 집행행위만 존재한다. 그러나 국제연맹은 차별화된 전쟁 개념을 그 내부에서만 타당한 것으로 파악하는 것이 아니라 보편적인 요구로서 내세우고자 한다.

> 연방의 개념에는 연방 내부에서 행사되는 전쟁권의 단념이 포함된다. 혹여 전쟁권이 연방의 틀을 넘어 제3국에 작용을 가하기까지 추구되는 것이라면, 그때의 요구는 더 이상 종래의 의미에서 국제법적인 것이 아니라 세계의 신질서를 향한 보편주의적 지배요구에 다름 아닌 것이다. (1938WK:49)

연방의 외부에서는 여전히 낡은 무차별 전쟁이 존재하고 있고 연방의 비구성국(슈미트가 염두에 두고 있는 것은 이미 국제연맹을 탈퇴한 독일이다)에 대한 정전의 수행은 불가능한 것일 터이다. 그러함에도 당대의 국제연맹이 그 정전 이념의 보편적인 관철을 꾀한다면 그것은 더 이상 연방질서로 간주될 수 없는 것이다. 전쟁의 범죄화를 세계적으로 밀고 나가려는 연방은 외부의 비구성국이 행하는 무차별 전쟁에 대해서도 도덕적인 차별화를 행함으로써 연방과 연방 외부 국가들 간의 적대관계를 첨예하게 만들고 만다. 그때 그것은 더 이상 '연방'이 아니라 단순히 '동맹'으로 추락하고 마는 것이다. 연방주의와 보편주의 사이에서 동요하는 당대의 국제연맹은 "제도화된 연방인가, 전 세계적인 세계질서·인간성질서인가"(1938WK:50)라는 딜레마로 시달리고 있다. 슈미트가 보기에 국제연맹에 가담한 국제법학자들은 그러한 딜레마에 전혀 무관심하다.

그러하되 『차별화된 전쟁 개념으로의 전환』에서 슈미트는 진정한 연방질서의 구축을 지향하던 과거의 입장을 미묘하게 변화시키고 있는 것처럼 보인다. 적어도 그는 무차별 전쟁관에 기초한 주권국가 중심적 국제법질서를 되찾을 수 있다고는 결코 믿지 않고 있다.

> 우리는 18/19세기의 전쟁 개념이 불변하는 것으로 계속될 수는 없다는 것, 새로운 국제법의 질서와 공동체가 필요하고도 불가피하며 특히 유럽 여러 민족들의 진정한 공동체야말로 진정한 실효적 국제법의 전제라는 것을 알고 있다. (1938WK:52)

여기서 말해지고 있는 '유럽 여러 민족들의 진정한 공동체'란 1930년대 중반에도 여전히 그 실현이 기대되고 있던 '진정한 연방'인 것일까. 실제로 무차별 전쟁 개념의 소실이 불가피하다고 간주한 슈미트는 근대 주권국가 그 자체의 한계를 확정하고 있다. 그는 이미 16세기 이래의 근대국가가 종언을 향하고 있다는 인식 쪽으로 기울고 있는 것이다.

그것과 더불어 국가라는 정치단위를 전제로 삼았던 연방질서의 이념도 후퇴해가게 된다.

이제 지향해야 할 국제법질서란 18/19세기의 주권국가 중심적인 질서도, 1차 대전 이후에 현실화되고 있던 보편주의적 질서도 아니다. 그것은 나아가 1920년대 이래 슈미트가 줄곧 찾아 구하던 '진정한 연방'과도 다른, 전혀 새로운 국제법질서여야만 하는 것이다. 이는 대체 어떤 질서인가. 『차별화된 전쟁 개념으로의 전환』에서는 아직 아무것도 구체화되지 않고 있던 그 물음에 대한 답을 슈미트는 1939년이 되어서야 겨우 발견하게 될 것이다. 즉 그 답은 그것이야말로 유럽적인 국제법질서로서 실현되리라고 봤던 '라이히-광역'의 이념이었다.

제3장 광역질서 구상 (1939년~1945년)

1차 대전 이후의 베르사유=제네바 국제법체제에 대한 슈미트의 비판은 1929년의 대공황 이후 독일이 놓인 국제상황이 한층 더 냉엄해짐과 더불어 첨예해지며, 국제연맹이 '진정한 연방'이 되리라는 기대 또한 점차 소실되어간다. 그리고 나치스 정권 성립 이후인 1934년 7월 18일의 강연『국민사회주의와 국제법』에서 슈미트는 여러 다른 나치스 계열 법학자들과 마찬가지로 전후 국제법질서의 근본적인 변혁이 필요하다고 여기게 된다.[1)]

그 강연에서 슈미트는 독일이 국제법 공동체 속에서 동등한 권한同權을 진정으로 회복해야 함을 주장하고, 그것을 위해 국가의 가장 기본적인 권리인 "자기 자신의 생존에 대한 권리" 즉 "자결권, 자기방위권, 자기방

1) 1930년대 나치스 법학자들의 국제법사상에 관해서는 이미 동시대부터 연구가 행해지고 있었다. 주된 것으로서는 Lawrence Preuss, »National socialist conceptions of international law«, in: *The American Political Science Review*, 29 (1935), S.594-609; ders., »La conception raciale nationale-socialiste du droit international«, in: *Revue générale de droit international public*, 42 (1935), S.668-677; J. H. Herz(E. Bristler), *Die Völkerrechttslehre des National-sozialismus*, a.a.O; Jacques Fournier, *La conception nationale-sozipliste de droit des gens*, Paris 1939 등이 있다. 좀 더 최근의 것으로서는 Dan Diner, »Rassistisches Völkerrecht. Elemente einer nationalsozialistischen Welt-ordung«, in: *Vierteljahrshefte für Zeitgeschichte*, 37 (1989), S.23-56. 참고로 2차 대전 이후에 미국에서 '현실주의'적 국제정치학자로서 알려지게 되는 존 H. 허츠는 앞의 저작에서 '에두아르트 브리스틀러(Eduard Bristelr)'라는 가명을 사용하고 있다. 그 자신의 말년의 회상에 의하면 독일 출신이면서 1938년도 이 저작의 출판 시에는 이미 외국에 망명해 있던 그는 아직 독일 국내에 남아 있던 가족의 안전을 위해 그렇게 했다고 한다(vgl. J. H. Herz, »Looking at Carl Schmitt from the Vantage Point of the 1990s«, a.a.O., S.314).

위의 수단에 대한 권리"에 호소한다(1934NV:8). 여기서 그가 1차 대전 이후의 보편주의적 국제법에 대항하기 위한 의지처로 삼고 있는 것은 고전적 국제법 아래에서 인정되고 있던 국가주권의 절대성인 것처럼 보인다. 그런 종류의 '국가주의적인' 입장에서 베르사유=제네바 체제를 비판하는 것은 나치스에 접속한 독일의 국법학자들에게 적지 않게 보이는 것인데, 예컨대 카를 빌핑거는 독립주권국가의 "평등(Gleichheit)"과 "동권(Gleichberechtigung)"이야말로 국제법질서의 전제라고 간주하고[2], 1차 대전 이후의 국제법체제는 "독일에 대한 차별화의 유지를 목적으로 하는" 것으로서, "유럽 체제의 전통을 이탈해버렸다"[3]고 힐난한다. 이러한 주권국가 중심적인 입장이 다다르는 곳은 프리드리히(프리츠) 벨버에게서 보이는 것처럼 "국제법의 정치적 성격"[4]을 강조하고 그 법적 의의를 최소화함으로써 국제법에 "단순하고 가벼운 역할"[5]만을 인정하려는 태도이다. 그들에 따르자면 주권국가 상호 간의 무차별성에 기초한 평등과 동권이야말로 국제사회의 기초를 이루는 '자연법적'인 '정의正義'인 것이다.

하지만 슈미트가 그런 단순한 주권국가 중심적인 입장에 머물고 있었다고 볼 수는 없다. 오히려 그는 여러 국가들의 '평등'이나 '동권'보다도 '동질성'에 기초한 국제법질서를 지향하고 있었기 때문이다.[6] 실제로 나치스의 국제법사상에 독자적인 것이 있다고 한다면, 그것은 국제사회가 '동질성'을 전제로 하여 형성되는 것임을 강조한다는 점에 있고,

---

2) Carl Bilfinger, »Zum Problem der Staatengleichheit im Völkerrecht«, in: *Zeitschrift fur ausländisches öffentliches Recht und Völkerrecht*, 4 (1934), S.483ff.; ders., »Gleichheit und Gleichberechtigung der Staaten«, in: Hans Frank (Hg.), *Nationalsozialistisches Handbuch für Recht und Gesetzgebung*, München 1935, S.117.

3) C. Bilfinger, »Gleichheit und Gleichberechtigung der Staaten«, a.a.O., S.128.

4) Fritz Berber, Sicherheit und Gerechtigkeit, Berlin 1934, S.20ff.

5) Ebd., S.163f.

6) Vgl. J. H. Herz(E. Bristler), *Die Völkerrechtslehre des Nationalsozialismus*, a.a.O., S.202.

여러 국가들의 평등과 동권의 실존을 주장하는 쪽은 극히 전통적인 법학 교설을 따른 것에 지나지 않는다.7) 나치스 법학이 상정하는 동질성 원리는 다름 아닌 인종-민족적 색체를 강하게 띠고 있다. 이미 1933년 나치스의 정권 탈취 이전부터 인종주의적인 법학을 창도하고 있던 헬무트 니콜라이는 여러 국민들이 지닌 법 감정의 일치란 "인종적 동질성"에 의해서 이뤄질 수 있다고 간주하고, "긴밀한 여러 국가들의 공동체와 민족들의 공동체는 게르만 민족들에게서만 가능한 것"이라고 주장하고 있다.8) 또 노르베르트 귤케(법학자 오토 켈로이터의 대학 조수이자 사위)도 교수자격논문 『민족과 국제법』(1935)에서 민족에다가 국제법의 기초개념으로서의 지위를 부여하고자 했다. "국제법이 국가 간의 협동을 기초하는 것이 아니라 여러 민족들의 정신적이고 인종적인 일치 및 그것들의 이해 조정이 그러한 협동의 전제를 이룬다. 이러한 공동성이 국제법을 산출하는 것이다."9) 따라서 이들 나치스의 법이론가들에게 국제법 공동체는 인종적으로 친화적인 여러 민족들 사이에서만 성립될 수 있는 것이다.

그러하되 슈미트는 그러한 인종-민족주의적 법학자들과도 일선을 긋고 있다. 그가 국제법 공동체의 전제로서 동질성의 원리를 들었을 때, 거기서는 인종-민족주의적인 함의를 거의 찾을 수 없다.10) 실제로

---

7) Vgl. L. Preuss, »La conception raciale nationale-socialiste du droit international«, a.a.O., S.669.

8) Helmut Nicolai, *Die rassengesetzliche Rechtslehre*, Müchen 1932, S.44f.

9) Norbert Gürke, *Volk und Völkerrecht*, Tübingen 1935, S.31.

10) 예컨대 1933년도 논문 「국가·운동·민족」 등에서 나치스적 "지도자 국가"의 기초로 거론되는 "종(種)의 동질성(Artgleicheit)"(1933SBV:32, 42[54, 70-71])은 그것 이전에 슈미트가 사용하고 있던 "동질성(Homogenität)"이나 "동종성(Gleichartigkeit)"보다 민족주의적 함의가 더 포함되어 있다고 볼 수도 있겠지만, 그가 국제법질서를 논하는 문맥에서 '종의 동질성'이라는 단어를 사용한 적은 없다. G. A. 왈츠는 슈미트도 종종 인용하는 1938년도 저작에서 형식적·합리적 법 기준에 의해 똑같이 평균화된 '동종성'과 개개 민족들의 구체적 생에 뿌리박고 있는 '종의 동질성'을 준별하고, "단순하고 무미건조한 동종성에 대한 요구에 의해 지배되는 일반화된 국제법사상"을 대신하여 "종의 동질성과 종족적 차이에 기초해 설립된 새로운 국제법"을 확립할 것을 주장하지만(Gustav Adolf Walz, *Artgleichheit gegen Gleichartigkeit*,

1936년 12월 슈미트가 나치스의 공직에서 사실상 추방됐던 것은 그의 이론구성에서의 인종 이데올로기의 희박함이 공격받게 된 것이 한 가지 원인이었다. 이런 슈미트 비판의 선편을 쥐었던 것은 켈로이터이다.[11] 그는 적·동지 결속이라는 "순수하게 형식적인 카테고리"만을 정치적인 것의 기준으로 삼고 있는 슈미트의 『정치적인 것의 개념』의 이론구성이 "정치적인 것의 본질에 관한 나치스적 이해에 대립한다"고 공격한다.[12] "나치스의 이해 속에서 민족적 공동체란 정치적인 것의 핵심"[13]임에도 슈미트는 "정치적인 것의 본질을 공동체에 두지 않"고 적·동지의 투쟁 속에서만 발견하기 때문에 "진정한 정치적 실체를 결여하고 만다"[14]는 것이다. 이는 마찬가지로 "민족적 법 사고"에 기초하지 않은 채로 유형화된 슈미트의 '구체적 질서 사상'에 관해서도 정확히 들어맞는다고 여겨졌다.[15] 이런 종류의 민족주의적 입장에서 슈미트를 비판하는 것은 이후에도 반복되는데, 최종적으로 슈미트는 SS(무장친위대) 계열의 잡지 『이색병단異色兵團(Das schwarze Korps)』을 거점으로 하는 인종주의적 이론가, 특히 과거에는 슈미트의 제자였던 라인하르트 휀의 공격에 의해 1936년 말에 실각하기에 이른다.[16]

슈미트에겐 동질성이야말로 국제법 공동체의 기초를 이루는 것이지만, 민주주의적 정통성이라는 형식적 원리의 차원에서 동질적인 여러 국가들 간의 '진정한 연방'이라는 구상은 1930년대의 구체적 질서 사상

Hamburg 1938, S.46), 슈미트는 이러한 용어상의 구별을 행하고 있지 않으며 국제법에서 인종-민족적 요소를 왈츠만큼 강조하고 있지도 않다.

11) J. W. Bendersky, *Carl Schmitt, Theorist for the Reich*, a.a.O., S.222f.[270-271]

12) Otto Koellreutter, *Volk und Staat in der Weltanschauung des Nationalsozialismus*, Berlin 1935, S.7f.

13) Ebd., S.10.

14) Otto Koellreuter, *Deusches Verfassungsrecht*, 3.Aufl., Berlin 1938, S.4.[4-5]

15) Ebd., S.26.[36]

16) 슈미트의 초기 저작 『북극성』(1916)에서의 인종주의를 야유하는 발언이나 (1916N:15) 그의 정치적 가톨리시즘을 이유로 1936년 12월에 『이색 병단』 지면에서 시작된 슈미트 공격을 직접적인 계기로 한 이 실각극(劇)에 관해서는, J. W. Bendersky, *Carl Schmitt, Theorist for the Reich*, a.a.O., S.237f.[286-291] 참조.

의 시기가 되면 포기되어간다. 그렇다고 해서 그 무렵의 그가 단순히 인종-민족주의적 동질성 쪽으로 향했던 것도 아니다. 이미 동시대에 지적되고 있었는 것처럼 바로 그 지점에 슈미트가 구체적 질서에 뿌리박은 새로운 국제질서를 지향하면서도 그 전망을 극히 불투명하게 보았던 한 가지 원인이 있다.[17] 형식적·규범주의적이지 않고 실체적인 법사상으로 각성한 독일과 더불어 초래될, "특정한 성질을 갖고 구체적 개성 속에서 인정된 여러 국가들과 여러 민족들의 구체적 질서"(1934NV:5)로서의 국제법 공동체란 대체 어떤 것인가. "유럽 국제법사상의 법실체"(1934NV:28)는 대체 어디에 존재하는 것인가. 이 새로운 국제법질서가 처음으로 어느 정도 구체성을 띠고 제기됐던 것이 1939년 4월 1일 킬 대학에서 행한 강연『역외 열강의 간섭금지를 수반하는 국제법적 광역질서』였다. 거기서는 주권국가라는 종래의 국제법 주체를 대신하여 "라이히(Reich)"에 의해 지도된 "광역(Großraum)"이 국제법의 새로운 기초를 이루는 것으로 되어 있다.[18]

17) "동질성이라는 개념에 관한 슈미트의 설명을 특징짓고 있는 것은 그것이 전적으로 불명확하다는 점이다. 그는 자기 이론의 기초에 인종학설을 놓는 것도, 인종적 또는 민족적 '공동성'을 동질성 개념의 기준으로 삼는 것도 주저한다. 따라서 무엇이 여러 민족들과 국가들의 구조 속에서 '동종성'의 결정적 지표인지는 애매한 채로 있는 것이다."(J. H. Herz(E. Bristler), *Die Völkerrechttslehre des Nationalsozialismus*, a.a.O., S.118) "여기서는 모든 것이 애매모호한 것으로 머문다. 왜냐하면 슈미트는 한편에서 인종이나 민족성을 결정적인 것으로 간주하고자 하지만, 다른 한편에서는 다른 지표를 결정적인 기준으로 삼으려고도 했기 때문이다."(ebd., S.120)

18) 주권국가의 종언이라는 인식으로부터 광역질서 구상을 거쳐 2차 대전 이후에 이르기까지 슈미트의 국제질서사상을 검토하고 있는 것으로는 Jean-Françis Kervégan, »Carl Schmitt and 'World Unity'«, in: Chantal Mouffe (Hg.), *The Challenge of Carl Schmitt*, London 1999, S.54-74.[77-107]이 있고, 일본어 문헌으로는 타케시마 히로유키,『카를 슈미트의 정치』, 170-204쪽 및 코가 케이타,「슈미트의 국가 개념: 주권국가로부터 그로스 라움으로」,『슈미트 르네상스』, 후우코샤, 2007, 60-120쪽.

I. 근대 주권국가체제의 종언

1. 내정과 외정의 구조적 연관: 서구 자유민주주의의 국제법적 헤게모니

슈미트의 광역이론은 주권국가를 기초로 삼는 고전적인 국가 **간의** 법과는 다른 형태로 국제법을 이론적으로 정초하고자 했었다. 국제법을 국가 간의 법으로 간주하는 사고가 유효했던 것은 국가가 완결된 규범영역이라는 것이 자명하게 보였던 한에서이다. 거기에서 상호 독립한 규범영역인 국내법/국제법의 이원론이 생겨나게 된다. 이 경우,

> 국제법과 국내법의 관계에 관한 질문은 두 규범영역, 두 규범원천, 두 규범의 수신인의 관계에 관한 질문으로서 따로 이해되며, 그 둘 간의 계쟁이 일어난 경우에도 효력에 관해 통상적으로는 전혀 관계없는 독립된 두 규범 간의 양자택일에 관한 질문으로서 드러난다. (1940a:644)

이러한 이원론을 대표하는 법학자 하인리히 트리펠의 저작에 대한 비판적 서평에서 슈미트가 주장한바, 그 이원론에서는 한쪽 법영역에서 다른 한쪽 법영역으로의 이행이라는 문제가 해결되기 어렵게 된다. "국제법과 국내법의 양자택일은 국가 개념에 대응했던 것이지만, 그것은 제3의 것을 알지 못한다. **매개가 없는** 것이다."(1939d:228) 슈미트는 한편으로는 닫힌 국내법 체계를, 다른 한편으로는 국가끼리의 관계를 전제로 삼고 있는 그런 이원론의 극복을 지향했던 것이다.

이 이원론은 슈미트가 보기에 국내법 체계 그 자체의 내부에 있는 또 하나의 이원론에 대응하고 있다. 즉 자유주의적인 입헌국가에서의 입법과 행정 간의 분리가 그것이다.

> 입헌제도의 시대라는 보편적인 헌법상황 속에서 이원론이 원래 법학적으

로 명확해지는 것은 입법부와 행정부의 분리에 의해서인바, 그 분리는 입헌제도의 핵심으로서 법률 개념을 독특한 방식으로 규정하고 있는 것이다. 그리고 그럴 때, 국내와 국외 간의 분열은 입법부(의회)에 의해 영위되는 내정이 집행부(정부)에 의해 수행되는 외정과 어긋나게 되는 실천적으로 고려되어야 할 하나의 가능성으로 이어지게 되는 것이다. (1940e:252)

따라서 국내법/국제법 및 입법/행정이라는 두 이원론의 극복은 서로 밀접하게 연관되고 있는 것이다.

슈미트는 이미 1920년대부터 입법과 행정 간의 분리에 기초한 자유주의적 법치국가를 '다원주의' 또는 '중립국가'로 간주하고 비판적인 시선을 보내고 있었다. 1930년대 후반 이래로 새로운 것은 그러한 국내적 입헌체제의 문제가 서구 민주주의 열강의 제국주의적 간섭에 대한 인식과 결부된다는 점이다. 이제 슈미트는 "국내적 민주주의의 위기와 국가 간 국제법의 위기가 관찰될 수 있을 내적 연관"[19]을 발견한 것이다. 즉 그가 보기에 자유민주주의의 이념은 사실상 서구 열강이 '간접권력'으로서 익명의 지배를 행사하기 위한 이데올로기적 도구가 되고 있다(1939d:231). 서구 열강이 국제법적으로 '정상(normal)'이라고 간주하고, 그런 한에서 독립된 주권국가로서 승인하는 것은 국내중립을 달성한 자유주의적 국가뿐이기 때문이다. "자유주의적 입헌주의를 통해 19세기에 발달한 견해에 따르면 국내적으로 중립인 국가만이 국제법적으로 정상이며, 또 서로 동질적인 것이다."(1939a:288) 고전적인 국제법 공동체는 자유주의적 입헌주의에 기초한 국내체제를 가진 동질적인 국가군으로 구성되어야만 하며, 그러한 국가만이 외국의 간섭을 받지 않는 국가로서 승인된다. 결국에 서구 열강은 자신들이 이해하는 자유민주주의의 이념을 따르는 국가만을 독립주권국가로서 승인하는 셈인 것이다.

19) E. R. Huber, »'Positionen und Begriffe': Eine Auseinandersetzung mit Carl Schmitt«, a.a.O., S.2.

슈미트가 민주주의적 정통성에 기초한 '동질적' 국가들끼리의 '연방'이라는 1920년대의 구상을 포기했던 것은 그러한 국내체제상의 동질성에 대한 요청이 제국주의적 헤게모니 실천에 이용되고 있다는 인식에 이르렀기 때문이다.

서구적 민주주의의 이념이 국제법 공동체의 조건이라고 여겼던 것에 대한 이런 불신은 나치스의 이론가들에게 공유되고 있던 것이었다. 예컨대 귤케에 따르면 프랑스혁명 이래로 윌슨의 국제연맹 구상에 이르기까지 국제질서의 전제는 민주주의적 국내질서라고 간주되어왔다. "이제까지의 국제법의 발전, 특히 국제연맹의 창설은 여러 국가들의 민주화가 국가 간 법질서의 전제라고 하는 이 이념에 영향 받고 있다."[20] 세계의 질서는 여러 국가들이 민주주의로 국내체제를 변화시킴으로써 설립되는 것이고, 이는 말하자면 민주화에 의한 '세계혁명'의 발상에 다름 아닌 것이다. "민주주의는 세계의 구제 및 해방이라는 사명을 확신하고 있고, 그런 까닭에 세계혁명의 담당자가 된다."[21] 그리고 "1789년의 이념"이든 "1919년 베르사유의 강제"든 그러한 "민주주의적 혁명"이란 서구 열강의 헤게모니의 표현 이외에 다른 게 아니며 "독일로부터 자결권을 빼앗는 이념"으로 기능하고 있는 것이다.[22]

이렇게 서구 열강이 자립적인 국가로 승인하는 것은 사실상 자유주의적인 입헌국가뿐이며, 다른 한쪽에서 그런 입헌국가가 아니라고 간주된 "비정상적인" 국가는 내정간섭의 대상이 된다. 슈미트가 보기에 바로 그런 사정을 가리키고 있는 것이 베르사유=제네바 체제에 의한 동유럽의 소수민족 보호정책이었다.

> 서구 민주주의 국가들이 명확히 그런 것처럼 완전한 입헌국가는 그 어떤 국제법상의 컨트롤도 필요로 하지 않으며, 오히려 그런 종류의 컨트롤

---

20) N. Gürke, *Volk und Völkerrecht*, a.a.O., S.88f.

21) Ebd., 89.

22) Norbert Gürke, *Grundzüge des Völkerrechts*, Berlin 1936, S.7f.

> 일체를 국제법을 위반하는 간섭으로서 퇴거시키지 않으면 안 된다. 다른 한편, 자유주의적 입헌국가라는 관점에서 볼 때 후진적이고 미발달한 동방의 여러 국가들이나 민족들은 지도적인 서구 열강에 의한 컨트롤과 비호를 감수해야만 한다. 베르사유 체제의 이른바 소수민족 보호란 실제로는 그러한 기초에 터하고 있는 것이다. (1939a:289)

베르사유=제네바 체제 아래에서는 서구 열강 여러 나라들 내부의 '소수민족' 문제라는 것이 존재하지 않는 것으로 여겨진다. 왜냐하면 개인주의에 기초한 공민적 평등을 전제로 한 자유주의적 입헌국가에서는 '소수민족'으로서 특별히 보호되어야 할 개인이란 있을 수 없기 때문이다.

> 서구 민주주의 열강은 진정으로 자유로운 법치국가·입헌국가로 여겨지고 있기 때문에 그들을 상대로 해서는 국제법적 소수민족 보호란 결코 논의될 수 없는 것이다. 그들 열강에게서는 애초에 보호를 필요로 하는 소수민족 따위란 개념상 존재할 수 없는 것이기 때문이다. (1942GO:44 [113-114])

따라서 '소수민족' 문제는 비자유주의 국가에 고유한 문제로 간주되며, 이것이 1차 대전 이후 동구의 여러 신흥국가들에 대한 서구 열강의 간섭을 허용하고 있다고 슈미트는 생각하는 것이다.

국제법 공동체의 자립적 구성국이기 위해서는 애초에 서구 열강으로부터 그 국내체제가 "정상"이라는 승인을 받지 않으면 안 된다. 이러한 "서구 민주주의 국가들의 국내적 자유주의와 국제법상 헤게모니의 구조적 결합"(1942GO:44[114])으로 인해 종래의 고전적 국제법이 전제로 삼는 주권국가로는 더 이상 제국주의적 간섭을 막을 수 없다. 이리하여 자유주의적 법치국가에 대한 슈미트의 비판은 동시에 주권국가 중심의 국제법체제의 한계에 대한 인식으로 도달하게 된다. 그리고 그는 1939년부터 새로운 국제법질서의 구상으로서 전개되는 광역질서론의 방향과 함께, 1930년대에 들어와서도 여전히 오래 고집하던 국가 개념 그 자체를 상대화하는 방향으로 향해 가는 것이다. "국제법상의 중심 개념으로서의 이 전통적 국가 개념은 이제 더 이상 진리와 현실에 적합하지 않다."(1942 GO:55[122])

2. 국가인가 보편주의인가라는 딜레마로부터의 탈출

1930년대 전반의 구체적 질서 사상으로의 전환과 함께 슈미트는 국제질서를 보편적인 형식적 원리로 환원이 가능한 체계로 취급하는 자유주의적 국가 개념에 대한 비판을 전개했었다. 특히 그것은 국가를 보편화 가능한 일반체계로 취급하는 "일반국가학(Allgemeine Staats-lehre)"에 대한 비판으로 드러나게 된다. "'일반'국가학이라는 카테고리는 ……19세기의 자유주의에 전형적인 문제설정이다. 그것은 구체적인 국가나 구체적인 민족을 '일반성'(일반교양, 일반법학, 드디어는 일반인식론)으로 해소하고, 그럼으로써 그것들의 정치적 본질을 파괴하려는 규범주의적 노력에서 발단하고 있다."(1938SB:14[24]) 슈미트가 보기에 자유주의의 세기를 특징짓는 그러한 향한 욕구에 맞서 독일의 학문이 과제로 삼고 있는 것은 오히려 "여러 보편 개념에 대한 투쟁"이다(1936a:464). 국민사회주의혁명을 거친 독일국가는 구체적 질서에 뿌리박은 것으로서, 보편화 가능한 국가 개념으로 포섭되어서는 안 되는 것이었다. 슈미트가 보기에 게오르크 옐리네크에 의해 "결정적 한 걸음"을 찍은 '일반국가학'이 "세계적 성과를 거두게 된 비밀"은 "이 일반국가학이 실질적으로는 세계적 추세가 된 자유민주주의적 헌법을 일반화했던 것에 다름 아니"라는 점에 있다(1940d:177[115-116]) 일반국가학의 발생은 주권국가가 자신이 유래하는 구체적 장소인 유럽으로부터 분절되어 전 세계에서 타당한 질서로 변용되어가는 현실의 역사적 경위에 대응하고 있는 것이다. 그런 까닭에 일반국가학에 대한 슈미트의 비판은 보편적 질서로 변질되고 만 현실의 주권국가 그 자체에 대한 비판과 연관되어 있다.

슈미트에 의하면 국가는 원래 구체적인 공간질서로서의 의미를 갖고 있었다. 「하나의 역사적 시대와 결부된 구체적 질서로서의 국가」라는 제목의 1941년도 논문에서는 16세기 보댕에 의해 발견된 새로운 질서 개념으로서의 국가주권은 애초에 종교내전을 극복한다는 당시 유럽의 구체적 상황과 분리될 수 없는 것이었고, 그런 한에서 국가주권이란 본래 유럽이라는 구체적 장소에 고유한 질서였다는 것이 명확히 주장되고 있다. 그가 보기에 국가 개념이 구체적 질서로부터 보편 개념으로 변용됐던 것은 19세기이다.

> 국가의 개념은 19세기에 모든 시대 및 모든 민족으로 전용되는 보편 개념이 되며, 세계사 일반의 정치적 질서에 대한 표상이 될 수 있었다. ……완전히 시대에 구속되고 역사적으로 제약된 구체적이고 특수한 정치 단위의 조직형태가 이렇게 그 역사적 장소를 잃고 그것에 특유한 내용을 잃는다. (1941a:376[124-125]; 1941b:402)

19세기의 '일반'국가학은 국가 개념의 보편화를 알리는 하나의 징후였던 것이다.

하지만 슈미트가 보기에 20세기인 당대의 보편 개념으로서의 국가는 국가의 시대와 함께 종언을 맞이하고 있다. "이렇게 국가 개념은 모든 시대 및 모든 민족의 정치적 조직형태에 보편적으로 들어맞는 정상 개념으로 높아졌지만, 이 또한 국가성의 시대 그 자체의 종언과 함께 이내 끝나게 될 것이다."(1941a:376[125]; 1941b:402)[23] 보편 개념이 된

23) 이 논문이 1958년도 논문집에 수록되어 출판됐던 때에 덧붙여진 후기에서도 슈미트는 여전히 "'국가'는 전체 시대와 전체 민족에 들어맞는 보편 개념이 아니라 특정 시대와 결부된 역사적·구체적 개념이다"(1941a:383)라고 재확인하고 있으며, 특히 그 무렵 "국가는 보편타당한 개념이어야 한다"(1941a:384)고 말하던 요하네스 포피츠를 반박한다. 이에 관해서는 Lutz Arwed Bentin, *Johannes Popitz und Carl Schmitt*, München 1972, S.134ff.

국가를 대신하는 새로운 구체적 질서 개념으로서 슈미트가 제기했던 것이 바로 광역의 개념이었다. "나는 '국가'라는 보편 개념 속에 있는 추상적 영역표상을 넘어 **구체적 광역**이라는 개념 및 그것에 입각한 국제법적 **광역원리**라는 개념을 국제법학에 도입할 필요가 있다고 생각한다."(1942VGO:11[87])

베르사유=제네바 체제 아래서의 보편주의적 국제법은 역사적·구체적 상황을 무시하는 보편타당한 형식주의적 규범에 호소하면서 전 세계에 간섭한다. 그것은 말하자면 구체적인 공간상의 한계를 갖지 않는다. 이 보편주의에 있어 "공간(Raum)"이란 규범의 타당영역이라는 공허한 진공 외에 다른 게 아니다. 이와는 달리 슈미트에게 자신의 "광역(Großraum)"질서는 "공간혁명"이라고도 불러야 할 의의를 가졌다. 그것은 한쪽으로 공간 없는 보편주의를, 다른 한쪽으로 종래의 국가라는 작은 공간을 극복한다. "광역이란 현재의 포괄적인 발전경향에서 생겨나는 기획·조직·활동의 영역으로서, 고립된 소지역적 성격[국가]이라는 과거의 법 형태와 함께 그런 소지역성과 양극을 이루는 형태로 결부된 보편주의 체제의 요구까지지도 극복할 수 있는 것이다."(1940e:237)

슈미트는 이미 1930년대 중반부터 "국가성인가 비국가성인가라는 결단주의적 양자택일을 극복하는 하나의 진정한 공동법(Gemeinrecht)"(1939a:270)을 구상하고 있었다. 그리고 그는 그 '공동법'을 유럽이라는 구체적 장소에 입각한 실체적인 법질서로 간주했다.

> 구체적 질서로서 하나의 '유럽국민 가족'이라는 생각을 현실적인 것으로 삼는다면, 그저 국가에 관여하는 것으로서만 정해지는 게 아닌 공동적인 법 개념 및 제도의 살아있는 실체 또한, 달리 말하자면 하나의 공동법 또한 승인되지 않으면 안 된다. (1939a:269)

단, 슈미트는 그러한 '공동법'이 어떤 것인지에 관해서는 당분간 구체화할 수 없었다. 보편주의적 국제법도 아니며 고전적 국제법도 아닌 그 구체적 질서에 뿌리박은 국제법이 어떤 것인지에 답으로 제출됐던 것이 유럽적 질서로서의 '광역'이며, 광역을 지도하는 새로운 국제법 주체로서의 '라이히'였던 것이다.

> 내가 1937년 가을 제4회 독일 법 아카데미의 법연구 분과에서 「차별화된 전쟁 개념으로의 전환」이라는 보고를 행했을 때의 정치적 전체 상황은 현재와는 근본적으로 다른 것이었다. 당시에 지금 여기서 행하고 있는 것처럼 라이히 개념을 새로운 국제법의 중심점으로 제기하는 것은 불가능했었다. ……그 보고와 연관하여 다음과 같은 의문이 제출되었다. 즉 내가 단지 낡은 것에 머무는 것도 서구 민주주의 국가들의 개념에 따르는 것도 바라는 게 아니라면, 옛 국가 간 질서를 대신하여 대체 어떤 새로운 것을 정립하고자 하는가라는 의문이 그것이다. 나는 현재 그 물음에 답할 수 있다. 새로운 국제법의 새로운 질서 개념이란 민족이 담당하게 될 민족적 광역질서로부터 유래하는 우리들의 라이히 개념이다, 라고 말이다. (1942VGO:62f.[130-131])

슈미트는 '광역' 및 '라이히'의 이념을 통해 자신이 제국주의적 보편지배로 간주한 것을 단지 비판할 뿐만 아니라 적극적인 대안을 제기하기에 이른 것이다.

Ⅱ. 독일 라이히와 광역질서

1. 투쟁 개념으로서의 '라이히'

슈미트가 광역질서의 핵심 개념으로 선택한 것이 '라이히'다. 이것이야말로 종래의 국가를 대신한 새로운 국제법 주체인 것이다. "그런 까닭에 국제법의 가능성과 미래는 여러 민족들의 공존을 현실적으로 담당하고 형성하는 세력이 올바르게 인식됨으로써 그 규명과 개념 형성의 출발점이 될 수 있는가 아닌가에 걸려 있다. 그렇게 담당하고 형성하는 세력이란 오늘날에는 더 이상 18/19세기에서의 국가가 아니라 라이히이다."(1942VGO:51[120])

그러나 애초에 '라이히'란 중세의 '신성로마제국라이히'을 상기시키는 개념이고, 근대가 되어 일약 법이론의 중심으로 떠어오른 국가 개념에 의해 몰아내졌던 것이었다. 이미 슈미트는 「라이히·국가·연방」이라는 제목의 1933년 쾰른대학 교수취임 연설에서 그러한 국가 개념에 의한 라이히의 파괴를 주제화하고 있었다. 독일 제국라이히인 신성로마제국은 근대 이래로 국가 개념에 의해 침식되고 있었다는 것이다.

국가의 개념은 오래된 라이히를 파괴했다. ……독일 제국라이히의 토양에 몇 개의 국가가 발전한다. 그리고 법학적인 개념이 형성됨에 맞춰 국가 개념은 라이히 개념에 대해 법학적·결단주의적으로 압도적인 우위에 서게 되는 것처럼 생각되었고, 그렇게 국가 개념은 라이히 개념을 안쪽으로부터 파쇄하게 되는 것이다. ……독일 국가는 오래된 독일 제국라이히을 파괴했다. 국가 개념은 라이히 개념의 본래적인 적이었다. (1939d:191f.[325])

법이론이 국가라는 지평 위에서만 생각될 수 있게 됨에 따라, 오래된 라이히는 푸펜도르프에 의해서는 "괴물"로 불리게 되고, 헤겔의 『독일제국헌법론』에서는 "더 이상 개념 파악이 불가능"하다는 말까지 듣는 존재가 된다. 우선 슈미트는 헤겔을 라이히로부터 국가중심적인 법철학으로의 길을 완성한 자로 간주한다. "최대의 철학자 헤겔도 개념 파악이 불가능하게 된 라이히를 버리고서는 점점 더 명쾌하게 이해할 수 있게 되고 있던 국가 개념으로 도망가고 있었다."(1939d:192[335-336])

다만, 1930년대 전반기에 행한 이 교수취임 연설에서의 슈미트가 라이히 개념에 호의적이었다고 말하기는 어렵다. 거기서 논해지고 있는 것은 중세적인 낡은 라이히 사상이 19세기 이래로 독일 제2제국라이히 및 그것을 계승하여 스스로를 라이히로 규정한 바이마르 공화국에 끼쳐왔던 악영향이다. 즉 그것들은 연방적인 구성을 취하고 있는 까닭에 "연방국가(Bundesstaat)"인가 "국가연합(Staatenbund)"인가라는 문제에 휘말려들어 국가로서의 성격이 부정될 위험에 끊임없이 노출되어왔다. 여기서 슈미트의 의도는 어디까지나 그런 라이히가 여전히 대내적 주권을 갖는 하나의 국가에 다름 아니라는 것을 주장하는 데에 있었다.[24] 나치스 대두 직전인 1932년 7월 라이히 정부수상 파펜이 사회민주당 정권 하의 프로이센 주정부를 해체한 이른바 '프로이센 복멸'(혹은 파펜 쿠데타)에 즈음하여 슈미트가 빌핑거 등과 함께 프로이센 정부가 제기한 국사 재판에서 라이히 정부의 조치를 옹호하는 변론을 행했던 것은 그러한 의도에서였다. 이런 입장은 1933년 나치스 시기의 저작 『국가·운동·민족』에서도 확인된다.

> 독일의 여러 주들은 분명 '국가권력'의 일부를 이루는 권한을 지니고 있다. 따라서 그 주들은 국가권력을 지니고 있다. 그러나 그것들은 결코 국가가 아니다. 독일 국가는 독일 라이히뿐이다. ……연방과 국가를 개념상 하나로 묶음으로써 라이히를 비국가적인 것으로 규정하는 19세기의 이 불행한 개념 이해는 독일 국내법에서 삭제되지 않으면 안 된다. (1933BV:19[31])

라이히의 국가적 성격을 고집하는 슈미트의 이러한 '국가주의'가 결과적으로 국가 개념을 당이나 민족의 이념에 의해 상대화하려는 나치스 체제에서 그가 실각하게 되는 한 가지 원인이 됐던 것이다.

---

24) 1930년을 앞뒤로 해서는 국가를 대신하여 라이히질서를 모색하는 신학적 논의가 가톨릭 세력 등에 의해 빈번히 행해졌지만(Andreas Koenen, *Der Fall Carl Schmitt*, Darmstadt 1995, S.154ff; 289ff., 568ff.), 이러한 라이히신학의 문맥 안으로 끌려들어간 슈미트 해석에 맞서 이 시기 슈미트의 의도가 어디까지나 국가의 옹호에 있었다고 반박하고 있는 것이 F. Blindow, *Carl Schmitts Reichsordnung*, a.a.O., S.34ff.이다.

그러나 1930년대 말이 되면 국가와 라이히의 관계에 관한 슈미트의 그러한 견해에 변화가 드러난다. 즉 국가라는 것이 새로운 라이히가 생겨나기 위한 모태로 간주되는 것이다. "국가에 의해 파괴된 라이히는 오직 하나의 국가에 의해 다시 획득될 수 있었다."(1939a:292) 이에 대응하여 헤겔적인 국가 또한 자유주의적인 중립국가를 넘어서는 것으로서 새로운 라이히의 선구적 형태로 그 위치가 부여된다. "헤겔의 국가는 진정한 역사적 변증법 속에서 ……라이히의 개척자가 될 수 있었다."(1939a:292) 그리고 최종적으로 "19세기 국가 개념은 ……라이히 개념에 의해 극복된다"(1940a:644)고 말해지게 되는 것이다.

1939년 광역질서론에서는 국가 개념이 시간과 장소를 넘어 모든 정치조직형태에 있어 보편적인 기준이 됐던 것에 반해 라이히는 그러한 보편 개념이 아닌 것으로 되어 있다. 라이히는 하나의 시대와 장소에 뿌리박은 구체적 질서 개념인 것이다. 스스로의 보편성을 내세우지 않는 라이히는 그렇기에 이른바 "임페리움(Imperium)"이라는 뜻에서의 제국이 아니다.

> 라이히와 임페리움과 엠파이어는 같은 것이 아니며 안쪽으로부터 볼 때 서로 비교가 불가능한 것이다. ……'제국주의(Imperialismus)'가 19세기 말 이래 경제-자본주의적인 식민지화와 팽창의 방법을 뜻하는 호칭이 되고 자주 단순한 슬로건으로 오용되고 말았던 데에 반해, '라이히'라는 말은 그러한 오점을 면하고 있다. (1942VGO:50[119])

따라서 '라이히'는 '로마 제국임페리움'이나 서구 열강의 제국주의를 상기시키는 단어(imperium, empire)로 번역될 수 없는 것이다. 슈미트에게 라이히는 어디까지나 독일에 고유한 구체적 개념인 것이다. "우리는 '독일 라이히'라는 호칭이 그 구체적 특성과 지고성에 있어 번역불가능하다는 것을 알고 있다."(1942VGO:50[119])

라이히 개념이 번역불가능한 독일 고유의 개념이라는 것은 결코 쇄말적인 문제가 아니다. 왜냐하면 거듭 말해왔듯이 슈미트에게 언어나 개념이라는 것은 그 자체가 정치적 항쟁의 수단이기 때문이다.[25] "인류 일반의 법생활과 정신생활에서 무엇보다 중요한 현상 중 하나는 진정으로 권력을 가진 자가 자기 스스로 개념이나 말을 정할 수 있다는 것이다"(1932a:179[331])라는 말이 맞다면, 독일은 이제까지 자기 자신에 의한 법 개념을 갖지 못함으로써 모든 정치적 실권을 잃어왔다. 법에 관한 어휘나 개념을 타국에서 수입함으로써 독일은 자신의 정신을 제국주의 지배의 위험에 노출시키고 있는 것이다.

> 어떤 민족은 무엇이 법인지, 특히나 무엇이 국제법인지에 관해 외국의 어휘와 개념에 복종할 때 비로소 정복당하고 마는 것이다. 그리하여 무기만이 아니라 고유한 법의 인도가 행해진다. (1932a:179[332])

그런 까닭에 독일은 자기 자신의 정치적 실존을 스스로 규정할 수 있는 고유한 법 개념을 찾아내지 않으면 안 되는 것이다.

> 모든 진정한 정치적 세력이 자의적으로 포섭되지 않는 자기 고유의 호칭을 따라 그 독자적 이름을 관철시킨다는 것은 그런 정치적 세력의 역사적인 강력함을 구성하는 일부분이다. (1942VGO:50[119])

슈미트는 광역질서 구상과 더불어 재발견된 '라이히'라는 독일 고유의 개념에서 보편주의에 굴종하지 않는 독일의 '역사적인 강력함'을 발견하고자 했던 것이다. "라이히나 광역이라는 새로운 개념은 필연적으로 항쟁적이며 소렐이 말하는 뜻에서의 '투쟁신화'를 형성하는 것이므로 완전히 현실에서의 투쟁을 위한 무기인 것이다."[26]

---

25) Vgl. Mathias Schmoeckel, *Die Großraumtheorie*, Berlin 1994, S.121f.
26) H. Hofmann, *Legitimität gegen Legitimität,* a.a.O., S.224.

2. 간접권력에 대한 투쟁

개념을 통한 제국주의 지배, 이를 슈미트는 이른바 “간접권력(potestas indirecta, indirekte Gewalt)”에 특징적인 지배법으로 간주하고 있었다. “개념이나 개념구분은 정치적 무기, 나아가 ‘간접’권력에 특유한 무기이다.”(1938L:26[45]) 그리고 그는 보편주의적 국제법에 기초한 제네바 국제연맹의 규범주의를 바로 그런 간접권력에 다름 아닌 것으로 주장한다. “제네바의 제도를 숱한 논의들을 불러왔던 개념으로 표현한다면 ‘포테스타스 인디렉타’, 즉 간접권력이라고 불리는 것의 전형적인 사례라고 할 수 있다.”(1938a:620)

슈미트가 간접권력을 명시적으로 주제화했던 것은 1938년에 출판된 홉스론에서였다. 그는 간접권력이라는 관점에서, 홉스가 몸을 두고 있던 16/17세기의 시대상황과 1차 대전 이후의 상황 사이의 유사성을 발견한다. 즉 현재의 슈미트 자신이 독일의 주권을 위태롭게 하는 제네바 국제연맹의 위협에 직면하고 있는 것과 마찬가지로 과거의 홉스 또한 영국이 로마 교회라는 간접권력의 간섭에 노출된 상황을 목전에 두고 있었다는 것이다.

> [간접권력이라는] 이 독특한 개념은 벨라르미노에 의해 신학적이고 법학적으로 잘 다듬어졌던 것처럼, 당시 발생하고 있던 주권국가에 대한 로마 교회의 보편주의적인 지배요구에 도움이 됐던 것이다. (1938a:620f.)

슈미트의 염두에 있는 것은 홉스 당대의 교황에 의한 그리스도교교의 해석의 독점이었다. 교황은 그 무오류성에 근거해 그 교설의 구체적 내용을 결정할 수 있는 주권적 권위로서 거동하면서 생성 중이던 근대국가에 간섭한다. 홉스의 주권이론은 바로 그런 로마 교회의 간접권력에 대한 저항을 의도했던 것이다. 근대 초기의 로마교황권에 대한 슈미트의 그런 비판은 1923년의 로마 가톨릭론에서 보이는 로마 교회를 향한 찬미로부터의 전향으로서, 에릭 페테르존 등의 가톨릭신학자들로부터 비난을 받게 되지만[27], 1930년대 후반의 슈미트에겐 "모든 종류의 간접 권력에 대해 투쟁하는 위대한 교사"(1938L:131[97])로서의 홉스야말로 자신의 이상이 되어 있었다.[28]

슈미트에게 간접권력의 최대 위험은 그것이 그가 국가의 근본원리로 간주하는 것, 즉 "보호와 복종"의 직접적 관계를 파괴하고 만다는 점이다. 국가이론에서 홉스가 남긴 공적은 바로 그 '보호와 복종'을 국가의 근본원리로 삼았다는 데에 있다. 이는 이미 1932년도 『정치적인 것의 개념』 2판에서 지적되고 있다.

> 보호와 복종의 연관 없이는 그 어떤 상하 관계, 그 어떤 합리적 정통성·합법성도 존재하지 않는다. 보호하기 때문에 복종한다는 것은 국가에 있어 〈나는 생각한다, 고로 존재한다〉에 다름 아닌 것으로, 이 명제를 체계적으로 자각하지 못하는 국가이론은 불충분한 단편에 지나지 않는다. 홉스는 '리바이어던' 본래의 목적이 '보호와 복종의 상호 관계'를 사람들에게 재인식시키는 것이며 인간 본성에서도 신법神法에서도 그것의 확고한 준수가 필요하다고 말하고 있다. (1932BP:53[60])

---

27) 로마교회를 간접권력으로 비난하는 1938년도 홉스론에 대해 페테르존은 1938년 8월 13일자 슈미트 앞으로 보낸 편지 속에서 비판적 감상을 쓰고 있다. "간접권력에 대한 공격이 의미를 갖는 것이라고 한다면, 그것은 그리스도교도임을 단념하고 이교도가 되는 것을 결단한 경우뿐입니다."(zit. nach: Barbara Nichtweiß, »Apokalyptische verfassungslehren. Carl Schmitt im Horizont der Theologie Erik Peterson«, in: B. Wacker (Hg.), *Die eigentlich katholische Verschärfung*…, a.a.O., S.570) 이에 관해서는 코가 케이타, 『카를 슈미트와 가톨리시즘』, 쇼분샤, 1999, 413-415쪽 참조.

28) 홉스에 대한 마찬가지의 평가는 전후 1956년도에 공표된 홉스론 「완성된 종교개혁」에서도 여전히 발견할 수 있다. "홉스, 이 위대한 직접주의자, 교회의 간접권력이라는 로마교회의 교설에 맞선 수비병, 벨라르미노 추기경의 유명한 논적……"(1963:148[268]) "홉스는 특히 벨라르미노 추기경이 당시 주장하던 형태의 간접권력에 맞서 싸우고 있는 것이다."(1965:175f.[295]) 〔로베르트 벨라르미노(1542-1621), 예수회 회원, 갈릴레오 재판의 담당판사.〕

간접권력은 그런 보호-복종 관계를 파괴하고 보호함 없이 복종을 요구하는 것이다. "간접권력은 국가적 명령과 정치적 위험, 권력과 책임, 보호와 복종의 명확한 구별을 애매하게 만들고, 간접적일지라도 오히려 그렇기 때문에 강력할 수 있는 지배를 무책임하게 행함으로써, 정치적 권력의 위험은 떠맡지 않고서 그 이익 모두는 손에 넣으려는 데에 그 본질이 있다."(1938L:117[90])

슈미트의 이러한 간접권력 비판은 물론 그가 '법률국가(Gesetzes-staat)'라고 부른 19세기 자유주의적 법치국가에 대한 비판과 결부되어 있다. 법률의 지배가 명문화된 그 국가의 실태란 입법부를 상호 이익을 위한 절충의 장으로 삼는 다원적 이익집단의 익명적 지배에 다름 아니다. 하지만 슈미트에 따르면 지배에 뒤따르는 정치적 책임은 구체적인 〈누군가〉로 가시화된 인격에 의해서만 명확해지는 것이며, 그것이야말로 보호와 복종의 직접적 관계를 가능하게 하는 공개성(공공성)의 의미인 것이다. 간접권력의 지배에서는 그런 구체적인 〈누군가〉의 모습이 비가시화된다. 법규범의 내용에 관해 구체적으로 결정하는 자, 즉 주권자는 보편적인 것으로 여겨지는 법규범의 배후로 모습을 감추고 만다. 그 자는 스스로를 은폐한 채로 그 어떤 정치적 책임도 지지 않으며 간접적으로 권력을 행사한다. 슈미트에게 19세기의 법실증주의에 기초한 법률의 지배란 그런 공개성(공공성) 없는 익명적 지배의 별명에 다름 아닌 것이었다.

로마 교회의 보편주의에 대항하는 구체적 질서로서 홉스와 더불어 확립된 근대국가는 역사의 경과 속에서 법실증주의에 지배받음으로써 중립화된 자유주의적 입헌국가가 되며, 그것 자체가 간접지배의 도구로 이용될 수 있는 것으로 전락하고 말았다. 이러한 위기의식 아래서 1930년대 나치스 시기의 슈미트는 간접권력의 지배에 대항하는 직접적인 정치지배를 "지도(Führung)"의 개념을 통해 재건하고자 했던 것이다. 즉 1933년도 「국가·운동·민족」에서 슈미트는 트리펠이 강조한 "감독(Aufsicht)" 개념 및 그것을 기초로 삼은 자유주의적·규범주의적 법치국가에 대립하는, "지도자=총통(Führer)"의 개념 및 그것에 의해 인격화된 독일 인민의 "종種의 동질성(Artgleichheit)"을 기초로 삼는 "총통[지도자]국가(Führerstaat)"를 주장했던 것이다. 트리펠의 1938년도 저작 『헤게모니』에 대한 서평 속에서도 여전히 슈미트는 '지도' 개념의 그러한 이해를 견지하고 있다. 그 서평에서 슈미트는 트리펠이 지배와는 다른 국가 간 관계로서 제기한 '헤게모니' 개념이 '영국 세계제국'이나 '제네바 국제연맹'에 의한 '간접적 방법'만을 뜻할 뿐이라고 비판하며, "모든 '간접적인 것'에 대한 진정한 지도자의 대립"을 강조한다. "우리의 총통[지도자]은 간접적인 권력행사의 방법이나 수단에 의해 파괴되고 만 진정한 공공성[공개성]을 재건한다. 그는 정치적인 것의 책임과 위험을 인수하지만, 이와는 달리 간접적인 방법 아래에서 그런 책임과 위험은 붕괴되어 사라지고 마는 것이다. 간접적 방법의 익명성과 은폐기술의 극복. 이것이 총통[지도자]이 거둔 공적이며, 독일 인민 전체는 그를 간접성의 전형이라고 할 수도 있을 다원주의적 타협제도의 여러 세력들로부터의 해방자로서 맞아들였던 것이다."(1939d:230f.)

1939년부터 전개되는 광역질서 구상 또한 마찬가지로 간접권력을 대신하여 책임 있는 직접적 지배를 설립하려는 의도에 의해 이끌리고 있던 것이다. 제국주의적인 간접권력은 "언뜻 보아 독립된 지역에 비가시적인 지배를 행하는" 데에 반해, "생성 중인 광역질서는 직접적이고 열린 지배"를 행하는 것이다.[29] 그 둘의 차이가 현저하게 드러나는 것이 여러 민족들의 보호라는 문제에서였다. 그는 '민족자결'의 원칙에 기초한 베르사유=제네바 체제의 소수민족 보호정책이 품고 있는 모순을 지적하고 있다. 즉 "'소수민족'과 같은 보편 개념에 내재하는 법학적·이론적 부조리"(1942VGO:43[112])에 대한 지적이 그것이다. 이 소수민족 보호는 '소수민족'이라는 하나의 보편적인 법 개념 또는 '법학적 픽션'을 정하고 그것에 포섭될 수 있는 개개인을 보호한다는, 보편주의적

---

29) E. R. Huber, »'Positionen und Begriffe': Eine Auseinandersetzung mit Carl Schmitt«, a.a.O., S.42f. 1940년에 출판된 슈미트의 국제법 논문집 『입장과 개념』에 대한 에른스트 루돌프 후버의 이 서평은 광역이론과 간접권력이라는 두 주제의 연관을 최초로 지적했던 것이다.

이고 개인주의적인 방법을 취한다. 그럼에도 '소수민족'은 서구 자유주의 국가에는 존재하지 않는 것으로서, 동구 지역에 고유한 문제로서만 간주된다. "그 이념에 따른다면 보편주의적인 소수민족 보호를 유럽의 동부지역에만 한정한다"거나 "자유주의적=개인주의적이며 그 본질로부터 보자면 보편주의적인 소수민족 보호제도를 특정한 국가들에만 한정한다"는 모순이 존재하는 것이다(1942VGO:46[115]). 슈미트는 그 점이야말로 보편주의의 형태를 취한 서구 열강이 동구에 간섭하고 있음을 표현하는 것이라고 본다. "소수민족 보호의 기초가 되는 자유주의적인=개인주의적인, 그렇기에 보편주의적인 구조는 보편주의적 제네바 국제연맹을 초월한 수단에 의하여 실행된, 유럽 동부지역에 대한 역외 서구 열강의 컨트롤 및 간섭의 기초였다."(1942VGO:45f.[115])

슈미트는 광역이 여러 민족들의 자립을 지키는 질서임을 지치지 않고 강조한다. "광역은 민족의 자유와 자립의 영역이기를 계속한다. 그렇기 때문에야말로 그것은 보편주의적인 지배형태보다 우월한 것이며, 그렇기 때문에야말로 그것은 평화인 것이다."(1940e:260) 베르사유=제네바 체제 아래서의 여러 민족들의 보호는 그 어떤 구체적 현실과도 합치되지 않는 '소수민족'이라는 내용 없고 보편적인 법학적 픽션에 기초하여 행해졌다. 이는 결국에 그 보편 개념의 해석을 통해 행사되는 서구 열강에 의한 간접권력에 봉사할 뿐이다. 이와는 달리 광역질서 속에서의 여러 민족들의 보호는 그러한 법 개념에 의한 지배를 통해서가 아니라 여러 민족들의 자립을 각각의 고유성에 입각하여 수호하는("모든 민족군群이 지닌 민족적 특성의 보호야말로 서구의 동화 사상에 앞서 필요한 것이다"(1942VGO:46[116]) 하나의 구체적인 지도적 세력 및 그 세력의 책임 있는 직접적 지배를 통해 행해지는 것으로 규정된다. 독일 민족동포의 보호를 호소했던 1938년 2월 20일의 히틀러 연설과 그것에 이어진 오스트리아 및 주데텐 지방의 병합과 같은 2차 대전 직전의 동구 확장정책은 단지 국외의 독일계 마이너리티의 보호만을 목적으로 한 것에 지나지 않았지만, 슈미트의 눈에는 나치스의 동구 외교에 의해 독일이야말로 광역을 지도할 세력이라는 것이 실증되어가는 것처럼 보였다(1942VGO :46f.[116-117]).[30] 독일 라이히는 중·동구 지역에서 그 지역의 구체성과는 관계없이 행해지는 열강의 보편주의적 간섭을 배제하는 것이다. "이러한 광역에 타당한 여러 원칙들의 수립과 실시는 바깥에서 이 지역에 간섭해 들어오는 역외 열강이 관여할 사정이 아니다. 그런 원칙들에 관해서는 서구 민주주의 국가들이나 미국 정부가 아니라 이 지역을 지탱하는 민족적 또는 국가적 세력, 특히 독일 라이히가 관여해야 할 사정인 것이다."(1942VGO:46[116])

3. 두 개의 광역질서: 민족적, 국제법적

a. 나치스와 광역사상

2차 대전이 발발하기 약 4년 전, 1939년 4월 1일에 킬 대학에서 행해진 슈미트의 광역질서 강연이 1930년대 후반부터 전개되는 나치스의 팽창주의적 외교 정책과 어느 정도 공명하고 있었음은 사실이다. 실제로 그 직후 4월 28일에 행한 의회연설에서 히틀러는 슈미트와 비슷한 유럽 광역질서 구상을 주장하고 있는 것이다.[31] 그리고 법학자들

30) 독일계 마이너리티의 보호 문제에 관한 슈미트의 입장에 대해서는 F. Blindow, *Carl Schmitts Reichsordnung*, a.a. O., S.58ff.; Dirk Blasius, *Carl Schmitt*, 2001 Göttingen, S.200f.

31) 슈미트의 광역질서 강연은 며칠 뒤 해외에서도 보도되는데, 『타임즈』나 『데일리 메일』의 기사는 그 강연을 히틀러의 팽창외교를 이론적으로 근거짓는 것으로 수용하고 있다. 요제프 H. 카이저나 죠셉 W. 벤더스키는 28일의 히틀러 연설에서 보이는 대독일적인 '독일 먼로주의'의 주장이 그러한 외국의 보도들을 통해 히틀러가 슈미트의 광역질서 강연을 전해 들었던 것에 근거했을 가능성에 대해 지적하고 있다(Josef H. Kaiser, »Europäischs Großraumdenken«, in: Hans Barion/ Ernst-Wolfgang Böckenförde/ Emst Forsthoff/ Werner Weber (Hg.), *Epirrhosis. Festgabe für Carl Schmitt*, Berlin 1968, S.538, 542f.; J. W. Bendersky, *Carl Schmitt. Theorist for the Reich*, a.a.O., S.257ff.[313-314]). 광역원리는 슈미트가 최초로 말하기 시작한 것인가, 아니면 그가 전후에 자기변명을 섞어 주장하는 것처럼 단지 수용한 것일 따름인가는 논의의 대상이지만(vgl. P. Noack, *Carl Schmitt*, a.a.O., S.216f.), 슈미트의 강연에 의해 광역질서라는 주제가 각광을 받게 됐던 것은 사실이다.

사이에서도 슈미트의 광역질서 구상은 찬반양론으로 갈리는 큰 학문적 반향을 불러일으키게 됐다.

비판적인 응답으로서는 우선 빌핑거나 벨버와 같은 국가주의적 입장의 이론가들에게서 나왔다. 그들은 슈미트가 라이히-광역의 개념을 통해 너무 성급하게 국가 개념을 청산하려고 한다고 힐난한다. 특히 1932년도 '파펜 쿠데타' 때에 국가통일의 유지라는 관심 아래에서 슈미트와 함께 라이히 정부에 의한 프로이센 주정부의 복멸을 정당화하는 법정 변론을 행한 빌핑거는 여전히 주권국가야말로 국제법의 기초 개념이라는 것에 계속 집착한다. "슈미트의 학설은 고전적 국제법의 의미에서 국가 개념과 주권 원리를 공격하고 뒤흔들려고 하는 한, [역외 열강의 간섭금지라는] 그 목적을 넘어 너무 지나치게 나아가고 만다."32)

그러나 슈미트의 광역이론에 대한 비판은 특히 인종-민족주의적인 이론가들 측에서 많이 행해졌다. 슈미트가 설명하는 광역에서는 인종 개념은 물론이고 민족 개념에도 그리 큰 역점이 두어져 있지 않았기 때문이다. 2차 대전 이후 1947년 3월에 전쟁 이전의 나치 관여를 이유로 신병이 구속되고 심문을 받기 위해 뉘른베르크에 이송됐던 슈미트가 광역이론이 히틀러의 팽창정책에 이론적 기초를 제공했다는 취조관 로버트 켐프너에 의한 혐의를 부정하고 "나는 공간 개념을 출발점으로 삼았던 것으로 생물학적인 관점이나 논의는 거부하고 있었다"(2000AN:72)고 변명하고 있는 것은 그럴만한 이유가 없는 게 아니다. 그의 광역질서 구상은 인종적인 혹은 생물학적인 이른바 '생존권(Lebensraum)'이라는 나치스의 이데올로기와 단순히 일치하는 것이 아니었다(무엇보다 '생존권'을 최초로 제기한 지정학자 카를 하우스호퍼 또한 그 단어를 전적으로 지리적 개념으로서만 사용하고 있었다). 그것은 인종적·생물학적 이론보다는 지정학적인 공간(라움)이론에 기초하여 구상된 국제법 질서였다고 할 수 있다.33) 실제로 다수의 나치스 계열 법학자들은 슈미트

32) C. Bilfinger, »Bismarks Souveränitätsbegriff und die Neuordnung Europas«, in: *Deutsche Rechtswissenschaft*, 6 (1941), S.173.

의 광역이론에 인종-민족주의적 요소가 결여되어 있다는 것에 불만을 드러냈다. 예컨대 G. A. 왈츠는 "정치적 목적으로서의 광역질서 그 자체인가, 아니면 미리 정해진 민족적 법칙성에 따른 광역질서인가라는 결정적인 근본문제"[34]를 제시한 다음에 광역질서 구상은 "단지 순수하게 지리학적인 정식화가 행해질 수 있는 것이 아니라", "민족적인 여러 관념들로서 생겨난다"는 식으로 "민족적인 것의 우위"[35]를 주장했던 것이다.

이러한 인종-민족주의적인 이론가들로부터의 응답 속에서 특히 눈에 띄는 것은 1936년 슈미트의 실각에도 한몫을 했던 라인하르트 휀이나[36] 베르너 베스트와 같은[37] SS 계열의 법학자에 의한 것이다. 베스트가 「민족적 광역질서」라는 제목으로 발표한 1940년 6월의 논문은 슈미트가 말하는 "국제법적(völkerrechtlich) 광역질서"를 "민족적(völkisch) 광역질서"로 치환할 것을 주장한다.[38] 그는 슈미트가 광역질서를 단순한 법적 관계로서만 생각한다는 점을 비난한 것이다. 슈미트는 베스트의 그런 비판에 몇 번인가 응답하고 있음에도 베스트의 "민족적 광역"의 구상에 대해서는 일관되게 거리를 두었다.[39] 그리고 베스트 또한 1941

---

33) Vgl. D. Diner, »Rassisüches Vökerrecht«, a.a.O., S.55; M. Schmoeckel, *Die Großaumtheorie*, a.a.O., S.95f.

34) G. A. Walz, »Staatsvolk und Urvolk«, in: *Zeitschrift für Völkerrecht*, 25 (1941), S.35; ders., *Völkerrechtsordnung und Nationalsozialismus,* München 1942, S.131.

35) G. A. Walz, »Staatsvolk und Urvolk«, a.a.O., S.37; ders., *Völkerrechtsordnung und Nationalsozialismus*, a.a.O., S.133f.

36) 광역 개념을 둘러싼 1940년대 초반의 휀과 슈미트 간의 논쟁에 관해서는 F. Blindow, *Carl Schmitts Reichsordnung*, a.a. O., S.85, 95f.; A. Koenen, *Der Fall Carl Schmitt*, a.a.O., S.802f.

37) 슈미트의 광역 이론에 대한 베스트의 인종-민족주의적 비판에 관해서는 A. Koenen, *Der Fall Carl Schmitt*, a.a.O., S.796f.; F. Blindow, *Carl Schmitts Reichsordnung*, a.a.O., S.93f.; D. Blasius, *Carl Schmitt*, a.a.O, S.192ff.

38) Werner Best, »Völkische Großraumordnung«, in: *Deutsches Recht,* 10 (1940), S.1006f.

39) 우선 1940년에 공표된 논문 「국제법에서의 라움과 광역」 속에서 슈미트는 베스트의 비판을 언급하면서, 그 '민족적 광역'이라는 명칭의 적절성에 관해 판단을 유보하고

년의 논문에서 슈미트에 대한 재비판을 전개한다. 베스트에 따르면 "'국제법'이라는 것은 이제까지 단순히 국내'법'이라고는 부르지 못하는 '질서'로서 추상적으로만 이해되어왔던 것"으로, 중요한 것은 오히려 "'국제법'이라는 추상 개념"을 대신해 "광역질서"의 개념을 도입하는 일이다.[40] 그는 광역질서를 법관계로서 구축하면 지도민족인 독일인과 다른 민족들이 동권의 법주체로 간주될 수도 있음을 걱정하고 두려워했다. "광역질서가 하나의 '국제법적' 구축물이라는 이유를 근거로 하면 종래의 '국제법'에서의 기존 '여러 주체들'은 자신이 광역질서의 지도민족과 동등한 '주권적' 파트너로서 '국제법상의' 조약을 체결해야 한다고 요구할 수 있으며, 마찬가지로 지도민족에 대한 '국제법상의' 의무를 거듭 파기할 수 있다는 요구까지 하고 말 것이다!"[41] 베스트에 따르면 광역질서는 오직 인종-민족주의적 세계관을 통해서만 그 내실과 구체성을 얻는 것이었다.

라인하르트 횐의 비판이 주안점을 두고 있는 것 또한 슈미트의 광역에 인종-민족적 실체가 결여되어 있다는 점이었다. 횐은 자신이 (슈미트의 광역이론에 촉발되어) 1941년 창간한 잡지 『라이히·민족질서·생존권』의 창간호에 발표한 논문을 통해 슈미트의 광역이 단지 불간섭이라는

있다. "여러 광역들의 내부에서 발전 중인 민족들 간의 관계를 베르너 베스트가 제안한 '(국제법적인 것을 대신한) 민족적인 광역질서'로 명명하는 것이 더 적절한지 어떤지에 관해서는 미결인 채로 머물지 않으면 안 된다."(1940e:235) 1941년 출판된 광역질서론 3판에 부가된 한 절에서 슈미트는 베스트의 인종-민족주의적 광역 구상이 불충분하다고 간주한다(단, 그런 서술은 1942년 광역질서론 4판에서는 삭제된다). "베르너 베스트는 '국제법적 광역질서'라는 명칭을 피하면서 '민족적 광역질서'라는 식으로 제안한다. 이는 분명 적확한 명확화이지만, 그것은 광역의 내부 구조 안에만 관계 맺으며, 그것과는 다른 여러 관계들에 관해서는 미결정인 채로 있다."(1941VGO:47) 그리하여 광역에 관해서는 여러 광역들 상호 간의 관계, 여러 광역들을 지도하는 라이히 상호 간의 관계, 하나의 광역 내부에 있는 여러 민족들 간의 관계, 그리고 다른 광역에 속하는 여러 민족들 상호 간의 관계라는, "생각할 수 있는 **네 가지** 다른 종류의 법관계"가 존재한다고 말하는 슈미트는(1942VGO:62[130]) 광역질서를 어디까지나 법적인 관계의 틀 안에서 사고하고 있는 것이다.

40) Werner Best, »Nochmals: Völkische Großraumordnung statt: 'Völkerrechtlich' Großraumordnung!«, in: *Deutsches Recht*, 11(1941), S.1533.

41) Ebd., S,1534.

소극적 원리만으로 구성된 추상적 질서에 머무는 것이라고 힐난한다.

> 이 [불간섭이라는] 원리만을 기초로 삼아서는 새로운 광역질서의 적극적 내용을 표현할 수 없으며, 여러 광역들에 기초한 국제법질서를 여러 국가들을 기초로 설립된 종래의 국제법체계와 마찬가지로 실체 없는 것에 머물게 만들어버릴 위험이 언제나 잔존한다.[42]

헨의 관점에서 보면 슈미트의 광역은 신질서 구상으로서는 적극적인 내용을 거의 갖지 못하는 것이며, 나아가 그 유일한 원리인 불간섭 원칙으로는 종래의 주권국가로부터 광역을 구별하기엔 너무도 불충분한 것이었다.[43] 결국 슈미트는 국가주권을 광역으로 단지 옮겨 담을 뿐으로 종래의 국가 간 국제법과 마찬가지의 광역 간 국제법을 설립하는 것에 지나지 않는 셈이다.

슈미트의 광역질서가 일종의 확대된 주권국가에 불과하다는 것은 휀만이 아니라 많은 이들이 품고 있던 의문이었다.[44] 이에 응답하기 위해 슈미트는 1941년 광역질서론 3판의 6장으로 덧붙이게 되는 1940년도 논문「라이히와 공간」속에서, 당초에는 애매했던 라이히와 광역 간의 구별을 명확하게 하면서 국가 개념을 상대화하는 라이히-광역의 구조를 분절화한다(1942VGO:67f.[134-135]) 그러하되 그런 작업으

42) Reinhard Höhn, »Großraumordnung und völkisches Rechtsdenken«, in: *Reich Volksordnung Lebensraum*, 1 (1941), S.281.

43) Vgl. Ebd., S.278.

44) 예컨대 E. R. 후버는 지적하고 있다. "그러나 그것은 근본적으로는 국가고권(高權)의 확대, 국가 국경의 확장, '초국가' 건설인 것이 아닐까. 그리고 그것에 의해 원래는 유연한 의미로 사용되고 있던 '광역'이 사라지고 마는 것이 아닐까."(E. R. Huber, »'Positionen und Begriffe': Eine Auseinandersetzung mit Carl Schmitt«, a.a.O., S.43) 또 국가주의적인 입장을 취한 헤르만 야르라이스도 슈미트가 말하는 광역을 "정치적 대륙"으로서 특징지은 다음에(Hermann Jahrreiß »Wandel der Weltordnung«, in: *Zeitschrift für öffentliches Recht,* 21 (1941), S.523) 그것들 사이에 상호 불간섭 원리는 "여러 정치적 대륙의 긴급주권"을 뜻하는 것으로 파악하는바(ebd., S.533), 필요한 것은 정치적 대륙 사이에 새로운 "대륙 간 법"을 형성하는 일이라고 주장하고 있다(ebd., S.535f.).

로 슈미트와 횐의 거리가 좁혀질 리 없다. 횐이 문제로 삼고 있는 것은 불간섭이라는 형식적인 규정만으로 특징화되는 슈미트의 광역질서가 독일 라이히에 의해 지도되는 유럽 광역의 단독성을 상대화하면서 그것 말고도 여러 광역이나 라이히가 존재한다고 상정해버리는 결과를 낳는다는 점이었다. 그리고 실제로 슈미트는 라이히와 광역의 그러한 복수성이라는 견해를 변경하지 않는다. 그는 말한다.

> 하지만 다른 한편에서 '라이히'라는 호칭은 몇몇 권위적 세력의 공통명칭이 되고 있기도 한데, 거기서는 이 공통명칭 없이는 그 어떤 국제법적 탐구나 양해도 반드시 즉각 불가능해진다. 따라서 그것은 마찬가지로 국제법을 위협하는 다른 오류, 즉 구체화라는 이름 아래 개개의 정치세력이 모든 관계를 끊고 격절되는 고립상태를 상정하는 오류까지도 마주하지 않고자 한다. (1942VGO:52[120-121])

이에 대해 횐은 다음과 같이 주장한다.

> 국제법을 구성하는 여러 세력이 아니라 하나의 새로운 국제법질서의 진정한 초석을 고려하고자 한다면, 우리가 그때그때 주시하고 그 내적인 힘을 헤아려야만 하는 것은 여러 라이히들이 아니라 구체적인 라이히다. 그렇게 함으로써만 우리는 과거의 국가 개념이 그랬듯 국제법적으로 실체 없는 광역이나 라이히 개념에 이르지 않을 수 있는 것이다.[45]

횐은 진정한 광역을 두고 국가 개념이 그랬듯 보편 개념에 근거해서는 결코 불가능한 것이라고 강조한다.[46] 그것은 그 어떤 추상적 질서가 되는 것도 허용치 않는 "민족의 생존질서 전체의 초석"[47]이지 않고서는

45) R. Höhn, »Großraumordnung und völkisches Rechtsdenken«, a.a.O., S.277.
46) Vgl. R. Höhn, »Großraumordnung und völkisches Rechtsdenken«, a.a.O., S.284; ders., »Reich-Großraum-Großracht«, in: *Reich Volksordnung Lebensraum*, 2 (1941), S.127.

안 된다. 광역을 짊어지는 라이히 또한 마찬가지다. 파시즘 이탈리아가 로마 전통에 뿌리박은 임페리움의 개념에 기초해 있듯이 라이히는 오로지 "게르만·독일적인 특성으로부터 생장한" 구체적 질서 개념이어야 하는 것이다.[48] 따라서 횐에게 라이히-광역질서란 독일의 인종-민족주의적인 생존권의 사상과 결부될 때에 비로소 진정으로 구체적인 것이 된다. 횐의 학도였던 로저 디너 또한 『라이히·민족국가·생존권』에 발표한 교수자격논문 속에서 "유럽을 모범으로 형성된 '라이히-광역'이라는 짝 개념을 다른 여러 대륙을 대상으로 하여 보편적인 방식으로 적용하는 것은 문제가 있는 듯하다"고 서술한다.[49]

다른 한편, 슈미트는 광역 구상을 보편적이지는 않지만 "혹성적인(planetarisch)" 사고방법이라고 생각한다(1942VGO:61, 63[129, 131]). 그것은 단지 유럽만이 아니라 전 지구상의 공간 분할에 관여하는, 즉 불간섭 원칙을 통한 여러 광역들 간의 경계설정에 관여하는 것이다. 그가 보기에 이제 세계에는 보편주의에 저항하는 여러 광역들이 형성되고 있는 중이다. 그 한 가지 사례로 슈미트가 들고 있는 것은 당시 일본이 동아시아에 건설하고자 하던 신질서이다.[50] 그것을 슈미트는 서구 민주주의 국가들의 제국주의적 간섭에 저항하는 "아시아적 혹은 일본적 먼로

---

47) R. Höhn, »Großraumordnung und völkisches Rechtsdenken«, a.a.O., S.285f; ders., »Reich-Großraum-Großracht«, a.a.O., S.126.

48) R. Höhn, »Reich-Großraum-Großracht«, a.a.O., S.129.

49) Roger Diener, »Das Reich im Weltanschauungskampf und Theoriestreit«, in: *Reich Volksordnung Lebensraum*, 6(1943), S.220. 무엇보다 디너의 이 교수자격논문은 슈미트 아래에서 제출됐던 것이다(F. Blindow, *Carl Schmitts Reichsordnung*, a.a.O., S.96).

50) 이외에도, 독일과 소련이라는 두 '라이히' 사이의 광역설정으로서, 1939년 9월 1일의 독일군에 의한 폴란드 침략 직후인 9월 28일에 독소 양국이 폴란드 영토 내에서 서로 간의 권익의 경계를 설정하기 위해 체결한 독소 국경 우호조약이 언급되고 있다. 이 조약에 의해 "'두 라이히' 및 그것들에 할당되어 자립화된 여러 민족들이 거주하는 두 광역이 ……국제법의 개념세계와 언어 속으로 편입됐던 것이다."(1940e:260) 광역질서론에서도 1941년에 출판된 2판 이래로 4장의 말미에 이 조약에 관한 서술이 부가된다(1942VGO:47[117]). 물론 슈미트의 이러한 견해는 같은 해 6월에 시작된 독일의 소련 침공으로 배반당한다.

교설"이라고 명명하기도 한다(1939b:298[115]). 여기서는 광역질서가 결코 자의적으로 먼로주의와 겹쳐지고 있는 게 아니다. 왜냐하면 슈미트에 따르면 1823년 미국의 먼로선언은 광역 구상에 있어 범례적인 의미를 갖는 것이기 때문이다. 이 선언에 의해 미국은 다름 아닌 "최초의 비유럽적 라이히"(1942VGO:72[140])가 됐던 것이다. 그런 까닭에 라이히-광역은 단지 인종-민족적 원리에 기초한 독일만의 고유한 질서가 아니다. 슈미트는 먼로주의야말로 "국제법적 광역 원리의 선례"(1942VGO:22[94])였다고 그 위치를 부여하는 것이다.

b. 광역 간 불간섭의 원칙: 먼로주의의 전용

미국의 먼로주의에서 보이는 광역질서 형성의 예감은 이미 1926년도 「국제연맹의 핵심문제」 속에서 엿볼 수 있다. 그렇지만 거기서는 광역의 발전이 단지 독일처럼 허약한 국가의 주권을 박탈하는 것만으로 끝나버릴 위험성이 우려되고 있다.

> 아마도 오늘날의 땅위에는 이제 더 이상 주권국가들이 존재하는 게 아닐 것이다. 그런 국가의 수는 감소되고 있으며, 어쩌면 몇 가지 '다양한 먼로주의'의 도움을 받아 몇몇 대륙이나 그 이외의 거대한 집합체만이 실제의 주권 담당자로서 남게 되는 방향으로 발전해가는 것 같기도 하다. 주권 개념의 극복이라는 것은 그런 발전에 의해 희생되는 정치체의 입장에서는 올바른 게 될 것이다. 그러나 그것의 의미는 그 정치체 자체가 주권과 함께 극복되고 만다는 점에 있다. (1926KV:11)

아직 주권국가를 고집하고 있던 이 시기의 슈미트는 먼로주의가 보이는 광역적인 질서에서 특별히 새로운 국제법질서로서의 의의를 발견했던 것은 아니었다. 이미 서술했듯이 오히려 미국 제국주의에 관한 1932년도 논문에서 먼로주의는 단지 유럽의 신성동맹 국가들과의 상호 불간섭정책에서 머무는 것이 아니라 미합중국이 중남미 국가들의 내정에 간섭하기 위한 정당화 원리로서도 기능하고 있다고 부정적으로 평가되고 있었다. 거기서 이용되는 간섭조약이라는 제국주의의 법학적 실천은 이제 아메리카 대륙을 넘어 전 세계로 전개되고 있는, 보편주의적 국제법에 기초한 열강 간섭정책의 작은 모형에 다름 아니라는 것이다.

그런데 먼로선언에 대한 평가는 1939년에 광역질서 구상이 개시됨과 더불어 긍정적인 것으로 반전된다. 즉 19세기 '본래의 먼로주의'는 광역이론에 중요한 단서 하나를 제공하고 있다는 것이다.

> 우리에게 긍정적인 것은 1823년 본래의 먼로주의가 광역을 위해 말하면서 역외 열강의 불간섭 원리를 설립했던, 근대 국제법사에서의 최초의 선언이라는 점이다. (1942VGO:28[100])

슈미트는 이 '본래의 먼로주의'를, 시어도어 루즈벨트의 제국주의 정책과 더불어 보편주의적 간섭의 수단으로 변화된 19세기 말 이후의 먼로주의로부터 구별한다. 먼로주의가 광역질서의 모델일 수 있는 것은 그것이 유럽 대륙과 아메리카 대륙의 상호 불간섭을 정한 방위적 원칙에 머물러 있었던 한에서이다.

> 본질적인 것은 특정한 구체적 광역에서 역외 열강의 간섭은 허용되지 않는다는 사고방식이 유지되고 있던 한에서 먼로선언은 참된 것이었지 모조품이 아니었다는 점이다. (1939b:295[112])

그것에 대해 시어도어 루즈벨트의 경제 제국주의 및 윌슨의 자유민주주의적 제국주의는 "공간적으로 사고된 불간섭 원리의, 공간 없는 보편적 간섭체제로의 전화"(1939b:297[114])를 초래하게 되었다. 슈미트에게 중요한 것은 그렇게 보편주의적인 개찬改竄[수정·변형]을 당한 먼로주의가 아니다. 광역질서는 "먼로주의의 근본사상에 대한 유의미한 이용과 전용, 그리고 동시에 먼로주의의 제국주의적인 오용과 보편주의적인 곡해의 극복"(1940e:259) 속에서 생겨나지 않으면 안 되는 것이었다. 따라서 중요한 것은 오히려 "위대한 본래의 먼로주의의 핵심"(1942VGO:30[101])을 광역을 위한 원리로서 집어내는 일이다. 그리고 슈미트는 다름 아닌 불간섭이라는 원리에 그런 '핵심'이 있다고 보았던 것이다.

이리하여 먼로주의를 모델로 한 슈미트의 광역이론은 모종의 '독일 먼로주의'를 표명하는 것으로 받아들여지게 된다. 슈미트 자신은 단순히 먼로주의의 모방으로 간주될 수도 있다고 여겨 '독일 먼로주의'의 표방을 피하고자 했다.[51] 하지만 같은 시기 히틀러의 연설에서는 분명하게 '독일 먼로주의'가 언명되고 있는 데서 알 수 있듯이[52], 당시의 독일에서는 먼로주의의 독일판으로서 광역사상을 전개하려는 자들이 다수 나타났던 것이다.

그 경우 독일적인 먼로주의의 특유성은 누차 인종-민족적인 질서라는 점에서 발견된다. 다른 한편에서 미국의 먼로주의는 그러한 인종-민족적 고유성에 기초한 공간적 한정을 결여하고 있었기 때문에 보편주의적인 세계간섭으로 일탈하고 만 것으로 여겨진다. 예컨대 G. A. 왈츠에 따르면

---

51) 슈미트는 국제법적 광역원리의 정치이념은 "'독일 먼로주의'가 아니다"라고 서술하고 있으며(1942VGO:47[116]), 먼로주의를 그것과는 다른 시대와 장소에 그대로 전용하는 일은 불가능하다고 거듭 강조한다(1942VGO:23[95]; 1939b:302[121]). 전용할 수 있는 것은 그 "핵심사상"인 불간섭 원리뿐인 것이다. "다시 한 번 명확히 강조해두고 싶은 것은, 여기서 우리가 '독일 먼로주의'를 제기하고 있는 것이 아니라는 점이며, 그저 단지 본래의 먼로 교서에 들어 있는 정당한 핵심사상, 즉 하나의 질서원리에 지배된 광역에 대한 역외열강 간섭의 국제법상의 불허용이라는 사상에 빛을 비출 따름이라는 점이다. 먼로주의 그 자체가 아니라 이 광역사상이야말로 임의적으로는 되지 않는, 정치적 현실의 상황에 따라 적절히 전용할 수 있는 것이다."(1942VGO:30f.[102])

52) 히틀러는 1939년 4월 28일 의회연설에서 독일의 유럽 외교정책에 걱정을 표했던 4월 14일의 프랭클린 루즈벨트의 외교 통첩에 대응해, 명시적으로 먼로선언을 채용하면서 그 통첩을 간섭으로서 물리친다. 그리고 독일은 유럽에 먼로주의를 설립한다는 주장은 이후에도 히틀러나 외무장관 리벤트로프에 의해 몇 번씩이나 반복된다. Vgl. L. Gruchmann, *Nationalsozialistische Grossraumordnung*, a.a.O., S.11ff. 그러나 슈미트는 히틀러의 그런 연설을 인용할 경우에도, 그 '독일 먼로주의'라는 표현에는 언제나 일정한 유보를 표시하고 있다(1942VGO:46f.[116]; 1939b:302[120-121]).

미국이 "10년도 지나지 않아서 자신의 정치적 요청을 지역적으로 한정된 광역으로부터 제국주의적인 세계국가로 교체했던" 것은 "미국 인민을 자연적인 광역적 한정 내부로 결정적으로 자제시킬 수 있는 민족적 근본 핵심"을 결여하고 있었기 때문이다.[53] 광역사상의 핵심은 다름 아닌 민족의 관념에 있는 셈이다. 이러한 관점에서 보면 역외 열강의 간섭 배제라는 원칙만을 광역질서의 전제로 삼는 슈미트의 입론은 불충분한 것으로 비춰지게 될 것이다. 슈미트도 회원이었던 '유럽 경제 플래닝 및 광역경제 협회'의 회장 베르너 다위츠는 슈미트에 맞서 "생물학적" 혹은 "인종적으로 결부된 여러 생존권", 즉 "여러 인종적 먼로주의"[54]를 주장하면서 "유럽적, 동아시아적, 독일적 먼로주의의 생물학적 구조"야말로 "지리학적"인 "범汎이념"으로서, "제국주의적 성격"을 가진 "미국의 먼로주의"에 대항할 수 있는 것이라고 간주한다.[55]

그러하되 슈미트의 광역질서론에서 결정적인 것은 여러 광역 간의 경계설정과 그것들 간의 상호 불간섭이라는 형식적 원리 이상의 것은 아니었다. 그는 어디까지나 '본래의 먼로주의'로부터 불간섭 사상이라는 핵심을 집어내는 데에 머물고 있으며, 역외 열강의 간섭을 배제하는 구체적 공간질서를 인종-민족적으로 근거화하려고 하지는 않았던 것이다.

'본래의 먼로주의' 속에서 광역사상의 선례로서의 의의를 발견함으로써, 미국에 맞서는 슈미트의 견해는 대단히 양의적인 것이 된다. 그는 한쪽으로는 분명 미국의 보편주의와 제국주의를 비난하고 있지만, 다른

53) G. A. Walz, »Staatsvolk und Urvolk«, a.a.O., S.39f.; ders, *Völkerrechtsordnung und Nationalsozialismus*, a.a.O., S.136f.

54) Werner Daitz, »Das neue Europa, seine Lebenseinheit und Rechtsordnung«, in: *Deutsches Recht*, 10 (1940), S,2081.

55) Ebd., S.2082. 다이츠는 1940년 10월 5일자 슈미트 앞으로 보낸 편지에서도 마찬가지로 주장하고 있다. "저에게 유럽이나 동아시아, 미국이나 독일은 단지 지리적인 공간이 아니라 생물학적으로 결속되어 있는 생존권입니다. 바로 그 지점에 근본적으로 새로운 것이 있다고 저는 생각하고 있습니다."(zit. nach: F. Blindow, *Carl Schmitts Reichsordnung*, a.a.O., S.67)

한쪽으로는 적어도 1939년부터 1941년 12월 미국의 참전 때까지는 미국이 '본래의 먼로주의'로 회귀하여 슈미트 자신이 지향하는 땅위의 광역분할에 기여하리라고 기대했다. 이 시기의 슈미트에게 적이란 미국이라기보다는 오히려 영국이었다. 미국에 대해서는 영국의 세계제국 쪽에 붙을 것인가 아니면 '본래의 먼로주의'에 기초한 광역질서의 형성으로 향할 것인가를 끊임없이 질문하게 된다. 1940년의 시점에서 슈미트는 다음과 같이 말한다.

> 한층 더한 세계사적 발전이 직면하고 있는 물음이란 다른 앵글로색슨 세력, 즉 미합중국이 먼로주의 본래의 개찬되지 않은 대륙적 광역사상을 향해 결단하는가 아니면 영국 보편주의의 부富와 전통에 결합되거나 완전히 융합되고 말 것인가라는 질문이다. (1940e:261; 1940b:391)

그리고 슈미트는 미국이 광역질서로 회귀하고 있음을 보여주는 하나의 징후를 아메리카 대륙의 여러 국가들이 대륙 연안 300마일 이내를 중립적인 안전지대로 설정했던, 1939년 9월부터 10월까지의 파나마 회의에서 발견하고자 한다. '아메리카 대륙'이라는 지역적 한계를 지키면서 설정된 이 안전지대 안에서의 교전을 독일과 영국·프랑스 쌍방 모두에게 금지한 파나마 선언을 두고 슈미트는 광역의 발전을 향한 '진보'로 평가했던 것이다(1940e:256f.). 즉 파나마 선언의 의의는 그것이 공간을 갖지 않는 자유로운 바다를 구체적인 광역 속에 집어넣으려는 시도였다는 점이다.[56] 이러한 슈미트의 기대는 곧바로 미국의 참전에 의해

56) 파나마 선언에 대한 슈미트의 긍정적 평가는 이후에도 오래 지속된다. "'아메리카 안전지대'는 해양의 자유로부터 새로운 종류의 공간획정을 도입함으로써 자유로운 대양을 광역사상에 종속시킨다. ……과거 먼로주의에 관해 말해질 때에는 일반적으로 서반구만이 사고되고 있으며 대양에 관해서는 19세기적 의미에서의 바다의 자유가 전제되어 있었을 뿐이다. 이제 아메리카의 경계는 그렇게 자유로운 바다로도 연장됐던 것이다."(1943c:443; 1943b:657) 전후에 출판된 『대지의 노모스』에서도 파나마 선언이 갖는 "특별한 의의"가 인정되고 있다. 즉 파나마 선언에 있어 중립적인 안전지대는 "그러한 전통적인 경계를 넘어서는 합중국의 정책과는 달리 아메리카라는 개념 및

배반당하게 된다. 그럼에도 그는 미국의 외교정책 속에는 언제나 보편주의적인 세계간섭과 '본래의 먼로주의'에서 보이는 광역적인 고립주의라는 양의성이 내재하고 있음을 계속 강조한다.

Ⅲ. 근대국제법의 역사적 근원으로

1. 유럽국제법의 발흥과 몰락

광역질서의 구상을 전개하고 있던 중인 1940년경, 슈미트에게는 사상적인 전환의 계기 하나가 찾아왔던 것처럼 보인다. 즉, 이 무렵부터 그는 도래할 광역질서의 형성을 전망하기보다는 근대 주권국가 체제에 기초한 고전적 국제법의 역사적인 탐구에 관심을 기울이기로 한듯하다.[57] 분명 그는 독일이 바로 당대에 수행해야 할 역사적 사명으로서,

---

거기에 있는 제한에 머물고 있는 것"이며, 또 "중립자에게 유리하도록 전장으로서의 자유로운 해양으로부터 새로운 종류의 공간적 경계설정을 도입함으로써 자유로운 대양까지도 광역사상에 복종시켰다"는 것이다(1950NE:257f.[368-369]).

파나마 선언에서의 안전수역 설정에 광역형성이라는 의의를 부여하는 완전히 동일한 논의는, 2차 대전 시기의 일본에서도 마츠시타 마사토시의 저작 『아메리카 광역국제법의 기초이념』, 89-119쪽에 보인다. "파나마 선언은 1937년의 미국 중립법과 서로를 보완하며, 미국은 한편으로 비아메리카 전쟁에 관해서는 전통적 중립권을 스스로 포기하고 교전권의 우월성을 인정함으로써 그 전쟁에 개입하는 일을 피하고, 다른 한편으로 아메리카 안전수역에 있어서는 중립권의 우월성을 승인하고자 한다. 그러므로 그것은 무상으로 모든 것을 얻으려는 이기적인 견해가 아니라 광역권 형성의 역사적 현실을 직관하고, 불가능해진 요구는 미리 포기하는, 실행가능한 요구를 행한 것이다. 바꿔 말하면, 그것은 상호주의에 기초한 제안이며 형평의 원칙에 합치하는 것이었다." (같은 책, 106쪽) 이와는 달리 1941년도 미국의 무기대여법은 미국이 자신의 광역권을 밟고 넘어서 "동아의 문제에 간섭하고 유럽 전란에 개입"하게 되는 증좌인 것이다. "우리는 미국의 자기보위 및 자국의 전통을 보존하기 위해 이번 대전에 개입하는 일은 전혀 불필요하고 유해한 것이라는 점을 대동아전쟁 개시 이전에 확신하며, 오늘날에도 그 신념을 변경할 이유가 없는 것이다."(같은 책, 105쪽)

57) 특히 1942년의 『땅과 바다』가 전기가 되었다고 여겨지는 이러한 사상적 전환을 지적하고 있는 것으로는 H. Quaritsch, *Positionen und Begriffe Carl Schmitt*, a.a.O., S.122f.[202-203]; M. Schmoeckel, *Die Großaumtheorie*, a.a.O., S.34ff.

고전적 국제법질서를 극복할 광역질서의 형성을 계속 강조했었다. 그러나 1943년부터 1944년에 걸쳐 행해진 강연『유럽 법학의 상황』속에서 고전적 국제법이 "유럽 공법(jus publicum Europaeum)"이라는 잘 알려진 명칭으로 지명될 때(1950LR:387[5]), 고전적 국제법에 대한 평가에는 약간의 변화가 엿보인다. 즉, 그 시대는 종언을 맞이하고 있을지라도 주권국가 중심적인 국제법체제를 유럽이 역사상의 한 시기에 달성했던 하나의 위대한 창조물로 간주하게 되는 것이다. 바로 거기에 고유한 구체적 법질서를 획득한 유럽의 위대함이 있는 셈이다. 슈미트에게 고전적 국제법의 의의는 그것이 본래 유럽에 고유한 질서였다는 바로 그 점에 있었다. 1940년에 쓰기 시작해서 1945년에 거의 완성되고 있었다고 추측되는 대저『대지의 노모스』(1950)는[58] 당대 이미 보편적인 법질서로 간주되던 주권국가적 국제법이 유럽이라는 구체적 토지와 장소에서 유래하는 것임을 명확히 하려는 국제법의 계보학에 다름 아니었다.

고전적 국제법은 유럽이라는 구체적인 장소에 고유한 질서로서 탄생한 것이지만, 동시에 그것은 유럽이 당시 수행하고 있던 '혹성적인' 공간혁명 속에 그 위치가 부여될 때 비로소 올바르게 이해될 수 있다고 슈미트는 말한다. 광역질서의 형성에서 오늘의 공간혁명을 보았던 슈미트이지만, 실제로 그런 공간혁명은 예전에 이미 한 번 일어났었던 것이다. "현재의 세계정치상의 대사건 또한 종래의 공간 관념과 공간 전제의 변화를 그 격동하는 핵심 속에 포함하고 있는데, 그런 변화란 400년 전에 시작된 혹성적 공간상의 변화 속에서만 적당한 역사적 비교항을 발견할 수 있다."(1942VGO:74[142])

그 최초의 공간혁명이란 16세기 무렵부터 시작된 지리상의 발견과 분리될 수 없는 관계에 있다. 한편으로 서양의 자연과학적 합리주의의 전제인 "무한의 공허한 공간이라는 관념"(1942LM:65[73]; 1942

58) Vgl. G. Maschke, *Der Tod des Carl Schmitt*, a.a.O., S.62; H. Quaritsch, *Positionen und Begriffe Carl Schmitt*, a.a.O., S.121[97, 201]; P. Noack, *Carl Schmitt*, a.a.O., S.236.

VGO:79f.[147])을 낳은 16세기의 공간혁명은 다른 한편으로는 지리상의 발견이라는 동시대 정치적·역사적 사건과 밀접하게 연관되어 있는 것이다. 어느 쪽이든 유럽의 눈앞에는 자신이 획득할 수 있는 광대한 공간이 열려졌던 것이다. 이리하여 유럽에 의한 신세계의 "육지취득(Landnahme)"이 시작된다. "16/17세기에 일어났던 경이적인 미증유의 공간혁명은 마찬가지로 경이적이고 미증유인 육지취득에 이르지 않을 수 없었다."(1942LM:72[81-82]) 슈미트는 바로 그런 '육지취득'에서 유럽국제법의 기초를 보는 것이며, 그가 법의 근원으로 간주하는 '노모스(Nomos)'는 그러한 '취득(Nahme)' 속에서 가장 두드러지는 것이다. 그리하여 비유럽세계 식민지의 존재가 슈미트에게 중요한 국제법상의 주제로서 전면에 등장하게 된다. 1941년도의 광역질서론 3판에 부가된 1940년도 논문(「라이히와 공간」)에서는 **"식민지란 종래 유럽국제법의 공간적 기초사실이다"**(1942VGO:68[136])라는 말까지 하게 되는 것이다.

식민지가 유럽의 주권국가적 국제법의 기초라는 것, 이는 다름 아닌 식민지의 존재에 의해서야말로 유럽 내부에서의 전쟁의 '범위제약(Hegung[한계틀의 설정])'이 가능했었기 때문이다. 무차별 전쟁관에 기초한 고전적 국제법은 국제법상 그것과는 전혀 다른 상태에 놓여 있던 유럽 외부의 공간을 전제하고 있던 것이다. 슈미트는 1940년도의 논문「라이히와 공간」에서 처음으로 유럽과 비유럽을 전혀 다른 종류의 공간으로서 분할하는 '우의선友誼線(Freundschaftslinien, amity lines)'을 언급한다. 즉 그것은 전쟁의 '테두리 치기'가 실현된 평화적인 유럽 국제법질서와, 유럽 열강이 식민지를 대상으로 자유로이 수탈을 펼치는 '자연상태'로서의 비유럽 지역을 구별하는 선이다.

그런 우의선은 예컨대 16세기에는 가차 없고 용서 없는 세력다툼의 장으로서 평화적일 수 없는 지역을 획정하는 것이었지만, 그 경우 획정된 지역의 안쪽(즉 그 우의선의 바깥쪽 피안)에서 행해지는 열강 간의 권리침해나 가해행위는 유럽에서 식민열강이 체결한 관계에 있어서는 아무런 전쟁원

인도 되지 않는바, 그런 조약과 평화란 교란되어서는 안 되는 것으로 여겨졌다. (1942VGO:71[138])

유럽 내부에서 주권국가들끼리 적대관계를 전면화시키지 않았던 이유는 유럽의 외부에 유럽 여러 국가들이 자유로이 취득할 수 있는, 주인 없고 개척되지 않은 토지가 존재하고 있었기 때문이다. 유럽 여러 국가들의 자유로운 팽창이 무한한 것으로 여겨지던 새로운 공간에서 보증되고 있었기 때문에, 그 '자연상태'에서의 세력다툼으로 생기는 적대관계가 우의선의 안쪽 차안인 유럽 내부로까지 이월되는 일 없이 마무리될 수 있었던 것이다. 바로 그런 뜻에서 식민지는 유럽 국제법질서를 지탱하고 있었던 것이다.

만약 식민지에서의 육지취득이 고전적인 유럽국제법의 기초였다고 한다면, 새로운 식민지 영유의 가능성이 줄어듦에 따라 유럽을 평화적 법질서의 공간으로 획정하는 우의선 또한 소멸되어갈 것이다.

자유로이 취득할 수 있는 식민지 공간의 상실이 되는 한 가지 원인은 유럽이라는 구체적 장소에 뿌리박고 있던 국가라는 질서가 그 지역적 한계를 넘어 전 세계로 보편화된 것이다. 즉 국가에 관한 법 개념이 존재하지 않는다고 종래부터 여겨져왔던 유럽 외부의 토지가 서서히 국가적 성격을 띠게 되어갔던 것이다. 대략 19세기 후반까지 명맥을 지켜왔던 유럽국제법이 국가의 보편화 속에서 해체되어가는 과정은 『대지의 노모스』에서 상세히 서술되는데, 이 저작의 기본적인 진단은 이미 1940년경의 논문에 보이고 있다. 즉 식민지가 국가에 속하는 법 영역으로 편입되어가는 전환점으로서의 1885년도 콩고 의정서가 지닌 의의나(1940e:243f.) 19세기 후반부터 진전된 아시아 국가들의 국제법공동체 가입에 따른 국제법의 보편화로의 변질이 그것이다(1940c:375f.).

이 시기의 슈미트는 아직 국가중심적인 유럽국제법의 그러한 보편화 과정을 "그것 자체로서는 결코 최종적인 것이 아니라 이제까지의 유럽적 세계상으로부터 광역에 의해 규정되는 새로운 지구공간적 세계상을 향해 가는 단순한 중간상황 또는 이행상황을 보여주는 것에 불과한 것"(1940c:244)으로 보면서, 역사의 발전은 광역질서 형성을 향해 나아가고 있다는 신념을 갖고 있었다. 그리고 식민지 취득의 가능성을 잃게 된 현대의 새로운 '우의선'이 이번에는 여러 광역들 사이에 그어짐으로써 "총력전[전체전쟁]의 위험을 근본에서 일소"하는 "진정한 평화"가 오게 되리라고 생각했었다(1940b:390). 그러하되 슈미트는 동시에 국가가 보편적 질서로서 세계 전체로 퍼져나가는 현상의 배후에 숨겨져 있는 것이 유럽 국제법의 파괴를 야기하고 전체전쟁을 산출하는 좀 더 근본적인 사태임을 발견하고 있었다. 다름 아닌 영국을 담당자로 하는 세계경제가 그것이었다.

2. 세계경제와 국제법

"모든 국제법 주체가 하나같이 국가적 성격을 띠고 국제법과 국내법의 엄격한 이원론이 성립하는 상황의 배후에서는 경제영역을 위한 진정한 보편주의적 국제법이 만들어지고 있는바, 이는 자유주의-민주주의적이며 입헌주의적인 헌법률이 세계적으로 통용·보급되어가는 상황을 기초로 삼고 있다."(1940e:249f.) 슈미트가 보기에 국가의 보편화는 국가로부터 자유로운 경제의 세계적 확대와 표리일체를 이룬다. 이는 그 국가가 공적·국가적 영역과 사적·경제적 영역 간의 명확한 분리를 전제로 하는 자유주의적 입헌국가라는 점에서 기인하고 있다. 그런 국가가 세계로 퍼져가는 만큼 자유로운 경제활동에 맡겨지는 영역 또한 넓어지게 되는 셈이다. 근대국가에서 그 두 영역의 분리선은 "국가적-공적인 것과 비국가적-사적인 교역을 구별하는, 국내의 입헌주의적 **우의선**友誼線"이라고 불러도 좋다. 왜냐하면 그것 또한 국제공법 질서에 기초한 여러 국가들의 전쟁수행으로부터 분절된 영역으로서 자유로운 사적 무역의 영역을 획정하기 때문이다. 그러나 슈미트에게 군사의 외부에 있다고 여겨진 이 경제영역은 결코 평화의 영역이 아니다. 그것은 실제로 유럽국제법의 무차별 전쟁관과는 다른 종류의 전쟁 개념을 발달시키는 것에 지나지 않는다.

슈미트가 경제와 무역에 기초한 바다의 국제법이라는 주제에 착목하기 시작한 것은 1937년 무렵이다. 이 주제는 영국적인 바다의 세계상에 기초하여, 유럽 대륙의 국제법에 맞서 "독자적 개념을 갖는 완전하고 완결된 국제법체계"(1937a:238[30])를 만들어내는 것으로 여겨진다. 그 둘의 차이가 현저하게 보이는 것이 해전과 육전의 차이이다. 올바른 정치적 적만을 상대로 한정전쟁을 수행한 대륙 국가들의 육전에 맞서 "영국의 해전은 전면적인 적대를 가능하게 한다는 뜻에서 전체적이다."(1937a:238[29]) 즉 영국의 해전은 전투원과 비전투원 간의 대륙적 구별을 철폐한 총력전으로서의 경제전쟁에 의해 적대를 전면화시키는 것이다. 나아가 1937년도의 해적론에서는 바다의 국제법이 전쟁을 "탈국가화"하고 비정치화함으로써, 즉 전쟁을 "인류의 이름 아래" 수행함으로써 그러한 총력전(전체전쟁)의 위험을 한층 더 증대시킨다고 본다(1937b:508ff.). 해상교역을 방해하는 해적행위를 '인류의 적'으로 규정하고 형법적·경찰적 조치의 대상으로 간주하는 바다의 국제법은, 고전적 유럽국제법의 무차별 전쟁을 파괴하고 적대자를 법의 바깥에 있는 범죄자로 무자격 선고하는 보편주의적 국제법의 정전론과 밀접하게 연관되어 있는 셈이다. 슈미트는 정치와 경제를 분리하는 자유주의적 입헌국가가 세계 각지에 전파되어가는 현상 아래에는, 그런 겉모습과는 반대로 오히려 주권국가 중심적인 고전적 국제법을 붕괴시켜버릴 바다와 경제의 세계상과 그것에 기초한 보편주의적 국제법의 성장이 있다고 생각했던 것이다.

이리하여 슈미트는 두 국제법 관념의 대치를 통해 유럽 대륙 여러 나라들과 영국세계제국 간의 지정학적 대립을 명확하게 의식하게 된다. 슈미트가 두려워하고 있던 것은 육지에 뿌리박은 구체적인 유럽질서가 구체적 공간을 갖지 않는 영국의 보편적 지배로 파괴되고 마는 일이었다.

그런 까닭에 1939년부터 1941년 12월 미국 참전까지의 시기에 슈미트가 주로 창끝을 겨눴던 것은 미국보다는 오히려 영국의 세계제국이었던 것이다. 영국은 수호해야 할 구체적 공간을 갖지 않으며 그 이해관심은 주로 "교역로" 또는 "통로"의 방위에 있었다. 이는 말할 것도 없이 무역을 위한 해상교통로를 가리키며, 영국은 자신의 세계제국적 경제이익을 지키기 위해 "해양의 자유"라는 원칙을 내세우고, 바다가 그 어떤 공간적 경계설정에도 굴하지 않는 자유로운 경제활동의 영역으로 계속될 수 있도록 했다. 슈미트는 '해양의 자유'라는 국제법 원칙 속에서 다름 아닌 영국 제국주의가 자신의 헤게모니 확보를 위해 마음대로 할 수 있는 개념적 무기를 발견하는 것이다. "자유를 위한 인도적-보편적 표현의 배후에 있는 것으로 인정될 수 있는 것은 지리적인 맥락을 갖지 않는 세계제국의 특수이익을 언제나 보편주의적으로 일반화하는 법 개념이 되도록 밀어올리는 독특한 맥락이 있다는 것이다. 이는 단지 '허사'나 기만, 혹은 어디서 본 듯한 슬로건으로서 설명될 수 있는 게 아니다. 그것은 어떤 특정한 종류의 정치적 실존 안으로 국제법적 사고법이 불가피하게 편입되어 있는 한 가지 사례인 것이다."(1942VGO:40f.[110])

슈미트에게 영국적인 국제법사상이 기초로 삼은 것은 아무런 구체적 공간도 없는 바다이다. 이는 땅에 뿌리박은 유럽 대륙 여러 나라들이 만들어낸 구체적 질서와는 서로 용인될 수 없다. 유럽 고유의 구체적 질서 구상으로서의 광역이론은 다름 아닌 보편주의적인 해양세력으로서의 영국에 맞선 투쟁이라는 뜻을 갖고 있던 것이다. 단, 슈미트가 보기에 국제법의 그러한 분열은 애초에 이미 16세기 공간혁명의 시점에서 미리 정해져 있었다. 왜냐하면 이 공간혁명에 의해, 취득할 수 있는 자유로운 육지만이 아니라 '자유로운 해안' 또한 유럽 앞에 열려졌기 때문이다. 이러한 상황을 눈앞에 두고 대륙 여러 나라와 영국은 제각기 다른 두 결단을 행하게 됐다. 그리고 그것이 이후 양자의 운명을 결정하게 됐던 것이다.

3. 바다로의 결단과 영국

16/17세기의 공간혁명은 '혹성적'인 동시에, 유럽이라는 지역에 고유한 질서를 가져왔다. 이 양의성을 가리키는 것이 두 가지 위대한 역사적 사건이다. 그 하나는 유럽국제법의 기초인 주권국가의 창출이다. 국가란 공간혁명과 함께 탄생한 하나의 새로운 공간질서였던 것이다.

> 주권국가는 흔히들 생각하듯 중세의 제국과 공동체의 질서를 제거한 새로운 질서 개념이었을 뿐만 아니라 특히나 새로운 **공간**질서 개념이기도 했다. 게다가 그것은 선행하는 질서 개념을 대신하기만 했던 신질서가 아니다. 오히려 본질적인 것은 이제까지 전례가 없던 거대한 혹성적 **공간**혁명이 세계정치와 국제법에 처음으로 영향을 미쳤던 그 역사적 순간에 주권국가가 새로운 공간질서 관념을 설정하게 됐다는 점이다. (1941a: 379f.[128]; 1941b:405)

주권 및 국가 개념의 발견자는 장 보댕이고 주권국가의 원형을 구성했던 것은 프랑스였다. 그것 자체가 종교전쟁이라는 현실의 상황 속에서 그 극복을 위해 행해진 하나의 "주권적인 정치적 결단"(1941a:375[124]; 1941b:401)에 다름 아니었다. 주권 개념은 구체적 상황 속에 있을 때에 비로소 그 힘을 얻는 법 개념인 것이다.

> 보댕의 주권 개념에서는 법학적 개념 구성이 정치적 현실과 희유한 방식으로 결합하고 있다. 그런 까닭에 이 법학 개념은 한 가지 새로운 질서 관념의 승리에 어쨌든 공헌할 수 있었던 것이다. (1941a:377[125-126]; 1941b:403)

이리하여 주권국가는 프랑스를 시초로 하는 유럽 대륙 여러 나라들의 질서 원리가 된다.

따라서 주권국가로의 결단은 이 시대의 공간혁명에 관여하는 역사적 사건의 작은 단면일 따름이다. 즉 그것은 바다에 관한 의식을 결여하고 있다.

> 주권국가 개념은 16/17세기 위대한 공간혁명의 여러 작용들 중 하나에 지나지 않았다. 그것은 특히 또 하나의 좀 더 거대한 측면을 파악하지 못하고 있다. 즉 주권국가 개념은 바다를 향하는 일이 없었고 바다와 관여하는 일도 없었던 것이다. (1941a:381[129]; 1941b:406)

"육지와 대지에 결부된 관념"인 주권국가를 향했던 대륙 국가들과는 달리 바다를 향해 결단했던 것이 영국이고, 이것이 이 시대의 공간혁명에 관여하는 또 하나의 위대한 역사적 사건인 것이다. "이렇게 영국은 엘리자베스 여왕의 시대에 땅을 등지고 바다로 향하는 결단을 했다. ……말의 진정한 의미에서 근원적인(elementar) 이 바다로의 결단이야말로 당시의 사건 가장 깊은 곳에 있던 핵심인 것이다."(1941c:396) 이 결단에 의해 영국은 유럽 대륙의 일부이기를 그만둔다. "영국이라는 섬은 유럽 대륙의 본토에서 떨어진 섬으로부터 바야흐로 세계의 바다의 일부가 된다."(1941c:397)

바다로의 결단에 의해 영국은 유럽 대륙의 여러 나라들에 대한 우월적인 지위를 획득한다. 즉 영국은 하나의 주권국가가 아니라 세계제국을 형성했던 것이다.

> 영국이 순수하게 해양적인 실존으로 이행했을 때, 다른 세계, 특히 유럽 대륙의 여러 국가에 대한 본질적인 관계 일체는 변용되지 않을 수 없었다. 영국 정치의 척도와 비율 일체는 다른 유럽 국가들의 그것과는 비교될 수도 없었고 일치하지도 않게 되었다. 영국은 바다의 여왕이 되어, 전 지구상의 해양지배에 기초해 땅위의 모든 부분에 분산된 영국세계제국을 설립하였다. (1942LM:93f.[108])

영국의 강점이란 대륙적인 주권국가를 구성하지 않았던 데에 있다. 영국은 국가로서 육지를 취득했던 게 아니다. 그것은 국가로부터 자유로운 바다의 취득을 행했던 것이다.

> 땅에서 육지취득이라는 역사적 사건이 대규모로 진행되고 있던 사이, 바다에서는 그것 못지않게 중요한 또 하나의 새로운 혹성분할이 행해지고 있었다. 이는 영국에 의한 바다의 취득으로 일어났던 일이다. ……땅은 이제 10여 개 주권국가에 속해 있지만, 바다는 어느 나라에도 속해 있지 않은 것이거나 모든 나라에 속해 있는 것으로서, 이제는 결국 실제로는 단 하나의 나라, 즉 영국에 속하게 됐던 것이다. (1942LM:86[98])

바다의 취득은 세계무역의 지배이다. 세계경제에 의한 주권국가체제의 침식은 유럽 대륙에서 이탈한 영국의 결단 속에 이미 예정되어 있었다. 여러 국가들로 이뤄진 땅의 질서와 국가로부터 자유로운 바다 간의 분리라는, 유럽국제법을 규정했던 대지의 노모스에는 땅과 바다 간의 불균형한 관계가 함의되어 있는 것이다. 따라서 보댕에 이어 근대 주권국가의 강력한 상을 제시했던 것은 분명 영국인 홉스였지만 실제로 그는 전혀 영국적이지 않았다. "영국인으로서의 홉스의 특성을 볼 경우, 그는 해양적인 종류라기보다는 아직 전적으로 육지적인 종류의 섬나라 사람에 속했다. 그는 바다라는 엘레멘트[본령·요소]를 향해 결단하고 그것에 의해 안쪽으로부터 규정되어 커다란 변모를 이룩한 동시대 영국인에게는 속하지 않는 것이다."(1941b:417) 홉스의 '리바이어던'은 영국에서는 실현되지 않았던 것이다. 이미 슈미트는 1938년의 홉스론에서 리바이어던이 영국 본국에서 더듬었던 운명에 대해 이야기하고 있다.

> 홉스의 국가론은 시대를 선취했던 중요한 것이었지만, 영국에서도 영국인에 의해서도 실현되지 못한 채 유럽 대륙의 여러 나라들에서 실현될

수 있었다. 그것은 프랑스나 프로이센을 통해 많은 측면에서 고전적인 완성에 이른 모습을 드러냈다. 영국인은 그런 종류의 국가에 등을 돌리는 일을 결단했던 것이다. (1938L:119[91])

17세기 영국에서 일련의 혁명을 통한 해운·상업세력의 승리에 의해 홉스의 리바이어던은 영국에서 그 장소를 잃는다. 슈미트에 따르면 그것은 대륙적인 국가에 육지괴물 비히모스가 아닌 바다괴물 리바이어던의 이름을 부여한 홉스 자신의 부적절한 명명으로 인해, 영국에서도 그리고 그 이름이 한층 더 적절한 대륙 국가들에서도 신화로서의 역사적인 힘을 가진 투쟁 개념이 될 수 없었다. 그렇다고 할지라도, 바다로의 결단을 행한 영국은 이제 바야흐로 본래적인 의미에서의 바다괴물 리바이어던으로서 세계의 바다에 군림하게 됐다고도 할 수 있을 것이다. "이 섬은 바깥을 향해 출발하여 해양세계제국의 중심지로서 자신의 장소를 자유로이 변화시킬 수 있었다. 배는 닻을 올리고 지구상의 다른 장소에 정박할 수 있었다. 대어大魚 리바이어던은 자유로이 움직일 수 있었고 다른 대양을 탐방할 수 있었던 것이다."(1942LM:95[110])

4. 리바이어던의 운명과 기술의 힘

1938년의 저작에서 슈미트는 홉스적인 국가 리바이어던을 덮친 근대의 운명으로서, 중립화된 기술적 도구로의 국가의 타락에 대해 서술하고 있었다. 19세기의 법실증주의에서 정점에 도달했다고 여겨지는 국가의 기술적 중립화는, 물론 1920년대 이래로 슈미트의 비판 대상이었지만, 땅과 바다의 지정학을 전개한 1940년대가 되면 그것은 영국의 해양적 존재와 관련을 맺게 된다. 즉 한편으로는 기술을 통한, 다른 한편으로는 자유로운 바다를 통한 국가의 해체는 다름 아닌 영국 산업혁명에서 그 두 측면이 하나로 결합한 모습을 취한다. "하나의 내적인 변화가 위대한 리바이어던의 근원적 본질을 건드리고 있었다. ……리바이어던의 본질을 건드린 변화란 정확히 산업혁명의 결과였다. ……위대한 해양국가는 동시에 위대한 기계국가가 되었다. ……이제 리바이어던은 대어에서 기계로 변해 있었다."(1942LM:96ff.[111-113])

"국가조직이 아니라 사략선私掠船〔포획권 및 교전권을 허가받고 이윤을 추구하는 사함(私艦)〕이야말로 땅을 등지고 바다로 향하는 결단의 역사적 담당자였다"(1941b:414)고 말하는 슈미트는 적어도 당초의 바다를 향한 영국의 결단에는 항해에 따른 리스크를 자기의 책임으로 받아들이는 모험적·영웅적 성격이 있었다고 본다. 그러나 산업혁명에 의한 기술적 진보는 바다와 인간의 관계를 기계에 의한 조작의 관계로 바꿔버렸다.

> 바다라는 엘레멘트〔본령·요소〕와 인간 존재 사이에 기계장치가 삽입되었다. 기계 산업 위에 설립된 해양지배는 바다라는 엘레멘트와의 엄격한 직접적 투쟁을 통해 매일 획득된 바다의 힘과는 명확히 다른 것이다. ……산업혁명은 바다라는 엘레멘트로부터 태어난 바다의 아이를 기계의 제조자, 기계의 조작자로 바꿔버렸다. (1942LM:98f.[114])

슈미트가 바다의 그런 기술적 조작을 영국의 보편주의적 지배와 결부시켜 생각하고 있는 것은 명확하다. 이미 광역질서론의 초판에서 현대기술의 발전에 의한 국가주권의 초극이 설명되는 문맥 속에는 다음과 같은 문장들이 있다. "영국에서 주장되고 있는 이론이 국가의 극복에 의해 직접적으로—제네바 국제연맹이 담당하든 다른 조직이 담당하든—보편주의적 세계법으로 전진하기 위해, 혹은 그럼으로써 국가의 극복에 보편주의적인 의미를 씌워 분식하기 위하여 다름 아닌 현대적 기술발전을 얼마나 이용하고 있는지는 독일에서 충분히 주의 깊게 살펴온 문제로 보기 어렵다."(1942VGO:60[129-129])

그렇다고 해서 광역질서론의 개시로부터 2차 대전에 이르기까지의 슈미트를 특징짓는 것이 1930년 전반기까지의 그에게서 보였던, 혹은 2차 대전까지의 그에게서 보이는 기술적 진보에 대한 비관적 견해인 것은 아니다. 오히려 슈미트는 당대의 기술발전이 그가 기대하던 새로운 공간혁명을 가능하게 할 조건이라고까지 생각했다. "새로운 기술발전의 공간혁명적 힘은 이제까지의 우리가 파악한 지구의 형상을 [지리상의 발견이 행해진] 당시 이상으로 변화시킬 것이다. 이것이 지금 진행되고 있는 참된 공간혁명이다."(1940b:388) 그리고 그는 이 공간혁명이 종래까지의 땅과 바다의 관계를 변화시킬 수 있다고 생각했다. "기술의 발전, 해전의 신무기, 하늘의 지배는 전혀 새로운 전체상황을 만들어냈다. 영국이 바다와 혼인을 맺고 유럽 대륙에 대한 세계지배를 쌓아올릴 수 있었던 16/17세기의 상황은 이미 낡은 것이 되고 있다. ……현재의 공간혁명은 16/17세기보다 더 위대하고 깊은 심연이다. ……리바이어던의 시대, 즉 바다라는 엘레멘트에 기초해 땅에 대한 지배를 설립했던 역사상의 한 시기는 현재의 공간혁명에 의해 종언을 맞이한다."(1941c: 397f.)

슈미트가 강조하는 것은 제3의 엘레멘트로서의 하늘이다(1942LM: 104f.[120-121]). 영공을 인간활동의 영역으로 편입시킨 기술발전에 의해 땅에 대한 바다의 지배는 극복된다는 것이다(1942LM:106f.[122-123]). 이 시기의 그는 영공의 법적 지위를 생각할 때에 하늘을 자유로운 해양의 연장인 것처럼 간주하지 않고 오히려 영공 쪽에서 새로이 땅과 바다의 법적 공간을 규정하는 발상이 필요하다고 자주 주장했다(1942 VGO:64f.[132-133]). 영공의 획득을 통해 바다에 의한 지배를 극복한다는 전망은 1940년 영국 본토 상공의 항공전에서 보이는 것처럼, 세계대전 당초의 독일 공군의 우위라는 상황에 뒷받침됐던 것임을 부정하기는 어렵다. 그리하여 슈미트는 오늘날 현대의 기술발전을 자기 것으로 삼아 공간혁명을 수행하는 것은 영국을 대신하여 독일이라고 주장한다. "영공의 획득은 특히 새로운 세계상을 만들어낸다. 이 세계상은 이제까지의 땅과 바다라는 두 엘레멘트의 분리를 극복하고 새로운 공간 개념, 새로운 척도와 차원, 그리고 새로운 공간질서를 관철시키는 것이다. ……이 발전은 땅과 바다의 낡은 대립을 능가하는 대지의 새로운 광역질서로 통하고 있다. 새로운 여러 힘들과 에네르기는 새로운 공간혁명을 짊어지는바, 이번에는 다름 아닌 독일민족에게 지도가 맡겨지고 있는 것이다."(1941b:422)

단, 기술에 대한 이런 신뢰는 단순히 독일의 군사적 우세라는 정세를 수용해 이 시기에 돌연히 기회주의적으로 표명됐던 게 아니다. 이미 슈미트는 1930년대 초엽의 "전체국가"론 속에서 국가의 기술적 중립화를 힐난하면서 그런 중립화의 지배에 굴복하고 만 "약한" 전체국가에 맞서 새로운 기술적 수단을 손에 쥐고 경제사회의 전면적인 통제를 행하는 "강한" 전체국가를 대치시키고 있었다(1933a:185ff.[114-117]; 1933b:370f.[86-87]). 그리고 그는 "자유주의 사상"에 저항할 수 있는 "강한" 전체국가의 실현을 나치스 체제의 성립 속에서 발견했던 듯하다(1933SBV:34[57-58]). 하지만 실각한 뒤인 1938년의 저작 『리바이어던』에서 슈미트는 홉스의 리바이어던국가를 희생시킨 근대의 기술화 및 기능화의 과정을 묘사하면서 자신이 기대한 전체국가가 아니라 단순한 기계장치로 전락한 근대국가의 비극적 운명에 체념을 표명한다. 그리고 그 후, 슈미트는 1939년도 광역질서 구상 속에서 경제를 기술에 의해 통제할 수 있는 강력한 정치지도의 가능성에 다시금 기대를 걸게 되며, 그런 한에서 '전체국가'론과 광역질서 구상 둘 모두에는 개입국가적 경제통제를 향한 강한 동기가 작용하고 있었다고도 할 수 있을 것이다.[59)]

실제로 광역질서론 3판의 대거 가필된 「총론」에서는 경제학자 프리드리히 나우만이 "중앙유럽" 구상을 제기한 1차 대전 시기부터 1920년대에

59) 광역질서론 등에 나오는 슈미트의 법이론에서 기술-경제적 배경을 특히 강조하는 것으로서는, 한쪽으로 테크노크라시 보수주의의 입장에서 나온 것이 있고(vgl. J. H. Kaiser, »Europäischs Großraumdenken«, a.a.O., S.546), 다른 한쪽으로는 좌파 계열의 논자의 의한 것이 있다(vgl. I. Maus, *Bügerliche Rechtstheorie und Faschismus*, a.a.O.,, S.22f.[31-32]; V. Neumann, *Der Staat im Bürgerkrieg*, a.a.O., S.193). 폴커 노이만은 광역질서론 3판의 「총론」을 끌어들여 슈미트에게 있어 초국가적인 광역질서의 실현이란 횐이나 베스트처럼 인종주의적 관념이 아니라 기술이라는 요소에 걸려 있음을 강조하고 있다(»Aussprache«, in: Helmut Quaritsch (Hg.), *Complexio Oppositorum*, a.a.O., S.421).

걸쳐 나타난 '광역'이라는 단어가 애초에 "기술-산업-경제-조직적 영역"에서 유래하고 있었던 것이 지적되고 있다(1942VGO:11f.[87]; 1940e:235ff.) 분명 슈미트는 그런 뜻에서의 광역에 만족하고 있지 않지만 광역 개념의 그러한 유래는 광역질서가 경제-기술상의 필요에 의해 요청되었다는 증좌로 보고 있는 듯하다.60) 즉 그것은 강력한 경제정책을 수행하기 위하여 다름 아닌 개입국가와 마찬가지로 기술적인 관리 가능성에 기초한 "플래닝(Planung〔계획수립·기획입안〕)"에 의해 지도되는 질서이다.61) "광역이란 현재의 포괄적인 발전경향에서 생겨난 인간의 플래닝, 조직 및 활동의 영역이다. 광역은 특히 우리에게 하나의 맥락을 가진 행동권(Leistungsraum)인 것이다."(1942VGO:14[89]) 기술발전이 '플래닝'을 통한 '행동권'으로서의 광역을 실현할 수 있다는 것이다.

기술에 의한 '플래닝'을 긍정적으로 평가하는 것은 2차 대전 전반기의 슈미트에게 특유한 것이다. 이는 '플래닝'에 대해 정반대로 평가하고 있는 전후의 저작과 비교해보면 명확하다. 거기서 '플래닝'은 어떤 역사철학과 관련 맺고 있다.

> 플래닝의 시대는 어떤 특별한 의미에서 역사철학의 시대이다. 오늘날 플래닝을 행하는 자는 자신이 플래닝의 틀을 씌우고자 하는 사람들을 곧바로 강고한 역사철학의 손에 넘기고 만다. 그런 한에서 역사철학은 이제 온전히 실천적이고 실효적인 의미를 갖는다. 즉 그것은 **플래닝의** 불가결한 **구성요소**인 것이다. (1952a:501)

이 역사철학이란 냉전의 두 진영 미국과 소련이 공유하고 있다고 여겨진 기술-산업적 진보의 역사철학이다. 슈미트에게 그것은 보편주의

---

60) "광역사상이 가장 먼저 경제-조직적 영역에서 이미 국제법적으로 중대한 의의를 갖는 이론적이고 실제적인 것으로 현실화됐다는 것 또한 물론 결코 우연이 아니다."(1942VGO:13[98])

61) Vgl. I. Maus, *Bügerliche Rechtstheorie und Faschismus*, a.a.O.,, S.148ff.[231-233, 254-257]

적인 세계관리를 향하는 것 외에 다른 게 아니다.

> 이제 진보에 도움이 되는 것은 올바른 것이 되고 진보를 억지하는 것은 죄를 짊어진 것이 된다. 역사철학이 역사적인 힘을 갖게 되는 것이다. 이 역사철학은 자신이 생각하는 의미에서 올바른 자를 칭송하고, 계속 정체되고 있는 자를 범죄자로 간주한다. 그것은 대담하게도 전 지구적 플래닝을 향하고자 하는 것이다. (1952a:505)

광역질서를 "역사적 실현을 통해 역사의 방향에 합치됐던 라이히 속에서 맥락을 갖는 행동권"(1942VGO:76f.[144])으로 부르던 2차 대전 시기와는 달리, 전후의 이 저작에는 광역형성을 향한 역사의 진보를 기대하지도 기술발전을 통한 플래닝을 신뢰하지도 않는다. 기능화와 기술화를 향한 역사의 경향은 이제 슈미트에게 전쟁 이전보다도 더 저항하지 않으면 안 되는 것이 됐다.

슈미트의 이러한 입장 변화는 2차 대전이 후반부에 접어들면서 천천히 전면에 드러나게 된다. 거기에 미국의 참전이라는 사정이 작용하고 있음은 의심의 여지가 없다. 즉 미국이 '본래의 먼로주의'에서 보이던 광역사상을 버리고 최종적으로 영국적인 보편지배 쪽에 섰다는 인식과 함께 슈미트는 역사 발전에 대해 비관적인 태도를 다시금 취하게 되는 것이다.

IV. 공간질서의 상실, 혹은 역사의 가속

1. 서반구 고립선으로부터 범간섭주의로

슈미트가 당초 기대를 섞어 1939년도 파나마 선언에서 발견하고자 했었던, 먼로주의의 "땅으로부터 바다로의 이행." 바야흐로 미국의 참전을 눈앞에 둔 슈미트에게 그러한 이행이란 결국 먼로주의가 구체적인 공간질서로부터 멀어지고 말았음을 표시하는 징후 이외에 다른 게 아니었다. "'서반구'라는 말에 의해 대륙의 육지공간만이 사고되고 있던 한에서, 그것에는 단지 수학적=지리적 경계가 결부되어 있을 뿐만 아니라 구체적인 지리=물리적 내용과 역사적 내용도 주어지고 있었다. 그렇게 바다로의 확대와 연장이 행해짐으로써 서반구라는 개념은 압도적으로 수학적=지리적으로 규정된 공허한 공간이라는 뜻에서 한층 더 추상적인 것이 된다."(1943c:443; 1943b:657)

이렇게 더 이상 구체적 공간질서로서의 광역의 발전이 아니라 해양지배 쪽에 붙은 미국의 선택은 시어도어 루즈벨트의 제국주의적 정책 전환의 이론적 대응물이던 해양정책가 알프레드 마한 제독의 지정학에 의해 이미 앞질러 보였던 것이다. 1942년 이래의 저작에서 슈미트는 미국이 영국적인 보편지배를 이어받으려는 기획의 증좌로서 해양지배를 위한 앵글로색슨 세력의 재결합이라는 마한의 전망을 빈번히 강조하게 된다(1942LM:100ff.[115-118]; 1942b:431f.). 해상권력의 강화에 대한 그런 주장은 경제적인 문호개방 요구를 위해 먼로주의를 태평양 지역으로까지 확대하고자 했던 19세기 말 이래의 미국 외교방침에 대응하는 것이었다. 그러나 슈미트는 그러한 미국 외교의 전환에는 좀 더 근원적인 요인이 있다고 생각하게 된다. 즉 그는 원래 고립정책이었을 먼로주의에는 본디 시초부터 지구상의 대지의 구체적 분할을 무화시켜버릴 수 있는 보편주의적 지배의 싹이 내재하고 있었다고 보게 되는 것이다.

슈미트에게 질서의 구체성은 대지의 분할에 기초한다. 최초의 공간혁명 이후 모든 구체적 질서는 혹성적인 규모에서의 대지의 분할에 의해 형성됐다. 『대지의 노모스』 속에서 명확히 정식화되는 이 혹성적인 분할선, 혹은 그것보다 더 적절한 명칭이라고 말해지는 "전 지구적글로벌인 선線의 사상"(1950NE:55[78])의 역사적인 세 유형을 드러낸 것이 1943년도의 저작이다. 그 세 유형이란, 첫째 1500년 전후의 스페인과 포르투갈 간의 식민지 분할선인 "라야(Raya)", 둘째 식민지와 유럽을 분할하고 유럽국제법 질서를 낳았던 "우의선", 셋째 유럽 대륙과 서반구의 아메리카 대륙을 분할한 먼로선언이다(1943a:441; 1943b:653ff.). 그리고 슈미트는 먼로주의라는 '최후의 전 지구적 선'이 함몰되고 말 귀결, 즉 고립정책으로부터 보편주의적 간섭으로의 반전을 규명해간다.

슈미트에 의하면 고립에서 간섭으로의 이러한 반전이 일어나는 것은 먼로선언이 단순한 고립선이 아니라 모종의 "검역 격리선"(1943a:444; 1943b:661)이었기 때문이다. 즉 그것은 전제專制와 부패의 영역인 구대륙 유럽으로부터 평화와 자유의 영역인 미국 신대륙을 지킨다는 도덕적 함의를 갖는 분할선이었던 것이다. 19세기 초엽 제퍼슨 대통령의 성명문에서 보이듯, 영국과 낡고 부패한 유럽에 대한 경멸을 대놓고 드러냈던 청교도주의적인 톤을 증좌로 삼아 슈미트는 말한다. "자기를 고립화시키는 그러한 성명은 종종 대단히 격렬하며, 그런 결과로 그 서반구의 선은 다름 아닌 검역 격리선으로서, 즉 건전한 신세계를 과거의 낡은 대륙의 사독死毒[시체의 유독성세균]으로부터 지키고자 하는 모종의 페스트 차단선으로서 드러나는 것이다."(1943a:444)

문제가 되는 것은 서반구를 고립시키는 이 선이 단지 미국을 바깥 세계로부터 분절할 뿐인 방위적인 것에 머물지 않는다는 점이다. 즉 이 선이 갖는 도덕적 성격은 미국 이외의 세계의 다른 지역에 대한 도덕적 차별화로 통하고 있다. 그런 까닭에 1900년 전후에 일어난 미국의 제국주의적 전환은 단순히 경제적인 것이 아니라 도덕적인 요구까지 수반한 보편주의로 귀결하는 것이다. 슈미트가 경제지배보다도 더 두려워하는 것은 그런 도덕적 범죄화였다.

> 자신이 부패하지 않은 신세계라는 미국의 주장은 세계의 나머지 지역에게는 미국이 수미일관되게 고립화에 묶여 있는 한에서만 허용될 수 있는 것이다. 세계를 선악에 따라 두 개의 반구로 분할하는 전 지구적인 선은 플러스 혹은 마이너스의 도덕적 가치부여를 행하는 선을 표시한다. 그것은 자기를 고립화할 뿐인 방위적인 것에 엄격히 제한되지 않게 될 때 지구상의

> 다른 모든 부분에 대한 항상적인 정치요구로 변한다. ……여기서 그 고립선의 고안자도 또 다른 나머지 세계도 벗어날 수 없는 하나의 딜레마가 생긴다. 자기를 고립화하는 선은 뭔가 전혀 다른 반대물로 변화되어 나머지 세계를 무자격 선고함으로써 범죄화하는 선으로 전도되는 것이다. (1943a:445; 1943b:663f.)

미국이 자기 고립화에 의해 획득한 중립성은 말하자면 "절대적인 중립성"으로, 유럽국제법 아래에서 각각의 주권국가가 무차별 전쟁관에 기초해 갖고 있던 전시 중립권과는 전혀 다른 것이었다. 즉 그러한 중립성은 "합중국 정부가 전 지구상의 재판관이 되는" 것이며, "땅 위의 모든 부분을 구별 없이 포괄하는, 제한 없는 간섭요구"로 통하고 있는 것이다(1943a:445; 1943b:664). 『대지의 노모스』에서 좀 더 상세히 전개되지만, 슈미트는 20세기 전반부에 일어난 국제법의 보편주의적 변질에 있어 미국이 맡았던 역할을 그렇게 '범간섭주의'로의 전환이라는 관점에서 고찰하는 것이다.

미국의 참전 이후, 슈미트의 눈에 이제 2차 대전은 그가 전쟁 이전인 『차별화된 전쟁 개념으로의 전환』(1938)에서 예견했던 사태가 현실화된 것으로 비춰진다. 즉 2차 대전은 독일에 맞서 적을 도덕적으로 차별화하여 범죄화하는 정전으로서, 또는 말하자면 "세계내전"으로서 수행되고 있는 것이다. 이는 우선 미국의 무차별적인 범간섭주의에 의해 초래되고 있다. "다른 정부를 차별화하는 일이 합중국 정부의 뜻대로 되는 것인 한, 합중국 정부는 사람들을 그들의 정부에 맞서 봉기시킬 권리, 그리고 국가 간 전쟁을 하나의 내전으로 바꿀 수 있는 권리를 갖는다. 그리하여 미국적인 방식으로 차별화되는 세계대전은 전면적이고 전 지구적인 세계-내전으로 변용된다."(1943a:446; 1943b:669)

그러나 실제로 미국의 범간섭주의는 슈미트에게 사태의 일면에 지나지 않는 것이었다. 즉 그런 정전 사상을 택하고 있다는 점에서 소련 또한 미국과 동류로 간주됐던 것이다. 분명 슈미트는 이미 1920년대부터 볼셰비즘이 내세운 "프롤레타리아 세계혁명의 보편주의"를 강하게 경계하고 있었지만, 당시 그 보편주의는 서구 민주주의 국가들을 중심으로 한 국제연맹의 보편주의와 무매개적으로 동일시되고 있던 게 아니었으며 오히려 양자는 대립관계에 있기조차 한 것으로 간주되고 있었다(1924b:22; 1926KV:78). 이제 그 동서 쌍방의 보편주의는 정전론에 의한 적대의 전면화를 초래한다는 점에서 동형적으로 여겨지게 되는 것이다. "여기에 언뜻 보아 믿기 어려운 서구 자본주의와 동방 볼셰비즘 간의 동맹의 비밀이 있다. 그 어느 쪽에게도 이 전쟁이 전 지구적이고 전면적인 것인 이상, 그것은 이제까지의 유럽국제법의 국가 간 전쟁으로부터 세계-내전으로 변화한다. 여기서는 레닌이 총력전의 문제에 대해 표명했던 것의 좀 더 깊은 의미도 명확해진다. 그는 오늘날 땅위의 상황에서는 모종의 정전, 즉 내전 이외에 다른 것이 있을 수 없음을 강조했던 것이다."(1943a:446; 1943b:669)

이렇게 미국과 소련을 등치시키는 인식은 2차 대전 이후가 되어서도 여전히 계속된다. 슈미트는 세계의 보편주의적 관리로 이어지는 산업-기술적 진보의 역사철학에 지배받고 있다는 점에서 미국과 소련을 동류로 간주하고 그 둘이 대치하는 냉전구조란 단순한 겉모습의 대립에 지나지 않는다고 갈파하는 것이다. 그에게 줄곧 중요했던 것은 "자본주의적 서구와 볼셰비즘의 동방이라는, 공간도 한계도 갖지 않는 두 개의 제국주의" 사이에서 "유럽이라는 실체"를, 그리고 "의미로 충만한 구체적 광역의 다수성"을 끝까지 지켜내는 일이었던 것이다(1943a:447; 1943b:670).[62]

62) 이미 1936년도 논문에서 파시즘과 나치즘이 "볼셰비즘과 자본주의에 대해 공동으로 전선을 구축할 것"이 주장되고 있으며, "파시즘 이탈리아와 나치스 독일은 유럽의 중앙에서, 낡은 서구 자유주의와 세계혁명적 동방의 집단주의라는 두 세력의 틈새에 있다"는 인식이 서술되고 있다(1936e:620).

2. 카테콘의 이념

먼로주의가 도덕적 분할선까지도 의미하는 것이었을 때 미국은 한쪽에서의 고립정책과 다른 한쪽에서의 보편주의적 간섭 사이에서 동요하게 된다. 『대지의 노모스』 속에서 "고립과 간섭의 딜레마"로 주제화된 사태가 그것이다(1950NE:270ff.[386-392]). 전쟁 중의 슈미트는 그 딜레마를 두고 당대의 서반구(즉 미국)를 괴롭힌 해결하기 어려운 내적 모순이라고 몇 번이나 지적한다(1942b:433; 1943a:445f.; 1943b:668). 먼로주의는 이제 고립인가 범간섭주의인가를 결정하는 외교상의 원리로서는 기능하지 않게 되는 셈이다. 따라서 슈미트에 의하면 미국은 참전에 의해 보편주의로의 '결단'을 행한 것이 아니다. 미국은 먼로주의에 기초한 고립 쪽도 여전히 고집하고 있는 것이고, 그런 한에서 극히 우유부단한 태도를 취하고 있는 것이다. 과거 "본래의 먼로주의"는 분명 광역질서의 선례를 만든 하나의 혹성적인 결단이었지만, 오늘날 고립과 간섭 사이에서 "비틀거리고 있는 미국"을 특징짓는 것은 그저 "내적인 결단의 부재"에 지나지 않는다(1942b:433). 미국의 참전이란 "몇십 년에 걸쳐 양극단 사이에서 비틀거린 끝에, 이제 거대한 세계정치의 심각한 상황과 마주해서도 그저 잘 빠져나가려고 할 따름인, 결단능력 없는 자기모순적인 정책"(1942b:435)의 단순한 결과에 지나지 않는 것이었다.

"대지는 언제나 미합중국보다 광대하며, 오늘날에도 여전히 다수의 광역을 품기에 충분할 정도로 넓다"(1943a:448; 1943b:670)고 서술하는 슈미트는 여전히 역사의 발전이 여러 광역의 형성을 향하고 있다는 기대를 버리지 않는다. 따라서 광역질서의 형성을 방해하는 자는 역사의 발전을 막는 자를 뜻한다. 이 점과 관련하여 전후 슈미트에게 결정적인 것이 되는 하나의 형상이 1942년도 논문에서 보인다. 즉 '카테콘(Katechon)'이다. 슈미트는 후일 자신이 '카테콘'의 착상을 얻었던 것은 1932년경이었다고 종종 말하지만[63], 실제로 그가 '억지하는 자'를 뜻하는 이 신약성서의

63) 전후의 『주석집』에서 슈미트는 자신이 카테콘의 착상을 얻은 때가 1932년이라고

형상을 빈번히 화제로 삼게 되는 것은 1940년대 전반부이다.[64)]

처음 명시적으로 그 이름이 언급됐던 1942년도 논문에서 카테콘으로 여겨지고 있는 것은 영국이었다. 그 세계·해양지배가 다름 아닌 역사의 진보를 지체시키고 있다는 것이다.

> 영국은 세계사적 발전의 위대한 감속기 역할을 하기에 이르며 그 역할에 주박되고 말았다. 석양의 제국이 모름지기 따르기 마련인 보편적인 법칙에 의해 영국은 이성에 적합한 모든 변혁의 장해가 되며, 결국엔 모든 강력한 성장의 장해가 되어버렸던 것처럼 보인다. (1942b:435f.)

슈미트는 여기서 역사의 감속기이자 억지자인 카테콘에 대해 부정적인 평가를 내리고 있다고 할 수 있다. 하지만 미국은 그런 카테콘조차도 될 수 없는 것이다. 미국은 세계대전에 참가함으로써 분명 "억지하고 지연시킨다는, 노쇄한 영국세계제국의 생존 진로를 따랐던" 것이지만, 동시에 미국이라는 지정학적 경계를 여전히 고집함으로써 광역질서를 향한 길 또한 버리지 못하고 있다. 여기에는 예의 저 딜레마에 기초한 우유부단이 있다. 그러므로 미국은 "위대한 동력기도 위대한 감속기도 아닌, 단지 의지에 반하는 가속기 이외에 다른 것일 수 없다"(1942b: 436)는 것이다.

말한다(1991G:80). 1975년 9월 19일자 블루멘베르크에게 보낸 편지에서는 "'카테콘'의 주제"를 "저는 1936년 이래로 다듬고 있습니다"라고 썼다(BwSBl:138).

64) 이 시기의 슈미트가 사적인 장에서 카테콘을 화제로 삼고 있던 것은 다양한 편지나 증언을 통해 확인할 수 있다. (R. Gross, *Carl Schmitt und die Junden*, a.a.O., S.297f.[222] 예컨대 당시 그와 친교가 있던 드 루셀의 회상은 다음과 같다. "1942년에 슈미트는 아직 파리에 강연을 위해 와 있었고, 저는 그를 만찬에 초대했습니다. 저희들은 오랜 기간 전쟁이나 독일의 위험한 동맹국에 관해 이야기했고, 특히 카테콘(「데살로니가 사람들에게 보낸 두 번째 편지」 2: 7)에 관해 이야기했습니다."(William Gueydan de Roussel, »Carl Schmitt, philosophe catholique et confesseur«, in: Piet Tommissen (Hg.), *Eclectica Schmittiana III, Weinheim* 1991, S.55) 니콜라우스 좀바르트 또한 슈미트와 교류가 있던 1940년대 전반기의 베를린 시절을 회상한 글에서, 슈미트가 '카테콘'을 화제로 삼았던 것을 보고하고 있다(Nicolaus Sombart, *Jugend in Berlin 1933-1943*, Frankfurt a. M. 2001, S.253).

카테콘으로서의 영국이 부정적으로 평가되고 있던 것은 슈미트가 역사 발전에 일정한 신뢰를 갖고 있었기 때문이다. 하지만 역사가 광역질서의 실현을 향하고 있다는 기대는 독일의 패배가 확실하게 됨에 따라 소실되어간다.[65] 이에 따라 영공의 기술적 획득이 땅에 대한 바다의 지배를 극복한다는 예측 또한 포기되는 것이다.[66] 이리하여 전후의 저작에서는 바다와 땅의 대치가 여전히 중요성을 잃지 않고 있다는 것이 강조된다.

> 오늘날에는 하늘과 불이라는 엘레멘트가 너무도 터무니없는 방식에 의해 세계정치적으로 실현됐기에, 땅과 바다가 여전히 결정적인 중요성을 갖지 않은가라는 질문이 내세워질 정도이다. 영공의 지배나 현대적 파괴수단의 소유는 땅과 바다에 대한 지배를 자기 자신 곁으로 바짝 끌어당기는 것이다. ……바다는 엘레멘트로서는 그 힘을 잃고, 우리의 대지는 비행장이 된다. / 그럼에도 거기서 바다와 대지만이 중요한 것이라는 사정은 변함이 없다. (1949c:479)

그리고 『대지의 노모스』에서는 현대기술이 가능하게 만든 공중전이 해전의 특징이었던 섬멸전을 더욱 철저화한 것으로서 "절대적인 장소상실[Entortung]과 순수한 섬멸적 성격"을 띤다고 주장하기에 이른다(1950NE:298[423]). 기술발전에 대한 과거의 비관론이 부활하는 셈이다. 이때 억지자로서의 카테콘은 1942년도 논문의 시점과는 완전히 정반대로 평가받게 된다. 즉 그것은 이제 기술화와 기능화를 향한 역사의 발전을 막는, 위대한 역할을 맡아 행하는 형상으로 간주되는 것이다.[67]

---

65) Vgl. M. Schmoeckel, *Die Großaumtheorie*, a.a.O., S.41.

66) Vgl. V. Neumann, *Der Staat im Bürgerkrieg*, a.a.O., S.197. 1943년도 슈미트의 논문에서는 미국의 제공권 확보가 공간질서의 상실을 더욱 심각하게 만들 것이라는 비극적인 견해가 발견된다. "미합중국은 전 지구상을 공군기지와 공군비행의 시스템으로 뒤덮고, 우리들의 혹성에서 '미국의 세기(世紀)'를 선언하고 있다. 이와 더불어, 생각할 수 있어야만 하는 경계라는 것이 철폐된다."(1943a:447)

67) 슈미트에게 카테콘이 갖는 위상의 이러한 반전에 관해서는 Felix Grossheutschi,

이리하여 전후의 슈미트는 일관되게 억지자 카테콘의 역사적인 힘을 칭송하게 된다. 그렇다고 카테콘에 대한 평가의 그런 변화가 전후에만 국한된 것은 아닌데, 전쟁도 끝이 보이던 1943년부터 1944년에 걸쳐 그가 유럽 각지의 대학에서 행한 강연 『유럽 법학의 상황』 속에서도 이미 그런 변화는 찾아볼 수 있다. 전후 1950년에 출판된 이 강연에 1957년 덧붙여진 보론에 따르면, 슈미트는 이 강연 속에서 사비니를 헤겔과 나란히 한 사람의 카테콘으로서 그 위치를 부여하고 있다.68)

> 그 둘[헤겔과 사비니]은 진정한 억지자이며 말의 구체적 의미에서 카테콘이므로, 자발적이었든 본의 아닌 흐름이었든, 가속기가 남김없이 기능주의화되어버리지 않도록 도중에 그것을 억지하는 자였던 것이다.

즉 사비니는 법실증주의의 승리에 의해 법학이 점점 더 기술화와 기능화의 길을 더듬어가던 19세기의 시대경향에 맞서 로마법학에서 연원하는 유럽 법학의 역사적 정통성을 대치시킴으로써 저항하고자 했다는 것이다. 그렇게 슈미트는 법이 합법주의의 도구로 추락하는 상황을 유럽 법공동체라는 정통성을 통해 저지하고자 했던 사비니를 다름 아닌 카테콘으로 칭송하는 것이다. 이 1943/44년의 단계에서 이미 슈미트는 역사의 발전에 비관적이다. 하지만 그는 전쟁 중의 광역 구상이 완전히 좌절된 전후가 되어서도 여전히 구체적 유럽 질서의 추구를 그만두지 않는다. 단, 그것은 이제 역사의 진보 속에서 실현되는 것이 아니라 미소 양국에 의한 공범적인 보편주의적 역사 발전을 저지하는 카테콘의 힘을 통해 초래되어야 할 것이었다.

Carl Schmitt und die Lehre vom Katechon, Berlin 1996, S.106, 116ff. 참조.

68) 『유럽 법학의 상황』에서 다뤄지는 카테콘으로서의 사비니 평가에 관해서는 P. Piccone/ G. L. Ulmen, »Schmitt's 'Testament' and the Future of Europe«, a.a.O., S.1428; F. Grossheutschi, *Carl Schmitt und die Lehre vom Katechon*, a.a.O., S.118.

제4장 '역사의 종언'과 세계내전 (1945년~1970년)

1930년대 후반 슈미트는 대략 16/17세기에 성립한 주권국가 중심적인 국제질서에 있어 고전적인 국가 간 전쟁과는 근본적으로 종류가 다른 새로운 전쟁이 나타나고 있음을 주제화하게 된다. 즉 1차 대전 이후의 보편주의적 국제법이 초래한 "차별화된 전쟁 개념"(정전론)이 "여러 국가들의 전쟁을 국제적인 내전으로 변용시키"(1938WK:43)는 사태를 발견했던 것이다. 이 논의는 양차 대전 사이 전간기에는 베르사유=제네바 체제에 대한 비판으로서 전개되고 있었지만, 2차 대전 말기 무렵부터는 세계적 강국으로 대두한 미국과 소련에 의해 야기되고 있던 세계질서의 변용으로서 인식된다. 즉 슈미트는 보편주의적 이데올로기를 내건 이들 동서 두 날개로서의 세계강국이 전쟁의 "범위제약(Hegung)"을 달성한 주권국가 중심적 국제질서를 해체하는 위기상황, 즉 "세계내전(Weltbürgerkrieg)"을 초래한다고 봤던 것이다. 세계의 보편적 통일에 대한 요구가 16세기 주권국가에 의해 극복됐을 터인 내전을 이번에는 세계적 규모로 재발시키고 있다는 것이다. "국가=주권성=결단=국가 안에서의 내전의 종결(바로 이를 통해 국가는 비로소 성립한다). 세계지배 또한 마찬가지로 내전을 종결시키는 것일까. 아니다. 그것은 국제법적인 전쟁과 내전의 결합에 다름 아니다."(1991G:3)

오이겐 로젠스톡은 이미 1931년의 저작 『유럽 혁명』에서, 윙거가 말하는 '총동원'이 현실화된 1차 대전과 함께, 특히 미국의 참전 및 러시아 10월 혁명이 일으킨 1917년과 함께 "전쟁은 내전으로 변했다"는 인식을 보여준다.[1] 한쪽으로는 미국 대통령 윌슨의 인도적 간섭주의에 의해, 다른 쪽으로는 정전으로서의 레닌적 세계혁명에 의해 주권국가질서는 위기에 노출되는 것이다. 슈미트 또한 2차 대전에 미국이 참전한 이후부터는, 그 대전을 종래의 국가 간 전쟁과는 성질이 다른 "세계내전"으로 인식한 윙거의 영향 아래[2] 미소 양국이 야기한 '세계내전'으로 2차 대전을 언명하게 된다.[3] 이리하여 종전 직후의 일기 『주석집글로사리움』에서는 다음과 같이 말하게 된다. "국가들 사이에 관계하는 것으로서의 유럽 공법의 핵심은 무엇인가. 내전을 극복하고 식민지 전쟁을 경계 바깥으로 배제하는 것이다. 미국과 러시아에 의해 초래된 정전의 재도입은 무엇을 뜻하는가. 국가 간 전쟁을 식민지 전쟁과 내전으로 격세유전시키는 것이다."(1991G:250)

이러한 국제질서의 변용에 관해 이야기하는 슈미트의 염두에 있는 것은 유럽의 위기라는 지정학적 인식에 다름 아니다. 즉 주권국가 중심의

---

1) Eugen Rosenstock, *Die europäische Revolutionen*, Jena 1931, S.521f. '세계내전'이라는 단어를 로젠스톡이 최초로 사용했다는 지적은 아마 부정확한 것일 텐데(vgl. Dirk van Laak, *Gespräche in der Sicherheit des Schweigens*, Berlin 2002, S.91), 그럼에도 그의 상황인식은 바로 그 단어에 의해 적확하게 된다. 로젠스톡은 세계대전 이후에는 세계사란 더 이상 국가의 전쟁의 역사가 아니라 내전과 혁명, 특히 "세계혁명"의 역사로서 서술되지 않으면 안 된다고 생각했었다(E. Rosenstock, *Die europäische Revolutionen*, a.a.O., S.4f.). 1920년대부터 로젠스톡과 교류가 있던 슈미트는 이 『유럽 혁명』의 원고를 읽고 주석을 써서 덧붙이고 있다(vgl. Piet Tommissen, »Bausteine zu einer wissenschftlichen Biographie«, in: H. Quaritsch (Hg.), *Complexio Oppositorum*, a.a.O., S.85).

2) 1942년 11월 10일자 윙거의 일기에 처음으로 '세계내전'에 관한 언급이 보인다. "나 자신이 보기에, 나는 동시대사에 대해 세계대전이라기보다는 세계내전에 휘말려들어 있다고 인식하는 인간으로서 관계 맺고 있다. 그런 까닭에 나는 서로 싸우는 여러 국민국가들의 항쟁과는 전혀 다른 항쟁에 말려들어가 있는 것이다."(Ernst Jüger, *Sämtliche Werke Bd.2, Tagebücher Ⅱ, Strahlungen I*, Stuttgart 1979, S.413) 이 직후인 11월 11일부터 16일까지 윙거 부부는 베를린에 있는 슈미트의 집에 체류하고 있다.

3) 슈미트가 처음으로 '세계내전'이라는 단어를 사용한 것은 아마 1939년도 논문 「중립성과 중립화」일 것이며, 거기서는 볼셰비즘을 염두에 두고서는 "국가를 대신해 하나의 국제적 계급이 주가 되는 정치적 조직이 이뤄지자마자 국제법은 중단되며 국제적인 세계내전이 시작된다"(1939a:286)고 서술되어 있다. 세계내전이라는 단어가 보편적 요구를 내거는 미소 양국의 전쟁과 명시적으로 결부되어 드러나는 것은 1943년도 논문 「최후의 전지구적글로벌 적」에서이다(1943a:446).

국제법질서는 "유럽 공법(jus publicum Europaeum)"이라는 이름 아래에서 유럽에 고유한 국제법질서로서의 아이덴티티를 부여받았으나[4], 그것이 이제 세계제국을 지향하는 미소 양국에 의해 해체의 위기에 처해 있다고 간주됐던 것이다. 주권국가 질서는 "전 세계 및 시대 전체에 통하는, 상황 없는 보편성도 아니며 무차별한 사상도 아닌" "유럽 정신의 창조물, 즉 유럽 공법으로서 특정한 시대와 결부되어 있다."(1950ECS: 62[162-163]) 따라서 전후의 슈미트가 자신을 "유럽 공법 최후의 자각적 대표자"(1950ECS:75[170])라고 서술할 때 거기에 표현되고 있는 것은 주권국가로의 노스텔지어라기보다는 유럽의 아이덴티티를 향한 위기의식인 것이다.

이는 자신을 허먼 멜빌의 소설 주인공 베니토 세레노에 비유한 슈미트의 자기규정에서도 드러나고 있다.[5] 베니토는 흑인 노예의 선상 반란에 의해 포로가 된 스페인 선장이다. 해상에서 그 배와 조우하고 선상에 오른 미국인 아마사 델라노는 베니토가 반란 노예의 수령인 바보의 감시와 명령 아래에서 선장의 역할을 맡지 않을 수 없었음을 알아차리지 못하고 베니토가 델라노의 배로 도망쳐 왔을 때에야 비로소 진실을 알게 된다. 베니토가 선상에서 놓여 있던 입장에 대해 슈미트는 대략 두 가지 해석을 가한다.[6] 하나는 항거할 수 없는 공공성 속에 몸을 둔 지식인의

---

4) 슈미트가 처음으로 '유럽 공법'이라는 용어를 썼던 것은 1943년부터 1944년에 걸쳐 유럽 각지에서 행한 강연 『유럽 법학의 상황』에서였다고 하겠다(1950LR:387[5]).

5) 베니토 세레노에 관한 언급은 1950년에 출판된 『옥중기』에서 두 번 보이는데(1950ECS:21f., 75[139, 170]), 슈미트는 이미 2차 대전 시기부터 나치스 체제 아래에서 자신이 놓인 입장을 베니토 세레노에 비유하고 있었던 듯하다. 1941년 10월 18일자 윙거의 일기를 참조. "슈미트는 자신의 상황을 멜빌의 『베니토 세레노』에서 흑인노예들에게 조종당한 백인 선장의 상황에 비유하고, 이에 다음과 같은 잠언을 인용했다. 〈벌을 내릴 수 있는 자를 거역하여 글을 쓰는 것은 불가능하다(Non Possum scribere contra eum, qui potest proscribere).〉"(Ernst Jüger, *Sämtliche Werke Bd.2, Tagebücher II, Strahlungen I,* a.a.O., S.265) 고대 로마 문법학자 마크로비우스의 이 잠언은 『옥중기』에서도 보인다(1950ECS:21[139]).

6) 이러한 두 종류의 베니토 세레노 해석에 관해서는 P. Noack, *Carl Schmitt*, a.a.O., S.297; W. E. Scheuerman, *Carl Schmitt. The End of Law*, a.a.O., S.176ff. 등에서 지적되고 있다.

침묵(여기에는 나치스 체제에 묵종했던 슈미트의 자기변명도 포함되어 있다. 이 책 6장의 1절을 참조). 그리고 다른 하나는 유럽의 몰락 이야기이다.[7] 베니토는 테러와 내전의 장이 됐던 스페인 배(이는 토지취득, 즉 식민지 취득을 기초로 했던 유럽 질서를 상징한다)의 무력한 선장에 머물 것인가, 반란 노예에 가담하여 "해적"(법외선고를 받은 "인류의 적")이 될 것인가라는 곤경에 직면해 있다. 그는 이 곤경을 델라노의 배로 도망침(즉 미국으로 "이주"함)으로써 비로소 벗어날 수 있었다.[8] 슈미트는 멜빌의 이 소설을 세계내전상황에 몸을 둔 유럽 지식인의 비극 이야기로 간주하고 다름 아닌 자신의 입장을 베니토의 상황에 겹쳤던 것이다.

---

7) 니콜라우스 좀바르트는 슈미트와 윙거를 답습하여 베니토 세레노의 이야기에서 "150년에 걸친 유럽 역사경험의 에센스"로서의 "혁명의 사회학"을 보고 있다(Nicolaus Sombart, »Benito Cereno. Ein Mythos?«, in: *Frankfurter Allgemeine Zeitung*, 30, Oktober. 1954, S.253). 마찬가지로 슈미트가 말하는 베니토 세레노를 유럽을 상징하는 신화적 인물로 해석하고 있는 것은, Sava Kličković, »Benito cereno. Ein moderner Mythos«, in: Hans Barion/ Ernst-Wolfgang Böckenförde/ Emst Forsthoff/ Werner Weber (Hg.), *Epirrhosis. Festgabe für Carl Schmitt*, a.a.O., S.345-356이다. A. Koenen, *Der Fall Carl Schmitt*, a.a.O., S.820ff.에서도 멜빌의 그 이야기는 "유럽의 운명의 때"를 고하는 미국의 개입을 표시하는 것으로 간주된다. 이에 대해 희곡연구자 마리안네 케스팅은 1965년 슈미트 앞으로 보낸 편지에서 슈미트나 그 제자들에 의한 베니토 세레노 해석을 논박하고 멜벨의 『베니토 세레노』의 배경에 있는 것은 남북전쟁과 노예해방 문제였다고 주장했다(Marianne Kesting, »Begegnungen mit Carl Schmitt«, in: Piet Tommissen (Hg.), *Schmittiana IV*, Berlin 1994, S.96ff.). 마찬가지로 Richard Faber, »'Benito cereno'. oder die Entmythologisierung Euro-Amerikas«, in: Helmut Berking/ Richard Faber (Hg.), *Kultursoziologie. Symptom des Zeitgeistes?*, Würzburg 1989, S.68-88 또한 『베니토 세레노』 속에서 오직 미국과 유럽의 관계만을 독해하는 슈미트 등의 "반동적-보수적인 '서양적' 세레노 수용"(ebd., S.68ff.)를 비판하면서, 그런 해석 속에는 베니토의 스페인선(船)이 다름 아닌 노예선이며 멜빌의 이 소설이 유럽의 식민지 취득을 문제화하고 있다는 점에 대한 시점이 결여되어 있음을 지적하고 있다. 슈미트에게 베니토 세레노가 갖는 위상을 논한 최근의 것으로는 R. Groh, *Arbeit an der Heillosigkeit der Welt*, a.a.O., S.133ff.

8) N. Sombart, »Benito Cereno. Ein Mythos?«, a.a.O., S.253; S. Kličković, »Benito cereno. Ein moderner Mythos«, a.a.O., S.270f.; E. T. Galvan, »Benito Cereno oder der Mythos Europas«, a.a.O., S.354f.

전후의 슈미트, 그리고 1950년대 슈미트 주변의 지적 서클에서 전개됐던 세계내전론은 바로 미소 양대 진영의 세계분할에 대한 위기감에서 생겨났던 것이다. 무엇보다 그 무렵 미소 양국은 단지 보편지배를 지향하는 제국주의국가로 간주되고 있었던 게 아니다. 그것 이상으로 이들 두 강대국은, 폭력독점을 통한 내전의 종결이라는 구체적·역사적 사명을 갖고 16세기에 탄생했던 국가와 그 정치의 종언, 그렇기에 여러 주권국가들에 의해 형성되어왔던 역사 그 자체의 종언을 의미하는 장으로서 받아들여졌던 것이다. 즉 슈미트와 그 학도들에게 미소 양국이 야기하고 있는 동시대의 세계내전상황은 1789년을 단서로 한 역사의 종언, 국가와 정치의 돌이킬 수 없는 근본적 변용 속에서 자신들이 살고 있음을 증명해 보이는 것이었다. 그들의 세계내전론은 국가가 끝난 뒤인 '역사 이후[포스트이스투와르]'(아르놀트 겔렌이 19세기 프랑스의 수학자·경제학자 앙투안 오귀스탱 쿠르노로부터 빌린 단어)에서의 정치의 존재방식을 둘러싼 논의에 다름 아니었던 것이다.

I. 역사적 일회성의 변증법

1. '상황을 인식하라'

2차 대전 이후가 되면 슈미트는 미소 양국의 대립을 자신의 특유한 지정학적 인식과 결부시키게 된다. 즉 "동서 대립의 배후에는 대륙 세계와 해양 세계라는 더욱 깊은 대립, 땅과 바다라는 엘레멘트[본령·요소] 간의 대립이 있다."(1955a:520; 1955b:284f.) 슈미트에게 냉전은 2차 대전 중에 착상된 땅과 바다의 지정학적 대립을 통해 설명되는 것이다. 냉전의 긴장이 가장 높아져 있던 1950년 전후에는 다른 것과 마찬가지로 동시대의 동서 대립에 역사철학적인 의미를 부여하고자 했던 사상가가 있었다. 예컨대 슈미트의 학도였던 국제법학자 제르게 마이발트는 다음과 같이 진단한다.[9] 미소 양국의 대립은 "글로벌한 대립이라는 차원에서의 땅과 바다 간의, 국가-대륙적인 (공간에 결부된) 체제와 사회-해양적인 (자유로운) 체제 간의 근원적인 대립이다."[10] 윙거 또한 1953년에 출판된 저작 『고르디오스의 매듭』 속에서 동서 대립에 하나의 상징적 의미를 부여하고 있다. 즉 인간 내부에 언제나 변함없이 "동시적으로" 존재하며 세계사의 동인이 되어왔던 "자유와 전제專制"의 대립이라는 의미가 그것이다.[11]

그러하되 슈미트가 진정으로 문제로 삼고 있었던 것은 단순히 동서 대립이나 땅과 바다의 대립이 아니었다. 실제로 당대의 세계가 직면하고 있는 역사철학적 문제의 진정한 소재지는 그런 대립에는 없었다. 슈미트는 말한다. "보편적인 법칙성"이 아니라 "역사적 사건의 일회성과 철회불가능성"이야말로 인식되지 않으면 안 된다고 말이다(1955c:531). 문제가 되는 것은 이제까지 몇 번이나 반복되어왔던 불변의 역사구조가 아니다. 오히려 당대의 세계에 고유한 일회적 상황이야말로 발견되어야만 하는 것이었다.

---

9) 제르게 마이발트(Serge Maiwald, 1912-1952). 독일의 국제법학자, 저널리스트. 1944년 슈미트 아래에서 교수자격논문을 제출하고 1940년대 후반부터 50년대 초반에 걸쳐 슈미트 국제법론의 테제를 계승한 많은 논문들을 발표한다. 1949년에 잡지 『우니벨시타스(Universitas)』를 창간하여 편집장이 된다. 그는 이 잡지 지면에 전후 슈미트가 「역사적 의미부여의 세 단계」(1950) 같은 논문들을 발표할 수 있도록 기회를 주었고, 1950년 『유럽 법학의 상황』이 출판될 수 있었던 것도 마이발트의 중개를 통한 것이었다(vgl. D. van Laak, *Gespräche in der Sicherheit des Schweigens*, a.a.O., S.38, 138) 슈미트는 마이발트를 땅과 바다라는 자신의 주제를 이은 계승자로 간주하고 있었다. "땅과 바다의 대립을 다룬 이 강연[「하나의 역사적 시대와 결부된 구체적 개념으로서의 국가」(1941)을 가리킴]의 일부분은 나의 저서 『대지의 노모스』(그레벤 출판, 쾰른, 1950) 143쪽 이하에서 좀 더 전개되고 있다. 제르게 마이발트는 이 테제를 하나의 포괄적인 작업의 기초로 파악하면서, 대서양적 법질서와 대륙적 법질서에서 국가·사회·소유의 개념이 갖는 차이를 체계적으로 부조했다."(1941a:383) 1952년에 마이발트가 요절했을 때, 슈미트는 추도문을 발표하고 있다(1952b).

10) Serge Maiwald, »Der globale Ausnahmezustand«, *Zeitschrift für Geopolitik*, 12 (1951), S.727.

11) Ernst Jünger, »Der Gordische Knoten«, in: ders., Bertrachtungen zur Zeit. *Sämtliche Werke. Zweite Abteilung Essays I*, Stuttgart 1980, S.389.[25-26]

슈미트는 윙거의 70세 기념을 위해 쓴 1955년도 논문「오늘날 동서세계 대립의 역사적 구조」속에서 동서 대립에 대한 윙거의 견해에 이의를 제기하고 있다. 윙거에 따르면 "동양과 서양은 절대적인 장소로서가 아니라 인간의 두 가지 근본적 태도의 비유로서 이해되어야만"12) 한다. 따라서 이 대립은 인류의 역사가 계속되는 한에서 몇 번이라도 회귀해온다. "동과 서, 이 관계는 비유하자면 양측으로부터 문을 두들기는 것과 같으며, 그럼으로써 자기의 힘이 의식되고 뒤이어 자기실현이 행해지는 것이다. 이 조우는 영원한 문제이고 계속되는 과제이다."13) 그러하되 슈미트는 윙거의 그런 논의가 전제로 삼고 있는 "양극성(Polarität)"의 사고에 비판의 창끝을 겨누는 것이다.

양극성의 사고란 무엇인가. "양극적인 긴장은 언제나 변함없는 대립의 동시성이며, 구조의 층위에서 언제나 새롭게 또 언제나 동일하게 반복되는 동시성이다."(1955c:531) 그리고 슈미트는 그런 '양극성'에 맞서 "구체적-역사적 이미지"를 대치시킨다.

> 그것에 맞서 구체적-역사적 이미지는 변증법적인 긴장을 포함하고 있다. 즉 그것은 구체적인 질문에 마찬가지로 구체적인 답이 연속되는 잇따른 일어남이다. 역사적-구체적인 것의 그러한 변증법은 일회적이고 역사적인 상황과 시대의 구조를 상정하고 있다. (1955c:531)

즉 슈미트에게 중요한 것은 동서 대립이 갖는 당대에 특유한 일회적 의미이지, 결코 그것이 영원불변의 역사구조를 반복하고 있다는 점이 아니다. 윙거는 동서 대립을 단지 영원히 반복되는 자유와 전제의 대립의 한 가지 형태로서만 보고 있다. "양극적인 대립성의 진리는 영원히 참이며, 영원회귀라는 뜻에서 영원하다. 그것에 맞서 역사적인 진리는 단지 일회적으로만 참이다."(1955c:531) 그리고 "동일한 것의 영원한 변화,

12) Ebd., S. 397.[39]

13) Ebd., S. 470.[165]

영원회귀의 극劇은 일회적인 상황이나 역사적인 장소결정의 특유한 진리를 알지 못한다."(1955c:532) 이러한 윙거적 양극성의 사고에 대한 비판은 실제로 동서 냉전 속에서 땅과 바다라는 세계사적 대립의 반복을 확인할 뿐인 입장에 대해서도 적중된다. 그런 까닭에 슈미트는 현대에 단지 땅과 바다의 영원한 대립을 나타내는 한 가지 현상을 발견하는 것에 만족하고 있는 게 아니다.

슈미트가 종종 끌어들여 논하는 고트프리트 벤의 모토가 있다. "상황을 인식하라"(1991G:150, 227)가 그것이다.14) 슈미트는 일관되게 '상황(Lage, Situation)'이라는 것을 향한 강한 집착을 보이고 있으며, 그의 저작에는 제목에 그 단어가 포함된 것이 적지 않게 보인다.15) 그의 사상의 핵심은 그때그때의 구체적인 상황, 역사적으로 일회적인 상황을 인식하는 것에 있었다고 해도 과언이 아니다. 나치스 시기의 법학투쟁 때에도 슈미트는 현재의 상황을 인식하는 일이야말로 법학자 제1의 사명이라고 주장했었다.16) 보편성을 표방하는 규범주의나 인도적 도덕에 기만당한 자는 구체적인 상황이 그때그때마다 일회적인 것임을 잘못 보고 만다. 그 어떤 개념도 규범도 사고도 역사적 일회성 속에서 그때그때 검증되지 않으면 안 되는 것이다.

슈미트 자신의 사고 또한 어떤 특정한 역사상황 속의 일회적인 실천으로서 전개되어왔다. 그런 까닭에 그의 사고는 그것이 그때그때 어떤 상황 아래에서 누구를 향했던 것인지를 끝까지 확인하지 않으면 이해될

---

14) 이 모토는 1960년 4월 15일 줄리앙 프로인트 앞으로 보낸 편지에서도 세계내전 상황과의 관련에서 언급되고 있다. "다른 모든 계율에 선행하는 제1의 계율은 이렇게 말하고 있습니다. 상황을 인식하라. 그리고 어찌됐든 간에 전 세계는 아닐지라도 유럽 전체의 상황은 잠재적인 차가운 내전의 상황인 것입니다."(BwSF1:44)

15) 예컨대 『현대의회주의의 정신사적 상황』(1923), 『비무장화된 라인란트의 정치적 상황』(1930), 『독일의 헌법상황』(1933), 『우리들의 정신적 전체상황과 법학적 사명』(1934), 『독일 법학의 역사적 상황』(1936), 『유럽 법학의 상황』(1943/1950) 등이 그것이다. H. Hofmann, *Legitimität gegen Legitimität*, a.a.O., S.85.

16) "모든 법학자들의 제1의 사명은 인식하는 일이다."(1933h:246) "중요한 것은—이는 실천적 작업의 제1의 사명인데—오늘날 있는 그대로의 전체상황을 올바르게 인식하는 일이다."(1934g:208)

수 없는 것이다.[17] 이는 자주 지적되듯이 슈미트가 그때그때의 정치상황에 응하여 입장을 바꾸는 '기회주의자' 또는 '상황주의자'였다는 피상적인 평가로 끝나지 않는다. 슈미트가 생각하고 있던 것은 모든 유의미한 정치적 결단이란 그때그때의 일회적 상황에 대한 일회적 응답으로서만 일어날 수 있다는 것이었다. 위대한 역사적 사건을 산출하는 것은 자신이 몸을 두고 있는 역사상황을 올바르게 인식할 수 있는 자뿐이다. 그저 결단만 하면 좋다는 것이 아니라 상황의 인식이야말로 결단에 있어 불가결한 전제조건이라는 것이다. 그런 까닭에 슈미트는 그 어떤 도구적인 정치적·사회적 조건들도 결여하고 있는 진공상태에서의 '무로부터의 결단'과도 같은 것을 주장했던 게 결코 아니다. 각각의 시대, 특히 자신의 시대에 고유한 특징을 만들어내고 있는 역사적으로 일회적인 것이 어디에 존재하는지를 통찰하는 일, 슈미트에게 '결단'의 내기 판돈은 모두 거기에 걸려 있다고 해도 좋다.

역사는 그저 동일한 것의 반복이 아니다. "위대한 역사적 사건은 일회적이고 철회불가능하며 반복불가능하다. 어떤 역사적 진리란 단지 일회적으로만 참이다."(1958a:563) 어떤 일회적인 역사상황에 대해 마찬가지로 일회적인 응답을 돌려주는 일에 성공할 때에만 다른 어떤 시대와도 비교될 수 없는 위대한 역사적 사건이 생겨난다. 사건의 위대함을 만들어내는 이 "역사적인 변증법"의 착상을 슈미트는 두 사람의 영국인 역사가의 방법론으로부터, 즉 로빈 조지 콜링우드의 『문답논리학(Question-Answer-Logic)』[18] 및 아놀드 토인비의 『도전과 응답의 구조』로부터 획득하고 있다(1955c:534f.). 이것들에 따르면 모든 역사적 사건은 그 시대의 구체적인 역사문제에 대한 인간의 도구적인 응답으로서 이해된다.[19] 중요한 것은 "구체적인 역사의 도전, 역사를 향한 호소, 그리고

17) Vgl. J. Seifert, »Theoretiker der Gegenrevolution«, a.a.O., S.194.

18) 콜링우드의 『문답논리학』에 대한 슈미트의 언급은 「완성된 종교개혁」(1965)에도 보인다(1965:158f.[277-278]).

19) 슈미트는 1951년 12월 28일자 포르스트호프에게 보낸 편지에서 이렇게 서술하고 있다. "우리는 모두 자기 자신의 상황에 매우 강하게 속박되어 있습니다. 그리고 모든

마찬가지로 구체적이고 역사적인 인간의 회답 또는 응답"인 것이다(1955c:535).

근대국가의 탄생은 바로 그런 역사적인 응답으로 생겨난 사건에 다름 아닌 것이었다. 따라서 근대국가의 의의는 그 보편적인 특징이 아니라 애초에 그것이 탄생한 특정 시대와 장소의 역사상황을 간과할 때 이해될 수가 없는 것이다. 즉 16세기의 종교내전이라는 유럽 고유의 상황이 그것이다. 근대국가를 산출한 주권적 결단은 그 일회적인 상황에 대한 마찬가지로 일회적인 응답으로서 내려졌던 것이다. 그런 까닭에 슈미트에게 국가란 어디까지나 "시대 전체 및 민족 전체에 해당되는 보편 개념이 아니라 특정한 시대와 결부된 역사적·구체적 개념"이었던 것이다(1941a:383). 그는 노르베르토 보비오에게 보낸 1949년 7월 3일자 편지에서 말한다.

> 저는 '국가'가 시대와 결부된 말이라는 점을 갈수록 강하게 느끼고 있습니다. 그 말은 홉스로부터 헤겔까지만 해당되는 것이 아닙니다. 다른 것 모두는 더 이상 '국가'가 아닙니다. 중세의 '국가'나 칭기즈칸의 '국가'에 대해 이야기하는 것은 조잡한 현혹으로 여겨집니다. ……'국가'가 갖는 특유성은 종파내전 속의 전선의 중립화에 있는 것입니다. (BwSBo:126)[20]

슈미트에게 주권국가의 위대함이란 그것이 16세기의 유럽이라는 특

상황은 끊임없이 개인적으로 타협해가는 일이 필요할 정도로 제각기 다양합니다. 나아가 덧붙이자면, 인간의 모든 말은 하나의 응답이고, 모든 응답은 그 의미를 질문으로부터 수취하며 모든 질문은 그 의미를 상황으로부터 수취하는 것입니다."(BwSFo:83)

20) 이러한 슈미트의 견해에 대해 포피츠는 1949년 7월 23일자 답신 속에서 "'국가[stato]라는 말은 ……일반적으로 모든 시대의 정치조직을 부르는 데에 사용되어왔습니다"라고 의문의 뜻을 표하고 있다. "당신[슈미트]이 넌지시 암시하고 있는 사정—내전의 결과로서 발생하는 국가—는 나[포피츠]의 견해로는 국가이성의 발생에 영향을 주고 있는 것이며, 그런 까닭에 국가 및 그 본질과 한계에 관한 좀 더 깊이 파내려간 의식을 가져오는 것입니다. 그러나 그것이 그 역사적 연속성을 인정할 수 없게 될 정도로까지 국가의 현실을 변화시키는 일은 없습니다."(BwSBo:127)

정 시대와 장소에 고유한, 보편화 불가능한 구체적 질서라는 바로 그 점에 있는 것이다.

나아가 국가를 향한 결단에 못지않게, 아니 오히려 그것을 능가할 정도의 위대한 결단이었던 16세기 바다를 향한 영국의 결단 또한 역사의 호소에 대한 일회적인 응답에 다름 아니었다. 즉 영국은 대항해시대와 함께 열렸던 세계의 대양을 그 시대 역사의 호소로 인식하고 해상 세력이 되는 길을 택함으로써 그 호소에 답했던 것이다. 영국의 결단은 "일회적이고 반복불가능한 역사적 도전 및 유럽의 대발견의 시대가 갖는 위대한 호소에 대한 마찬가지로 일회적이고 반복불가능한 역사적 회답이었다. ……세계의 대양이 열려 땅위의 여러 국민들에게 새로운 종류의 역사적 존재가 되기를 요구했다. 유럽의 많은 국민들은 이 호소를 거의 이해하지 못했던 것이다."(1955c:539) 근대 초기의 그런 진정한 세계사적 일회성을 만들어냈던 것은 세계의 대양이 외치는 소리였던 것이다. 육상에서 주권국가가 되는 길을 택한 대륙 유럽의 여러 세력들은 그 소리에 응답하지 못했다. 다른 한편, 그것에 응답할 수 있었던 영국은 이윽고 다른 유럽 국가들에 대한 우위를 획득하기에 이른다. "영국인만이 이들 유럽의 라이벌들 중 그 누구도 완수하지 못했던 일을 완수했다. 그들은 시대의 역사적 호소를 청취하고 그것에 따랐던 것이다."(1958a:562) 슈미트에 따르면 그것이 오늘날까지 이르는 앵글로색슨 해양세력의 세계적인 패권을 산출했던 것이다.

그러하되 슈미트 당대의 상황은 근대 초엽과는 전적으로 다른 것으로 변용되고 있었다. 바다인가 땅인가라는 물음은 16세기 영국과 유럽 대륙 국가들이 응답하지 않으면 안 되었던 구체적·역사적 상황이었다고 할지라도, 모든 역사의 호소가 일회적인 것인 이상, 과거의 그 상황을 현재의 우리가 직면하고 응답해야만 하는 것으로 혼동해서는 안 된다. 따라서 슈미트는 동서 대립의 기초에서 분명 바다와 땅의 대립을 보고 있지만, 바다인가 땅인가라는 선택 그 자체는 실제로 더 이상 본질적인 것이 아니다. 우리는 과거와 동일한 상황을 현재에 재확인하는 것이 아니라 오히려 우리 자신이 응답을 재촉당하고 있는 현재의 고유한 상황을 인식하지 않으면 안 된다. 그리하여 슈미트가 발견한 현재의 일회적 상황이란, 영국의 해양적 실존으로부터 생겨나서 이제는 전 세계를 압도하기에 이르렀던 물음, 즉 다름 아닌 기술에 관한 물음이었던 것이다.

2. 세계의 통일: 기술의 문제

"기술화와 산업화가 오늘날 우리들 대지의 운명이다."(1955c:536) 그 기술화와 산업화야말로 영국에 의한 바다로의 결단이 초래한 귀결, 이제 우리가 직면한 구체적 상황을 형성하기에 이른 귀결이다. 대화 형식으로 된 어떤 논고에서 슈미트는 다음과 같이 말한다. "오늘날의 글로벌한 동서 대립에 있어 문제가 되는 것은" "기술적 산업화"이고, "산업혁명과 기술적 진보"는 "18세기의 영국에서 유래한다." 그리고 "산업혁명을 낳은 섬나라 영국"에 있어 "일회성과 비교할 수 없는 것을 이루는 점"은 "육지적 실존에서 해양적 실존으로의 이행"이다(1958a: 560f.). 기술 그 자체를 절대화하고 기술적 진보만을 역사의 발전으로 간주하는 사고는 영국적인 해양적 실존을 전제로 삼아 생겨났던 것이다(1958a:564f.). 하지만 슈미트가 보기에 이제 이 절대적 기술신앙은 영국만의 것이라고 할 수 없게 되고 있다. 오히려 그것은 현재 한편으로는 서쪽의 미국, 다른 한편으로는 동쪽의 소련에 의해 래디컬하게 추구되고 있는 것이다. 산업혁명에서 발단된 산업-기술발전의 절대화를 극한까지 밀고 나가려고 한다는 점에서 미소 양국은 정확히 동형적인 것이다. 따라서 이제 문제는 바다인가 땅인가, 서쪽인가 동쪽인가라는 점에 있는 것이 아니라, "우리가 전적으로 새로운 질문을 정립해야만 한다는 것, 새로운 질문을 올바르게 인식하지 않으면 안 된다는 것"(1958a:558)이다. 이미 1920년대에 슈미트는 말하고 있었다. 자본주의 미국과 공산주의 러시아는 기술-산업발전의 이데올로기를 신봉하는 점에서 아무런 차이가 없다고 말이다.[21] 바로 그런 시대인식이 2차 대전 이후에 다시 부상하는 것이다. 기술의 문제야말로 동서 대립이라는 외양적인 세계상황의 배후에서 진정으로 질문되어야 할 것이 된다.

2차 대전에서 파시즘에 대한 공동전선의 배후에 숨겨져 있던 미소 양국의 대립은 대전 말기부터 서서히 전면화되어 전후의 냉전에 이르게 된다. 그리하여 이제 다름 아닌 그 "이원론"이 세계의 전체상황에 관한 이미지가 된 것처럼 보인다. 그러나 「세계의 통일」이라고 제목을 단 1952년도 논문에서 슈미트는 "오늘날 이원성의 근저에는 **역사철학적인** 자기-이해에 있어 통일이 있다."(1952a:500) "대지의 통일이라는 문제와 오늘날의 세계 이원론의 문제는 역사철학적인 세계해석이라는 하나의 문제가 되는 것이다."(1952a:501) 즉 미소 양국은 세계가 하나의 통일을 향하고 있다는 역사철학을 공유하고 있는 것이며, 함께 똑같이 세계통일을 지향하고 있기 때문에야말로 양자의 대립 또한 생겨나는 것이다. 세계의 이원성은 바로 미소 양국이 세계통일의 역사철학을 동일하게 신봉하고 있기 때문에 만들어지는 것이다. "서쪽과 동쪽은 오늘날 철의 장막에 의해 분절되어 있다. 그러나 서로 공통된 역사철학의 파동과 분자는 이 장막을 빠져나가 불가해한 통일을 형태화하고 있으며, 오늘날 세계의 이원성은 이 통일에 의해 비로소 가능해지고 있다. 적들끼리가 세계사적 상황에 관한 단일한 자기-해석에서 해후하고 있는 것이다."(1952a:503f.)

세계통일을 향한 역사철학적 신앙을 지탱하고 있는 것은 기술과 산업의 진보이다. "순조롭게 기능하는 글로벌한 세계통일로의 기대는 오늘날의 지배적인 기술-산업적 세계상에 대응하고 있다."(1952a:496) 한편으로 동쪽의 "변증법적 유물론", 다른 한편으로 서쪽의 "산업진보와

21) "위대한 기업가는 레닌과 다른 이념을 갖고 있는 게 아니다. 즉 '전동(電動)화된 세계'가 그 이념이다. 그들 둘은 애초에 단지 전동화의 올바른 방법을 둘러싸고 싸우고 있는 것에 지나지 않는다. 미국의 금융업자도, 러시아의 볼셰비키도 경제적 사고를 위한 투쟁, 즉 정치가와 법학자에 대한 투쟁이라는 점에서는 일치하고 있다."(1923RK:22[129]) "경제적으로 사고하는 자본가의 즉물성은 급진적인 공산주의자의 심정에 더없이 접근하고 있다."(1923RK:60[150])

계획된 인류라는 생시몽적인 역사철학", 이 둘 모두는 산업기술의 발전에 따라 '플래닝〔계획수립·기획입안〕'을 통한 통일적 세계관리를 가능케 하는 방향으로 역사가 향해 가고 있다는 신념에 기초해 있다. 따라서 오늘날의 세계에서는 "모든 본질적이고 현행적인 질문이 어느새 역사철학적인 문제가 되었다."(1991G:290) 이 점에서 미국과 소련이라는 대립하는 두 세계강국은 아무 차이도 없다. 결국에 "세계의 기술-산업적인 통일로 향하는 보편적 경향에서 보자면, 오늘날의 이원성이란 단지 통일로 가는 이행 이외에 다른 게 아니며 세계의 통일을 둘러싸고 행해지는 대투쟁의 최종라운드인 것이다."(1952a:499) 슈미트가 공격의 창끝을 겨누는 곳은 다름 아닌 기술진보의 그러한 역사철학적 정당화이다. 그의 투쟁은 바로 그 이데올로기로서의 역사철학에 상대로 한 것이다. 『주석집』에서는 이렇게 말해지고 있다. "오늘날 역사철학자는 원자물리학자 이상으로 중요"(1991G:136)한데, "상대방의 역사철학적 확신을 흔들리게 하는 것이……원자폭탄에 대한 더 강력한 무기"(1991G:127)이기 때문이다.

기술적 플래닝을 통해 인간 자신의 손으로 세계통일이 가능해진다는 역사철학적 확신은 슈미트에겐 토지에 뿌리박은 구체적 법질서의 파괴를 뜻하는 것에 다름 아니었다. 말하자면 유의미한 역사적 사건을 만들어내는 실천의 일회성은 소실되며, 공허한 추상적 공간 아래서의 플래닝이 그런 일회성을 대신하는 것이다. "공간라움도 법도 결여한 플래닝"(1950 LR:412[53])이 실현하고자 하는 것은 문자 그대로 "유토피아(비-장〔소〕)"이다. 유토피아는 "장소확정(Ortung)"의 파괴, 즉 "장소상실(Entortung)"인 것이다(1991G:46f.). "유토피아란 대단히 강력한 장소확정이 무無로 변용되는 것이다. 섬멸이다."(1991G:84) 이런 뜻에서 유토피아를 지향하는 역사철학은 "니힐리즘"의 한 형태라고 할 수 있다.[22] 그것이 향하고 있는 것은 역사적인 사건이나 질서의 일회성·구체

22) 『대지의 노모스』에는 이렇게 되어 있다. "유토피아와 니힐리즘의 연관에 있어 질서와 장소확정으로부터의 결정적이며 근본적인 분리가 비로소 역사적으로 특수한 의미에서의 니힐리즘이라고 명백하게 명명될 수 있게 된다."(1950NE:36[49])

성·고유성의 말소에 다름 아니다. "진정한 유토피아에서는 화장터만이 허용된다. 유토피아는 천국을 텅 비도록 공동화한다."(1991G:113) 진보의 역사철학이 관심을 기울이는 것은 궁극적으로는 역사의 가속 그 자체의 절대화이고, 특정한 토지와 공간 속에서 쉴 수 있을 구체적 질서를 뿌리째 뽑는 것이다.23) 슈미트에게 보이는 것은 고유한 공간에서 쉬는 일을 막는 시간·속도·운동에 대한 적의이다(1991G:110). "공간은 천국이지만 시간은 지옥이다."(1991G:171) 동서 세계강국의 역사철학에 본질적인 것은 공간의 희생 아래에서 진보를 지향한다는 점이다. 러시아 10월 혁명에 의해 사회주의 정권을 수립한 뒤, 휴전을 위해 부득이 독일에 광대한 영토를 할양하는 브레스트 리토프스크 조약을 굴욕적으로 체결을 했을 때, 레닌은 "우리는 공간을 잃고 시간을 얻었던 것이다"라고 읊조렸다.24) 슈미트는 바로 그 볼셰비키 혁명가의 발언을 전도시킨다. 전후, 공공적 공간에서 물러나 고향 플레텐베르크에서 은둔 생활을 시작하면서 "자신의 피난소라는 구체적 장소"를 얻었던 슈미트25)는 『주석집』에서 이렇게 말한다. "나는 시간을 잃고 공간을 얻었다."(1991G:16, 60, 236)

플래닝을 통한 세계통일이란, 슈미트의 관점에서 보면 낙원의 이미지와는 거리가 먼 최악의 세계상이었다. 낙원의 목양신 판[Pan]이 퇴장한 뒤에 나타난 "계획플란"은 그 어떤 땅위의 낙원도 약속하는 게 아니었다(1950ECS:83[175]; 1991G:100). 그것은 기술에 의한 구체적 질서의 섬멸을 뜻하는 것이었다. 인간의 플래닝에 의해 완전하게 통어가능하게

---

23) 슈미트는 『주석집』에서 에른스트 블로흐의 이름을 들면서 구체적인 토지와 장소로부터 분절된 유대인, 특히 시오니스트가 아닌 유대인을 개탄하고 있다. "나는 블로흐의 저작 『유토피아의 정신을 생각했다. 얼마나 실망했던가. ……이 애처로운 유대인들! 시오니스트이고자 하지 않는 그들!"(1991G:306) 무엇보다 슈미트와 블로흐 사이에는 예전에 교류가 있었으며, 1918년 『유토피아의 정신』 초판이 뮌헨의 둔커&훔브로트사에서 출판됐던 것은 당시 뮌헨에서 국내 출판물을 감시하는 군사업무에 종사하던 슈미트의 알선이 있었기 때문이라고 한다(vgl. »Aussprache«, in: H. Quaritsch (Hg.), *Complexio Oppositorum*, a.a.O., S.103f.).

24) 블라디미르 레닌, 「오늘날의 주요 임무」, 『레닌 전집』(27권), 오오츠키쇼텐, 1958, 162쪽.

25) Ingeborg Villinger (Hg.), *Verortung des Politischen*, Hagen 1990, S.2.

된 세계란 실제로는, 자기에게 고유한 구체적 장소로부터 분절된 인간들을 세계 속에서 관리의 손을 뻗치고자 하는 엘리트의 수중으로 인도할 뿐이었다. 기술-산업적 진보에 의해 가능해진 플래닝이 땅위의 낙원을 실현하리라고 기대하는 자는 이러한 기술적 수단을 자기 것으로 만들 수 있는 일부 지배자와 자기 자신을 소박하게 동일시할 따름이었다 (1950ECS:84[176]). 역사철학이 행하는 역사의 의미부여는 오늘날 "인간이 다른 인간에게 명하는 대규모 플래닝을 위한 의미-정립"(1950b:928)이 됐다. "역사철학적인 의미부여의 조력을 받아 계획하고 조작하는 엘리트와 그들에게 조작되는 대중이 구성되는 것이다."(1950b:927) 역사철학을 통해 무장한 미소 두 강대국은 바로 그런 세계관리를 지향하고 있는 것이다.[26]

이리하여 세계의 통일, 즉 기술적 관리에 의한 장소상실의 문제야말로 오늘날의 인간이 응답을 재촉 받고 있는 물음이 된다. 이러한 역사의 호소에 대해 어떤 응답을 해야 하는가. 물론 열려진 대양을 앞둔 영국에 과거에 성공을 가져다주었던 것과 같은 응답은 슈미트에게 문제가 되지 않는다. 즉 영국이 땅에서 바다로 결단했던 것과 같이 이번에는 우주로 나아감으로써 기술의 해방을 더 전진시키는 것을 슈미트는 극히 의심스러운 응답으로 본다(1955c:544). 때마침 1950년대는 미소 양국의 우주개발경쟁이 본격화한 시기였다. 1957년 소련이, 1958년에 미국이 각각 최초의 인공위성을 쏘아 올렸던 것과 같은 시기에 출간한 저작에서 슈미트는 "우주로부터의 호소 또는 도전"(1958a:566)에 대해 회의적인 견해를 표명한다. "우주로의 진출"이라는 것은 단지 "낡은 회답을 주는 것"에 불과한 것이었다. "새로운 시대가 도입한 역사적 호소나 도전도 그저

26) 도노소 코르테스에 관한 논문집이 1950년에 출판됐을 때에 붙여진 서문에서는, 특히 마르크스주의의 역사철학에 창끝이 돌려지고 있다. "오늘, 계획함으로써 대중에게 플래닝의 틀을 끼워 넣으려는 모든 자들은 모종의 방식으로 역사철학을 영위하고 있다. ……특히 마르크스주의는 강렬한 정도로까지 역사철학이라고 할 수 있는 것으로, 마르크스주의와의 접촉은 전부 역사철학적인 대결이 될 정도이다. 계획하고 조작하는 엘리트는 자기 자신이나 자신들이 조작하는 대중을 역사철학적인 의미부여의 도움을 빌려 구성한다."(1950DC:11f.[16])

일회적으로만 참"일 수 있으며, "일회적인 호소에 대해 주어지는 응답 또한 그저 **일회적으로**만 참이므로 **일회적으로**만 옳은 것이다."(1958a: 567) 슈미트가 오늘 행해야 할 일회적인 응답으로 간주했던 것은 기술에 의한 장소상실에 맞서 오히려 대지 위로 회귀하는 일이었다.

> 새로운 호소가 도래하는 새로운 공간은 외부의 우주에 있는 게 아니라 우리의 대지 **위에** 있음에 틀림없다. 해방된 기술을 틀어잡고 억제하면서 그것을 구체적 질서로 편입시키는 일에 성공한 자야말로, 해방된 기술을 수단으로 달과 화성에 착륙하고자 하는 자 이상으로 현재의 외침소리에 응답하고 있던 것이다. (1958a:568)

슈미트에게 중요한 것은 역시 대지에 뿌리박은 구체적 질서를 다시 찾아내고 새로운 대지의 노모스를 획정하는 일이었던 것이다.[27)]

따라서 슈미트가 기대한 새로운 대지의 노모스의 이미지는 여기서 다시 여러 광역들의 다원성이 된다(1952a:499f.; 1955a:521; 1955b: 287; 1962a:607f.). 2차 대전 시기 보편주의에 저항하는 유럽 광역질서를 구상했던 슈미트는 여전히 전후에도, 세계를 양분한 미소 두 강대국이 결국에 공유하고 있는 통일적 세계상에 항거하면서 "다양한 제3의 힘" 즉 "다수의 광역"으로 된 "진정한 다원주의"를 고집하고 있는 것이다(1952a:500). 동서 대립은 윙거가 전망하고 있는 "세계국가"로의 길을

---

27) 『대지의 노모스』 서언에서도 땅위로 회귀해야만 한다는 것이 주장되고 있는데, 이는 16세기를 반복하여 오늘 우주를 과거의 식민지처럼 자유로운 취득의 공간으로 삼는 것과는 다른 것이다. "대지의 낡은 노모스는 메르헨[동화]처럼 예상할 수 없는 신세계의 발견으로부터, 반복불가능한 역사적 사건으로부터 생겨났다. 혹시 그것을 현재에 반복하고자 한다면, 그것은 다음과 같은 공상적인 평행성에서만 생각될 수 있을 것이다. 즉 인간이 달로 가는 길에서 이제까지 전혀 알지 못했던 미지의 천체를 발견하고, 이 천체를 자유로이 착취하면서 땅위에서의 싸움을 경감시키기 위해 이용할 수 있을 것이라는 공상이 그것이다. 이러한 공상을 통해서는 대지의 새로운 노모스에 관한 질문은 응답될 수 없다. ……인간의 사고는 다시금 자기 땅위에서의 생존의 원뿌리적인 질서를 향하지 않으면 안 된다. 우리는 대지라는 의미영역을 탐구한다."(1950NE: 6[6])

더듬어 찾는 것으로는 해결되는 게 아니다.[28] "나는 오늘날 세계의 이원성을 통일로 가는 이전 단계로서가 아니라 새로운 다수성으로의 이행으로 간주한다."(1952a:505) 그리고 1950년대 이래의 슈미트는 제3세계 비동맹 국가들의 세력 확대에 의한 세계의 다극화 속에서 그러한 광역 발전의 징후를 보는 것이다. 『2차 대전 이후 세계의 질서』라는 제목으로 출판된 1962년의 강연을 따르면, 냉전은 이제 미소 양국 사이에 국제연합을 통한 일원적인 세계질서의 합의가 있었던 2차 대전 말기의 제1단계로부터, 1940년대 말엽에서 1950년대에 걸친 미소 간 대립의 제2단계를 거쳐, 제3진영이 독립한 정치 세력으로서 드러나는 제3단계로 들어갔다.

국제연합에서의 비동맹 국가들의 발언력 증대가 보여주듯이, "세계의 이원적-양극적 시스템은 다원적-다극적 구조에 의해 해소되는 것처럼 보인다."(1962a:602) 점점 더 많은 나라가 미소 양대 세력으로부터 이반해 가는 상황은 슈미트에게 여러 광역들의 세력 균형이 새롭게 실현되어 가는 것처럼 여겨졌다. 그것은 그에게 유럽을 구체적 질서로서 다시 장소확정하려는 시도야말로 상황에 대한 올바른 응답이라는 것을 증명해 보이는 일에 다름 아니었던 것이다.

II. 역사, 신학, 정치: 가속자와 억지자

1. 헤겔주의의 두 계보

동서 대립에 관한 1955년도 논문에서 슈미트는 "**변증법적**이라는 단어"를 윙거적인 "양극성의 관념"에 대치시키고 있었다(1955c:534). 슈미트

28) Ernst Jünger, »Der Gordische Knoten«, in: ders., Bertrachtungen zur Zeit. *Sämtliche Werke. Zweite Abteilung Essays I*, Bd.7, a.a.O., S.471.[167] '세계국가'에 관해서는 1960년도 윙거의 저작 『세계국가』 속에서 주제화되어 논해진다.

가 '변증법'이라는 것으로 이해하고 있는 것은 일회적인 상황에 일회적인 응답이 맺는 관계에 다름 아니다. 그것은 변증법적 유물론이 상정하는 것처럼 보편사를 만들어내는 역사 행로가 아니다. 슈미트에게 역사상의 모든 사건은 일회적인 것이고 그 고유한 의미를 갖는 것이므로, 역사에 하나의 전체로서의 의미를 부여하는 보편적 원리 따위란 존재하지 않는다.

> 우리에게 중요한 것은 세계사의 보편적인 법칙이 아니다. ……우리에게 중요한 것은 일회적이고 구체적인 상황이다. ……우리가 여기서 변증법적인 긴장에 관해 질문하는 것은 보편적 법칙이나 정태적인 개연성을 찾는 일도 아니며 체계적인 의미에서의 개념변증법의 보편적인 논리를 찾고 있는 것도 아니다. (1955c:535)

따라서 슈미트에 따르면 마르크스주의는 변증법의 의미를 왜곡하고 있다. 그것은 변증법을 보편적 논리에 따른 역사철학으로 간주하면서 상황의 구체성이나 역사적 일회성에 대한 통찰을 놓치고 있다. 이에 맞서 슈미트는 헤겔 변증법의 본래적 핵심을 현재라는 상황에 고유한 역사적 일회성의 인식에서 찾아내고자 한다.[29] "헤겔의 역사-변증법은 역사적 사건의 진정한 일회성을 달성할 수 있는 가능성을 충분히 간직하고 있다."(1955c:535) 이리하여 슈미트는 마르크스주의에 의한 헤겔 해석에 맞서 자신이 "또 하나의 헤겔의 계보"라고 부른 다른 헤겔상을 내보낸다.

변증법적인 역사철학자가 아니라 역사적 일회성의 사상가라는 헤겔상을 슈미트는 헤겔=마르크스주의와는 다른 또 하나의 헤겔주의로부터

29) 이미 1932년도 『정치적인 것의 개념』 2판에서 헤겔의 "구체적 사고의 변증법"이 지적되고 있다(1932BP:62[(2)75]). 헤겔은 "최대한의 의미에서 정치적"인데, 왜냐하면 "그의 시대의 현행적인 사정에 관계된 그의 저작이 ……모든 정신이란 현재의 정신이며 현재적이라는 철학적 진리의 기록"에 다름 아닌 것이기 때문이다. 그는 자신이 몸을 두고 있던 구체적 상황의 일회성에 투철한 것이며, 이는 '비정치적 순수성'이나 '순수한 비정치'를 허용하지 않는 것이었다.

획득했다. 즉 19세기 말부터 20세기 전반부에 걸쳐 딜타이나 크로체로 대표되는 이른바 '신헤겔주의'가 그것으로[30], 특히 이 유파를 이어받은 보수이론가 한스 프라이어를 '또 하나의 헤겔의 계보'를 대표하는 이로 본 것이다.[31] 프라이어는 1955년도 저작『현대의 이론』에서 미리 상정된 목적·종말로부터 역사에 의미부여를 행하는 "천년왕국주의"의 "진보 신앙"에 맞서, 현재 상황의 인식이야말로 중요하다고 주장하고 있다. "어쨌든지 우선 상황을 움켜쥐어 내 것으로 하지 않으면 안 되며, 주어진 상황으로부터 '자리 잡힌' 상황으로 구체화하지 않으면 안 된다."[32] 그가 역사의식 속에서 관심을 두는 것은 "현재의 상황 속에 숨겨져 있는 미래성일 따름이지 우리의 시대 저편에 있는 종국성이 아니다."[33] 슈미트는 역사의 일회성과 고유성에, 특히 현재 상황의 그것에 인식을 집중시키는 이 보수혁명의 헤겔주의를 자기 것으로 삼는다. 프라이어가 이룬 공적은 "우리들 상황의 반복불가능한 일회성을 언명했던"(1957b[30]) 데에 있는 것이다.

마르크스주의는 프라이어와는 반대로 헤겔의 변증법을 역사철학으로서 해석한다. 그때 역사의 의미는 도래할 목적 혹은 종말로부터 획득되는 것이며, 변증법은 그저 미래만을 지향하는 역사운동이 된다. 슈미트에게는 그런 헤겔=마르크스주의의 사적 유물론이 현재 상황에서 헤겔에 관한 정통적인 해석을 독점하고 있는 것처럼 보였다.

동일하게 헤겔로부터 시작한 하나의 계보, 레닌과 스탈린으로 종결되는

---

30) 이러한 헤겔주의의 계보는 1929년도 중립화 논문에서도 확인되고 있다. "모든 역사적 인식은 현재의 인식이고 현재로부터 그 빛과 강도를 수취하는 것이다. 이는 가장 깊은 의미에서 현재에만 봉사한다. 왜냐하면 모든 정신은 현재의 정신에만 있는 것이기 때문이다. 이러한 것은 헤겔 이래로 많은 사람들에 의해, 특히 베네딕트 크로체에 의해 말해지고 있다."(1929:79[144])

31) "헤겔=딜타이=프라이어의 계보는 유럽의 얼굴에 성격을 부여하는 하나의 특징이며 우리들 유럽의 현재를 이루는 본질적 요소이자 정신적 현실이다."(1957[30])

32) Hans Freyer, *Theorie des gegenwärigen Zeitalter*, Stuttgart 1955, S.215.

33) Ebd., S.220.

그 계보는 헤겔 해석의 독점을 요구하고 있고, 그런 독점은 그들에겐 자신의 정신적 명망의 일부, 혹은 오히려 자신의 역사적 정통성의 일부가 됐던 것이다. 여기서 헤겔을 둘러싼 투쟁은 역사적인 강력함을 갖게 되며, 더 이상 단순한 학파의 싸움이 아니게 되는 것이다. (1957b[31])

즉 슈미트는 마르크스주의에 맞서 헤겔 해석을 둘러싼 투쟁을 전개하고자 하는 것이다.

변증법적 유물론에 있어 역사는 유토피아가 될 종말을 향해 가속하는 운동이며, 그때그때의 사건이 지닌 고유성이나 일회성에는 아무런 장소도 주어지지 않는다. 그것은 그저 역사의 진보, 즉 세계의 플래닝을 향한 기술화나 기능화의 과정만을 절대시한다. 이러한 역사철학의 지배 아래서는 진보를 거스르는 자가 옳지 못한 자로서 단죄된다. 원활한 역사운동을 막는 자, 기술화와 기능화의 과정을 저지하는 자가 차별화·범죄화되는 것이다.[34] 헤겔 철학은 "역사철학"이라는 "위험한 이데올로기적 무기"를 마르크스주의에 제공하고 말았던 것이다(1963TP:52[104]). 그러하되 슈미트를 따르면 헤겔 변증법은 그런 역사 가속의 이데올로기로 환원되어서는 안 되는 것이다.

우리가 헤겔로부터 절대적인 가속기를 만들어낸다면 그것은 부당하다. 즉 그 부정은 단지 운동이고 그 운동은 단지 부정이기만 한 가속기, 따라서 완전하게 운동 이외의 다른 아무것도 아닌 가속기로서, 이는 궁극적으로는 항성적인 숙청과 범죄화라는 무도병舞踏病[유전성 뇌질환·전신발작]으로서만 상상될 수 있는 것이다. (1950LR:429[91])

슈미트에게 헤겔은 거꾸로 그런 가속을 저지하고, 역사 속에서 그때그

34) "전체적 플래닝의 슬퍼해야만 될 세계에서는 새로운 종류의 집단적 정서가 발생한다. 최악의 정서는 방해자, 계획의 장해, 태업자를 대상으로 쉽게 불러일으켜지는 격정이다. 태업자는 그저 평온을 휘젓는 자, 훼방꾼인 게 아니다. 그는 이데올로기적으로는 낙원에 있어서의 최후의 방해물인 것이다."(1991G:197)

때의 사건이 갖는 일회성을 찾아내려는 자였다. 즉 헤겔은 카테콘(억지자)인 것이다.

슈미트는 독일이 무신론을 향해 가는 일을 헤겔이 중도에 막고 지연시킨다는 니체의 분노를 종종 언급한다(1950LR:428f.[89]; 1950b:930; 1957b[31]). 헤겔이 지닌 그러한 카테콘으로서의 의의는 프라이어의 헤겔주의에서 최대한으로 도출되는 것이다. 실제로 2차 대전 중에 집필되고 전후 1949년도에 출판된 프라이어의 저작 『유럽 세계사』에서는 다름 아닌 "억지하는 힘"의 사상이 발견되며, 거기서는 슈미트의 『대지의 노모스』와 전적으로 병행적으로, 민족 대이동에 따른 로마 제국의 붕괴 및 아라비아인의 진출이라는 동란 상황 속에서 살아온 중세인의 카테콘 신앙과 카테콘의 기능을 맡아온 "라이히" 및 "교회"의 의의가 논해지고 있다.[35] "무신론으로의 길에 있는 가속자는 모두 함께 한스 프라이어와 같은 인물에게 반대를 표한다. 그는 저서 속에서 「데살로니카인들에게 보낸 두 번째 편지」에 나오는 카테콘에 관해 이야기한다. 이 카테콘은 악한 것의 힘을 잠시 동안 억누르는 힘, 즉 심연으로의 길을 더듬어가는 최악의 가속자에 대항하는 힘이다. 19세기 이래로 보수적이라는 말을 듣고 또 그렇게 자칭해왔던 모든 자들는 프라이어의 세계사에서 발견되는 이 억지자의 개념에 의해 시대에 뒤처지고 낡은 것이 되었다."(1957b [31])

슈미트의 헤겔주의라는 것이 있다고 한다면, 그것의 가장 큰 특징은 다름 아닌 헤겔=마르크스주의에 대한 적대일 것이다. 그는 마르크스주의의 역사철학에 의해 횡령된 헤겔을 보수혁명의 헤겔을 통해 탈환하려는 것이다.[36] 즉 가속자로서의 헤겔이 아니라 억지자로서의 헤겔. 보편사적

35) Vgl. Hans Freyer, *Weltgeschichte Europas*, 2.Aufl., Stuttgart 1954, S.379-401.

36) 그럴지라도 이미 1920년대의 의회주의론에서 슈미트는, 역사법칙에 따른 변증법적 발전이라는 통속적인 유물사관에 머물지 않는 마르크스주의의 "합리주의"를 "사회적 현실의 올바른 인식" 또는 "구체적 역사성에 대한 이해" 속에서 발견하고자 했었다(1926LP:67[73]). 그런 까닭에 헤겔주의와 마찬가지로 마르크스주의에 대한 슈미트의 이해 또한 "긍정적 평가"과 "본질적 비판"이라는 정반대의 "이중적 수용태도"를 보이는 것이다(Jorge E. Dotti, »From Karl to Carl. Schmitt as a reader of Marx«,

진보의 헤겔이 아니라 역사적 일회성의 헤겔. 그리고 거기에는 단지 헤겔 해석에만 관계된 것이 아니라 슈미트의 그리스도교적 역사 이해의 근본에 관계된 문제가 반영되어 있다.

2. 그리스도교적 역사 이해의 가능성: 순환, 직선, 일회성

근대 역사철학과 그 진보사관은 어디서 유래하는 것인가. 1949년에 출판된 뢰비트의 저작 『역사의 의미』(독일어 제목은 『세계사와 구제의 사건』)[37]는 그런 물음에 하나의 회답을 주었다. 즉 뢰비트에 의하면 근대적인 진보의 역사철학은 유대교 및 그리스도교의 종말론이 세속화됐던 것이다. 이 종말론은 역사를 구제의 성취과정으로 이해하고 구제라는 목적에 의해 역사과정 전체에 의미를 부여한다.

> 유대교도나 그리스도교도에게 역사란 무엇보다 먼저 구제의 사건이다. ……역사철학의 사실과 하나의 궁극적 의미를 향한 역사철학의 물음이란

---

in: C. Mouffe (Hg.), *The Challenge of Carl Schmitt*, a.a.O., S.92-117 [136-174]), 특히 S.100ff.[148-159] 참조. 1931년에 슈미트가 쓴 것으로 여겨지는 마르크스의 헤겔 비판에 관한 라디오 방송용 원고에서는, 마르크스가 헤겔의 철학을 "구체적인 현재의 정치적 현실"에 적용할 수 있었던 것은 마르크스가 "모든 정신과 이성이 헤겔 철학에 따르자면 언제나 현재만의 정신이며 모든 참된 역사적 인식이 오로지 현재의 인식이라는 것"을 통찰하고 있었기 때문이다(1931d:50). 마르크스주의에서 보이는 부르주아지 대 프롤레타리아트라는 단순화된 궁극적 투쟁도식을 슈미트가 평가하는 것은 그것이 오직 스스로가 몸을 두고 있는 구체적인 적·동지 상황의 인식과 그 속에서의 실천에 관심을 집중하는 것이기 때문이었다. 1932년도 『정치적인 것의 개념』 2판에서는 이러한 진정한 헤겔주의의 계기가 모스크바에 이르는 마르크스주의의 계보에도 계승되고 있는 것으로서, 레닌을 긍정적으로 평가하게 되는 것이다. "헤겔은 마르크스를 거쳐 레닌으로, 모스크바로 향했다. 모스크바에서 그의 변증법적 방법은 구체적인 새로운 적 개념, 즉 계급적 적의 개념과 관련하여 그 구체적인 힘을 실증하고, 변증법적 방법 그 자체를 합법성과 비합법성, 국가, 나아가서는 적과의 타협과 같은 다른 모든 것들과 마찬가지로 투쟁의 '무기'로 전화시켰다."(1932BP:62f.[(2)77])

37) 뢰비트의 이 저작은 우선 1949년에 미국에서 『역사에서의 의미(Meaning in History)』라는 제목으로 출판되고, 이후 1953년 독일에서 하노 케스팅의 번역에 의해 『세계사와 구제의 사건(Weltgeschichte und Heilsgeschehen)』이라는 제목으로 출판되었다.

구제사적인 종국목적을 향한 종말론적 신앙에서 생겨난 것이다.[38)]

그런 까닭에 뢰비트는 역사를 동일한 것의 반복과 회귀로 간주하는 그리스·로마의 순환사관으로부터 종말로의 직선적 방향을 설정한 유대·그리스도교의 구제사관으로의 이행에서 역사의식에서의 한 가지 결정적 전환점을 발견하는 것이다. 그러하되 뢰비트 자신이 의도했던 것은 이제 그러한 근대 역사철학이 의미의 상실이라는 역설적인 완성에 이르렀음을 드러내는 것이었다. 그리고 그는 니체의 영원회귀 교설에서 보이는 것처럼 이교적인 순환사관으로의 두 번째 전환을 주장한다. "하지만 논리를 정연하게 갖추기 위해 역사의 '연속성'에 대한 신뢰는 원환운동이라는 고전적 이론으로까지 되돌아가야 할 것이다. 왜냐하면 시작도 끝도 없는 운동을 전제로 할 때만 운동성이 진정으로 증명될 수 있기 때문이다."[39)]

이 저작에 앞서 출판됐던 뢰비트의 『헤겔로부터 니체로』(1941)에서 이미 표명되고 있는 것처럼, 직선으로부터 순환으로의 니체적 전환은 보수사상가 아르민 몰러의 학위논문 『독일의 보수혁명 1918-1932』(1950)에 큰 영향을 주게 된다. 그는 이른바 "보수혁명"이라는 말에 나오는 '혁명(Revolution)'을 직선적 진보를 표시하는 "발전(Evolution)"과는 달리 "회귀"를 표시하는 것으로 포착하고자 한다.[40)] 니체를 유력한 사상적 원천으로 삼았던 보수혁명 이론가들은 그 이교적 순환의 역사상으로 인해 그리스도교와 대립하고 있었던 것이다. "그리스도교와 '보수혁명' 간의 양립불가능성이라는 우리의 상정이 순조롭게 진행될지 어떨지는 '보수혁명'에 관한 해석에 걸려 있다. 즉 '직선'과 '구球'의 대립에 걸려

---

38) Karl Löwith, *Weltgeschichte und Heilsgeschehen*, Stuttgart 1983, S.15[12]; ders., *Meaning in History*, The University of Chicago Press, 1949, S.5.

39) K. Löwith, *Weltgeschichte und Heilsgeschehen*, a.a.O., S.221f.[267]; ders., *Meaning in History*, a.a.O., S.207.

40) Armin Mohler, *Die Konservative Revolution in Deutschland 1918-1932*, Stuttgart 1950, S.150.

있는 것이다."[41] 이리하여 몰러는 뢰비트가 묘사한 헤겔로부터 니체로의 역사상像의 전환에 따라 그리스도교와 계몽의 진보사상에 공통되는 "직선적인" 세계상에 맞서 보수혁명'에서의 "순환적 세계상, 원환의 세계상, 더 적절하게는 구球의 세계상"을 대치시켰던 것이다.[42]

이에 대해 슈미트는 몰러 앞으로 보낸 편지에서 "이교와 그리스도교간의 대립 기준으로서의 순환과 직선이라는 잘못된 안티테제"를 힐난하고 있다. 슈미트에게 그리스도교는 결코 직선적인 진보사관으로 환원되어서는 안 되는 것이었다. 그러한 역사철학은 실제로는 유대교의 종말론에서 연원하는 것이지 결코 그리스도교의 것이 아니었기 때문이다. "그런 안티테제는 그리스도교가 오늘날에 이르러 유대교가 되고 말았다는, 유대교 역사의 한 가지 에피소드가 되고 말았다는 징후 이외에 다른 게 아닙니다. 이는 뢰비트에게서도 그렇습니다."(BwSM:92)

슈미트는 구체적 질서를 파괴하는 보편지배의 이데올로기적 기둥으로서의 종말론적 역사철학이 유대교 종말론에 특유한 것이라고 생각한다. 그런 까닭에 역사철학의 이데올로기에 기초한 미소 양국의 세계관리에 대한 슈미트의 두려움은 유대인을 향한 적의와 표리일체를 이루고 있다.[43] 전후 독일이 미소 양국의 틈새에서 직면한 위기는 "성공을 거둔 러시아의 직업혁명가와 유대인 이민의 존재방식이 정상적인 독일인이 취해야 할 태도의 기준으로서 우리를 압박하고 있다는" 점에 있었고(여기서의 '유대인 이민'이란 미국으로 망명한 유대계 독일인들을 말하며, 직접적으로 뉘른베르크에서 슈미트를 심문했던 로버트 W. 켐프너를 시사하고 있다), 더 나쁜 것으로서는 그들 미소 양국의 보편주의적인 인도人道 이데올로기에 유럽의 "안티파[반파시즘]·가톨릭 성직자들"이 가담하려는 점이라고 말한다(1991G:256). 슈미트는 스스로를 "가톨릭

41) Ebd., S.152.

42) Ebd., S.204.

43) 1947년 7월 8일자 『주석집』에는 다음과 같은 시가 남겨져 있다. "분명 그들은 엘리트에 대해 빈번히 말한다 / 하지만 많은 이들이 거의 알아채지 못한다 / 이제 이스라-엘리트 말고는 / 거대한 혹성적 공간 안에 아무도 없다는 것을"(1991G:255)

의 평신도"라고 이해하면서도(1991G:71, 283) 직업적인 성직자·신학자에 대해, 특히 인도의 이름 아래 나치스의 범죄에 대한 책임추궁에 몰두하고 있던 전후의 "인도주의적인" 성직자에 대해 격렬한 적의를 돌린다.44) 그런 추궁을 통해 그 성직자들이 그리스도교를 '유대적인' 보편주의에 동화시키고자 하기 때문이다. 진보의 역사철학의 패권은 그리스도교가 유대교에 의해 위기에 노출됨을 뜻하는 것이다. 몰러 앞으로 보낸 편지에서 슈미트는 말한다.

> 유대인에게 그리스도교는 그들의 역사의 한 가지 에피소드입니다. 그들은 오늘날 자신들을 승자라고 느끼고 있고 실제로도 그러합니다. 그리스도교도는 여전히 단말마의 고통 속에 있습니다. (BwSM:95)

그리고 슈미트는 (유대적인) 근대 역사철학의 종말론적 이데올로기를 극복하는 데서만 그리스도교적인 역사상이 가능할 수 있으리라고 본다. "그리스도교적 역사상이 다른 역사상과의 싸움에서 단순한 역사철학을 극복한다면, 이는 동시에 그리스도교적인 역사상의 엄청난 가능성에 대한 증거일 것이다."(1960DC:15[18])

뢰비트의 저작 『역사의 의미』에 대한 서평에서 슈미트는 "그리스도교적인 역사상의 세 가지 가능성"에 관해 논하고 있다.45) 첫째, 진보의 역사철학으로 환원되는 "종말론적인" 역사상(이때 슈미트는 이교적인

---

44) "1945년 개심(改悛)의 강력한 설교자들은 대단한 열의를 가지고 우리를 공격했으며, 본래라면 우리가 의무를 짊어지고 있었을 법과 진리를 위해 우리가 타살당하지 않았음을 비난했었다."(1991G:274). R. Groh, *Arbeit an der Heillosigkeit der Welt*, a.a.O., S.179.

45) 이 서평은 1950년 『우니벨시타스』 지면에 「역사적 의미부여의 세 단계」라는 제목으로 발표됐지만, 이 제목은 잡지의 편집부가 붙인 것이었다. 슈미트 자신은 1950년 12월 1일자 아르민 몰러 앞으로 보낸 편지에서 "편집부에 의해 즉석에서 붙여진 이 제목은 완전히 잘못"이며 "문제가 되고 있는 것은 '단계'도 '의미부여'도 아닙니다"라고 불만을 표하고, 더 어울리는 제목은 「그리스도교적 역사상의 세 가능성」이라고 주장한다(BwSM:92). 동일한 쓴소리는 1974년 블루멘베르크 앞으로 보낸 편지에서도 보인다(BwSBl:120).

순환사관과 종말론적인 진보사관 사이에 결정적인 차이를 인정하지 않고 있다). 이 "유대화된" 그리스도교적 역사상에 맞서 슈미트가 대치시키는 것이, 둘째 "카테콘적인" 역사상이다. 그것은 안티그리스도로서의 보편사적인 완성을 향해 가는 역사의 가속을 억지하는 힘이다. 슈미트는 그리스도교적인 역사 이해의 가능성이 오직 카테콘에게만 있음을 곳곳에서 반복적으로 강조한다. "나는 카테콘을 믿는다. 카테콘은 나에게 그리스도교도로서 역사를 이해하고 유의미하게 역사를 인식하게 하는 유일한 가능성이다."(1991G:63)[46]

그러하되 이 서평 속에서 슈미트는 그리스도교적인 역사상의 세 번째 가능성으로서 "마리아적인" 역사상이라는 것을 들고 있다(1950b:930f.).[47] 다른 곳에서도 드물게 언급되는 "마리아적인 역사상"(1950 ECS:40[149]; 1991G:30f.)은 마리아학에 몰두하던 시인 콘라트 바이스로부터 빌린 것이다. 이를 두고 슈미트는 그저 역사의 가속을 억지하는 것만이 아니라 더 적극적인 그리스도교적 역사상이라고 생각하고 있었다. "콘라트 바이스에게는 단지 억지하는 힘만으로는 충분치 않다. 역사의 여러 조건들은 억지되기보다는 쟁취하지 않으면 안 된다고 그는 말하고 있다."(1950b:930f.)

그러나 '마리아적'인 것이란 어떤 의미로 말해지는 것인가. 성모 마리아를 특징짓고 있는 것은 수태고지의 순간에 신을 섬기며 그 말씀에 귀 기울인 "비하(Demut[겸허·순종·경건])"의 태도이다.[48] 이는 신을 대신하여 스스로가 역사의 진보를 통한 구제자가 되려는 인간의 오만을 물리친다. 순종하는 하녀로서의 마리아가 행하는 것은 주의 목소리를 듣고 그것에 응답하는 것이다. 슈미트는 바로 그 마리아적인 태도 속에서

---

46) 『대지의 노모스』에서도 다음과 같이 되어 있다. "나는 본래적으로 그리스도교적인 신앙에서는 카테콘 이외의 다른 역사상이 가능하다고 생각하지 않는다."(1950NE: 29[40])

47) '마리아적 역사상'에 관해서는 H. Meier, *Die Lehre Carl Schmitts*, Stuttgart/Weimar 2004, S.250ff.; R. Groh, *Arbeit an der Heillosigkeit der Welt*, a.a.O., S.115f.

48) Vgl. H. Meier, *Die Lehre Carl Schmitts*, a.a.O., S.37ff.

그때그때의 역사의 외침소리에 응답하는 인간의 일회적인 결단의 실천을 발견하고자 했던 것이다. '마리아적인 역사상'이란 "역사적 현실의 무한한 일회성"에 관여하는 것에 다름 아니다.

> 그리스도교는 그 본질적 핵심에서 도덕도 교의도 아니며, 마음을 고쳐먹게 하는 교설도 비교종교학적인 의미에서의 종교도 아니다. 그것은 소유할 수도, 점유할 수도 없는 무한한 일회성을 갖는 역사적 사건인 것이다. (1950b:930)[49)]

인간의 행위는 모두 어떤 상황이나 사건을 향한 일회적인 응답이다. 슈미트는 역사철학적 진보의 연속성에서가 아니라 다름 아닌 역사적 일회성의 통찰에서 그리스도교적 역사상이 갖는 가능성을 발견하려는 것이다. 슈미트 속에 카테콘적인 억지에 머물지 않는 좀 더 적극적인 구제의 애스펙트[양상·국면·전망]가 있다고 한다면, 그것은 바로 그런 실천에서일 것이다. 이는 종말을 향해 역사의 가속을 첨예화시키는 것과는 전혀 다른, "진정으로 가톨릭적인 첨예화", 즉 그때그때의 사건의 비할 데 없는 일회성에 인식을 집중하고 그것에 응답하는 일에 다름 아니다.

3. 그리스도교적 에피메테우스

a. 〈선취된 계율〉의 맹목성

슈미트는 '가톨릭의 평신도'를 자인하면서도 직업적인 성직자·신학자에 적의를 돌리고 오히려 자신이야말로 "진정으로 가톨릭적인 첨예화를 둘러싼 싸움"을 행하고 있다고 주장한다(1991G:165). 슈미트는 이 '진정으로 가톨릭적인 첨예화'라는 정식을 시인이자 예술비평가인 가톨

49) 마찬가지의 인식은 1949년 말에 피에르 랑 앞으로 보낸 편지에서도 서술되고 있다. "저에게 그리스도교는 우선 무엇보다 교의가 아니며 도덕도 아니고, (당신에겐 죄송합니다만) 종교조차도 아닙니다. 그것은 하나의 역사적 사건인 것입니다."(1991G:283)

릭 옛 친구 콘라트 바이스의 말에서 원용하고 있다.50) 바이스는 슈미트의 그리스도교 이해에 적지 않은 영향을 주고 있으며, 바로 그 바이스로부터 전후 슈미트의 중요한 자기 양식화 한 가지도 유래하고 있다. 즉 "그리스도교적 에피메테우스". 이는 슈미트가 『주석집』에서 교육학자 에두아르트 슈프랑거의 '너는 누구인가'라는 물음에 대한 회답으로서 제출했던 것이다. "저의 본질은 완전히 투명하지는 않을지도 모릅니다. 그러나 저의 사례는 어떤 위대한 시인이 발견했던 이름으로 부를 수 있을 것입니다. 즉, 악하고 면목 없는 것이지만, 저는 그리스도교적 에피메테우스의 진정한 사례라고 할 수 있습니다."(1950ECS:12[134])51)

'그리스도교적 에피메테우스'는 바이스가 1933년에 출판한 저작이다. 이는 1932년부터 1933년까지의 독일 국내 정치상황을 반영한 극히 정치적인 저작이다. 그러나 바이스는 동시에 당대의 그런 정치적 사건 속에서 어떤 구제사적인 차원까지를 발견하고자 했었다.52) 그러면 대체 '그리스도교적 에피메테우스'란 무엇을 뜻하는 것인가. 에피메테우스는 그리스 신화에 나오는 거인족의 한 사람으로, 신들의 천상에서 불을

---

50) 콘라트 바이스(Konrad Weiß, 1880-1940). 슈바펜 지방 출신의 독일 가톨릭 계열 시인. 성직자가 되고자 시작한 대학에서의 신학 공부가 좌절된 이후, 잡지 『고지(高地)』 등의 편집에 관여한다. 1910년대 후반부터 시작 활동을 개시하고 특별히 눈에 띄는 시인 서클에 속하는 일 없이 『크마이 여(女) 예언자』(1921), 『말의 마음』(1929) 같은 시작으로 신학적 색채가 강한 작품을 발표한다. 그가 슈미트와 알게 됐던 것은 1920년 무렵으로 알려져 있다. 바이스와 슈미트의 관계를 논하고 있는 것으로는 Wilhelm Nyssen, »Carl Schmitt. 'Der schlechte, unwüdige und doch authentische Fall eines christlichen Epimetheus'«, in: H. Quaritsch (Hg.), *Complexio Oppositorum*, a.a.O., S.181-192; Wilhelm Kühlmann, »Im Schatten des Leviathan. Carl Schmitt und Konrad Weiß«, in: B. Wacker (Hg.), *Die eigentlich katholische Verschäfung*…, a.a.O., S.89-114; R. Gross, *Carl Schmitt und die Juden*, a.a.O., S.359ff.[268-274]

51) 1951년 1월 21일자 몰러에게 보낸 편지에서도 슈미트는 스스로를 "그리스도교적 에피메테우스"라고 부른다. "요컨대 당신은 그에게 이렇게 전해주시길. 슈미트는 그리스도교적 에피메테우스라고. 그, [발데마르] 그리안은 그리스도교도로서 그 말이 무엇인지를 알고 있음에 틀림없을 테지요."(BwSM:95)

52) W. Kühlmann, »Im Schatten des Leviathan. Carl Schmitt und Konrad Weiß«, a.a.O., S.99.

훔쳐 인류에 주었던 프로메테우스의 동생이다. 이 형제는 지극히 대조적인 성격에 의해 특징화된다. '앞서 생각하는 자'를 뜻하는 프로메테우스는 언제나 사려 깊고 미래를 전망하는 현인이다. 반대로 '뒤늦게 생각하는 자'를 뜻하는 에피메테우스는 분별없는 어리석은 자이다. 그는 신들이 만들어낸 여성 판도라를 프로메테우스의 경고를 무시한 채 아내로 삼는데, 신들의 간계를 따라 판도라가 지참했던 재앙의 상자, 이른바 '판도라의 상자'가 그녀에 의해 열리게 됨으로써 땅위에 재액을 흩뿌리고 만다. 그는 언제나 이렇게 맹목적으로 행동한다.

에피메테우스의 행위를 특징짓고 있는 그런 맹목성, 그러나 바로 그것이야말로 역사 속에서 행위하는 인간에겐 필연적인 것이다. 그와 반대되는 프로메테우스는 미래를 예견하고 그것을 향해 역사를 가속시키는 "안티그리스도" 혹은 "유대인 및 유대적 그리스도교도"의 성격을 띠고 있다.[53] 이에 대해 바이스는 "에피메테우스는 예견하는 것이 아니라 그저 사건 속에서 미래의 희망을 헤아린다."[54] 중요한 것은 프로메테우스적으로 역사를 예견하는 것이 아니다. 오히려 그리스도교적 에피메테우스는 결코 미래를 내다보는 일 없이 그때그때의 상황 속 행위 그 자체에서 섭리를 움켜쥐고자 한다. 슈미트는 "나의 생애 가장 깊은 곳의 핵심을 건드리는 말"이 무엇인지 질문 받는다면 "프로메테우스적인 것으로서가 아니라 단지 그리스도교적 에피메테우스로서 답할 것"이라고 하면서 바이스의 다음 시구를 인용하고 있다. "네가 해야 할 일을 완수하라. 그러나 그것은 이미/언제나 완수되어 있기에 너는 그저 답할 수만 있을 뿐."(1950ECS:53[157])[55] 섭리는 인식이 아니라 행위에 의해 충만해지는 것이다.

에피메테우스적인 행위자는 섭리를 인식하지 않은 채 맹목적으로

53) R. Groh, *Arbeit an der Heillosigkeit der Welt*, a.a.O., S.128.

54) Konrad Weiß, *Der christliche Epimetheus*, Berlin 1933, S.84.

55) 이와 동일한 시구는 『주석집』에 수록되어 있는 1974년 12월 게르하르트 네벨 앞으로 보낸 편지에서도, "그리스도교적 에피메테우스를 향한 나의 명상"을 가리키는 것으로서 인용되고 있다(1991G:66).

행위하고 그럼으로써 자신이 따라야 할 계율을 선취한다. 그것은 바이스의 합성어를 사용해 말하자면, "선취된 계율(Vorgebot)"에 의해 규정된 행위이다.

> 선취된 계율은 역사의 길 위에서는 반半맹목적이다. 혹은 그 계율은 신뢰를 주는 맹목성과 서로 나누어 공유되고 있다. 그런 까닭에 나날의 일들 속에서 감각을 충족시키려는 호기심을 결여하고 있다.[56]

『주석집』에서 슈미트는 스스로를 바로 그런 "맹목적인, 선취된 계율의 남자"로 규정하고 있다(1991G:23).[57] 그에겐 바이스의 '선취된 계율'이라는 구절이야말로 구체적 질서에서의 결단, 그때그때의 역사의 외침소리에 따른 일회적인 결단, 그러하되 동시에 신의 의도에 따라 행위한다는 그리스도교적 내용까지도 갖는 결단을 가리키는 것에 어울리는 말이었다.[58] 동서 대립에 관한 1955년도 논문에서 그 구절은 바로 "역사의 새로운 외침소리를 향한 회답"과 등치되고 있다.

> 역사의 새로운 외침소리를 향한 회답은 인간의 관점에서 보면 그저 선취된 계율일 수밖에 없으며, 게다가 대개의 경우 그 선취된 계율이란 단지 맹목적인 것 이외에 다른 게 아니다. (1955c:544)

'역사적 진리란 단지 일회적으로만 참'인 것이므로 어떠한 행위가 역사의 외침소리를 향한 참된 회답인지를 미리 아는 것을 불가능하다. 결단은 언제나 맹목적으로 행해질 수밖에 없다. 이리하여 슈미트는 프라이어와 나란히 바이스 속에서 역사적 일회성의 비밀에 다가가려는 '보수

---

56) K. Weiß, *Der christliche Epimetheus*, a.a.O., S.88.

57) "맹목적인, 선취된 계율"이라는 구절은 『주석집』 곳곳에서 보인다(1991G:314, 316).

58) Vgl. H. Meier, *Carl Schmitt, Leo Strauss und »Der Begriff des Politischen«*, a.a.O., S.19f.; ders., *Die Lehre Carl Schmitts*, a.a.O., S.38ff.; R. Groh, *Arbeit an der Heillosigkeit der Welt*, a.a.O., S.117.

혁명'의 핵심을 찾아내고자 했었다.[59]

b. 의지에 반하는 가속자: 나치스의 과오

그러나 그리스도교적 에피메테우스의 행위는 그 맹목성으로 인해 기만당하는 일이 언제나 일어날 수 있다. 다름 아닌 에피메테우스가 판도라에게 속임을 당했듯이 말이다. "에피메테우스는 보상을 바라지 않는 사랑 속에서 판도라의 상자를 연다. 그는 헤르메스에 의해 보내졌던 사기녀의 손에 떨어진다."(1991G:238) '악하고 면목 없는 것이지만 그리스도교적 에피메테우스의 진정한 사례'라는 슈미트의 자기규정이 1933년도 그의 나치 관여에 대한 자기변명이라는 것도 여기서 이해될 수 있게 된다.[60] 그 자신이 당시 그리스도교적 에피메테우스로서 내렸던 결단 또한 나치스라는 사건에 기만당해 행해졌음이 드러났다는 것이다. 그러하되 실제로 저 '악하고 면목 없는'이라는 말은 나치스의 범죄에 대한 뉘우침과 깨달음을 뜻하는 게 아니다. 슈미트가 자신의 결단을 후회하고 있는 것은 나치스가 범한 범죄 때문이 아니다. 오히려 후회하는 것은 단지 나치스가 결국 미소 양국을 전위로 하는 역사의 가속을 밀고 나갔다는 점이고, 자기 자신 또한 그러한 가속에 손을 빌려주게 되고 말았다는 사실에 대해서인 것이다.

---

59) 슈미트는 1961년 9월의 편지에서도 여전히 몰러의 학위논문 『독일에서의 보수혁명』에 불만을 표하고 있다. "제가 당신에게 원했던 것은 (벌써 몇 번째인지 모르겠습니다만) 보수혁명을 통하여 K. 바이스를 독해하는 일이었습니다(『그리스도교적 에피메테우스』의 83-94쪽). 당신의 학위논문에는 바이스가 나오지 않지요!"(BwSM:311) 그렇다고 몰러가 슈미트에게서 바이스가 갖는 위치값을 이해 못하고 있던 것은 아니다. 그는 이미 1952년 1월 슈미트 앞으로 보낸 편지에서, 윙거는 "일회성"이나 "역사적인 것"을 모른다고 서술하면서, 관련하여 다음과 같이 쓰고 있다. "한쪽의 크로프스톡이나 예컨대 프리드리히 게오르크 윙거의 작품과 다른 한쪽의 도이블러나 콘라트 바이스의 작품 또한 마찬가지로 대립합니다. 도이블러와 바이스는 말하자면 언제나 '순간적으로' 혹은 (혹여 좀 더 적절하게는) '일회적으로' 실현됨에 강조점을 둡니다. 다른 한편 크로프스톡 쪽에서 강조점은 연속적인 것이나 영속적인 것에 놓여 있습니다."(BwSM:113f.)

60) 이 점을 검토하고 있는 것으로는 H. Meier, *Die Lehre Carl Schmitts*, a.a.O., S.240ff.; R. Groh, *Arbeit an der Heillosigkeit der Welt*, a.a.O., S.115-132.

『주석집』에서 슈미트는 자문한다. "가속을 향한 기쁨. 의지에 반하는 가속기라는 가속기. 나를 닦달하고 속였던 것이 바로 그것이었을까?"(1991G:31) 역사의 가속기는 언제나 에피메테우스적 행위자를 속일 가능성이 있다. 가속을 저지하고자 했던 결단이 결과적으로 단지 가속을 더 밀고 나가는 것으로 끝나버리고 마는 일이 일어날 수 있는 것이다. 행위자는 맹목이기 때문에 결단의 순간에는 그것을 내다볼 수가 없다. 그는 그것을 사후적으로 알 수 있을 뿐이다. 맹목적인 행위자는 알아채지 못하는 동안 역사의 가속에 봉사하고 마는 것이다. 즉 그는 '의지에 반하는 가속기'가 된다. "정신은 행위자나 실행자를 찾아낸다. 그들 자신은 정신을 갖지 못하며 짐승 가죽을 벗기거나 무두질하는 일에 몰두하고 있다. 그러나 그들은 자신들이 가속시키고자 하는 것과는 전혀 다른 것을, 의지에 반하는 가속자로서 가속시키고 있는 것이다."(1991G:147)

슈미트는 바로 히틀러가 그러한 '의지에 반하는 가속자'로서의 집행자였다고 생각한다. 『주석집』 속에서 히틀러가 "전제를 갖지 않은 집행자"(1991G:151) 혹은 "진정한 집행자"(1991G:223)로 불리고 있는 것은 그런 의미에서이다. 나치스와 히틀러는 결국 미소 양국이 유럽에 지배의 손을 뻗치게 되는 계기를 제공했을 뿐이었다. 히틀러는 역사의 가속의 꼭두각시가 됐던 것이다. 이러한 위험은 역사 속의 행위자에겐 불가피한 것이다. 이 행위자에게 역사의 의도란 언제나 숨겨져 있기 때문이다.

> 내가 플래닝을 인식하고 전망하자마자 나는 그것으로부터 벗어날 수가 있는 것이다. 따라서 플랜은 비밀인 채로 있지 않으면 안 되는 것이다. 그것은 섭리나 신의 충언과 같이 불투명한 것이다. (1991G:285)

행위자 자신은 자신이 무엇에 봉사하고 있었는지를 훗날이 되지 않으면 알지 못한다. 애초에 역사가 종언을 맞이하지 않는 한, 즉 역사가 계속되는 한, 무엇이 억지자이고 무엇이 가속자였는지 판단하는 것을 불가능할 것이다.[61] 가속자와 억지자를 식별할 수 없다는 것은 역사적인 행위자에게 불가피하게 뒤따르는 "비극"인 것이다.

슈미트가 거기서 문제로 삼고 있는 것은 말할 것도 없이 헤겔이 '이성의 간지狡知'라고 불렀던 것이다. 그는 다름 아닌 헤겔을 끌어들여 "세계사의 아이러니"를 언급한다.

> 신은 손쉽게 속인다. 하지만 신이 속이는 일은 있을 수 없다. 또 신은 아이러니적일 수도 없다. 헤겔의 정신은 아이러니적일 수 있고 애초부터 언제나 그런 것이었다. (1991G:27)

헤겔의 사고에는 이미 보았듯 역사의 가속이라는 이데올로기가 내재하고 있는 것만은 아니다. 오히려 더 두려운 것은 억지자가 되려는 행위자를 속여 '의지에 반하는 가속자'로 삼아버리게 되는 '아이러니'이다. 헤겔의 사고에는 억지자와 가속자라는 대치만이 아니라 '의지에 반하는 가속자'라는 이 역설적 계기가 포함되어 있는 것이다.[62] 역사는 이러한 '의지에 반하는 가속자'를 이용하면서 가속을 진행시켜간다. 이런 관점을 따르자면 슈미트에게 나치스의 범죄는 역사의 가속이 최종적으로 도달한 섬멸전쟁, 차별화된 전면전쟁의 한 단계 이외에 다른 게 아니다.

---

61) Vgl. H. Meier, *Carl Schmitt, Die Lehre Carl Schmitts*, a.a.O., S.197. 이미 슈미트는 1917년에 출판된 초기의 도이블러론 속에서 "영원에 의해 기만당하고 있는 것은 아닌가라는 불안한 감정, 그리고 최종적으로 애초에 그리스도와 안티그리스도가 아직도 구별될 수 있는 것인가라는 의문"을을 기록해 놓았다(1916N:70).

62) 『유럽 법학의 상황』에서도 슈미트는 "두 사람[사비니와 헤겔]의 정신적 태도는 에피메테우스적이지만, 헤겔의 에피메테우스적 정신은 정신의 현재적인 프로메테우스적 방향까지도 인식하고 승인하며 파악하는 일이 가능하다"고 하면서 헤겔의 양의성을 지적하고 있다. 이에 반해 사비니의 경우는 "단지 의도적인 가속자 이외에는 보고 있지 않다."(1950LR:429[89-90]). 헤겔이 말하는 세계사의 운동에서 보이고 있는 역설은 곳곳에서 강조되고 있다. "헤겔의 철학은 역사적인 세계 고찰이 되지 않으면 안 되었다. 언뜻 보기에 그 역설은 전진적인 운동(=혁명)이 대단히 반동적으로 된다는 것을 뜻한다. 마찬가지의 '역설', 즉 대립물의 동일성이 두 번 세 번 거듭해 나타난다."(1991G:71)

계속되는 일련의 부정不正. 즉 베르사유의 부정은 히틀러의 부정으로 높아지고 히틀러의 부정은 얄타, 모스크바, 뉘른베르크의 부정으로 높아진다. 그렇게 높아져가는 연쇄반응의 법칙. 그 정점으로서의 사법형식. (1991G :228)

'악하고 면목 없는' 그리스도교적 에피메테우스라는 슈미트의 정식에서 보이는 것은 자신이 '의지에 반하는 가속자'가 되고 말았다는 회한에 다름 아니다. 나치스의 오점은 단지 그것이 역사의 가속에 봉사했다는 점일 뿐이다. 슈미트의 관심은 어디까지나 자신이 역사의 가속으로 간주한 것을 억지하는 일에만 기울여지고 있었다고 할 수 있을 것이다.

4. 유대적 정치신학: 야콥 타우베스

종말을 지향하며 가속하는 역사철학은 슈미트에게 본래 그리스도교적인 것이 결코 아니었으며 오히려 유대교에 특유한 것이었다. 『주석집』 등에서 보이는 전후 슈미트의 반유대주의적 언명은 다름 아닌 역사의 가속에 대한 비판에 의해 뒷받침됐던 것이다.[63] 그런데 유대교와 그리스도교의 관계라는 관점에서 전후의 슈미트를 볼 때에 빠뜨릴 수 없는 에피소드 하나가 있는데, 그것은 유대인 사상가 야콥 타우베스와의 대화이다.[64] 이미 학생 시절부터 슈미트의 『정치신학』에 강한 영향을 받고 있던 타우베스를 슈미트가 알게 됐던 것은, 1952년 취리히대학에서 타우베스와 동창이었던 몰러의 중개를 통해서였다. 1949년부터 예루살렘의 히브리대학에 유학하고 있던 타우베스는 1952년 2월 1일에 한

63) 라파엘 그로스는 '가속'이 슈미트의 반유대주의에 있어 한 가지 열쇠 개념임을 지적하고 있다(R. Gross, *Carl Schmitt und die Juden*, a.a.O., S.265f.[196-197]).

64) 이 주제를 간명하게 논하고 있는 것으로는 Reinhard Mehring, »Karl Löwith, Carl Schmitt, Jacob Taubes und das 'Ende der Geschichte'«, in: *Zeitschrift für Religions- und Geistesgeschichte*, 48 (1996), S.231-248. 특히 S.238-248.

통의 편지를 몰러 앞으로 보낸다.[65] 그 편지를 훑어볼 기회를 얻은 슈미트가 동시대의 신학 상황에 관한 타우베스의 견해에 강한 인상을 받은 일[66]을 계기로 두 사람의 교류가 시작된다. 그 편지 속에서 슈미트를 감탄하게 만든 것은 '정치신학'이 오늘날 불가피하다는 타우베스의 인식이었다. 그들에겐 더 이상 독립된 영역으로서의 신학 따위는 존재하지 않는데, 이를 거꾸로 말하면 이제 모든 문제에는 신학적인 함의가 존재하는 것이다.[67] 슈미트는 종말론적 역사철학을 비판했음에도 역사에 숨어 있는 신학적인 계기에 계속 집착했었으며, 타우베스가 보기에 그와 슈미트는 함께 "묵시록 기자"라는 점에서 공통되는 점이 있다.[68] 그럼에도 그들은 서로가 "생사를 건 적대자임을 알고 있었다."[69] 그 둘의 '정치신학' 사이에는 결정적인 단절이 줄곧 존재하고 있었기 때문이

---

65) 이 편지에서 타우베스가 몰러에게 알리고자 했던 것은 슈미트의 『헌법론』과 이스라엘 국가의 헌법에 관한 흥미로운 사정이었다(vgl. Jacob Taubes, *ad Carl Schmitt*, Berlin 1987, S.18f., 65ff.[125]; ders., *Die politische Theologie des Paulus*, München 2003, S.133f.). 타우베스가 히브리대학의 도서관 사서에게 들었던 그 사정이란, 이스라엘 법무장관 핀하스 로젠(망명 전의 독일 이름은 펠릭스 로젠브뤼트)이 "이스라엘 국가의 헌법을 기초할 때에 몇몇 곤란한 문제를 해결하기 위해"(J. Taubes, ad Carl Schmitt, a.a.O., S.19[125]) 슈미트의 『헌법론』을 열람했었다는 것이다.

66) 몰러는 1949년부터 1952년까지 윙거의 비서로 일하고 있었으며, 슈미트는 1952년 4월 12일 윙거의 생일모임에 방문했을 때(BwSM:118) 타우베스의 그 편지를 읽은 듯하다(J. Taubes, *ad Carl Schmitt*, a.a.O., S.20[126]). 그 직후인 4월 14일자 몰러 앞으로 보낸 편지에서 슈미트는 이렇게 쓰고 있다. "그저 놀랄 수밖에 없는 중요한 문서가 있었는데, 그것은 타우베스의 편지였습니다. 저는 그것을 필사했습니다. 그 편지를 판단력을 가진 지인들에게 보였는데, 모두들 한결같이 감탄했었습니다."(BwSM:119) 동일한 발언은 1952년 7월 18일 몰러 앞으로 보낸 편지에서도 반복되고 있다(BwSM:129).

67) 1952년 2월 14일자 몰러 앞으로 보낸 편지에서 타우베스는 말한다. "누가 신학, 법학 등의 여러 영역들을 구별하는 것인지요? 대학의 커리큘럼인지요? 자유주의사회의 기업인지요? 오늘날 (신학적 잡담을 빼면) 무엇이 '신학'이 아니라고 말할 수 있는 것인지요?"(BwSM:122; J. Taubes, *ad Carl Schmitt*, a.a.O., S.34) 이를 받은 슈미트는 같은 해 6월 14일자 몰러 앞으로 보낸 편지에서 오늘날의 직업신학자들을 야유하면서 다음과 같이 쓴다. "타우베스는 옳습니다. 오늘날에는 모든 것이 신학입니다. 단, 신학자가 입에 달고 있는 것은 예외겠지만."(BwSM:124)

68) J. Taubes, *ad Carl Schmitt*, a.a.O., S.16.[124]

69) J. Taubes, Die politische Theologie des Paulus, a.a.O., S.96.

다.

주로 편지로 계속되던 두 사람의 지적 교류는 1980년 플레텐베르크에서의 대화로 하나의 정점을 맞이하게 된다.[70] 이 대화에서는 도스토옙스키의 『카라마조프의 형제』에 등장하는 '대심문관'에 대한 평가가 커다란 토픽 하나를 이뤘다.[71] 이 형상이야말로 종말론에 반대하는 슈미트의 그리스도교적인 역사 이해를 두드러지게 드러내고 있다.[72] 곧 '대심문관'이란, 구제를 무매개적으로 역사 내부로 도입하려는 자라면 그게 누구든 단죄를 행하는 현세적 질서의 권위이다. 슈미트에게는 피안 신앙적인 종말론에 대항한다는 대심문관의 역할에야말로 그리스도교의 핵심 사상이 있다. 이는 곧 현세적 질서의 파괴에 이르는 종말론적 운동의 억지이다.[73] 이미 『주석집』에서 말해지고 있는 바에 의하면, "도스토옙스키의 대심문관이 행하고 있는 것"은 "사회적·정치적 영역에서 그리스도의 작용을 해독이 없도록 하고 그리스도교를 아나키로부터 벗어나게 하면서도, 배경에서는 일정한 정통화 작용을 그리스도교에 맡김으로써 어느 쪽에서도 그리스도교를 단념하지 않는" 것이다(1991G:243). 역사의 종말론적인 가속이 현세에 아나키를 초래하는 것을 저지하는 이 대심

70) 두 사람의 편지 교환은 1952년부터 1980년까지 계속되며, 노르트라인=베스트팔렌주의 국립공문서관에 소장되어 있는 카를 슈미트 유고 속에는 타우베스가 슈미트 앞으로 보낸 23통의 편지, 3통의 엽서, 1통의 전보가 남아 있다(vgl. Dirk van Laak/ Ingeborg Villinger (Hg.), *Nachlass Carl Schmitt*, Siegburg 1993, S.158). 두 사람이 직접 얼굴을 마주한 것은 1980년 플레텐베르크에서의 대화가 처음이었다. 그 계기가 됐던 것은 1979년 9월 18일에 타우베스가 파리에서 슈미트 앞으로 보낸 편지였다(J. Taubes, *ad Carl Schmitt*, a.a.O., S.39-43). 이를 읽은 슈미트가 9월 25일 파리의 타우베스에게 전화를 걸어, 이후 몇 년 더 살지 알 수 없는 자신을 위해 자기 집이 있는 플레텐베르크로 와달라는 의뢰를 함으로써 두 사람의 직접적 대화가 실현되었다(J. Taubes, *Die politische Theologie des Paulus*, a.a.O., S.10)

71) Vgl. J. Taubes, *ad Carl Schmitt*, a.a.O., S.15, 25.[123, 129]

72) 슈미트가 말하는 '대심문관'의 형상에 관해서는 R. Gross, *Carl Schmitt und die Juden*, a.a.O., S.142f.[100-106]).

73) 타우베스의 말을 듣자면, "마르크스주의의 세속화된 메시아적 화살 속에 잠복해 있는 태풍에 대해 두려움과 불안"을 품고 있던 슈미트 자신이 "이단자에 대한 대심문관처럼 생각되었다."(J. Taubes, *ad Carl Schmitt*, a.a.O., S.15.[123])

문관은 "안티그리스도의 출현이나 현재의 아이온[영원(성)]의 종언을 **억지할** 수 있는 역사적 힘"(1950NE:29[39])으로서의 '카테콘'에 다름 아닌 것이다.

전통적으로 바울이 집필했다고 간주되는 「데살로니카인들에게 보낸 두 번째 편지」 속의 카테콘은 그리스도교 해석사 속에서는 대개 로마제국 및 중세 그리스도교의 제국라이히(특히 신성로마제국)을 가리키는 것으로 파악되었고[74], 슈미트 또한 그런 이해를 따르고 있다. 즉 그가 카테콘으로 간주하는 것은 역사 속에서 구체적 장소의 질서를 유지하는 모종의 정치적 권위에 다름 아니다. 타우베스에 의하면 슈미트의 카테콘은 "아래로부터 밀어닥쳐오는 카오스를 내리누르는"[75] 것이고, 거기에는 "카오스를 형식 속에 붙잡아둠으로써 그것이 압도적인 힘을 갖지 못하도록 한다는 한 사람의 법학자, 한 국법학자의 관심이 있다."[76] 슈미트에게 그리스도교는 역사로부터 내면성으로 물러나 숨어드는 "종말론적 마비"에 빠져서는 안 되는 것이며, "역사적 행위로의 호출"을 통해 "역사적인 강력함"을 갖는 것이지 않으면 안 되었다(1950b:929f.). 하지만 그것은 역사에 종언을 가져오려는 천년왕국 운동으로서가 아니라 아나키적 종말이라는 안티그리스도의 도래를 저지하고, 역사의 내부에 머무르면서 구체적인 장소획정을 행하는 카테콘적인 권위로서이다. 이러한 정치적 권위로서의 카테콘을 향한 신앙이 오늘날의 그리스도교에서는 소실되어 버렸다는 것이다. "오늘날의 신학자는 더 이상 카테콘을 알지 못하며, 이제 근본적으로 그것을 알려고도 하지 않는다."(1991G:63)[77]

---

74) R. Gross, *Carl Schmitt und die Juden*, a.a.O., S.288.[213]).

75) J. Taubes, *ad Carl Schmitt*, a.a.O., S.73.

76) J. Taubes, *Die politische Theologie des Paulus*, a.a.O., S.96.

77) 어디까지나 슈미트는 역사의 가속에 저항할 수 있는 역사적 힘이 언제나 모종의 형태로 계속해서 존재하고 있다는 점을 고집한다. 역사의 종언이 아직 도래하지 않은 이상, 즉 역사의 가속이 아직 모든 사건을 섬멸하고 무화시키는 데에 이르지 않고 있는 이상, 카테콘의 힘이 작용하고 있음은 명확한 것이기 때문이다. 1948년 11월의 『주석집』 속에는 이렇게 쓰여 있다. "이 1948년에 이르는 각각의 시대에 관해 카테콘의 이름을 거론할 수 있어야 한다. 카테콘의 자리는 결코 공위가 됐던 적이 없다. 그렇지

닥쳐오는 종말을 인식함으로써 그것을 억지한다는 스스로의 역사적 사명에 눈뜬 카테콘의 이념이야말로 슈미트가 바울과 함께 시작된 그리스도교의 핵심으로 간주하는 것이다. "반혁명의 묵시록 기자"[78]로서의 슈미트는 바울 속에서 카테콘적인 정치적 권위에 대한 요구를 읽어내는 것이다. 그러하되 타우베스는 그런 슈미트의 바울에 맞서 그것과는 다른 바울을 향하게 한다. 이는 마찬가지로 '정치신학자'이면서도 완전히 반대 방향으로 향한 바울이다. 타우베스는 자신과 슈미트의 차이를 다음과 같이 정식화하고 있다. "카를 슈미트는 묵시록적으로 사고하지만, 그것은 위로부터이며 권력 쪽으로부터이다. 하지만 나는 아래로부터 사고한다."[79] 타우베스가 그 무렵 의식하고 있는 것은 벤야민이 유고 「역사의 개념에 관하여」의 8번 테제에서 행하고 있는 슈미트의 역전이다. 즉 예외상태를 "위로부터 명해지는" 것으로 보는 것이 아니라 "억압된 자들의 전통" 측에서 다시 포착하는 것이다.[80] 타우베스가 죽기 바로

않았다면 우리는 더 이상 존재할 수 없게 됐을 테니까."(1991G:63) 그러함에도 슈미트는 오늘날 그것이 무엇인지를 지명할 수는 없었다. "혹시 예수회는 카테콘이었을지도 모른다. 그러나 1814년 이래로는? 복고된 카테콘이란?"(1991G:70)

78) J. Taubes, *ad Carl Schmitt*, a.a.O., S.16[124]; ders., *Die politische Theologie des Paulus*, a.a.O., S.96

79) J. Taubes, *ad Carl Schmitt*, a.a.O., S.22.[127]

80) Ebd., S.28.[130] 「역사의 개념에 관하여」 8번 테제는 다음과 같은 문장으로 시작한다. "억압된 자들의 전통이 우리에게 가르쳐주는 것은 우리가 그 속에서 살고 있는 예외상태가 실제로는 규칙에 다름 아니라는 것이다. 우리는 그런 가르침에 적합한 역사의 개념을 손에 넣지 않으면 안 된다. 그럴 때 참된 예외상태를 출현시키는 일이 우리의 과제로서 염두에 떠오르게 될 것이다."(Walter Benjamin, »Über den Begriff der Geschichte«, in: ders., *Gesammelte Schriften*, I-2, Frankfurt a. M. 1991, S.697.[「역사의 개념에 관하여」, 아사이 켄지로 옮김, 『벤야민 컬렉션 I: 근대의 의미』 치쿠마쇼보, 1995, 652쪽]

얀 아스만 등은 슈미트와 타우베스의 차이를 다음과 같이 정식화한다. "정치신학에서 핵심적인 문제가 되는 것은 신의 지배의 체현이다. 하지만 그 점에서 이미 두 가지 다른 정치신학 해석이 명확하게 드러난다. 한쪽에서는 신의 지배가 현세의 지배자를 통해서, 다른 한쪽에서는 신의 지배가 인민을 통해서 체현된다."(Wolf-Daniel Hartwich/ Aleida und Jan Assmann, »Nachwort«, in: J. Taubes, *Die politische Theologie des Paulus*, a.a.O., S.178) 말하자면 슈미트는 "수직적인", 타우베스는 "수평적인" 정치신학인 것이며, 후자는 "신의 민족"이라는 "유대적 전통의 지반 위에"

직전인 1987년 2월에 행하고 사후에 출판된 강의 『바울의 정치신학』은 카테콘의 정치신학자로서의 슈미트적인 바울에 맞선 '아래로부터'의 대항 프로그램이었던 것이다.

『바울의 정치신학』에서 타우베스가 독해하는 것은 바울이 로마의 신도들을 향해 "새로운 신의 민족의 창설"을 고지하는 신약성서 속 「로마인들에게 보내는 편지」이다. 이 편지에 관해서 그는 말한다. "「로마인들에게 보내는 편지」는 하나의 정치신학이고 카이사르에 대한 하나의 정치적인 투쟁선언이다."[81] 타우베스는 바울 속에서 로마의 황제권력에 대한 투쟁을 읽어내는 것이다.

> 바울의 정치적 천재성은 그가 어느 다른 몇몇 신도들을 향해서가 아니라 세계제국의 중심축인 로마의 신도들을 향해 쓰고 있다는 점에 있다. 그는 그렇게 할 수 있는 센스를 지니고 있었다. 그럴 때 권력이 발견되는 것이며 하나의 대항권력이 설립되는 것이다.[82]

타우베스에 의하면 바울이 이 편지에서 '신앙'과 대치시켜 비판하는 '법률노모스'이란 단지 유대의 율법(토라)을 가리키는 게 아니라 로마제국의 법이기도 한 것이다. 바울이 시도했던 것은 "노모스가 아니라 노모스에 의해 십자가에 걸린 자야말로 황제임페라투어이다"라는, "현세의 모든 가치의 전도"이다.[83] 타우베스의 관심이 향하는 지점은 이렇게 정치권력에 대한 신학적 투쟁을 기도했던 바울인 것이다. 신의 새로운 신도공동체를 추구하는 바울의 종말론적 요구는 권력비판으로 이어지게 되는 것이다.

타우베스는 이미 1947년에 출판된 학위논문 『서양종말론』에서 역사는 시작과 끝이 있는 중간으로서만 사고할 수 있는 이상, 종말론을 전제로

있는 "공동체의 신학"이라는 것이다(ebd., S.179).

81) J. Taubes, *Die politische Theologie des Paulus*, a.a.O., S.27.

82) Ebd., S.26.

83) Ebd., S.38.

삼는 것은 불가피하다는 인식을 보인다. "역사의 본질을 향한 물음의 척도와 위치는 종말에스카톤 쪽으로부터 질문할 때에만 획득된다."84) 그런 까닭에 "역사는 그 본질을 종말론으로서만 명확히 할 수 있다"85)는 것이다. 그러나 그것은 역사철학적 구제사의 입장을 뜻하는 게 아니다. 타우베스에게 중요한 것은 "구제사적인 도식으로 퇴행하는 일 없이 역사철학의 묵시록적인 경험의 최후 잔재를 이어받아 그것을 〈지금 이때〉의 세속적인 분석에 도움이 되도록 하는 일"86)인 것이다. 그렇다면 오늘날 종말론적인 계기는 어떤 사명 아래에 있는가. 그것은 현세의 정치적 권위를 근거 짓는 것이 아니라 오히려 언제나 그 근거를 빼앗아간다는 점에 있다. 이를 위해 필요한 것은 다름 아닌 신학적인 것과 세속적인 것의 절대적인 분리이다. 타우베스는 남김없이 세속화가 완성되어 신학적인 것과 세속적인 것의 경계가 소실되고 만 현재에도 여전히 그것들 간의 영역 구별을 부단히 행해야 한다고 요구하는 것이다.

신학과 정치이론의 관계를 논한 1955년도의 논문에서 타우베스는 슈미트를 시사하면서 "힘의 개념"을 통한 "신학과 정치이론의 분리될 수 없는 통일"에 창끝을 겨누었다. "정치이론 내부에서 행해지는 신학적 요구에 대한 비판은 최종적으로는 힘의 원리에 대한 비판에 기초해 있다."87) 그가 슈미트의 정치신학에서 간취한 문제점은 그것이 결국에 신학적인 요소를 세속권력의 정당화에 도움이 되도록 하는 것에 불과하다는 점에 있었다. 하지만 타우베스의 정치-신학적인 노력은 벤야민을 따라 폭력이 운명적으로 순환하는 이 신화적인 현세로부터의 이탈로 향해 있다. 타우베스가 대비시키는 바에 따르면, 슈미트의 "정치적 경험"은

84) Jacob Taubes, *Abendlädische Eschatologie*, München 1991, S.3.

85) Ebd., S.13.

86) Jacob Taubes, »Geschichtsphilosophie und Historik«, in: Reinhard Koselleck/ Wolf-Dieter Stempel (Hg.), *Geschichte - Ereignis und Erzählung*, München 1973, S.499.

87) Jacob Taubes, »Theologie und politische Theorie«, in: ders., V*om Kult zsr Kultur*, München 1996, S.267.

"역사를 일관되게 지배하는 폭력의 공포 그 자체에 관계"되는 것이지만, 벤야민에게 "진정한, 즉 정치적인 경험"은 "구성으로서의, 자연의 극복으로서의, 영원히 회귀하고 순환하는 폭력의 공포로부터의 해방으로서의 정치에 관계하는" 것이다.[88] 그런 까닭에 타우베스에게 "세속과 성직의 권력분리는 **절대적으로 필요**하다."[89] 그가 바울에게서 끄집어내고자 했던 사상적 핵심이란 세속적인 정치로부터 신학적인 계기를 끊임없이 분리시키고 그것을 세속권력에 대한 비판으로 다시 향하도록 만드는 것에 다름 아니다. 1980년의 플레텐베르크 대화의 계기가 됐던, 슈미트 앞으로 보낸 1979년 9월의 편지에서 타우베스는 말한다. 슈미트가 그의 홉스론에서 비판한 "최초의 자유주의적인 유대인" 스피노자에 앞서 이미 "사도 바울"은 "'정치적인 것'을 위해서도, 내면과 외면을 구별하고 있었습니다. 이 구별이 없다면 우리는 '일원적인' 세계 속에서 그 어떤 피안도 알지 못하는 왕좌와 권력에 넘겨져버리고 말 것입니다. 성과 속의 경계구분에 관해서는 많은 논의들이 있어도 문제될 것이 없겠지만, 그것은 언제나 새롭게 다시 고쳐지지 않으면 안 될 것입니다(이는 정치신학의 끊임없는 일입니다). 그러나 그 분리가 소실될 때, 우리의(서양의) 숨결은 끊어져버릴 것입니다."[90]

타우베스가 바울에게서 찾아내고자 했던 정치신학적인 계기란 현세의 정치권력을 비판하기 위해 종말론적인, 아니 오히려 "메시아적인" 경험을 사용하는 것에 다름 아니었다. 하지만 그것이 단지 카테콘적인 정치권위를 요구하는 그리스도교에 대한 유대교 측에서의 비판인 것은 아니다. 신학적으로 근거정초된 정치권위를 향한 요구는 유대교 내부에도 존재하고 있기 때문이다. 이리하여 타우베스의 창끝은 현재의 이스라엘국가를 향해서도 겨눠지게 되는 것이다.

---

88) J. Taubes, »Theologie und politische Theorie«, a.a.O., S.287.

89) J. Taubes, ad Carl Schmitt, a.a.O., S.73; ders., *Die politische Theologie des Paulus*, a.a.O., S.139.

90) J. Taubes, *ad Carl Schmitt*, a.a.O., S.42.

> 메시아적인 요구는 ……이스라엘국가의 정치적 현실에 거칠고 난폭한 묵시록적 환상을 부과할 수 있었다. 메시아적인 이념은 유대교 속에서 내면화되지 않을 경우 '구제의 광경'을 타오르는 묵시록으로 전도시키는 일이 일어나게 할 수 있다. ……그러므로 메시아적 이념을 변형시키는 일 없이 구제를 역사의 평면에서 실현하고자 하는 모든 시도는 고스란히 심연으로 빠져버리고 말 것이다.[91]

세속의 권위에 대한 타우베스의 태도는 벤야민이 (「신학-정치적 단편」이라는 이름으로 알려진 글에서) "세계정치"의 방법으로서의 "니힐리즘"이라고 부른 것과 같다.[92] "세계정치로서의 니힐리즘"이야말로 타우베스가 벤야민과 바울에게서 끌어내고자 했던, 메시아적인 것이 갖는 정치적 가능성에 다름 아니었던 것이다.[93]

5. 가톨릭의 변용과 정치신학 재고: 제2바티칸 공의회 이후

2차 대전 이후의 그리스도교, 특히 가톨릭교회가 인도적 보편주의의 경향을 강화해가는 상황은 슈미트에게 허용하기 어려운 것이었다. 그에게 그것은 가톨릭이 유럽이라는 구체적 질서로부터 분절되어 미소 양국(혹은 유대[Judea])의 보편주의적 이데올로기에 굴복해가는 증좌였다. 『주석집』에서는 이렇게 말해지고 있다. "안티파[반파시즘] 가톨릭 성직자는 유럽과는 전적으로 소원한 타입의 이데올로기에 적응하면서 거기에 안겨들고자 한다."(1991G:256) 즉 "가톨릭 성직자들은 오늘날 미국주의에 맹종하고 있다."(1991G:312) 전후 독일의 성직자들이 "반파시즘

---

91) J. Taubes, »Der Messianismus und sein Preis«, in: ders., *Vom Kult zsr Kultur*, a.a.O., S.49.

92) Walter Benjamin, »Theologisch-politisches Fragment«, in: ders., *Gesammelte Schriften*, Ⅱ-1, Frankfurt a. M. 1991, S.204.[「신학적-정치적 단편」, 『독일 비[애]극의 근원』, 아사이 켄지로 옮김, 치쿠마쇼보, 1999, 226쪽]

93) J. Taubes, *Die politische Theologie des Paulus*, a.a.O., S.100f.

적인” 또는 “좌익적 슬로건과 일치하고 있”다는 불평은 이후에도 자주 반복된다(BwSO:200, 207) 그러한 가톨릭교회의 인간주의화가 하나의 정점을 찍었던 것이 1962년부터 1965년까지 개최된 제2바티칸 공의회였다.

이른바 가톨릭교회의 “금일화(아조르나멘또〔현재화(쇄신·적응)〕)”를 목적으로 교황 요한 23세에 의해 소집되어 교황 바울 6세로 이어졌던 제2바티칸 공의회는 가톨릭의 혁신을 상징하는 역사적인 사건이었다.[94] 이는 특히 제3세계의 빈곤, 핵전쟁의 위협, 사회운동의 발흥 등 1960년대의 세계가 직면하고 있던 여러 문제들에 종래의 가톨릭교회가 대응할 수 없다는 인식에 대한 응답이었다. 『현대세계헌장』을 위시한 공의회 최종 문서는 이제 신앙의 기초에 개인의 권리나 인간의 존엄을 두고, 교회가 현대의 사회문제 해결에 적극적으로 몰두해야 한다고 규정하기에 이른다. 슈미트는 공의회의 그런 성과를 “사회적 계시”라고 부르면서 부정적인 평가를 내린다(BwSFr2:59, 72). 가톨릭교회는 이 인간주의화와 더불어 그것이 원래 뿌리박고 있던 유럽 고유의 역사적 아이덴티티로부터 분절되고 만다는 것이다. “제2바티칸 공의회는 우리들 로마교회의 법학적인 영광을 소홀히 하면서 그것을 너무 깊게 생각하지 않는 미국형의 이념에 희생시키고 있는 것처럼 보입니다.”(BwSO:242)

제2바티칸 공의회가 교회의 눈을 사회문제의 해결에 돌리게 됨으로써 가톨릭 내부로부터 급진적인 사회변혁을 목표로 마르크스주의에 접근하는 좌파신학자 세력이 나오게 된다. 이른바 “해방신학”이 그것이다. 1960년대 후반 이래, 특히 라틴 아메리카에서 그 융성을 자랑한 해방신학의 관점에서 그리스도교의 교의는 빈곤·착취·억압에 헐떡이는 사람들을 위한 혁명적인 정치투쟁에 도움이 되어야만 하는 것이었다. 해방신학의 성립에 커다란 이론적 영향을 미쳤던 독일 가톨릭 신학자 요한 밥티스트

94) 제2바티칸 공의회 개최를 둘러싼 시대상황과 거기서의 논쟁에 관해서는 미시마 켄이치, 「변모하는 가톨릭교회와 담론윤리」, 위르겐 하버마스/요제프 라칭거, 『포스트 세속화 시대의 철학과 종교』, 이와나미쇼텐, 2007, 53-125쪽 참조.

메츠가 『현세의 신학(Zur Theologie der Welt)』(1968)에서 주장하고 있던 것처럼, 그것은 다름 아닌 "새로운 정치신학"이어야만 하는 것이었다. 과거에 슈미트가 제기한 정치신학의 문제가 이제 새로운 형태로 이번에는 좌파 세력 측에서 부상했던 것이다. 1970년에 슈미트가 단행본으로 출간한 최후의 저작 『정치신학Ⅱ』는 제2바티칸 공의회와 해방신학에 의해 크게 변용되고 있던 가톨릭의 현상에 응답한 것으로, 1960년대의 그러한 정세 속에서 정치와 신학의 관계를 다시 사고하려는 시도였다고 하겠다.

결과적으로 제2바티칸 공의회가 뒤를 밀어주게 됐던 해방신학이라는 급진적 운동은 요셉 라칭거(현 로마교황 베네딕토 16세[재위 2005-2013년])를 위시한 보수파 신학자에게는 무슨 일이 있어도 논박되지 않으면 안 되는 것이었다. 슈미트와 친한 사이였던 교회법학자 한스 바리온은 '제2바티칸 공의회의 정치신학'에 대해 비판의 창끝을 겨눈다. 그리고 원래는 바리온의 70세 기념논문집에 수록하기 위해 『정치신학Ⅱ』를 상재했던 슈미트 또한 공의회나 해방신학에 대한 반감을 공유하고 있다. 그러나 실제로 슈미트와 바리온은 결코 그 입장을 같이하고 있는 것은 아니다.[95] 바리온의 의도는 정치와 신학을 분절시킴으로써 애초에 그리스도교적인 정치신학 일반을 거부하는 데에 있었고, 그런 까닭에 그는 제2바티칸 공의회만이 아니라 슈미트까지도 비판의 대상으로 다뤘다. 그리고 슈미트는 그것에 응답하여 『정치신학Ⅱ』에서 자신의 정치신학을 재차 옹호하고자 했던 것이다.

분명 슈미트는 좌파 가톨릭 신학자에게서 보이는 "로마 가톨리시즘과 마르크스주의적 코뮤니즘의 공존"(BwSO:250)을 결코 유쾌하게 여기지 않았다. 하지만 슈미트는 해방신학의 문제점을 바리온과는 전혀 다른

---

95) Vgl. R. Mehring, *Carl Schmitt zur Einführung*, 2.Aufl., a.a.O., S.111f.; Alexander Schmitz/ Marcel Lepper, »Logik der Differenzen und Spuren des Gemeinsamen. Hans Blumenberg und Carl Schmitt«, in: ders, (Hg.), *Carl Schmitt - Hans Blumenberg, Briefwechsel 1971-1978, und weitere Materialien*, Frankfurt a. M. 2007, S.263f.

곳에서 찾아낸다. 메츠나 그 영향 하에 있는 에른스트 파일(당시 뮌스터 대학에서 메츠의 조수를 맡고 있던 가톨릭 신학자) 등의 "혁명의 신학" 또한 실은 모종의 정치신학을, 즉 슈미트와 같은 "반동적인" 정치신학을 공격하고 있다.96) 이러한 "반혁명의 정치신학에 대한 단죄"(1970PT Ⅱ:28[249])는 슈미트가 보기에 진보 또는 새로운 것에 의해 전통 및 낡은 것을 차별화하는 일에 다름 아니었다. 이에 맞서 슈미트는 정치적인 항쟁의 가능성이란 결코 폐기될 수 없다고 하는 자신의 정치신학의 정당성을 고집한다. 그리고 그는 자신이 주장하는 정치신학을 비난하기 위해 바리온 같은 보수계열 신학자로부터 혁명의 신학자들에 이르기까지 함께 모여 의거하고 있는 어떤 공통의 사상적 원천을 찾아내며, 그것을 『정치신학Ⅱ』에서 반박해야 할 주요한 표적으로 설정하게 된다. 가톨릭 신학자 에릭 페테르존에 의한 '모든 정치신학의 일소'라는 테제가 그것이다.

1924년 가을에 알게 된 이래 슈미트와 교류하고 있던 페테르존은 1933년도 나치스 정권의 성립을 계기로 슈미트와의 관계를 일시적으로 끊고, 1935년에 『정치적 문제로서의 일신교』라는 제목의 저작을 발표한다.97) 그리스도교 삼위일체의 교의는 신학의 정치적 남용을 불가능하게

---

96) 파일은 『정치신학Ⅱ』의 출판 전년도인 1969년에 슈미트와 편지를 교환했고, 슈미트의 정치신학에 대한 자신의 부채를 인정하고 있다. "저는 정치신학에 관한 당신의 연구를 대단히 계몽적이라고 생각하고 있음을 자백하지 않을 수 없습니다. 그것 이상으로, 서양의 정신사를 볼 때 당신은 여전히 가장 적절한 정치신학을 발전시켜오고 있다고 생각합니다."(BwSFo:497) 무엇보다도 정치신학 개념이 스토아학파의 파나이티오스에서 발아하고 무키우스 스카이볼라나 바로를 거쳐 아우구스티누스에 이르는 계보에서 연원하고 있음을 지적한 파일에 대해, 슈미트는 자신의 정치신학이 어디까지나 1965년도 저작 『완성된 종교개혁』에서 다룬 홉스 이래의 "(종교)개혁권(jus reformandi)" 및 "혁명권(jus revolutionis)"의 관계에 관여하는 "그리스도교 내부의 문제"임을 주장하는 등(BwSFo:496), 두 사람의 논의가 반드시 잘 맞물려 있는 것은 아니다. 슈미트는 『정치신학Ⅱ』에서 파일을 향한 초조함을 내보이고 있다. "파일은 프랑스혁명의 혁명권이 얼마만큼이나 프로테스탄트 종교개혁의 개혁권에 대한 철저히 탈신학화된 연속이었는지를 전혀 고려하고 있지 않다."(1970PTⅡ:27 f.[249])

97) 에릭 페테르존(Erik Peterson, 1890-1960). 독일 신학자. 1926년에 출판된 그의 학위취득 및 교수자격논문 『헤이스 테오스』에서 논한 고대의 '환호찬동(Akklamation)' 개념은 슈미트에게 큰 영향을 주었다. 1924년부터 1929년까지 슈미트와 마찬가지로 본대학의 교수로 일했다. 아돌프 하르낙, 칼 바르트, 루돌프 불트만 같은 프로테스탄트

만드는 것이라는 그 저작에서의 주장은 나치스에게서 종말론적 기대의 실현을 보고자 하는 당시 "라이히신학(Reichstheologie)"의 조류에 대한 비판인 동시에[98], 간접적으로는 슈미트의 정치신학에 공격의 창끝을 겨눈 것으로 간주할 수도 있는 것이었다. 그리고 실제로 그리스도교적인 정치신학의 가능성을 부정하는 페테르존의 그 저작은 전후가 되어서도 오래도록 슈미트를 초조하게 만드는 것이었다.[99] 슈미트가 추측하기에 그리스도교를 종말론적인 역사철학으로 회수하는 뢰비트의 저작 『역사의 의미』는 바로 이 페테르존의 사상에서 연원하는 것에 틀림없었다. 슈미트는 1970년대 블루멘베르크 앞으로 보낸 편지에서, 페테르존과 뢰비트가 1936년 로마에서 만나고 있었다는 사실을 새삼스레 중시하면서 페테르존이야말로 "뢰비트에게로의 비의秘儀의 전수자(Mystagoge)"였음을 주장하고 있다(BwSBl:126, 138) 하지만 원래 페테르존은 슈미트도 청강하고 있던 자신의 1924/25년도 신약성서 강의 속에서 이미 '카테콘'을 화제로 삼고 있는바[100], 슈미트가 말하는 종말의 억지자라는 모티프 또한 바로 거기서 착상을 얻었을 가능성이 높다.[101] 슈미트에 따르면 1935년도 저작에서의 페테르존의 입장은 1920년대엔 올바르게

계열 신학자들과 교류했지만, 1930년에 로마에서 가톨릭으로 개종한다. 1933년 이래로는 로마로 이주했다. 슈미트와 페테르존의 관계에 관해 특히 상세히 검토하고 있는 것으로는 코가 케이타, 「두 종말론: 카를 슈미트와 에릭 페테르존」, 『카를 슈미트와 가톨리시즘』, 399-355쪽.

98) 1930년대 전반기 '라이히신학'의 동향에 관해서는 코가 케이타, 앞의 책, 414-425쪽 참조.

99) 슈미트는 1965년 3월 4일자 디트리히 프라운 앞으로 보낸 편지에서 말한다. "저는 지금도 여전히 그 어떤 정치신학도 삼위일체의 교의에 의해 불가능해진다는 페테르존의 뻔뻔스런 주장에 분노하고 있습니다."(zit. nach: B. Nichtweiß, »Apokalyptische verfassungslehren. Carl Schmitt im Horizont der Theologie Erik Peterson«, a.a.O., S.42) 또 마리안네 케스팅은 1972년 1월 말에 슈미트를 방문했을 때에 페테르존 이야기를 계기로 슈미트가 심장발작을 일으켰다는 것을 보고하고 있다(vgl. M. Kesting, »Begegnungen mit Carl Schmitt«, a.a.O., S.100f.).

100) A. Schmitz/ M. Lepper, »Logik der Differenzen und Spuren des Gemeinsamen. Hans Blumenberg und Carl Schmitt«, a.a.O., S.281.

101) »Aussprache«, in: Helmut Quaritsch (Hg.), *Complexio Oppositorum*, a.a.O., S.230.

헤아리고 있던 카테콘의 이념을 포기한 사상적 후퇴 이외에 다른 무엇도 아니었다. 후년의 편지에서 슈미트는 말한다.

> 페테르존은 스칸달루스한[괘씸·불쾌·추잡한] 사례입니다. 그의 1935년도 저작은 1925년도 강연의 철회입니다. 그것은 그의 경건주의에서 유래하는 프로테스탄티즘으로의 후퇴이고 불트만주의로의 후퇴입니다. 그것은 칼 바르트나 '종교적 사회주의'와의 강화선언인 것입니다. (BwSO:277f.)

이렇게 슈미트는 1930년대 이래로 페테르존에 대한 불만을 높이고 있었던 셈이지만[102], 이윽고 1970년의 『정치신학Ⅱ』에서 그의 일신교론을 본격적으로 도마 위에 올리게 되는 것이다.

무엇보다 페테르존의 『정치적 문제로서의 일신교』는 라이히신학이나 슈미트와 같은 동시대 정치신학을 직접 다룬 저작은 아니었다. 그가 거기서 비판하고 있는 것은 로마황제 콘스탄티누스 1세가 확립한 전제군주제를 그리스도교 교의를 통해 정당화했던 에우세비우스의 정치신학이다.[103] 에우세비우스에게 로마 제정 이전의 내란 시기는 "다원적"인 "국민국가성"의 시대이고, 이는 "다신교"의 세계관과 결부되어 있었다.[104] 내란을 종결시켰던 초대 황제 아우구스투스에 의한 "로마 제국"의 개시는 다름 아닌 "일신교"의 도래를 미리 보여준 것이며, 이것이 이제 콘스탄티누스 아래에서 현실적으로 되었다는 것이다.[105] "땅위에 있는

---

102) 무엇보다 『정치적 문제로서의 일신교』가 출판된 이후로 슈미트와 페테르존은 편지를 통한 교류를 재개하고, 1936년에는 이탈리아에서 얼굴을 마주한다. 그 교류는 페테르존이 슈미트의 1938년도 저작 『리바이어던』에 대한 비판적 감상을 써서 보낸 뒤에 다시 중단된다. vgl. A. Schmitz/ M. Lepper, »Logik der Differenzen und Spuren des Gemeinsamen. Hans Blumenberg und Carl Schmitt«, a.a.O., S.278ff.

103) 『정치적 문제로서의 일신교』에서의 정치신학 비판에 관해서는 코가 케이타, 앞의 책, 428-434쪽 및 Ruth Groh, »Der boshafte Schöpfer dieser Welt hat es so eingerichtet (...). Carl Schmitts gnosticsher Dualismus«, in: *Zeitschrift für Kirchengeschichte*, 15 (2004), S.366ff. 참조.

104) Erik Peterson, *Der Monotheismus als politisches Problem*, Lipzig 1935, S.75.

105) Ebd., S.78.

한 사람의 군주—이는 에우세비우스에겐 다른 누구 아닌 콘스탄티누스이다—에게는 하늘에 계시는 **한 사람의** 신적인 군주가 대응한다."[106] 이러한 에우세비우스의 신적 군주제론에 반대해 페테르존이 원용하는 것이 나지안주스의 그레고리우스나 아우구스티누스에 의한 삼위일체론이다. 삼위일체론은 에우세비우스와 같은 "로마의 평화팍스 로마나" 혹은 "아우구스투스의 평화"에 대한 신학적 정당화를 물리친다. 그것은 단지 현세의 정치지배를 신학에 투영한 것에 불과하기 때문이다. 이에 맞서 삼위일체론에서의 "삼위일체 신의 인격"은 "그것에 대응하는 것을 피조물 속에서는 갖지 않는다."[107] 그런 까닭에 "그리스도가 바라고 있는 평화는 황제에 의해 이루어지는 것이 아니라 '모든 이성보다도 높은' 자의 은사물賜物일 수밖에 없다."[108] 이렇게 페테르존은 삼위일체의 성립과 함께 "그리스도교의 고지·계시를 특정한 정치상황의 정당화를 위해 남용하는 모든 '정치신학'과의 단절"[109]이 행해졌다고 주장한다. 그는 그리스도교 종말론에서 정치권력의 흔적을 일소하고자 했던 것이다.

슈미트가 『정치신학Ⅱ』에서 비판하는 것은 삼위일체론에 의해 신학과 정치의 분리가 가능해졌다는 페테르존의 주장이다.

> 페테르존의 논증은 순수한 것으로서의 신학적인 것과 불순한 것으로서의 정치적인 것의 분리, 추상적인 절대적 양자택일 속에서 전개되고 있다. 이러한 양자택일 덕분에 그는 구체적인 역사적 사건 속의 성속이 뒤섞인 현실을 무시할 수가 있는 것이다. (1970PTⅡ:64f.[288])

슈미트에게 그런 분리는 불가능한 것이며, 페테르존이 '아우구스투스의 평화'에 대치시켰던 "아우구스티누스의 평화"일지라도 순수하게 비정

106) Ebd., S.81.
107) Ebd., S.96f.
108) Ebd., S.100.
109) Ebd., S.99.

치적인 것 따위일 리가 없다. 실제로 "그리스도교의 교황이나 황제들의 천년, 그 둘이 함께 승인한 아우구스티누스의 평화의 신학이 지배했던 천년 또한 마찬가지로 전쟁과 내전의 천년"이었던 것이며, 그 시절엔 다름 아닌 성직권력이 정치항쟁의 한쪽 당사자가 됐던 것이다(1970PT Ⅱ:72[295]).

나아가 정치로부터 벗어날 수 없다는 점은 삼위일체만이 아니라 페테르존 자신에게도 해당되는 것이었다. 신학적 순수성의 이름 아래 정치적인 불순성을 비판하는 신학자란, 그렇게 함으로써 "정치적 문제를 신학적으로 결정하고 자신을 위해 정치적 권한을 요구했던" 것에 지나지 않기 때문이다(1970PTⅡ:83[306]). 그런 까닭에 페테르존은 여전히 정치신학자에 머물고 있다. 그러함에도 그가 자신의 주장이 갖는 정치성을 부인한다면 "엄격한, 그러나 단지 추상적으로 절대적인 자격선언 혹은 무자격선고"를 통해 상대를 차별화·범죄화하는 최악의 적대를 야기할 따름이다. 슈미트는 어떤 편지에서 차별화하는 전쟁을 초래한 보편사적 진보의 이데올로기가 다름 아닌 화해의 교설로서의 삼위일체론에서 태어난 것이라고 강조하고 있다.

> 페테르존은 '정치신학'의 사상이 삼위일체론에 의해 불가능해졌다고 믿고 있었습니다. 그는 정치이론의 역사에서의 거대한 문제들에 무지했기 때문에, 다름 아닌 삼위일체론이 (피오레의 요아킴을 통해) 어떻게 헤겔주의적인 (그것과 함께 마르크스주의적인) 역사철학을 가능케 했는가라는 점에 대해서는 전혀 신경을 쓰지 못합니다. (BwSFr1:51)

이렇게 슈미트는 신학을 정치로부터 순화하고자 하는 페테르존의 기획이 좌절되지 않을 수 없음을 증명하고자 했던 것이다.

페테르존이 의도하고 있던 것은 모든 정치신학의 "신학적인 부정"이었지만, 『정치신학Ⅱ』에서는 정치신학을 일소하고자 하는 또 하나의 시도, 즉 정치신학에 대한 "과학적인 부정"의 시도에 대해서도 비판의 창끝이 겨눠진다(1970PTⅡ:85[308]). 한스 블루멘베르크의 저서 『근대의 정통성』(초판 1966, 2판 1974)이 그것이다.

6. 근대의 정통성을 둘러싸고

a. 신 안의 내전: 반란학

블루멘베르크는 1966년에 출간된 『근대의 정통성』 초판에서 "세속화(Säkularisierung)"라는 테제를 비판하는 동시에, 그것과 연관하여 슈미트의 『정치신학』을 해치운다. 이것이 슈미트와 블루멘베르크 간의 논쟁의 발단을 이루게 된다.110) 블루멘베르크는 자신이 비판하는 세속화 테제의 범형을, 근대 역사철학의 진보사관이라는 것을 그리스도교 종말론의 세속화로 파악하는 뢰비트의 『역사의 의미』에서 찾아내면서, "근대 국가론의 중추적인 개념은 모두 세속화된 신학적 개념이다"(1922PT: 43[49])라는 슈미트의 주장까지도 그 지평 위에 위치시킨다. 블루멘베르크에게 그런 세속화 테제는 "역사적 부정不正의 카테고리"이다. 왜냐하면 그것은 근대에서 하나의 전근대적인 신학적 기원을 발견하려는 잘못된 시도에 다름 아니기 때문이다.

블루멘베르크가 드러내려는 것은 "근대(Neuzeit)"의 절대적인 무전제성이다. 즉 근대는 스스로를 무로부터 근거짓는 것이며, 그 정통성이

110) 슈미트와 블루멘베르크의 논쟁에 관해서는 Richard Faber, »Von der „Erledigung jeder Politischen Theologie“ zur Konstitution Politischer Polythelogie. Eine Kritik Hans Blumenberg«, In: J. Taubes (Hg.), Der Fürst dieser Welt, a.a.O., S.85-99; Ilse Staff, »Zum Begriff der politische Theologie bei Carl Schmitt«, in: Gerhard Dilcher/ Ilse Staff (Hg.), *Christentum und modernes Recht*, Frankfurt a. M. 1984, S.182-210; G. Ulmen, *Politisele Mehrwert*, a.a.O., S.131-165; R. Groh, *Arbeit an der Heillosigkeit der Welt*, a.a.O., S.156-184; Jan-Werner Müller, *A Dangerous Mind*, a.a.O., S.159-165; R. Groh, »Der boshafte Schöpfer dieser Welt hat es so eingerichtet (...). Carl Schmitts gnosticsher Dualismus«, a.a.O., S.371-377; A. Schmitz/ M. Lepper, »Logik der Differenzen und Spuren des Gemeinsamen. Hans Blumsberg und Carl Schmitt«, a.a.O. 참조.

근대 이외의 다른 무언가로부터 도출되어서는 안 되는 것이다. 예컨대 그는 근대적인 인간의 인식을 신의 인식과의 유비 아래서 파악하는, 혹은 신의 인식의 '세속화'로서 파악하는 견해를 비판한다. 그에게 근대적인 인식은 "그 어떤 정당화도 필요로 하지 않고, 자기 스스로를 정당화하는" 것이고 "신도 인간도 벗어날 수 없는 인식 자신의 명증성 속에서 쉬고 있는 것이다."[111] 이렇게 자기 자신을 이성적으로 근거짓는 근대의 절대적인 내재성을 주장한 블루멘베르크에게 근대의 지표가 되는 것은 "세속화(Verweltlichung)"가 아니라 오히려 "세속성(Weltlichkeit)"이다.

> 근대는—그것이 스스로의 프로그램으로 무엇을 만들었든, 혹은 만들고자 하고 있든—, 새로이 근본부터 개시하고자 하는 자기의식의 힘에 의해 이미 신학과의 어긋남을 초래하지 않을 수 없는 것이었다. 즉 신학적으로 말하자면 '세속적'으로 되지 않을 수 없는 것이었다. 이것이 뜻하는 바는 세속화가 아니라 세속성이다.[112]

이러한 관점에서 보면, 근대를 전근대와의 연속성 속에서 파악하려는 『정치신학』 등의 세속화 테제는 근대를 인간 이성의 내재적인 근거정초가 아니라 전근대로부터의 파생물로 간주하는 잘못을 범하고 있다. 이는 블루멘베르크의 말을 따르면, "계몽 속의 '계몽되지 않은' 잔여"에서 근대의 역사적 아이덴티티의 핵심을 찾으려는, "동시대성 속의 독특한 비동시대성, 근대 속에 있는 아직 근대적이지 않은 것, 계몽의 근저적인 지연"을 찾아내려는 "아나크로니즘[시대착오]"에 다름 아니다.[113] 그러나 근대는 자기 자신의 정통성을 끊임없이 자기 자신으로부터 조달할 수밖에 없는 것이며, 그런 한에서 "근대의 세속성"이란 "영속적인 비판적

---

111) Hans Blumenberg, *Die Legitimität der Neutzeit*, 1.Aufl., Frankfurt a. M. 1966, S.395.

112) Ebd., S.50.

113) Ebd., S.60f.

임무"로서 수행되는 것일 수밖엔 없는 것이었다.114)

슈미트는 1970년도의 저작 『정치신학Ⅱ』의 「후기」에서 블루멘베르크의 비판에 반론한다. 그때 슈미트가 문제시하고 있는 것은 근대의 절대적인 내재성이라는 상정이었다. 이 내재성이란 그에겐 "인간의 자기수권授權〔자격·권한의 부여·점유〕"을 뜻하고 있다.

> 이 논의에는 자폐증이 내재해 있다. 신학적 초월을 상대로 항쟁하기 위해 마주 향하는 그 내재성이란 자기-수권 이외에 다른 그 무엇도 아니다. (1970PTⅡ:88f.[312])115)

전근대로부터 역사적으로 단절하고 자신의 정통성을 자기 스스로가 산출하는 이 '자폐적인' 근대의 정통성이란 더 이상 역사나 전통과 같은 원천에서 길어낼 수 있는 것이 아니게 되고 "새로운 것으로부터의 정당화를 향해 거꾸로 서게 된다."(1970PTⅡ:87[310]) 슈미트가 보기에 그런 뜻에서의 근대성이 귀착하는 지점은 자기 자신을 끊임없이 갱신하고 새로운 것을 계속해서 산출하는 "중단 없는 과정-진보"(1970PTⅡ:96f.[321])이다. 새로움에 의해서만 정통성을 얻는 근대는 스스로가 내력을 갖는 낡은 것을 계속 부정하는 것이다. 이러한 "해방된 새로움에

114) Ebd., S.61.

115) 블루멘베르크는 대폭 가필된 1974년도 『근대의 정통성』 2판의 1부 「세속화화 자기주장」 속에서, 자신의 논의를 '자기수권'으로 특징짓는 것은 "정당하지 않다"고 슈미트를 힐난하고, 그것 대신에 "자기주장"이라는 단어를 제기한다. "그러나 내가 생각하고 있는 근대의 정통성은 역사적 카테고리이다. 바로 그렇기 때문에 이 시대의 합리성은 자기주장으로서 파악되고 있는 것이지 자기수권으로서가 아니다. ……이성의 근본성을 규정하는 것은 자기주장이지 이성의 논리가 아니다. 자기주장을 향한 극도의 필요성을 통해 무로부터 시작하는 자기근거의 정초—그것이 곧 자기수권은 아니다—로서 이 시대의 이념이 탄생했던 것이다."(Hans Blumenberg. *Die Legitimität der Neutzeit*, 2.Aufl., Frankfurt a. M. 1996, S.107f.[(I)107-108]) 그러나 초판에서도 2판에서도 중세의 해체와 르네상스의 발생을 논하는 문맥에서 블루멘베르크 자신이 인간의 '자기수권'이라는 표현을 쓰고 있는 것도 사실이다(H. Blumenberg, *Die Legitimität der Neutzeit*, 1.Aufl., a.a.O., S.515; ders., *Die Legitimität der Neutzeit*, 2.Aufl., a.a.O., S.630[(Ⅱ)126]).

내재하는 공격성"(1970PTⅡ:89[312])이 도달하는 곳은 슈미트가 (루디거 알트만의 단어를 빌려) "탈-탈화(Ent-Entung)"라고 부르는[116], 궁극적으로는 자기 자신까지도 포함한 모든 것을 무화시켜가는 역사의 가속인 것이다.

블루멘베르크는 슈미트가 "신학적 절대주의"와의 대응을 "정치적 절대주의"에서 찾아내고 "적·동지 카테고리의 절대적 성격"을 국가 간 관계에 투영했던 것과 같은 논의 따위는 "더 이상 성공을 거두지 못한다"고 하면서, 적대가 "동서 이원론"이라는 "유일한 대립"으로 "다시 한 번 고양되고 진전"됐을지라도 그것은 "단기적인 막간극에 불과하다"고 서술하고는 모든 정치적 적대가 최종적으로 소멸할 가능성까지도 시사한다.[117] 그러나 슈미트에 따르면 적대관계의 신학적인 기초를 근대 내부로부터 배제하려는 블루멘베르크는 그렇게 탈신학화를 수반하는 탈정치화에 의해 최고도로 공격적인 진보와 새로움의 이데올로기를 초래할 뿐이다. 그런 까닭에 세계로부터 적대성을 제거하는 일은 불가능하다. "나에게 정치적인 것으로부터 생겨나는 핵심문제는 적의 현실성에 관계되는 문제이고, 나는 남김없이 탈신학화된 대립상 속에서도 여전히 적의 현실적 가능성을 발견하게 되는 것이다."(1970PTⅡ:96[320]) 블루멘베르크는 근대세계를 정치적인 적대로부터 순화하려고 하지만, 결국엔 페테르존과 마찬가지로 그런 적대로부터 벗어날 수가 없는 것이다.

세계로부터 적대가 사라지는 일은 없다. 왜냐하면 적대의 가능성은 미리부터 형이상학적으로 주어지고 있기 때문이다. 이를 증명해 보이는 것으로 슈미트는 삼위일체의 확립자인 나지안주스의 그레고리우스가 했던 말을 블루멘베르크와 페테르존에 대해 동시에 향하도록 한다. 즉 "일자一者(to Hen)는 언제나 자기 자신에 맞서서(pros heauton) 반란 중에 있다(stasiatson)."(1970PTⅡ:90[314]) 슈미트는 바로 이 지점

116) Rüdiger Altmann, »Die große Ent-Entung«, in: ders., Johannes Gross, *Die neue Gesellschaft*, Stuttgart 1958, S.86-91.

117) H. Blumenberg, *Die Legitimität der Neutzeit*, 1.Aufl., a.a.O., S.59f.

에서 "진정한 정치신학적 반란학(Stasiologie)"의 표현을 찾아낸다.118) 말하자면 거기서는 하나된 신 자신의 가교불가능한 분열이 서술되고 있는 것이다.

여기서 슈미트의 '반란학'은 "그노시스적 이원론"의 성격을 강하게 띠게 된다. 즉 "구제의 신으로서의 사랑의 신, 세계와 소원한 신"에 맞선 "이 악한 세계의 주이자 창조자인 정의의 신" 간의 대립이 그것이다(1970PTⅡ:93[316]). 그 두 신은 본래 '하나'임에도 결코 화해하는 일이 없다. 신 자신 속에서 구제를 지향하면서 변혁해가는 힘과 그런 변혁에 저항하면서 자기 자신에 머무르고자 하는 힘이 대립하고 있는 것이다. 이렇게 분열된 두 신은 "말하자면 **자기 자신으로 된**〔태생적으로(von selbst); 자기 자신으로부터의〕 적"(1970PTⅡ:94[317])이며, 이것이야말로 이른바 적대의 가능성의 조건이 되고 있는 것이다. 잘 아는 바와 같이 슈미트는 자주 "적이란 인간의 형체[Gestalt]로서의 우리들 자신의 물음"이라는 도이블러의 말을 인용하여, 적대란 나 자신과의 싸움 혹은 "나의 형제"와의 싸움에 다름 아님을 강조하고 있다(1950ECS:89f.[179]; 1963TP: 87f.[179-180]; 1995:213, 217). 인간은 언제나 적을 통해 자기 자신과 관계 맺는다는 이 변증법적인 인식119)은 하나된 신이 자기 자신에

118) 1963년판 『정치적인 것의 개념』에 붙여진 「지시」에는 '반란학'이라는 단어가 정치학자 모리스 뒤베르제의 『정당』(1952)에 나오고 있다는 것이 지적되며, 그 저작의 다음과 같은 문장이 인용되고 있다. "정당에 관한 과학의 발전, 이것을 반란학이라고 부를 수는 없을까."(193BP:118f.)

119) 이를 슈미트는 "세계사를 줄곧 움직이고 있는 변증법적 긴장"(1950ECS:89f.[179]) 이라고 말하지만, 그것이 헤겔처럼 최종적으로 절대지(知)로 지양되는 대립이라고 생각한 것은 아니다. 그는 1955년 12월 1일자 코제브 앞으로 보낸 편지에서, 헤겔에게 적이란 "단지 부정의 필연적인 이행단계인가, 혹은 무이며 본질을 갖지 않는 것에 불과한 것"이 아닌가 의문을 표하면서, "헤겔에겐 애초에 '적'이라는 것이 존재하는가라는 물음"을 제기한다(BwSK:113). 코제브는 1956년 1월 4일자 편지에서 이 물음에 대해 "그렇기도 하고, 아니기도 합니다"라고 답한다. 즉 "승인을 둘러싼 투쟁, 즉 역사가 존재하고 있는 동안에는, 그리고 그런 한에서는 그렇다고 하겠습니다"만, "역사(=승인을 둘러싼 투쟁)가 절대지에 있어 '지양'되고 있는 한에서는, 그리고 그렇게 되자마자 곧 아니라고 할 수 있겠습니다. ……적대는 상호 승인 속에서 지양, 즉 폐기되고 있습니다. 그러나 사람이 현실에서 승인할 수 있는 것은 [과거에 있던] 적일 따름이므로, 적대는 승인행위 속에서 보존(지양)되고 있기도 합니다. 단, 승화된

있어 분열함을 형이상학적 근거로 삼고 있는 것이며, 그노시스적인 교설은 세계로부터 결코 적대가 소멸될 수 없음을 신학적으로 표현하고 있는 것이다. 슈미트에게 신학은 무릇 그런 반란학으로서의 의미를 갖는 것이며, 그런 까닭에 정치신학일 수밖에 없다.

> 모든 통일에 이〔원〕성이, 따라서 반란가능성이, 곧 〈반란[stasis〔내전〕]〉이 내재하고 있다면 신학은 다름 아닌 '반란학〔내전학〕'이 되는 듯하다. (1970PTⅡ:95[319])

이러한 신 안의 내전이라는 사상을 강조하기 위해 슈미트는 저 그레고리우스의 정식과 나란히 괴테가 『시와 진실』의 4부 서두에서 들고 있는 잠언까지 인용하고 있다. "신을 거스르는 것은 신 자신뿐(nemo contra deum nisi deus ipse)."

슈미트는 나아가 창조의 신과 구제의 신 간의 그노시스적 이원론을 삼위일체론 속에서도 발견하고자 했다. 그는 분열된 신이라는 교설을 그리스도론으로 전용함으로써, 말하자면 그것을 "정치적 그리스도론"(1970PTⅡ:11[232])으로 삼고자 하는 것이다. "『정치신학Ⅱ』에서 거듭 강조하고 있는 것은 오늘날 우리들에게 정치신학의 문제란 **정치적 그리스도론**의 문제가 되었다는 점입니다."(BwSFo:307) 슈미트는 "신인神人" 그리스도 속에는 아버지와 아들 사이의 적대관계가 내재해 있다고 주장한다. 그는 삼위일체론을 화해의 교설이 아니라 적대의 교설로서 이해하는 것이다. 그리스도에게는 창조의 신 아버지에 복종하는 순종적인 아들로서의 측면과, 이 아버지를 대신하여 스스로 구제의 신이 된다는 측면이 있다. 완전하게 인간화된 내재세계를 지향하는 블루멘베르크적 근대는 그 후자의 측면이 돌출해 있다. 즉 거기서는 아들이 아버지에게 반역하고 아버지를 필요 없는 것으로 치부하고 마는 것이다.

슈미트는 초기의 논문 「교회의 가시성」(1917)에서 이미 "구제는 (인

(지양된) 형태에서 그런 것이지만 말입니다."(BwSK:115)

간이 신이 되는 것이 아니라) 신이 인간이 되는 것 안에 있다"고 쓰면서 "매개는 오직 위에서 아래로 행해지는 것이지 아래에서 위로가 행해지는 것이 아니다"라고 주장하고 있었다(1917:75[98]). 하지만 이러한 '위로부터의 구제'에 맞서 '아래부터의 구제'를 지향하는 근대의 역사철학에서는 인간 자신이 신이 되고자 한다. 슈미트에 따르면, 이 "그리스도론의 인간주의적 전도"는 진보를 통해 인간 쪽에서 구제에 도달할 수 있다고 생각하는 오만에 다름 아니다.[120] 이러한 아들의 오만한 '인간 중심적인' 그리스도론에 맞서 슈미트는 아버지와 아들의 현저한 간격을 결코 메우지 않는 '신 중심적인' 그리스도론을 대치시킨다(이는 또한 유대인(유대적 그리스도교도)과 그리스도교도, 혹은 프로메테우스적 그리스도교도와 에피메테우스적 그리스도교도 간의 대치이기도 하다). 그리하여 그는 완전한 탈신학화를 지향하는 근대의 사고에 '자기 자신으로 된 적'으로써 맞서는 것이다. 근대의 사고는 역사의 진보와 함께 최종적으로는 인간주의의 지평 위에서 모든 적대가 소멸한다고 믿고 있지만, 그런 믿음 속에서 진보를 믿지 않는 자를 차별화함으로써 실제로는 자기 자신이 아버지와 아들 사이의 오래된 반란의 한쪽 당사자가 되고 있다. 신을 대신하고자 하는 근대적 인간의 자기수권은 그 자체로 아버지인 신에 적대하는 정치신학적 반역인 것이다.

b. 정치신학, 메타포학

『정치신학Ⅱ』가 출판된 뒤인 1971년부터 블루멘베르크와 슈미트 사이에서는 편지교환이 행해지고 있었지만, 대폭적인 수정을 거쳐 1974년에 출판된『근대의 정통성』2판 속에서 블루멘베르크는 좀 더 직접적으로 슈미트에 대해 재반론을 행하게 된다. 블루멘베르크가 의문시하는 것은 세속화론에 의해 근대에 역사적 정통성을 부여하는 일이 성공했는가 아닌가라는 점이다. 슈미트는 근대의 자폐적인 내재성을 비판하고

120) R. Mehring, *Pathetisches Denken*, a.a.O., S.223; ders., *Carl Schmitt zur Einführung*, 2.Aufl., a.a.O., S.115.

그것에 앞서 신학적 기초로 거슬러 올라가는데, 이는 동시에 근대의 국가론이나 법학의 여러 개념들이 신학적 개념의 세속화를 통해 탄생했다는 역사적 유래를 명확히 하는 것까지도 의도했던 것이다. 즉 국법학이 신학을 대신한다는, 서양 합리주의의 핵심을 이루는 역사적 사건이 그것이다.[121] 슈미트는 말한다. 자신이 정치신학에서 문제로 삼았던 것은 "역사적으로 최고도로 발전·형성된 '서양 합리주의'의 두 가지 구성물, 곧 그 둘의 체계적 사고 내부에서 산출된 특유의 개념이 사용된 역할교대[Umbesetzung], 즉 완전한 법학적 합리성을 구비한 가톨릭**교회**와—토마스 홉스의 체계에서도 여전히 그리스도교적으로 전제되고 있는—**유럽 공법의 국가** 간에 행해진 역할교대의 고전적 사례"(1970PTⅡ:86[309])이다. 슈미트에겐 신학으로부터 법학으로의 세속화, 혹은 '역할교대'야말로 '근대로의 시대전환'이 되는 것이었다.

따라서 이미 『근대의 정통성』 초판에서 세속화로서 이해되고 있는 사정은 "진정으로 신학적인 내용의 세속적인 자기소외로의 변환(Umsetzung)"이 아니라 '역할교대(Umbesetzung)'라고 블루멘베르크가 말할 때[122], 그는 이 '역할교대'를 슈미트처럼 현실에서 일어났던 하나의 역사적 경위로서 사고하고 있는 게 아니다. 그는 슈미트에게서 신학적 개념의 법학적 개념으로의 세속화라는 것이 애초에 역사적 사건으로서 설명되어 있는가 아닌가를 문제 삼고 있는 것이다.

슈미트가 말하는 세속화에는 두 가지 측면이 있다고 할 수 있다. 즉 신학적 개념이 법학적 개념으로 전용된다는 **역사적** 유래를 말하는 측면과, 그 두 개념 사이에 구조적인 유비가 있다는 **체계적** 친근성을 지적하는 측면이 그것이다.[123] 슈미트는 『정치신학』에서도 『정치신학Ⅱ』에서도

---

121) "국가는 종파내전의 중립화이며, 따라서 서양 합리주의의 특유한 성과이다."(1991G:19) "유럽 법학은 근대 유럽의 정신, 즉 근세의 '서양 합리주의'가 낳은 맏아들이다."(1950LR:421[73])

122) H. Blumenberg, *Die Legitimität der Neutzeit*, 1.Aufl., a.a.O., S.42; ders., *Die Legitimität der Neutzeit*, 2.Aufl., a.a.O., S.75.[(I)72]

123) Vgl. R. Groh, *Arbeit an der Heillosigkeit der Welt*, a.a.O., S.169.

"신학적 개념"과 "법학적 개념" 간의 "체계적인 아날로지〔유비·유추〕" 또는 "구조상의 동일성"이라는 후자의 측면에 대해서는 거듭 서술하고 있다(1927PT:47[56]; 1970PTⅡ:19, 79[230, 303]). 그러나 그렇다고 해서 다른 한 측면인 역사적 유래에 관한 설명까지 되는 것은 아니라고 블루멘베르크는 지적한다. 구조적인 아날로지가 있다고 할지라도 "한쪽 구조가 다른 쪽 구조로부터 유래한다는 것, 혹은 앞선 공통의 형식에서 그 양쪽 모두가 유래한다는 것"[124]이 해명되는 것은 아니며, 법학적 개념이 신학적 개념에서 역사적으로 유래했다는 것의 증명이 되지는 못하는 것이다. "아날로지는 결코 〔역사적〕 변천이 아니다."[125] 따라서 슈미트가 이야기하는 세속화를 '역할교대'로 파악할 때 블루멘베르크가 말하고 싶었던 것은 그것이 역사적인 과정을 서술한 것이 아니라는 점이다.[126] 즉 그것은 신학이 맡고 있던 역할이 이번에는 새롭게 국법학으로 넘어갔음을 가리킬 따름인 것이다. "'역할교대'라는 사상이 설명하는 것은 새로이 투입된 이 요소가 어디로부터 왔는지가 아니라 그저 그것이 어떤 서임을 받았는가라는 것일 뿐이다."[127] 블루멘베르크에 따르면 적지 않은 사상가들이 세속화라고 부르고 있는 사정은 실제로는 결코 현실에서 일어난 역사적 사건이 아니다. 오히려 블루멘베르크는 세속화란 구조적 아날로지를 이용한 메타포적 역할교대라고 본다. "슈미트에겐 현실인 것이 블루멘베르크에겐 메타포인 것이다."[128] 블루멘베르크는 세속화론에서 문제가 되고 있는 성과 속 간의 이행을 역사적 고찰의

---

124) H. Blumenberg, *Die Legitimität der Neutzeit*, 2.Aufl., a.a.O., S.105.[(I)104]

125) Ebd., S.103.[(I)102]

126) 블루멘베르크는 『정치신학Ⅱ』에서의 슈미트가 "세속화 정리(定理)를 구조적 아날로지 개념으로 환원"함으로써 세속화를 역사적 과정으로 파악한 과거 『정치신학』의 입장을 바꾼 게 아닌지 의심하면서, "'세속화'에 대한 이해가 동일한 것인지 변이된 것인지" 질문하고 있다(Ebd., S.104[(I)104]. 슈미트는 1974년 11월 12일자 블루멘베르크 앞으로 보낸 편지에서 그 물음에 대해 "동일하며, **또한 연속성**"을 갖는다고 답한다(BwSBl:125).

127) H. Blumenberg, *Die Legitimität der Neutzeit,* 2.Aufl., a.a.O., S.60.[(I)59]

128) J. Taubes, *Die politische Theologie des Paulus*, a.a.O., S.95.

대상이 아니라 이른바 '메타포학(Metaphorologie)'의 분석대상으로 간주하는 것이다.

이렇게 블루멘베르크는 『메타포학을 위한 패러다임』(1980) 이래 자신의 프로젝트인 '메타포학'의 틀 속에 슈미트의 정치신학을 위치시키고자 한다. 그는 '정치신학'을 "메타포적 신학"[129]으로 파악한다. 그것은 신학적인 언어를, 특히 신이라는 절대적 인격을 국가주권의 근거정초를 위해 메타포적으로 차용한 것이라는 뜻이다. 신학에서 법학으로의 이행은 메타포적으로 사고되고 있는 것에 불과한 것이었지만, 그러나 그것에 의해 근대국법학은 세속화 과정을 거쳐 신학을 계승한 것으로 간주되고 역사적인 정통성을 수취하게 된다.

> 결단주의라는 형태에서는 '주권자' 없인 살아갈 수 없다. 설령 이 주권자가 메타포일지라도 말이다. 따라서 이 국가이론적 입장은 은유법을 필요로 한다. 그리고 그런 필요성을 세속화라는 주장을 통해 정통성의 문제계와 결부시킨다.[130]

국가주권은 신학의 언어를 자기 것으로 삼음으로써 신학과의 연속성 위에서 자신을 역사적으로 정통화하는 것이다.

동일한 언어 차용의 실천을 블루멘베르크는 혁명을 반복으로 묘사하고 있는 마르크스의 『루이 보나파르트의 브뤼메르 18일』 속에서 본다.

> 바로 그런 혁명적 위기의 시기에 인간은 자기에게 도움이 되도록 과거의 망령을 조심조심 불러 일깨우고 그 망령들로부터 이름, 투쟁의 슬로건, 의장衣裝을 빌리는바, 그렇게 유서 깊은 분장과 빌린 대사로 새로운 세계사의 장면을 연기하는 것이다.[131]

---

129) H. Blumenberg, *Die Legitimität der Neutzeit*, 2.Aufl., a.a.O., S.112. [(I)112-113]

130) Ebd., S.110.[(I)110-111]

131) Karl Marx, »Der achtzehnte Brumaire des Louis Bonaparte«, in: Karl Marx/

새로운 것은 낡은 것을 반복하지만, 이 낡은 것에는 전적으로 새로운 정신이 불어넣어져 있는 것이다. 슈미트의 정치신학도 낡은 신학적 개념을 빌린 근대국가의 자기주장이다. 정치적 절대주의가 신학적 절대주의의 언어를 계승한 것은 다름 아닌 신학적 절대주의의 지배를 벗어나기 위해서이다. 국법학은 신학에서 그 언어적 수단을 자신을 위해 탈취했던 것이다. 이런 관점에서 보면 슈미트가 세속화라는 것으로 서술하고 있는 것은, 말하자면 "개념의 정신적 의미내용의 변경"132)을 실천한 것이 된다. 어떤 말이나 어휘를 "문자 그대로 수취"하는 것은 그 메타포적 성격에서 오는 "생산적 오해"를 방해하는 것이 아니다.133) 슈미트가 말하는 세속화란 언어의 의미내용 영역을 둘러싸고 법학이 신학에 걸었던 투쟁이기도 하며, 그런 한에서 "입장과 개념을 둘러싼 정치신학적 투쟁에 대한 호소"134)가 포함되어 있는 것이기도 하다. 헤르만 뤼베는 바로 그런 어휘와 개념을 둘러싼 "이념정치"적 투쟁이라는 관점에서 "세속화"란 "미리부터 종교적으로 형성되어 있던 언명 또는 언명시스템 속으로 비종교적인 내용을 메타포적으로 철저히 투입시킨 것"이기도 하다고 서술한다.135)

분명 슈미트 자신은 『정치신학』 속에서 이러한 신학적 개념이 지닌 의미내용의 변경이라는 실천을 직접적으로 문제 삼고 있는 것은 아니다. 그러나 나치스 시기 법치국가 개념을 둘러싼 투쟁의 문맥에서 그는 마찬가지의 언어 실천을 주장하고 있었다. 그리고 그 귀결은 언어의 도구화라고도 할 수 있을 법학 개념의 자의적인 정치적 이용이었다. 블루멘베르크

Friedrich Engels, *Werke*, Bd.8, Berlin 1960, S.115.[8권, 107]

132) I. Staff, »Zum Begriff der politische Theologie bei Carl Schmitt«, a.a.O., S.204.

133) H. Blumenberg, *Die Legitimität der Neutzeit*, 1.Aufl., a.a.O., S.58; ders., *Die Legitimität der Neutzeit*, 2.Aufl., a.a.O., S.99.[(I)98]

134) R. Groh, *Arbeit an der Heillosigkeit der Welt,* a.a.O., S.16.

135) Hermann Lübbe, *Säkularisierung*, München 1965, S.133.

는 이러한 비판을 슈미트의 세속화론에 대해서도 가한다. 그가 보기에 신학적 개념과의 아날로지로 법학적 개념을 역사적으로 정통화하려는 슈미트의 정치신학에서는 "전통과의 관계"보다는 오히려 "정치로서의 신학"이 의도되고 있다.136) 즉 그것은 근대국가에 신학을 내력으로 갖는 역사적 정통성을 부여한다기보다는 신학의 언어를 정치적으로 이용하는 것이다. "다시금 슈미트에 대한 블루멘베르크의 비판은 신학적 교의와의 메타포적인 구조적 아날로지를 통해 정치적 입장을 정통화하려는 슈미트의 시도에 향해져 있다."137) 블루멘베르크에게 슈미트의 신학적 개념은 결코 역사적인 정통성의 원천이 되고 있는 게 아니라 근대국가주권의 권력주장을 위해 동원되고 있는 것이다. 그 세속화론은 신학적 개념을 정치적으로 이용하기 위해 국법학의 개념으로 메타포적으로 이행시키고 있는 것에 불과하다. 이 메타포적인 이행을 마치 현실에서 역사적으로 일어났던 과정인 것처럼 제시하기 때문에 세속화라는 개념은 "역사적 부정不正의 카테고리"인 것이다.

1979년에 출판된 『신화를 향한 작업』에서 블루멘베르크는 슈미트에 대한 비판을 한층 더 전개시키게 된다.138) 거기서 문제가 되고 있는 것은 슈미트가 『정치신학Ⅱ』에서 끌어들이고 있던 "신을 거스르는 것은 신 자신뿐"이라는 괴테의 잠언에 대한 해석이다. 블루멘베르크는 이 "섬뜩한 잠언"에 관해 아버지와 아들 간의 그리스도론적인 적대라는 슈미트의 해석을 거부한다. 이미 슈미트 앞으로 보낸 편지에서 자주 주장하고 있었듯이, 블루멘베르크는 괴테가 이교의 사상에 강한 영향을 받고 있었다는 것에 근거하여 그 잠언이 오히려 다신교의 관점에서 해석되어야 하는 것으로 파악한다(BwSBl:106, 132f.). 즉 거기에서 표명되

---

136) H. Blumenberg, *Die Legitimität der Neutzeit*, 2.Aufl., a.a.O., S.108.[(I)108]

137) J. Taubes, *Die politische Theologie des Paulus*, a.a.O., S.169.

138) 『신화를 향한 작업』 4부에서 슈미트 비판에 관해서는 R. Faber, »Von der „Erledigung jeder Politischen Theologie“ zur Konstitution Politischer Polythelogie«, a.a.O., S.173ff.; R. Groh, *Arbeit an der Heillosigkeit der Welt*, a.a.O., S.173ff.

고 있는 것은 신들 간의 "밸런스" 또는 "권력분립"이라는 "신화적 원리"에 다름 아니라는 것이다.[139] 따라서 거기에는 삼위일체 그리스도론의 여지란 없다. 블루멘베르크는 삼위일체가 신의 분열이라는 그노시스적인 이원론을 극복하는 화해의 교설이라는 이해를 따른다. "아들을 불러 일깨워 아버지와의 사이에서 결정적인 신성성의 단절로 내몰리게 하는 것은 그리스도론적일 수 없다."[140]

나아가 블루멘베르크는 괴테의 그 잠언을 프로메테우스의 신화와 연관시켜 파악하고자 한다. 이는 이미 『신화를 향한 작업』의 출판에 앞선 편지에서 블루멘베르크가 환기시키고 있었던 것인데, 이에 대해 슈미트는 적지 않은 관심을 기울였다(BwSBl:112). 실제로 제우스에 대한 반역자이자 인류의 선조인 프로메테우스가 제우스의 아들이었다는 (셸링 또한 의거하고 있는) 색다른 이야기를 따른다면, 아버지에 맞선 아들이라는 그리스도론적인 반역을 말하는 슈미트의 해석이 지지를 받게 되는 것처럼 보이기도 한다. 그러나 블루멘베르크는 프로메테우스의 반역을 결코 제우스에 맞선 화해불가능한 적대로 간주하지 않는다. 그가 자신의 신화론에서 명확히 밝히고자 했던 것은 이미 신화 속에는 다름 아닌 이성과 계몽의 계기가 잉태되어 있다는 점이었다. "신화와 이성 간의 안티테제는 후대의 나쁜 발명이다. 왜냐하면 이 안티테제는 태곳적 세계의 소원함을 극복하는 일 자체 속에 존재하는 신화의 기능을 합리적인 기능으로 간주하는 것을 그만두고 마는 것이기 때문이다."[141]

따라서 블루멘베르크에게 프로메테우스의 신화 속에는 미리부터 삼위일체에 의한 통일이 내재해 있다. "다신교는 삼위일체의 일신교에 의해 말소되는 것도 아니며 수정되는 것도 아니다. 오히려 다신교는 일신교에 의해 독해되는 것이다."[142] 그는 프로메테우스의 반역이 실제로는 제우

139) Hans Blumenberg, *Arbeit am Mythos*, Frankfurt a. M. 1979, S.575.

140) Ebd., S.602.

141) Ebd., S.56.

142) Ebd., S.603.

스 자신의 의도 속에 앞질러 포함되어 있었다고 생각한다. 이는 오히려 인간의 구제가 아버지로부터 아들에게로 위탁됐다는 것이다. 그런 한에서 삼위일체의 교설은 최종적인 화해가 예정된 프로메테우스 신화의 "숨겨진 논리"를 털어놓고 있는 것이다. 결코 가교될 수 없는 이원론적 적대가 계속해서 남는다는 점을 고집하는 슈미트에 맞서, 블루멘베르크는 그런 적대가 최후에는 신의 통일된 의지로 지양되는 "에피소드"에 불과한 것으로 본다. 삼위일체론 속에서 프로메테우스적인 반역을 읽어내려는 슈미트와, 프로메테우스 신화 속에서 삼위일체론의 화해를 찾아내려는 블루멘베르크. 두 사람의 대립은 여기서도 근대 속에서의 정치적 적대의 소멸 가능성을 둘러싸고 전개되고 있는 것이다.

Ⅲ. 〈역사 이후포스트이스투와르〉에서의 국가의 귀추

1. 역사철학과 내전의 재발

2차 대전 이후의 슈미트는 대학의 공직을 유지하기에 극히 곤란한 입장에 놓여 있었지만, 1950년대 전반기에 사회학자 알프레드 베버 주변에 있던 하이델베르크의 젊은 연구자들 속에서 슈미트와 개인적으로 교류를 나눈 이들이 나타났다.[143] 그 무렵 그들은 세계내전이라는 슈미트의 동시대 인식에 특히 강한 촉발을 받았다. 그중에서도 거명해야만 하는 이는 바로 『세계내전·공간질서논총(Archiv für Weltbügerkrieg und Raumordnung)』이라는 제목의 잡지 간행까지 기획하고 있던[144], 니콜라우스 좀바르트(경제학자 베르너 좀바르트의 아들), 라인하르트 코젤렉, 하노 케스팅(연극연구자 마리안느 케스팅의 형)일 것이다.[145]

---

143) 1950년대 초반 하이델베르크대학에서의 알프레드 베버 서클에 관해서는 Dirk van Laak, *Gespräche in der Sicherheit des Schweigens*, a.a.O., S.187ff. 참조.

144) Nicolaus Sombart, *Rendezvous mit dem Weltgeist*, Frankfurt a. M. 2000, S.269.

그들에 따르면 세계내전이라는 "위기"의 양상을 드러내는 "우리의 현재"가 개시됨을 고지하는 것은 1789년의 프랑스혁명이다. "혁명은 위기이고, 위기는 내전이며, 역사는 내전으로서의 위기이다. 미해결의 커다란 문제, 그것은 혁명을 끝내는 일이다. 이 혁명은 프랑스혁명에서 유럽혁명으로, 그리고 세계혁명으로 변용됐던 것이지만 또한 줄곧 언제나 동일한 혁명이기도 했던 것이다."146) 그들은 1789년에 시작해 현재에는 세계적 규모의 내전으로까지 확대된 위기의 해명을 지향했던 것이다. "우리는 이 흐름[18/19세기의 혁명]을 ……**유럽내전**이라고 부른다. 이는 1789년에 공공연하게 불을 뿜었고, 언제나 새로운 경련 속에서—1830년, 1848년, 1870/71년, 1914년이 주요한 단계이다—사건을 지배하면서, **1917년 이래** 미국이 고립에서 돌아오고 볼셰비즘의 10월 혁명이 일어남과 함께 점점 더 글로벌한 내전으로, **현재의 세계내전으로 변모해온 것이다**."147)

1789년에 일어났던 것은 16세기에 탄생한 주권국가 개념의 위기이다. 이 하이델베르크 그룹과는 다르지만 거의 동시기에 세계내전이라는 관점에서 슈미트에게 접근하게 됐던 정치학자 로만 슈눌은 근대 주권국가 체제의 해체를 다름 아닌 프랑스혁명에서 본다. 『대지의 노모스』에서는 "1900년경에 시작되는" 것으로 여기고들 있는 "유럽공법의 해체", 즉 "제한전쟁으로부터 차별화된 전쟁 개념으로의 의미변화"는 "1792년에 혁명가들에 의해 세계내전으로서 시작됐다"148)고 말해진다. 혁명이론가들은 1792년에 시작한 혁명전쟁을 "인권선언의 날마다의 적용"으로, "자유라는 사명" 혹은 "영구 평화를 위한 사명"을 짊어진 "십자군"으로

---

145) 슈미트를 이어받은 그들의 세계내전론에 대해 비교적 상세히 논하고 있는 것은 J.-W. Müller, *A Dangerous Mind*, a.a.O., S.104-115.

146) N. Sombart, *Rendezvous mit dem Weltgeist*, a.a.O., S.271.

147) Hanno Kesting, *Geschichtsphilosophie und Weltbürgerkrieg*, Heidelberg 1959, S.XI.

148) Roman Schnur, »Weltfriedensidee und Weltbürgerkrieg 1791/92«, in: ders., *Revolution und Weltbürgerkrieg*, Berlin 1983, S.11.

그 의미를 부여했다. 이러한 전쟁은 "세계내전이다. 이는 국가 대 국가의 투쟁을 모르며 글로벌한 당파 상호 간의 투쟁을 안다."149) 슈눌은 슈미트의 논의를 이어받으면서 종교내전을 극복하기 위해 국가와 주권의 개념을 발명했던 16세기 프랑스의 법학자들에 관해 논하고 있지만, 그렇게 탄생한 근대국가는 다름 아닌 "공안과 질서의 유지"에 "구성적인 메르크말〔지표·특징·징표〕"이 있다. "국가만이 안전과 질서를 경찰적인 의미에서 보증할 수 있다는 것, 정통적 권력행사의 독점을 유지하지 않으면 안 된다는 것"150)을 통해 비로소 주권국가에게만 전쟁권을 인정한 유럽공법 하에서의 전쟁에 대한 '범위제약'이 가능해졌다. 그러나 국가이성이 아니라 보편적 이념을 전쟁의 정통화의 근거로 삼는 혁명전쟁의 출현과 더불어 더 이상 국가라는 피난소마저도 허용되지 않는 세계적 규모에서의 내전이 재발했다는 것이다.

그럴지라도 역설적인 것은 이 위기가 주권국가 그 자체에 탄생 당초부터 이미 내재해 있었다는 점이다. 즉 국내 평화를 달성하기 위한 종교대립의 중립화, 즉 정치와 내적 신앙 간의 분리 속에서 말이다. 이는 말할 것도 없이 슈미트의 1938년 홉스론에서 주제화되고 있던 것이다. 홉스가 확립한 내부와 외부 및 공적인 것과 사적인 것의 구별은 이후 17/18세기의 계몽주의를 통해 반전되어 국가 공권력보다 사적인 사상의 자유가 우위를 점하게 되고, 그렇게 공안과 질서의 수호자일 리바이어던이 침식되어간다는 것이다. 프랑스혁명과 함께 시작된 세계내전의 이러한 전사前史를 한층 더 추적·연구했던 것이 거대한 반향을 부른 코젤렉의 저작 『비판과 위기』(1959)이다. 거기서는 사적인·내면적인 양심과 도덕에 기초한 계몽주의적 "비판"에 의해 정치적 권위가 침식되고, 이것이 현재로까지 이어지는 세계내전의 "위기"의 먼 원인이 됐다는 관점이 일관되고 있다. 코젤렉이 주목한 프리메이슨 같은 18세기 계몽단체는 슈미트가

149) Ebd., S.28.

150) Roman Schnur, *Die französischen Juristen im konfessionellen Bürgerkrieg des 16. Jahrhunderts*, Berlin 1962, S.22.

'보호와 복종의 직접적 연관'을 오염시키는 것으로 간주한 '간접권력'의 전형적인 예로 거론된다. 그것은 공적인·정치적인 권위와 거리를 두고 "비밀" 속에서 행해지는 도덕적인 계몽활동으로 물어나 숨는 것이지만, 이 "비정치적인 태도"야말로 거꾸로 "간접적인 권력장악"을 가능하게 한다.[151] 즉, 그 비정치적인 "도덕적 무구함"에 의해 역으로 그들은 국가를 비판할 수 있는 "도덕적 자격"을 손에 쥔 "정치적인" 심급이 되는 것이다. 일견 그러한 "정치적 무력함"이 최고도의 정치적 요구를 잉태한다는 이 "도치법" 또는 "변증법"의 으뜸가는 귀결은 절대주의국가에 대한 도덕적 심판으로서의 프랑스혁명이다. 이러한 시민혁명에서 보이는 것은 내면과 비밀로 물러나 숨어들고 있던 계몽주의가 "방어로부터 공격으로의 전환, 간접권력의 형성으로부터 직접적인 권력장악으로의 전환"[152]을 행하고 있다는 점이다.

코젤렉이 보기에 정치의 영역을 횡령하는 계몽주의의 도덕법정은 "역사철학"에 의해 스스로를 정초하고 있다. 이 역사철학은 역사란 계획될 수 있는 것이며 "만들 수 있는 것(machbar)"이라는 합리주의와 결부되어 있다. 그것은 "신의 구제계획이 합리적인 역사의 플래닝으로 세속화"된 것이며, 나아가 이 플래닝은 진보에 합치되는 것으로서 "이 기획이 성공한다는 보증은 이미 존재하고 있는 것이다."[153] 그렇게 "간접적으로 정치적인 플래닝과 역사의 걸음걸이를 동일시"함으로써 내전과 혁명이 정당한 것으로서 재차 불러일으켜지는 것이다.

> 우리가 오늘날 여전히 그 법칙 아래서 살고 있는 내전은 분명 인식되고 있긴 했지만, 역사철학에 의해 독이 없는 것이 되었다. 역사철학에 있어, 의도된 정치적 결정이란 정치를 넘어 도덕적 심리審理의 예측 가능하고 불가피한 결말을 드러내고 있는 것에 지나지 않았다.[154]

---

151) Reinhard Koselleck, *Kritik und Krise*, Frankfurt a. M. 1973, S.78.[108]
152) Ebd., S.75.[104]
153) Ebd., S.111.[149]

코젤렉에게 역사철학은 세계내전의 이데올로기였다. 그것은 이제 각기 자신의 진보성과 상대의 반동성을 믿으면서 함께 플래닝에 의한 세계의 통일을 지향하는 미소 두 대국의 "역사철학적으로 두드러진 유토피아적 자기 이해"155)로 이어졌던 것이다. 분명 코젤렉은 이후 슈미트로부터 거리를 두면서 좀 더 리버럴한 입장으로 이행해간다. 하지만 역사를 '만드는 것이 가능하다'는 전제 아래 "역사의 가속"의 의식적인 지도를 시도한 프랑스혁명 이래의 경험이 당대의 세계내전으로 이어지고 있다는 인식은 기본적으로 변하지 않는다.156)

코젤렉의 분석을 수용하여, 역사철학과 함께 다시 타올랐던 '유럽내전'이 19세기에서 20세기에 이르기까지 더듬어왔던 길을 규명한 것이 케스팅의 『역사철학과 세계내전』(1959)이었다. 이 내전은 계급투쟁과 혁명을 역사철학적으로 정당화하는 마르크스주의에 의해 첨예화되지만, 최종적으로는 1차 대전 말기 동쪽과 서쪽의 두 사건(미국 참전과 러시아 혁명)에 의해 "유럽내전이 글로벌한 내전으로 확대되는 길이 개척된다."157) 미국도 볼셰비즘도 역사철학적 진보를 향한 사명의식에 기초해 "전쟁을 십자군과 내전으로 바꾼" 것이다. "서쪽에서도 동쪽에서도 유럽내전의 역사철학이 수용되고 계속되며 정치의 실천으로 받아들여졌다." 케스팅의 말을 따르면, 나치즘도 파시즘도 말하자면 슈미트적인 '카테콘'으로서, "특수 역사철학적인 논의를 하고 있는 미소 양대 강국으로의 세계분할을 잠시 동안 저지"158)하고자 했으나 실패했던 것이다.159)

154) Ebd., S.156.[206]

155) Ebd., S.1.[14]

156) Reinhard Koselleck, »Historische Kriterien des neuzeitlichen Revolutionsbegriffs«, in: ders., *Vergangene Zukunft*, Frankfurt a. M. 1979, S.83, 85f.

157) H. Kesting, *Geschichtsphilosophie und Weltbürgerkrieg*, a.a.O., S.233.

158) Ebd., S.XVIII.

159) 하버마스는 1960년에 코젤렉과 케스팅의 이 저작들에 대한 비판적 서평을 발표했는데, 특히 케스팅에 대해서는 2차 대전에 관하여 중대한 한 가지 이데올로기적 중성화를 행하고 있다고 힐난한다. 즉 그 비판의 창끝은 나치즘에 대한 '카테콘'적인 위치부여,

반파시즘 전선의 배후에 숨겨져 있던 미소 양국 간의 대립은 2차 대전이 끝에 가까워짐에 따라 서서히 가시적으로 표면화된다. 하지만 케스팅에게 있어서도 역시 그 대립은 결국 서로 동형적인 역사철학의 경합에 지나지 않는 것이었다.

이 역사철학은 이제 어디에 존재하는가. 이를 명확히 밝힌 것이 1947년도 대통령 교서 속의 트루먼 독트린이나 1949년도 포인트 포〔Point Four〕 강령이다. 저개발국에 대한 경제개발 원조를 미국의 책임으로서 의로운 것으로 인정받게 했던 그런 세계정책들은 미소 간의 대립이 다름 아닌 경제원조 경쟁으로 행해진다는 사실을 보여주고 있다. "역사 발전의 정점"인 미소 양국의 경제개발 원조에 의해 땅위는 "양대 공업국에 의해 동원되는 두 개의 발전지역으로 분열된다." 그러나 결국 그것은 "산업화"라는 "동일한 어휘의 이름 아래" 행해지고 있는 것에 불과하다.160) 역사철학이 경제-산업발전의 이데올로기로 변모했다는 점에 케스팅이 생각하는 당대의 결정적 문제가 있었다.

도덕적인 것에서 산업-기술적인 것으로의 역사철학의 이러한 의미변화는 19세기에 시작됐다. 이는 '보호와 복종의 직접적 관계'에 기초해 있던 16세기 이래의 국가를 크게 변질시킨다. 즉 산업사회화는 국가를 단지 생산력 향상을 목적으로 삼는 기술적 장치로 치환하는 것이며, "행정관리(Verwaltung)"를 위해 정치가 물러나면서 테크노크라트에 의한 인간의 관리가능성이 증대하는 것이다. "인간에 의한 인간의 지배를

곧 나치즘이 "동서 대립과 함께 확립된 내전상황을 30년 정도 뒤로 늦춘" "무대장치"에 불과하다는 점으로 향해져 있다(Jürgen Habermas, *Philosophical-Political Profiles*, Frankfurt a. M. 1998, S.440f.[270-271]). 하버마스의 그런 케스팅 비판은 1980년대 중반에 일어나게 되는 독일 역사가 논쟁을 선취한 것이다. 그때 하버마스에 의해 수정주의 역사가로 지명된 에른스트 놀테는 20세기 전반기 역사의 경위를 다름 아닌 케스팅이나 슈눌을 언급하는 가운데 "유럽 내전"으로서 서술하고 있기 때문이다(Ernst Nolte, *Der europäische Bürgerkrieg 1917-1945*, Frankfurt a. M, 1987, S.3). 나치스를 볼셰비즘이 유럽에 야기하고 있던 내전상황의 위협에 대한 응답으로 파악하는 놀테의 논의는 나치스의 범죄를 상대화하는 위험을 초래하게 될 것이다.

160) H. Kesting, *Geschichtsphilosophie und Weltbürgerkrieg*, a.a.O., S.269.

대신하여 수단장치의 행정관리管理가 나타난다. 이제 더 이상 지배는 행해지지 않으며 계획과 조직화가 행해질 따름이다."[161] 플래닝에 의한 인간관리가 역사철학에 의해 정당화되는 것이다. 여기서는 다름 아닌 슈미트와 전적으로 동일한 현상인식이 드러나고 있다. 그리고 그 지점에서 발견되는 것은 그런 역사철학적 의미부여의 도움을 받은 행정관리가 단지 전통적인 국가만이 아니라 정치적인 것 일반을 끝내버리고 말 것이라는 두려움에 다름 아니다.

케스팅은 19세기 산업사회의 도래를 두고 "정복, 토지취득, 식민지화, 전쟁에 의한 대립의 시대는 ……지나갔으며 생산, 평화적 교환과 분배의 시대가 시작됐던"[162] 것이라고 서술하지만, 슈미트에겐 바로 그런 전쟁이나 '취득'의 정지야말로 국가만이 아니라 정치적인 것의 종언을 의미하는 것이었다. 그것은 생산력의 행정관리만이 역사철학적으로 정당한 과제로 설정되어 더 이상 그 어떤 전쟁이나 '취득'도 범죄화되는 시대, 말하자면 알렉상드르 코제브가 말하는 '역사의 종언'인 것이다. 여기서는 결코 자의적으로 코제브를 언급하고 있는 게 아니다. 왜냐하면 케스팅이나 슈미트가 트루먼의 포인트 포 강령을 언급할 때 의식하고 있는 것은, 거기서 내세워진 경제발전과 "생존배려(Daseinsvorsorge)"의 이념이야말로 "새로운 대지의 노모스"가 됐다는 코제브의 현재인식과 다른 게 아니기 때문이다(1941a:385).[163] 전쟁과 '취득'의 시대로부터 생산의 시대로의 결정적 이행이란 정말로 행해졌던 일인가. 바야흐로 〈역사 이후포스트이스투와르〉의 시대가 도래한 것인가. 슈미트와 코제브의 논쟁은 바로 그 점을 둘러싸고 전개된다.

2. '역사의 종언'을 둘러싸고: 취득으로부터 글로벌한 행정관리로?

161) Ebd., S.39f.

162) Ebd., S.39.

163) Vgl. Ebd., .S.304.

슈미트의 1953년도 논문 「취득/분배/목양(Nehmen/Teilen/Weiden)」에서 보이듯이, 그에게 구체적 장소에 뿌리박은 법(즉 노모스)을 구성하는 "취득", "분배", "목양=생산" 가운데 "언제나 토지취득이 모든 분할과 분배보다 한층 더, 모든 생산보다 한층 더 궁극적인 권원權原이다."(1953:493) 구체적 질서는 취득을 위한 투쟁을 통해 획득되는 것이고, 이것이 세계사라고 불리는 것을 형성해왔다. 그것은 "유목시대 및 농경·봉건시대의 토지취득에서 16/17세기 해양취득으로, 그리고 산업-기술시대의 산업취득으로" 이어졌다(1953:503). 하지만 산업혁명은 산업취득, 특히 생산수단의 취득에 관계된 투쟁을 격화시킬 뿐만 아니라 어떤 유토피아적 전망까지 낳는다. 즉 산업기술의 발전이 초래한 생산성의 향상에 의해 "취득은 멈추고 분배마저도 더 이상 자명한 문제가 아니게 된다"(1953:496)는 전망이 그것이다. 사회주의는 그 전망에 기초해 자신의 투쟁을 정당화한다. 즉 마르크스가 말하는 '수탈자의 수탈'은 다름 아닌 취득을 끝내기 위한 취득인 것이다. 슈미트가 보기에 제국주의적인 착취와 약탈에 대한 레닌의 비판 또한 취득행위를 향한 이러한 반감에 기초해 있다. 그러나 "이제까지의 역사의 끝"을 의미하는 이행, 곧 "이제 더 이상 그 무엇도 취득되는 일 없는, 생산과 분배의 시대로의 이행"[164]이란 애초에 가능한 것인가. 슈미트가 어떤 자작시 하나에서 말하는 바로는, "더 이상 취득은 행해지지 않으며 단지 분배만이 행해지는" 세계는 "좌"측에서 보자면 "모든 부정不正이 치유된 시대"의 도래일지도 모르지만, 슈미트 등의 "우"측에서 보자면 "가슴을 옥죄는" 듯한 세계 이외에 다른 게 아니다(1957a; BwSM:231; BwSJ:316[316]). 그러한 세계는 정말로 도래하고 만 것인가. 1950년대의 슈미트가 지닌 최대의 관심 중 하나가 거기에 있었다.

파리 유학을 통해 코제브와 알게 된 로만 슈눌의 중개에 의해[165]

164) Ebd., S.205.

165) Roman Schnur, »Alexandre Kojéve(1902-1968)« in: Piet Tommissen (Hg.), *Schmittiana VI*, Berlin 1998, S.57ff.에서는 슈눌 자신이 그 경위를 설명하고 있다.

슈미트와 코제브는 이미 1955년 5월부터 서신을 교환하기 시작한다.[166] 1957년 1월에 슈미트의 조정에 의해 코제브가 뒤셀도르프에서 강연을 행하기까지 실질적으로 1년 반 남짓 이어진 이 서신왕래는 다름 아닌 「취득/분배/목양」의 초고를 슈미트가 코제브에게 보냈던 것이 계기가 되었다. 그 무렵 코제브가 보이고 있던 현상인식은 슈미트에겐 인정되기 어려운 것이었다. 즉 "(아마도 나폴레옹 이래) 더 이상 '즉자적으로는' '취득'이란 존재하지 않는다는 것", "지금 우리에게 (즉 '절대지'에게) 여전히 존재하는 것은 '생산'일 뿐"이라는 것, 그리고 미소 양국이 함께 지향하고 있는 것은 "등질적인 배분"(BwSK:100)이라는 것이 그런 현상 인식이었다.

코제브는 이미 1930년대의 『정신현상학』 강의에서 승인에 대한 욕망이 완전히 충족될 때 더 이상 승인을 둘러싼 투쟁은 일어나지 않게 되며, 그 뒤로는 동물적 욕망의 충족만이 목적이 되는 "보편적이고 등질적인 국가"가 이어지는바, 헤겔이 나폴레옹의 제국에서 본 것이 바로 그것이었다고 서술한다.[167] 이 '보편적이고 등질적인 국가'는 폭력과 전쟁의 독점적 행사를 고유한 역사적 임무로 삼아왔던 16세기 이래의 국가가 아니다. 그것은 오히려 그런 고유한 뜻에서의 국가·정치·전쟁의 종언을, 그리하여 역사의 종언을 고하는 것에 다름 아니다. 코제브는 말한다. "혁명은 전쟁과 마찬가지로 분명히 불가능한 것이 되었습니다. 그 둘 모두 국가를 전제로 하는데 국가가 더 이상 존재하지 않기 때문입니다! 혁명은 전쟁과 동일하게 분배가 아니라 취득에 속하는 것입니다."(Bw SK:111)

166) 이 왕복서간을 중심으로 한 슈미트와 코제브 사이의 논쟁을 검토하고 있는 것은 M. Meyer, *Ende der Geschichte?*, a.a.O., S.147ff.; Galin Tihanov, »Regimes of Modernity at the Dawn of Globalisation. Carl Schmitt and Alexandre Kojève«, in: Djelal Kadir Dorothea Löbbermann (Hg.), *Other Modernisms in an Age Globalization*, Heidelberg 2002, S.75-93; J.-W. Müller, *A Dangerous Mind*, a.a.O., S.93ff.

167) A. Kojève, *Introduction à la lecture de Hegel*, Paris 1947, S.467, 508, 562f.[273-274, 311, 406]

"스탈린"에게서 "**산업화된** 나폴레옹"을 본 코제브는 이렇게 쓴다. "역사상의 나폴레옹 이래 이미 역사는 끝났던" 것이며, 이후 "**본질적으로** 새로운 것은 아무것도 없습니다."(BwSK:103f.) 즉 국가는 지양되어 행정관리로 치환되고 말았다는 것이다.

> 말의 본래적 의미에서의 **국가**, 무언가 **행정관리**가 아닌 것으로서의 **통합**, 혹은 **경찰**(police) 이상의 것을 뜻하는 **정치**(=전쟁) 같은 것들이 아직 존재하는 것인지요? (BwSK:104)

그러나 코제브는 이러한 현상을 전혀 비탄해하지 않는다. 미소 양국이 함께 체현하고 있는 행정관리, 즉 목양(=생산)에 의한 정치의 소멸이야말로 다름 아닌 〈역사 이후포스트이스투와르〉 시대의 조건을 이루는 것이다(이 편지는 1959년 코제브의 일본 여행 이전에 주고받은 것으로, 이른바 '일본적 스노비즘'에 대한 언급은 아직 보이지 않는다). 애초 본질적으로 러시아에 동정·공감을 갖고 있던 코제브는 이 왕복서간에서는 "미국적인 삶의 방식"보다도 소련 쪽을 "좀 더 현대적"이라고 간주하고 있다. "혁명이 낡은 정부를 대신하여 새로운 **정부**를 앉힌 게 아니라 새로운 **행정관리**를 설치했던", 그리하여 더 이상 "그 어떤 **정치**문제"도 아닌 "단순한 행정관리"의 문제로서 "선하게 평화적으로 살아가는" 것을 배려했기 때문이다(BwSK:104f.). 어느 쪽이든 현대의 본질적 문제는 미소 양국의 정치적·군사적 대립보다는 양국이 행정관리에 의한 생산을 통해 생활수준을 향상시킨다는 단일한 관심을 갖고 있다는 점이었다.

편지 왕래를 거쳐 1957년 1월 6일 뒤셀도르프의 라인 루르 클럽에서 코제브의 강연이 실현된다.168) 「유럽적 견지에서의 식민지주의」라는

---

168) 라인 루르 클럽은 경제인이나 학자 등 각계 명사를 멤버로 한 이벤트 서클로, 포럼을 통하여 정치·경제·사회에 관한 의견의 교환을 목표로 1948년 초가을에 설립됐다. 슈미트는 종종 그 활동에 관여하고 있으며, 1950년 12월 13일에는 "세계의 통일과 유럽의 통일"을 주제로 강연한다. Vgl. P. Tommissen (Hg.), *Schmittiana VI,*

제목의 이 강연[169]을 관통하는 코제브의 의도는, 다름 아닌 당시 식민지 해방운동의 고양에 의해 위협받고 있던 유럽식민지주의를 과거 1930년대 자본주의가 세계공황의 위기를 극복한 것과 마찬가지의 "포드주의적" 방식으로 재건하는 것이었다. 노동자의 소득 향상을 산업발전의 원동력으로 했던 포드주의와 마찬가지로, 당대의 식민지주의는 착취가 아니라 현대의 프롤레타리아트인 저개발국에 대한 투자에 기초해야 한다고 코제브는 말한다. 그리고 그는 슈미트가 거론한 세 가지[취득/분배/목양]에 더하여 노모스에는 "어쩌면 중심적일지도 모를 제4의 뿌리" 즉 "주다(Geben)"[170]라는 계기가 있음을 지적하면서 말한다. "식민지주의는 수탈하는 것이 아니라 주는 것(분배 혹은 배분이라고 해도 좋겠지요)이어야만 합니다."[171]

하지만 슈미트는 이미 편지 속에서 "**나폴레옹** 이래로 '취득'은 멈추고 오늘날에는 생산(목양)만이 행해지고 있다는 당신의 의견을 저는 지지하지 않습니다"(BwSK:101)라고 코제브에게 응답하고 있었다. 광역질서 구상의 계기가 됐던 근대주권 체제의 한계를 1930년대부터 자각하고 있던 슈미트는 '국가'가 끝났다는 것에 관해서는 분명 코제브에 동의를 표한다.

> "생존배려"를 행하는 오늘날의 현대적 행정관리장치는 헤겔적 의미에서는 '국가'도 아니며 '정부'도 아닙니다. ……그것은 더 이상 전쟁도 사형도 불가능하며, 그렇기에 더 이상 역사적인 힘을 갖지 못합니다. (BwSK:

---

a.a.O., S.97f.; D. van Laak, *Gespräche in der Sicherheit des Schweigens*, a.a.O., S.49ff.

169) 이 강연을 인용할 때는 1998년 『슈미티아나』 6권에 발표된 독일어판을 사용하겠지만, 프랑스어판도 1999년에 공표되었다. Vgl. Alexandre Kojève, »Du colonialisme au capitalisme donnant«, in: *Commentaire*, 22 (1999), S.557-565. 이 강연에 관한 소개는 D. Auffret, *Alexandre Kojève*, a.a.O., S.337ff.[488-490]

170) Alexandre Kojève, »Kolonialismus in europäscher Sicht«, in: P. Tommissen (Hg.), *Schmittiana VI*, a.a.O., S.135.

171) Ebd., S.140.

108)

이는 '죽음'에 의해 통괄하는 국가와 정치로부터 인간의 생존요구를 충족시키는 행정관리로의 이행을 말한다. 그러하되 슈미트는 경제발전만을 임무로 하는 중립화된 행정관리장치 아래에서 세계의 통일이 만들어질 것처럼 보일지라도 '취득'은 여전히 끝나지 않으리라는 점을 고집한다. 트루먼의 포인트 포 강령에서 보이는 공업선진국에 의한 개발도상국 개발원조 및 포드주의적인 노동자 구매력의 상승은 코제브에겐 "새로운 대지의 노모스"로 여겨질지 모르지만, "취득 없이 주는 일이 가능한" 것은 오직 "신뿐"이다(1953:503f.). 그럼에도 당대에는 "취득의 오명"이 특히 세계 각지에서 분출하는 반식민지운동 속에서 "식민지주의의 오명"으로서 드러나고 있었다(1953:503). 슈미트에게 이 "반식민지주의"는 "반유럽적 프로파간다"에 다름 아니었다(1962a:594). 그의 말을 따르자면, 과거 유럽의 위대한 토지취득의 성과인 식민지주의에 대한 비난은 전쟁과 취득을 범죄화하는 경제·산업발전의 이데올로기와 명확히 연관되어 있으며, 그렇기에 미소 양국이 "식민지주의의 거부라는 점에서 일치하고 있"(1959:582)는 것은 우연이 아닌 일이다.[172] 대중의 생존을 배려하는 행정관리 시스템이 글로벌하게 확대되어 가는 현상의 배후에서 무언가 최악의 취득이 행해지고 있을 가능성에 슈미트는 떨고 있는 것이다.

3. 산업사회에서의 국가와 정치

20세기의 산업사회는 16세기 이래 근대국가의 성격을 근본적으로

172) 코제브의 강연이 이후 약 2개월 뒤인 1957년 3월 9일 슈미트가 요아임 리터의 세미나(이른바 '콜로기움 필로소피쿰')에서 행한 강연에서는, "대지를 산업적으로 개발된 지역과 저개발 지역(undeveloped areas)로 분할"하는 트루먼의 포인트 포 강령이 다음 아닌 "오늘날 대지의 노모스"가 되어 있고, 그것은 "유럽에 짊어지운 식민지주의의 오명"과 "취득의 오명"을 특징으로 하는 것이었다고 이야기된다(1995SGN:617; BwSJ:325f.[325]).

변화시키고 말았다는 인식은 2차 대전 이후 슈미트의 주변에 있던 법학자·사회학자들에게 널리 공유되던 것이었다. 그중에서도 특히 법학자 에른스트 포르스트호프는 전통적인 국가의 그러한 종언을 앞두고 산업사회에서 국가가 맡는 역할에 대한 재정의를 시도하게 된다.[173] 이미 그는 1933년에 출판된 자신의 저작 『전체국가』 속에서 경제사회의 확대가 야기한 국가의 변질을 슈미트와 마찬가지로 주제화하고 있었다.

> 국가는 여러 사회세력들에게 정치결단을 넘겨줌으로써 단순한 장치가 됐으며, 국가에 있어서는 본질적인 내용을 결여한 기능주의로 귀착했던 것이다.[174]

그렇게 나치스 초기의 포르스트호프는 "사회적 다원주의의 먹이가 된"[175] 국가의 위기를 "세계화"와 "형이상학"에 기초한 "권위주의적 정부"를 확립함으로써 극복하고자 했다.[176] 하지만 2차 대전 이후 그의 논의에서는 국가와 사회의 우선관계가 역전된다. 즉 그는 국가에 대해 오히려 "산업사회의 보완기능"[177]이라는 역할을 할당하려는 것이다.

포르스트호프의 패러다임의 그런 전환을 초래한 것은 전후 독일 연방공화국이 당초부터 사회에 의존하는 국가로서 태어났다는 사실이다. 그에게 패전에 의한 국가의 붕괴 상황 아래서 경제가 독자적인 힘으로 재생했다는 것은 놀랄만한 하나의 사건에 다름없었다.

---

173) 2차 대전 이후 포르스트호프의 산업사회론 및 국가론에 관해서는 Volker Neumann, »Der harte Weg zum sanften Ziel«, in: Alexander Rossnagel (Hg.), *Recht und Technik im Spannungsfeld der Kernenergiekontroverse*, Opladen 1984, S.88-99; Ilse Staff, »Die Wahrung staatlicher Ordnung«, in: *Leviathan*, 15 (1987), S.141-162; Horst Firsching, »Am Ausgang der Epoche der Staatlichkeit?«, in: A. Göbel/ D. van Laak/ I. Villinger (Hg.), *Metamorphosen des Politischen*, a.a.O., S.203-218 참조.

174) E. Forsthoff, *Der totale Staat*, Hamburg 1933, S.26f.

175) Ebd., S.28.

176) Ebd., S.30ff.

177) E. Forsthoff, *Der Staat der Industriegesellschaft*, München 1971, S.42.

> 1945년 이래의 발전에서 놀랄만한 것, 예상 밖의 새로운 현상은 본질적으로 자기 자신의 힘으로 재통합을 완수해온 것이 다름 아닌 사회였다는 점이다. ……이 사실은 국가와 사회(특히 경제)의 관계에 관한 통상적인 사고방식을 무너뜨리는 것이다.178)

2차 대전 이후의 독일에서 경제의 재생은 국가의 재건에 선행했던 것이고, 독일 연방공화국은 경제와 사회보다 뒤늦게 왔던 국가라는 것이다. 이 국가에 남아 있는 것은 자기 스스로 기능하는 경제사회의 안정화에 봉사하는 역할뿐이다. "국가로서의 연방공화국은 사회의 기능이 됐다."179) 그리고 그것이야말로 오늘날 모든 국가의 운명에 다름 아니다. 독일 연방공화국은 "산업사회에서의 국가를 표시하는 범례적인 사례"180)인 것이다. 그리고 오늘날 국가의 역할은, 포르스트호프가 1930년대 후반부터 사용하게 됐던 (야스퍼스로부터 빌린 것이라고도 말해지는) 단어로 말하자면 "생존배려(Daseinsvorsorge)"가 됐다. 그가 전개했던 것은 모종의 사회복지국가론이다. "산업사회에 의해 그 안정성을 부여받고 있는"181) 오늘날의 국가는 적극적인 개입행정을 통해 사회생활의 안정을 확보하지 않으면 안 되는 것이다. 그런 한에서 포르스트호프는 여전히 국가를 단념하고자 하지 않는다. 오히려 그는 산업사회의 변동에 유연하게 대응할 수 있는 능력을 갖는, 강고한 관료제에 기초한 강력한 행정국가를 갈망하는 것이다.182)

포르스트호프는 입법보다도 행정을 사회국가의 본질적인 구성요소로

---

178) E. Forsthoff, »Die Bundesrepublik Deutschland«, in: ders., *Rechtsstaat im Wandel. Verfassungsrechtliche Abhandlungen. 1950-1964*, Stuttgart 1964, S.200f.

179) Ebd., S.201.

180) E. Forsthoff, *Der Staat der Industriegesellschaft*, a.a.O., S.7.

181) Ebd., S.57.

182) Vgl. Ebd., S.164f.

간주하기보다는 행정관료에 의한 테크노크라시적인 정책조작에 큰 비중을 두게 된다. 한스 프라이어를 위시한 여러 보수이론가들은 2차 대전 이후 모종의 기술신앙으로 기울어가는데 포르스트호프도 예외는 아니었다. 하지만 그의 이론의 테크노크라시적인 전제는 결국 국가의 개념을 무너뜨리는 것이 된다. 만년의 그는 사회국가의 틀에서 행해지는 경제적 안정화인 "사회적 실현(soziale Realisation)"에 머물지 않는 "기술적 실현(technische Realisation)"을 문제로 삼았다. 이 기술적 실현이란 스스로가 만들어낸 문제를 스스로 해결해가는, 즉 "자기 자신을 위해 자신을 산출"하는 "기술적 프로세스"이며[183], 거기서는 더 이상 국가가 필요하지 않다. 포르스트호프가 여전히 "국가주의적" 관점에서 전개하던 산업사회의 안정화에 관한 고찰은 국가가 필요 없는 사회학으로의 이행의 계기를 포함하고 있었던 것이다.[184]

이러한 귀결은 헬무트 셸스키와 같은 이른바 "테크노크라시적 보수주의"의 입장을 취한 전후 독일 사회학에서 최대한으로 도출되게 된다.[185] 슈미트의 정의를 비꼬아 "주권자란 사회 속에서 이용되는 과학-기술수단의 최고도의 실효성을 거머쥔 자다"[186]라고 서술하는 셸스키에게 정치가는 "지배자"가 아니라 "기술자", "플래너" 혹은 "매니저"로 환원된다. 중요한 것은 정치적 결단도 국법규범도 아닌 과학-기술적으로 전개되어가는 사회의 "사태법칙성(Sachgesetzlichkeit)"인 것이다.[187] 슈미트에게 셸스키의 그런 생각은 결코 허용될 수 없는 것이었다.

이러한 사태법칙성 그 자체에 일관되어 있는 기능주의는 인격적 결단의

183) Ebd., S.41.

184) 포르스트호프의 이러한 사회학적 귀결에 관해서는 H. Firsching, »Am Ausgang der Epoche der Staatlichkeit?«, a.a.O., S.215.

185) 셸스키의 테크노크라시적 보수주의에 관해서는 조 타츠야, 『자유와 의미』, 세카이시소샤, 2001, 116-120, 170-177쪽 참조.

186) Helmut Schelsky, *Der Mensch in der wisssschaftlichen Zivilisation*, Köln/Opladen 1961, S.24.

187) 2Ebd., S.211f.

관념을 무너뜨리는 것이고, 나아가 '스스로' 그 나름의 '논리'에 기초하여 모든 결단에 행해지는 것이다. (1965:173[293])

스스로 문제를 해결해가는 이 '사이버네틱스[인공두뇌학]적인 장치'는 '누가 결정하는가'라는 정치적 결단의 질문을 일소하고 마는 것이다.

기술이 초래한 사회의 자율적인 안정화기능을 중시하는 셸스키의 테크노크라시적인 테제는 니클라스 루만의 시스템이론으로 이어지는 것이다(루만이 1966년 뮌스터대학에서 교수자격논문을 제출했을 때 심사를 맡았던 이가 다름 아닌 셸스키이다). 하버마스는 1960년대부터 게렌, 프라이어, 셸스키 같은 보수이론가의 그러한 테크노크라시적 테제에 창끝을 겨누었다. "사회의 본능적인 자기안정화라는 사이버네틱스의 꿈"은 "테크노크라시적 의식의 막연한 근본가정을 부정적 유토피아로서 마감질한 것이고, 따라서 이데올로기로서의 기술과 과학의 느슨한 지배 아래에서 부상하는 발전의 코스를 가리키고 있다."[188] 목적합리적인 기술에 의한 사회시스템의 자기안정화라는 상정 아래에서 기술은 커뮤니케이션적 상호행위를 저해하는 "후기 자본주의"의 이데올로기로 기능한다는 것이다(프랑크푸르트학파에겐 "산업사회" 대신에 '후기 자본주의'라는 단어가 사용된다). 테크노크라시적인 보수주의에서 사회학적 시스템이론까지는 하나의 계보를 이루는 것이며, 이것이 1970년대 전반기 하버마스=루만 논쟁의 배후가 될 것이다.[189]

포르스트호프는 셸스키를 철저화한 "루만의 이론"이 "국가의 거의

---

188) Jürgen Habermas, *Technik und Wissenschaft als ›Ideologie‹*, Frankfurt a. M. 1968, S.97f.[109-110]

189) 이러한 문맥에서, 하버마스와 입장이 가까운 법철학자 잉게보르크 마우스는 포르스트호프와 루만이 공히 시스템의 안정성 확보를 오늘날 법치국가의 으뜸가는 가치로 간주한다는 점에서 "놀랄만한 유사성"이 있다고 지적한다. 즉 그들에겐 "가치를 박탈당한 헌법을 대신하여 새로운 가치로서 사회시스템의 기능적 능력이 사용되고 있으며", 그 결과로 특히 루만에게 "사회시스템의 질서는 '정당한 것'으로서 정의된다"는 것이다(I. Maus, *Rechtstheorie und Politische Theorie im Industrie-kapitalismus*, München 1986, S.54f.[69-70])

완전한 침식을 초래한다"는 것을 내다보고 있었다(BwSFo:292). 그리고 포르스트호프는 그 자신의 테크노크라시적인 이론전제 아래서는 '국가주의적인' 입장을 유지하는 일이 곤란하다는 것을 자각하고 있었던 듯하다. 만년의 저작에서 그는 국가가 기술적 프로세스를 제어할 수 있는 가능성에 회의적인 시선을 던지고 있다. 그러한 제어를 가하는 것은 "산업사회에 대한 지배기능을 행사하는 것이며, 그렇게 하기 위해서는 산업사회에 자신의 안정성과 기능능력을 빚지고 있는 국가가 결여하고 있음에 틀림없는 하나의 독자적 힘이 필요하다."[190] 그리하여 포르스트호프는 "인간성의 효율적인 파수꾼으로서 시중들 수 있는 국제조직을 기술적 프로세스의 한층 더한 진전에서"[191] 전망하고자 했다. 그 무렵 그는 당시 EEC(1967년 이래 EC) 아래서 진전되고 있던 유럽통합에서, 국경을 넘어 기술적 프로세스를 제어할 수 있는 행정단위를 발견하고자 했던 것이다. 산업경제의 안정적인 플래닝을 위해 포르스트호프가 제기한 것은 테크노크라시적 행정에 기초한 유럽통합의 이데올로기이다. "헌법(Verfassung)은 통일의 도구가 되기를 그만두었다. 초국가적 공동체는 일의적으로는 행정조직이다. 유럽의 통일은 헌법(Konstitution)의 문제가 아니라 행정의 문제인 것이다."[192]

이러한 경제-기술중심적 유럽통합의 사상은 포르스트호프에 한정되지 않고 슈미트학파의 적지 않은 학자들이 공유하고 있는 것이다.[193] EEC나 아프리카에서 광역적 경제 플래닝의 컨설턴트로서 활약한 요제프

---

190) E. Forsthoff, *Der Staat der Industriegesellschaft*, a.a.O., S.168.

191) Ebd., S.169.

192) Ebd., S.72.

193) 2차 대전 시기 및 전후에 경제-기술적 관점에서 전개된 광역질서 구상을 검토하고 있는 것은 Christian Joerges, »Europe a Großaum?«, in: ders./ N. S. Ghaleigh (Hg.), *Darker Legacies of Law in Europa*, a.a.O., S.167-191. 특히 포르스트호프에 관해서는 S.187-189 참조. 이러한 문맥에서 포르스트호프나 그 이외 다른 슈미트 학파의 이론가에 의한 테크노크라시적인 초국가적 질서 구상을 비판하고 있는 것은 I. Maus, *Bügerliche Rechtstheorie und Faschismus*, a.a.O., S.78f.[101-102]

H. 카이저(현재 슈미트의 유고 관리자)는 그 전형이다.[194] 그가 보기에 오늘날에는 (갤브레이스가 말하는) "테크노 스트럭처"로서의 광역이 구성되는 중이다. "광역이라는 테마는 이미 경제현상이라는 점에서 부정될 수 없을 만큼 현행적인 것이 되고 있다."[195] 그런 까닭에 경제성장을 위한 플래닝을 통해서만이 광역을 획정하는 노모스가 드러나게 되는 것이다. "성장의 노모스는 플래닝이다."[196]

그러하되 슈미트 자신은 결코 그러한 경제적 플래닝에 기초한 광역 구상을 지지할 수 없었다. 이와 동시에 1963년의 시점에서도 "국가성의 시대가 이제 종언에 이르렀다"는 것은 "더 이상 말을 낭비할 필요가 없"(1932BP:10[(1)90])는 것으로 언명하는 슈미트는 국가의 종언이라는 진단 또한 결코 철회하지 않는다. 그렇다면 그때 〈역사 이후포스트이스투와르〉의 정치에는 글로벌한 행정관리에 머물지 않는 어떤 가능성이 남아 있는 것인가. 슈미트는 그러한 정치적인 것의 새로운 가능성을 1960년대에 들어서면서부터 새로이 발견하게 될 것이다. 그것이 다름 아닌 "파르티잔"의 형상인 것이다.

---

194) 경제 플래너로서의 카이저의 활동은 슈미트의 광역이론과 노모스 이론에 의거했던 것인데, 이에 관해서는 J.-W. Müller, *A Dangerous Mind*, a.a.O., S.81ff. 참조.

195) J. H. Kaiser, »Europäischs Großraumdenken«, a.a.O., S.547.

196) Ebd., S.548.

제5장 파르티잔의 시대 (1960년대)

전후의 슈미트에게 바야흐로 국가는 전적으로 산업사회의 안정화에만 봉사하는 행정관리장치가 되고 있었고, 법은 기능화와 기술화의 과정에 말려들어가 플래닝을 위한 단순한 수단으로 변질되었다. 국가와 그 합법성이 주권적 결단과 아무런 관계도 맺지 못하고 테크노크라시적 관료제를 통한 조작과 관리의 기능 단위로 추락했다고 여겼던 것이다. 슈미트가 반복해서 서술하는 말을 따르자면, 이제 "합법성은 관료제의 기능양태이다."(1950NE:41[57]; 1958VA:348; 2000AN:96, 105; 1950a:444)

이와 같이 기술화된 세계에 불복종으로 일관하는 개인주의자를 두고 이미 슈미트는 1940년대에 "파르티잔"이라는 이름으로 부르고 있었다. 브루노 바우어나 막스 슈티르너는 세계를 등지고 고독 속에 침잠한 파르티잔이었다.1) 파르티잔은 "독립행동자 혹은 비동조자", "수미일관한 개인주의자"이며 "다름 아닌 자기의 책임 안에서 투쟁하고 용기를 가진 경우에는 자기의 위험을 감수하면서 투쟁한다."(1963TP:25[43-44]) 즉 파르티잔은 자신의 행위를 정당화할 수 있는 그 어떤 법에도 의존하지 않으며 단지 자기의 책임 안에서 "리스크 부담적(riskant)"으로 행위한다. 이러한 파르티잔은 슈미트와 강한 영향관계에 있던 윙거의 『숲의 지름길』(1951)이나 저널리스트 롤프 슐레르스의 『파르티잔』(1961) 속에서, 전면적으로 기술화된 세계에 저항하는 자유로운 개인의 형상으

---

1) "브루노 바우어나 막스 슈티르너와 같은 고립된 파르티잔은 도망갈 곳 없는 고독으로 침잠하고 있었다."(1940f:157[122]) "바우어는 고독한 세계정신의 파르티잔이기를 계속했다."(1950DC:100)

로까지 고양되었던 것이다. 그리고 슈미트는 그들의 논의를 수용하여 1963년도 『파르티잔의 이론』 속에서, 정치적인 것의 새로운 담당자로서의 역할을 국가를 대신해 파르티잔에게 맡겼던 것이다.

1960년대 바로 그 당시 전세계적으로 전개되고 있던 반식민투쟁 및 공산주의 혁명투쟁의 주요 수단으로서 파르티잔 또는 게릴라는 극히 현행적인 문제가 되어 있었다. 슈미트에게 파르티잔은 20세기의 "세계사적 자태"로도 보였던 것이다(1962b). 실제로 특히 2차 대전은 오래도록 국가의 정규군끼리의 전쟁으로서 전개되어왔던 근대의 전쟁 속에 파르티잔이나 게릴라와 같은 새로운 전쟁형식을 도입했던 것이었다. 1차 대전 시기에 오스만 투르크 지배 아래의 아라비아반도에서 토마스 에드워드 로렌스(아라비아의 로렌스)가 선편을 쥐었던 게릴라 전쟁은 2차 대전 시기에는 나치스 독일 점령 아래의 러시아, 폴란드, 발칸반도, 혹은 일본의 침략에 노출된 중국, 버마, 필리핀 등 세계 각지에서 해방을 위한 주요 투쟁수단으로 이용됐던 것이다. 1949년의 제네바조약이 게릴라적 저항운동의 참가자에게도 국제법상의 지위를 인정했던 것은 2차 대전과 더불어 나타난 이 새로운 상황에 대응한 것에 다름 아니다.[2] 2차 대전 이후의 세계에서 이러한 파르티잔 및 게릴라는 식민지 해방이나 혁명운동의 중심적인 투쟁형식이 되며, 종래의 국가 간 전쟁에 비견될 정도로 중요한 전쟁형태가 되어 있었던 것이다.

전후의 슈미트는 레닌이나 마오쩌둥에게서 보이는 "파르티잔에 의해 수행되는 전쟁" 또는 "혁명전쟁"을 고전적 국제법을 파괴하고 적대를 전면화시키는 "정전正戰"이라고 비판한다(1962a:598f.). 그러나 『파르티잔의 이론』의 출판과 거의 동시에 출판된 1963년판 『정치적인 것의 개념』에서는 "[레닌이나 마오 같은] 전쟁혁명가는 경찰[Polizei]을 다시금 정치[Politik]로 바꾸었다"고도 서술되고 있다. 즉 슈미트는 혁명가의 파르티잔 투쟁에 대해 지극히 양가적인 태도를 취하고 있으며, 거기서 기술적인 행정관리가 전면화된 세계에서의 정치적인 것의 부흥이라는

2) Werner Hahlweg, *Guerilla*, Stuttgart 1968, S.18.

긍정적인 가능성까지 찾아내려는 것이었다.

하지만 『파르티잔의 이론』에서 슈미트가 그러한 동시대 파르티잔 이상으로 범례적인 것이라고 보고 있는 것은 19세기 초엽 프랑스혁명과 나폴레옹전쟁에 대한 응답으로서, 실천적으로는 스페인에서, 이론적으로는 프로이센에서 나타난 파르티잔 전쟁이었다. 그것은 17/18세기의 국가중심적 유럽공법 질서가 전환점을 맞이하던 상황 속에서 1810년을 전후로 한 짧은 시기 겨우 일순간 살짝 엿보인 이후로 오래도록 망각에 몰아넣어졌던, 정치적인 것의 새로운 가능성이었다.

『파르티잔의 이론』이 프랑스혁명과 나폴레옹전쟁이라는 역사적 시기에 주목하는 것은 유럽공법의 해체에 있어 혁명전쟁이 맡았던 역할을 거의 고려하고 있지 않는 『대지의 노모스』의 결함을 보완한다는 의미가 있다(1963TP:16[26-27]). 이러한 결함은 국제정치학자 한스 베베르크[3] 및 슈미트의 학도였던 정치학자 로만 슈눌에 의해 지적되고 있던 것이다.[4] 케스팅이나 코젤렉 또한 인정하고 있듯이, 혁명의 이념은 절대주의의 정치적 권위를 보편적 도덕에 의한 비판에 노출시키는 동시에 왕조적 정통성에 기초한 여러 국가들의 세력균형으로 이뤄진 고전적 유럽질서를 무너뜨리게 됐던 것이다. 슈미트는 그런 논의들을 수용하여 프랑스혁명의 역사적 위치설정을 재고하게 되는 것이지만, 그 무렵 그가 단지 세계내전을 초래하는 혁명이념의 도덕적 보편주의를 비판하는 입장에 머물러 있는 것은 아니다. 오히려 슈미트에게 프랑스혁명은 유럽공법 질서의 기초인 근대국가주권과는 다른 정치적인 것, 그것의 또 하나의 가능성의 원천이 되어 있는 것이기도 했던바, 이는 프랑스혁명의 영향을 받은 샤른호르스트, 그나이제나우, 클라우제비츠 등 프로이센 군사개혁

---

3) Vgl. Hans Wehberg, »Vom Jus Publicum Europaeum«, in: *Friedenswarte*, 50 (1950/51), S.309.

4) 1961년에 슈눌은 "1792년부터 1815년까지라는 전쟁의 시대에 비교적 크게 주의하지 않고 있던 카를 슈미트의 저작에 대한 보충"으로서 나폴레옹 전쟁의 역사철학적 의미를 다룬 논문을 발표했다(Roman Schnur, »Land und Meer«, in: ders., *Revolution und Weltbürgerkrieg*, a.a.O., S.34).

자들에 의한 파르티잔의 이론에서 결실을 맺는 것이었다. 말하자면 『파르티잔의 이론』은 해체 중이던 고전적 국가 간 질서와 보편주의적 국제질서에 수반되는 세계내전상황 사이, 그 이행기에 초점을 맞추면서 거기서 '현실적 적대'라는 새로운 정치적 적대의 계기를 발견했던 것이다.

『정치적인 것의 개념』이 1963년에 2판을 찍었을 때 붙여진 서문에서 슈미트는 과거 이 저작이 다양한 종류의 적 개념을 충분하게 구별하지 못했음을 고백하고 있다(1932BP:17f.[(1)98-99]). 즉 이 저작은 적과의 전쟁이 일정한 범위제약(Hegung〔한계틀의 설정〕) 아래서 행해지는 (고전적인 국가 간 질서에서의) 정치적인 적으로부터 그런 정치적인 것을 넘어서는 인류의 이름 아래 도덕적으로 단죄되는 (보편주의적 국제법질서에서의) 적으로 이행되는 상황을 문제화하고 있었지만, 조지 슈왑은 영어로 그러한 두 종류의 '적'을 달리 가리키면서 전자는 세속화·중립화된 "enemy"로, 후자는 악마화·차별화된 "foe"라고 부르면서 좀 더 명확히 구별되어야 한다고 지적했다.[5] 이렇게 자신의 개념적 구분이 가진 애매함에 대한 슈왑이나 줄리앙 프로인트의 지적을 수용해 1963년의 슈미트는 적 개념의 세분화된 분류를 행하게 된다. 그러하되 그 무렵 슈미트는 그러한 두 종류의 적에 더하여 새로운 제3의 적 개념을 도입한다. 즉 유럽공법 아래서의 "관습적인(konventionell) 적", 오늘날 세계내전상황에서의 "절대적인(absolut) 적"이라는 두 가지 적 개념에 더하여, 그 둘의 간의 틈새 이행기에 "현실적인(wirklich) 적"이라는 개념이 자리잡게 되는 것이다(1932BP:17[(1)99]).[6] "관습적인 적대"의 해체는 "무매개적인 적대"로 이행하는 것이 아니며 그 중도에 "현실적인 적대"라는 하나의 새로운 정치적 관계가 모습을 드러낸다는 것이다

5) G. Schwab, *The challenge of the exception*, a.a.O., S.51ff.[79-81] 슈왑의 이 저작은 1963년 이후에 출판된 것이지만, 슈미트는 1963년 이전에 이미 마찬가지의 지적을 슈왑으로부터 받고 있었던 듯하다(1932BP:18[(1)99]).

6) 분명 '현실적인 적'이라는 단어는 이미 1927년도 초판 『정치적인 것의 개념』 및 2판에도 보이는데(1927a:16f.; 1932BP:49f.[(2)54-55]), 거기서는 아직 1963년판 서문이나 『파르티잔의 이론』에서처럼 명확한 이론적 위치부여가 행해지고 있지는 않다.

(1963TP:17[29]). 바로 그것을 증명하는 것이 19세기 초엽의 프로이센에서 이론화된 파르티잔이었던 것이다.

『파르티잔의 이론』이 "정치적인 것의 개념에 대한 중간 주석(Zwischenbemerkung)"이라는 부제를 달고 있는 이유도 거기서 이해될 수 있다. 슈미트는 그 저작을 같은 해 출판된 『정치적인 것의 개념』에 "동시적이지만 별개의 상관물로 첨부하고 싶"(BwSM:328)었기 때문에 출판했다고 말한다. 즉 『파르티잔의 이론』은 『정치적인 것의 개념』의 보충이라는 의미를 갖는다. 그 속에서 슈미트는 『정치적인 것의 개념』에서 다뤘던 두 가지 적대관계(관습적 및 절대적 적대)의 중간단계에서 나타난 또 하나의 적대관계(현실적 적대)를 새로이 발견하고, 거기서 오늘날 운위되는 정치적인 것의 종언에 저항하기 위한 대안을 찾아내고자 했던 것이다.

I. 20세기 속의 반역자들

1. 배반의 풍경 속에서

종래의 국가 간 질서의 해체를 뜻하는 세계내전상황의 특징은 "복수의 여러 정통성"이 병립한다는 것이다. 즉 주권국가의 기초였던 "국민-민주주의적 정통성"은 마르크스주의적인 "혁명적 정통성" 등의 등장에 의해 이제까지 유지되었던 유일한 정통성 원리로서의 지위를 잃는 것이다. "다양한 종류 및 형태의 정통성의 병존은 오늘날 우리에게 친숙한 것이 되었고, 나아가 그것은 다원주의적인 세계상에 내재적인 것이기도 하다."(1967:484) 모든 사람이 공유할 수 있는 정치적 행동의 궁극적인 기준은 더 이상 존재하지 않으며, 특정한 정통성 원리에 충실한 행동은 다른 정통성 원리에서 보면 배신행위로 비칠 수도 있는 것이다. 국가에 대한 충성이 자명한 것이었던 시대는 지나갔으며, 국민-민주주의적 정통성의 관점에서 보면 "배신자"로 여겨지는 정치적 행위자(내통자, 콜라보레이터[협력자], 레지스탕스……)가 발호하는 시대가 도래한 것이다. "여러 정통성이 드러내놓고 충돌하거나 몰래 결탁하는 시대에 생겨나는 것은 마그렛 보베리가 명명한 '배반의 풍경'이다. 그녀는 그것을 오늘날 우리들의 현행적 현재로서 묘사했던 것이다."(1967:485)

보수계열 저널리스트인 마그렛 보베리가 1956년부터 1960년에 걸쳐 간행한 『20세기 속의 배반』(전4권)[7]은 슈미트의 저작 『파르티잔의 이론』에 적지 않은 영향을 준 책이었다.[8] 젊은 하버마스가 그 서평에서 늙다리 청년보수파라고 야유한 보베리의 이 저작 자체[9]가 무엇보다 윙거 및 슈미트와의 교류 속에서 그녀가 도입한 세계내전이라는 동시대 진단을 역사철학적인 분석장치로 이용하고 있다.[10] 거기서 다뤄지고 있는 것은 국가들끼리의 명확한 대립으로 규정될 수 있는 전선이 소멸한 20세기 정치상황 아래서의 다양한 정치적 행동자의 군상, 즉 나치스

---

7) 마그렛 보베리(Margret Boveri, 1900-1975). 독일의 여성 저널리스트. 1930년을 앞뒤로 한 시기 베를린대학의 박사과정에서 정치학을 전공하고 있던 그녀는 1933년 나치스의 정권탈취 이후 좌파 리버럴 친구들 중의 많은 이들이 망명하는 가운데에도 "독일에 대한 강한 사랑"으로 국내에 머물면서 각종 신문지상에 주로 외교 문제를 다룬 르포르타주를 집필하는 기자로 활동. 2차 대전 시기에는 『프랑크푸르트 신문(Frankfurter Zeitung)』의 특파원으로서 스톡홀름, 뉴욕, 리스본 등지에 체류하는데, 특히 미국에 대한 부정적 감정을 가졌던 것으로 인해 그녀는 윙거 등의 역사철학에 접근하게 된다. 전후에는 윙거, 슈미트, 몰러 등과 친교를 갖는 한편, 『메르쿠르』 지면 등에서 집필활동을 전개한다. 그 입장은 동서 독일로의 분단을 가져온 미소 두 대국의 세계대립 상황에 대한 저널리스트적인 비판으로 일관된다. 보베리의 전기 및 슈미트와의 왕복서간에 관해서는 Christian Tilitzki, »Margret Boveri und Carl Schmitt. Ein lockerer Briefkontakt«, in: Piet Tommissen (Hg.), *Schmittiana VI*, Berlin 2001, S.281-308 참조.

8) 보베리의 이 저작에 관해서는 Carl J. Friedrich, *The Pathology of Politics*, New York 1972, S.115ff.[128-134]에서 약간의 검토가 이뤄지고 있다. 이 저작과 슈미트 간의 영향관계에 관해서는 Eva Horn, »'Waldgänger,' Traitor, Partisan«, in: *The New Centennial Review*, 4(3) (2004), S.125-143. 특히 S.134-138 참조.

9) Vgl. Jürgen Habermas, »Der Verrat und die Maßstäbe«, in: *Deutsche Universitätszeitung*, 11 (1956), S.8-11.

10) Vgl. C. Tilitzki, »Margret Boveri und Carl Schmitt. Ein lockerer Briefkontakt«, a.a.O., S.287.

독일의 점령 하에 있는 나라들에서의 콜라보레이터(대독협력자), 파시즘에 맞선 국내적 저항자, 공산주의의 국제스파이 등이다. 그들에게 국가에 대한 '반역자' 혹은 '배반자'라는 오명이 자주 덮씌워질지라도 그런 비난은 더 이상 모든 사람이 받아들일 수 있는 자명성을 잃고 있다. 왜냐하면 공산주의와 같은 추상적 이데올로기가 조국을 향한 충성일 수 있는가가 의심되기 때문만이 아니라 충성의 대상인 국가 자체가 이제 비인격적인 이념적 존재가 되어 단일한 의미로 이해되는 것이 허용될 수 없게 됐기 때문이다. 파시즘의 지배 아래 놓인 나라들에서 국가에 충성을 다한다는 것은 체제에 협력하는 것과 저항하는 것 중 어느 쪽을 뜻하는 것인가. 이는 정치적 행동의 의지처가 될 수 있을 국가라는 틀 자체가 의심스러운 것이 되는 내전상태이고, 이런 상황 속에서만이 파르티잔의 자태가 드러나게 된다. 슈미트는 보베리가 묘사한 '배반자'들 속에서 자기 행위를 정당화하는 보증을 결여한 자율적 행위자로서의 파르티잔을 보는 것이다. "이 [보베리의] 저작에 등장하는 인물은 파르티잔만으로 이뤄진 것은 아니다. 하지만 배반자의 풍경의 '밑바닥 없는 혼란'은 합법성과 정통성의 모든 경계를 '구제하기 어렵게 용해'시키는 것이기에 파르티잔이라는 보편적 형상[Gestalt]을 부풀어 오르게 하는 것은 자연스런 일이다."(1963TP:76[156])

보베리는 2차 대전부터 냉전기에 걸쳐 현저해진 동시대 충성관계의 혼란이 프랑스혁명에서 연원한다고 본다. 혁명은 주권이라는 구체적 인격에 맞서, 혹은 스스로가 귀속감정을 갖는 '조국'이라는 구체적 토지에 맞서 충성관계를 해체하고 "신뢰와 배반에 관한 새로운 관계"를 도립했다. 즉 "혁명적 애국주의"는 이제 충성의 대상을 "네이션"이라는 탈인격화된 이념으로 바꾸었던 것이다.11) 보베리에게 그것은 하나의 타락과정이다. 그런 '네이션'은 쉽게 '정치적 슬로건'과 동일시되고 구체적 귀속대상으로부터 추상적인 이데올로기로 변용된다. 구체적으로 현존

11) Margret Boveri, *Der Verrat im XX. Jahrhundert*, I, Hamburg 1956, S.17f., 141.

하고 있는 신뢰관계를 그런 이념을 위해 배반하는 일이 행해지게 되는 것이다. 이는 최종적으로는 인류라는 보편주의적 이데올로기 아래에서 모든 구체적 충성관계를 파괴하기에 이를 것이다. 바로 그것이 20세기 속에서의 '배반의 풍경'을 엮어내고 있는 것이다.

국가에 대한 충성관계의 착종을 체현하는 듯한 인물형상은 특히 2차 대전에서 다수 드러나게 되었다. 독일 점령 하의 괴뢰정권에서 대독협력 정책을 추진했던 노르웨이의 비드쿤 크비슬링, 프랑스 비시 정권의 필리프 패탱, 프랑수아 달랑, 피에르 라발 등의 '콜라보레이터'들, 혹은 전시 파시즘 국가들에 몸을 던져 연합국에 대한 프로파간다 활동에 협력한 영국 파시스트 윌리엄 조이스, 미국의 모더니즘 시인 에즈라 파운드, 미국인 밀드레드 길라스(일명 '추축樞軸 셜리〔Axis Sally(베를린방송의 선전 아나운서·배우)〕'), 일본계 미국인 2세 아이바 토구리 다키노(일명 '도쿄 로즈〔Tokyo Rose〕') 등의 '선동자'들, 또 보베리가 각별히 집착하면서 추적·연구하고 있는 1944년 7월 20일 히틀러 암살계획의 가담자들인 독일 국내 '저항자'들처럼, 보베리의 관심은 전시 혹은 전후에 '반역자'로 단죄된 이들 '배반자'들의 군상으로 향해져 있는 것이다. 그러나 그런 '배반의 풍경'의 중심에서 특히 그 모습을 드러내는 것은 다름 아닌 공산주의의 세계혁명적 이데올로기의 대변자들이다. 실제로 1940년에 일본을 방문했을 때에 보베리 자신이 직접 알게 된 리하르트 조르게에게서 보이는 것처럼, 2차 대전 시기 첩보기관을 가동한 각 열강들 중에서도 특히 대대적으로 스파이나 레지스탕스를 이용한 것은 다름 아닌 소련이었다. 보베리에게 현대의 "집단적 배반의 여러 전제들"은 한결같이 "공산주의의 세계운동"에 의해 산출됐던 것이며[12], 그것은 전후 냉전기에 접어들어 점점 더 현저해지게 되었던 것이다.

국가에 대한 충성이 일의적인 의미를 가질 수 없게 된 세계내전의 시대는 다양한 정통성 시스템이 다원적으로 병존하는 시대이다. 그러한 복수의 시스템이 제각기 요구하는 충성의 틈새에서 사람은 아무리 일관

12) Margret Boveri, *Der Verrat im XX. Jahrhundert, Ⅲ*, Hamburg 1957, S.16.

된 정치적 행동을 취하려고 할지라도 언제나 모종의 측면에선 배반으로 간주될 가능성을 품고 있다. 공산당 동조자인 물리학자로서 미국의 원폭 개발에 협력했던 로버트 오펜하이머를 범형으로 보베리가 서술하듯이, 그의 모든 행위는 "언젠가 어느 쪽 진영에 의해 배반 혹은 악행의 이름을 덮어쓰게 되는" 것이다.[13]

보베리는 그렇게 국가가 더 이상 정치적 정통성의 배타적인 준거점일 수 없게 된 시대의 광경을 묘사했다. 낡은 정통성은 잃어버렸고, 그렇다고 새로이 따를만한 정통성이 확립되어 있는 것도 아니었다. "배반(Verrat)의 편재"란 시대 그 자체의 징후이고 지금이 거대한 변화를 겪고 있는 과도기임을 은밀히 누설하고 있는(verraten) 것이다.[14] 그런데 슈미트는 이러한 오늘날의 정통성의 혼란상황이 19세기 초엽의 혁명기 정치상황과 역사적인 유사성을 갖는다고 간주한다. 즉 그때는 왕조적 정통성과 국민적 정통성이 병존·충돌하고 있던 시대이다(1967:484) 바로 그런 혼란기에 파르티잔이라는 자율적 행위자의 형상이 드러나는 것이다. 그리고 오늘날에도 "당파=정당[Partei]이, 따라서 하나의 부분이 의식적으로 새로운 전체성의 담당자로서 국가 앞으로 나서고" 있다는 것은 징후적이다(1958VA:366). 여기서 슈미트는 공산당의 전체주의적 성격을 염두에 두고 과거 자신의 '전체국가'론을 비판하면서[15] "오늘날에는 전체주의국가란 없으며 전체주의정당만이 있다"고 말하는데, 이는 반드시 부정적인 함의를 갖는 것은 아니다. 정당=당파는 그런 전체적 성격 때문에 제도화된 국가를 넘어 "진정한 혹은 포괄적인 전체, 도래할 새로운 전체, 새로운 통일, 새로운 정치적 통일을 실현"할 수가 있는 것이기 때문이다(1970b:632). "모든 정치적 사고는 당파형성[Parteiung]과

13) Margret Boveri, *Der Verrat im XX. Jahrhundert, IV*, Hamburg 1960, S.276.

14) C. J. Friedrich, *The Pathology of Politics*, a.a.O., S.119.[134]

15) "다른 집단이나 단체, 특히 오늘날의 국가는 그 멤버나 소속원을, 혁명투쟁을 행하는 당파는 그 활동적인 투쟁자를 붙잡을 수 있을 정도로 전체적으로 통합하는 일은 불가능하다. 이른바 전체국가에 대한 방대한 논의 속에서는, 국가 그 자체가 아닌 혁명적 당파 그 자체가 오늘날 근본적으로 유일한 본래의 전체주의적 조직을 표시하고 있다는 것은 여전히 의식되지 않고 있었다."(1963TP:21f.[37])

함께 시작하는" 것이고, "파르티잔"도 "정당"도 정치적 행위의 확고한 기준을 잃어버린 혼란한 시대에서는 자신의 힘으로 적·동지 구별을 행하여 정치적인 것을 설립하는 "당파인[Parteigänger]"에 다름 아니다(1970b:631). 그렇게 '배반의 풍경' 속에서야말로 파르티잔은 나타난다.

2. 카테콘적 파르티잔: 윙거와 롤프 슐레르스

『파르티잔의 이론』에 앞서 시대에 대한 저항자로서의 파르티잔이라는 사상을 좀 더 명확히 설립했던 것은 윙거와 롤프 슐레르스였다. 윙거가 1951년도 저작 『숲의 지름길(Der Waldgang)』에서 서술하고 있는 "숲을 걷는 사람(Waldgänger)", 그리고 슐레르스가 1961년도 저작에서 주제화한 '파르티잔', 이들 모두는 기술에 의한 지배가 전면화된 세계에 저항하는 자의 형상이다. 슈미트는 말한다. 윙거의 '숲을 걷는 사람'은 "기계장치에 의해 치환된 것일지라도, 일견 아무런 가망이 없는 것처럼 여겨지는 부분을 내버리지 않고 그것을 좀 더 내적인 힘으로부터 계속해 가고자 하기에, '숲을 걷기를 결심하는'" 것이며, 슐레르스의 '파르티잔'은 "기술이 관철된 세계의 니힐리즘에 대한 최후의 저항, 종족과 토지의 최후의 방위자, 혹은 최종적으로는 최후의 인간 그 자체"인 것이다(1963TP:25f.[45-46]). 말하자면 그들의 형상은 개개인이 기술과 기계장치에 붙들려가는 니힐리즘적 세계의 한복판에서 개인의 자유를 지켜내려는 것이다.

전후의 윙거가 종종 거론하게 되는 '숲을 걷는 사람'은[16] 이미 그

---

16) 『숲의 지름길』을 위시한 후기 윙거의 역사철학적 고찰에 관해서는 Martin Meyer, *Ernst Jünger*, München 1990, S.394-429 참조. 윙거의 그러한 문맥이 특히 슈미트와의 비교 속에서 논해지고 있는 것은 Lutz Niethammer/ Dirk van Laak, *Posthistoire*, Reinbeck bei Hamburg, S.82-95; Ingo Stökmann, »In reinen Raum. Jüger, Schmitt, Medientechnik«, in: Rudolf Maresch/ Niels Werber (Hg.), *Raum-Wissen-Macht*, Frankfurt a. M. 2002, S.135-155; E. Horn, »'Waldgänger,' Traitor, Partisan«, a.a.O., S.131-133. 일본어 문헌으로서는 와니 아키라, 『교회·공법학·국가』, 12-21쪽 참조.

자신이 1930년대 전반기에 제출했던 유명한 '노동자' 형상의 반대상이라고 할 수 있을 것이다. 즉 '노동자'는 강력한 기술적 수단을 손에 쥐고서는 '구석구석까지의 공간 지배'를 관철하고 '총동원'의 전제인 전체적 계획화를 가능케 한다. 슈미트의 '전체국가'론과 마찬가지로 과거의 윙거에겐 그것이야말로 니힐리즘의 극복을 의미하고 있었다. 기술에 대한 이러한 낙관론은 전후의 윙거에게서는 배경으로 물러나게 된다. 오히려 중시되는 것은 국가에 의한 기술적 지배로부터 벗어나는 개인으로의 침잠이다. 그리고 '숲을 걷는 사람'이야말로 기술과 노동에 의한 플래닝의 세계에 맞서는 그런 개인이 되는 것이다.

숲이란 공동체로부터 추방된 개인이 몸을 기대는 장의 이미지이다.[17] 하지만 그것은 동시에 개인이 자신의 의지를 굽히지 않고 관철하기 위한 자유의 공간이기도 하다. 그렇기에 '숲을 걷는 사람'이란 "저항의 결의를 다지고", "자유와 어떤 근원적인 관계를 맺는 사람"인 것이다.[18] 숲은 니힐리즘의 공간인 (니체적 의미에서의) "사막" 혹은 "대양"과 대치된다. 역사 속의 인간은 기술적 진보의 체현인 "배"에 올라, 그러한 대양을 향해 나아간다.[19] 하지만 기술이 가져오는 이 안녕은 하나의 사고가 단번에 파국으로 전화된 "거선 타이타닉"처럼 맥없는 것이다. 이와 달리 숲은 대양 속의 "항구"이고 사막 속의 "오아시스"이다. "선상의 인간은 숲 속의 인간을 기준으로 삼아야만 한다. 즉 문명 속의 인간, 운동과 역사적 현상 속에 있는 인간은 그것들이 정지되어 있는 초시간적인 본질, 역사 속에서 나타나고 변천하는 본질을 기준으로 삼아야만 한다."[20]

과거의 윙거에게 중요한 의미를 갖고 있던 두 가지 형상, 즉 '노동자'도 '병사'도 기술의 운동으로서의 역사로부터 벗어날 수는 없다. 이에 맞서 '숲을 걷는 사람'은 역사적 세계 속에서 자신의 목적이나 행동을 보편화하

---

17) E. Jünger, »Der Waldgang«, in: ders., *Sämtliche Werke. Zweite Abteilung Bd.7, Essays I, Bertrachtungen zur Zeit*, S.318.[103]

18) Ebd., S.306.[88-89]l

19) Ebd., S.314f.[88-89]

20) Ebd., S.345.[137]

려고 하지 않으며 자기 자신 속에 있는 정의에 줄곧 머문다. 그의 행동은 보편타당성을 추구하는 것이 아니라 어디까지나 일회적·구체적이다. "숲을 걷는 사람은 구체적인 개인이다. 그는 구체적인 경우에 행동한다. 그는 무엇이 올바른가를 알기 위해 이론을 필요로 하지 않는다."[21) 이런 까닭에 '숲을 걷는 사람'의 몸짓은 파르티잔적인 것이 된다. 그는 아무런 규칙도 형식도 알지 못하며 언제나 "지금 여기서", "자유로운 독립의 행동을 취하는 남자"이다.[22) 적·동지 구별이 애매하게 되고, 전선과 후방 지대의 구별이 불가능하게 됐던 '세계내전'의 시대가 이러한 행동자의 출현을 유발하는 것이다.[23) "숲은 가는 곳마다 있"는 것이고 '숲을 걷는 사람'은 도처에서 "유격전(der kleine Krieg)"을 전개하는 것이다.

윙거에게 숲이란 "투표용지"가 단지 박수갈채를 위한 "앙케이트 용지"로 변하고 만 오늘날의 공허한 정치적 공론장에 대치되는 것으로 "원原정치적이라고 부를 수 있는 상태"[24)의 메타포이다. 그런 저항을 행하는 '숲을 걷는 사람'은 윙거 말년의 소설 『오이메스빌(Eumeswil)』에서 "반〔역〕도(Anarch)"로 불리는 것과 같다.[25) 이미 윙거는 2차 대전 중의 일기에서 여전히 질서와 관계를 맺는 "니힐리스트"에 대해 그런 질서와의 관계를 일체 결여한 "아나키스트"를 맞세우고 있었다.[26) '아나키'를 향한 그런 동경은 당장에는 윙거를 '질서 사상가'인 슈미트로부터 본질적으로 구별하는 지점인 것처럼 보인다.[27) 실제로 슈미트의 학도였던

---

21) Ebd., S.359.[153]

22) Ebd., S.344.[135]

23) Ebd., S.353f.[146-147]

24) E. Horn, »'Waldgänger,' Traitor, Partisan«, a.a.O., S.133.

25) Vgl. L. Niethammer/ D. van Laak, *Posthistoire*, a.a.O., S.83ff.; 와니 아키라, 앞의 책, 19-20쪽.

26) E. Jünger, *Sämtliche Werke. Bd.3, Tagebücher Ⅲ, Strahlungen Ⅱ*, S.213f. "어머니와 대지"를 "아나키스트는 늪과 원시림으로, 니힐리스트는 사막으로 바꾸고자 한다."

27) Vgl. M. Meyer, *Ernst Jünger*, a.a.O., S.414ff.

젤게 마이발트는 『숲의 지름길』에 대한 서평에서, 플래닝을 행하는 기술 장치로 변한 국가권력에 저항하는, '숲을 걷는 사람'이라는 윙거의 사상을 비판한다. 그는 "전체적 파르티잔 전쟁이라는 윙거의 테제"에서 위험을 보면서, 슈미트를 모방해 "숲이라는 신화"에 못지않은 강력한 "리바이어던의 신화"에 호소한다.[28]

그러하되 바로 그 슈미트 쪽에서는 윙거의 '숲을 걷는 사람'으로부터 큰 시사를 받고 있다. 즉 역사적 진보에 말려들기를 계속해서 거부하는 이 파르티잔은 말하자면 역사의 가속을 억지하는 자에 다름 아닌 것이었다. 그것은 "카테콘"으로서의 "국민-보수혁명적" 파르티잔이지 "세계혁명적" 공산주의의 파르티잔이 아니다.[29] 윙거에게도 슈미트에게도 "파르티잔이라고 부를 수 있는 것은 오직 본질적으로 자기결정 속에서 행위하는 자, 그럼으로써 사실상 또는 명목상 세계사의 합법칙성에 감화되지 않고 그런 합법칙성에 반항적으로 대립하는 자뿐"인 것이다.[30]

이렇게 역사적 진보에 저항하는 독행자라는 파르티잔의 위치설정은 슈미트의 친구였던 슐레르스의 저작 『파르티잔』 속에서도 답습되고 있다.[31] 그는 정치적으로는 리버럴 좌파의 입장에 있으면서 슈미트와

---

28) "이 [리바이어던] 신화의 거대한 힘으로부터 보건대, 여기서 윙거에 의해 권해지고 있는 항구적인 파르티잔 전쟁은 그것 자체로 다름 아닌 그로테스크한 작용을 불러일으킨다."(Serge Maiwald, »Der totale Staat und das Individuum«, in: *Universitas*, 7 (1952), S.41)

29) Herfride Münkler, »Die Gestalt des Partisan«, in: ders., *Gewalt und Ordnung*, Frankfurt a. M. 1992, S.114, 118.

30) Herfride Münkler, »Die Gestalt des Partisanen«, in: ders.. *Über den Krieg*, Weiierswirt 2002, S.179f.

31) 롤프 슐레르스(Rolf Schroers, 1919-1981). 독일의 저널리스트·문필가. 전후에는 『프랑크푸르트 알게마이네』 등의 신문·잡지에 기고하면서 독일의 작가 서클인 '47년 그룹'의 활동에 참가. 리버럴한 정치적 입장에서 1950년대 후반에는 '핵에 의한 죽음에의 투쟁(Kampf dem Atomtod)'이라는 이름의 반핵운동, 1960년대에는 비상사태법안 반대운동에 종사하고, 법안 반대의 입장을 취한 자유민주당(FDP)로부터 두 번에 걸쳐 연방의회 의원에 입후보한다. 1965년에는 FDP 기관지 『리버럴』의 편집장이 되고, 1968년 이래로 죽을 때까지 프리드리히 나우만 재단의 테오도어 호이스 아케데미의 소장으로 일했다. 슐레르스의 간단한 전기에 관해서는 D. van Laak, *Gesprähe in der Sicherheit des Schweigens*, a.a.O., S.251-255.

1955년 3월에 알게 된 이래로 죽을 때까지 친밀한 교류를 이어갔다. 그리고 이 1961년도 슐레르스의 파르티잔론은 일반적으로 거의 이목을 모으지 못했던 것임에도, 슈미트 『파르티잔의 이론』에서는 "우리의 테마에게 있어서는 특별히 중요한 저작"(1963TP:24[43])으로 평가받게 된다.[32] 슈미트에게 그 저작은 "파르티잔을 결코 횡령되는 일 없는 독행자의 상징으로 높였던" 것이고, "기술이 관철된 환경의 강제와 테러로부터 벗어나"려는 "최후의 인간"을 묘사하고 있는 것이었다(1962b). 실제로 슐레르스에게 중요한 것은 "정치적 인간학"으로서의 파르티잔이며, 오늘날 기술시대에 개인이 스스로의 내적 양심만에 기초한 실존을 지켜가는 것이었다. 이러한 관심은 1949년에 출판된 그의 T. E. 로렌스론 이래로 일관된 것이다. "자신의 행위와 사상에 대한 인간의 책임은 스스로의 양심을 내적인 척도로 한다."[33] 스스로의 양심에 그 어떤 신적인 정당화의 보증을 주는 것도 거부하며 행동했던 로렌스는 다름 아닌 독행자로서의 파르티잔의 범형인 것이다. 그러나 또한 1935년에 오토바이 사고로 죽은 로렌스는 파괴수단으로서의 기술의 손에 떨어지고 만 실존적 개인의 비극까지도 보여주고 있다. "그의 그러한 삶의 마무리는 자기파괴였다. 이를 위한 정확한 장치를 주었던 것이 바로 기술이다."[34] 핵병기는 그러한 기술적 파괴수단의 상징이다. 이것이 1950년대에 슐레르스에 의해 전개된 반핵운동의 사상적 배경을 이루고 있다고 할 수 있다. 그에 따르면 핵병기를 손에 쥔 초강대국에 의해 국가주권이 형해화된 오늘,

---

32) 슈미트와 슐레르스의 관계에 대해 논한 것으로서는 Theo Schiller, »Rolf Schroers und Carl Schmitt. Eine Grauzone«, in: Monika Fassbender/ Klaus Hansen (Hg.), *Feuillnton und Realpolitik*, Baden-Baden 1984, S.77-94; ders., »Die Faszination der Verfemten. Rolf schroers, der Liberale, und sein Verhältnis zu Carl Schmitt«, in: Klaus Hansen/ Hans Lietzmann (Hg.), *Carl Schmitt und die Liberalismuskritik*, Opladen 1988, S.141-153; Hans Grünberger, »Die Kippfigur des Partisanen. Zur politischen Anthropologie von Rolf Shroers«, in: Herfried Münkler (Hg.), *Der Partisan*, Opladen 1990, S.42-60; E. Horn, »'Waldgänger,' Traitor, Partisan«, a.a.O., S.138-142.

33) Rolf Schroers, *T. E. Lawrence*, Bremen 1949, S.64.

34) Ebd., S.195.

정치적인 것은 주권으로서가 아니라 개인적 자유의 해방으로서만 재건될 수 있다.[35] 이리하여 기술시대=핵의 시대에 있어 개인의 책임 있는 자유야말로 슐레르스의 일관된 문제의식이 되는 것이다.

슐레르스에게 파르티잔은 "기술의 원리에 의해 조직화되고 획일화된 세계의 반대상"[36]이다. "새로운 지배의 원리"로서의 기술에 맞서 그는 슈미트적이라고도 할 수 있을 특징을 부여하고 있다. 즉, 그 "래디컬함"은 "근본적인 장소상실[Entortung]"에 있다는 것이다.[37] 그리고 파르티잔은 바로 그런 '장소상실'에 대한 저항으로 정의되는 것이다. 슐레르스는 슈미트의 역사철학적 사고를 뿌리로 하여 파르티잔이 출현하기에 이른 상황을 묘사하고 있다. 우선 법칙으로서의 근원적 장소확정이 있다. "장소를 정하게 되는 것이 모든 법의 기초이고 토대이다."[38] 그러나 새로이 등장한 찬탈자로서의 독재자 또는 외국지배자가 "토지와 함께 법을 자신의 것으로 삼음"[39]으로써 "오래된 정통성으로부터 그 장소를 상실하게 만든다."[40] 그들은 정복에 의해 새로운 법〔근〕원을 설립함으로써 오래된 법의 효력을 잃게 만드는 것이다. 파르티잔은 예전 장소확정을 파괴한 외국지배자에 대한 저항으로서 나타난다. 파르티잔은 "질서 그 자체에 싸움을 도발하는 게 아니라 찬탈자의 요구에 기인하는 질서와 투쟁한다."[41] 즉 슐레르스에게 파르티잔은 정의상 지배 일반에 저항하는 자가 아니라 어디까지나 오래된 법과 장소확정이 상실되는 것에 저항하는 자에 다름 아니다. 그렇기 때문에야말로 "파르티잔의 개념은 특히 외국지배에 대한 저항에 의해 특징이 부여되는"[42] 것이다. 따라서 "더

35) Vgl. Th. Schiller, »Rolf Schroers und Carl Schmitt. Eine Grauzone«, a.a.O., S.84.

36) Rolf Schroers, *Der Partisan*, Köln 1961, S.27.

37) Ebd., S.57.

38) Ebd., S.48.

39) Ebd., S.50.

40) Ebd., S.46.

41) Ebd., S.19.

42) Ebd., S.48.

오래된 법의 유지"를 위해서가 아니라 "미래의 플랜"이나 "더 나은 세계"를 위해 투쟁하는 "혁명가"는 결코 파르티잔으로 간주할 수 없다.[43] 그들 혁명가들의 비합법투쟁이 아무리 파르티잔 전쟁과 닮은 형상을 갖는 것일지라도, 도래할 목적을 위해 싸우는 그들은 다름 아닌 장소상실에 가담한 자들이기 때문이다. 이러한 구체적 장소의 상실은 기술이 새로운 지배원리가 된 오늘날에 그 극한을 보이고 있다. 본래의 파르티잔이란 그렇게 기술화와 기능화를 향해 가속해가는 역사과정에 저항하고 스스로에게 고유한 구체적 장소를 지키려는 자이다. 윙거의 '숲을 걷는 사람'과 마찬가지로, 여기서도 파르티잔은 '카테콘'으로서 드러난다. 슐레르스는 이 파르티잔을 오늘날 기술시대 속에서 "계산불가능하며 자기책임을 지는 자기 고유의 법칙성"[44]에 따라 행동하는 실존적 개인으로, 그것을 표시하는 인간학적 형상으로 연마한다. 다른 한편, 슈미트에게 카테콘으로서의 파르티잔이란 오직 19세기 초엽의 프로이센이라는 특정한 역사적 시대와 장소에서만 이념화된 형태로 그 모습을 드러냈던 것이다.

II. 파르티잔 정신의 탄생과 몰락

1. 프랑스혁명과 프로이센

a. 관방官房전쟁에서 국민전쟁으로

프로이센에서 탄생한 파르티잔의 이론은 프랑스혁명과 나폴레옹에 대한 응답이었다. 그것은 한편으로 예나-아우어슈타트 싸움을 중심으로 한 1806/7년 전쟁에서의 굴욕적 패배로 나폴레옹의 종속 아래 놓인 프로이센을 해방하기 위한 전략으로서, 샤른호르스트나 그나이제나우

43) Ebd., S.31.
44) Ebd., S.28.

등의 군사개혁자에 의해 구상됐던 것이다. 그러나 다른 한편, 이 파르티잔 전쟁의 구상은 다름 아닌 프랑스혁명의 이념을 본질적인 원천으로 하고 있는 것이기도 했다. 즉 전쟁수행은 이제 18세기까지 그랬던 것처럼 전제군주의 관방[45]에서 영위되는 것이 아니다. 혁명 이후에는 국민의식을 자각한 인민 자신이 전쟁수행의 주체로 간주되는 것이며, 프로이센의 군사개혁자들에게 파르티잔 전쟁은 바로 그런 국민전쟁을 체현하는 것에 다름 아니었다.

1792년 프랑스혁명에 대한 절대주의 국가들의 간섭전쟁이 개시되지만, 직업군인으로 구성된 반혁명 국가들의 정규군은 국민총동원에 근거해 저항했던 프랑스혁명군을 굴복시키는 데에 실패한다. 반혁명군 쪽에 속하는 하노버군의 장교로 이 전쟁에 참가했던 샤른호르스트는 혁명전쟁의 이러한 흐름에서 큰 인상을 받았고, "혁명전쟁에서 프랑스가 가진 행운의 원인"에 관한 1797년도 논문 속에서 프랑스가 거둔 군사적 성공의 원인을 분석하고 있다.[46] 그는 혁명군의 승리가 단지 군사기술적인 이유에 의한 것이 아니라, 혁명에 의해 생겨난 정치적·사회적 변동에서 기인하는 것으로 간주한다. 클라우제비츠는 1813년 나폴레옹에 맞선 해방전쟁에서 전사한 샤른호르스트를 추도하는 글에서 그러한 변동에 관해 지적하고 있다. "종래의 전쟁방식은 혁명전쟁 속에서 붕괴했다. 시대와 정치적 현상이 변화했기 때문에 낡은 전쟁의 형태와 수단은 더 이상 적절한

---

45) 〔'관방(官房)'은 절대군주의 통치를 보좌하는 소수의 신하 및 궁정인들이 집무하던 방(밀실). 거기서 왕실 재정출납의 균형을 위한 재무회계·행정·외교 등에 관한 입안이 행해졌다. 일본 내각의 '관방장관(chief cabinet secretary)'은 국가의 기밀 및 아카이브(문서, 관인, 통계)의 관리·운용, 인사, 회계 등을 총괄하는 자리. 17~18세기 독일의 '관방학(Kameral-wissenschaft)'은 국세(國勢, 센서스)의 증진을 위한 행정(내치·조세·사회정책·경찰)과 재정(국토·경제·무역·통계)의 관련을 체계화하려 했다. 관방학은 현대 행정학의 기원이다.〕

46) Vgl. Werner Hahlweg, »Clausewitz und die Französische Revolution«, in: *Zeitschrift für Religions- und Geistesgeschichte*, 37 (1975), S.242; Peter Paret, *Clausewitz and the State*, Princeton University Press 1985, S.64.[103-104]; Herfried Münkler, »Dialektik des Militarismus oder Hegung des Krieges. Krieg und Frieden bei Clausewitz, Engels und Carl Schmitt«, in: ders., *Gewalt und Ordnung*, Frankfurt a. M. 1992, S.55f.

것이 될 수 없었다. 이는 일반적으로 실감되는 것이며 프랑스의 무력에 의해 강요됐던 것이다. ……프랑스인은 그 혁명적 수단을 통해 전쟁수행에 있어서의 종래의 수단을 마치 강렬한 염산을 뿌리듯 공격했다. 그들은 전쟁이라는 공포스러운 요소를 낡은 외교적·재정적 구속으로부터 잘래냈다. ……전쟁이 다시 국민의 손에 반환됐던 것이다."[47]

프랑스혁명군의 힘은 전쟁과 정치가 종래 절대군주의 관방으로부터 국민의 손에 되돌려진 것에서 생겨났다. 그런 까닭에 프로이센의 군사개혁자들은 프랑스와의 전쟁을 위해서는 단지 좁은 뜻에서의 군사적 개혁에 머물지 않는, 프랑스가 실현한 것과 같은 정치적·사회적 개혁을 통해 사람들 사이에 국민의식이라는 에토스를 만들어낼 필요가 있다고 생각했다. 그런 뜻에서 분명 그들 또한 프랑스혁명의 자식인바, 프로이센 왕실 주변에 뿌리 깊은 세력을 갖고 있던 단순한 반혁명 보수파와는 결정적으로 다르다. 혁명에 의한 정치변화와 더불어 관방전쟁의 시대는 사라지지 않으면 안 되는 것이었다.

프랑스혁명과 나폴레옹전쟁에 직면한 클라우제비츠는 루이 14세의 시대에 확립된 군사이론이 이제는 무효가 되고 있음을 의식하지 않을 수 없었다.[48] 관방전쟁의 군사이론은 전쟁술을 단순한 합리적 규칙에 기초한 순수 기술적 방법으로 연마하는 것이었다. 혁명 이래의 변화에 대응하지 못한 채 이러한 낡은 전쟁이해를 고집했던 것이 1806/7년 프로이센의 패배를 불렀다는 것이다. "우리들 독일의 전쟁술은 타락하고 있습니다"라고 클라우제비츠는 1809년 피히테 앞으로 보낸 익명의 편지에서 말하고 있다.[49] 18세기 전쟁술은 "전체를 인공적인 기능으로 만들

47) Carl v. Clausewitz, »Charakteristik Scharnhorsts«, in: ders., *Politische Schriften und Briefe*, München 1922, S.129f.[카를 폰 클라우제비츠, 「샤른 호르스트의 생애와 성격」, 에버하르트 케셀 감수 및 서론, 『각서 「전략」 초고』, 신조 무네가 편역, 신에토, 1984, 179-180쪽]

48) W. Hahlweg, »Clausewitz und die Französische Revolution«, a.a.O., S.244f.

49) Carl v. Clausewitz, »Ein ungenannter Militär an Fichte, als den Verfasser des Aufsatzes über Machiavell im ersten Bände der „Vesta"«, in: Johann Gottlieb Fichte, *Machiavell*, Leipzig 1918, S.60. 이 편지는 1807년에 피히테가 발표한

어내려는 경향"이 있고, "거기서는 도덕적인 힘들이 기능적인 힘들에 종속되어 있다."[50] 이 경우 병사는 단순한 기계장치이며 전투행동은 기술적인 기계조작에 지나지 않는다. 이렇게 "죽은 형식을 따르는 전쟁술의 잘못된 경향"[51]에 맞서 클라우제비츠는 오히려 전쟁술을 인간의 도덕적인 자기앙양의 표현으로까지 높이고자 한다. 즉 전쟁은 단지 특정한 정치목적을 추구하기 위한 기술적 수단이 아니라 자유롭고 독립적인 국민의 의지의 증명이지 않으면 안 된다는 것이다.

프로이센의 괴멸적인 패배의 충격 속에서 탄생한 클라우제비츠의 이론화된 전쟁이해는 이윽고 "신조 건의서(Bekenntnisdenkschrift)"라는 이름으로 알려진 1812년도 문서에서 정점에 이른다. 도래할 러시아 원정을 대비해 프랑스와 프로이센이 동맹을 체결한 때와 같은 시기에 성립한 이 건의서는 나폴레옹과의 동맹을 정치산술적인 타산에 기초한 것으로 비판하면서 국민해방을 위한 대對프랑스 전쟁을 강력하게 주장하고 있다. 그것은 다음과 같은 글귀로 시작한다.

> 나는 분명 평온의 가치, 사회의 쾌적, 삶의 기쁨을 알고 있다. 나는 또 모든 사람과 마찬가지로 행복하기를 바라고 있다. 그러나 나는 그런 보배들을 바라면 바랄수록 그것들을 비열함이나 불명예 속에서 손에 넣으려는 생각은 하지 않게 된다. 철학은 우리들에게 스스로의 의무를 행할 것, 스스로의 피로 조국에 충실히 봉사할 것, 조국을 위해 평온이나 자신의 생명까지도 희생할 것을 가르치고 있다.[52]

마키아벨리론에 대한 응답인데, 이를 둘러싼 피히테와 클라우제비츠의 관계에 관해서는 P. Paret, *Clausewitz and the State*, a.a.O., S.169ff.[252-267] 및 Erik Grawert-May, *Das Drama Krieg*, Tübingen 1987, S.34-46 참조.

50) C. v. Clausewitz, »Ein ungenannter Militär an Fichte, als den Verfasser des Aufsatzes über Machiavell im ersten Bände der „Vesta"«, a.a.O., S.62.

51) Ebd., S.64.

52) Carl v. Clausewitz, »Bekenntnisdenkschrift«, in: ders., *Schriften- Aufsäze- Studien- Briefe*, Bd.1, Göttingen 1966, S.683f.

여기서 표명되고 있는 사상은 관방전쟁의 이론과는 결정적으로 단절되고 있다. 그 이론이란 1806년도 예나-아우어슈타트의 패전에 이어 베를린이 점령되었을 때, 베를린 주재 프로이센 군사령관이 제출했던 다음과 같은 포고에서 드러난다. "왕은 전장에서 패배했다. 평온을 지키는 것이 시민의 제1의 의무이다."[53] 여기서 전쟁은 어디까지나 국가의 정규군에만 관계된 사항이며, 그 승패의 결과가 일반국민의 생활에 영향을 주는 일은 없다. 그러나 클라우제비츠가 지향하는 국민해방전쟁은 그런 전쟁이어선 안 되는 것이었다.

> 오늘날의 전쟁은 만인의 만인에 대한 전쟁이다. 왕과 왕, 군대와 군대가 싸우는 것이 아니라 어떤 국민이 다른 국민과 싸우는 것이며, 왕과 군대는 국민 속에 포함되어 있는 것이다.[54]

그러므로 나폴레옹에 맞선 해방전쟁은 더 이상 국왕의 정규군만이 승패를 결정하는 관방전쟁이 아니라 국민 전체의 동원 아래에서 수행되지 않으면 안 되는 것이다.

이 「신조 건의서」는 당시로서는 극히 혁명적인 문서이며, 그런 국민전쟁의 사상은 프로이센 국왕이나 궁정의 보수파에게는 쉽게 받아들여질 수 없는 것이었다. 이러한 프로이센에 실망한 클라우제비츠는 나폴레옹의 모스크바 원정 시기 러시아군에 투신하게 되지만, 나폴레옹의 몰락에 이어 귀국한 이래로도 국왕으로부터 '자코뱅파'라는 혐의를 받아 오래도록 냉대 당한다.[55] 프로이센의 군사개혁자들에게 정치와 전쟁은 국민 전체의 사명이 되어야만 하는 것이었다. 이로써 국민전쟁은 정규군의

---

53) H. Münkler, »Dialektik des Militarismus oder Hegung des Krieges. Krieg und Frieden bei Clausewitz, Engels und Carl Schmitt«, a.a.O., S.74.

54) C. v. Clausewitz, »Bekenntnisdenkschrift«, in: ders., *Schriften- Aufsäze-Studien- Briefe*, a.a.O., S.750.

55) H. Münkler, »Instrumentelle und existentielle Auffassung des Krieges bei Carl v. Clausewitz«, in: ders., *Gewalt und Ordnung*, a.a.O., S.105.

패배 이후에도 국민 전체의 총력을 기울여 계속되어야 할 강도의 적대성으로까지 높여지게 되며, 그렇게 종래의 관방전쟁 아래서 유지되던 적대성의 '범위제약'은 불식되는 것이다.

관방전쟁에서 국민전쟁으로의 이러한 이행을 슈미트는 『파르티잔의 이론』에서 '관습적 적대'로부터 '현실적 적대'로의 이행으로 묘사하고 있다. 그리고 그가 프로이센의 파르티잔 이론에서 싹튼 '현실적 적대'에서 결정적인 의의를 인정할 때, 과거 『대지의 노모스』 등에서 '유럽공법'으로 이상화되고 있던 17/18세기의 관방전쟁은 상대적으로 그 가치가 저하된다. 즉 이제 클라우제비츠와 마찬가지로 슈미트에게도 '관습적 적대'에 기초한 국가 간의 관방전쟁은 실존을 건 적대관계와는 거리가 먼 "유희(Spiel)"에 불과한 것이 된다.56)

> 17세기의 독일을 특징짓고 있던 해체 이후, 18세기에는 관방전쟁의 정규군이 발전했다. 이 정규성은 전쟁에 대해 강한 범위제약을 부여하는 것으로서, 전쟁은 유희로서 파악될 수 있었다. 그 속에서는 경무장한 기동적 군대가 비정규적으로 협력하고, 적은 단지 관습적인 적으로서 전쟁이라는 유희의 대전 상대가 됐던 것이다. (1963TP:90[185])

이러한 관방전쟁에는 진정으로 정치적인 투쟁에 불가결한 "심각함(Ernst)"이 결여되어 있다. 슈미트에게 '유희'는 이른바 정치적 낭만주의의 특징이며, 정치적인 것이나 비극성을 낳는 '심각함'과는 대극에 있는 것이다.57) "정규군이 패배한 뒤에 즉석에서 굴욕적인 강화를 체결한

56) Vgl. E. Grawert-May, *Das Drama Krieg*, a.a.O., S.315ff.

57) 슈미트는 1956년도 『햄릿 또는 헤카베』에서, 희곡 『햄릿』이 가진 "비극(Tragödie)"으로서의 성격은 "애도극(Trauerspiel)"이라는 단어로 그 희곡을 표현할 때 소실되고 말 것이라고 쓴다. "유희[Spiel]가 시작되는 곳에서 비극성은 정지한다."(1956HH: 42[50]) 비극이란 실존을 건 주관이 "뒤엎을 수 없는 현실"과 대치하는 경험이며, 이러한 "비극적인 사건의 심각함"은 "유희에 거는 판돈으로서 던질 수 있는 것이 아니다."(1956HH:47[57]). 1963년판 『정치적인 것의 개념』에 부가된 「지시」에서는 이렇게 말해진다. "오늘이라면 나는 ……**심각함**에 대한 대립 개념을 좀 더 적확하게

1806/7년의 프로이센"이 여전히 유희로서의 관방전쟁에 붙들려있던 것과는 달리, 나폴레옹의 침략에 직면하여 정규군이 패배한 이후에도 국민 전체의 게릴라적 봉기로 저항했던 1808년 이래의 스페인은 "전쟁의 심각함을 다시금 회복했다."(1963TP:91[185]) '현실적 적대'를 수반하는 국민전쟁의 등장과 함께 '관습이나 유희가 되고 만 낡은 정규성'이 해체됐던 것이다.

프랑스혁명의 정신에서 태어난 '현실적 적대'는 전쟁에 일정한 '범위제약[한계틀의 설정]'을 부여하고 있던 이전 세기의 '관습적 적대'를 제거했다. 그러나 혁명의 이념이 전쟁수행으로부터 그 어떤 '범위제약'도 철폐하는 보편주의적 이데올로기에 기초한 섬멸전쟁을, 즉 '절대적 적대'를 무매개적으로 초래하는 것은 아니다. 슈미트는 국민전쟁의 '현실적 적대'에는 여전히 전쟁에 대한 '범위제약'이 유지되고 있다고 간주한다. 즉 그가 국민전쟁의 범형으로 보는 파르티잔은 그 "토지적 성격"으로 인해 적대관계의 단계적 확대를 회피할 수 있는 것이다.

> 파르티잔을 토지적 성격에 있어 정초하는 일은 방어를, 즉 적대의 한계를 공간적으로 명확히 하고 추상적 정의正義라는 절대요구로부터 보호하기 위해 불가결한 것이라고 생각된다. (1963TP:26[47])

프랑스혁명에서 나폴레옹전쟁 시기에 걸쳐 나타난 파르티잔들, 즉

표현하는 단어는 유희라고 말할 것이다."(1932BP:120) 1978년에 아르민 몰러를 소장으로 하는 지멘스 재단이 1970년대의 사회적 위기를 배경으로 '중대사태(Ernstfall)'라는 제목의 심포지움을 개최했을 때, 슈미트는 그 단어가 "정상성(Normalität)"과 대립되는 것으로 사용되고 있는 점을 힐난하고, "중대사태[심각한 사태]의 반대 개념은 정상성이 아니라 유희이다"라고 지적했다(»Aussprache«, in: Helmut Quaritsch (Hg.), *Complexio Oppositorum*, a.a.O., S.603). 피트 토미센에 따르면, 슈미트는 그 심포지움에서 '중대사태[심각한 사태]'가 "예외상태"와 혼동되고 있는 점에 실망하고, "나는 중대사태[심각한 사태]에 관여해온 것이 아니라 예외상태에 몰두해 왔던 것이다"라고 말한 듯하다(Piet Tommissen, *Schmittiana VIII*, Berlin 2003, S.106). 따라서 슈미트에게 대립 개념을 이루는 것은 유희/심각함 및 정상성/예외상태라고 하겠다.

1793년부터 1796년의 방데 지방에서의 반혁명봉기, 1808년 이래의 스페인 전쟁, 1809년 티롤 인민전쟁, 나폴레옹의 침략에 직면한 1812년 러시아의 파르티잔, 이 모두는 그러한 토지적 성격을 유지하고 있는 것이다. 즉 그것들 파르티잔 전쟁 모두는 혁명과 나폴레옹전쟁이 밀고 나간 보편주의적·제국주의적 역사의 가속에 맞선 토착 인민들의 저항에 다름 아니었던 것이다. 프로이센의 군사개혁자들은 이들 파르티잔 전쟁으로부터, 특히나 스페인 전쟁으로부터 커다란 시사를 얻어, 도래할 국민해방전쟁에서 파르티잔 전쟁의 결정적 역할을 이론화하게 된다.

"1808년에 스페인으로부터 북쪽으로 날아간 불씨는 베를린에서 이론적 형태를 낳기에 이르렀"(1963TP:52[103])지만, "거기서 그 불씨는 스페인 게릴라전쟁에 세계사적 의의를 부여했던 것과 동일한 불길을 일으키지는 못한 채로 끝났다."(1963TP:14[22]) 현실에서 수행된 1813년의 프로이센 해방전쟁은 결국 종래의 형식인 정규전의 틀을 벗어난 것이 아니었다. 말하자면 스페인에는 파르티잔에 관한 이론이 결여되어 있었고, 반대로 프로이센에는 그 실천이 결여되어 있었다(1967: 487f.). "스페인 사람은 클라우제비츠의 이론을 산출할 수 없었고, 거꾸로 프로이센은 결코 게릴라전쟁을 산출할 수 없었다."(1970b:629)

그러나 슈미트가 보기에 그 경우 우위에 있는 것은 프로이센이다. 왜냐하면 소박한 토착성에 기초한 스페인, 티롤, 러시아에서의 파르티잔 저항은 아직 계몽과 혁명의 정신에 접촉하지 못한 맹목적인 것이기 때문이다. 그것들은 "가톨릭 혹은 동방정교회를 믿는 경건한 민족에 의한 본연적으로 토착적인 운동이며, 그들의 종교적 전통은 혁명 프랑스의 철학적 정신에 의해서는 움직이지 않는 것으로서, 그런 한에서 그들은 **미발달** 상태에 있었다."(1963TP:48[96]) 이와는 달리 프로이센의 군사개혁자들이 다듬어 수립한 파르티잔의 이론은 다름 아닌 "프랑스 계몽철학을 완전히 신뢰했던 정신"의 산물인 것이다. "군사와 철학의 새로운 동맹"(1967:490)에야말로 이 시기 프로이센의 역사적 의미가 있다. "흥분한 민족감정이 철학적 교양과 일치하는 이러한 분위기 속에서 파르티잔은 철학적으로 발견되고 그 이론은 역사적으로 가능해졌다."(1963 TP:49[97]) 즉 프로이센의 파르티잔 이론은 혁명정신과 토착성 간의 결합 이외에 다른 게 아니다. 그것은 한편으로 혁명의 정신을 이어받아 관방전쟁 아래서의 '범위제약'을 넘어가지만, 다른 한편으론 그 토착적 성격에 의해 적대관계에 여전히 '범위제약'이 부여되고 있다. '현실적 적대'는 더 이상 '관습적 적대'의 단계에 머물지 않지만 아직 '절대적 적대'로 확대되지는 않았다. 혁명 아래에서 세계내전이 시작되려는 19세기 초엽의 짧은 역사적 시대 속에서 프로이센의 군사개혁자들은 바로 그 혁명의 경험 속에서 파르티잔이라는 형태로 정치적인 것의 새로운 가능성을 찾아냈던 것이다.

b. 국민무장과 게릴라전

프로이센에서 탄생한 파르티잔의 이론은 해방전쟁이 개시되려는 1812년 말부터 1813년 봄에 걸친 시기에 일순간의 광휘로 빛나게 된다. "이 단기간의 혁명적 순간은 파르티잔의 성격에 관한 이론에 있어 미증유의 의미를 갖는다."(1963TP:46[92]) 이와 관련해 슈미트가 결정적인 사건으로 간주하는 것은 1813년 4월 21일자 프로이센 국왕의 이름으로 나온 의용군(Landsturm)에 관한 칙령이다. 실질적으로는 샤른호르스트나 그나이제나우가 국왕에게 서명을 강요해서 나온 이 칙령은 그들 군사개혁자들의 사상 속에서 결정화된 파르티잔 정신의 극치에 다름 아니다. 그들은 정규군에 머물지 않는, 국민 전체의 무장봉기로 프랑스의 멍에를 벗어나고자 했었다. 그들은 해방전쟁을 위해 말하자면 "아케론(명계冥界)을 움직이고자" 했던 것이다(1963TP:45f.[89-92]). 개혁자들의 그런 "아케론적 의도"는 귀족을 중심으로 하는 군대 내부 보수파의 격렬한 반대에 부딪혀 실행으로 옮겨지지 못한 채로 끝난다.58) 그러나 파르티잔의 이론이 그 최고의 표현을 얻었던 이 순간은 슈미트에게 다름 아닌 "위대한 순간"(1963TP:38[75])으로 부르기에 어울리는 것이었다.

---

58) Vgl. P. Paret, *Clausewitz and the State*, a.a.O., S.235ff.[350-353]

군사개혁자들에 의한 파르티잔 전쟁의 구상은 나폴레옹에 맞선 스페인 게릴라전쟁의 경험에서 크게 촉발됐던 것이다. 무엇보다 정규군끼리의 "대전쟁"에 대치될 만한 파르티잔 전쟁 혹은 게릴라전에 상당하는 것으로서의 "소小전쟁(petite guerre, kleiner Krieg)"에 관해서는 이미 혁명 이전인 18세기에 일정한 이론화가 이뤄져 있었다.[59] 주로 프랑스에서 전개되고 있던 이 군사이론에서 소전쟁은 어디까지나 정규군에 의한 대전쟁의 보조수단으로서만 고찰되고 있었다. 그런데 단지 군사기술상의 한 수단으로 사고되던 소전쟁은 혁명 이후부터는 새로운 의식을 띠어가게 된다.[60] 즉 전쟁이 직업군인층으로 구성된 종래의 정규군만이 아니라 모든 인민이 관여하게 됨으로써, 이제 전문적인 군사교련을 받지 않은 일반국민으로도 실천할 수 있는 소전쟁의 형식은 다름 아닌 국민전쟁을 체현하는 전쟁수행의 양태로 간주되는 것이다. 스페인의 게릴라전쟁은 바로 그 모델 케이스였던 것이고, 이와 함께 18세기적 의미에서의 '소전쟁'은 새로운 현재적 의미에서의 '게릴라' 또는 '파르티잔'으로 변모한다.[61] 소전쟁은 더 이상 정규군을 보완하기 위한 군사기술이 아니라, 좀 더 큰 정치적·사회적 변화를 반영한 것이 된다. "소전쟁은 여러 국민들의 실존적 투쟁에 있어 가장 본질적인 구성요소가 됐던 것이다."[62]

프로이센의 군사개혁자들은 파르티잔 전쟁의 이러한 새로운 의미를 일찍이 간파했던 것이다. 그리고 샤른호르스트를 위시해 그나이제나우, 보이엔, 클라우제비츠 등은 특히 프로이센이 프랑스의 종속 아래 놓여

---

59) Vgl. Werner Hahlweg, *Preußische Reformzeit und revolutionärer Krieg*, Frankfurt a. M. 1962, S.10; ders., *Guerilla*, a.a.O., S.21.

60) W. Hahlweg, *Preußische Reformzeit und revolutionärer Krieg*, a.a.O., S.11ff.

61) 스페인어 '전쟁(guerra)'이 '소(小)전쟁'을 뜻하는 축소형으로 될 때의 단어가 '게릴라(guerilla)'이다. 프랑스군에 의한 스페인 정규군의 괴멸 이후, 1808년 12월 스페인 임시정부는 소전쟁을 통한 저항의 계속을 명하는 포고를 내리는데, 그런 저항을 행하는 집단은 당초에는 'partidas'로, 머지않아 'guerrilas'라고 불리게 된다. Vgl. W. Hahlweg, *Guerilla*, a.a.O., S.21, 40.

62) Ebd., S.60.

있던 1810년을 앞뒤로 하여 국민봉기로서의 소전쟁 이론에 집중적으로 몰두하게 된다. 엥겔스에 의해 "의용병 전쟁의 이론가, 그들 중에서도 위대한 철학적 의용병"63) 으로 높이 평가된 그나이제나우는 1808년부터 1811년에 걸쳐 국민봉기에 관한 건의서를 남기고 있다.64) 국왕 프리드리히 빌헬름 3세에게도 강론했던 1811년의 국민봉기 준비계획에서 제안되고 있는 것은 "민병의 조직화"와 더불어 "적의 침략이 행해진 경우의 봉기의 조직화"였다. "적이 주州 내에 침입하여 국토의 일부를 점령한 시점부터 서류 등의 교부나 조세 등은 모두 정지되며, 무기를 들 수 있는 모든 남자는 봉기 참가자 속에 넣어져 셈해진다. 무기를 들 수 있다는 것은 55세까지의, 중대한 신체적 결손이 없는 모든 자에 해당된다."65)

이미 1790년대부터 경무장 부대에 의한 소전쟁의 중요성을 강조하고, 1801년부터 1804년까지 베를린의 군사학교에서 소전쟁에 관한 강의를 행하고 있던 샤른호르스트의 영향 아래, 클라우제비츠 또한 1810년부터 1811년까지 같은 군사학교에서 소전쟁에 관한 강의를 행하고 있다.66) 분명 이 강의는 전적으로 종래의 군사기술적 관점에 머물고는 있지만, 애국적 열정이 전면에 나타나는 1812년의 「신조 건의서」에 오면 해방전쟁을 위한 국민무장이 명확하게 주장된다. 거기서 그가 구상한 것은 프랑스의 방데 봉기와 스페인 전쟁을 범형으로 한 "의용군(Landsturm)"인바, 그는 "독일인은 스페인 사람이 아니"라면서 "국민전쟁의 사상

---

63) Friedrich Engels, »Preußische Franktireurs«, in: Karl Marx/ Friedrich Engels, *Werke*, Bd.17, a.a.O., S.205.[17권, 192]

64) W. Hahlweg, *Preußische Reformzeit und revolutionärer Krieg*, a.a.O., S.41ff.; Günter Maschke, *Kritik des Guerillero*, Frankfurt a. M. 1973, S.29ff.

65) Vgl. Neidhardt von Gneisenau, »Plan zur Vorbereitung eines Volksaufstand«, in: Joachim Schickel (Hg.), *Guerrilleros*, Partisanen, München 1970, S.60.

66) 클라우제비츠의 사상에 있어 소전쟁이 갖는 위치값에 관해서는 W. Hahlweg, *Preußische Reformzeit und revolutionärer Krieg*, a.a.O., S.26-39 및 Werner Hahlweg, »Clausewitz und der Guerillakrieg«, in: Clausewitz- Gesellschaft e. V. (Hg.), *Freiheit ohne Krieg?*, Bonn 1980, S.349-357.

앞에서 떨고 있는" 보수적 관방정치의 신봉자들에게 공격을 가하게 된다.[67] "이제 우리가 두 번에 걸친 위대한 사례(프랑스와 스페인)에서 경험한 국민봉기"는 "위대한 구제수단"이며 "압축된 국민적 힘의 자연적인 표현"이라는 것이다.[68] 만년의 『전쟁론』에서도 여전히 "전투에서 패배한 뒤에 이어지는 최후의 보조수단"으로서의 "국민무장"에 관해 서술되고 있다. "국가는 자신의 운명, 즉 자신의 존재 전체를 설령 가장 결정적인 전투라 할지라도 단 한 번의 전투에 의해 좌우된다고 생각해서는 안 된다. ……어떤 국가는 적에 비해 아무리 약소할지라도 그러한 최후의 힘을 쥐어짜낸 노력[국민무장]을 아껴서는 안 된다. 그렇지 않으면 더 이상 그 국가에는 혼이 없다고 말하지 않으면 안 될 것이다."[69]

물론 이들 군사개혁자들이 국민무장에 의한 게릴라전에 과잉된 기대를 품고 있는 것은 아니다. 파르티잔은 정규군과의, 경우에 따라서는 (스페인에서의 영국군처럼) 외국 정규군과의 공동 작업을 통하지 않고서는 결정적인 성과를 얻을 수 없다. 게릴라전만으로 가능한 승리는 러시아처럼 광대한 국토를 갖지 못한 이상 불가능하며, 그런 한에서 "헛된 논의에 빠지지 않고자 한다면 국민전쟁을 상비군에 의한 전쟁과 결부시켜 사고하고, 전체를 포괄하는 계획에 의해 그 둘을 통합하지 않으면 안 된다."[70] 나아가 그들은 그러한 파르티잔 전쟁을 완전히 국민의 자발성에 맡기고 있는 것도 아니다. 그나이제나우에게 국민봉기는 국왕이나 각 주의 군사령관에 의한 명령에 따라 행해져야만 하는 것이었으며, 클라우제비츠에게도 정부는 "국민이 그 가장 신성한 의무를 향하도록 재촉하기 위해, 정부 자신이 뜻대로 할 수 있는 모든 강제수단을 정력적으로 사용하는" 것을 허용하고 있다.[71] 여기서는 어디까지나 '위로부터의'

67) C. v. Clausewitz, »Bekenntnisdenkschrift«, in: ders., *Schriften- Aufsäze- Studien- Briefe*, a.a.O., S.740.

68) Ebd., S.750.

69) Carl v. Clausewitz, *Vom Kriege*, Bonn 1980, S.805f.[(下)75]

70) Ebd., S.801.[(下)68]

71) C. v. Clausewitz, »Bekenntnisdenkschrift«, in: ders., *Schriften- Aufsäze-*

국민봉기가 의도되고 있는 것이다.

그러나 그럼에도 그들 사상의 결정체인 1813년 4월 21일의 의용군 칙령은 국왕 측에서 보면 비상한 위험을 품고 있는 것으로 여겨졌다. "군사개혁자들은 [왕조적/국민적이라는] 대립하는 두 정통성 속에 포함된 전쟁의 잠재력을 생각하면서 그 둘을 서로 결합할 수 있길 바랐던" 것이지만, "프로이센 국왕은 자신의 왕조적 정통성이 군사개혁자들의 국민무장계획에 의해 위협받고 있다고 느꼈다."(1967:484) 국민혁명에 대한 국왕이나 보수파의 그러한 염려 때문에 프로이센에서 파르티잔 전쟁은 불발로 끝났다. 의용군 칙령을 "절반은 혁명적"이라고 평한 엥겔스는 이 흐름을 다음과 같이 야유하고 있다. 의용군 칙령에 서명한 국왕은 "그 자신이 행한 일에 겁을 내며 주춤했다. 국왕의 명령 없이 인민에게 그들 자신을 위해 싸우는 일을 허용하는 것은 너무도 반프로이센적이었다. 이리하여 의용군은 국왕이 그것을 호소하며 부를 때까지 중지되었고 국왕은 끝내 그들을 부르지 않았다."[72] 이렇게 1815년 구체제 복고와 더불어 이러한 파르티잔 전쟁은 망각 속으로 내몰리게 된다. 프로이센 파르티잔은 역사상 겨우 일순간의 광휘였다. "해방된 아케론은 이내 국가적 질서의 틀 속으로 다시 되돌려졌"(1963TP:52[103])던 것이다.

슈미트에게 군사개혁자들의 국민봉기계획이나 의용군 칙령이 무조건적으로 전복적·혁명적인 것이 아닌 이유는 그것들이 어디까지나 어떤 특정한 "현실적 적"을 응시하는 것이었기 때문이다. 즉 그것들 모두는 "나폴레옹에 대한 적대선언"(1963TP:47[93])이며, "누가 프로이센에 있어 현실의 적인가라는 명확한 질문에 대한 명확한 회답"(1967:483)에 다름 아닌 것이었다. 다른 한편, 프로이센 왕실 주변의 보수세력은 왕조적 정통성에서 국민적 정통성으로 이행하는 시대의 혼미 속에서 누가 자신에게 현실의 적인가를 확정할 수 없었다. 이와 같이 정통성이 혼란한

Studien- Briefe, a.a.O., S.738.

72) F. Engels, »Preußische Franktireurs«, in: K. Marx/ F. Engels, *Werke*, Bd.17, a.a.O., S.207.[17권, 194]

시대에서는 자기의 구체적 적을 인식할 수 있는 자만이 현실적 적대 속에 몸을 둠으로써 정치적인 것의 가능성을 구해낼 수 있는 것이다. 슈미트가 한 가지 사례로 드는 것은, 러시아 원정이 실패한 직후인 1812년 12월에 타우로겐에서 독단으로 러시아군과 대나폴레옹 동맹을 체결한 프로이센 요르크 장군의 결단이다. 그 시점에서의 프로이센 정부와 국왕의 정치적 입장에 반하는 요르크의 이 결단은 스스로를 정당화할 수 있는 그 어떤 보증도 결여한 채 단지 자신이 '현실적인 적'으로 간주한 것에만 충실했다. 그가 "자신의 행동에 책임을 지는 병사"로서 내렸던, "본래적, 비극적, 반역적인 의미"를 갖는 이 결단은 "파르티잔성性으로의 한 걸음"을 내디딘 것이었다고 할 수 있다(1963TP:90[184]).

어쨌든 현실적인 적을 인식한다는 것은 구체적인 투쟁상황을 인식하는 일에 다름 아니다. 투쟁은 아무리 적대의 강도가 높아질지라도 그 적·동지 관계가 특정한 상황으로 구체화되고 있는 한에서 제한 없는 섬멸전쟁으로 확장될 리가 없는 것이다. 그러하되 슈미트는 적대의 상승에 여전히 '범위제약'이 행해지고 있는 '현실적 적대'가 '절대적 적대'로 확장되어가는 사태까지도 문제시하지 않을 수 없었다. 즉 '절대적인 적'을 인식하는 세계혁명적 파르티잔의 등장이 그것이다. 이는 '현실적인 적'을 응시하고 있을 터인 클라우제비츠의 이론이 더듬었던 운명 속에서 드러나고 있다. 그렇지만 그것은 실제로는 클라우제비츠 자신의 이론이 품고 있던 양의성의 귀결이라고도 할 수 있는 것이다.

2. 클라우제비츠의 양의성

a. 절대전쟁과 현실의 전쟁

1831년 헤겔이나 그나이제나우와 마찬가지로 콜레라로 죽은 클라우제비츠의 유작으로, 그다음 해인 1832년에 출간된 『전쟁론』에서는, 잘 알려져 있듯 힘의 "극단적인 발휘(äußereste Anstrengung)"와 그 "완화(Ermäßigung)" 간의 긴장관계를 잉태한 현상으로서 전쟁이 고찰되고 있다. 상대에게 스스로의 의지를 강요하기 위한 실력행사로서의 전쟁은 이론적으로는 "극단적인 것" 혹은 "절대적인 것"으로까지 고양되는 것임에 틀림없다. 그런데 현실에서는 힘의 그러한 극단적 발휘로까지 이르는 것을 방해하고 완화하는 다양한 요소가 존재한다. 이론이나 추상에서 생겨난 "전쟁의 단순한 개념"은 현실의 세계에서는 "수정"되지 않으면 안 되는 것이다.73)

이렇게 『전쟁론』 제1편 「전쟁의 본성에 관하여」 속에서 클라우제비츠가 증명해 보이려고 하는 것은 어디까지나 현실의 전쟁이 절대적인 것으로까지 이르는 일의 불가능성인 것처럼 보인다. 그러나 그러한 "절대전쟁과 현실의 전쟁"을 다룬 제8편 「전쟁계획」 속의 한 장에서는, 이론적 추상으로서의 절대전쟁이 바로 그것을 체현하려는 실제의 전쟁 경험으로부터, 즉 나폴레옹 전쟁으로부터 도출되었다고 언급된다.

> 혹시 우리가 이렇게 절대적인 완성에까지 이른 현실의 전쟁을 오늘 목격하지 못했더라면, 전쟁의 절대적 본질에 관한 우리의 사고방식이 현실성을 가질 수 있는 것인지 아닌지를 의심하는 자도 있었을 것이다. 프랑스혁명이라는 짧은 서장 이후, 가차 없는 보나파르트가 전쟁을 삽시간에 일으켜 이 지점에까지 이르게 했던 것이다.74)

클라우제비츠가 절대전쟁의 개념에 이르렀던 것에는 종래 유럽질서의 세력균형을 단번에 뒤엎은 나폴레옹전쟁의 충격이 크게 관여하고 있다. 그리고 나폴레옹전쟁의 경험은 클라우제비츠만이 아니라 이후의 군사이론에 적지 않은 영향을 주게 된다. 즉 19세기의 군사사상사는 전적으로 적의 전투력의 섬멸을 중심 목적으로 하는 결전 전략에 주요한 관심이 기울여지게 되는 것이다.

총력전으로서의 1차 대전은 클라우제비츠가 말하는 '절대전쟁'이 현

---

73) C. v. Clausewitz, *Vom Kriege*, a.a.O., S.195f.[(上)33]
74) Ebd., S.953.[(下)262]

실의 것이 된 것처럼 보였다. 이러한 문맥 속에서 『전쟁론』은 종종 전장에서의 포위섬멸에 의한 전쟁의 단기종결을 지향한, 1차 대전 이전 독일 참모본부의 작전계획안(이른바 슐리펜 계획)으로 대표되는 "섬멸전쟁의 도그마"의 한 가지 원인을 이루고 있는 것처럼 간주된다.[75] 예컨대 영국의 전략가 버질 리델 하트는 "1914년부터 1918년까지의 대전을 파괴적인 희생으로 이끌고 무의미한 귀결로 몰아넣은 직접적 책임"[76]을 추궁했던 저작에서 클라우제비츠를 "대량집중과 상호섬멸의 구세주"[77]라고 부른다. 클라우제비츠의 '절대전쟁' 개념은 19세기 프로이센 육군, 나아가서는 프랑스 육군의 페르디낭 포슈 원수에 의해 적의 군사적 섬멸을 지향한 결전주의 이론으로 받아들여졌고, 이리하여 1차 대전에서 보이듯이 "전쟁술을 대량 살육의 틀로 만든"[78] 일에 기여하고 말았다는 것이다. 리델 하트의 친구였던 T. E. 로렌스는 게릴라전에 관한 고전인 『지혜의 일곱 기둥』에서 이미 클라우제비츠나 포슈의 결전주의적 사상을 강하게 비판하고 있었다.[79] 리델 하트 또한 고전적 제한전쟁을 신봉하는 입장에서 근대의 전쟁이론이 홀려 있는 '절대전쟁'이라는 '나폴레옹의 망령'을 떨쳐 없애고자 했던 것이다. 2차 대전이라는 한층 더한 참화를 거친 이후, 역시 리델 하트는 이렇게 말한다. 미완의 저작인 『전쟁론』은 최종적으로는 "'절대'전쟁이라는 원래의 개념을 폐기하는" 곳까지 가야 할 것이었지만, 그것이 불가능했기 때문에 "무제한 전쟁의 이념이 보편적으로 받아들여지고 결국에는 문명의 파괴로까지 이끌어가고 말았다."[80]

다른 한편 국제정치학자 레이몽 아롱은 방대한 클라우제비츠론 『전쟁

---

75) Vgl. Jehuda L. Wallach, *The Dogma of the Battle of Annihilation*, London 1986.

76) Basil Henry Liddell Hart, *The Ghost of Napoleon*, Yale University Press 1934, S.13[5]

77) Ebd., S.120.[119]

78) Ebd., S.126.[124]

79) Thomas E. Lawrence, *Seven Pillars of Wisdom*, New York 1962, S.193ff. [(1)281-285]

80) Basil Henry Liddell Hart, *Strategy*, New York 1991, S.344[377]

을 생각한다』(1976)에서[81], 리델 하트로 대표되는, 섬멸전쟁의 이론가로서의 클라우제비츠 이해를 강하게 거부하고 19세기 클라우제비츠의 제자들에 의한 동일한 오독을 추적·연구하면서 비판한다. 정치적 리얼리즘의 입장에 선 아롱 또한 정치가의 목적합리적인 오성에 의해 전쟁의 확장은 제한되어야만 한다고 생각하지만, 그가 보기에 총력전이나 섬멸전쟁으로부터의 탈출구를 가리켜 보이는 것은 다름 아닌 클라우제비츠 그 사람이다. 『전쟁론』은 제한전쟁의 교설로서 이해되어야만 한다는 것이다.

전쟁의 제한이야말로 클라우제비츠의 최종적 의도였다는 증좌를, 아롱은 이른바 「고지(Nachricht)」라는 이름으로 알려진 1827년 10월의 메모 속에서 본다. 오늘날 『전쟁론』의 서두에 보유로서 붙어 있는 이 메모에 처음으로 『전쟁론』 1편 1장에서의 순수한 이상적 전쟁과 정치목적에 봉사하는 전쟁이라는 "두 종류의 전쟁" 간의 구별이 도입되었다는 것이다.[82] 즉 "상대의 타도"를 목적으로 하는 것과 "상대국의 국경 부근에서 얼마간의 영토정복을 행하려는 것" 간의 구별이 그것이다.[83] 나폴

81) 이미 1953년에 슈미트와 알고 있던 아롱은 자신의 클라우제비츠론이 출판되고 나서 슈미트에게 증정했으며 감사의 편지를 받았다(vgl. Raymond Aron, *Mémoires. 50 ans de réflexion politique*, Paris 1983, S.650f.[698]). 참고로, 두 사람이 서로 알도록 주선한 이가 줄리앙 프로인트이고, 그는 소르본에서 슈미트의 강한 영향 아래서 『정치적인 것의 본질』(1965)이라는 이름으로 출판될 박사논문에 몰두하고 있었는데, 슈미트의 적·동지 이론에 비판적인 헤겔주의자 장 이폴리트에 의해 논문 지도를 거부당하고 대신에 아롱에게 지도교수를 부탁한 뒤에 간신히 1965년 논문이 받아들여진다(vgl. P. Tommissen (Hg.), *Schmittiana IV*, a.a.O., S.86ff.). 아롱의 클라우제비츠론에는 『파르티잔의 이론』에 대한 비판이 포함되어 있었음에도(Raymond Aron, *Penser la guerre, Clausewitz Ⅱ*, Paris 1976, S.210-222[286-303]), 슈미트 자신으로부터는 특필할 만한 이론적 응답은 없었으며, 대신에 슈미트의 제자 계열에 해당되는 로베르트 헤프가 쓴 장문의 비판적 서평이 실리게 된다(Robert Hepp, »Der harmlose Clausewitz«, in: *Zeitschrift für Politik*, 25 (1978), S.303-318, 390-429). 이에 대해 아롱은 종종 재반론을 행했다(Raymond Aron, »Verdächtiger Anwalt«, in: Zeitschrift für Politik, 26 (1979), S.284-308; ders., *Mémoires*, a.a.O., S.651ff.[699-707]

82) C. v. Clausewitz, *Vom Kriege*, a.a.O., S.211.[(上)59]

83) Ebd., S.179.[(上)13]

레옹의 결전 전략이 클라우제비츠에게 주었던 충격은 세월이 갈수록 약해지고, 1827년의 「고지」에서는 그것이 완전히 상대화되고 있다는 것이다. 실제로 이 시기 클라우제비츠의 사상적 전회는 자주 지적되고 있고, 1827년 12월에 그가 참모본부의 카를 페르디낭 폰 레더 소령 앞으로 보냈던, 일반적으로 「방위에 관한 사상」이라는 이름으로 알려진 편지에서는 프리드리히 2세의 작전기동 중심의 전략이 나폴레옹의 결전 전략과 동등한 위치를 부여받고 있다.[84] 엥겔스가 절찬했던 클라우제비츠의 유명한 비유를 사용하자면, "어음거래"(작전행동)에 "현금지불"(결전)과 마찬가지의 중요성이 인정되는 것이다.[85] 이리하여 아롱은 "1827년의 발견이 갖는 의미"가 "일원론적인 관념에서 이원론적인 관념으로의 이행"에 있다고 간주하게 된다.[86] 하지만 그때 그는 리델 하트처럼 '절대전쟁'의 개념이 폐기되어야만 한다고는 생각하지 않는다. 오히려 "극단적인 것"으로 확장될 잠재적 위험성이야말로 정치가로 하여금 그런 위험의 현실화를 회피하기 위한 합리적 판단을 하도록 만들기 때문이다. 이러한 아롱의 논의는 2차 대전 이후의 국제정치의 현행적인 관심에 의해 규정됐던 것이다. 즉 핵무기에 의한 섬멸전쟁의 위협을 앞두고 전쟁을 제한하는 리얼리즘 외교가 어떻게 가능할지에 관한 해명이었던 것이다. 최종결전은 단지 잠재적 가능성으로서만 계속 남으며, 다른 한쪽에서 그 가능성이 현실에 적대관계의 제한을 가져온다는 "결전 없는 항쟁"의 사상, 달리 말하자면 현금지불이 무한히 뒤로 미뤄지는 "억지된

---

84) H. Münkler, »Instrumentelle und existentielle Auffassung des Krieges bei Carl v. Clausewitz«, in: ders., *Gewalt und Ordnung*, a.a.O., S.96f.

85) 1858년 1월 7일자 엥겔스가 마르크스 앞으로 보낸 편지에 근거한 것이다(vgl. F. Engels, Brief an Kark Marx, 7. Januar 1858, in: K. Marx/ F. Engels, *Werke*, Bd.29, Berlin 1963, S.252.[29권, 201] "무력에 의한 결전과 전쟁에서의 크고 작은 작전이 맺는 관계는 현금지불과 어음거래의 관계에 비견될 수 있다."(C. v. Clausewitz, *Vom Kriege*, a.a.O., S.226.[(上)81]) 이 비유는 이미 1804년에 집필된 각서 속에서도 보이며, 또 1811년 6월 17일자 그나이제나우 앞으로 보낸 편지에서도 마찬가지로 발언하고 있다(C. v. Clausewitz, *Schriften- Aufsäze- Studien- Briefe*, Bd.1, S.647).

86) Raymond Aron, *Penser la guerre, Clausewitz I*, Paris 1976, S.147.

어음"의 사상을 핵무기 시대의 정치적 리얼리즘의 처방전으로 삼고자 했던 것이다.87)

실제로 아롱이 말하는 것처럼 클라우제비츠의 사상 행로를 추적해보면, 그 전쟁이해에서는 한 가지 동요를 발견할 수가 있다. 즉 한편에서의 "도구적인" 전쟁이해와 다른 한편에서의 "윤리-실존적인" 전쟁이해 간의 상극이 그것이다.88)

클라우제비츠의 사상이 '윤리-실존적인' 특징을 강하게 띠고 있던 것은 나폴레옹전쟁이 한창일 때 쓰인 그의 애국주의적 저작들에서다. 이 시기의 클라우제비츠는 전쟁을 결코 교활한 정치산술의 수단으로서가 아니라 인간의 극도로 윤리적인 자기고양의 행위로 간주하고 있다. 전쟁은 조국을 향한 헌신으로서 이행되는 인간의 도덕적 의무의 표현이며, 그 자체로 가치를 갖는 행위에 다름 아닌 것으로 여겨졌다. 이렇게 윤리화된 전쟁이해가 정점에 도달하는 것이 종래의 관방정치가 초래한 굴욕적인 강화 상태를 공격하고 프랑스에 맞선 국민전쟁으로의 궐기를 주장한 1812년의 「신조 건의서」이다.

> 나는 다음과 같은 것을 믿으며 또 고백한다. 어떤 국민은 자기 존재의 존엄과 자유보다 고차적인 것을 존중하는 일이 없을 것. 그들은 그것을 최후의 피를 희생할지라도 수호해야만 할 것. ……어떤 국민은 자신의 자유를 위해 고결한 투쟁을 행할 때에는 들이쳐 완전히 패배하게 만들지 않을 것. 유혈을 동반하는 영예로운 투쟁 뒤에 그런 자유가 몰락할 경우에조차도, 국민의 재생을 확실한 것으로 삼음으로써 언젠가 새로운 나무가 확고한 뿌리를 내리기 위한 생의 핵심이 될 것.89)

87) H. Münkler, »Instrumentelle und existentielle Auffassung des Krieges bei Carl v. Clausewitz«, in: ders., *Gewalt und Ordnung*, a.a.O., S.97.

88) Ebd., S.93.

89) C. v. Clausewitz, »Bekenntnisdenkschrift«, in: ders., *Schriften- Aufsäze- Studien- Briefe*, a.a.O., S.688f.

윤리적으로 이해된 이러한 전쟁관에 의해 적대의 강도는 관방전쟁의 한계를 넘어 최고도로 높아진다. 관방정치를 파괴하는 이러한 윤리적 급진성이야말로 프로이센 왕실 주변의 보수세력이 클라우제비츠 등을 오래도록 '자코뱅파'로서 계속 경계했던 이유가 되는 것이기도 하다.

그러나 국민전쟁으로서의 나폴레옹전쟁의 충격에서 태어난 이 '윤리-실존적' 전쟁이해는 구체제 복고 이후 서서히 퇴색되어 간다. 자주 지적되는 1820년을 앞뒤로 한 클라우제비츠의 "보수화"와 함께[90], 나폴레옹적인 결전 전략으로부터도 거리를 두고서는 전통적인 관방전쟁의 '도구적' 전쟁이해로 접근해가는 것처럼 보이는 것이다. 후기 클라우제비츠의 그러한 전환을 중시하는 입장에서 『전쟁론』을 제한전쟁의 교설로 파악하는 견해가 나오게 되는 것이다.

하지만 결전사상으로부터 거리를 둔 후기의 클라우제비츠가 혁명 이전의 제한전쟁으로 회귀했다고 간주할 수 있을까. 『전쟁론』에서 끊임없이 반복되는, "전쟁은 다른 수단을 통해 행하는 정치의 계속에 지나지 않는다"는 너무도 유명한 정식은 전쟁을 국가들 간 세력균형 시스템에서의 권력기술의 일부로 보는 관방정치의 명제를 의미하고 있는 것일까. 실제로 이 정식은 "베스트팔렌 조약 체결 무렵의 새로운 외교적 이성, 정치적 이성의 구성과 함께 17세기 초엽에 획득되고 있던 변동을 확인한 것에 다름 아니"[91]라는 식으로 단순하게 단언할 수는 없는 것이다. 왜냐하면 여기서 말해지고 있는 '정치'의 개념 자체가 양의성을 품고 있는 것이기 때문이다.

한편으로 클라우제비츠는 분명 이 '정치'라는 단어에 의해 전통적인 관방정치를 염두에 두고 있었던 듯하다. 즉 "각국 관방의 정치"는 전쟁을

90) Vgl. H. Münkler, »Instrumentelle und existentielle Auffassung des Krieges bei Carl v. Clausewitz«, in: ders., *Gewalt und Ordnung*, a.a.O., S.99f. 부르셴샤프트 운동 같은 1810년대 후반부터의 국민적 반체제운동의 고양을 배경으로 집필된 「반체제운동(Umtriebe)」(1819-1823)은 클라우제비츠의 보수화된 입장이 드러나는 논문으로 지적된다(vgl. P. Paret, *Clausewitz and the State*, a.a.O., S.298ff.[422-426]).

91) Michel Foucault, Séurité, *Territoire, Population*, Paris 2004, S.309.[373]

"일종의 유희"로 삼고 "모든 것을 제압하려는 전쟁의 본질요소를 단순한 도구로 바꿔놓는다."[92] 그런 까닭에 아롱은 "정치에 우위를 인정할 때 클라우제비츠가 생각하고 있던 것은 왕후이며 관방이다"라고 확신한다.[93] 그러하되 다른 한편, 『전쟁론』에서 인정되고 있는 것은 프랑스혁명이 그러한 종래의 정치에 근본적인 변혁을 야기하고 이 "변혁된 정치"가 전쟁을 "절대적 형태로 접근시켰다"는 점이기도 했다.[94] 전쟁 강도의 증대는 정치적 긴장의 증대에 비례하는 것이다. "정치가 대규모적이고 강력해짐에 따라 전쟁 또한 그렇게 되며, 이는 전쟁이 그 절대적 형태에 도달할 때까지 고양될 수 있는 것이다."[95] 그런 까닭에 클라우제비츠는 정치라는 것으로 단순히 "폭력을 회피하는 신중하고 교활하며 때로는 불성실하기조차 한 영리함이라는 관습적인 개념"[96]을 떠올리고 있는 게 아니다. 혁명 이후에는 정치 그 자체가 적대의 강도를 극한으로까지 높이는 일이 일어날 수 있다(그렇기에 전쟁은 정치라는 전체의 일부라는 클라우제비츠의 정식에서 가장 중요한 의의를 인정한 레닌은 바로 그것을 제국주의 정치에 맞선 절대적 적대의 원리로까지 높일 수 있었다). 클라우제비츠에게서 '해독을 없애려는' 해석과는 반대로 그는 "정치와 절대적 적대가 일치할" 가능성을 사고하고 있었다고 볼 수도 있는 것이다.[97]

따라서 혁명과 구체제 복고 사이에서 동요하는 역사적 시기에 사고되었던 클라우제비츠의 '정치' 개념 자체가 정치산술적인 국가이성과, 강도의 국민주의적인 정열이라는 양의적인 의미를 띠고 있는 것이다.[98]

92) C. v. Clausewitz, *Vom Kriege*, a.a.O., S.992f.[(下)318]

93) R. Aron, »Verdächtiger Anwalt«, a.a.O., S.294.

94) C. v. Clausewitz, *Vom Kriege*, a.a.O., S.998f.[(下)328]

95) Ebd., S.992.[(下)319]

96) Ebd., S.212.[(上)60]

97) Robert Hepp, »Der harmlose Clausewitz«, a.a.O., S.412.; Vgl. E. Grawert-May, *Das Drama Krieg*, a.a.O., S.29ff.

98) Vgl. G. Maschke, *Kritik des Guerillero*, a.a.O., S.38f.; p, S.38f.; Dan Diner, »Anerkennung und Nichtanerkennung. Über den Begriff des Politischen in

그런 까닭에 '전쟁은 정치의 도구이다'라는 정식은 단순한 제한전쟁의 준칙으로 간주될 수 없다. 그 정식으로써, 강도의 적대를 띤 혁명전쟁을 고전적인 관방전쟁으로 되돌릴 수는 없다. 전쟁으로부터 정치로의 논점의 이동은 적대의 제한과 그 고양이라는 클라우제비츠의 사고의 양의성에 아무런 결정적 해결을 주는 게 아니다. 그렇다면 제한된 적대와 절대적 적대 간의 관계는 다른 관점에서 다시 사고되지 않으면 안 된다. 즉 이론이 지향하는 보편성과 실천이 행해지는 구체적 상황의 일회성이 맺는 관계라는 관점이 그것이다.

b. 철학자, 정치사상가

군사사상사가 베르너 헐베크의 편집에 의한 클라우제비츠 저작집이 1966년부터 간행되기 시작한 것을 계기로, 슈미트는 다음 해 1967년에 「정치사상가로서의 클라우제비츠」라는 논문을 발표하는데, 그 속에서 그는 나폴레옹에 대한 클라우제비츠의 적대를 피히테의 그것과 대치시키고 있다. 문제가 되고 있는 것은 철학자에게서의 이데올로기적·보편주의적 적대와 정치사상가에게서의 구체적 적대 간의 대치이다.[99]

> 우리가 정치사상가 클라우제비츠를 고찰할 때에는 나폴레옹에 대한 피히테의 이데올로기적인 적대와 클라우제비츠의 정치적 적대를 명확히 구별하는 것이 한 사람의 정치사상가를 그 개성과 독자성의 관점에서 이해하기 위해 필요한 일이다. (1967:500)[100]

---

der gehegten und antagonistischen Gewaltanwendung bei Clausewitz und Carl Schmitt«, in: Günter Dili (Hg.), *Clausewitz in Perspektive*, Ullstein 1980, S..456, 461f.

99) Vgl. Rodolphe Gasché, »The partisan and the Philosopher«, in: *The New Centennial Review*, 4(3) (2004), S.9-34. 클라우제비츠와 피히테, 특히 『독일 국민에게 고함』이 비교되고 있는 것은 ebd., S.19ff, 26f.

100) 1970년도 『정치신학Ⅱ』의 「후기」 속에서도, "나폴레옹에 대한 다양한 종류의 적대"가 존재하며 "나폴레옹에 대한 피히테의 이데올로기적인 적대는 클라우제비츠의 정치적인 적대와는 구별"된다고 말한다(1970PTⅡ:94P[318]).

1807년 피히테 앞으로 보낸 편지에 보이듯이, 분명 클라우제비츠는 피히테의 관념론적인 국가관에 강한 감명을 받았다. 그러나 슈미트가 보기에 나폴레옹에 대한 동일한 적의에서 생겨난 그 둘의 국민적 자기주장 사이에는 결정적인 차이가 있다. 피히테의 경우 그 자기주장은 도덕적 보편주의와 분리될 수 없이 결합되어 있다. 하지만 클라우제비츠의 경우에 그것은 눈앞의 구체적인 적으로서의 나폴레옹에 대한 적의만을 원천으로 하고 있고, 그런 뜻에서 순수하게 정치적이라고 불러야만 하는 것이었다.

피히테에게서는 말하자면 "인간성과 국민 간의 교환가능성"(1967: 494)이 발견된다. 그의 "독일 국민"은 그것 자체로 보편적인 인간성의 이념을 대표하는 자이다. 슈미트가 의거하고 있는 것은 1967년에 출판된 베르나르트 빌름스의 피히테론 『전체적 자유』이다. 슈미트나 리터의 영향 아래 쓰인 이 저작은 피히테가 국민적 자기주장을 추상적 보편주의와 무매개적으로 포개놓고 있기 때문에 정치적인 것의 도구성을 잘못 파악하고 있다고 지적한다. 피히테는 "국민화된 인류의 사상가"인 것이며, 이것이 뜻하는 것은 "정치적 자기주장으로부터 이데올로기적 자기주장으로의 이행"에 다름 아니라는 것이다.[101] 『독일국민에게 고함』이 전형적인데, 이로써 '독일적인 것'은 그 구체적 특수성을 넘어 도덕적으로 보편적인 성격을 띠게 되며, '외국의 언어', '외국의 철학', 그리고 '외국의 정신'에 대한 이론적 우위성을 획득하는 것이다.

다른 한편 슈미트에게 프로이센의 군사개혁자들에 의한 국민적 자기주장에는 피히테가 보이는 도덕적 〔과〕부하가 존재하지 않는다. 그것은 단지 나폴레옹에 맞선 '구체적 적대'에만 동기 부여되고 있으며 '정치적인 고려'에 의해서만 이끌리고 있다. "클라우제비츠의 경우 정치적인 카테고리는 그 순수성에서 관철되고 있으며, 천재적인 철학자 피히테의 그 어떤 이데올로기적이고 유토피아적인 방종으로부터도 자유롭

101) Bernard Willms, *Die totale Freiheit*, Köln/Opladen 1967, S.144f.[169-170]

다."(1967:499) 슈미트의 논문 제목이 가리키듯이, 클라우제비츠 등은 '철학자'가 아니라 어디까지나 '정치사상가'로 간주되고 있다. 즉 그들의 관심은 오로지 (나폴레옹에 대한 굴복이라는) 프로이센이 놓인 구체적 상황에만 집중되고 있다. 그들의 국민의식은 그런 구체적 상황에 대한 일회적인 응답으로서만 의미를 갖는 것이며, 그것을 넘어서는 보편적인 근거정초를 요구하는 일은 없다. 이 '정치적' 적대에서는 피히테의 이데올로기적 적대가 갖고 있는 "철학적 성별聖別의 파괴적인 힘"102)은 억제되고 있는 것이다.

철학자는 자기 입장의 보편성을 주장함으로써 적대의 강도를 증가시키지만, 정치사상가는 특정한 구체적 상황에 정위〔치〕함으로써 적대에 일정한 제한을 가한다. 여기서 질문되고 있는 것은 이론에 내재하는 보편성의 요청과 실천이 장을 갖는 일회적 상황이 맺는 관계에 다름 아니다. 슈미트에게 중요했던 것은 현실에서의 적대란 언제나 일회적인 실천이라고 강조함으로써 그것이 이론의 보편성의 무매개적인 실현으로 드러나는 것을 회피하는 것이었다. 그는 "정치사상가로서의 클라우제비츠" 속에서 "인류의 이름으로 행해지는 섬멸"에 대한 처방전을 보고자 했던 것이다(1967:500).

그러하되 슈미트가 프로이센의 군사개혁자들을 이론가로서의 철학자에 대치되는 단순한 실천가라고 말하는 것은 아니다. 슈미트가 일관되게 집착하는 것이 저 개혁시대 속에서의 "군사와 철학의 동맹"이었기 때문이다. 바로 그런 까닭에 프로이센은 국민전쟁을 실천하면서도 그 이론을 결여했던 스페인보다 더 나은 의의를 획득했던 것이다. 슈미트에겐 파르티잔의 '이론'이야말로 중요한 것이었다.

> 우리는 파르티잔의 이론에 관해 이야기하고 있다. 베를린에서 이러한 신임의 부여가 행해짐으로써 이제 파르티잔에 관한 군사전문적인 분류를 넘어 정치적인 **이론**이, 비로소 진정으로 가능해졌다고 할 수 있다.

---

102) R. Gasché, »The partisan and the Philosopher«, a.a.O., S.22.

(1963TP:51f.[103])

슈미트의 '파르티잔'은 어디까지나 철학적으로 발견된 "정신적인 형상"[103]에 다름 아니다. 파르티잔은 '현실의 적'과 투쟁하는 한에서 역사적으로 일회적인 상황에 매몰되고 있는 셈이지만, 그럼에도 여전히 이론화되고 또 이념성까지 부여되지 않으면 안 되는 것이다.

여기서는『정치적인 것의 개념』이래 슈미트의 역설로 넘쳐나는 노력이 발견된다. 즉 언제나 어떤 특정한 구체적 문맥 속에서 항쟁적으로 기능하고 있다고만 볼 수 있을 '정치적인 것의 개념'을 여전히 순수하게 이론적으로 추출하고자 하는 노력이 그것이다. 이론의 순수성은 언제나 실천적인 상황 속에서 불순화되고 있다는 것에 대한 순수한 이론화인 '정치적인 것의 개념'은 말하자면 "순수한 불순성" 혹은 "불순한 순수성"이라는 성격을 띠고 있는 것이다.[104] '정치적인 것의 개념'에 있어서는 "정치의 **이론** 또는 항쟁의 **이론**이라는 기획과 정치적-항쟁적으로 입장을 취한다는 것은 분리될 수 없다."[105] 이것과 전적으로 동일한 아포리아가 '파르티잔의 이론'에도 내재해 있는 것이다. 그리고 특정한 '현실의 적'에 맞서 구체적으로 적대하는 파르티잔이 군사개혁자들에 의한 추상적 이론화의 대상이 됐던 것은 필연적으로 어떤 중대한 귀결을 초래하게 된다. 즉 그렇게 "이론적 형태"가 취해짐으로써 파르티잔은 스스로를 "다른 것의 수중으로 넘겨버리는 일을 가능케 하는" 것이다(1963TP:52[103]). 즉, 세계혁명적 마르크스주의 이론가의 수중으로 말이다.

"클라우제비츠는 그와 그의 친구들이 행했던 것을 **사고했다**. 그렇기에 그의 이론은 진정한 것이고, 진정한 이론으로서 그것은 자신이 유래하는 동시대사의 한계를 넘어 작용을 미치며, 나아가 레닌이나 마오쩌둥 같은 세계혁명가의 교의나 실천 속으로 파고들 수 있었던 것이다."(1967:

103) Ebd., S.16.
104) Jacques Derrida, *Politiques de l'amitié*, Paris 1994, S.136.[186]
105) Ebd., S.138.[186]

499) 실천의 일회성은 이론화됨으로써 비로소 진정한 것이 된다. 그러나 그러한 이론화는 불가피하게 실천을 그것이 본래 뿌리박고 있던 고유한 장소로부터 떼어놓으며 이른바 '장소상실'을 야기한다. 이는 이론에 본질적으로 내재하는 보편화 가능성이 초래하는 필연적인 귀결이다. 슈미트는 종전 직후, 자신의 이론이 나치스에 이용되었음을 변명하기 위해 학문적 개념은 무릇 그 본래의 고안자의 의사로부터 분절되어 다른 자에 의해 자의적으로 이용될 운명을 더듬는다고 주장하였다(이 책 6장 1절 참조).[106] 슈미트가 보기에 프로이센에서 탄생한 '파르티잔의 이론' 또한 그러한 운명을 더듬었던 것이다. 이 이론은 자신이 탄생했던 장소를 떠나 레닌이라는 세계혁명가의 손에 넘겨지게 됐다. 그렇게 이론이 말하자면 도구화되어 그것이 기능하는 장소와 문맥을 변화시켜간다는 것은 불가피한 일이다. 슈미트는 "학문적인 '가치자유'라는 이상"의 무력함에 관해 서술한다. "어떤 정치사상가가 투쟁 중인 전선의 적대 속으로 끌려들어 간다는 것은 정치적인 것의 개념으로써 스스로를 말하고 있는 것이다. 이러한 위험은 올바른 사고에 의해 제거되는 것도 완화되는 것도 아닌바, 오히려 높아지고 첨예화되는 것이다."(1967:502)

하지만 세계혁명가들은 한층 더 나쁘게도, 어떤 이론을 본래의 장소로부터 분절시킬 뿐만 아니라 모든 장소확정을 파괴하는 보편주의적 전제專制의 무기로 삼는다. 이제 '파르티잔의 이론'은 특정한 '구체적 적'을 응시했던 '현실적 적대'로부터 분리되어 '절대적 적대'에 봉사하는 것으로 변질된다. 적대의 실천적인 일회성을 해체하는 한에서 '절대적 적대'

106) 특히 1947년 3월부터 4월에 걸쳐 켐프너 심문이 행해질 무렵의 의견진술서에서 이러한 변명이 나오고 있다. 즉 그의 "광역이론"은 애초에 "커다란 학문적 문맥 속에 들어 있으며, 학문적인 연구에서 유래하는, 학문적으로 진지하게 받아들여야만 하는, 그리고 학문적으로 진지하게 받아들여진 이론"에 불과한 것으로서, 그것이 "저널리스트나 선전자"에 의해 이용되고 말았다는 것이다. 그리고 이러한 "학문적 연구의 성과가 이용되지 않기 위한 보호책은 존재하지 않는다"고 덧붙인다(2000AN:77f.). 이것이 지식인과 그 이론이 필연적으로 빠져 있는 비극이라는 것이다. 『옥중기』에서 그런 사정은 "내전"의 시대에 전형적인, "자유로운 사상에 내재하는 위험"이라고 되어 있다(1950ECS:56[169-170]).

는 "순수하게 철학적인 적대" 혹은 "최대의 철학적 순수성"을 가진 적대라고도 할 수 있다.[107] 구체적 장소를 갖지 않는 보편주의적 형상으로의 파르티잔의 후퇴·폐쇄는 파르티잔의 '이론'에 본질적으로 내재하고 있는 것이다. 이리하여 슈미트는 토지에 뿌리박은 파르티잔에서 세계혁명적 파르티잔으로의 이행의 필연성을 추적·연구하지 않을 수 없었다.

3. 혁명이론 속의 파르티잔

a. 전쟁에서 세계혁명으로: 엥겔스, 레닌

1813년 4월 21일의 의용군 칙령이 보수파의 저항으로 사산됐을지라도, 프로이센의 군사개혁자들은 군대의 국민화를 향한 기대를 버리지 않았고, 1815년 이래로도 국민개병 원칙에 기초한 "후비군後備軍(Landwehr)" 제도의 실현을 향해 분주한다.[108] 하지만 1810년대 후반에 자유주의적인 혁명운동이 번성하는 가운데 보수세력 쪽은 국민의 무장화에 대한 염려를 한층 더 강화하게 된다. 이에 맞서 클라우제비츠는 국민무장과 혁명이 무관계한 것임을 몇 번이나 설득하고자 했었다. 프랑스혁명은 후비군이 없었음에도 일어났으며, 그런 종류의 내란은 "후비군 없이도 파괴를 야기했을 더 큰 원인을 언제나 갖고 있다"는 것이다.[109] 그러나 이러한 클라우제비츠의 의도와는 거꾸로 국민무장을 다름 아닌 혁명을 위한 한 가지 수단으로 이용하려는 이론가가 나타나게 된다. 초기 마르크스주의에서 군사문제에 관한 이론무장을 도맡고 있던 엥겔스가 그이다.

19세기 후반의 프로이센이 추진했던 군비확장에 맞서 엥겔스는 "군국주의의 변증법"이라고도 부를 수 있을 지극히 역설적인 포착방식을 취하고 있었다.[110] 즉 그는 군국주의가 자신의 내재적 모순에 의해 내파되는

107) Jacques Derrida, *Politiques de l'amitié*, a.a.O., S.146, 157.[197, 202]
108) P. Paret, *Clausewitz and the State*, a.a.O., S.286ff.[413-422]
109) Calrl v. Clausewitz, »Unsere Kriegsverfassung«, in: ders., *Politische Schriften und Briefe*. Bd.1, a.a.O., S.152f.

이론의 해명을 꾀하고 있는 것이다. 곧 군비확장은 오히려 혁명의 찬스를 낳는다는 것이다. 그런 까닭에 그는 보통선거권과 함께 일반병역 의무의 도입을 강하게 주장한다.

> 일반병역 의무는 유권자에게 모든 쿠데타의 기획과는 반대되는 그들의 결의를 무기를 손에 들고 관철시킬 수 있는 가능성을 준다. 일반병역 의무를 점점 더 철저하게 실시하는 것이야말로 독일의 노동자계급이 프로이센의 군대개편에 관해 관심을 기울여야 할 유일한 점이다.[111)]

일반병역 의무는 국민의 무장봉기의 가능성을 높이는 것이다. 『반反뒤링론』(1878)에서는 군국주의와 상비군의 "**내부로부터의** 폭파"가 말해지고 있다. 즉 군국주의 국가들은 "좋든 싫든 일반병역 의무를 점점 더 진지하게 실시함으로써 결국에는 인민 전체가 능숙하게 무기를 사용할 수 있게 해야 하지만", 인민이 "스스로의 의지"를 갖는 순간 "왕후의 군대는 인민의 군대로 전화"되고 "기계는 말을 듣지 않게 되는바, 군국주의는 그 자신의 발전의 변증법에 의해 멸망한다."[112)] 군국주의는 자기 자신 속에 몰락의 싹을 품고 있다. 엥겔스는 "다른 모든 역사적 현상과 마찬가지로 군국주의도 자기 자신의 발전의 결과로 소멸한다"는 "내적인 변증법적 법칙"을 확인하고자 하는 것이다.[113)] 무엇보다 군국주의의 폐기를 위해 군국주의를 철저화시킨다는 이 역설적인 기도는 머지않아

---

110) 엥겔스가 말하는 '군국주의의 변증법'에 관해서는 Hierfreid Münkler, »Dialektik des Militarismus oder Hegung des Krieges. Krieg und Frieden bei Clausewitz, Engels und Carl Schmitt«, in: ders., *Gewalt und Ordnung*, a.a.O., S.63-71 및 ders., »Der gesellschaftliche Fortschritt und die Rolle der Gewalt. Friedrich Engels als Theoretiker des Krieges«, in: ders., *Über den Krieg*, a.a.O., S.155-161.

111) Friedrich Engels, »Die Preußische Milliärfrage und die deutsche Arbeitpartei«, in: K. Marx/ F. Engels, *Werke*, Bd.16, Berlin 1964, S.266.[16권, 63]

112) Friedrich Engels, »Herrn Eugen Dührings Umwälzung der Wissenschaft«,in: K. Marx/ F. Engels, *Werke*, Bd.20, Berlin 1962, S.158.[20권, 176-177]

113) Ebd., S.161.[같은 책, 179]

포기되는데, 만년의 논문 「유럽은 군비를 축소할 수 있는가」(1893)에서는 오히려 국가들의 군축을 추구하게 된다.114) 그러나 거기서도 여전히 "상비군"을 폐지하는 대신에 "국민무장을 기초로 한 민병"의 편성이 주장되고 있는 곳을 보면115), 보통의 인민이 무기를 손에 들 수 있는 가능성을 넓히는 것은 계속해서 엥겔스의 주요 과제였다고 할 수 있을 것이다.

클라우제비츠가 묘사한 관방전쟁에서 국민전쟁으로의 이행은 엥겔스에게서 전통적인 국가 간 전쟁의 틀로부터 분절되어 내전과 혁명을 위한 이론으로 변용되고 있다.116) 과거의 군사개혁자들이 설정한 인민봉기 계획에 대한 보수세력의 염려가 뜻밖에도 현실화되는 것이다. 그들의 '소전쟁'의 이론을 이어받았던 것은 다름 아닌 마르크스주의 혁명가들이었던 것이다. 실제로 19세기 프로이센 군대가 오로지 정규군에 의한 '대전쟁'을 지향하고 그 조상인 군사개혁자들이 기획한 '소전쟁'을 망각의 저편으로 추방한 것에 맞서117), 엥겔스는 1848년 혁명 이래 인민에 의한 게릴라전에 자주 관심을 기울이게 된다.118)

특히 주목되는 한 가지 실례가 1870년 보불전쟁 무렵에 나타난 프랑스의 파르티잔이다. 1870년 9월 1일에 나폴레옹 3세가 세단에서 항복한 이후에도, 새로이 수립된 프랑스 공화정부는 '의용병(franc-tireur)'을 조직하여 각지에서 파르티잔 전쟁을 계속함으로써, 정규군에 의한 결착만을 염두에 두고 있던 프로이센의 참모총장 몰트케를 분개시켰다. 얄궂

114) Vgl. H. Münkler, »Dialektik des Militarismus oder Hegung des Krieges. Krieg und Frieden bei Clausewitz, Engels und Carl Schmitt«, a.a.O., S.69.; ders., »Der gesellschaftliche Fortschritt und die Rolle der Gewalt. Friedrich Engels als Theoretiker des Krieges«, in: ders., *Über den Krieg*, a.a.O., S.15f.

115) Friedrich Engels, »Kann Europa abrüsten?«, in: K. Marx/ F. Engels, *Werke*, Bd.22, Berlin 1963, S.158.[22권, 375, 377-387]

116) 클라우제비츠와 엥겔스 이론의 비교에 관한 것으로는 Dirk Blasius, »Carl von Clausewitz und die Hauptdenker des Marxismus«, in: *Wehrwissenschaftliche Rundschau*, 16 (1966), S.278-291.

117) Vgl. W. Hahlweg, *Guerilla*, a.a.O., S.11f.

118) Ebd., S.78ff.

게도 유럽 유수의 강력한 정규군이 된 프로이센 군대는 자신의 조상이라고 할 군사개혁자들이 1813년의 의용군 칙령을 통해 지향한 비정규적인 인민봉기에 의해 시달림을 받게 됐던 것이다. 프로이센 군대는 이러한 비정규적인 저항에 맞서 민간인까지 끌어넣은 가차 없는 탄압을 가했다. 엥겔스는 프로이센 군대의 그러한 대응을 야유하고 있다.

> 앞선 [프로이센의] 경우에는 애국심이었던 것이 뒤의 [프랑스의] 경우에는 비적행위나 비겁한 암살이 된다. 그 진상은 오늘날의 프로이센 정부가 저 낡은, 절반은 혁명적인 의용군 칙령을 부끄럽게 여기고 그것을 프랑스 의용병의 소행을 통해 망각시키고자 한다는 점에 있다.[119]

엥겔스에게 프랑스 국내의 게릴라전은 프로이센 군대의 정규성을 무너뜨리려는 인민 저항의 출현에 다름 아니었다. 바로 그 지점에서 과거 프로이센 의용군 칙령의 정신이 인계되고 있는 것이다. "그나이제나우는 자신이 생각하던 인민 저항의 이상이 프랑스의 의용군이라는 형태로, 완전히 실현되진 않았을지라도 그 실현에 가까워졌다고 여겼을 것이다."[120]

마르크스와 엥겔스의 최종적 의도는 이러한 파르티잔 전쟁을 국민전쟁으로부터 계급투쟁으로 이행시키는 것에 있었다. 그것이 아주 짧은 동안 실현된 것처럼 보였던 파리 코뮌을 눈으로 확인한 마르크스는 말한다. "국민전쟁은 다름 아닌 계급투쟁을 연기시키는 것을 목적으로 한 정부의 눈속임에 불과한 것으로, 그것은 계급투쟁이 내전이 되어 폭발하자마자 즉각 폐기되고 만다는 것이 지금이야말로 증명되었다."[121] 국가

---

119) Friedrich Engels, »Der Kampf in Frankreich«, in: K. Marx/ F. Engels, *Werke*, Bd.17, a.a.O., S.171.[17권, 161]

120) F. Engels, »Preußische Franktireurs«, in: Karl Marx/ Friedrich Engels, *Werke*, Bd.17, a.a.O., S.207.[17권, 195]

121) Karl Marx, »Bürgerkrieg in Frankreich«, in: K. Marx/ F. Engels, *Werke*, Bd.17, a.a.O., S.361.[17권, 339]

간의 전쟁을 폐기하는 내전의 수단으로서의 파르티잔 전쟁, 이 사상을 그 래디컬한 귀결로까지 이끌었던 것이 레닌이다.

레닌이 파르티잔 전쟁에 관심을 기울인 직접적 계기가 된 것은 1905년 1차 러시아혁명 무렵에 일어난 인민봉기의 경험이었다.[122] 슈미트에게는 파르티잔 전쟁을 전위당의 혁명수단으로 바꾼 레닌이야말로 "전쟁의 범위제약을 수반했던 국가전쟁"으로부터 "혁명적인 정당전쟁"으로의 결정적인 이행을 가리키고 있었다(1963TP:53[106]). 레닌은 파르티잔을 "중추로부터의 공산주의적 정당 지도를 위한 활동적인 도구"로 바꾸고, "국민적이고 국제적인 내전의 주요 형상"으로 삼았던 것이다(1963TP:54[107]). 이렇게 파르티잔은 세계정치에 있어서의 새로운 역할을 획득한다. 즉 그것은 "세계 모든 나라들에서의 공산주의혁명"이라는 목적을 위한 역할이며, 이 목적을 거스르는 자는 "인류의 적"이 된다(1963TP:54[109]). 파르티잔은 특정한 구체적 토지로부터 분절되어, 말하자면 세계적 규모에서의 정전正戰의 담당자로 변용되는 것이다.

1차 대전 발발 이후인 1914년 9월, 체류 중이던 갈리치아에서 베를린으로 망명한 레닌은 거기서 이 전쟁과 노동운동의 위기에 대처할 수 있도록 자신의 사상을 재구축하고자 한다. 그리고 1915년 전반기에는 클라우제비츠의 『전쟁론』에 관한 연구에 집중적으로 몰두하면서 상세한 발췌와 코멘트를 남긴다(이른바 '클라우제비츠 노트').[123] 슈미트가 보기에 레닌의 이 연구를 통해 클라우제비츠의 '현실적 적대'는 '절대적 적대'로 변질됐던 것이다. 레닌은 특히 『전쟁론』 8편 6장 B절 「전쟁은 정치의 도구이다」를 "무엇보다 중요한 장"이라고 쓰고 있다.[124] 실제로

---

122) Vgl. W. Hahlweg, *Guerilla*, a.a.O., S.89ff.

123) 레닌의 클라우제비츠 연구에 관해서는 W. Hahlweg, »Lenin und Clausewitz«, in : *Archiv für Kulturgeschichte*, 54 (1954), S.30-59, 357-387 및 D. Blasius, »Carl von Clausewitz und die Hauptdenker des Marxismus,« a.a.O., S.292-294, 335-343. 할베크의 논문은 『파르티잔의 이론』에서 행해진 슈미트의 레닌 해석에 큰 영향을 받고 있다(1963TP:55[110-112]). 또 R. Aron, *Penser la guerre, Clausewitz II*, a.a.O., S.61-77[79-103]도 참조.

124) Vladimir I. Lenin, *Clausewitz' Werk »Vom Kriege«*, Berlin 1957, S.35.

이 클라우제비츠 노트 이후의 레닌이 행한 발언을 보면, 전쟁을 정치의 일부로서 보는 시점이야말로 그가 『전쟁론』에서 배운 무엇보다 중요한 점이었음을 알게 된다. "전쟁은 정치의 계속이다. 전쟁 이전의 정치, 즉 전쟁으로 이끄는 정치, 실제로 전쟁으로 이끌었던 정치를 연구하지 않으면 안 된다."[125]

클라우제비츠 노트에는 "정치=어떤 전체의 일부, 이 전체=정치"라는 코멘트가 보인다.[126] 그러나 대체 "정치란 무엇인가." 레닌은 "사회 전체의 모든 이해관계를 대표하는 것"이 '정치'라고 말하는 클라우제비츠의 규정을 "마르크스주의를 향한 한 걸음"으로 간주하고 있다.[127] 정치에는 사회관계의 전체가 반영되어 있는 것이다. 레닌에게 이 사회관계란 말할 것도 없이 이제 제국주의로서 전개되고 있는 자본주의적 생산관계에 다름 아니다. 이리하여 그는 "현재의 전쟁은 제국주의전쟁이다"라는 규정에 이르게 되며, 그렇게 함으로써 제2인터내셔널의 붕괴를 초래했던 "사회배외주의"에 공격의 창끝을 겨눈다. '사회배외주의'란 1차 대전을 국민전쟁으로 간주하면서 "조국 옹호"의 필요성을 주장한 플레하노프나 카우츠키의 입장을 말한다. 하지만 순수하게 국민 상호 간의 증오에서 기인하는 전쟁 따위는 있을 수 없으며, 그렇기에 그들은 1차 대전이 어디까지나 제국주의정치의 계속이라는 점을 제대로 볼 수 없었던 것이다.[128] "'대'국과 그 국가 내부 기본적 계급들의 정치가 현재의 전쟁 속에서 계속되고 있다는 견지에서 이 전쟁을 보기만 한다면,

---

125) 블라디미르 레닌, 「마르크스주의의 희화(戲画)와 '제국주의적 경제주의'에 관하여」, 『레닌 전집』 23권, 오오츠키쇼텐, 1957, 27쪽. 1917년 5월 14일의 강연에서도 레닌은 "클라우제비츠가 80년이나 이전에 썼던 방법"을 인용하고 있다. "교전국인 두 그룹 간의 몇십 년에 걸친 정치를 연구하지 않는다면, 즉 여러분이 혹시라도 이 전쟁과 그것에 앞선 정치 사이의 연결을 드러내지 않는다면, 여러분은 이 전쟁에 관해 아무것도 이해하지 못하게 되는 것이다."(블라디미르 레닌, 「전쟁과 혁명」, 『레닌 전집』 4권, 오오츠키쇼텐, 1957, 428쪽)

126) V. I. Lenin, *Clausewitz' Werk »Vom Kriege«*, a.a.O., S.37.

127) Ebd., S.39.

128) W. Hahlweg, »Lenin und Clausewitz«, a.a.O., S.376f.; D. Blasius, »Carl von Clausewitz und die Hauptdenker des Marxismus,« a.a.O., S.338.

이 전쟁에서 '조국 옹호'를 정당화할 수 있다는 의견이 얼마나 심하게 반역사적이며 거짓투성이고 기만적인지를 이내 알게 된다."[129]

레닌에 의한 1차 대전의 이러한 성격규정은 실제로 국민전쟁 이상의 강도를 가진 적대성의 도입으로 이어진다. 즉 모든 제국주의에 반대하여 세계적으로 수행되는 혁명전쟁이 그것이다. 결정적인 것은 "제국주의전쟁을 내란으로 전화시키는 일"인 것이다.[130] 슈미트는 말한다. "레닌에게는 혁명전쟁만이 진정한 전쟁이다. 왜냐하면 혁명전쟁은 절대적 적대에서 발생하기 때문이다. 그것 이외의 모든 것은 관습적 유희인 것이다."(1963TP:56[110]) 레닌은 클라우제비츠 노트 속에서 프랑스혁명 이전의 전쟁을 '유희'로 부르는 『전쟁론』의 한 절을 발췌하면서[131] "전쟁=유희"라는 코멘트를 덧붙이고 있는데[132], 슈미트는 그 부분을 특히 일부러 강조하면서 "절대적 적대에 의해 고무된 레닌 같은 공산주의자에게는 이러한 종류의 전쟁[고전적인 국가 간 전쟁]은 단순한 유희로 보였음에 틀림없다"(1963TP:56[112])고 서술한다. 레닌에게는 단지 계급투쟁만이 진정으로 '심각함'을 가진 적대였다는 것이다. 그렇게 제국주의에 맞선 세계적 규모에서의 계급투쟁의 수단이 된 파르티잔은 이제 '현실적 적대'의 담당자로부터 '절대적 적대'의 담당자로 이행한다. 파르티잔의 장소상실이 완성되고, 세계혁명적 파르티잔이 등장하는 것이다. 결국에 『파르티잔의 이론』은 정치적인 것의 새로운 가능성을 열었을 터인 파르티잔이 2차 대전 이래로 슈미트가 줄곧 적대시한 볼셰비즘에 의한 세계내전 속으로 편입되는 과정을 확인하는 것이다. 세계혁명적 파르티잔을 다시금 특정한 구체적 토지로 되돌리는 일은 가능한 것일까. 슈미트는 여전히 그 가능성에 기대를 걸고 있는 듯하다. 즉 그러한 새로운

---

129) 블라디미르 레닌, 「사회주의와 전쟁」, 『레닌 전집』 21권, 오오츠키쇼텐, 1957, 311쪽. "이 전쟁 전체가 영토병합이라는 정치의 계속, 즉 전쟁하고 있는 쌍방의 침략과 자본주의적 강탈이라는 정치의 계속이다."(레닌, 「전쟁과 혁명」, 앞의 책, 431쪽)

130) 레닌, 「사회주의와 전쟁」, 앞의 책, 320쪽, 322쪽.

131) C. v. Clausewitz, *Vom Kriege*, a.a.O., S.855.[(下)146]

132) V. I. Lenin, *Clausewitz' Werk »Vom Kriege«*, a.a.O., S.29.

토지적 파르티잔의 형상을 이번에는 마오쩌둥에게서 발견하고자 하는 것이다.

b. 대지로 회귀하는 파르티잔?

『파르티잔의 이론』에 앞선 저작에서 슈미트는 레닌과 마찬가지로 마오쩌둥을 두고서도 "다른 나라들의 사회적 전복"을 최종목적으로 하는 "정전"으로서의 "혁명전쟁"의 이론가로 위치시키고 있었다(1962a: 598). 그러나 1960년대 들어 격렬함이 더해지고 있던 중국과 소련 간의 대립은 마오쩌둥에 대한 슈미트의 평가를 변화시키게 된다. 즉 슈미트는 마오쩌둥 속에서 여러 광역들로 이뤄진 새로운 세계질서라는 자신의 전망에 대한 확인을 찾아내고자 한다. 볼셰비즘이 세계내전을 야기하는 것에 맞서 중국공산당은 어디까지나 스스로에게 고유한 토지를 지켜가고자 했기 때문이다. 실제로 이 시기에 슈미트는 볼셰비즘과는 다른 공산주의의 계보에 적지 않은 관심을 기울이고 있었다.[133]

그리하여 『파르티잔의 이론』에서 마오쩌둥의 파르티잔은 "토지적 파르티잔성"으로 규정되는 것이다. "마오의 혁명은 레닌의 혁명보다도 한층 더한 토지적 정초 위에 있다."(1961TP:61[122]) 마오쩌둥은 공간을 갖지 않는 보편적·절대적 계급적대를 일본 및 국민당이라는 구체적인 현실의 적 속에서 간취했다. 이렇게 "국민적인 향토를 가진 토지적 파르티

133) 슈미트는 잡지 『그리스도와 세계(Christ und Welt)』의 1956년 12월 6일자 추천도서란에서, "출신이나 문체, 역사상(像)이나 개인적 운명과 같은 모든 점에서 서로 근본적으로 다른 두 여성의 책", 즉 보베리의 『20세기 속의 배반』과 나란히 독일공산당 계열의 정치가이며 저널리스트이기도 한 루트 피셔의 『레닌에서 마오쩌둥으로』(1956)를 추천하고 있다(1956a). 나치스 시기가 되면 피셔는 동생이자 유명한 작곡가인 한스 아이슬러와 함께 부득이 국외로 망명하지만, 소련에 대해서는 비판적인 입장으로 일관했다. 도시 프롤레타리아트 중심의 세계혁명적 레닌주의로부터 토착적인 '농병(農兵)'에 기초한 중국공산당으로의(나아가서는 아시아 각지의 반식민주의적인 공산주의투쟁으로의) 이행에 관한 그녀의 분석(Ruth Fischer, *Von Lenin zu Mao. Kommunismus in der Bandung-Ara*, Düsseldorf/Köln 1956, S.145, 154f.)은 토착적 파르티잔으로의 회귀라는 『파르티잔의 이론』에서의 주장에 큰 영향을 주고 있다(1964TP:61f.[123-125]).

잔성을 국제공산주의의 계급적 적대와 결합”(1963TP:53[127])함으로써 절대적 적대는 다시금 현실적 적대로 회귀할 수 있었던 것이다.

> 마오의 정치이론의 핵심은 파르티잔성이며, 그 본질적 지표는 오늘의 현실적 적대이다. ……중국 파르티잔의 구체적이고 토지적인 현실과 비교할 때, 레닌은 적의 규정에 있어 무언가 추상적이고 지적인 데가 있다. (1963TP:65[130])

이리하여 슈미트는 중국과 소련 간의 대립에서 보이는 “모스크바와 북경의 이데올로기적 충돌”을, 보편주의적인 세계통일의 이념에 맞서 광역적 다원주의의 이념이 수행하는 투쟁으로서 파악하는 것이다. 『파르티잔의 이론』에서 주목한 독일의 마오주의자 요아힘 쉬켈은 1969년 4월에 플레텐베르크의 슈미트를 방문하여, 이후 1980년까지 4회에 걸쳐 행해지는 “결단주의자”와 “마오주의자” 간의 대화의 단서가 되는 “파르티잔에 관한 대화”를 나눈다.[134] 그 속에서 슈미트는 여전히 파르티잔에게서, 특히나 마오쩌둥의 파르티잔에게서 가능성을 발견하고자 하는 듯하다. 1966년 마오의 지도 아래 시작된 문화대혁명은 국가를 대신하여 정치적인 것의 새로운 담당자가 되고 있던 정당=당파가 다시금 제도적으로 경화되어 운명으로서의 관료주의에 사로잡힌 것에 저항하고자 했던 “올바른 파르티잔적 행위”라고 주장한 쉬켈에 슈미트는 찬동을 표한다(1970b:632f.). 슈미트는 나아가 “해양적 실존”이던 일본이 “대지의 민족”으로서의 중국에 대한 침략에 실패했던 것에 주목하

134) 슈미트와 쉬켈의 네 번에 걸친 대화는 모두 플레텐베르크에서 행해졌는데, 이는 북독일방송협회에서 라디오로 방송되었다. 첫 번째 「파르티잔에 관한 대화」가 1969년 4월에 행해진 이후(같은 해 5월 22일 방송), 1970년 2월에는 「후고 발에 관한 대화」가 행해지고(같은 해 3월 22일 방송), 1971년 1월에 행해진 「동지와 적」에 관한 대화는 슈미트의 몸 상태로 인해 쉬켈에 의한 대화보고의 형태로 같은 해 12월 9일에 방송되었으며, 마지막 대화는 슈미트 만년인 1980년에 행해져 1981년 1월 6일에 방송되었다. 이들 대화의 기록은 Joachim Schickel, *Gespräche mit Carl Scgmitt*, Berlin 1993에 수록되어 있다.

면서 말한다.

> 일본이 그렇게 침략을 개시했던 외관상의 우위는 애초부터 오래가지 못하는 것이었습니다. 이는 놀랄만한 일입니다. 왜냐하면 섬나라 영국이 18세기에 해양적 실존으로 이행한 이후에 얻은 우위는 영국에서 발단하는 이른바 산업혁명의 개시 이래로 1차 대전까지 계속되며 그 뒤로 서서히 몰락했기 때문입니다. (1970b:636)

슈미트는 구체적인 장소의 상실을 초래하는 바다의 시대가 이미 끝나고, 이제 다시금 대지로 회귀할 때가 왔음에 기대를 표하고 있는 것이다. "우리가 이제까지 알고 있는 파르티잔은 전형적인 방식으로 육지적이었습니다. 그것은 중국, 인도, 인도네시아—섬나라 인도네시아는 오늘 거대한 중국만큼 철저하게 육지적이지는 않습니다만—에만 한정되지 않습니다. 근동에서도 알제리아에서도 라틴 아메리카에서도 그랬습니다. 이 모두는 토지적이며 동시에 농업적입니다."(1970b:635)

실제로 2차 대전 이후의 세계 각지에서 전개된 파르티잔 전쟁은 '토지적인' 또는 '농업적인' 성격을 띠고 있었다. 혁명투쟁의 주체로서 대도시 프롤레타리아트를 전제로 삼고 있던 레닌에 맞서 마오쩌둥은 혁명의 투쟁기반을 오히려 농촌부분으로 이행시켰다. 이때 그는 "정치의 계속으로서의 전쟁"이라는 클라우제비츠의 테제에 충실하다. 즉 게릴라전이란 인민의 지지에 의해 비로소 지속적으로 수행될 수 있는 것인 한에서 단지 기술적인 군사수단이어서는 안 되는 것이었다. 그것은 그 토지에 고유한 정치적·경제적·사회적 조건에 깊이 뿌리내린 인민의 전쟁이 됨으로써만 비로소 군사기술적으로 우세한 상대에게도 이길 수 있게 되는 것이다.

이리하여 마오쩌둥의 이론은 주로 농촌경제로부터 성립하고 있던 아시아·중남미 지역에서 투쟁을 전개한 전후 파르티잔 이론가에게 범형이 되었다. 1959년 1월 피델 카스트로와 함께 쿠바에서의 혁명을 성공시킨 에르네스토 게바라는 그 저작『게릴라전쟁』(1960)에서 "아메리카 대륙의 저개발 국가들에 있어 농촌지대는 무장투쟁의 기본적 지역임"135)을 강조한다. "이들 지역에서 변혁을 구하는 인민의 투쟁은 우선 전적으로 토지소유형태의 변혁에 집중되기에 게릴라전사는 무엇보다 먼저 농업혁명가가 된다."136) 인민의 전쟁으로서의 게릴라전쟁은 단지 군사기술상의 방법이 아니라 지역에 따라 다른 사회적 조건들에 의존하고 있다. 그런 뜻에서 "파르티잔 전쟁의 '모델 케이스'는 존재하지 않"137)으며, 그것의 일반이론을 만들어내는 일이 중요한 것은 아니다. 궁극적으로는 이렇게 기술화와 일반화가 불가능하다는 바로 그 점에 슈미트가 말하는 파르티잔의 '토지적인' 성격의 근거가 있는 것이다. 그러하되 실제로 슈미트는 현대 기술시대에 있어 파르티잔이 여전히 계속 토지적일 수 있을지에 대해서는 의심을 품고 있기도 하다.

당초 좌익운동의 투사였으면서 1960년대 후반 망명한 쿠바의 경험을 계기로 오히려 극우적이라고도 할 수 있는 입장으로 전향한 귄터 마슈케는138), 그 저작『게릴라전사 비판』(1973)에서 카스트로나 게바라의 파르티잔 이론에 대한 비판을 전개하고 있다. "자신의 정치적 리비도를 카스트로에게서 끌어올려 슈미트로 교체한 1960년대 말엽의 실망한 활동가"139)인 마슈케는『파르티잔의 이론』에서 슈미트가 진단한 파르티잔의 운명을 "게바라주의"에서 확인한다. 즉 파르티잔의 "광범위한 기술화, 산업화, 탈농업화"(1963TP:28[50])가 그것이다. 결국, 인민의

135) 에른스트 체 게바라,『게릴라 전쟁』, 고지켄 다다유키 옮김, 츄코분코, 2002, 15쪽.

136) 같은 책, 19쪽.

137) W. Hahlweg, *Guerilla*, a.a.O., S.213.

138) 귄터 마슈케(Günter Maschke, 1943-). 독일의 저널리스트. 슈미트 저작의 편집자. 에른스트 블로흐의 학생으로서 좌익학생운동에 몰두했고, 1967년에 체포된 이후 1968년 쿠바로 망명한다. 하지만 1969년 말에 반혁명 혐의로 쿠바에서 추방당하고, 독일 귀국 후에는 슈미트의 영향 아래 보수적인 입장으로 전향. 1970년대부터 80년대 중반에 걸쳐『프랑크푸르트 알게마이네』의 논설에 관여하는 등, 80년대 이래로는『크리티콘』이나『융게 프라이하이트(젊은 자유)』등의 신우익 계열 잡지에서 집필활동을 행한다.

139) Jürgen Habermas, *Eine Art Schadensabwicklung*, Frankfurt a. M. 1987, S.108.

지지를 얻은 "혁명정치가"라기보다는 "일종의 군사적 도상圖上연습"에 얽매인 "사령관"이 되고 만 게바라는 "군사-조직적인 기술주의"의 손에 떨어지고 말았다는 것이다.140) 그 귀결로서 마오쩌둥의 경우와는 달리 게바라의 게릴라는 더 이상 "'인민'의 게릴라도 아니며 촉매작용을 가진 것도 아닌", 단지 "고립된 채로 무장한 하나의 당파"가 되어 패배하고 말았다는 것이다.141)

마슈케의 그러한 논의에 1970년대 유럽의 좌익 테러리즘의 경험이 반영되어 있음을 발견하는 일은 어렵지 않다. 독일 적군파(RAF)가 주로 무장투쟁의 교본으로 삼았던 것은 마오쩌둥이나 게바라 이상으로 기술적 방법론으로서의 성격이 강했던, 브라질 혁명이론가 카를로스 마리겔라의 『도시게릴라 교본』이었다.142) 게바라가 1967년 볼리비아에서의 혁명에 실패하고 살해당한 것을 받아들여 도시에서의 새로운 게릴라 전략의 지침을 제공한 이 저작은 선진국의 극좌 활동가들에게 이제 인민과의 연대는 2차적인 것이라는, 단순한 테러리즘의 방법론으로서 수용되었다. 인민의 전쟁은 이제 테러리즘의 기술로 추락한 것이다.

하지만 파르티잔의 장소상실은 기술에 의해서만 야기되는 것이 아니다. 자신에게 고유한 토지에 뿌리박은 파르티잔일지라도 그 '토지적인' 성격을 필연적으로 잃게 만드는 한층 더 큰 계기가 존재한다. 즉 이른바 '이해관계에 있는 제3자'의 존재가 그것이다. 애초에 역사상의 파르티잔 이론가들은 1970년대의 좌익 테러리즘과는 달리 결코 게릴라전에 환상을 품고 있지 않았으며, 그것을 그 자체로 이상화·절대화하지도 않았다. 프로이센의 군사개혁자들이든, 엥겔스, 레닌, 마오쩌둥이든 소전쟁이란 언제나 어떤 정규군과의, 나아가서는 외국세력과의 협동에 의해 수행되지 않으면 안 되는 것이었다.143) 이 '이해관계에 있는 제3자'로서의

140) G. Maschke, *Kritik des Guerillero*, a.a.O., S.108.

141) Ebd., S.122.

142) Vgl. Herfried Münkler, »Guerillakrieg und Terrorismus«, in: ders., *Gewalt und Ordnung*, a.a.O., S.148f., 159f.

143) Vgl. W. Hahlweg, *Guerilla*, a.a.O., S.50f., 82, 91, 157f., 220f., 224.

외국세력은 토착적 파르티잔에 물질적이고 이데올로기적인 지원을 행한다. 그러나 바로 그러한 '이해관계에 있는 제3자'의 관여에 의해 파르티잔의 그 '토착적인' 성격은 필연적으로 변질되며, 파르티잔은 세계정치의 배치 속으로 말려들어 가게 된다. 그리고 그것은 자신에게 고유한 토지와 전통을 지키고자 투쟁하고 있던 파르티잔을 어떤 비극적 상황 속으로 던져 넣게 될 것이었다.

Ⅲ. 이해관계에 있는 제3자

1. 이데올로기화된 파르티잔

슈미트가 바라듯, 2차 대전 이후의 식민지 해방투쟁 속에서 탄생한 파르티잔의 대다수가 '토지적' 성격을 보존하고 있었던 것은 사실이다. 그러나 1963년판 『정치적인 것의 개념』 서문에서 슈미트는 전후의 파르티잔이 그저 단순히 토착적일 뿐만 아니라 또 다른 측면이 있다는 것을 서술하고 있다. 즉 현대의 파르티잔 전쟁에서는 두 가지 경향을 발견할 수 있는데, "하나는 어떤 토지의 주민이 타국의 침략에 맞서 행하는, 그 본질에 있어 방위적인 토착적 저항이고, 다른 하나는 이해관계에 있는 제3자로서의 세계침략열강이 그러한 저항에 대해 행하는 원조와 통제이다."(1932BP:18[(1)99]) 바로 이 '이해관계에 있는 제3자(ein interessierter Dritte)'의 존재야말로 파르티잔 투쟁을 계속하기 위해서는 결정적인 것이다.

어떤 외국세력으로부터 자신의 토지를 지키고자 투쟁하는 파르티잔은 그것과는 다른 외국세력을 자기편으로 삼지 않으면 안 된다. 이 제3의 외국세력은 파르티잔의 토지를 침략하고 있는 외국세력과의 충돌하는 이해관계 속에서 파르티잔에 지원을 행하는 것이다. 실제로 토착적인 저항을 행하는 파르티잔에게는 거의 언제나 이러한 제3세력이 들러붙어 있었다. 1808년 이래의 스페인 파르티잔에게는 프랑스와 식민지 획득경쟁을 전개하고 있던 영국이 지원을 계속 했었고, 2차 대전 시기 독일이나 일본의 점령에 계속 저항했던 유럽 및 아시아 각지의 파르티잔에게는 미·영·소 등의 연합국이 끊임없이 물자를 원조했었다. 그리고 전후 식민지 해방투쟁에서는 서방측 구미 식민지 열강과 세계적 규모로 대립관계에 있던 소련이 세계 각지에서 파르티잔을 지원하게 된다. 그러하되 이렇게 이해관계에 있는 제3자를 자신의 투쟁에 끌어들임으로써 파르티잔은 고유의 토지로부터 분절되어 세계정치적 대립 속으로 편입되어 가는 것이다.

슈미트도 말하고 있듯이 '이해관계에 있는 제3자'란 애초에 롤프 슈뢰르스에게서 유래하는 말이다.[144] 파르티잔에 지원을 행하는 제3세력의 결정적 의의는 슈미트에 앞서 이미 슈뢰르스가 『파르티잔』에서 지적하고 있었던 것이다. 슈뢰르스에 따르면 동서 대립이라는 세계상황 속에서는 "동쪽에서의 모든 저항이 그대로 서방측의 이해에, 서방측에서의 모든 저항이 그대로 동쪽의 이해에 도움을 주거나, 도움을 줄 수 있는 것이 되었다."[145] 즉 이때는 아무리 파르티잔의 저항이 토착적인 것일지라도 더 이상 순수하게 자신의 토지를 지킨다는 것만을 투쟁의 의미로 설정할 수는 없게 되고 만다. 그것은 필연적으로 세계대립의 한 계기로 변질되는 것이다. 슈미트가 보기에 이해관계에 있는 제3자의 중요성과 파르티잔의 장소상실은 현대 투쟁기술의 발달에 의해 점점 더 높아지고 있었다.

> 기술적 투쟁수단의 끊임없는 상승은 파르티잔에게 최신의 무기와 기계를 제공하고 그것을 발전시킬 뿐인 기술-산업적 능력을 가진 동맹자의 계속적인 원조에 파르티잔 자신을 의존하도록 만든다. (1963TP:77[159])

---

144) 슈뢰르스와 슈미트에게 공통의 테마가 되고 있는 '이해관계에 있는 제3자'에 관해서는 Th. Schiller, »Rolf Schroers und Carl Schmitt. Eine Grauzone«, a.a.O., S.82f. 및 E. Horn, »'Waldgänger,' Traitor, Partisan«, a.a.O., S.140f.

145) Rolf Schroers, *Der Partisan*, a. a. O., S.249.

오늘날 기술시대 속에서는 파르티잔의 투쟁기술도 진보해가는 것이지만, 이는 다름 아닌 "이해관계에 있는 제3자의 권력도 증대시키는바, 최종적으로 그 권력은 혹성적인 규모로까지 이르게 된다"(1963TP:78[161])는 것을 뜻한다.

그러나 이해관계에 있는 제3자의 영향은 단지 그러한 기술적 측면에 한정되지 않는다. 그것은 이데올로기적 측면에서도 파르티잔에게 영향을 미치기 때문이다. 즉 파르티잔은 이해관계에 있는 제3자로부터 단지 물질적 원조만을 받는 것만이 아니라, 애초부터 그러한 원조를 얻기 위해 그 제3자에 의해 승인된 이념이나 이데올로기로 자신의 투쟁에 정통성을 부여하지 않으면 안 된다. 자기에게 고유한 토지의 방위라는 것만으로 투쟁의 정통성의 원천을 삼아서는 안 되는 것이다. 그런 까닭에 파르티잔은 세계강국이 내거는 이데올로기를 자신의 것으로 받아들일 필요성에 내몰린다. 이 제3자는 말하자면 "기술과 정치적 이데올로기의 동맹"[146]을 통해 파르티잔에게 영향을 미치는 것이다.

> 이 강력한 제3자는 무기, 탄약, 금전, 물질적 원조수단, 모든 종류의 약품을 제공하는 데서 머물지 않는다. 그것은 정치적 승인의 양식까지 조달한다. 비정규적으로 투쟁하는 파르티잔은 도적이나 해적과 같이 비정치적인 것으로, 여기서의 의미로는 범죄적인 것으로 영락하지 않기 위해 그런 정치적 승인을 필요로 하는 것이다. (1963TP:78[160])

파르티잔의 투쟁이 정치적 정통성 또는 대의를 보유할 수 있는 것은 그것을 승인하는 이해관계에 있는 제3자의 존재가 있기 때문인 것이다.

하지만 토착적 파르티잔이 이렇게 정치적 이데올로기를 몸에 걸치고 있는 것은 그 본래의 '토착적' 성격을 잃는다는 것을 뜻한다. 슐레르스와 슈미트는 이미 마그렛 보베리가 『20세기 속의 배반』에서 묘사해내고 있는 것처럼, 근대에 "조국"으로부터 "이데올로기"로의 충성관계가 변용

146) Ebd., S.20.

됐다는 진단에 따라 논의를 전개하고 있다. 즉 "이데올로기의 지배영역은 —사실상으로도, 또 그 요구의 관점에서 보더라도—단지 우연적으로만 영토적인 한정을 부과받는" 것이며, 그렇기에 "이데올로기는 조국이 아니다." 이제 "조국끼리의 싸움은 그 각각이 혹성 전체의 지배를 지향하는 이데올로기끼리의 싸움이 됐다."[147] 이렇게 토지적인 제약을 받지 않는 이데올로기의 보편화 가능한 성격에 의해 파르티잔의 장소상실이 야기되는 것이다. 동서 대립이라는 세계상황 속에서 파르티잔은 이해관계에 있는 제3자를 자기편으로 확보하고 자신의 투쟁의 정통성을 승인받기 위해 한쪽 진영의 이데올로기를 불가피하게 받아들이지 않으면 안 된다. 이와 함께, 토착적인 투쟁을 행하고 있던 파르티잔은 그 자립성을 박탈당하며 이데올로기적인 세계대립의 한 가지 요소로 편입된다. 슈미트는 말한다. "자신의 고향을 위해[Pro aris et focis] 죽는 향토의 토착적 방위자, 숲으로 갔던 국민적·애국주의적 영웅, 외국의 침략에 맞선 원뿌리적·토지적 힘의 대응이었던 모든 것, 이것들은 이제 국제적·초국민적인 중추의 지휘 속에 들어가게 됐다. 이 중추는 원조하고 지원해 주지만, 자신이 향하는 전혀 다른 종류의 세계정치적 목표를 위해서만 그렇게 하는 것이며 때마다의 사정에 따라 보호하거나 버리는 것이다."(1963TP:77[158])

슈미트가 이 무렵 특히 염두에 두고 있는 것은 동쪽의 마르크스주의 이데올로기이다. 왜냐하면 왕조적 혹은 국민적 정통성과 같은 다양한 정통성 원리가 요동치고 있던 당대, 그에게 단순한 합법성을 넘어서는 유일하게 남은 하나의 정통성 원리가 역사철학적 진보신앙에 기초한 "혁명적 정통성"밖에는 없다고 여겨졌기 때문이다. 레닌에게서 보이는 것처럼, 이 '혁명적 정통성'을 통해서만이 당대 합법·비합법의 모든 투쟁수단이 정당화되고 있는 것이다(1950LR:425[80]; 1985VA:448).

지금 존재하는 것은 혁명적 정통성 말고는 없다. 이 정통성은 모든 참화를

147) Ebd., S.42.

> 정당화하고, 모든 제국주의에 해방행위의 성격을, 모든 비인간성에 고차적인 인간성을 위해 봉사하는 조치의 성격을 하사하며, 전쟁과 내전, 계급 전체와 민족 전체의 말살과 같은 모든 것에 대해 세계정신의 사죄赦罪를 보증한다. 오늘 이 정통성은 동쪽에서 좌익에 독점되어 있다. (1991G:184)

좌파 쪽에 의한 이러한 정통성 독점으로 인해, 파르티잔은 많은 경우 마르크스주의의 이데올로기로 채비하고 투쟁하게 되는 것이다. 이렇게 토착적 파르티잔은 오로지 세계혁명적 파르티잔이 되어 나타나는 것이다. "파르티잔은 세계혁명적인 공격성으로 조작된 도구가 된다."(1963 TP:77[158])

슈미트는 이리하여 '토착적인' 혹은 '카테콘적인' 파르티잔의 혁명을 묘사해낸다. 이 카테콘적인 파르티잔은 이해관계에 있는 제3자의 손에 떨어짐으로써, 말하자면 역사의 가속자로서의 파르티잔으로 변모된다. 슈미트는 이 제3자를 통한 파르티잔의 변질을 "현대 모든 게릴라전쟁의 합법칙적 핵심"으로 간주하는 것이다.[148) 『진정한 요한 야콥 루소를 위해』라고 제목을 단 슈미트의 1962년도 논문은 이미 이해관계에 있는 제3자에 관한 슐레르스의 논의를 단서로 파르티잔과 마찬가지의 운명을 장 자크 루소 속에서 발견했었다. 거기서 슈미트가 문제시하고 있는 것은 (그가 생각하는) '진정한' 루소로부터 혁명사상가로서 루소로의 변질에 다름 아니다. 슈미트가 보기에 문명과 진보에 대한 회의를 줄곧 가지고 있던 루소는 "과잉 문명화된 세계 속에서 절망한 독행자"이고 슐레르스가 말하는 '최후의 인간'이다(1962b). 즉 슈미트에게 루소는 하나의 카테콘이었다. 그러하되 이 '진정한' 루소는 "모든 파르티잔과 마찬가지로 이해관계에 있는 제3자의 전혀 다른 종류의 이데올로기 체계로 빠져들어 갔다. 이 제3자는 자기를 위해 루소를 횡령하고, 때로는

148) H. Münkler, »Guerillakrieg und Terrorismus«, in: ders., *Gewalt und Ordnung*, a.a.O., S.171f.

전술적으로 때로는 전략적으로 그를 동원한다."(1962b) 이 제3자란 말할 것도 없이 프랑스혁명에서의 자코뱅파 혁명이론가이다. 역사의 진보에 적대하고 있었을 터인 루소가 진보신앙의 이데올로기로 회수되어 혁명사상의 대변자로 변모됐던 것이다. "진정한 루소상像"은 루소를 이용하려는 이해관계에 있는 제3자의 수중에서 소실되고 말았다는 것이다. 이에 맞서 슈미트는 그러한 제3자의 손에서 놓여나는 "유일한 탈출구"로서, "루소 자신이 쓰고 생각한 대로 그의 말로 이뤄진 텍스트를 읽어야 한다"고 주장한다(1962b). 그렇게 함으로써 진보와 혁명에 저항한 카테콘으로서의 '진정한 루소'를 되찾아야 할 것이었다.

그러나 애초에 (슈미트의 그런 루소 해석이 지닌 타당성은 일단 논외로 하고) 어떤 사상이나 인간이 타자에 의해 승인·수용되는 과정에서 고유한 본래적 존재방식으로부터 분절되는 것은 불가피한 일이 아닌가. 헤겔을 끌어들일 필요도 없이, 역사라는 것이 타자의 승인을 통해 형성되는 것인 이상, 그러한 고유성의 상실 혹은 장소상실은 필연적이라고도 할 수 있다. 슈미트는 이러한 역사의 힘에 관해 서술하고 있다. "세계정신은 언제나 새로운 괴물적 위력과 권력을 낳으며, 그럼으로써 고향에 충실한 파르티잔을 세계정치의 중추로부터 조종할 수 있고, 성실하고 고독한 사상가를 매스미디어의 프로그램으로 편입시킬 수 있다는 것을 우리는 경험으로도 알고 있다."(1962b)

슈미트 자신은 명시적으로 서술하지 않지만, 이해관계에 있는 제3자에 의해 자신의 본래적 장소로부터 떼어내진 파르티잔은 슈미트가 '그리스도교적 에피메테우스'라고 부르면서 문제 삼고 있던 비극적 행위자와 전적으로 동일한 이론적 위치값을 갖는다(그것은 나치 관여를 변명하기 위한 슈미트의 자기양식화이기도 하다).[149] 자신의 믿음에 따라 행동하

149) 1947년 켐프너의 심문이 있던 무렵, 자신의 학설이 나치스를 이론적으로 보강했다는 책임에 대해 질문 받은 슈미트는 의견진술서에서 동일한 사례를 들고 있다. "장 자크 루소를 자코뱅파의 테러 시기 프랑스에서 범해진 모든 범죄의 진정한 교사자로 간주하는 역사가는 존재한다."(2000AN:89) 비슷한 방식으로 국가주권이 초래한 재앙의 책임을 보댕에게, 남북전쟁의 책임을 칼훈에게 짊어지게 하는 따위의 논의들

는 이 행위자는 자신이 내다볼 수 없는 역사의 섭리에 의해 자신의 본래 의도와는 전혀 다른 목적에 봉사하게 되고 만다. 역사 속에서의 유한한 행위자인 그는 이러한 세계사의 아이러니 혹은 '이성의 간지'에 맹목적이지 않을 수 없는 것이다. 그런 까닭에 카테콘을 향한 의지를 갖고 있던 자도 언제나 세계사의 운동에 말려들어 '의지에 반하는 가속자'가 되고 만다. 그는 고차적인 제3자에게 속아 그 손 안에 떨어진 것이다. 마찬가지로 단지 자신에게 고유한 것을 지키고자 하면서 이해관계에 있는 제3자를 자기편으로 끌어들인 파르티잔 또한 이 제3자에 의해 속고 배반당한다. 토착적 파르티잔은 그 제3자의 손 안에서 자기 향토의 방어와는 전혀 다른 종류의 목적에 이용되는 도구가 되고 만다. 이 제3자는 "오래된 고향을 위해 죽는 파르티잔들을 전혀 다른 종류의 세계정치적 목적을 위한 수단으로 냉혹하게 이용한다."(1962b) 슈미트에게는 바로 그것이야말로 오늘날의 파르티잔이 직면하고 있는 곤경이었다.

2. 부조리한 시대: 파르티잔의 비극

이해관계에 있는 제3자는 토착적 파르티잔의 저항을 자기 자신의 정치적 이해관심을 위해 이용하고자 한다.

> 이해관계에 있는 제3자의 관점에서 볼 때 파르티잔은 대행적인 공격자이다. 이 제3자는 파르티잔의 요구를 옹호하고 지지하며 무기를 줌으로써 그 공격을 자기 자신에 의한 공격으로서 이용한다.[150]

파르티잔 투쟁 속에서 제3자의 이해관심을 반영하고 있는 것은 특히 2차 대전 중에 현저하게 보였던 경향이었다.[151] 도래할 동서 대립이

은 성립하지만, 슈미트의 말을 듣자면, 그러한 "이데올로기적 책임"은 그 학설이 가진 본래의 의도가 타자에 의해 비학문적·정치적으로 곡해·이용되고 마는 것에 무력한 이론가의 비극이며, 이론가 자신이 비난을 받아야만 하는 것은 아니다.

150) R. Schroers, *Der Partisan*, a. a. O., S.272.

서서히 부상하고 있던 대전 후반기에는 반파시즘 투쟁을 수행하는 유럽 각지의 저항운동도 동서 두 진영으로 분열됐던 것이다. 그때 파르티잔은 더 이상 그저 눈앞의 침략자인 독일과 싸우고 있는 게 아니다. 파르티잔들은 각각 지원을 받고 있는 동서 두 세력 중 어느 한쪽의 이해를 대변하는 자로서도 행동하게 되는 것이다. 하지만 그렇게 지원을 행하는 제3자에게 파르티잔은 그 제3자가 행하는 세계정치의 장기판 위에서 움직이는 말 하나에 지나지 않는다. 파르티잔은 "강력한 세계정치를 수행 중인 그들 중추를 위한 이동 및 교환가능한 도구가 될 뿐이며, 그 중추는 파르티잔을 공공연한 전쟁 및 보이지 않는 전쟁에 투입하거나 사정에 따라서는 잘라내 버린다."(1963TP:28[50]) 이러한 제3자의 배반 가능성이 파르티잔의 저항운동에 비극을 초래하게 되는 것이다. 즉 저항에 승리했음에도 파르티잔은 그 승리를 자신의 것으로 할 수가 없는 것이다. "중요한 것은 승리가 언제나 그 자체로 저항의 승리가 되는 것은 아니라는 점, 예컨대 이해관계에 있는 제3자의 승리가 되고 만다는 점이다."[152]

이런 사례들 중에서 전형적인 것 하나는 1차 대전 시기 오스만투르크에 대한 아랍인의 반란을 들 수 있다. 아랍인이 투르크로부터의 해방과 민족자결을 위해 행한 이 저항운동은 동시에 중·근동으로의 진출·확대를 노린 영국의 제국주의적 이해관심에 합치하는 것이었다. 바로 그 영국 정부의 에이전트로서 아랍인의 게릴라전쟁을 지원하게 됐던 T. E. 로렌스는 그 과정에서 이행관계에 있는 제3자와 파르티잔 간의 상극을 체험하게 된 것이다.[153] 그의 책 『지혜의 일곱 기둥』은 게릴라전쟁에 관한 방법론적인 저작인 동시에 영국을 향한 충성과 아랍인을 향한 믿음·의리 사이에서 찢겨진 그 자신의 내면을 증언하는 것이기도 하다.

1915년의 유명한 후세인-맥마흔 협정에서 영국이 아랍인에게 보증한 독립의 약속이 결국엔 공수표에 불과한 것임을 로렌스는 알고 있었다.

---

151) Vgl. W. Hahlweg, *Guerilla*, a.a.O., S.145f.

152) R. Schroers, *Der Partisan*, a. a. O., S.224.

153) Vgl. Ebd., S.283,

그럼에도 그는 그 약속을 내세워 아랍인들과 함께 싸워야만 했다. 이렇게 전쟁 중에 로렌스를 끝없이 시달리게 했던 것은 자신이 기만을 저지르고 있는 의식이었다. “여기 아랍인들은 나를 믿고 있다. ……거기서 모든 명성 따위란, 내 경우와 같이 전부 기만 위에 구축되어 있는 게 아닌가라는 생각이 드는 것이다.”[154] 이러한 의식을 로렌스는 승리의 새벽에는 영국의 의지를 거스를지라도 아랍인의 독립이 보장될 수 있으리라고 자신을 타이름으로써 떨쳐버리고자 했으나, 그것은 어차피 “자기기만”에 불과할 뿐이라는 감각을 불식시킬 수는 없었다.[155] 이러한 기만의 의식이 이 저작 속에서 로렌스가 자주 고백하는 감정, 즉 부끄러움의 감정을 야기한다.

> 거기서 나는 영국이 문자의 차원에서도 정신의 차원에서도 그 약속을 반드시 충실하게 이행하리라는 점을 그들에게 보증했었다. 그것만을 믿고 그들은 저 눈부신 일을 성취했다. 그러나 물론 나는 이 공동의 성취를 자랑하기는커녕 끝없이 심한 오욕감에 시달렸던 것이다.[156]

이해관계에 있는 제3자로서의 영국의 대리인이면서 동시에 아랍인의 해방과 독립을 위해 싸우는 로렌스는 말하자면 세계정치의 한복판에 던져진 파르티잔이 더듬게 되는 운명의 예감으로 고뇌하는 것이다.

이해관계에 있는 제3자에게 배신당한 파르티잔의 비극을 무엇보다 현저하게 드러내는 사건은 2차 대전 말기 1944년 8월부터 10월에 걸쳐 일어난 폴란드 바르샤바 봉기이다. 소련군의 도착을 기대하면서 나치스 독일에 맞서 봉기를 일으킨 폴란드 파르티잔이 바르샤바 바로 앞에서 진군을 멈춘 소련군에 의해 버림받은 이 사건은 슐레르스의 『파르티잔』에서 ‘이해관계에 있는 제3자’라는 주제를 시종일관하여 이끌고 있는

154) T. E. Lawrence, *Seven Pillars of Wisdom*, a. a. O., S.579.[(3)91]
155) Vgl. Ebd., S.283, 514.[(2)85, (3)84].
156) Ebd., S.283.[(2)84]

것이었다고 할 수 있다.[157] 폴란드 파르티잔에 대해 그런 제3자의 입장에 있던 소련군은 폴란드에서의 공산주의정권의 수립을 획책한 스스로의 정치적 이해관심에 따라, 서방측 런던에 망명 중이던 폴란드 임시정부의 주도로 이뤄진 이 봉기를 나치스의 진압에 맡겨버린다. 최종적인 승자는 바르샤바 점령 이후에 공산정권을 수립하여 자신의 목적을 달성한 소련이었다. 파르티잔은 승리를 자신의 것으로 할 수 없었으며 이해관계에 있는 제3자가 그 승리를 횡령하고 만 것이다.

이러한 비극적인 경위를 슐레르스는 "부조리한 승리 속에서 힘을 빼앗겨버린, 말할 수 없는 인간의 무력함"이라고 표현하고 있다.[158] 토착적 파르티잔은 이해관계에 있는 제3자의 지원 없이 승리를 거두기 어렵지만, 이 제3자는 파르티잔의 손에서 승리를 빼앗아가기도 하는 것이다. 자기 자신의 목적을 위해 싸우는 파르티잔이 실제로는 고차적인 제3자의 목적을 위한 도구에 불과하다는 것이 명확해진다. 바로 그 지점에서 슐레르스가 파울 첼란의 말을 빌려 서술하는 "현재를 증언하는 부조리함의 존엄"을 볼 수 있게 되는 것이다.[159] 슐레르스가 "부조리한 시대"라고 부른 현대에 토착적 파르티잔은 자신의 투쟁에 결여될 수 없는 제3자들 간의 정치역학에 의해 배반당할 가능성에 끊임없이 직면한다. 이제 파르티잔들은 좋든 싫든 그러한 '배반의 풍경', 즉 "불안전, 불안, 일반적 불신이 지배하는 한층 더 넓은 공간"(1963TP:76[156])으로서의 세계정치의 무대에서 활동하고 있는 것이다.

하지만 아무리 배반의 위험성에 노출될지라도 이해관계에 있는 제3자의 존재는 파르티잔에게 불가결한 것이라고 해야 할 것이다. 왜냐하면 "파르티잔이 정치적인 것의 영역에 머물면서 그저 범죄적인 것으로 영락

157) 이것에 영향을 미치고 있는 것 중 하나는, 때마침 1950년대 중반 이래 동유럽 세계의 탈스탈린주의화 속에서 동서 이데올로기 대립에 농락당한 이 폴란드 파르티잔의 비극을 여실히 묘사했던 안제이 바이다의 영화 〈지하수도〉(1956)가 공개됐던 일이다. Vgl. R. Schroers, *Der Partisan*, a. a. O., S.11f.

158) Ebd., S.229.

159) Ebd., S.225f. 슐레르스가 여기서 참조하고 있는 것은 1960년에 첼란이 게오르크 뷔히너 상을 수상했던 때에 행한 기념강연「자오선(Der Meridian)」이다.

하는 것을 원하는 게 아니라면, 다름 아닌 정통성을 필요로 하"기 때문이다. 아무리 이 제3자가 "이기주의적으로 생각하고 행동"할지라도, 즉 "자신의 이해관심에 따라 정치적으로 파르티잔 편에 서있다고" 할지라도, 그 제3자로부터의 지원은 "일종의 정치적 승인"이라는 점에는 아무런 변함이 없다(1963TP:93[190]). 그러한 정치적 정통성의 조달을 이해관계에 있는 제3자로부터의 승인 이외에 다른 방식으로 행하는 것은 극히 곤란하다. 투쟁의 정통성을 완전히 자기 자신만으로 설립하지 않으면 안 되게 되었던 파르티잔은 이제 많은 경우에 절망적인 상황에 빠질 따름인 것이다.

그러한 절망적 상황에 빠진 파르티잔의 사례로서 슈미트가 들고 있는 것은 프랑스의 알제리 식민지 포기정책에 반대하여 드골 대통령의 5공화정 정부에 맞서 무장투쟁을 전개한 비밀군사조직(OAS)의 지도자 라울 살랑 장군이다. 스스로가 조국을 향한 충성과 믿음에 따라 합법적인 공화국 정부에 반역한 살랑은, 슈미트가 보기에 1812년 12월 프로이센 정부의 방침에 반대하여 독단으로 대나폴레옹전쟁에 돌입했던 타우로겐에서의 요르크 장군과 비슷하다.[160] 그 둘 어느 쪽도 정통성 원리가 분열·다원화된 혼란의 시대 속에서, 자기의 책임 아래 '리스크 부담적'으로 행위했다는 뜻에서 파르티잔이라고 부르기에 어울리는 개인이었다.

그러나 1960년 살랑의 경우는 완전히 좁다란 길로 빠져버리고 말았다. 이는 그가 두 가지 투쟁을 동시에 수행해야만 했던 데에서 기인한다. 그는 요르크 등과 같은 1812/13년 프로이센의 군인들과는 달리 자신의 유일한 '현실적 적'이 어디에 속하는 누구인지를 결정할 수 없었다. 즉 살랑은 한편으론 드골의 프랑스정부에 맞서, 다른 한편으론 알제리 민족해방전선(FNL)과 같은 식민지 해방운동에 맞서 싸우지 않으면 안

---

160) 슈미트가 주장한 요르크와 살랑 간의 이러한 유사성에 대해 레이몽 아롱은 비판한다(R. Aron, *Penser la guerre, Clausewitz II*, a.a.O., S.219ff.[298-302]). 아롱에 따르면 1812년의 요르크와 닮은 것은 오히려 2차 대전 시기 북아프리카에서 독일의 괴뢰인 비시 정부에 반대하여 미국·영국과 함께 독일에 줄곧 맞섰던 드골 등의 레지스탕스이다(ebd., S.116ff.[158-163]).

되었던 것이다. 알제리 포기를 결정한 프랑스의 합법적 정부에 맞선 그의 파르티잔 전쟁은 세계적인 반식민지주의 흐름 속에서 그 어떤 제3자의 지지도 획득할 수 없었다. "살랑의 정치상황은 절망적인 비극에 빠지고 말았다. 왜냐하면 살랑은 국내적으로는, 즉 자기 조국에서는 비합법적인 것이 되고, 국외적으로는, 즉 세계정치에서는 이해관계에 있는 제3자를 발견할 수 없었기 때문만이 아니라 반식민지주의라는 강고한 적과도 정면충돌했었기 때문이다."(1963TP:93[190-191])

이리하여 살랑은 자신의 투쟁의 정당함을 자력으로 드러내지 않으면 안 되게 되었는데, 단순한 합법적 질서를 넘어선 고차적 정통성 또는 국민이념에 호소하는 그의 주장 모두는 그것을 승인하는 제3자가 존재하지 않는 이상, 국가의 합법성이라는 정부 측의 논거에 의해 단박에 거부되는 것이었다. 제3자에 의한 승인을 결여한 정통성 따위는 아무런 의미도 갖지 못한다. 그때는 다름 아닌 합법성이야말로 "정통성 자신의 합리적인 형태, 진보적인 형태, 더할 나위 없이 근대적인 형태, 한마디로 말하자면 그 최고의 형태를 훨씬 더 넘어서는 강력한 타당성을 갖는"(1963TP:85[174]) 것이다. 슈미트는 여기서 '합법성은 관료제의 기능양상이다'라는 테제로 자신이 거듭 반복해왔던 근대의 테크노크라시적 관료주의의 경향을 확인하고 있다. 이에 저항하여 정치적인 것을 재흥시킬 가능성을 간직하고 있던 것이 파르티잔이었지만, 그 파르티잔은 여기서 다시금 관료주의적 합법성의 손에 떨어지고 말았던 것이다. 가령 합법성이라는 것이 오늘날 위기에 처해 있는 것이라고 할지라도, "살랑의 사건은 의심의 대상이 되고 있는 합법성조차도 근대국가에서는 다른 모든 종류의 올바름보다 더 강력하다는 것을 보여주고 있다."(1963TP:86[177])

특히 프랑스에서는 1958년 5공화제가 탄생한 이래, 드골이 빈번히 "합법성"을 하나의 대의로 들고 나왔던 것에 슈미트는 주목하고 있다(BwSM:273f.). 독일에서는 "탈합법화를 수반하는 민주주의적 정통성"이 자주 거론되는 데에 반해, 프랑스에서는 "모든 정통성을 회피하는 공화주의적 합법성"이야말로 질서의 올바름의 원천이 되고 있다는 것이다(BwSM:246). 공화국의 합법적 질서에 맞서 자신의 올바름을 독자적인 힘을 통해 증명하고자 했던 살랑은 단지 범죄자로서 합법성의 힘에 굴복당할 따름이었다. "공화주의적 합법성이라는 것이 있고, 그것이 다름 아닌 공화국 정통성의 유일한 형식인 것이다. 그것 이외의 다른 모든 것은 진정한 공화주의자에겐 공화국에 적대하는 궤변일 뿐이다. ……법률의 주권성은 파르티잔의 비정규성을 비합법성이라는 치명적인 취약함으로 바꿔버리고 마는 것이다."(1963TP:85f.[175])

이리하여 저항하는 파르티잔이었을지라도 살랑은 공화국의 합법성에 의해 일개 범죄자가 되고 말았다. 이것이 자신의 정통성을 승인하는 이해관계에 있는 제3자를 갖지 못한 파르티잔의 운명인 것이다. 무엇보다 그러한 제3자가 존재했다고 할지라도 바로 그것에 의해 파르티잔은 배반의 위험에 노출되는 것이지만 말이다. 여기서 오늘날의 파르티잔이 직면하고 있는 곤경이 있다. 비정규적인 것이 정규적인 것에 비추어 정통화되기 위해서는 "두 가지 가능성만이 남는다. 기존의 정규적인 것으로부터 승인받거나 아니면 자력으로 새로운 정규성을 관철시키는 것이 그것이다. 이는 엄중한 양자택일이다."(1963TP:78[161]) 정통성을 부여해주는 이해관계에 있는 제3자를 갖거나 독자적 힘으로 정통성을 쌓아올리는 것, 이 둘 모두에서 파르티잔은 극히 곤란한 길을 더듬어가지 않으면 안 되는 것이다.

슈미트가 『파르티잔의 이론』에서 최종적으로 직면하지 않을 수 없었던 문제는 토착적 파르티잔이 순수하게 그 '토지적인' 성격을 유지한 채로 투쟁에서 승리하기란 어렵다는 것이었다. 기술이라는 이유에서든, 정통화의 필요성이라는 이유에서든 파르티잔은 단지 자기 자신의 토지만을 의지처로 삼아 투쟁을 계속할 수는 없는 것이었다. 가령 파르티잔이 자신의 향토를 지키는 일만을 목적으로 싸우고 있었다고 할지라도, 그 속으로는 불가피하게 그런 토착·토지를 넘어 투쟁을 더욱 보편화된 무대로 이행시키는 계기가 비집고 들어온다. 이와 관계된 그 어떤 것도 슈미트가 말하는 '절대적 적대'의 담당자인 '세계혁명적 파르티잔'에 한정된 이야기가 아니다. 그것은 1980년대 소련 침략 하의 아프가니스탄에서의 '무자헤딘'이나 니카라과 내전에서의 '콘트라'와 같이 사회주의적 혁명정부에 저항한 '반혁명적인' 파르티잔에게도 마찬가지이기 때문이다. 오히려 중요한 것은 역사의 가속에 저항하는 '카테콘적인' 파르티잔의 몰락이 갖는 필연성인 것이다.

윙거, 숄레르스, 슈미트 그 어느 쪽도 파르티잔을 특정 정치이념이나 이데올로기로 표시되는 도래할 미래를 위해서가 아니라 자신에게 고유한 과거와 전통을 위해 싸운 것으로 간주했다. 그러나 외국세력의 영향, 나아가서는 그 지배에 의해 일단 잃어버리게 된 전통의 소박함은 이제 일정한 이념성을 매개하지 않고서는 되돌릴 수 없는 것이다. 자신이 지켜야만 하는 것을 그렇게 이념화할 필요성으로 인해 의미부여를 행하는 이데올로기적 지식인이나 제3의 외국세력이 파르티잔 투쟁 속으로 비집고 들어올 여지도 생겨나는 것이다. 순수하게 토착적인 투쟁 따위란 존재하지 않으며, 그것은 언제나 보편화 가능성을 잉태하고 있기에 파르티잔은 자신의 전통을 넘어서는 더 큰 역사의 흐름에 말려들지 않을 수 없는 것이다.

> 전통의 파르티잔은 투쟁에 몸을 던졌을 때와 동일한 모습으로 투쟁으로부터 떠나갈 수가 없다. 그 자신은 패배할지도 모르며 승리할지도 모른다. 그러나 그가 지키고자 싸우고 있던 전통이란 언제나 투쟁에 패배한다. ……전통의 파르티잔이 행하는 투쟁의 잔인함이란, 그가 힘으로는 결코 벗어날 수 없는 자기 생활의 근대화에 대한 절망적인 복수이기도 하다.[161)]

슈미트의 말을 빌리자면, 역사의 가속은 파르티잔이 자기 자신에게 고유한 장소에 계속해서 머무는 것을 허용치 않으며 장소상실은 불가피하다는 것이다. 상황의 일회적·구체적 장소확정을 가능하게 하는 정치적

---

161) H. Münkler, »Partisanen der Tradition«, in: ders., *Gewalt und Ordnung*, a.a.O., S.140.

인 것을 순수한 형태로 되돌리려는 슈미트의 기도는『파르티잔의 이론』에서도 역시 곤란에 직면한다. 결국 전후의 슈미트가 일관되고 고민했던 것은 그러한 장소상실의 필연성에 다름 아니었던 것이다.

제6장 권력의 앞방前室〔대기실〕과 합법적 혁명 (1945년~1980년대 중반)

2차 대전 종결 이후의 이른바 '비非나치화'에 의해 이미 1945년 12월 29일 베를린대학 교수 지위에서 파면된 슈미트는 1947년 3월 19일 전범 혐의를 받고 연합군에 체포되어 베를린 반제의 수용소에 수감된다.[1] 슈미트가 연합군에 신병이 구속된 것은 이로써 세 번째였지만[2], 이번의 체포는 다름 아닌 뉘른베르크 전범재판에서의 기소와 관계된 것으로, 뉘른베르크로 이송된 슈미트는 거기서 3월 말부터 4월에 걸쳐 4회의 심문을 받게 된다.

그때 그는 취조관 로버트 W. 켐프너의 요구에 따라 4개의 의견진술서를 쓰고, 스스로의 나치 관여를 변명하면서 나치스 체제의 지배구조에 관한 소견을 서술하고 있는데[3], 거기에는 전후의 슈미트에게 결정적인

---

1) 2차 대전 이후의 이러한 일련의 체포를 둘러싼 사정에 관해서는, 간행되어 있는 슈미트의 뉘른베르크 심문에 대해 헬무트 크바리치가 써서 붙은 해설을 참조(2000AN:11-42). 또 P. Noack, *Carl Schmitt*, a.a.O., S.235ff. 및 R. Mehring, *Carl Schmitt zur Einführung*, 2.Aufl., a.a.O., S.87f.도 참조.

2) 슈미트는 대전 말기인 1945년 4월 30일, (나치 관여와는 관계없이) 소련군에 의해 베를린 자택에 구속되어 사정청취를 받지만 즉시 석방된다. 다음으로 그가 체포됐던 것은 1945년 9월 26일. 이때는 1946년 10월 10일까지 1년 이상 베를린 반제의 수용소에 구속되는데(도중에 5주 정도 뉘른베르크로 신병이 옮겨진다), 1950년에 출판된 『옥중기』 텍스트의 많은 부분이 이 수감 시기에 성립되었다.

3) 이들 4개의 의견진술서는 각기 다음과 같은 질문에 응답한 것이다. 즉 "당신은 히틀러의 광역정책에 대한 이론적 보강을 어느 정도로 뒤에서 밀어줬던 것인가"라는 질문(4월 18일의 진술서), "당신은 공격전쟁의 준비 및 그에 관련된 범죄행위에 결정적인 입장으로 협력했다"는 비난(4월 28일의 진술서), "라이히 장관 및 라이히 내각수상의 지위"에 관한 질문(4월 28일의 진술서), 그리고 "왜 독일의 국무차관들은 히틀러를 따랐던가"라는 질문(5월 23일의 진술서)이 그것이다.

것이 되는 몇 가지 사상적 모티프가 표명되어 있었다. 우선 그는 나치스에 대한 협력을 변명할 때의 논점을 지식인과 학문적 개념이 당대의 공공성 속에서 덮어쓰게 된 비극적 운명의 문제로 일반화한다. 거기서 질문되고 있는 것은 다양한 언어나 개념이라는 것이 원래의 의미를 잃고 모든 당파들 각각의 입장에서 임의로 이용될 수 있는 슬로건으로 퇴폐화되고 있다는, 말하자면 언어의 도구화 문제이다. 또 그 의견진술서에서 행해지고 있는 나치스 체제의 분석 속에서 슈미트는 두 가지 점에 초점을 맞추고 있다. 하나는 히틀러의 권력집중 문제에 있어 권력자 그 자체보다는 권력자에 접속하는 지위의 획득이야말로 중요한 문제로 떠올려지게 되었다는 것이고, 다른 하나는 히틀러의 권력 장악이 완전히 합법적인 형태로 행해졌다는 것이다. 그렇게 뉘른베르크에서의 의견진술서에 서술되고 있는 그 세 개의 주제(언어의 도구화, 권력자로의 접속, 합법적 권력탈취)가 당대의 법 상황에 대한 전후 슈미트의 비극적 견해의 기초가 되고 있는 것이다. 즉 구체적인 장소획정으로부터 잘라내져 기능화되고 중립화되었던 당대의 법은 그것을 도구적으로 이용하는 간접권력에 대해 완전히 무방비상태가 되고 있다는 것이다. 이리하여 이른바 '합법적 혁명'이라는 문제가 1978년에 발표된 슈미트 최후의 논문(『합법적 세계혁명』)에 이르기까지 줄곧 그의 관심을 점하게 되는 것이다.

자신의 학문적인 언설이 항간에서의 오해와 왜곡에 빛바래고 있다고 느꼈던 슈미트는 환멸 속에서 공공적인 장에서의 발언을 거부하는 태도를 취하게 된다. 전해지는 바에 따르면 1947년 5월 6일에 구류가 해제된 그는 석방 후의 처신 방식을 묻는 켐프너에게 이렇게 답하고 있었다. "저는 침묵의 안전 속으로 들어가는 겁니다."[4] 실제로 이후 죽을 때까지의 거처로 정해지는 고향 플레텐베르크로 5월 21일에 돌아온 이후의 슈미트의 지적활동은 전후 독일의 공공적 언설공간과는 인연이 먼 것이

4) Vgl. Claus-Dietrich Wieland, »Carl Schmitt in Nürnberg (1947)«, in: *1999. Zeitschrift für Sozialgeschichte des 20. und 21. Jahrhunderts*, 2 (1987), S.105. 크바리치는 무엇보다 "침묵의 안전"이라는 슈미트의 발언은 그 진위가 불확실하다고 지적한다(2000AN:40f.).

된다. 게렌, 포르스트호프, 베르너 베버, 후버 등 나치스에 일단 접근했으되 전후가 되어서는 대학 등에서의 공적 지위를 회복할 수 있었던 다른 학자들과는 달리 슈미트는 두 번 다시 공직에 복귀하지 못한 채, 메디치가의 정권회복 이후 피렌체에서 추방된 마키아벨리가 실의 속에서 지냈던 장소를 빗대어 '산 카시아노'로 이름 붙인 플레텐베르크 자택에서, '국내 추방'이라고도 부를 수 있을 은둔생활에 들어간다.[5] 그리고 전후 그의 사상 전달은 오로지 일종의 사적인 학문공동체를 통해 행해지게 된다.

그 무렵 슈미트와의 밀접한 지적 교류를 가진 서클들로서는, 연금 획득과 같은 사생활에 이르기까지 슈미트를 보살피는 일에 분주했던 '아카데미아 모랄리스'를 위시하여[6], 니콜라우스 좀바르트, 코젤렉, 케스팅 등이 속해 있던 하이델베르크의 알프레드 베버 서클, 뮌스터대학 요아임 리터의 '콜로기움 필로소피쿰'[7], 포르스트호프가 주재하는 '에프라하 세미나'[8] 등이 예거될 수 있다. 이렇게 슈미트로부터 적지 않은 영향을 받은 여러 사적인 학문 서클들이 형성됨과 동시에 1950년대

5) 슈미트가 처음에 자신의 주거를 '산 카시아노'라고 부른 것은 1956년 3월 26일자 윙거 앞으로 보낸 편지에서이다(BwSJ:298[297]; vgl. BwSJ:305f.[304]). 슈미트는 1970년에 주거를 한 번 신축하고 거기로 이사를 했는데, 그 집을 줄곧 변함없이 '산 카시아노'라고 불렀다(P. Noack, *Carl Schmitt*, a.a.O., S.284, 295f.). 1974년 8월 4일자 윙거 앞으로 보낸 편지에서는 '산 카시아노'라는 이름의 유래가 상세히 설명되고 있다(BwSJ:402f.[400-402]). 그것에 따르면 '산 카시아노'란 마키아벨리의 망명지 이름일 뿐만 아니라, 서기 300년경 그리스도교 박해 시절에 제자들에게 놀림감으로 죽임 당하는 형태로 순교한 성인 카시아노에게서 유래하는 것이기도 했다.

6) 주로 슈미트의 생활이 곤궁했던 1940년대 말부터 1950년대에 걸쳐 활동한 '아카데미아 모랄리스'에 관해서는 P. Noack, Carl Schmitt, a.a.O., S.253ff. 및 D. van Laak, *Gespräche in der Sicherheit des Schweigens*, a.a.O., S.52ff. 참조.

7) 1950년대 후반에 '콜로기움 필로소피쿰'에 모인 멤버로는, 헤르만 뤼베, 오도 마르크바르트, 뵈켄회르데, 위르겐 자이페르트, 로베르트 슈페만 등이 있다. 이 이른바 '리터 학파'에 관해서는 D. van Laak, *Gespräche in der Sicherheit des Schweigens*, a.a.O., S.192ff. 및 J.-W. Müller, *A Dangerous Mind*, a.a.O., S.116-132를 참조.

8) 바이에른주 밤베르크 부근의 요양지 에프라하에서 정기적으로 개최된 이 모임은, 1957년 가을에 최초의 회합이 있었고 포르스트호프가 죽기 직전인 1970년대 초까지 활동이 이어졌다. D. van Laak, *Gespräche in der Sicherheit des Schweigens*, a.a.O., S.200ff.

이후가 되면 플레텐베르크를 방문하여 슈미트와 개인적으로 교류를 나눈 많은 학자들이 나왔던바, 그의 주변에는 "연방공화국의 정치적 정신사의 전복적인 하층조류가 만들어진 것 같은 인상을 불러일으키는, 음모적이고 성별적聖別的인 성격을 띤 아우라"[9)]가 생겨났던 것이다.

그렇지만 공공성으로부터의 지적 퇴거와 은둔이 단순히 전후 슈미트의 전기적 사실에만 관계된 문제인 것은 아니다. 공공성(공개성)의 드러남 없는 침묵, 비밀, 혹은 '아르카눔秘奧(Arcanum)'이라는 문제는 곧바로 전후 슈미트의 중심적인 이론 문제에 다름 아니었다. 한쪽으로 슈미트는 그러한 비밀의 영역에서 전면적인 기술화에 의해 세계내전의 무대가 되고 만 당대 세계로부터의 '피난소'를 본다. 『옥중기』는 그러한 내면성으로 침잠한 고독한 자기성찰 속에서 구제를 요청한 저작이었다고 할 수 있는 것이다. 그러나 다른 쪽으로, 1938년의 『리바이어던』에서 슈미트는 사상·양심의 내면적 자유로 인해 사적 이성이 국가의 공적 권위를 침식하기에 이른 경위를 비판적으로 분석하고 있었다. 거기서는 비밀 속에 머물고 있는 비不가시적인 영역이 국가의 공공성을 위협하는 간접권력을 생성시키는 장으로 간주되고 있다. 곧 장소상실을 야기하는 또 하나의 '아르카눔'이 존재하는 것이다. 이를 문제시하고 있는 전후 슈미트의 이론적 모티프가 이른바 '권력의 앞방[Vorraum〔전실(前室)·대기실·앞마당〕]'이다. 그는 법과 왕권에 불확실성을 가져오는 비가시적 권력집행의 영역을 발견하는 것이다. 그리고 그것은 예외상태론을 그 급진적인 귀결로까지 이끌어가는 일에 다름 아니다. 이에 의해 1920년대 『정치신학』에서의 주권이론은 사실상 포기될 정도로까지 근본적인 변경을 재촉당할 것이다. 왜냐하면 주권자가 예외상태에 관하여 결정한다는 슈미트의 정식과는 달리 애초에 주권과 예외상태 사이에는 본질적인 어긋남이 존재하고 있는 것이기 때문이다.

법에 본질적으로 갖춰져 있는 해석과 적용의 여지, 곧 법의 '정치적

---

9) Jürgen Habermas, *Die normalität einer Berliner Republik*, Frankfurt a. M. 1995, S.114.

잉여가치'야말로 비밀의 권력 영역을 불가피하게 만들어낸다. 슈미트에 따르면 그것에 맹목이 된 자는 법이 정치적인 도구로 자의적으로 이용되는 '합법적 혁명'의 위기에 무방비상태가 되고 만다. 이러한 '합법적 혁명'에 대한 그의 걱정은 이미 전쟁 이전 '헌법의 파수꾼'이라는 문제 설정에서 알아챌 수 있는 것이지만, 바로 그 문제가 전후의 독일 연방공화국(서독)의 법적·정치적 실천을 강하게 규정하는 것이 된다. 서독은 '싸우는 민주주의'라는 슬로건에서 드러나듯이 단지 실정적인 헌법율의 준수를 요구하는 데서 멈추지 않고 그 기초를 이루는 '자유롭고 민주적인 기본질서(freiheitliche demokratische Grundordnung)'라는 근본가치를 좌우의 급진세력으로부터 방위하는 일에 거듭 큰 관심을 기울였다. 그리고 전후 독일에서의 그런 '헌법의 파수꾼' 역할은 (전전에 슈미트가 기대하고 있었던 것처럼) 비상사태에 있어 강력한 조치권한을 가지는 집행권력보다도 카를스루에에 설치된 연방헌법재판소에 위임되었다. 그러하되 (사법권이든 행정권이든) 초헌법적인 심급을 통해 질서의 '정상성(Normalität)'을 확보하려는 그러한 시도는 1960년대 이후 정치적 반란의 시기가 되면, 오로지 기존 질서의 유지를 지향하는 그 이데올로기적 성격이 크게 문제시되는 것이다.

I. 공공성과 비밀의 변증법

1. 전체적 지배와 정신의 자유

전후의 슈미트에게 일관되게 보이는 것은 자신이 나치스에 의한 압제의 희생자였다는 자기이해이다. 뉘른베르크에서의 심문에서 켐프너로부터 나치 관여에 대해 힐문을 받았던 슈미트는 1936년 12월 자신이 실각한 이유 중 하나가 『흑색 병단』에 실렸던 SS계 이론가로부터의 공격이었음을 거론하면서 오히려 나치스 체제 아래서 박해 받은 것은 자기였다고 거듭 변명하고 있다(2000AN:55, 65[53, 58]). 1937년 이후의 슈미트가 나치스 체제로부터 완전히 추방상태에 있었음은 사실이며, 또 친우 요하네스 포피츠가 1944년 7월 20일의 히틀러 암살계획에 가담해 체포·처형된 무렵의 슈미트는 자기 몸에도 위험이 미칠 것을 대단히 두려워하고 있었던 듯하다.[10] 이렇게 슈미트는 자기 자신을 전체적인 정치지배에 노출된 무력한 지식인이었다고 자기양식화하려 했던 것이다. 전후의 그는 "벌을 내릴 수 있는 자를 거역하여 글을 쓰는 것은 불가능하다(Non possum scribere contra eum, qui potest proscribere)"라는 마크로비우스의 잠언을 거듭 언급하고 있다(1950ECS: 21[139]). 슈미트의 말을 듣자면, 나치스의 압정 아래에서 스스로가 지식인으로서 취할 수 있는 선택지는 오직 '침묵'밖에는 없었다는 것이다.

그러나 슈미트는 그러한 침묵 속에서 전체적 지배에 저항하는 정신의 자유의 가능성을 발견하고자 했다. 『옥중기』에서 발견하게 되는 것은 개인의 내면적 자유를 향한 희망에 다름 아니다.

> [서양 합리주의의] 정신은 스스로의 긍지와 전술을 가지며, 양도할 수 없는 자유, 나아가 이렇게 말해도 좋다면 스스로의 수호천사를 갖고 있다. 그 정신은 그것들 전부를, 예컨대 망명이라는 형태를 취하지 않더라도, 리바이어던의 손톱 속에서조차 그것들 전부를 내면에서 지속한다. 이제까지 유럽에서 그 정신은 항상 스스로의 지하 성당이나 카타콤[지하묘지]을, 스스로의 새로운 형식이나 방법을 발견해낼 수 있었다.(1950ECS:21 [139])

그리고 바로 그런 정신적 자유의 가능성을 발견했던 점에 홉스의 의의가 있는 것이었다. 홉스가 권력에 의한 외적 지배가 미치지 못하는 사적 내면성을 보유했던 것에서 전체적 지배에 대항하기 위한 여지가 생겨났던 것이다. 『옥중기』에서는 "1938년 여름에 독일에서 출판된"

---

10) P. Noack, *Carl Schmitt*, a.a.O., S.232f.

"한 권의 책", 곧 슈미트 자신의 저작 『리바이어던』의 사상적 핵심이 드러나고 있는 한 대목이 예거되고 있다.

> 이미 하나의 국가 속에서 오직 국가권력이 조직한 공공성만이 인정될 때, 국민의 혼은 내면으로 숨겨진 길을 더듬기 시작한다. 이어 침묵과 정적이라는 대항력이 성장해간다. (1950ECS:21[139])

이와 관련해 1938년의 『리바이어던』에는 분명 다음과 같이 위와 유사한 문장이 들어 있었다.

> 실제로 공권력이 그저 공적인 것으로만 있게 되고 국가와 종파가 내면적 신앙을 사적인 것 속으로 떠밀어버릴 때, 국민의 혼은 내면으로 '숨겨진 길'을 더듬기 시작한다. 이어 침묵과 정적이라는 대항력이 성장해간다. (1938L:94[79])

그렇지만 1938년에 이 문장을 쓸 때의 슈미트의 의도는 『옥중기』의 그것과는 완전히 정반대였다.[11] 즉 당시의 그는 홉스의 국가가 자신의 지배권 밖으로 개인의 내면성을 내놓음으로써 정신에까지 미치는 전체성을 획득할 수 없었던 것이라고 비판한 것이다.

전쟁 이전 슈미트의 『리바이어던』에서 행해진 논의를 따르자면, 홉스에 의한 "내면과 외면의 분리"가 "외면적인 것에 대한 내면적인 것의 우위, 또 공적인 것에 대한 사적인 것의 우위"를 가져옴으로써(1938L:94[79]) 리바이어던인 국가는 안쪽에서부터 붕괴된다. 특히 스피노자를 시작점으로 하는 자유주의적 유대인에게 책임을 돌리는 그러한 내면적 자유로 인해 홉스의 국가는 "전체국가"일 수 없었다는 것이다. 거기서는 신앙의 내면적 보유에 대해 완전히 부정적인 견해가 구성되고 있다.

---

11) 그런 두 서술 사이에 있는 의미변화를 논하고 있는 것은 G. Meuter, *Der Katechon*, a.a.O., S.190ff.; R. Groh, *Arbeit an der Heillosigkeit der Welt*, a.a.O., S.153ff.

이 시기의 슈미트가 "전체전쟁[총력전]"을 수행하기 위해 필요하다고 생각하던 것은 오히려 한 민족의 정신적 전체성에 다름 아니었다. 서구 자유주의법학(혹은 영국적인 국제법)의 이데올로기에 의한 "정신적 종속"에서 해방되기 위해 "종교적·세계관적·정신적·도덕적 힘들을 동원할 수 있"(1937a:238[29])는 체제가 요구되고 있었던 것이지 결코 개인의 정신적 자유가 찬양되고 있던 게 아니었다. 바로 그런 입장에서 홉스 독해는 전후에 완전히 역전되는 것이다.

전후의 슈미트에게 자신의 『리바이어던』은 어느새 구약성서 속 요나를 집어삼킨 고래처럼 자신을 집어삼키려는 전체적인 정치권력의 공포를 체현하는 것이 되었다.[12] 그리고 내면적 자유는 그런 공포로부터의 피난소가 되는 것이다. 1965년의 홉스론 「완성된 종교개혁」에는 이렇게 써져있다. "한 사람의 사색하는 인간이 종파 내전의 공포 속에서 어떻게 스스로의 내면적 자유를 지키는가라는 문제를 홉스만큼 잘 보여줬던 이는 없다."(1965:160[278]) 『옥중기』에는 정치권력이 전력을 다해 국민을 그 내면에 이르기까지 장악하는 일의 불가능성이 주장되고 있다.

> 위험은 위험에 굴하지 않는 자들에게 새로운 힘을 불러일으킨다. 정신과 지성은 공적 활동의 분쟁과 마주해 의례적이며 꼼꼼하며 빈정거리는 태도로 응대하며, 최후에는 침묵으로 응한다. (1950ECS:21[138])

이리하여 슈미트는 압정 아래서의 정신적 자유의 보존이야말로 12년

---

12) 1948년 7월 11일이라는 날짜가 기입되어 있는 슈미트의 시 「예순 늙은이의 노래」에는, 요나서를 시사하면서 "나, 세 번 고기뱃속에 앉게 되었네"라는 구절이 나온다(1950ECS:93[182]; 1991G:177). 『주석집』에서 그 '고기'는 자주 '리바이어던'으로 바꿔 말해진다(1991G:8, 53, 69, 174) 슈미트가 "세 번 집어삼켜졌다"고 말할 때의 그 '세 번'이 언제를 가리키는지는 명시되어 있지 않지만, "1936년 이래"라는 서술로부터 판단하건대(1991G:174), 첫 번째는 『이색 병단』의 공격을 계기로 한 1936년 12월 실각 이후의 그가 나치스 체제 아래에서 강요받았던 불우함(나치스), 두 번째는 아마도 1945년 4월 소련에 의한 일시적인 구금(소련), 그리고 세 번째는 1947년 봄 뉘른베르크에서의 심문일 것이다(미국).

간에 걸친 나치스 시대에 자신이 경험한 것의 핵심이었다고 서술하는 것이다. 입장의 그러한 전환은 무엇에서 유래하는 것일까.

2. '침묵의 안전 속으로': 언어의 내전상태

켐프너의 심문에 대한 슈미트의 의견진술서에서는 당대 공공성의 현상에 대한 그의 불신을 발견할 수 있다. 그것은 공중公衆에 의한 학문적 개념의 왜곡이라는 문제와 관련된다. 슈미트는 자신이 나치스의 정책을 이론적으로 보강했다는 혐의를 반박하고, 광역질서론을 위시한 자신의 이론은 순수하게 학문적으로 수용되어야 할 성질의 것이었다고 강조한다.[13] 그러한 학문적인 교설이 문제가 있는 것이 된다면 그것은 공중에 의한 수용 쪽에 그 책임이 있다는 것이다. 슈미트의 관점에서는 "저널리스트나 선전자가 내 이름을 간판으로 이용했던" 것이므로 자신이 나치스의 정책에 "이론적인 보강"을 행했다고 볼 수는 없는 것이었다(2000: AN78). 학술적인 개념이 정치에 의해 수용될 때, 그 개념이 가진 본래의 의미가 왜곡되고 학문적으로 의도된 것과는 전혀 다른 프로파간다 목적의 슬로건으로 이용될 수 있다는 것이다.

> 어떤 저자가 자신의 연구와 사고 작업의 성과로서 전달하는 일은 학문적인 정신적 관습을 가진 자에겐 동일하게 학문적으로 사고된다. 곧 한층 더한 사고와 학문적 토론의 계기로서 사고된다. ……그러나 많은 청자나 독자는 자기가 듣고 싶은 테제나 정식을 그러한 뜻에서의 학문적 이해가 아니라, 숙려함 없이 자동적으로, 실용적인 사고방식이나 일시적인 목적과 관심에

13) "내가 강조하고 싶은 것은 그 [광역질서론 속에서의 유대인에 관한] 부분이 고도로 학문적인 문맥에서 유의하지 않으면 안 되는 대목이라는 점입니다. 의도의 차원에서도, 방법의 차원에서도, 표현형식의 차원에서도 그것은 순수한 진단에 다름 아닙니다. ……내가 말했던 것은 모두, 특히 이 문장은 동기에서도, 의도에서도, 학문적으로, 학문상의 테제로서 사고했던 것이며, 나는 감히 이 테제를 세계 속의 모든 학문적 합의체 앞에서 옹호하고자 했던 것입니다."(2000AN:54f.[53])

연결시킨다. (2000:AN78)

따라서 슈미트의 말을 듣자면, 자신의 광역질서 구상이 나치스의 확장 정책을 보강한 것처럼 보인다고 할지라도 그것은 슈미트 자신에게 책임이 있을 리 없는 것이다. 공중에 의한 학문적 개념의 그러한 정치적 이용은 학자로서의 그를 덮친 하나의 비극이었던 셈이다.

슈미트는 학문적 교설의 그런 왜곡을 단지 나치스 체제 아래에서만이 아니라 당대의 대중화된 공공성 일반의 특질로 포착하게 된다. 즉 당대의 공공성은 "의미의 변질"이나 "의미의 개찬改竄[수정·변형]"을 가져오는 "확성기"에 다름 아니라는 것이다(1950ECS:20[138]; 2000AN:88). 그렇게 전후의 슈미트에겐 공공적 언설공간에 대한 결코 없앨 수 없는 불신이 심겨지게 된다. "모든 확성기를 조심하라. 당신의 목소리를 거짓 공공성으로 반입하는 마이크로폰에 조심하라. 모든 확성기는 의미의 개찬자다. 세계공공성, 그것은 세계의 기만이다. 세계 속에 있는 것은 악마의 것이다."(1991G:172)

그런데 당대의 공공성 속에서 쓴다는 것의 의미는 이미 슈미트 초기의 풍자문 『브리분켄』(1918)에서 주제화되고 있다.[14] 거기서 가상되고 있는 세계란 대규모의 출판 경영체에 의해 모든 사람들이 일기를 쓰고 공표하도록 조직화되어 있는 "브리분켄의 나라"이다. 개인의 무엇보다 사적인 체험이 표현된 일기조차도 카탈로그적으로 집적시켜놓은 그 나라의 모습을 통해 슈미트는 쓰는 것이 일종의 자기초월적 행위가 되는 당대의 출판 공공성의 현상을 과장된 형태로 그려내고 있다. 즉 글을 씀으로써 자기 자신을 타자의 손에 맡기고, 그리하여 역사 속으로 편입되는 것이다.

14) 『브리분켄』에 관해서는 I. Villinger, »Politische Fiktion«, a.a.O., S.207ff. 외에, 특히 사노 마코토, 『근대 계몽비판과 나치즘의 병리』, 24-28쪽에서 상세히 검토되고 있다.

나는 쓴다, 고로 존재한다. 나는 존재한다, 고로 나는 쓴다. 나는 무엇을 쓰는가. 나는 자기 자신을 쓴다. 누가 나를 쓰는 것인가. 나 자신이 쓴다. 내가 쓴 내용은 무엇인가. 내가 내 자신을 쓴다는 것을, 나는 쓴다. 나라는 것의 이 자기만족적 순환에서 나를 끌어올리는 것은 무엇인가. 역사다! 따라서 나는 역사라는 타자기로 찍은 활자이다. (1918a:103[242])

비록 인간이 자기 자신을 쓰는 것이라고 할지라도, 그렇게 써지고 만 것은 어느새 자기의 소유가 아니다. 나는 씀으로써 단지 순수하게 자기 자신임을 넘어서 역사의 일부가 된다. 전기적 사실로서 써졌던 나는 어느새 자기 자신의 고유성이 아니라 역사에 속하고 있는 것이다. 쓴다는 것은 개인을 그 고유성의 바깥으로 데리고 나가기 때문이다. "우리는 유일성이라는 것이 환상임을 알아차리고 있다. 우리는 세계정신이 쓰고 있을 때의 그 손에 의해 재촉당하는 활자이고, 그렇게 쓰는 권력을 의식하면서 몸을 바치고 있는 것이다."(1918a:105[245]) 글을 쓰는 나는 이렇게 "세계사의 간지의 도구"가 되는 것이다.[15] 이 초기의 『브리분켄』에서 슈미트가 문제로 삼고 있는 것은 말하자면 공공공간에서의 언어화 행위에 본질적으로 수반되는 자기 소외라고 말해도 좋다. 이것이 전후의 학자나 이론가가 공공성의 한복판에서 경험하는 비극에 대한 통찰로 이어지는 것이다.

그 어떤 어휘나 개념도 공공성 속에 유통되면서부터는 그것이 본래 짊어지고 있던 의도로부터 잘라내어져 타자에 의해 임의로 해석·소비될 수 있는 도구가 된다. 달리 말해 이는 고유한 의미를 박탈당해 유명론적으

15) 여기서는 이미 '세계사의 아이러니'에 기만당한 '그리스도교적 에피메테우스'라는, 후년의 모티프가 이론적 싹으로서 발견될 수 있다. 그렇다고 『브리분켄』 속의 '나'라는 이가 단지 세계정신의 무력한 도구일 따름인 것은 아니며, 그 자체로, 세계정신의 능동적인 필자로서도 이해되고 있다. "우리는 세계사를 쓰면서 세계사와 의식적으로 하나가 됨으로써 세계사의 정신을 이해하고 그 정신과 동등한 것이 되며, 그렇게 동등하면서도—쓰게 됨을 그만두는 일 없이—또한 동시에 쓰는 자로서 존재하게 되는 것이다. 그리하여 우리는 세계사의 간지를 속이는 것이다. 세계사가 우리를 쓰는 한편에서 우리가 세계사를 씀으로써 말이다."(1918a:105[245])

로 도구화된 언어, 즉 '장소확정'을 잃어버린('장소상실'된) 언어의 문제에 다름 아닌 것이다. 슈미트는 "오늘날 언어의 바빌론적 혼란, 이데올로기 투쟁의 야만성을, 현재의 공공성에 있어 무엇보다 널리 흔하게 알려진 개념들이 해체되어 유독한 것이 되고 있음"(1950NE:6[5-6])을 개탄했다. 바로 그러한 언어적 혼란이야말로 내전상태라는 것을 특징짓고 있다는 것이다. 평화와 안정의 시대에는 각각의 말과 개념이 모든 사람들에게 일치되게 이해될 수 있는 확고한 의미를 보유하고 있다. 그러나 "공공연한 또는 은폐된 내전의 시대에는 모든 명시적·공공적인 말은 즉각적으로 전변하는 프로파간다적 슬로건의 수준으로 빠져들며 니힐리즘적으로 파괴된 개념의 혼란 속으로 함몰된다."(2000AN:88) 즉 내전상태에서는 동일한 말이라고 할지라도 적대하는 자들의 진영에 의해 각기 전혀 다른 의미로 이용되는 것이다.[16)]

> 내전 상황의 일부를 이루는 것은 적대 세력들이 더 이상 공통의 개념을 갖지 않고 모든 개념이 적대 진영에 대한 간섭이 된다는 것이다.(1991G:36)

진정으로 두려운 것은 서로 다른 대의가 상호 충돌하는 것이 아니다. 오히려 대립하는 자들이 동일한 어휘나 말을 사용하고 동일한 대의를 내세우면서도 그 이해하는 바가 서로 전혀 다른 사태야말로 훨씬 더 심각한 것이다. 슈미트가 공공성의 현상 속에서 발견했던 것은 그러한 언어적인 내전상태였던 것이다.

이리하여 언어의 의미내용의 혼란을 야기하는 당대의 공공성 아래에서는 이론가가 자신의 학문적 개념을 그 본래의 의미 속에서 고수하는 것이 곤란하게 된다.

---

16) 1955년 8월 23일자 윙거 앞으로 보낸 편지에서 슈미트는 말한다. "그런 까닭에 말의 의미를 둘러싼 싸움은 그 자체로 직접적으로 정치적인 싸움이기도 하며, 말은 성스러운 고양이처럼 훔쳐서 자기 것으로 삼는 일이 가능합니다."(BwSJ:284[283])

그때 공법의 연구자나 교사는 어떤 식으로든 자신의 자유로운 발언이나 자유로운 사상의 말꼬리를 붙잡히게 되며 딱지 붙여진다. 게다가 그러한 일을 행하는 자는 생애에 단 한 번도 자유로운 사상을 가져본 적이 없는, 정신의 그 어떤 자유와도 본질적으로 관계가 없는 자인 것이다. (1950 ECS:56[158])

공중에 의한 학문이나 이론의 변조·왜곡은 이미 피하기 어려운 것이다. 그렇게 슈미트는 당대의 학자·지식인이 놓인 상황에 대해 극히 비관적인 판단을 내린다. 『파르티잔의 이론』 말미에서 토로되고 있는 것은 개념이 의미의 변용을 입는 것에 대한 이론가의 무력함이었다. "이론가는 개념을 유지하고 사물을 이름 짓는 일, 그 이상의 것을 할 수 없다."(1963TP:96[196]) 과거 나치스 시기의 슈미트는 민족 고유의 법질서를 설립하기 위해 서구 자유주의의 영향을 받았던 기존의 법 개념을 적극적으로 해석변경해가는 의미론적 언어실천을 강하게 주장하고 있었다. 그런 능동적 언어정치에 대한 요구는 전후가 되면 이미 보이지 않는 것이 된다. 전후에는 이론가 자신이 이야기한 말의 의미조차도 이미 이론가 자신의 뜻대로는 될 수 없다는 것에 대한 체념에 가까운 인식만이 남는 것이다.[17] 현대의 지식인들이 몸을 두고 있는 상황은 저 멜빌의 소설 주인공 베니토 세레노의 그것, 즉 자신의 의지에 반하여 어쩔 수 없이 반란노예들에게 조종당한 선장의 상황에 비슷하다는 것이다(1950ECS:75[170]). 그들에게 평온을 줄 수 있는 것은 공공적 공간에서의 언어형식을 포기하고 유일하게 남겨진 자유의 공간인 내면성으로

17) 1955년 8월 10일자 윙거 앞으로 보낸 편지에서는 이렇게 말하고 있다. "제가 생각하기엔, 저자가 말의 변전하는 의미의 뒤를 쫓는 일은 불가능합니다. 말의 발전도 오늘날에는 기계화되고 있습니다. 그러한 경쟁에 말려들지 않으면 안 된다는 것입니까."(BwSJ: 279[277]) 그리고 이 대목에 다음과 같은 문장을, 윙거에 대한 물음으로서 부가하고 있다. "당신은 말씀하셨습니다, 자기 자신에 대한 주석을 행하는 자는 자신의 수준 이하로 내려간다고. 그렇다면 경쟁에 끌려들어감으로써 자신의 말이 텅 비게 되고 왜곡되어버리는 자는 어찌하면 좋단 말입니까."(BwSJ:280[278])

물러나 숨는 것일 따름이다. 곧 '침묵의 안전 속으로'.

3. 학문의 아르카눔秘奧, 기술의 보편성

『주석집』은 1927년에 출판된 줄리앙 방다의 유명한 저작 『지식인의 배반』에 대한 서술에서 시작하고 있다. 그러나 거기서 슈미트의 의도는 이성의 보편성을 포기한 지식인의 현실주의적 순응을 비난했던 방다의 의도와는 전혀 다른 것이다. 곧 슈미트가 보기에 "지식인의 배반이란 오히려 지식인에 대한 배반까지도 의미할 수 있"(1991G:3)는 것이었다. '지식인의'라는 소유격을 목적어로 해석함으로써 슈미트는 방다와는 반대로, 지식인 쪽이 대중에 의해 배반당하는 사태를 문제시한다. 즉 학자가 공공의 장에서 이야기하면 할수록 그 학문내용은 대중에 의한 의미의 변조와 왜곡에 노출되는 것이다. 그 어떤 학설이나 이론도 공공성 속에서는 그것이 가진 원래의 의미가 누락되고 만다. 그런 한에서 그 본래적인 의미는 결코 공공적인 것이 될 수 없는 학문의 '아르카눔'을 이루고 있다.

> 모든 상황은 스스로의 비밀을 가지며, 모든 학문은 스스로의 **아르카눔**을 품고 있다. (1950ECS:75[170])

슈미트가 말하려는 것은 어떤 학문에도 그것이 산출된 특정한 구체적 상황이나 그 발안자의 본래 의도가 일회적인 경험의 핵심으로서 내재하고 있다는 것이다. 그 핵심은 보편화 가능성을 으뜸으로 하는 공공성의 빛 아래서는 파괴되고 마는 것이다. 모든 학문적 저작에는 그 저자에게 고유한 일회적 경험이 비밀로서 포함되어 있는 것이다.

전후의 슈미트는 거듭 1938년도 『리바이어던』의 「소개 선전문」이라 할 메모 하나를 지인 앞으로 보내고 있다. 거기서는 그 저작의 '비교秘敎적인' 성격에 주의가 환기되고 있다.

> 주의하십시오! 이 책은 철두철미 비교적인 책이고 거기에 내재하는 비의秘儀는 당신이 이 책에 빠져들어 갈 만큼 고조되어가고 있습니다. ……이 책이 당신과 만나게 되는지, 이 책의 비의가 허락되는 사람들 속에 당신이 속하게 되는지 그때를 기다리십시오. 이 책의 운명과 그 독자의 운명은 숨겨진 방식으로 연관되어 있습니다. 나는 당신에게 마음으로부터의 우정을 담아 말합니다. 아르카눔으로 돌진할 것이 아니라 당신이 알맞은 형태로 거기로 끌어들여질 수 있도록 그것이 허락할 때까지 기다리십시오. (BwSJ:38f.; BwSJ:192f.[185])[18)]

『리바이어던』에는 무리하게 공공성 아래로 끌어내져서는 안 되는 '아르카눔'이 있는 것이다. 즉 슈미트는 이 저작이 당시 그 자신의 사적인 체험을 암암리에 표현하고 있는 것으로 간주하고 있다. 전체적 지배를 피하여 정신의 자유를 주제화한 (것이라고 전후에 사후적으로 의미부여된) 1938년도의 그 저작은 1937년의 실각 이후에 나치스의 압정 아래서 슈미트가 어쩔 수 없이 하지 않을 수 없게 됐던(그렇게 그 자신이 주장하는) "침묵"과 "국내 망명"의 상황을 보여주고 있는 셈이다.[19)] 공공의 독자들은 그 저작의 핵심에 있는 그러한 일회적 상황을 이해할 수 없을 뿐만 아니라 그들의 손으로 그것을 파괴해버리고 만다. 저자의 일회적인 경험은 '확성기'로서의 공공성으로부터 지켜져야만 하는 '아르카눔'에 다름 아니다. 그리고 슈미트는 무룻 모든 저작들 속에는 그 역사적 일회성으로 인해 산출되는 그러한 비밀이 내재하고 있다고 생각했다. 그는 1956년에 출판한 『햄릿 또는 헤카베』에서, 셰익스피어의 희곡 『햄릿』 속에는 결코 밝은 곳으로 나오지 않는 일회적 역사의 비밀이 포함되어

---

18) 이 메모는 "베니토 세레노"라는 이름으로 서명되어 있고, 『리바이어던』이 출판된 때인 "1938년 7월 11일"이라는 날짜가 박힌 채로 "1945년 6월 확인"이라고 되어 있지만, 실제로는 집필 자체가 종전 직후의 일로 여겨진다. Vgl. R. Groh, *Arbeit an der Heillosigkeit der Welt*, a.a.O., S.135ff.

19) P. Noack, *Carl Schmitt*, a.a.O., S.225.

있고, 그것이야말로 독자에 의해 완전히 해석되어버리는 것을 허락하지 않는 비극성의 원천이며, 그것이 이 희곡의 위대한 신화형식적 힘을 만들어왔던 것이라고 주장했었다.[20]

이리하여 전후의 슈미트는 공공화된다는 것에 저항하려는 학문의 비교秘敎적인 성격을 강조하게 되는데, 이와 동일한 것이 때마침 같은 시기인 1940년대 후반부터 1950년대에 걸쳐 코제브와 레오 스트라우스 간의 논쟁 속에서도 중심적으로 문제화되고 있었다.[21] 크세노폰의 『히에론』에 대한 해석을 둘러싸고 전개된 그 논쟁에서는 관조적인 인간으로

---

20) 슈미트가 『햄릿』에서 발견하고 있는 비밀이란, 『햄릿』의 줄거리 그 자체로 잘못 알고 있을 뿐인 16세기 영국의 동시대사적인 사실, 즉 햄릿의 모델로 여겨지는 제임스 1세의 어머니 메리 스튜어트가 애인 보스웰과 공모하여 자신의 남편이자 제임스의 아버지인 헨리 단리 경을 암살했다는 억측상의 사실이다. 『햄릿』에서는 다름 아닌 "극중으로의 시대의 침입"이 드러나는 것이다. 그러나 동시에 극중에서 그 "여왕의 죄"는 "터부"로서 명시화되지 않은 채로 있다. 따라서 『햄릿』의 핵심에는 배경을 이루고 있는 동시대의 일회적인 역사상황이 하나의 수수께끼로 붙박여 있는 것이다. 그런 까닭에 "이 희곡의 시간과 장소와 줄거리의 통일성은 닫혀 있지 않고, 순수하게 자폐적인 과정을 만들어내지 않는" 것인바, 이는 분명 "연극의 관점에서 보면 결점"이겠지만, 그러나 그런 "소여성"의 침입에 의거해서야말로 『햄릿』은 진정한 "비극"으로 높아질 수 있었던 것이다(1956HH:46[55-56]). 비극성이 생겨나는 것은 주관이 "뒤엎을 수 없는" 것으로서의 "객관적 현실"에 직면하게 될 때이다. "뒤엎을 수 없는 현실이란 침묵하는 바윗덩어리인바, 그것 앞에서 연극의 장난〔유희〕은 깨져 흩어지고 진정한 비극성의 물보라 거품이 일어난다."(1956HH:47[57]) 슈미트에게 주관의 "심각함(Ernst)"은 자기 스스로가 뜻대로 할 수 없는 역사적 현실과 마주하게 되는 "심각한 사례(Ernstfall)" 속에서 생기는 것으로, "비극(Tragödie)"은 바로 그 점에서 "애도극(Trauerspiel)"과는 엄격히 구별된다. "〈연극의 장난[Spiel]〉이 시작되는 곳에서 비극성은 정지한다."(1956HH:42[50]) '연극의 장난'에 있어 모든 객관적인 것은 주관성의 자유로운 활동의 기연機緣[기회·계기]으로 이용될 따름이며, 그것은 말하자면 '정치적 낭만주의'의 표현인 것이다. 이에 맞서 비극에서는 결코 주관의 손에 떨어지지 않는 수수께끼와 비밀이 줄곧 남는다. 『햄릿』에 내재하는 그러한 비밀이 다수의 새로운 해석가능성을 끊임없이 낳게 되는 것이며, 그리하여 『햄릿』은 일개 비극일 뿐인 게 아니라 근대의 '신화'로까지 될 수 있는 것이다. 슈미트는 『옥중기』에서도 고독 속에서 자기 자신과 대화하는 자를 두고 "자기기만"으로부터 벗어나게 하는 "객관적인 힘"이라고 언급하고 있다. 참된 자기인식을 가능케 하는 것으로서의 "적"이 곧 그것이다(1950ECS:88ff.[178]).

21) 스트라우스와 코제브의 논쟁에 관해 간명히 소개하고 있는 것은 D. Auffret, *Alexandre Kojève*, a.a.O., S.331ff.[479-486] 및 M. Meyer, *Ende der Geschichte?*, a.a.O., S.179-202.

서의 현인만이 진정으로 자기충족적일 수 있다고 하는 스트라우스와, 인간이 만족을 얻는 것은 보편적 승인을 둘러싼 정치투쟁을 통해서만 가능하다는 코제브가 대립한다. 그리고 그 둘의 크세노폰 해석과 왕복서간을 모은 단행본이 1954년 프랑스에서 출판됐을 때(독일에서는 1950년대 중반부터 코제브와 교류가 있던 로만 슈눌 등의 편집으로 1963년에 독일어로 번역·출판되었다), 이미 1930년대부터 스트라우스와 교류하면서 코제브에 대해서도 그 평판을 듣고 있던 슈미트는 재빨리 그것을 훑어보고 1954년 8월 30일자 몰러 앞으로 보낸 편지에서 다음과 같이 감상을 쓰고 있다.

> 저는 마침 (갈리마르에서 출판된) '참주정치'에 대한 스트라우스의 책을 거기에 수록되어 있는 A. 코제브의 논문과 함께 읽었던 참입니다. 이것들 모두는『옥중기』20쪽 및 21쪽(칼 만하임에 대한 회답)의 장황한 변주에 지나지 않습니다. (BwSM:171)

여기서 예거되고 있는『옥중기』의 해당 페이지는 바로 외적인 압제에 직면한 철학자의 정신적 자유가 서술된 부분이다. 슈미트는 스트라우스와 코제브의 논쟁 속에서 학문의 아르카눔과 정치적 공공성의 관계를 둘러싼 자기 주제의 반복을 보았던 것이다.

스트라우스와 완전히 동일한 이유 때문인 것은 아니지만 슈미트 또한 학문적인 앎의 비교성을 지키고자 했다. 학문적 앎이 공공화되면 그 발안자의 원래 의도로부터 분절되어 대중에 의해 임의로 이용되고 중립적인 도구로 변질되기 때문이다. 슈미트가 두려워했던 것은 바로 그러한 앎의 기술화였다. 그는 한스 프라이어의 고희 기념에 붙인 1957년도 논문 속에서 "앎과 권력의 관계에 관한 질문"을 두고, "현자인 철학자가 참주에게 조언하는 것이 허용될 수 있는가"에 관한 "레오 스트라우스(시카고)와 알렉상드르 코제브(파리)라는 두 중요한 철학자" 간의 "자극적인 논쟁"을 다룬 다음, 아르키메데스에 관한 프라이어의 논문을 지시하고 있다. 발명자 아르키메데스는 시라쿠사에서 "체제가 어떻게 변하든 개의치 않고 대단히 터무니없는 전쟁기계를 만들어냈다. [프라이어의] 이 논문에 보이는 명제란, 시라쿠사로부터 히로시마까지는 일직선이라는 것이다."(1957b[32]) 자연과학이든 정신과학이든 앎은 언제나 기능화된 기술로 변질될 수 있는 것이고, 그렇게 앎은 그 고유한 논리를 따라 현대적인 섬멸수단으로까지 발전해간다.22) 이처럼 보편적으로 이용 가능하게 된 기술이야말로 '아르카눔'을 잃은 학문적 앎의 운명인 것이다.

앎이 기술로 타락하지 않기 위해서는 앎은 언제나 어떤 특정한 구체적 상황이나 일회적인 장소에 결부되어 있지 않으면 안 된다. 특히 슈미트는 법학이 직면한 현상을 염두에 두고서는, 실증주의에 의해 기술화·기능화된 당대의 합법성에 저항한 "법의식의 최후 피난소"로서 그 본래의 구체적 장소에 뿌리박고 있던 "유럽법학"에 호소했다.

> 근대 자연과학을 통해 권력자는 누구라도 섬멸수단을 손에 넣을 수 있게 됐지만 그런 섬멸수단의 공포 속에 있을지라도, 남김없이 자기 자신 아래로 되돌려진 법학이라면 그 정신의 맹아는 모든 박해자들로부터 지켜지고 있는 비밀의 지하성당을 발견할 방도를 알고 있을 것이다. (1950LR: 426[80])

비밀의 여지를 잉태한 학문이라면 도구나 기술로 환원되지 않고 자신이 뿌리박은 고유의 장소를 발견할 수 있다는 것이다. 요컨대 결코 공공화되지 않는 아르카눔이란 보편화 가능성에 저항하는 역사적 일회성의

---

22) 『주석집』에서는 정치권력이 임의로 이용할 수 있는 중립적인 기술에 학문적인 앎을 변질시키고 말았던 것이 "지식인의 배반"으로 불리고 있다. "무엇보다 두려운, 본래적인 〈지식인의 배반〉이란 다음과 같은 점에 있다. 즉 생시몽, 콩트, 텐느 및 이들 모두의 Siecolisme 이래로 참된 정신력을 뜻하게 된 자연과학, 바로 이 자연과학이야말로 스스로가 발견한(최종적으로는 원자폭탄 같은) 새로운 무기를 정치권력에게 넘겨주게 됐던 것이다."(1991G:198)〔원어로 노출된 단어는 원문 그대로임. 의미불명.〕

표현에 다름 아니다. 결코 이 아르카눔을 잃어버려서는 안 되는 것은 그것이야말로 학문적 앎의 '장소확정'을 가능하게 만들기 때문이다. 이와는 달리 공공성이란 언제나 학문의 '장소상실'을 야기한다. 공공성에 대한 슈미트의 반발은 역사적인 것의 고유성과 일회성을 파괴하는 기술에 대한 불신이었던 것이다.

4. 공공성의 구조전환을 둘러싸고

슈미트에게 당대의 공공성은 모든 것을 그 본래의 장소로부터 갈라놓고 그 고유의 의미를 몰래 고침으로써 파괴한다. "이 [공공성이라는] 무대 위에서 춤추는 자는 그가 무엇을 진술하고 있는지의 문제와는 아무 상관없이 ……이미 심판당하고 있다."(1991G:226) 그리고 그는 '침묵과 정적이라는 대항력'을 가지고 그러한 공공성에 반항한다. 그러나 슈미트가 모든 공공성을 거부하고 오직 비밀 속으로 물러나 숨는 것만을 원했던 것은 아니다. 장소확정을 파괴하는 '거짓 공공성'과는 다른, 구체적 장소를 향한 확정과 일체인 '참된 공공성'이 존재하기 때문이다.

애초에 슈미트에게 장소확정의 행위란 본래 비가시성이나 익명성으로의 후퇴와는 서로 대립하는 것이었다. 구체적 인격으로서 공개적 장에 드러남 없이 익명의 지배를 행사한다는 것은 정확히 그가 비판하는 '간접 권력'의 특징에 다름 아닌 것이기 때문이다. 슈미트가 말하는 '참된 공공성'이란 법질서가 구체적으로 일회적인 모습으로서 가시화된다는 것이다. 그것을 가능케 하는 하나의 이념적인 행위가 "법을 정초하는 원原-행위"(1950NE:16[18])로서의 '취득'인 것이다. 이 행위가 행해지는 순간에는 그 어떤 법질서도 근원적으로는, 그렇게 취득된 특정한 구체적 토지에 뿌리박고 있다는 것이 오인의 여지없이 드러나기 때문이다. 장소확정이란 결코 추상적인 규범이 아니며 법질서의 구체성을 가시적으로 현전시키는 것이지 않으면 안 된다.

슈미트가 장소확정을 가시성이나 공개성과 분리될 수 없는 것으로 사고하는 것은, 그가 "취득"과 "이름" 사이에서 밀접한 연관을 보고 있다는 점에서도 분명하다. 언어는 단지 도구화된 커뮤니케이션 수단이 아니다. 언어는 본래적으로는 "신의 수육受肉〔인간의 육체를 받은/입은 신〕"과도 비슷한 "가시화"의 행위를 의미하고 있다(1917:79[101]). 그리고 언어의 근원적 기능은 "명명命名"에서 드러나는 것이다. '취득'도 '이름'도 고유한 것과 일회적인 것에 가시성을 부여하는 행위에 다름 아니다. 그는 한 편지에서 이렇게 쓰고 있다. "사물을 취득하는 것(취득[Nahme])과 그것에 이름[Name]을 붙이는 것은 동일한 것입니다. 이는 *Νομος*[노모스]이고 *ονομα*〔오노마〕[이름]입니다."(BwSJ:284[283]) 슈미트의 1959년도 논문 「노모스, 취득, 이름」의 여러 곳에서는 이미 '노모스'와 '취득'의 어원적 결속에 더하여 '이름'과의 관련성이 논의되고 있다. 그의 해석에 따르면, 그것들은 "비밀 속에 머무는 비가시적이며 익명적인 권력으로의 악마적 유혹"을 극복하고자 하는 "가시성, 공개성, 대관〔식〕"의 표현인 것이다(1959:584). '취득'이나 '명명'의 행위에서는 비인격적 추상성이나 익명성이 타파되고 근원적인 고유성이나 사건의 일회성이 현전화된다는 것이다. "취득과 이름의 위대함은 그것들과 함께 추상이 정지되고 상황이 구체적으로 된다는 점에 있다."(1959:585)

이러한 구체적 일회성의 가시화로서의 공공성은 이미 1927년도 저작 『헌법론』에서 '대표(Repräsentation)'로서 문제화되고 있었던 것과 같다. "대표는 공개성의 영역에서만 행해진다. 비밀리에 두 사람 사이에서만 연기하는 대표는 존재하지 않으며 '사적인 일'로서의 대표도 존재하지 않는다."(1928VL:208[243-244]) 대표는 추상적 규범이 아니라 인민의 구체적인 정치적 실존의 가시화이다. "대표는 정치적인 것의 영역에 속하고, 그런 까닭에 그 본질상 **실존적인** 무엇이다. 그것을 일반적 규범에 포섭되는 것으로 파악하는 것은 불가능하다."(1928VL:211f.[247]) 그리고 그러한 대표는 절대주의 시대의 주권자인 군주를 하나의 범형으로 삼고 있다. 공개적으로 현전하는 군주의 인격은 어떤 고차적으로 보이지 않는 존재에 의해 정초된 인민의 정치적 통일을 구체적으로 드러내 보이는 것이다. 그렇지만 당대의 슈미트가 보기에 정치적 실존의 구체적인 가시성을 보장하는 공공성은 소실되고 말았다. 당대의 공공성은 대표를 통해 구체적으로 일회적인 것을 현전시키는 것일 수 없게 되고 말았다는 것이다.

무엇보다 슈미트는 공공성의 그런 변질의 싹을 '대표'가 이념적으로 실현되고 있던 절대주의 시대 속에서 이미 발견하고 있었다. 즉 1938년의 『리바이어던』에서 말해지고 있는, 공적인 국가영역에 대한 사적인 내면성의 보유가 그것이다. 문제가 되는 것은 기술만이 아니라 도덕의 보편성이다. 거기에 보이는 하나의 역설은 절대주의적인 공공성 아래에서 비밀의 영역에 머물고 있던 것이 당대에는 공공성을 구성하는 것으로 전환됐다는 점이다. 즉 내면성의 영역에서 성장한 계몽주의가 공공성을 찬탈한 것이다. 코젤렉이 1959년도 저작 『비판과 위기』에서 해명을 시도하고 있는 것은 바로 그 계몽주의에 의한 '공공성의 구조전환'에 다름 아니었다. 코젤렉은 슈미트의 정신을 이어받아 이렇게 쓰고 있다.

> 인간이 사적인 것과 국가적인 것으로 분열하는 것은 비밀이 발생하는 기초가 된다. 계몽은 이후에 심정이라는 내면 영역을 서서히 확대시키게 되며, 국가적인 것을 향한 모든 요구는 불가피하게 비밀의 베일에 덮씌워진 채로 있었다. 비밀과 계몽, 폭로와 신비화의 변증법은 이미 절대주의 국가의 근본에 놓여 있었다.[23]

국가의 공공성으로부터 자유로운 비밀의 내면 영역의 보유는 거꾸로 공공성의 빛을 요구하는 계몽주의의 기초가 되었다. 코젤렉에게 그런 역설을 체현하고 있는 것은 계몽주의적 비밀결사로서의 프리메이슨이었다. 그는 거기서 "정치와 도덕의 변증법"이라고 해야 할 것을 간파한다.[24] 프리메이슨의 비밀은 그들의 활동이 국가와 정치에 관계되지 않는 도덕

---

23) R. Koselleck, *Kritik und Krise*, a.a.O., S.29.[47]
24) Ebd., S.56.[79]

적 내면성의 문제에만 집중되는 점에 있지만, 그러한 도덕적 활동의 비정치성이 머지않아 최고도의 정치적 의미를 띠면서 드러나게 되는 것이다. 즉 그것은 절대주의 국가권력에 대한 보편적이며 도덕적인 심판이 가능한 지점에까지 이르는 것이다. 그 도덕적 활동은 정치로부터 완전히 몸을 빼서 물러나는 것이 아니라 정치를 향해 공격을 시작하기 위한 "간접적으로 정치적인 성격"[25]을 띤 비밀의 활동으로 변모한다. "반국가적 활동의 최초의 내면적인 전제는 정치로부터 도덕적으로 거리를 두는 것이지만, 이는 절대주의에 대한 투쟁을 위하여 외관상으로는 비정치적인 기초로 변한다."[26] 이리하여 비밀 속에서 성장한 도덕적 내면성은 보편적 이성에 의해 '비판'의 빛이 되고 국가 측의 공공성에 맞서 대치하게 된다. 그리고 절대주의 국가를 보편적 이성의 공공성에 굴복시킨 프랑스혁명과 더불어 정치의 도덕화라는 위험을 수반한 세계내전의 시대를 맞이하는 것이다.

그러나 절대주의의 공공성으로부터 비판적 이성의 공공성으로 바뀌는 전환은 과연 슈미트와 코젤렉이 기술하는 것처럼 공공성의 타락과정으로 끝나는 것일까. 바로 그 점에 이의를 제기한 것이 하버마스이다. 1960년에 그는 코젤렉의 『비판과 위기』 및 케스팅의 『역사철학과 세계내전』에 대한 서평을 발표하고 그 저작들을 전형적인 '독일 이데올로기'의 표현이라고 공격한다. 하버마스에게 사적 이성에 의한 비판이란 내전 억지를 임무로 하는 국가의 권위를 침식해 들어가는 '간접권력' 따위로 간주될 수 없는 것이다. 사적인 시민들의 의견은 단지 무매개적으로 '정치의 도덕화'에 이르는 것이 아니라, 공공적 논의라는 매개를 경유함으로써 오히려 "공공성의 원리에 의해 매개된 정치의 합리화"[27]를 가져온다. 이에 의해 정치적 권위는 시민적 공공성에 의한 비판이라는 정밀 조사를 거친 합리적 권위로 지양될 것이다. 바로 이러한 사상이 1962년 출간된

25) Ebd., S.72.[101]

26) Ebd., S.80.[110]

27) J. Habermas, *Philosophical-Political Profiles*, a.a.O., S.438.[267]

하버마스의 교수자격논문 『공공성의 구조전환』에서 본격적으로 전개된다. 거기서 그는 가시적으로 현전하는 것을 특징으로 하는 절대주의 시기의 '대표적 공공성'에 맞서 이성적 비판으로 구성된 '시민적 공공성'을 대치시킨다. 사적 영역에서 출발하는 18세기 공공성의 비판적 잠재력을 논한 하버마스의 이 저작은 사적인 시민들의 이성적 비판을 '간접권력'에 의한 내전으로 간주하는 슈미트와 코젤렉에 대한 응답에 다름 아니었다.

그렇지만 대표적 공공성이 이미 회복될 수 없는 것이었음은 전후의 슈미트 자신도 인정하지 않을 수 없는 것이었던 듯하다. 당대의 공공성은 현전의 일회성을 파괴하는 기술적 수단에 의해 철저히 매개되고 있었다. 그런 상황에 대해 슈미트가 일관되게 비판적이었던 것은 의심의 여지가 없다. 미디어 기술이 발달함과 동시에 공공성은 점점 더 의미의 변조를 가져오는 '확성기'로서의 성격을 강하게 띠어간다. "기술과 대중 감화의 시대에는 어떤 특별한 권력 요인의 매개에 의해 문제가 간단해지는 것이 아니라 한층 더 곤란해지게 된다. 그 권력 요인이란, 곧 현대 프로파간다의 심리기술적인 기계장치이다. 그 확성기가 그 자신의 나날의 신화를 만들어냈다고 생각되는 그 즉시 그것은 다시 제거되어버리고 만다."(2000AN:89)

무엇보다도 슈미트는 1920년대에 신문이나 영화라는 "심리기술적 대중조작의 방법" 속에서 "불안하며 무책임한 사회적 세력들이 여론과 국민의 의지를 조종할 위험"을 보면서도(1928VL:247[286]), 그러한 기술이 "하나의 사회심리적 차원의 동질성으로 통합하는 수단으로 이용될" 수 있을 가능성까지도 탐색하고 있었다(1928VL:186[200]). 그리하여 1930년대 전반의 전체국가론에서는 영화나 라디오라는 "새로운 기술적 수단"이 "여론 형성"이라는 형태로 사람들의 내면까지 지배할 수 있는 유력한 권력수단이 되리라고 기대했다(1933a:186[115]; 1933b: 367ff.[82-84]). 그러나 전후의 『주석집』에서는 새로운 미디어 기술을 향한 낙관론이 완전히 사라지고 정치지배의 기초인 직접적 현전을 교란하는 것으로서 비판되는 것이다. 기술에 의한 매개는 질서의 통일을 가져오기는커녕 의미의 혼란을 증폭시킬 뿐이라는 것이다. 영화에 대해서는 이렇게 진술되고 있다.

> 영화 속 배우의 연기는 나의 모든 기력을 허하게 만들고 화나게 만드는 것이다. 나는 현재하는 것이 아니라 촬영된 상황이 연기되고 있음을 눈앞에 두지 않으면 안 되는 것이다. 그 연기는 내가 나의 눈앞에 존재하고 있는 인간과는 관계할 필요가 없다고 말한다. 그 상연극은 생산된 것이 아니라 기술적으로 재생산된 것이다. 제일 잘 만들어진 영화보다는 최악의 인형극 쪽이 낫다. 현전도 대표도 없다. 이는 지독하게 모골이 송연한 것이며, 영혼도 눈도 귀도 파괴되려는 것이다. (1991G:16)

영화의 이미지에는 이미 일회적인 현전의 직접성이 존재하지 않는다. 그것은 기술적 재생산에 의해 현전의 일회성을 파괴하는 까닭에 배척되어야 한다는 것이다.

이러한 미디어 상황은 전후에 출현한 텔레비전에 의해 더욱 가속되었다. 독일에서는 여전히 보급에 시간이 걸렸다고는 하지만 이미 1954년에 독일공영방송연맹(ARD)이 서독 최초의 텔레비전방송을 시작했고, 이어 1961년에 설립된 제2독일텔레비전(ZDF)이 63년에 방송을 개시했다. 이러한 새로운 미디어의 출현이 대중민주주의의 존재방식에 커다란 영향을 주었던 것이다. 그 속에서 슈미트는 1970년에 ARD 산하의 지방방송단체인 '북독일방송연맹(NDR)'에 의해 1965년부터 방송되고 있던 '제3텔레비전채널'에 출연하여 대담을 행했다. 거기서도 역시 "텔레비전 민주주의"와 관련하여 '대표'에 기초한 민주주의가 현대 기술에 의해 근본적으로 변질됐다고 말한다. 슈미트는 이미 '대표'의 상실이 불가피하다는 인식에 이르렀던 듯하다.

> 기술적 수단을 통해 항상적인 현전을 만들어내는 것이 순조롭게 진행될

경우, 대체 우리들이 계속해서 대표를 필요로 한다고 말할 수 있는 것일까요? 어떤 낡은 의미에서의 대표란 이미 존재하지 않습니다. 정치형식으로서도, 국가형식으로서도, 의회 등등으로서도 그렇습니다. 왜냐하면 현대 기술은 정치적·사회적 집단의 구체적이고 항상적으로 명쾌한 종류의 동일성을 기술적으로 매개하기 위한 설득적이고 명쾌한 수단 및 방법인 것처럼 생각되기 때문입니다. (1970a)

오늘날의 매스미디어적 공공성 아래에서는 그 어떤 기술적 매개도 거치지 않은 대표 따위란 이미 존재할 수 없게 되고 있다. 오히려 거기서 슈미트는 기술을 통할 때야말로 현전의 항상성이 한층 더 낫게 만들어질 수 있음을 인정하는 듯하다. 그는 미디어 수단의 발달에 의해 자신의 이론이 큰 수정을 재촉당하고 있음을 감지하고 있었던 것일지도 모른다.

Ⅱ. 권력자로의 접속을 둘러싼 투쟁

1. 권력과 무력함 간의 변증법

이미 재차 서술해왔던 것처럼, 전후가 되면 슈미트에게 국가주의라는 것에 대한 신뢰는 두드러지게 저하된다. 그럴 때 1922년도 『정치신학』에서 보였던 주권적 결단의 이론은 어떤 귀추를 더듬게 되는가. 실제로 전후의 슈미트는 자신이 『정치신학』에서 주장했던 사상을 대폭 수정한 이론, 즉 '권력'에 대한 독자적인 이론을 전개하게 된다. 그것은 바로 "인간의 권력과 무력함 간의 변증법"(1959:574)이라고 부를 수 있을, 인간의 권력 소유에 따르는 기묘한 역설적 현상을 다루는 것이었다.

그러한 착상이 처음 명시적으로 서술되었던 것은 1947년 켐프너의 심문이 있던 때에 제출된 세 번째 의견진술서, 곧 나치스 정권 아래서의 '라이히 대신 및 라이히내각 수상의 지위'에 관한 질문에 답했던 4월

28일의 진술서이다. 이 속에서 슈미트는 나치스 체제의 정치구조를 분석하면서 거기서 하나의 문제점을 발견해낸다. 그것은 히틀러가 전능한 '독재자'였다는 식의 문제제기가 결코 아니었다. 오히려 슈미트가 나치스 체제의 현저한 특징으로 간주한 것은, 한 개인의 권력집중이 거꾸로 그 개인조차도 컨트롤할 수 없는 권력투쟁의 장을 연다는 점에 다름 아니었다. 그 장이란, 곧 권력자에게 '접속'하기 위한 통로이다. "정치권력이 하나의 지위에 집중되고 한 개인의 손에 집중되는 만큼, 그 지위와 그 개인으로의 접속이 무엇보다 중요한 정치상, 조직상, 헌법률상의 문제가 되어간다. 절대군주로의 접속을 둘러싼 투쟁, 그에 대한 조언, 정보제공, 직접적 상주 등을 둘러싼 투쟁이 절대주의의 헌법사史 본래의 내용이다."(2000:AN93)

권력자가 있는 곳에는 반드시 권력자로의 접속을 둘러싼 그러한 투쟁이 발생한다. 왜냐하면 권력자는 그 권한이 아무리 크더라도 일개 인간임에 변함이 없고, 그런 한에서 결단을 위한 정보수집 및 그 집행에 있어 수하에 있는 많은 이들의 조력이 불가결하기 때문이다. 게다가 권력자는 강대해지면 해질수록 한층 더 많은 조력이 필요하게 되며, 동시에 그에게로의 접속을 둘러싼 투쟁도 한층 격화되어가게 된다. 슈미트가 보기에 나치스 체제의 권력구조는 바로 그러한 논리 속에 말려들어 있었던 것이다.

히틀러의 개인적인 권력지위는 전능함에 대한 터무니없는 요구를 수반했고, 동시에 전지全知에 대한 요구도 수반하고 있었다. 실제로 그 전능함은 상당한 범위에 걸쳐 존재했고 상당한 정도로 실효적[effektiv]이었다. 하지만 이와는 반대로 전지 쪽은 순수하게 픽션적[fiktiv]이었다. 그런 까닭에 제1의 실제적인 문제는, 전능한 총통이 의지결정을 행하고 결단을 행하기 위한 재료를 누가 총통에게 주는가, 입구로 흘러들어오는 막대한 사정들 속에서 누가 무엇을 선택하는가, 총통이 그것을 열람할 수 있도록 제공할 것인지 **또는** 제공하지 않을 것인지를 애초에 누가 결정하는가에 있었던 것이다. (2000AN:94)

히틀러가 지닌 명목상의 전권과 인간 개인으로서 지닌 능력의 한계 사이에 있는 간극을 메우는 것으로서 히틀러의 측근들이 비공식적인 권력자로 등장하게 된다. 권력자에게 접속하는 자들의 활동의 장이 그렇게 확장되는 것은 권력자의 지위의 실질적인 침식을 가져올 것이다. 권력자는 그 권력이 증가하는 만큼, 일개 인간으로서의 자신의 무력함에 직면한다는 역설이 생겨나는 것이다. 이것이 이른바 '권력과 무력함의 변증법'이다. 권력자의 결단은 언제나 그에게 접속하는 통로와 거기에 모인 신하들이나 측근들에 의존하지 않을 수 없는 것이다.

'권력과 무력함의 변증법'을 발견한 것은 『정치신학』에서 논구된 주권적 결단의 이론에 중대한 영향을 미치게 된다. 그것은 말하자면 후기 슈미트 속에서 "주권에 대한 비판의 단서"라고도 할 수 있을 계기를 구성한다.28) 『정치신학』에서는 예외상태에서의 법질서를 확립하는 주권자란 "궁극적인 결단의 독점"을 손에 넣는 것으로, 국가주권의 본질은 "결단의 독점"인 것으로 되어 있지만(1929PT:19[21]), 이제 슈미트는 그러한 전능한 결단이 불가능한 것임을 좋든 싫든 인정하지 않을 수 없게 된다. 이제 중요한 것은 간주되는 것은 주권자의 결단이 아니라 오히려 주권자로의 중개가 행해지는 '앞방(Vorraum)' 또는 '대기실'에서 이뤄지는 권력투쟁인 것이다.

이러한 권력의 앞방이라는 문제는 1954년 6월 22일에 헤센방송, 11월 22일에 북독일방송에서 라디오 대화로 진행된 「권력 및 권력자로의 접속에 관한 대화」라는 텍스트 속에서 단순히 나치스 체제에 한정되지 않는 인간 권력 일반의 문제로 다시 전개되고 있다. 권력의 앞방이란 "인간으로서의 권력자들 모두가 빠져들 수밖에 없는, 권력과 무력함 간의 불가피한 내적 변증법"(1954a:17[104])인 까닭에 정치권력이 있는 곳은 그곳이 어디든 생겨나는 일이다.

---

28) R. Mehring, *Carl Schmitt zur Einführung*, 2.Aufl., a.a.O., S.90ff.

> 직접적인 권력이 존재하는 방 앞에는 무릇 간접적인 영향력과 권력이 존재하는 앞방이, 권력자의 귀로 이어진 통로가, 권력자의 영혼으로 통하는 복도가 형성되는 것입니다. …… 군주 곁의 간신이든 앞방이든 그것에 대해 분격한다고 해서 그것을 철저히 제거할 수 있는 것은 아닙니다. 그 앞방 자체를 우회하는 것은 불가능한 일입니다. (1954a:18f.[105-106])

권력자의 권력 증대는 거꾸로 인간으로서의 그의 능력의 한계를 부각시키고 그만큼 권력자에게 접속하는 통로의 중요성을 증대시킴으로써 그 자신을 무력하게 만들어갈 뿐이다. 권력자는 일개 인간인 한에서 무릇 그 "자기주장과 자기소외의 변증법"(1954a:20[108])으로 시달린다. 결단하는 주권자의 전능성은 그것에 따라 형성되는 앞방으로 인해 불가피하게 텅 비어버리게 되는 것이다.

권력의 앞방이라는 모티프는 슈미트가 오래 전부터 관심을 기울이던 문제, 곧 주권적 결단의 직접성을 침식하는 '간접권력'의 문제가 변주된 것이라고 할 수 있다. 권력의 그런 앞방에 모인 이들, 곧 "대신들, 내각고문관, 정부고관이나 부관만이 아니라 청죄사제〔죄의 고백을 듣는 (가톨릭)사제〕, 근시, 애첩"(2000AN:93) 등은 모두 인간으로서의 주권자가 가진 통치능력의 한계를 틈타 실질적인 권력을 장악하는 간접권력의 형상에 다름 아닌 것이다. 실제로 1926년도 의회주의론 제2판에 붙은 머리말에는 이미 카보우르의 말이 인용되면서 당대의 자유주의인 의회가 바로 그런 '앞방(Vorraum, antichambre[대기실·예비단계])'으로 떨어지고 말았다는 비판적 인식이 보이고 있다.

> 그리고 이와 같은 문맥에서만 카보우르는 다음과 같은 유명한 말을 내뱉었던 것이다. "가장 조악한 방[=의회(chambre)]일지라도 가장 좋은 대기실[antichambre]보다는 낫다." 오늘 의회는 차라리 비가시적인 권력자의 사무소 혹은 위원회에 들어가는 하나의 거대한 앞방이라고 밖에는 생각되지 않는다. (1926LP:12[11])

권력의 앞방이란 공개성으로부터 달아나려는 간접권력이 발호하는 장 이외에 다른 게 아닌 것이다.

그렇지만 이제 슈미트는 그러한 비밀의 장을 비판할 뿐만 아니라, 거기야말로 정치권력의 본질적 문제가 있다고 간주하게 된다.29) 앞방에 있는 간접권력의 힘을 빌리지 않으면 주권자는 결단할 수도 없으며 결단이 실효성을 가질 수도 없기 때문이다. 이리하여 결단의 주체로서의 주권자라는 지위의 가치가 평가절하된다. 슈미트가 행하는 사고의 중심은 국가주권의 이론으로부터 주권자의 앞방을 둘러싼 "권력의 사회학"으로 이행하는 것이다. 즉 "'권력자로의 접속'을 독점하는 쪽이 '결단의 독점'보다도 중요하다."30) 저 앞방은 주권자가 결단하는 것을 가능케 함과 동시에 그 결단의 순수성을 오염시키기도 한다. 어떤 주권적 결단의 사건은 그 가능성의 조건을 이루고 있는 권력관계의 매트릭스 속에서 비로소 일어나는 것이다.

2. 바로크 왕권과 음모가: 벤야민과의 대결

따라서 전후의 슈미트는 주권적 결단이라는 『정치신학』의 테제를 사실상 철회하고 있다고 볼 수 있다. 그러나 『정치신학』의 주권이론에

---

29) 1923년도 로마 가톨릭론에서 슈미트는 정치란 모든 것이 공개성 아래에서 상연되고 있는 상태가 아니라 '아르카나'를 필요로 한다고 주장했었다. "18세기는 여전히 [모차르트 〈마술피리〉에서의 프리메이슨 사제같이] 그만큼의 자신감과 비밀이라는 귀족적 개념에 몸을 걸고 있었던 것이다. 이제 그러한 용기를 갖지 못한 사회에서는 더 이상 아무런 '아르카나'도, 위계도, 비밀외교도 존재하지 않는바, 더 이상 정치가 전혀 존재하지 않게 된다. 모든 위대한 정치에는 '아르카나'가 속해 있기 때문이다."(1923RK:58 [149])

30) Nicolaus Sombart, *Die deutschen Männer und ihre Feinde*, München 1991, S.201.[248] 좀바르트의 이 저작은 문제를 안고 있는 그 통속적 정신분석의 논의틀에도 불구하고, 후기 슈미트에게서 권력의 앞방("앞마당")이라는 문제가 갖는 결정적 중요성을 주목하고 있는 흔치 않은 책이다. "결단의 장은 권력의 소유자인 주권적 개인이라는 중심에서가 아니라, 그 주변, 즉 권력의 '앞마당'에서 구해져야만 하는 것이다."(ebd., S.199[246])

대해서는 이미 1920년대에 강력한 비판 하나가 제기되고 있었다. 벤야민이 1928년 『독일 비[애]극의 근원』에서 전개했던 바로크왕권에 관한 이론이 그것이다. 벤야민의 (받아들여지지 않았던) 그 교수자격 청구논문은 자신 스스로가 인정하듯이 슈미트의 주권이론에 많은 빚을 지고 있다.[31] 그러하되 그 저작은 동시에 슈미트에 대한 비판적 응답이기도 했는데, 거기서 벤야민이 중심적 논점으로 삼은 것이 바로크 비[애]극의 주인공인 전제군주가 보이는 '결단력 없음'이었다. 주권자의 그러한 결단의 무능력은 그가 "신으로부터 받은 무제한적 지위상의 존엄과 한 사람의 가련한 인간 존재라는 신분 사이의 불균형"[32]에 시달리고 있는 데에서 생겨난다는 것이다. 벤야민의 그런 논의는 다름 아닌 전후의 슈미트가 이론화하게 되는 권력과 무력함의 변증법을 선취하고 있었다고 할 수 있는 것이다.

벤야민은 바로크의 주권 개념을 논하면서 일단은 슈미트의 정의를 답습한다. 곧 바로크에 있어서는 "예외상태를 배제하는 것이 왕과 제후의 무엇보다 중요한 기능"이고, "지배하는 자"는 "예외상태에서의 독재적

31) 벤야민은 1930년 12월 9일자 슈미트 앞으로 보낸 편지에서, 『독일 애도극의 근원』에 들어 있는 "17세기 주권이론의 서술"에 대한 슈미트의 기여에 감사를 표하고 있다(vgl. Walter Benjamin, Brief an Carl Schmitt, 9. Dezember 1930, in: ders., *Gesammelte Briefe*, Frankfurt a. M. 1997, S.558) 또 1928년에 집필되었다고 여겨지는 어떤 경력서에도 독일 애도극론이 슈미트에게 빚지고 있음을 고백하고 있다 (vgl. Walter Benjamin, »Lebensläufe«, in: ders., *Gesammelte Schriften*, VI, Frankfurt a. M. 1991, S.219). 특히 그런 문맥과의 연관에서 두 사상가의 관계를 검토하고 있는 것으로는 Norbert Bolz, *Auszug aus der entzauberren Welt*, a.a.O., S.85-94[117-132]; Susanne Heil, *Gefährliche Beziehungen*, Stuttgart 1996, S.127-136; Samuel Weber, »Taking Exception to Decision. Thstrical-theological Politics Walter Benjamin and Carl Schmitt«, in: Uwe Steiner (Hg.), *Walter Benjamin 1892-1940*, Berlin 1992, S.123-137; ders., »Von der Ausnahme zur Entscheidung. Walter Benjamin und Carl Schmitt«, in: Elisabeth Weber/ Georg Christoph Tholen (Hg.), *Das Vergessen(e). Anamnesen des Undarstellbaren*, Wien 1997, S.204-224; 오오타케 코지, 「주권자와 망령: W. 벤야민에게서의 내재성의 문제」, 『현대사상』 28권 13호, 2000, 216-237쪽.

32) Walter Benjamin, »Ursprung des deutschen Trauerspiels«, in: ders., *Gesammelte Schriften*, I-1, Frankfurt a. M. 1991, S.250.[(上)130]

권력을 점유하는 자"라는 것이다.[33] 그렇지만 벤야민이 보기에 바로크의 군주제는 우유부단한 주권자라는 인물상을 등장시킴으로써 그러한 절대 주권의 불가능성을 제시하고 있다. 거기서 주권자는 『정치신학』에서 서술되고 있듯 현세로 개입하는 초월에 비교될 수 있는 결단을 내릴 수 없다. 왜냐하면 결국엔 그 자신 또한 현세의 질서 내부에 갇힌 일개 인간에 지나지 않기 때문이다.

> 주권자가 신하와 국가 위에 아무리 높이 군림하고 있는 것일지라도 그 지위는 피조물의 세계 속에 포함되어 있다. 그는 피조물의 주인이지만 어디까지나 피조물에 머물고 있는 것이다.[34]

바로크 비〔애〕극은 철저한 내재성의 세계인바, 피안적 초월의 개입을 일체 부정한다. 아무리 강대한 군주일지라도 그런 내재성을 벗어날 수는 없다. 이때 바로크 비〔애〕극은 주권자를 두 개의 인물 형상으로 분열시킴으로써 "전제군주극"이면서도 동시에 "순교자 비극"으로서의 성격을 띠게 되는 것이다.[35] 즉 거기서 주권자는 명목상의 지위로서는 절대적 심급으로서의 '전제군주'이면서도, 그런 강력한 권한을 뜻대로 행할 수는 없는, 인간 개인으로서의 연약함에 고뇌하고 있는 '순교자'로서 드러나는 것이다.

---

33) Ebd., S.245f.[(上)116] 이 부분에 붙어 있는 각주 속에서의 『정치신학』에 대한 언급은 전후 1955년에 출판된 벤야민 저작집 속의 『독일 애도극의 근원』에서는 편집자 아도르노에 의해 삭제되어 있다. 이 점을 알아차린 슈미트는 1956년 4월 10일자 몰러 앞으로 보낸 편지에서 말한다. "재미있는 스캔들이 있습니다. 새로 나온 발터 벤야민의 저작에는 저의 이름이 삭제되어 있습니다. 그러나 내게서 차용된 부분은 변경 없이 그대로 남아 있습니다. 원래 마르크스주의자[아도르노]는 그 어떤……도 참으려고 하지 않지만 아이디어는 기꺼이 훔쳐 가는 것입니다."(BwSM:218)〔"……"는 슈미트의 원문 그대로임.〕

34) Walter Benjamin, »Ursprung des deutschen Trauerspiels«, a.a.O., S.264.[(上)168]

35) Ebd., S.253.[(上)138]

지배권력과 지배능력 사이의 안티테제는 비〔애〕극에 언뜻 일상풍속적인 것이지 한 가지 고유한 특징을 가져왔는데, 그 특징은 주권이론이라는 배경 위에서 빛을 받음으로써만 확연히 드러나게 되는 것이다. 다름 아닌 전제군주의 결단력 없음이 그것이다. 예외상태에 관한 결단은 왕과 제후에 관련된 것이지만, 그들은 거의 어떤 상황에서도 자기에게 결단능력이 없다는 것을 스스로 증명하고 만다.36)

벤야민은 정치신학적인 주권적 결단이 근본적으로 불가능함을 드러내려고 한다. 그의 바르크 비〔애〕극론은 결단할 수 없는 주권자의 이론이고, 거기서 폭로되고 있는 것은 오히려 "주권의 결여"37)에 다름 아닌 것이다.

『독일 비〔애〕극의 근원』에 대한 슈미트의 응답이 벤야민의 생전에 이뤄지지는 않았다.38) 그 응답은 직접적으로는 전후 1956년에 출판된 『햄릿 또는 헤카베』(그중에서 특히 「셰익스피어 희곡의 야만적인 성격에 관하여」라는 제목을 단 제2보론)에서 행해지게 된다. 그때 슈미트는 독일 바로크 비〔애〕극에 하나의 범형을 제공하는 것이었던 셰익스피어, 특히 근대 비극의 우유부단한 주인공 형상의 전형인 햄릿을 논하면서39),

---

36) Ebd., S.250.[(上)131]

37) S. Weber, »Von der Ausnahme zur Entscheidung«, a.a.O., S.206, 209.

38) 1973년 4월 12일자로 된 어떤 편지에서 슈미트는 자신의 1938년도 『리바이어던』이 벤야민의 독일 애도극론에 대한 응답이었다고 주장했다. 즉 그 홉스론은 절대왕권의 이론에 불가결한 리바이어던의 상징학을 벤야민이 간과한 점에 대한 비판이었다는 것이다. "위대한 정치적 상징을 서술함으로써 벤야민에게 응답하고자 했던 저의 기획(『토마스 홉스의 국가학에서의 리바이어던』, 1938)은 아쉽게도 주목받지 못하였습니다."(BwSV:14) 그러나 이러한 주장은 슈미트 특유의 사후적인 이유 만들기이며 70년대 때마침 높아지고 있던 벤야민 재평가의 풍조에 편승한 것에 지나지 않는다는 지적도 있다(vgl. Horst Bredekamp, »Von Walter Benjamin zu Carl Schmitt, via Thomas Hobbes«, in: *Deutsche Zeitschrift für Philosophie*, 46 (1998), S.911f.).

39) "이 기묘한 복수자가 유명해진 것은 복수의 의뢰에 확신이 서지 않게 된, 깊이 생각하고 망설이며 불안한 주인공으로서였다."(1956HH:24[28]) 그런데 코제브는 헤겔에 대한 강의 속에서 햄릿의 이 우유부단함을 "지식인의 비극"을 나타내는 전형이라고 해석한다. "햄릿=지식인의 비극. 근대의 유일한 비극은 지식인의 비극이다. 즉 햄릿과 파우스트가 그것이다. 그러나 이 (부르주아적 혹은 그리스도교적) 비극은 부작위의 비극이다. 반대로 이교도 주〔인〕의 비극은 행위의 비극이다."(A. Kojève, *Introduction à la*

그러한 결단력 없음이 종교내전을 극복했던 주권국가 성립 이전의 역사 단계에 대응하는 것이라고 주장하는 듯하다. 그에 의하면 과잉된 내적 성찰內省에 빠져 복수를 행동으로 옮기는 것이 불가능한 햄릿이라는 인물상은, 그 모델인 영국왕 제임스 1세의 분열로부터, 곧 가톨릭교도인 어머니 메리 스튜어트와 스스로 그 후계자가 되었던 엘리자베스 1세의 신교도 세력 사이에서 찢어진 제임스 1세로부터 유래한다. 주인공의 우유부단, 이른바 "복수하는 자의 햄릿화"에는 "신앙분열과 종파내전으로 시종한 백년간이라는 그[햄릿=제임스]의 시대의 전면적인 대립"(1956HH:28 [33])이 반영되어 있었던 것이다. 따라서 셰익스피어의 희곡은 근대국가 성립 이전의, 아직은 "정치적"이지 않은 단계에 있다는 뜻에서 "야만성"을 그 특징으로 한다(1956HH:65[80]). (그렇다고 할지라도 그 '야만성'은 단지 주권국가 '이전'이라는 것만이 아니라 애초에 주권국가로의 결단을 행하지 않았던 "영국의 섬島적인 전체상황"에서도 드러나는 것인바(1956HH:64[79]), 그런 상황은 곧이어 "대륙적 국가성의 중점인 '야만적 중세'의 극복을 훨씬 더 능가하는"(1956HH:

---

lecture de Hegel, a.a.O., S.253) 헤겔에 따르면 고대의 영웅비극은 국가가 설립됨과 동시에 종언을 고한다(『법철학』 93절). 하지만 코제브는 그런 국가의 내부에도 여전히 '지식인의 비극'이라는 것이 존재한다고 간주한다. 국가 안에서는 "주인도 노예도 아닌, 즉 그 어떤 노동도 투쟁도 단절"(ebd., S.193[87])될 수 있으며, 그런 까닭에 그 속에서만 존재할 수 있는 지식인은 "투쟁과 노동"의 "매개"를 거치지 않고서 "직접적으로" 자기의 만족을 구하고자 하지만(ebd., S.205[104]), 그런 부작위를 통해서는 현실에서는 아무것도 변혁할 수 없다. 이것이 지식인이 빠져 있는 비극이라는 것이다.

슈미트는 1956년 5월 11일자 코제브 앞으로 보낸 편지에서, '지식인의 비극'이라는 코제브의 해석에 이의를 제기한다. 슈미트의 생각에 햄릿은 아직 국가 속에 있는 게 아니기 때문이다. "따라서 셰익스피어는 아직 야만입니다. 그런데도 햄릿이 '지식인'인지요?"(BwSK:116) 이에 대한 같은 해 5월 21일자 답신에서 코제브는 국가 내부에서의 지식인의 비극이라는 자신의 해석을 반복한 상태에서, 그것과는 별도로 국가 내부에도 "본래의 '승인을 둘러싼 투쟁'" 즉 "'계급' 간의" 투쟁이라는 것이 있고, 그것이 "비극적인 역사상황"을 만들어낸다고 덧붙이고 있다(BwSK:119). 그러나 코제브는, 결코 해명될 수 없는 어떤 비밀이 비극적인 것의 원천으로 줄곧 남아 있음을 주장한 슈미트와는 달리, 비극적 상황이란 최종적으로는 지양될 수 있는 것이라고 말한다. 즉 "혁명이라는 (곧 유혈을 수반하기까지 하는) 출구"를 통해서 말이다(BwSK:119).

67[83]) 바다로의 결단에 이를 것이었다. 제임스(=햄릿)의 튜더 가문에 닥친 비극과 몰락은 "대륙의 주권국가를 이해하지 못했을 뿐만 아니라 통치 속에서 섬나라 영국이 완수했던 해양적 실존으로의 이행도 이해하지 못했"(1956HH:67[83])기 때문에 초래되었다는 것이다.) 따라서 슈미트에 따르면 주권자의 결단력 없음이 국가주권을 침식하는 것이 아니라 거꾸로 근대 주권국가의 성립에 의해서야말로 햄릿적인 우유부단의 문제가 해소될 수 있게 되는 것이다.[40)]

그렇지만 앞서 서술했듯이 결국엔 슈미트 자신도 전후가 되면 결단하는 주권자의 무능력이라는 벤야민의 논의를 사실상 인정하는 것이라고 할 수 있다. 실제로 『주석집』 속에는 "연약한 개인"이 "거기에 어울리지 않는 권력증가"를 손에 넣음으로써 "개인과 객관적 권력의 터무니없는 불균형"이라는(1991G:118f.), 벤야민에게서 차용되었다고 착각할 정도의 사상이 여기저기서 보이는 것이다.

> 권력이란 오히려 역사적 사실로서 분석하면 언제나 무력함, 구속, 감옥이기도 한 것이다. 현세에서 전능한 자는 완전히 고립되어버린 자가 되고, 따라서 완전히 무력한 자가 된다. 그것이 절대주의와 주권의 변증법이다. 절대적인 주권자는 결국엔 대기실이나 관방의 우두머리에 의해 차단당함으로써 자신의 전능함의 얼어버릴 것 같은 고독 속에 앉아 있게 된다.

40) 그러나 19세기 이래로 출현한 세계내전과 함께 '햄릿화'는 다시 모든 주권국가를 덮치게 된다. 슈미트는 햄릿론 출판을 앞뒤로 몰러나 윙거 앞으로 "서구 세계의 히에로그리프[(돌에 새긴) 신성문자]"로서, 다음과 같이 기록된 메모를 보내고 있다. "1844: 독일은 햄릿이다(독일 국민자유주의자들) / 1918: 유럽은 햄릿이다(폴 발레리, 드루라 로셀) / 1958: 서구세계는 햄릿이다."(BwSM:220; BwSJ:310[309]) 또 「나는 무엇을 행했던가」라는 제목으로 발표된 슈미트 햄릿론의 자기소개문 속에서도 동일한 인식이, 햄릿적 상황의 "독일에서 유럽으로의 기묘한 발전"이라는 문맥에서 지목되고 있다(BwSM:221). 1848년 혁명의 직전에 시인 프라이리히라트가 사분오열 속에서 결단 및 행동을 할 수 없는 독일을 지시하기 위해 사용한 '햄릿'의 이름(1956HH:11[9])은, 1918년에는 발레리에 의해 유럽 전체를 표시하는 이름으로 인용된 것이다. 이러한 유럽의 햄릿화를 초래한 것은 대두되고 있던 미소 두 대국의 세계내전이며, 나아가 (앞질러 선취된) 1958년의 상황으로 슈미트가 염두에 두고 있던 것은 세계적 반식민지주의 운동의 흥륭에 의한 서구 열강의 곤경이었을 것이다.

이것이 현상으로서의 권력인 것이다. (1991G:152)

이제 슈미트가 행하는 논의의 중심이 크게 비켜서고 있다는 것이 분명하다. 거기서 강조되고 있는 것은 일개 인간에 지나지 않는 주권자란 자신에게 권력이 집중되면 될수록 오히려 무력하게 되고 만다는 변증법이다. 이때 주권자의 전능성은 신하들이나 측근들에 의해 탈취당하고 만다. 슈미트는 간접권력들이 군주를 대신하고 있는 상황을 "퇴위당한 자의 입장에서 본 사회학"이라고 부르면서 문제시한다.

> 권력의 앞방이 응접실을 자기 것으로 삼는다. 문지기가 저택을 자기 것으로 함으로써 종래까지는 감옥의 거주자였던 이가 새로운 권력자로 변한다. 적들이 승리하고, 이제 그들은 손해배상 청구나 순교의 보상을 요구하는 희생자로서 나타난다. (1991G:116f.)

그러나 자신의 권력이 아무리 위험에 노출될지라도 주권자는 언제나 그에게 접속하는 통로, 즉 앞방에서 활동하는 신하들이나 측근들을 수반하지 않을 수 없다. 그들이 없다면 주권적 권력에 실효성을 부여하는 것 또한 불가능하기 때문이다.

> '왕자'와 '조언자', '권력자'와 '조언자'라는 한 쌍. 그 둘은 서로 보완하는 기능을 완수한다. ……그들은 **두 사람이 함께** '주권자'이다. ……권력을 가진 '왕'이란, 권력을 갖진 않았지만 경첩과 같이 권력행사를 가능케 하는 또 하나의 인물 없이는 무력할 따름이다.[41]

공공의 장에서 가시적으로 현현하는 왕권은 비가시적인 영역에서 활동하는 자, 말하자면 '음모가'들이 행하는 비밀의 활동을 불가피하게 수반하는 것이다.

---

41) N. Sombart, *Die deutschen Männer und ihre Feinde*, a.a.O., S.200.[247]

이미 벤야민은 『독일 비〔애〕극의 근원』에서 지배권한과 개인적 무능력의 어긋남이 주권자를 '전제군주'와 '순교자'로 분열시킴과 동시에, 그것들과 나란히 바로크의 정치적 인간학을 이루는 한 가지 유형으로서 '음모가'가 출현하는 것을 문제시하고 있었다.[42] "바로크 비〔애〕극에 분규를 일으키는 자, 곧 안무가의 이전 모습, 그것이 음모가이다. 음모가가 제3의 인물유형으로서 전제군주 및 순교자 곁에 나란히 서게 되는 것이다."[43] 바로크 비〔애〕극이 무대로 하는 궁정이란 '음모가'로서의 '신하'가 군주의 주변에서 술책을 짜내어 둘러친 '앞방' 이외에 다른 게 아니다. 바로크 비〔애〕극은 이미 고대 그리스 비극과 같은 군주극이 아니라 무력한 주권자에 기생하는 음모가들의 극인 것이다. 거기서 상연되는 정치적 사건의 경과를 특징짓는 것은 "지배자인 존재의 영광"이 아니라 "음모를 가진 음울한 상태"인 것이다.[44] 음모가인 신하는 "고도의 계획이 감안된 왕과 제후의 관방에 자유롭게 출입 가능한 추밀고문관"으로서 군주로의 접속을 자기 뜻대로 행함으로써 스스로의 숨겨진 권력을 끄집어낸다. 그의 활동이 행해지는 것은 결코 공개성의 장으로 나오지 않는 국가의 추밀樞密〔정치에 관여하는 중추적 비밀〕의 영역이다. 권모술수가 그 조종을 확장하는 기밀과 관방의 장이 무대로 되고 있는 바로크 비〔애〕극에서는 음모가 주권을 대신하고 있는 것이다. "바로크의 연극은 역사에 관련된 활동성이라는 것을 간사한 책략가들의 꺼림칙한 움직임으로써만 알 수 있을 따름이다."[45]

음모가는 주권자에 의해 담보되고 있는 정치질서의 통일성에는 아무런 관심도 갖지 않는다. 주권자가 예외상태를 배제하는 결단으로써 전체

---

42) 『독일 애도극의 근원』에 있어 '음모가'의 문제를 검토하고 있는 것으로는 S. Weber, »Taking Exception to Decision«, a.a.O., S.132ff.[114-116]; ders., »Von der Ausnahme zur Entscheidung«, a.a.O., S.219ff.

43) Walter Benjamin, »Ursprung des deutschen Trauerspiels«, a.a.O., S.264.[(上)168]

44) Ebd., S.276.[(上)198]

45) Ebd., S.267.[(上)177]

성을 확립하는 데에 반해, 음모가들의 활동은 오히려 그러한 질서의 전체성을 교란한다. 곧 주권적 결단에 의해 배재된 예외상태가 음모가와 함께 다시 회귀해 오는 것이다. 주권자가 국가와 더불어 역사의 대표자이자 그 주체라고 한다면, 음모는 역사의 통일성을 파괴함으로써 그것을 영속적인 예외상태의 장으로 변모시키는 것이다. 이때 드러나게 되는 것은 이미 그 어떤 역사도 아닌 역사, 자연으로서의 역사, 이른바 "자연사"의 상태에 다름 아니다. 이런 뜻에서 음모가가 활동하는 "궁정"은 "역사 경과의 영원하고 자연적인 무대장치"가 되는 것이다.[46] 바로크 비〔애〕극은 주권의 절대성이 음모의 활동을 불가피하게 수반함으로써 주권자에게 통제 불가능한 예외상태를 불러들이고 만다는 것을 명확히 하고 있다. 이러한 보이지 않는 비밀의 권력작용이라는 영역은 분명 주권자로부터 전능성을 빼앗는 것이 되지만, 그런 비밀의 영역이 있기에 비로소 주권자가 공개성과 가시성의 무대에 현현하는 것 또한 가능해진다. 주권론의 그러한 암묵적 전제를 슈미트는 전후가 되어 간신히 의식적으로 이론화하고 전개시켰다. 그러나 벤야민은 이미 1920년대의 독일 비〔애〕극론을 통한 『정치신학』 비판 속에서 주권적 결단을 가시성의 무대에 올리는 권력의 비가시성이 갖는 위상을 주제화하고 있었던 것이다.[47] 주권자가 예외상태에 관해 결정하는 것이 아니라, 예외상태가 잠재적으로 그 주권자를 넘어서는 것이며 주권자는 예외상태 내부에 자신의 장을 갖고 있을 따름인 것이다.

---

46) Ebd., S.271.[(上)188]

47) "정치적인 것이든 그 이외의 것이든, 동시대의 조직 속에 권력의 집중이라는 일반적인 경향이 있다는 것을 부정하기 어려운 것으로 생각한다면, 그 권력이 집중된 부분에 '접속하기 위한 투쟁' 자체가 권력 그 자체를 규정하는 구성요소가 되는 것이다. 벤야민에 의한 바로크의 '정치적 유형학'이 시사하고 있는 것은 슈미트 자신의 정치주권 이론이 암시하기는 하지만 부연하여 설명하기를 피하고 있던 것이다. 즉 '결단'의 수수께끼는 단지 결단을 통일적인 주체나 심급에 의한 것, 즉 '누가' 결정하는가라는 물음만으로는 해결되지 않으며, 오히려 그러한 결단이 '무대에 올려져'있는 '장'에 관한 질문을 개방함으로써만 그 수수께끼는 해결될 수 있다는 것이다."(S. Weber, »Taking Exception to Decision«, a.a.O., S.135f.[116-117])

3. 집행자의 배반, 이념의 퇴폐

슈미트는 권력이라는 것이 언제나 공개성을 벗어나려는 "비밀이나 비밀로의 충동"(1959:573)을 지니고 있음에 주의를 환기시킨다. 권력은 그 본질로부터 볼 때, 공적으로 입에 올리는 것에 저항하는 것이라고 할 수 있다. 그러므로 만인에 대해 권력을 이야기하고자 했던 마키아벨리의 시도는 하나의 딜레마에 직면한다. "마키아벨리의 비참은 권력 일반에 대해 이야기함으로써 그것을 수다의 대상으로 삼게 되는 어중간함에 있다. 권력은 비밀이고, 비밀에 머문다. 공적인 권력이라는 것은 무엇보다도 간파되기 어려운 비밀이다. 권력을 가진 자는 이를 알고 있으며 권력을 가지려는 자는 이를 알지 않으면 안 된다. 수미일관된 마키아벨리는 톨스토이주의자 같이 이야기하고 있는 것이다."(1991G:49)

무엇보다 권력의 비밀이라는 것으로 슈미트가 진술하고 있는 것은, 단순히 권력을 갖고 싶은 자는 그 욕망을 공개적으로 입에 올려서는 안 된다던가, 꼭두각시의 배후에 진정한 실력자가 권세를 휘두르고 있다는 따위가 아니다. 오히려 권력은 일개 개인인 그 권력자 자신의 손으로부터도 벗어나버리고 있다는 기묘한 사실이야말로 주목해야만 하는 것이다. 권력은 "권력을 만들어낸 동의"에 대해서도, "권력자 자신"에 대해서도 "독자적으로 자립한 어떤 존재"이고 "그때그때 권력을 장악하는 모든 인간 개인에 대해서도 객관적으로 고유한 법칙을 갖는 존재"이다(1954: 15f.[102]). 권력과 무력함의 변증법이라는 고유한 법칙성은 어떤 일개 개인인 권력자가 권력을 완전히 소유하고 자기 마음대로 하는 것을 원리적으로 불가능하게 하는 것이다. 이런 뜻에서 권력이란 권력자 자신도 컨트롤할 수 없는 하나의 수수께끼, 하나의 비밀로 머물기를 계속하는 것이다. "권력은 무언가 악한 것이 아니라 무언가 눈으로 봐서는 전혀 알 수 없는 것[etwas ganz Fremdes]이다. 권력에 복종하는 자에게도, 마찬가지로 권력을 짊어진 자에게도 눈으로 봐서는 알 수가 없는 무엇인 것이다."(1991G:157) 슈미트는 이러한 "비밀 속에 머무는 비가시적이고 익명적인 권력으로의 악마적인 유혹"에 맞서 권력에 있어서의 "가시성, 공개성, 대관〔식〕으로 향하는 경향"을 대치시켜(1954:584), 이름(Name)과 취득(Nahme)에서 드러나는 것과 같은 권력과 공개성의 완전한 통일을 회복하고자 한다. 그러나 항상 비밀 속으로 물러나 숨어들어가는 권력 고유의 논리는 슈미트를 계속 괴롭힌다. 권력의 으뜸가는 비밀은 권력이 권력자 자신에게조차 자기 것일 수 없는 무언가에 머물고 있다는 점에 있다. 실제로 『주석집』의 한 절에서는, 이미 초기의 『국가의 가치와 개인의 의미』에서 괴테로부터 유래한 어구로서 내세우던 한 문장("이념이란 항상 눈으로 봐서는 알 수 없는 손님[Fremder Gast]으로 드러난다."(1914WS:74))이 변용되고 있음을 알아차리게 된다. 곧 "이념만이 아니라 권력 또한 항상 눈으로 봐서는 알 수 없는 손님으로 드러난다."(1991G:152) 이것이 뜻하고 있는 것은 권력자 자신조차도 자신의 권력을 전적으로 자기 뜻대로 할 수는 없는 것이라는 점이다.

슈미트의 관심은 초기부터 일관되고 있다. 그가 문제로 삼고 있는 것은 법이나 이념을 실현 혹은 집행할 때 생겨나는 아포리아였다. "그 어떤 법률도 자기 자신을 집행하는 것은 불가능하다."(1914WS:83) 곧 어떤 법이나 이념은 스스로가 집행되는 절차 그 자체, 즉 스스로가 구체적 현실 속에서 어떻게 해석되고 적용되는가에 관해서는 그 어떤 컨트롤도 가하지 못한다. 그때는 오히려 법적용의 절차 쪽이 적용되어야 할 해당 법규범을 넘어가버리는 일이 일어날 수 있다. 슈미트가 『독재』에서 근본적으로 추적·논구했듯이 "실현되어야할 규범의 지배와 그것을 실현하는 방법 사이에서 대립이 생겨날 수 있"(1921D:XⅦ[10])는 것이다. 집행되어야 할 규범으로부터 그 집행의 과정이 자립화하여 규범을 텅 비어버리게 할지도 모른다는 "독재 개념의 내적 변증법"과 동일한 논리가 전후의 『주석집』 속에서, 특히 쉴러 비극과의 관련에서[48], 이념

48) 『주석집』에서는 쉴러의 비극에 대한 슈미트의 편애를 발견할 수 있다(1991G:149, 238, 239, 240, 258, 318f.). 특히 『돈 카를로스』에서 다름 아닌 "국왕으로의 접속" 및 "국왕의 조언자와 대기실 간의 투쟁"이 문제시되고 있다고 간주된다(1991G:318). 권력의 앞방을 둘러싼 투쟁이라는 문맥에서의 『돈 카를로스』에 대한 지시는 「권력

과 행위의 관계에 불가피하게 따라다니는 비극으로서 문제시되고 있는 것이다. 즉 이념은 항상 그 집행에 추월당하고 배반당할 위험에 노출되어 있는 것이다. 슈미트는 "행위(Tat)"는 항상 "이념에 대한 배반"이 되고, 그런 까닭에 "비행非行" 혹은 "범죄"가 됨을 강조한다(1991G:238, 252f., 391). 현세에 있어 이념은 행위를 통해 현실화되지 않으면 안 되는 것이지만, 그러한 행위자의 개입에 의해 이념의 직접적인 순수성은 오염되고 만다. 그럼에도 이념은 자신의 실현을 위해 자기를 배반하는 행위자를 필요로 하지 않을 수 없다는 것, 거꾸로 말하자면 이념을 위해 행위하는 자는 결코 단순히 이념을 순수하게 실현하는 것만으로 완료되지는 않는다는 것, 이것이 비극인 것이다. "모든 행위가 이념에 대한 배반이고, 모든 실현[Verwirklichung]이 권리상실[Verwirkung]이며, 모든 행위자[Täter]가 비행자[Untäter]인 듯한 세계 속에서 행위자이지 않으면 안 된다는 것, 거기에 관념론자의 비극성이 있다는 것은 놀랄 만한 일이 아니다."(1991G:152)

이러한 행위자의 배반 혹은 범죄성은 그가 실현하려고 하는 이념이 순수하면 할수록 한층 더 증가하게 된다. 즉 이념이 '인간적'이고 '보편적'이려는 강도가 높고 행위자가 그 직접적인 실현만을 추구하는 순수한 행위자이고자 하면 할수록 그는 최악의 범죄를 야기하는 불순한 행위자가 되는 것이다. 이는 1960년도 「가치의 전제專制」에서는 앞서 괴테의 어구가 재차 인용되면서 '가치'의 집행과 관련하여 지적되고 있다. 가치 또한 법이나 이념과 마찬가지로 "현실화되는 것을 갈망"하면서 "수행되고 집행되기를 바라고 있다."(1960TW:52[209]) 그렇지만 그런 가치가 직접적으로 집행된다면 그것은 최악의 위험을 초래한다.

이에 관하여 전문적 철학자가 무엇을 말하고 있을지라도, 아마 괴테가

및 권력자로의 접속에 관한 대화」 등에서도 보인다(1954a:22.[109-110]; 1958VA: 438f.).

이념에 대해 말했던 쪽이 한층 더 확실하게 가치에 대해 적중할 것이다. 즉 이념은 항상 눈으로 봐서는 알 수 없는 손님으로서 드러난다는 것. 이것과는 다른 양태로서는 가치 또한 현실적으로 될 수 없다. 이념은 매개를 필요로 하는 것이다. 이념이 벌거벗은 그대로 직접적으로 드러나 자동적으로 자기집행을 행한다면, 공포가 눈앞에 나타나고 횡액은 가공할 만한 것이 된다. (1960TW:62[226])

이는 물론 인류의 이름 아래 행해진 전쟁 혹은 도덕화된 정치에 대한 비판의 변주이다. 가치나 이념을 순수한 형태로 실현하려는 행위자는 반대로 그것들을 불순화하고 배반하려는 죄과를 짊어지게 되는 것이다. "순수한 행위자란 생각할 수 있는 한에서 가장 불순한 무엇이다. 왜냐하면 행위는 이미 행위이기에 사상의 불순화에 다름 아닌 것이기 때문이다. 행위자는 이미 행위자이기에 비밀로 가득한 방식으로 죄를 짊어지며 그래서 불순하다. 행위자가 행위 혹은 순수한 행위 이외에 다른 무엇이 아니게 될 때, 그는 순수하면 할수록 점점 더 불순하게 되는 것이다."(1991G:239)

이념이 고차적이면 고차적일수록 그것을 현실화하려는 행위자에 의해 배반당할 가능성은 높아져간다. 그것은 바로 주권자가 그 조력을 불가결한 것으로 하는 신하와 측근에 의해 무력화되고, 나아가 권력이 집중되면 될수록 오히려 주권자가 무력하게 되어가는 것과 마찬가지이다. 즉 법이나 이념이 순수하면 할수록 그 집행자가 자의적으로 움직일 수 있는 여지가 확대되는 것이다. 많든 적든 집행자는 자신이 집행하려는 것을 왜곡하지 않고서는 집행할 수가 없다. 따라서 권력의 앞방이라는 비밀의 영역은 그 어떤 법이나 이념도 현실에서 타당할 필요가 있다는 것에서 유래하며, 그런 필요에 따르는 집행권력의 자의적 공간에 다름 아닌 것이다. 거기서 문제가 되는 것은 바로 예외상태이다. 그리고 거기서는 애초에 주권과의 관계에서 어긋남을 잉태하고 있는 예외상태가 주권을 넘어서고 말 가능성 또한 명확해질 것이다.

4. 관방, 행정, 경찰: 현대의 〈통치기밀아르카나 임페리〉

가치나 이념의 직접적 집행은 그 집행자가 지닌 권한의 무제한적 확대를 야기한다. 슈미트는 1952년 헤센주에서 주헌법 제41조(이른바 '사회화 조항(Sozialisierungsartikel)')에 근거한 광산·철강업의 사회화(곧 국유화)의 옳고 그름이 문제가 되었을 때, 한 제철소의 의뢰로 작성한 법감정서에서 그 헌법조항을 문자 그대로 직접 적용시키는 것에 반대한다. 집행부에 의한 그런 "직접적 헌법집행"은 "법치국가로부터 행정국가로, 라고 하는 그 자체로 이미 위험을 잉태한 발전"을 초래하는 것이고, 따라서 그러한 행정권의 비대화를 막기 위해서는 "국가의 집행부에 의한 헌법집행과 헌법 사이에 법률규칙을 중간 삽입하는 것"이 불가결하다는 것이다(1952c:460f.). 헌법집행은 무매개적으로 집행부에 위임되어야 하는 것이 아니라 법률규칙을 매개로 행해져야 된다는 것이다. 슈미트에겐 '법률규칙의 중간 삽입'에 의해 "헌법집행의 간접성"을 지키는 것이야말로 "행정부의 권력 증대를 방지"할 수 있는 것이었다(1952c:463). 그런 까닭에 법률규칙을 통한 간접적 집행은 "법치국가성 일반이 의거하는 최후의 장소"(1952c:475)인 것이다. 또 슈미트는 1960년도 「가치의 전제」에서도 동일하게 "직접적 가치집행"을 물리치고 그것에 맞서 "법률에 매개된 가치집행"을 주장하고 있다(1960TW: 61[224]).

이와 같이 행정권에 의한 직접적 집행을 비난하는 전후의 저작들로부터 간취할 수 있는 것은 슈미트가 전전의 입장을 철회하고 있다는 점이다. 곧 바이마르 시기의 그는 입법부가 제정하는 법률보다도 집행부가 발하는 조치 쪽에 중요성을 인정했었는데, 이제 그러한 입장은 파기되는 것이다. 그는 1920년대에 예외상태에서의 라이히 대통령의 '조치(Maßnahme)'를 두고 "헌법"을 지키기 위한 "헌법률"의 "침범(Durchbrechung)"이라고 함으로써 다름 아닌 "주권의 표식"으로 간주했었다

(1928VL:106ff.[134-5]) 대통령의 조치는 헌법을 "침해하는(Durch-brechen)" 것이지만, 이 침해는 헌법을 "개정(ändernung)" 하는 것도, "무효화하는(außer Kraft setzen)" 것도, "철폐하는(aufheben)" 것도 아니며, "헌법규정들의 예외를 통해 전체로서의 헌법 그 자체를 구한다는 독재의 전형적 수단"(1924a:241[61])[49]으로 규정되었다. 그리고 1930년대 전반에 슈미트는 세계공황 이후에 격렬히 변동하는 사회상태에 유연하게 대응하기 위하여 "법률과 조치 간의 무차별"을 "조치의 레벨에서 실현하고자" 하는 행정국가를 요구했었다(1932LL:80f.[123]). 이에 대해 전후의 저작을 특징짓고 있는 것은 전적으로 그 반대로서, 법률의 매개를 거치지 않은 집행권의 조치에 대한 불신이었다.

애초에 슈미트가 보기에 근대적인 주권 개념과 집행권력의 관계는 당초부터 극히 양가적인 것이었다. 그는 가장 이른 시기의 논문 「독재와 계엄상태」(1916)에서, 삼권 속에서도 '행정'이야말로 "모든 국가활동의 시작"이며 "원原상태"라고 쓰고 있다(1916a:17). 그리고 1921년의 『독재』에서는 더욱 상세하게 근대국가의 발단이 법이나 규범보다 행정을 주요 관심사로 하는 "기술적인" 국가관에 있다고 말한다.

역사적으로 근대국가는 정치의 실제기술[Sachtechnik]로부터 성립했

---

49) 『헌법론』 11장에서는 "헌법개정(Verfassungsäderung)", "헌법폐기(Verfassungs-vernichtung)" 혹은 "헌법폐지(Verfassungsbeseitigung)", "헌법침범(Verfassungs-durchbrechung)", "헌법정지(Verfassungssuspension)"라는 개념적 구별이 행해지고 있다('헌법정지'는 1924년도 「라이히 대통령의 독재」에서 헌법의 "무효화(außer Kraft setzen)"라고 불리고 있던 것과 동일하다). 이 속에서도 (규범이 아니라) 정치적 실존에 관계된 예외상태의 조치를 특징짓는 것으로서 특히 중요한 것이 '헌법침법'인데, 그것은 다음과 같이 정의되고 있다. "**헌법침범**, 이는 하나 또는 다수의 특정한 개별사례에 있어 헌법률의 여러 규정들의 위반하는 것이되, 그것은 예외로서 행해지며, 그렇게 침범된 여러 규정들은 다른 점에서는 변함없이 계속 타당한 것이므로, 영속적으로 철폐되거나 일시적으로 무효화(정지)되거나 하는 일은 없다는 전제 아래에서 행해지는 것이다."(1928VL:99f.[127]) 『헌법론』에서의 그런 개념 분류에 관해서는 Günter Meuter, »Euthanasie der Legitimität. Zum Zusammenhang von Verfassung, Legalität und Revolution bei Carl Schmitt«, in: *Rechtstheorie*, 28 (1997), S.34f., 40f.

다. 근대국가와 더불어 그 이론적 반영으로서의 국가이성의 학설, 곧 법과 불법의 대립을 초월하고 오직 정치권력의 유지와 확대의 필요로부터 얻어지는 사회학적-정치학적 공리가 시작되는 것이다. 군사적·관료적으로 훈련된 공무원, 즉 '집행부'야말로 그 본질에 있어 집행부인 근대국가의 핵심이다. (1921D:12[25-6])

그리고 이렇게 정치를 기술로 환원하는 집행권력 중심적인 국가관을 나타내고 있는 것이 마키아벨리로부터 국가이성학파를 거쳐 독일의 '기밀(Arcana)' 이론가에 이르는 계보가 되는 것이다.[50] 이 문맥에서 실제로 슈미트가 이름을 종종 거론하는 독일의 기밀 이론가 아르놀트 클랍마리우스의 저작 『국가의 기밀에 관하여(De Arcanis Rerumpublicanum)』(1610)에 보이는 것처럼(1921D:14ff.[27-31]; 1926LP:47[50]), 근대 초기의 국가론 속에서는 법에 대한 이론과 함께 통치의 실제기술에 관계된 교설이 대대적으로 발달하게 된다. 클랍마리우스의 저작에서는 비밀의 영역에서 수행된 권력기술로서의 '기밀(arcanum)'의 이론이 '법(jus)'의 이론과 나란한 위치값을 부여받고 있는바, 그런 '기밀'로서의 통치기술이야말로 절대주의에서의 관방정치를 이루는 기초였던 것이다.

슈미트 쪽에서 본다면 그렇게 "국가와 정치를 권력의 유지 및 확대의 기술로서만 다루는 학설"(1926LP:47[50])은 도저히 허용될 수 없는 것이었다. 그에게 보댕이나 홉스가 세웠던 근대국가주권의 위대함은, 한쪽으로는 신학적인 자연법적 정의에 근거한 중세적 폭군방벌론을 물리침으로써 교회의 간접권력을 배제시켰던 점에 있었다. 하지만 다른 한쪽

---

50) 타키투스나 마키아벨리의 영향 아래에서 이탈리아 국가이성학파로부터 독일의 기밀이론가로 계승되었던 근대 초기의 기술적 국가관에 관해서는 F. Meinecke, *Die Idee der Staatsräson in der neueren Geschichte*, a.a.O., S.139-172.[160-198] 참조. 좀 더 최근의 것으로서는 Michael Stolleis, *Staat und Staatsräson in der frühen Neuzeit*, Frankfurt a. M. 1990, S.45ff. 및 Herfried Münkler, *Im Namen des Staates*, Frankfurt a. M. 1987, S.280ff.

에서, 이 주권이론가들은 또 다른 적인 근대 초기 국가이성학파나 관방학파의 기술주의적인 국가관에 맞선 것이기도 했다. 말하자면 그들은 "마키아벨리즘적인 기술성과 폭군방벌론적인 법치국가 사이"에 몸을 두고 있었던 것이다(1921D:25[38]). 전후 이후의 슈미트는 당대의 법학이 신학과 기술 사이에서 궁핍한 상황에 직면해 있음을 거듭 주장하고 있다(1950LR:420, 422, 427f.[72, 75, 86-7]; 1950ECS:74f.[169-70]; 1991G:23, 75, 218f., 311).

> 오늘 법학자로서의 우리들은 신학과 기술의 틈새라는, 몸을 마멸시켜버릴 양자택일 속에, 나아가 혹시라도 법학자로서의 우리들을 아예 제거해버릴지도 모를 양자택일 속에 있는 것이다. (1991G:132)

이는 아마도 기술화와 기능화에 위협당하고 있는 동시대의 법학만이 아니라 근대국가학이 그 초기부터 직면해야만 했던 곤경일 것이다. 생성되고 있던 국가주권은 신학에 저항함과 동시에 정치의 기술주의적인 환원까지도 비판하는 양방향의 전선에서 싸우지 않으면 안 되었기 때문이다. 따라서 슈미트는 단순한 통치기술로서의 집행권력을 법질서의 규범근거인 주권에 묶어놓는 것까지도 자신의 주요 과제로 설정했다. 예외상태나 독재에 관한 그의 이론 구축은 바로 그것을 위한 노력에 다름 아니었다.

그러나 절대주의 아래에서는 주권자로의 권력집중에 비례하여, 공공연하게 혹은 은연중에 집행활동을 행하는 대규모 관료기구가 형성되는 경향이 있음을 부정하기 어렵다. 이에 따라 절대왕정기에는 '관방학(Kameralwissenschaft)'이나 '내무행정학(Polizeiwissenschaft)'이라고 하는, 행정에 의한 통치기술의 학문이 손질되어간다. 집권화된 근대국가의 본질은 국가의 공개성을 현시하는 주권자 그 자체보다는 그 아래에서 기능하는 거대한 집행기관에 있는 것이다. 그렇기에 벤야민은 슈미트의 주권이론에 대한 비판적 응답으로서 바로크왕권의 특질을 오히려 관료기구와 집행권 속에서 보려고 했다. 독일 비〔애〕극론의 「보유」에는 다음과 같은 언명이 보인다.51)

〈폴리차이의 정신－집행권의 정신－바로크의 정신〉이라는 연관. 이 시대의 집행 에네르기를 그 저항이나 장해와 함께 도출해야만 되는 카테고리가 포함되어 있는 것은 의회의 이념이 아니라 관료제이다.52)

여기서 말해지고 있는 '폴리차이'란 단순히 절대주의국가에서 발달한 행정통치의 방법체계를 가리키는 것만은 아니다. 벤야민은 그것을 바로 현대적 의미에서의 문자 그대로 '경찰(Polizei)'로 이해하고 있다. 경찰제도가 집행권력의 범형인 것이다. 그리고 벤야민에게 경찰권력이란 독일 비〔애〕극론의 본문에서 서술되고 있는 것처럼 절대적인 주권자가 수반하는 음모가라는 모티프의 변주에 다름 아니다. 실제로 벤야민은 "조직화, 집권화, 음모"라는 연관을 지적하면서 경찰의 집행활동이 지닌 모종의 비밀스런 성격을 강조하고 있다. 그는 거기서 카를 비트포겔의 저작에서 다음과 같은 부분을 참조하고 있다.

마찬가지로 캄프마이어에 의하면 절대주의 아래서의 독일을 뒤덮고 있던 '어두운 집무실'은 시민사회의 시청이나 관공서들이라기보다는 음울함, 다름 아닌 음울함이었다. ……점점 강대화되어가는 기구로 모든 관청들의 머리 위를 횡행하며 그것을 뒤덮어버린 것은 경찰이었다. 결국에 경찰은

---

51) 이 무렵 벤야민이 참조하고 있는 것은 사회사가 파울 캄프마이어에 의한 『독일 근대사회계급의 역사』(1921)에 나오는 한 절이다. "18세기의 내무행정에 관한 저작자[polizeischriftsteller]나 국무정치가들의 눈에 절대국가의 국민경제 및 재정 전체가 내무행정의 활동[polizeitätigkeit]으로 비춰졌다는 사실은 특징적인 사실이다. ……그들에게 절대국가는 너무도 강력한 내무행정의 국가로 드러났던 것이며, 그렇게 그들은 국가의 경제적·문화적 활동을 내무행정의 활동으로서만 떠올릴 수 있었던 것이다."(Nit. nach: Walter Benjamin, »Nachträge zum Trauerspielbuch«, in: ders., *Gesammelte Schriften*, I-3, Frankfurt a. M. 1991, S.954.[『독일 비〔애〕극의 근원』에 대한 「보유」, 『독일 비〔애〕극의 근원』(下), 380쪽])

52) Ebd., S.954.[(下)380]

모든 것들에 고약하게 파고들었으며, 그 지령은 일상의 모든 표현을 감시하고 질책하는 제도였다. 이 폭력제도는 절대주의 사회의 모든 생활표현에 매우 강하게 침투해 있던 것으로, 그럴 때 국가는 경찰국가가 되고 그 경제적·문화적 활동 전체는 명백한 경찰활동이 된다.[53)]

근대국가는 통치의 공개성을 보증하는 법의 지배만이 아니라 통치의 다양한 '기밀'을 발전시켰으며, 경찰의 실천은 그 전형이라고 하겠다. 거기서는 말하자면 집행활동이 법을 넘어 확대되는 현상이 현저하게 드러나는 것이다.

벤야민에게 경찰활동의 비대화는 단순히 절대주의 국가만을 특징짓는 것이 아니었다. 그가 바로크왕권 아래의 경찰에 대해 서술하고 있는 것은 이미 1921년도 「폭력비판론」 속에서는 민주주의체제 아래서도 변하지 않은(아니 오히려 한층 악화된) 근대경찰의 특징으로 지적되고 있었던 것이기도 했다.

경찰은 '안전을 위하여' 명확한 법 상황이 존재하지 않는 무수한 경우에 개입한다. ……경찰제도는 문명국가 속에서 어디서도 붙잡히지 않고 구석구석까지 골고루 퍼져있는 망령 같은 현상이며, 그렇기에 경찰제도의 폭력 또한 정해진 형태가 없다. 절대군주제에서는 입법과 집행의 절대권을 통합하고 있는 지배자의 폭력을 경찰이 대표하고 있지만, 민주제에서의 경찰의 존재는 그러한 대표관계에 의해 특징지어지지 않으며, 생각할 수 있는 한 가장 빈발했던 폭력 형태의 증거가 되고 있는 것인바, 경찰의 정신은 절대군주제보다도 민주제 쪽에서 한층 더 유해한 것이다.[54)]

---

53) Karl A. Wittfogel, *Geschichte der bürgerlichen Gesellschaft*, Berlin 1924, S.279f.[636]; vgl. W Benjamin, »Nachträge zum Trauerspielbuch«, in: ders., *Gesammelte Schriften*, I-3, a.a.O., S.954.[앞의 책 (하), 379-380쪽]

54) Walter Benjamin, »Zur Kritik der Gewalt«, in: ders., *Gesammelte Schriften*, II-1, a.a.O., S.189f.[「폭력비판론」, 『독일 비[애]극의 근원』 (下), 284-189쪽])

여기서 문제가 되고 있는 것은 단순히 절대군주가 경찰기구를 통해 그 지배권을 사회 전체에 넓혀간다는 점이 아니다. 오히려 그 집행기구가 주권자가 제정하는 법률 아래의 단순한 집행기관에 만족하지 않는다는 것이야말로 문제인 것이다. 경찰폭력이 정해진 형태가 없다는 것은 그것이 단순히 '법유지적'이지 않고 '법정립적'인 성격을 지니고 있기 때문이다. 즉 경찰은 조금이라도 법에 불확정적인 부분이 있을 때 그것을 자유로이 해석·운용함으로써 사실상 새로운 법을 만들어낸다.[55] 이는 명목상으로는 주권자에 의해 제정된 법의 집행임에도, 문제의 그 법은 집행활동이 그런 식의 자의적 운용에 함몰되는 것을 완전히 막을 수 없는 것이다. 법이라는 것은 구체적 상황에서 자기 자신이 어떻게 해석·적용·집행되는가를 살펴서 명령할 수 없다고 하는, 법이 원리적으로 지닌 바로 그 결락이야말로 경찰폭력에 의한 법의 퇴폐를 야기하는 것이다.

슈미트에게 법의 집행자가 집행되어야만 될 법을 넘어 자립화하는 사태는 독재라는 현상 속에서 전형적으로 드러나는 것이었다. 하지만 법규범이 그것을 실현·집행하는 절차에 의해 추월당하는 것은 단순히 독재의 사례에 한정되는 것이 아니다. 구체적 현실 속에서 법은 늘 일정한 해석이 요구되는 것이고, 그런 요구에 의해 집행기관에 의한 법 운용은 잠재적으로는 무제한적인 확대가능성을 갖게 되기 때문이다. 집행권력은 법을 효력을 갖도록 하기 위해 법에 따라 활동하지만 그때 법은 언제나

---

55) "경찰은 법을 발명하는 것이다. 경찰은 여러 행정명령을 공포한다. 경찰은 법 상황이 명확하지 않을 때는 언제라도 개입하여 안전을 보장하고자 한다. 법 상황이 명확하지 않은 때란, 곧 오늘날에는 거의 모든 때를 말한다. ……경찰은 스스로를 〈법정립적인 것〉, 즉 입법을 행하는 것으로 만들어낸다. 경찰은 법에 불확정인 부분이 있기에 그 가능성을 보자마자 반드시 그것을 제멋대로 자기 것으로 삼는다."(Jacques Derrida, *Force de loi,* Paris 1994, S.103[132]) 또한 데리다는 벤야민과의 비교 속에서 슈미트를 힐난한다. "바로 그 경찰과 스파이활동이, 스파이활동**으로서의** 경찰(「폭력비판론」에서 벤야민이 이야기하는 현대국가의 '망령')이 다름 아닌 국가를 섬기기 위하여 미리, 그것도 **안쪽으로부터**, 정치적인 것의 가능성을, 그리고 사적인 것과 공적인 것의 구별을 엉망으로 만들어버린다는 것을 알리고 있음에도 슈미트는 왜 그 점을 전혀 고려하지 않는 것인가?"((Jacques Derrida, *Politiques de l'amitié*, a.a.O., S.166.[225]

침범당할 위험에 노출되어 있다. 실현되고 집행되는 것을 결코 결여할 수 없는 법은 그러한 위험에 의해 자기 자신이 허공에 매달릴 가능성을 품지 않을 수 없게 되는 것이다. 이런 뜻에서 예외상태는 통상의 법 상태로부터 일정한 거리로 시간적으로 구획된다기보다는 모든 법 속에 아프리오리하게[선험적으로] 포함되어 있다고 할 수 있다. 집행기관은 주권자의 의지나 법에 단지 충실한 기계적 집행자에 머물 수 없다. 슈미트가 즐겨 사용하는 말을 따르자면, 법을 손에 쥐는 자는 동시에 법을 넘어선 "부수입(Prämie)" 혹은 "잉여가치(Mehrwert)"까지도 얻게 되기 때문이다. 그런 까닭에 예외상태에서 집행권력은 하나의 역설적인 성격을 띤다. 그것은 이미 단순한 적용이기를 그만둔 법적용, "적용을 정지함으로써 적용하는" 자립적인 힘으로 드러나는 것이다.56) "자기 자신을 정지시키는 법의 변증법"(1921D:122[140])이 그 극한에 이른 지점에서는 법의 유지와 법의 침범이 구별되지 않게 된다. 예외상태에서 법의 집행자는 흡사 범죄자가 되는 듯하다. "어떤 법적 규정을 위반하는 자는 그것을 철폐하는[aufheben] 것도 아니며 무효화[außer Kraft setzen]하는 것도 아니다. 범죄자는 형법의 기초가 되는 규범을 위반하고, 그것을 일탈하고, 그것을 침범하지만[Durchbrechen] 그것들 모두는 그 규범을 무효화하는 것이 아니다. 마찬가지로 권한에 의해 예외를 만들어내는 자 또한 어떤 규정을 무효화하는 것이 아니다. ……예외는 규칙의 힘을 확인하는 것으로 간주된다. 뿐만 아니라 예외는 규범으로부터 일탈하면서도 그 규범이 변함없이 타당하고 연속되는 것임을 전제로 하고 있다. 철폐함 없이 침해하고, 무효화하는 것 없이 일탈하는 것이 예외의 개념 속에 들어있는 것이다."(1924a:224[30-31])

56) G. Agamben, *Stato di eccezione*, a.a.O., S.54.[82] 아감벤은 예외상태에서의 그러한 역설적인 법적용을 '법-의-힘'이라는 단어로 표현하고 있다. "예외상태라는 것은 한편으로는 규범이 효력을 갖지만 적용은 되지 않으며('힘'을 갖지 않으며), 다른 한편으로는 법의 가치를 갖지 않는 여러 결정들이 법의 '힘'을 획득하게 되는 '법의 상태'이다. ……예외상태라는 것은 법 없는 법-의-힘(따라서 그것은 ~~법~~-의-힘이라고 써야만 할 것이다)이 도박의 판돈이 되고 있는 듯한 아노미적 공간에 다름 아니다."(ebd., S.52[79])

법적용의 실천이 법규범에 대해 자립적인 위치값을 갖는다고 주장했던 초기의 『법률과 판결』은, 법적용이라는 것이 적용되어야 할 바로 그 법을 밟고 넘어서버리는 예외상태를 발견하는 1920년대의 독재론으로 연결되고 있었다. 무엇보다도 그 시점에서의 슈미트는 아직 그 활동을 무제한적으로 확대시킬 가능성이 잉태된 집행권력을 어디까지나 법질서의 규범근거인 주권 아래에서 통제하고자 했었다. 그렇지만 '권력의 앞방'에 관한 후기의 논의에서 슈미트는 집행권력을 특정한 주권적 심급(군주이면서 인민이기도 한)으로 통어하는 것이 원리적으로 불가능하다는 것을 의식하지 않을 수 없게 되었다. 그 지점에서 그가 통찰했던 것은 근대적인 주권 개념이 겪고 있던 어떤 근본적 변질이다. 슈미트가 1930년대 이래로 진단하고 있던 행정집행권력의 불가피한 상승 경향, 이는 단순히 국가주권이 그 지배권을 확대한다는 것을 뜻하는 게 아니었다. 오히려 그것은 전통적으로 민주주의적인 대표 기능이나 법질서의 정통화 기능을 담당해왔던 주권 개념의 위기를 드러내고 있다. 그렇게 통치의 공개성의 기초가 되어왔던 주권은 경찰을 위시한 집행권력의 비밀스런 활동으로 대체되고 있는 것이다. 이제 다시금 정치는 슈미트가 근대 초기에 주권 개념에 의해 극복됐다고 생각했던 권력기술로, 즉 타키투스에서 유래하고 클랍마리우스에 의해 인구에 회자됐던 한 단어가 말해주는바 '통치의 기밀(arcana imperii)'로 변용되고 있는 것이다.[57]

이것이 당초부터 잠재적으로는 주권이론을 넘어서 있던 슈미트 예외상태론의 레디컬한 귀결이다.[58] 곧 예외상태가 주권의 구속으로부터

57) 보비오는 근대 초기 '통치기밀'의 이론을 검토하면서, 1970년대 이래의 포스트 케인즈주의적 "경제정부"의 테크노크라시적인 지배에서 '통치기밀'의 부활을 발견하고 있다(Norberto, *The Future of Democracy*, Cambridge 1987, S.79-97).

58) 아감벤은 1922년도 『정치신학』에서의 주권이론이 그것 이전의 『독재』 등에서 문제로 삼았던 예외상태(혹은 독재)를 법질서에 묶어두기 위한 시도였다고 지적한다. 즉 예외상태 쪽이 주권에 앞서고 있다는 것이다. "슈미트가 말하는 주권 개념의 지위와 역설은 예외상태에서 유래하는 것이지 그 역방향이 아니다. 그리고 슈미트가 1921년도 저작[『독재』] 및 그것에 앞선 논고에서 예외상태의 이론과 실천을 먼저 정의하고

해방되는 것이다. 주권이라는 규범적 개념에 대해 통치기술로서의 집행권력이 우위를 점함과 동시에 예외상태는 정치의 영속적인 환경境位[지위·상황]이 된다. 곧 법을 일시적으로 허공에 매다는 것으로서의 예외상태가 생겨나는 것이 아니라 통치기술의 매트릭스인 예외상태 속에서의 전술적인 도구로서 법이 배치되는 것이다. 주권에 관해서도 마찬가지이다. 자기 자신 이외에 다른 무엇도 근거를 정초할 수 없는 주권자의 의지의 집행으로서 통치가 행해지는 것이 아니라, 통치기술의 전술적인 요소 하나로서 주권이 생산되는 것이다. 권력의 메커니즘이 법과 주권으로부터 자신의 몸을 갈라놓고 있는 것이다. 슈미트적인 말투를 따르자면, 신학과 기술 사이에서 스스로의 존립을 보장해왔던 법학은 오늘날, 근대 초기에 그랬듯 신학 쪽으로부터가 아니라 오히려 기술 쪽으로부터 위협당하고 있다. 후기의 슈미트가 발견했던 '권력의 앞방'이란 법과 왕권의 가능성의 조건을 이루는 것이며, 집행권력에 의한 통치기술의 장이라고 할 수 있을 것이다. 그는 주권이 통치기술을 통어한다는 근대적인 정치의 토폴로지가 전도되고 있음을 알아차리고 있었던 것이다. 그럼으로써 열리게 되는 것은 (아마도 푸코라면 '통치성'의 출현이라고 불렀을) 현대 통치구조의 전환을 바라볼 수 있는 시야·좌표임에 분명하다.[59]

그 다음 단계인 『정치신학』에서 비로소 주권에 관한 이론을 정의했다는 것은 분명 우연이 아니다. 그의 주권이론이 예외상태를 법질서에 정확히 들어맞게 계류시키고자 하는 시도를 대표하고 있음은 의심의 여지가 없다."(G. Agamben, *Stato di eccezione*, a.a.O., S.48.[72])

59) 슈미트적 예외상태론을 푸코의 '통치성'론과 결합하고, 그것으로써 9·11 이후 미국의 안정보장 정책을 특징짓고 있는 것으로서는 G. Agamben, »Der Gewahrsam. Ausnhamezustand als Weltordnung«, in: *Frankfurter Allgemeine Zeitung*, 19. April 2003, S. 30; Michael Hardt/ Antonio Negri, *Multitude*, Penguin Press 2004, S.12-25[44-62]; Judith Butler, *Precarious Life*, London/New York 2004, S.50-100[97-164] 참조. 그 무렵 버틀러는 테러 피의자를 법적 보호가 없는 채로 무기한 구속하는 것과 같은 법권리의 정지상태를 초래하는 것으로서, 입법권을 넘어선 집행권력의 무한한 확장에 관해 지적하고 있다(ebd., S.61ff.[111-115]). 마찬가지의 논리를 좀 더 명시적으로 슈미트에 입각하여 논하고 있는 것으로는 William E. Scheuerman, »Carl Schmitt and the Road to Abu Ghraib«, in: *Constellation*,

Ⅲ. 본[Bonn] 공화국의 '정상성'

1. 합법적 혁명의 저지

슈미트가 끊임없이 강조하는 것은 '규범'이나 '법질서'가 유의미하게 타당하기 위해서는 그 전제로서 언제나 모종의 "정상[normal] 상태"가 설립되지 않으면 안 된다는 점이다(1921D:133[156]; 1922PT:19[20-21]; 1930a:136f.[103]; 1934DARD:19f.[360]). 질서의 "정상성(Normalität)"이 확보될 때 비로소 법규범은 일관성을 갖고 안정적으로 통용될 수 있다. 이러한 정상성의 관념이 소실될 때 법은 그때그때의 자의적인 해석과 운용에 노출되어 단순한 도구로 추락하는 것이다. 그리고 슈미트에게 바이마르 말기의 자유주의적인 합법성 체계란 그렇게 법을 여러 당파들이 각각의 입장에서 자의적으로 해석하고 이용할 수 있도록 허용하는 "전술적 도구" 또는 "기술-기능주의적인 도구"가 되어버린 상태였다(1932LL:90[137]). 질서의 정상성이라는 관념은 법운용의 자의성을 허용하지 않는 고차적 원리, 즉 (모리스 오류가 말하는) "헌법적 초합법성"으로서(1932LL:56f.[85]; 1978:324f.), 법질서의 합법적 전복을 막기 위해 불가결한 "헌법 개정의 한계"인 것이다. 이런 관점에서 보면 나치스에 의한 합법적인 권력탈취 및 민주주의의 합법적 폐기는 자유주의적인 바이마르 체제가 그러한 초합법성의 원리를 간과하고 있던 데에서 야기됐다는 말이 된다.

2차 대전 직후의 『주석집』에서는 그러한 "합법적 혁명"에 대한 슈미트의 두려움을 발견할 수 있다. 과거 나치스가 우측으로부터 행했던 합법적 혁명이 이번에는 공산주의 세력에 의해 좌측에서 시도되고 있다는 것이다. "12년 뒤인 1945년에는 세계적 연합의 주요 승자인 급진좌파가

13 (2006), S.118ff.

헌법의 파수꾼에 맞서 1932년에 행해진 투쟁을 이어받아 수행하고 있었다."(1991G:214) 슈미트가 반복해서 언급하는 바에 따르면, 레닌이나 루카치는 혁명투쟁을 위해서는 단지 비합법적 수단만이 아니라 합법적인 수단도 이용하지 않으면 안 된다고 주장하고 있다(1950LR:425f.; 1991G:50; 1950a:447f.) 전후 슈미트의 관심은 오늘날의 합법성이 좌익 혁명세력에 의한 내전에 전술적인 무기로 이용되는 일을 어떻게 막을 것인가라는 점으로 향해 있다고 해도 좋다. 그리고 그러한 합법적 혁명의 저지는 단지 슈미트만이 아니라 전후 서독의 법학자들에게 널리 공유됐던 문제관심이었다. 한편으로 그것은 나치스가 과거에 행했던 것과 같은 민주주의의 합법적 폐기를 어떻게 막을 것인가라는 과제에 의해 규정됐던 것이지만, 다른 한편으로 그것 못지않게 큰 관심이 향해졌던 것은 서방측 민주주의 국가들의 체재 내부로 공산주의 세력이 신장하고 있는 상황을 배제하는 것에 다름 아니었다. 합법성의 문을 밑으로 빠져나온 헌법의 적으로부터 헌법을 방어하는 것이야말로 전후 서독, 본 연방공화국의 긴요한 과제가 됐던 것이다.

1948년 9월 1일에 본에서 소집된 의회평의회(Parlamentarischer Rat)는 1949년 5월 8일에 독일 연방공화국 기본법을 결의했고, 각 주의회에서의 채결을 거쳐 5월 23일에 기본법을 확정·시행했다. 전후 서독의 사실상의 '헌법'에 해당하는 이 기본법에 대해 슈미트 자신이 각별하게 큰 관심을 기울이고 있는 것처럼 보이지는 않는다. 이와는 달리 적지 않은 슈미트의 제자들은 본 기본법에 대한 비판적 입장을 표명하고 있다. 즉 베르너 베버나 포르스트호프가 보기에 본 기본법에는 슈미트가 『헌법론』에서 서술했던 것과 같은 주권을 구성하는 헌법상의 근본결단이 존재하지 않는다.[60] W. 베버는 1949년 괴팅겐대학 취임연설에서 선거로

60) 베르너 베버나 포르스트호프를 위시한 슈미트 계열의 법학자들이 어떻게 기본법을 이해했는지에 관해서는 Reinhard Mehring, »Carl Schmitt und die Verfassungslehre unserer Tage«, in: *Archiv des öffentlichen Rechts*, 120 (1995), S.177-204; D. van Laak, *Gespräche in der Sicherheit des Schweigens*, a.a.O., S.162; J.-W. MüLler, *A Dangerous Mind*, a.a.O., S.65f.

뽑힌 국민의회가 제정한 "바이마르 헌법"이 "인민의 헌법제정권력"에 기초해 있었던 것에 비해, "본에서는 그 어떤 거대한 문제에 관해서도 결단이 행해지지 않았다"고 확신하고 있다. 본 기본법은 전승국에 의한 점령 상황에 따라 "본질적인 것은 모두 미리 지시되고 설정되어 있었"고, "자신의 정치적 실존의 양태와 형식에 관해 자신의 힘과 책임에 기초해 수행되는 인민의 결단, 따라서 인민의 주권적 결단을 위한 기반은 거기에 마련되어 있지 않았다."[61] 포르스트호프 또한 "기본법은 정치적 결단의 성과가 아니라 어떤 상황의 산물, 즉 패전의 황폐함에서 결과된 미증유의 취약상태의 산물"[62]이라고 서술하고 있다. 어느 쪽이든 본 기본법의 제정 속에 그 어떤 주권적 결단도 존재하지 않았다는 것에 비판적 평가가 내려지고 있는 것이다.

그러나 다른 한편, 본 기본법의 질서는 다름 아닌 슈미트적 정신에 따라 설립된 것으로 볼 수도 있다. 바이마르 말기의 위기를 여전히 생생히 기억하는 의회평의회의 멤버들에게 헌법의 기초를 이루고 있는 '근본가치' 그 자체를 변경해버릴 수 있는 헌법 개정을 저지하는 것은 지상명령이라고 해도 좋은 것이었기 때문이다. 물론 기본법 제정 작업에 슈미트 자신은 일절 관여하지 않았지만, 헌법보호를 위한 여러 방책들이 기본법에 규정되는 데에 있어 슈미트의 이론이 적지 않은 영향을 주었다는 것이 지적되고 있다.[63] 말하자면 본 공화국은 당초부터 법적 안정성 및 그것의 기초인 '정상성'의 확보를 향하여 강하게 동기 부여되고 있었던 것이다. 그리고 그때 그런 질서의 '정상' 상태를 지키기 위한 심급, 즉 '헌법의 파수꾼'이라는 바이마르 시기의 문제가 다시금 부상하게 됐던 것이다.

그 무렵 나치스에 의한 합법적 권력탈취를 반성하는 과정에서, 민주적 선거에 기초한 의회만으로는 헌법질서를 안정화하는 '헌법의 파수꾼'일

61) Werner Weber, *Weimare Verfassung und bonner Grundgesetz*, Göttingen 1949, S.7f.

62) E. Forsthoff, *Der Staat der Industriegesellschaft*, a.a.O., S.61.

63) D. van Laak, *Gespräche in der Sicherheit des Schweigens*, a.a.O., S.157f.

수 없다는 인식이 널리 공유되고 있었다. 의회평의회의 중심멤버였던 그리스도교 민주동맹(CDU)의 콘라트 아데나워나 사회민주당(SPD)의 카를로 슈미트 등, '기본법의 아버지들'이라고 불리는 사람들은 보수·혁신을 불문하고 의회주의에 대한 회의를 가졌으며 "의회절대주의"나 "민주적 전체주의"에 경계를 촉구했다.[64] 그리하여 그들은 의회의 지나친 다원주의를 제한하고 헌법의 근본질서를 방위하기 위한 의회 바깥에 있는 모종의 심급을 요구하게 된다. 전쟁 이전의 슈미트가 논의한 '헌법의 파수꾼' 문제가 이제 전후 독일 입헌체제의 중심과제로 의식되었던 것이다. 기본법 제정에 있어 슈미트가 미쳤다는 영향이 과대평가될 수는 없는 것일지라도, 슈미트를 "헌법의 아버지들의 아버지"라고 부르는 것에 전혀 정당성이 없지는 않은 까닭이 거기에 있다.[65] 그가 1932년의 『합법성과 정통성』에서 논구했던 '헌법 개정의 한계' 문제는 본 연방공화국의 핵심을 구성하기에 이르렀던 것이다. 이러한 문제의식을 강하게 받아들였던 것은 오히려 좌파인 SPD계열의 논자들이었다고도 할 수 있다. 빌리 브란트 내각에서 법무장관 등으로 일하게 됐던 법학자 호르스트 엠케는 슈미트의 촉발을 받아 '헌법 개정의 한계'에 관한 저작을 썼고[66], "SPD의 계관법학자"로서 몇 번이고 연방헌법재판소에 나가 응답한 〔카를 오토〕 아돌프 아른트(법학자 구스타프 아돌프 아른트의 아들)는 "법치국가"에서 "정의의 국가"로의 전환을 주장하면서[67], 헌법 개정의 실질적 한계를 가진 헌법질서에 관한 인식을 "우리는 다름 아닌

---

64) Hans Lietzmann, »Vater der Verfassungsväter?«, in: K. Hansen/ H. Lietzmann (Hg.), *Carl Schmitt und die Liberalis muskritik*, a.a.O., S.111.

65) Vgl. ebd., S.107. 그러하되 그런 호칭이 지나친 것이라는 비판도 많다. Vgl. D. van Laak, *Gespräche in der Sicherheit des Schweigens*, a.a.O., S.160f.

66) Vgl. H. Ehmke, *Grenzen der Verfassungsänderung*, a.a.O. 엠케가 법무장관으로 일하던 때에 해당되는 1969년 11월 4일의 편지에서 슈미트는 말한다. "호르스트 엠케는 합법적인 권력 소유에 따르는 정치적 부수입이라는 학설을 정력적으로 실천에 옮기고 있습니다. CDU는 그 점에 관해서는 그저 도덕적으로 분격하는 일 말고는 달리 방도를 알지 못합니다."(BwSFo:294)

67) Vgl. Hans Lietzmann, *Das Bundesverfassungsgericht*, Opladen 1988, S.50, 67.

카를 슈미트에게 빚지고 있다”고 말한다.[68]

이리하여 전후 서독은 종종 그 법적·정치적 실천 속에서, 나치스에 의해 망명을 강요당한 만하임이나 뢰벤슈타인이 이미 전쟁 이전부터 주장하고 있던 “싸우는 민주주의(streitbare o. wehrhafte Demokratie)”로서 스스로를 규정하게 된다.[69] 헌법질서의 기초인 ‘근본가치’ 혹은 ‘정상성’을 위협하는 자에 대해서는 헌법상의 자유가 인정되지 않는 것이다. 그리고 그러한 ‘근본가치’ 혹은 ‘정상성’의 핵심은 본 기본법 제21조에 규정된 “자유롭고 민주적인 기본질서(freiheitliche demokratische Grundordnung)”에 있다고 여겨진다(이는 머지않아 그 이데올로기적 성격을 비판하는 좌파계열의 논자들에 의해 ‘FDGO’라는 생략형으로 야유 받게 된다). 법적 안정성의 확보는, 적극적으로는, ‘초합법성’으로 기능하는 이 ‘자유롭고 민주적인 기본질서’의 방위로 집약되는 것이다.

하지만 이러한 ‘정상적’ 질서가 위협받고 있다고 결정하는 것은 누구인가. 이 ‘헌법의 파수꾼’의 역할은 우선 카를스루에에 설치된 연방헌법재판소(Bundesverfassungsgericht)에 맡겨진다. 그러나 머지않아 동서 냉전 및 1960년대 신좌익의 반항운동을 거쳐 70년대 극좌 테러리즘에 이르는 시대상황 속에서 비상사태에서의 치안을 확보하는 강력한 집행권력이 요구되는데, 이는 1968년도 비상사태법(Notstandsgesetze)의 성립을 중심으로 하는 일련의 유사有事법제화로 이어지게 된다. 무엇보다 ‘헌법의 파수꾼’ 문제가 사법국가적으로 해결될지 행정국가적으로 해결될지는 결정적인 사안이 아니다. 오히려 질문되지 않으면 안 되는 것은 가치로서 실체화된 근본질서를 ‘헌법의 파수꾼’에 의해 방위한다는, 전후 독일에서의 ‘싸우는 민주주의’라는 관념 그 자체가 본질적으로 안고 있는 문제의 성격에 관련된 것이다.[70]

---

68) Zit. nach: Helmut Quaritsch, »Einleitung: Über den Umgang mit Person und Werk Carl Schmitts«, in: ders. (Hg.), *Complexio Oppositorum*, a.a.O., S.17[8]

69) Vgl. Karl Löwenstein, »Militant Democracy and Fundamental Rights«, in: *The American Political Science Review*, 31 (1937), S.417-432, 638-658; Karl Mannheim, *Diagnosis of our Time*, London 1943, S.4-8.[238-244]

2. 연방공화국의 '헌법의 파수꾼'

a. 연방헌법재판소

의회평의회에서 기본법 초안이 작성되는 과정에서는, 정당정치로부터 독립하여 질서의 '정상성'을 지키기 위한 의회 바깥의 심급에 관한 다양한 제안들이 행해졌는데, 직접선거로 뽑은 대통령을 연방의회의 대항력으로 삼는다는 자유민주당(FDP)의 제안, 각 주州의 행정관들로 이뤄진 참의원에 연방의회의 입법심사를 맡기고자 했던 CDU의 제안이 거부된 뒤에야 비로소 헌법재판소의 설치가 검토되었다.[71] 그리고 최종적으로 '자유롭고 민주적인 기본질서'의 적대자에 대한 기본권 정지 선고(제18조)나 정당금지(제21조), 또 소추를 받는 연방대통령(제16조)이나 재판관(제97조)에 대한 직무정지 등의 권한을 갖는 헌법재판소가 연방공화국의 '헌법의 파수꾼'으로서 확정되었던 것이다. 기본법 제정 직후에 익명으로 발표된 주해 속에서 슈미트는 기본법에서 "헌법재판소가 갖는 각별한 의의"에 주의를 환기시키고 있다.

> 본 기본법의 전체 구조는 재판권의 구조 속에서 그 정점을 발견한다. 하지만 그 재판권이란 헌법재판소의 설립을 정점으로 하는 것이었다. 따라서 연방대통령도 연방수상도 아닌, 연방의회도 연방참의원도 아닌 헌법재판소야말로 본래의 '헌법의 파수꾼'이라는 것이 지시되고 있는 것으로 이해되어야 한다. (1949Bb:194)

---

70) '싸우는 민주주의'에 대한 비판적 고찰로서는 미즈시마 아사호, 「본 기본법에서의 '자유로운 민주주의적 기본질서': 「전투적 민주주의」의 중핵 개념」, 『와세다 법학회지』 29권, 1978, 315-350쪽; 같은 저자의 「본 기본법에서 '전투적 민주주의': 서독의 '사회비판적 법률가'」의 논의를 중심으로」, 『와세다 대학원 법연구논집』 24호, 1981, 285-316쪽을 참조.

71) Vgl. H. Lietzmann, *Das Bundesverfassungsgericht*, a.a.O., S.33ff; ders., »Vater der Verfassungsväter?«, a.a.O., S.112f.

이런 뜻에서 슈미트는 종종 이렇게 주장하고 있다. 본은 바이마르가 아니며, 본조차 아니다. “본은 카를스루에이다.”(BwSM:247, 305; BwSFr1:51)

카를스루에에 설치되어 1951년 9월에 활동을 개시한 헌법재판소가 ‘헌법의 파수꾼’으로서의 역할을 세상에 알렸던 것은 1951년 10월 23일 나치스의 흐름을 잇던 극우정당 사회주의제국당(SRP)에 내린 활동금지 판결이다. 그러나 그 직후 여러 당파들로부터 독립적이고 중립적이라는 헌법재판소의 이념에 의문 부호가 붙는 판결이 이어지게 된다. 즉 1954년에 헌법재판소의 장관에 취임한 우파정당 그리스도교 사회동맹(CSU) 출신의 요제프 빈트리히가 1956년 8월 17일 독일공산당(KPD)에 대한 금지판결을 단행한 것이다. 전후에 당세가 둔화되어 이미 무해한 것으로 되어 있던 KPD에 대한 이 조치는 “정치적 사법”[72]을 의심하게 되는 것으로서 적지 않은 비판을 받게 된다. 이 판결로 헌법재판소는 처음으로 ‘싸우는 민주주의’라는 용어를 사용하면서 SPR 판결에도 논거가 됐던 ‘자유롭고 민주적인 기본질서’에 대한 적대를 정당금지의 이유로 거론하게 된다. 하지만 애초에 ‘자유롭고 민주적인 기본질서’라는 ‘가치내용’의 확정은 어떻게 행해지게 되는 것인가. 그 내용결정은 재판관의 재량에 의해 “전개된다”는 빈트리히의 논의에 맞서 볼프강 아벤트로트는 그것의 반민주주의적 성격을 지적한다.[73] 질서의 근본가치와 그 적대자에 관한 결정이 재판관의 “주관적 가치확신”에 맡겨지고 만다는 것이다. 그럴 때 헌법재판소는 결국 정치적인 당파성을 면할 수 없는 것이다. 실제로 기본법의 해석을 독점하는 헌법재판소의 판사 선임은 종종 그 자체가 정치적 항쟁의 대상으로 간주됐던 것이다.[74]

실제로 슈미트 자신은 이렇게 실체적인 가치가 헌법재판소의 판결기

---

72) Vgl. Otto Kirchheimer, *Politische Justiz*, Neuwied 1965, S.232ff.

73) Vgl. Wolfgang Abendroth, »Das KPD-Verbotsurteil des Bundesverfassungs-gerichts«, in: ders., *Antagonistische Gesellschaft und politische Demokratie*, Neuwied 1967, S.169ff.

74) Vgl. D. van Laak, *Gespräche in der Sicherheit des Schweigens*, a.a.O., S.160f.

준이 되고 있던 1950년대 후반의 현상에 대해 비판적인 태도를 보이고 있었다.[75] 뿐만 아니라 그는 이미 전쟁 이전부터 애초에 재판소란 "의회와 마찬가지로 다원주의적인 시스템의 무대가 될 것임에 틀림없다"(1931HV:153[221])고 하면서, "사법은 헌법의 파수꾼이 될 수 없다"(1931HV:20f.[27])고 단언하고 있었다. 그렇기에 그는 라이히 대통령의 행정권력에게 '헌법의 파수꾼' 역할을 맡겼던 것이며, 헌법재판소에 의한 헌법보장을 주장하는 동시에 오스트리아 헌법재판소의 판사를 맡기도 했던 켈젠과 격렬하게 대립하게 되는 것이다.[76] 그리고 전후가 되어서도 여전히 슈미트는 헌법재판소에 비판적인 입장을 취할 때가 많았던 듯하다.[77] 그는 더 이상 1930년대 초엽의 '전체국가'론에서 보이는 강한

---

75) 1960년도 논문 「가치의 전제(專制)」에서 보이는 가치철학 비판은 기본권을 가치체계로서 이해하는 스멘트 학파의 헌법이론에 대한 비판인 동시에, '객관적 가치질서'에 근거해 기본권을 이해하게 된 헌법재판소의 법실천에 대한 비판이기도 했다. 헌법재판소의 그러한 경향은, 특히 나치스 시기의 반유대주의적 프로파간다 영화 〈유대인 쥐스〉 등으로 유명한 감독 파이트 하를란의 50년대 신작 영화에 대해 함부르크 국가광역국장 에리히 뤼트가 행한 보이콧 호소가 표현의 자유를 침해했는지가 논쟁이 되었을 때 뤼트의 주장에 정당성을 인정한 1958년 1월 5일의 이른바 '뤼트 판결'에서 전형적으로 드러난다. 「가치의 전제」가 집필된 이러한 배경에 관해서는 J.-W. Müller, *A Dangerous Mind*, a.a.O., S.68-73 참조. 「가치의 전제」는 원래 포르스트호프의 주재로 에프라하 세미나에서 발표된 원고였는데, 포르스트호프는 슈미트보다 더 명시적으로 헌법재판소에 대한 비판을 전개했었다. Vgl. Ernst Forsthoff, »Die Umbildung des Verfassungsgesetzes«, in: ders., *Rechtsstaat im Wandel*, a.a.O., S.147-175.

76) 이 문제에 관해 켈젠이 슈미트를 비판한 논문으로는 Hans Kelsen, »Wer soll der Hüter der Verfassung sein?«, in: *Die Justiz*, 6 (1931), S.576-628.

77) 슈미트는 헌법개정의 한계에 관한 저작을 1953년도에 출간했던 엠케 앞으로 1954년 5월 11일자로 보낸 편지에서 본 기본법과 헌법재판소에 불만을 표명하고 있다. "그러나 1945년의 본 '헌법[Verfassung]'은 이제 기본법[Grundgesetz]으로 불리고 있으며, 제가 아는 한, 그러한 용어를 사용함으로써 본 기본법은 스스로를 그 무엇에게도 방해받지 않는 구성적 권력의 자유로운 활동으로는 간주하지 않을 것임을 표명하고자 합니다. 나아가 거기에 덧붙일 것이 있는데, 연방헌법재판소의 설립이라는 것은 특히 적지 않은 저자들이 그 재판소의 판결근거에 어떠한 환상적 기판력(旣判力[확정 판결에 부여되는 통용력 또는 구속력])을 내려주고자 하는지를 고려한다면, 경우에 따라서는 거짓 주권적 행위의 새로운 온상을 끌어들이는 것에 불과하리라는 점입니다."(BwSFo:529)

행정국가에 기대를 걸지 않는데, 그렇다고 본 기본법과 같이 '헌법의 파수꾼' 문제를 사법국가적으로 해결하려는 시도에 단순히 가담하고 있는 것도 아니다. 헌법재판소의 권한 확대에 의한 사법국가화에 반대하여 슈미트의 행정국가론을 전후의 연방공화국이 담당한 사회적 기능과 포개어 더 진전시킨 작업은 오히려 제자 포르스트호프에 의해 계승되었다.

b. 행정국가와 비상사태

1950년대 아데나워 정권 하의 독일은 경제장관 루트비히 에어하르트 아래에서 "경제의 기적"이라고도 불리는 전후 부흥을 달성하고 있었다. 이러한 고도 경제성장은 냉전 초기에 무언가 시대의 기분이 되어 있던, 동서 대립의 격화가 초래한 불안(1954년에 출판된 빈프리트 마티니의 저작 제목이 말해주는 "모든 안전의 끝"[78])을 점차 지워 흩뜨리게 된다. 이리하여 질서의 안전과 안정은 오로지 경제발전을 통해서만 실현된다는 사고방식이 퍼져가게 된다. 사회학자 셸스키가 1950년대에 행한 가족사회학이나 산업사회학에 관한 연구는 전후 독일의 재건과 발전이라는 문제의식에 강하게 동기 부여되고 있던 것인데, 거기서 그는 전후 사회가 "평균화된 중산계급사회"의 실현에 의해 계급 대립을 소멸의 방향으로 이끌고 있다고 확신한다.[79] 이리하여 1950년대의 독일에는 오직 경제적 안정만을 지향했던 탈정치적이고 보수적인 풍조가 만연해가게 되는 것이다.[80] 이는 '이데올로기의 종언'(다니엘 벨)으로서 종종 지명됐던 시대의 도래를 말한다.

포르스트호프의 행정국가론 또한 바로 그런 시대배경 속에 위치시켜 이해해야만 한다. 오늘날의 국가가 산업사회의 기능으로 변질되었다는

---

78) Vgl. Winfried Martini, *Das Ende aller Sicherheit*, Stuttgart 1954. 슈미트의 의회민주주의 비판을 계승하고 있는 이 저작의 제목은 정치의 대중화가 모든 안전에 종언을 초래했다는 부르크하르트의 말에서 유래한 것이다(Ebd. S.182, 338).

79) 조 타츠야, 『자유와 의미』, 116-120, 170-177쪽 참조.

80) 1950년대 독일의 이러한 분위기에 관해서는 미시마 켄이치, 『전후 독일』, 이와나미쇼텐, 1991, 52-78쪽 참조.

그의 인식은 아데나워 정권의 경제성장 중심적인 내정 실천에 대응하는 것이라고 할 수도 있다. W. 베버가 전후 연방공화국에서의 주권적 결단의 부재를 슈미트의 『헌법론』으로 되돌아가 비판했던 것과는 달리, 포르스트호프는 오히려 슈미트의 '전체국가'론에 의거하여 오늘날 국가의 중심적 기능을 사회국가적인 행정 행위 속에서 발견해내고자 한다.[81] "산업사회의 국가는 더 이상 전통적으로 이해되는 뜻에서의 국가가 아니며", 그 기초는 주권적 결단이라기보다는 "산업사회의 안정성"에 있는 것이다.[82] "생존배려"를 임무로 하는 오늘날의 국가는 사회경제 프로세스의 안정을 위하여 사태에 대한 즉각적 대응으로써 개입할 수 있는 광범위한 재량을 갖는 행정국가가 되어 "산업사회의 보완기능"[83]이라는 역할을 완수하지 않으면 안 된다. 이제 산업사회의 원활한 기능이야말로 국가의 "정상상태"가 되는 것이다. "완전고용과 국민생산의 증대"를 위한 "국가와 산업사회 간의 동맹"에 의해 "사회 전체의 안정성"을 추구하는 포르스트호프의 논의[84]는 전후 포디즘 형태의 복지국가에 이론적 기둥 하나를 제공한 것이라고 간주될 수도 있을 것이다.

1950년대의 슈미트 또한 이러한 전후 사회 속에서의 "생존배려의 행정국가를 향한 불가피한 발전"(1958VA:348)을 확인하고 있다. 그러하되 그의 경우는 그런 인식이 정치적인 것의 종언에 대한 멜랑콜리한 시선과 일체가 되어 있다. 경제의 안정과 성장이 국가 그 자체의 기초가 되고 또 만인이 공유하는 정치목적이 됐던 당대에는 진정으로 정치적인 문제란 소멸되어가고 있는 것이었다. 슈미트는 전후의 연방의회 선거를 냉담하게 뿌리치면서 "평등주의적인 대중사회로의 보편적 발전" 속에서는 더 이상 "진정한 대립"도 "진정한 선택"도 존재하지 않는다고 서술한다(1958VA:366). 오늘날의 국가는 사회국가적인 행정에 의해서만이 "경

81) Vgl. R. Mehring, »Carl Schmitt und die Verfassungslehre unserer Tage«, a.a.O., S.193.

82) E. Forsthoff, *Der Staat der Industriegesellschaft*, a.a.O., S.57.

83) Ebd., S.42.

84) Ebd., S.164f.

찰이라는 옛적부터의 권력수단을 필요로 하지 않는 새로운 종류의 안정성"[85]을 획득하는 것이다.

그럴 때 산업사회의 안정성이라는 "정상성"이 소실되는 "예외상태"란 더 이상 사람들의 관심으로 부상하지 않게 될 것이다. 즉 그것은 "의식으로부터 배제되어", "순수한 터부"가 된다(1958VA:260).[86] 그렇게 되면 "고전적인 예외상태는 지금의 관점에선 무언가 시대에 뒤떨어진 것으로 여겨질" 것이고, 오히려 "현대의 대중=생존배려의 행정국가는 그러한 공공연한 예외상태가 출현하는 것을 허용하지 않을 것이다. 그런 행정국가는 치명적일 수도 있는 위기가 발생하길 기다린 다음에 그 위기를 억압하고 진압하는 것이 되어서는 안 되며 그러한 위기를 적절하게 미리 막지 않으면 안 되는 것이다."(1958VA:261) 실제로 전후 독일에서는 한동안 예외상태에서의 국가권한의 문제가 공적인 형태로 정치의 장에서 논의되는 일은 없었다. 그것은 대통령의 긴급명령이 남용되었던 바이마르 말기의 경험이 트라우마가 되어 있었던 까닭도 있겠지만, 동시에 전후의 고도 경제성장이 국가질서에 결코 예전에 없던 안정성을 가져다준다는 생각 속에서 예외상태가 특별히 긴요한 검토과제가 되지 않았던 것에서도 기인하고 있을 것이다. 전후의 사회복지국가 속에서 예외상태는 말하자면 '억압된 예외상태'(뵈켄회르데)가 됐던 것이다. 하지만 국가의 정상상태가 위협받은 경우의 질서유지라는 문제는 머지않아 곧 정치적 의제로서 회귀하게 된다. 그것이 1960년대에 격렬한 논쟁을 야기한 비상사태 법안이다.

비상사태 법안은 학생이나 노동자에 의한 1960년대 '반항운동'의 직접적인 계기가 됐던 전후 서독 최대의 정치적 논점 중 하나였다.[87]

---

85) Ebd., S.159.

86) 슈미트는 1959년 12월 10일자 줄리앙 프로인트 앞으로 보낸 편지에서도 이러한 '터부'를 언급하고 있다. "제가 말하고 싶은 것은 민주주의와 자유주의라는 안티테제는 대중의 생존을 배려하는 산업화된 시스템 속에서는 스스로 해체되고 마는바, 그때는 유지·증대될 생활수준이라는 정통성만이 남는다는 점입니다."(BwSFr1:43)

87) 비상사태 법안의 성립 경위와 그 주변 사정에 관해서는 Dieter Sterzel, »Zur Entstehungsgeschichte der Notstandsgesetze«, in: ders. (Hg.), *Kritik der*

1958년 아데나워 정권의 내무장관 게르하르트 슈뢰더가 비상사태 법제의 정비가 필요하다는 것을 처음이자 공개적으로 호소하고, 1960년대에는 그의 주도권 아래 비상사태 조항을 담은 최초의 기본법 개정안이 국회에 제출되었지만, 이 개정안은 야당 SPD나 노동조합의 반대로 폐기에 내몰린다. 이후 1963년에 다시 제출된 개정안 또한 1965년에 폐기되기는 하는데, 이어진 1966년도 CDU와 SPD라는 양대 정당이 한 패가 된 '대연립내각'의 성립과 함께 정세는 크게 변하게 된다. 예전부터 법안의 시시비비를 둘러싸고 당내의 대립을 안고 있던 SPD가 정권 참여를 계기로 반대 입장을 뒤집게 됨으로써, 정권 여당으로부터 쫓기던 FDP의 얼마 되지 않는 저항을 빼면 의회 내에서 비상사태 법안의 반대 세력은 극히 약체화되어 있었다.

이리하여 보좌역으로 익찬화된 의회를 대신해 법안 반대운동의 핵심이 된 것이 '사회주의 독일 학생동맹(SDS)'을 중심으로 한 이른바 '의회 바깥에서의 반대운동(APO)'이었다. 지식인·학생·노동조합의 결집에 의해 형성된 APO 세력은 "민주주의의 비상사태"를 하나의 표어로 삼아[88], 베트남 반전운동 등과 일체가 되어 '반항운동'의 고양을 가져오게 된다. 그리고 학생 벤노 오네조르크가 경관에게 사살된 1967년 6월 팔레비 이란 국왕의 서베를린 방문 반대데모나 1968년 4월 11일 SDS 지도자 루디 두치케에게 가해진 우익테러를 통해 APO 세력에 의한 저항운동이 첨예화되어가는 와중에, 민주주의의 위기라는 것을 이번에는 정권 측이 주장하고 나서게 된다. 1968년 4월 13일에 행해진 텔레비

Notstandsgesetze, Frankfurt a. M., 1968, S.7-23. 좀 더 상세한 것으로는 Michael Schneider, *Demokratie in Gefahr?*, Bonn 1986 참조. 일본어 문헌으로는 미시마 켄이치, 『전후 독일』, 136-168쪽 및 이제키 타다히사, 『독일을 바꾼 68년 운동』, 하쿠스이샤, 2005가 있다.

88) 대학교수(헬무트 리터, 볼프강 아벤트로트), 노동조합원, 성직자, 작가(하인리히 뵐, 한스 M. 엔첸스베르거, 마르틴 발저) 등의 참가 아래 1966년 9월에 결성된 '민주주의의 비상사태' 사무국은 같은 해 10월 30일에 프랑크푸르트의 뢰머 광장에서 비상사태 법안 반대를 위한 대규모 집회를 개최한다. 에른스트 블로흐, 하버마스, 미처리히 등도 참가한 이 집회의 기록으로는 Helmut Schauer (Redaktion), *Notstand der Demokratie*, Frankfurt a. M. 1967.

전·라디오 연설에서 대연립내각의 수상 쿠르트 게오르크 키징거는 좌익 과격파가 의회민주주의를 위협하고 있음을 비난했고, 내무장관 에른스트 벤더(CDU)는 SDS를 헌법 적대적인 조직으로 간주하면서 정당금지 조항의 적용까지 검토하게 되는 것이다.

비상사태 법안은 그것에 대한 반대파에게 바이마르 헌법 제48조를 상기시키는 것이었던 동시에[89], 슈미트에 대한 기억까지도 불러 일깨우는 것이기도 했다. 내무장관 슈뢰더가 1960년 개정안을 제출할 때에 말했던 "예외상태는 집행권의 시간이다"라는 발언은 다름 아닌 슈미트의 예외상태론을 상기시키는 것이었기 때문이다.[90] 슈미트 자신은 비상사태 법안에 대해 눈에 띄는 발언은 하지 않고 있지만[91], 이 법안은 그의 제자에 해당하는 법학자들에 의해 적지 않은 환영을 받게 된다.[92] 뵈켄회르데 같은 리버럴한 입장을 취한 슈미트 계열의 법학자일지라도 비상사태 법안의 필요성을 인정하는 점에서는 다를 바 없다. 그는 1970년대 좌익 테러리즘에 직면해, 전후의 연방공화국 법제도가 비상사태를 상정하지 않고 뒤처리해왔음을 힐난하면서 유사시에 정부가 "초법규적인 비상사태"를 무제한적으로 확대할 수 없도록 하기 위해서라도 유사시의 법 정비가 필수라고 주장한다. "정상인 상황에서의 법과 예외상태에서의 법에 대한 구별과 분리"를 행하지 않는 법치국가 사상은 "자기 자신의 기본 전제를 성찰하지 않는 내향적 법치국가 사상"에 지나지 않는다는 것이다.[93] 중요한 것은 예외상태를 "억압하는" 것이 아니라 "예외상태의

89) 예컨대 1966년 10월 30일의 집회에서 블로흐가 행한 연설을 참조(ebd.,S.185f.).

90) D. Sterzel, »Zur Entstehungsgeschichte Notstandsgesetze«, in: ders. (Hg.), *Kritik der Notstandsgesetze*, a.a.O., S.13.

91) 단, 아마도 비상사태 논쟁의 고양을 받아들여, 1967년 1월 2일 '서독 방송협회(WDR)'의 '제3텔레비전 채널'에서 '제48조, 비상사태, 바이마르 민주주의'를 테마로 한 10분짜리 슈미트의 인터뷰를 방송한 적이 있다(BwSFr2:67f; BwSFO:232).

92) 예컨대 베르너 베버는 1966년 11월에 DGB의 의뢰로 작성한 법감정서에서, 현행 그대로라면 기본법은 비상사태에 대처할 수 없다는 소견을 서술하고 있다(vgl. M. Schneider, *Demokratie in Gefahr?*, a.a.O., S.168).

93) Ernst-Wolfgang Böckenförde, »Der verdrärgte Ausnahmezu stand«, in: *Neue Juristische Wochenschrift*, 31 (1978), S.1888.

가능성을 승인하고 예외상태를 헌법률에 붙들어 매는 것"이었다.[94] 그럼에도 뵈켄회르데는 자신의 구상이 "현행 예외권한의 있을 수 있는 남용에 대한 절대적인 보호"가 될 수는 없음을 인정한다.[95] 실제로 유사법제의 정비를 통해서도 전쟁 이전의 슈미트가 전망하고 있던 법률과 조치 간의 전도라는 문제가 근본적으로 해결되는 것은 아니다. 즉 이번에는 대내적인 안정의 이름 아래 비상사태의 조치가 통상의 법규범을 대체할 정도로 확대되는 형식으로 평상시와 유사시의 구별이 소실되는 일이 일어날 수 있는 것이다. 그리고 바로 그 점이 1970년대의 독일에서 큰 문제가 됐던 것이다.

3. 테러리즘, 대내적 안전, 정상화 사회

APO에 의한 저항운동은 1968년 5월 11일, 비상사태 법안의 채결 저지를 목적으로 한 대규모 데모행진이 수도 본을 향하여 행해졌던 이른바 "별의 행진슈테른 마슈"에서 정점에 이르고, 이후 같은 해 5월 30일 법안이 압도적 다수로 가결된 뒤 급속도로 쇠미해지게 된다. 애초에 법안 반대라는 한 점에서 겨우 한 덩어리로 회합될 수 있었던 APO는 이후 다양한 분파로 나뉘며, 일부는 한층 더 급진적인 길을 더듬는다. 그중에서도 이미 1968년 4월에 프랑크푸르트에서 테러활동을 개시하고 있던 울리케 마인호프와 안드레아스 바더를 중심으로 한 바더-마인호프 그룹(이른바 '독일 적군파(RAF)')은 좌익 테러리즘의 중심적 존재가 되었다. 1970년대 초엽의 경찰과 RAF 간의 격렬한 항쟁을 거쳐 1972년 바더와 마인호프를 위시한 주요 간부가 체포된 이후에도, RAF는 여전히 테러활동을 유럽 전체에서 계속했으며, 이러한 소란은 1977년 9월부터 10월에 걸친 일련의 사건, 즉 재계의 한스 슐라이어 유괴 및 살해, 루프트한자 비행기 공중납치, 그리고 바더 등의 RAF 주요 간부들의 옥사로

94) Ebd., S.1881.

95) Ebd., S.1890.

이어지는 이른바 "가을의 독일"에서 정점에 이르게 된다.96)

이러한 정세 속에서 셸스키가 "연방공화국에 있어 비교적 고도의 사회적이고 정치적인 국내 평화의 시대는 끝났다"97)는 인식을 보이고, 역사가 골로 만이 "새로운 종류의 내전상황"98)에 관해 이야기하는 등, 보수 지식인 쪽에서 국가의 내전상황이 퍼트려지게 된다. 또 슈미트의 영향을 받으면서도 비교적 리버럴한 입장을 취한 로베르트 슈페만이나 헤르만 뤼베와 같은 리터학파의 학자들이 과격화된 신좌익에 대한 비판 때문에 '신보수주의'라고도 불리는 입장으로 전향했던 것처럼99), 시대의 분위기는 다시금 우경화되어간다. 이른바 '흐름의 전환(Tendenzwende)'의 시대가 시작되는 것이다.

좌익 테러의 횡행은 정부가 비상사태의 법제화를 더욱 밀고 나가게 되는 계기를 제공하는 것이었다. 이때 유사법제의 정비에 있어 중점은 1960년대의 논의 속에서 상정되고 있던 대외적 위기에 대한 대처로부터 "대내적 안전(innere Sicherheit)"의 유지로 옮겨가게 된다.100) 즉 "냉전의 멘탈리티를 외부의 적을 향한 고려로부터 분절하여 내부의 적을 배제하기 위해 동원하는 심정변화"101)가 생겨나는 것이다. 그리고 그것

---

96) 미시마 켄이치, 『전후 독일』, 170-200쪽 및 이제키 타다히사, 『독일을 바꾼 68년 운동』, 94-95쪽 참조.

97) Helmut Schelsky, »Mehr Demokratie oder mehr Freiheit?«, in: Erhard Denninger (Hg.) *Freiheitliche demokratische Grundordnung*, Frankfurt. a. M. 1976, S.444.

98) Golo Mann, »Quo usque tandem?«, in: *Die Welt*, 7. September 1977, S.1.

99) 리터 학파로 대표되는 독일의 신보수주의에 관해서는 R. Mehring, »Carl Schmitt und der Neokonservatismus«, in: ders., *Carl Schmitt zur Einfürung*, l. Aufl, a.a.O., S.11-30; J.-W. Müller, *A Dangrous Mind*, a.a.O., S.116-132 참조.

100) Vgl. Albrecht Funk/ Falko Werkentin, »Materialien zur Entwicklung des innerstaatlichen Gewaltapparates, Polizei, Bundesgrenzschutz, Bundeskriminalamt u. a.«, in; E. Denninger (Hg.) *Freiheitliche demokratische Grundordnung*, a.a.O., S.706f. 특히 1970년대 독일의 유사법제를 상세히 논한 것으로는 미즈시마 아사호, 「서독 긴급사태법제의 전개」, 『법률시보』 51권 10호, 1979, 69-79쪽.

101) Jürgen Habermas, »Einleitung«, in: ders. (Hg.), *Stichworte zur ›Geistige*

은 비상사태에서 안전과 질서의 확보를 위한 방책이 더욱 일상적인 레벨로까지 확대되는 결과를 가져오게 된다.

그 전형이 SPD와 FDP의 연립에 의해 1969년 10월 성립한 빌리 브란트 내각 아래서 제출된 1972년 1월의 '과격파 조령条令(Radikal-enerlass, Extremistenbeschluss)'이다.[102] 이에 대한 비판자들에게 '직업정지(Berufsverbot)'로 불렸던 그 조치는 '헌법 적대적'이라고 비판된 자가 공직에 나가는 것을 금지하고, 모든 공무원에게 "기본법이 가진 의미에서의 자유롭고 민주적인 기본질서를 그 어떤 경우에도 옹호할" 것을 의무화했다.[103] 명목상 모든 과격파를 대상으로 하는 이 조령은 사실상 압도적으로 좌파 세력을 적용의 대상으로 삼았는데, 특히 교육현장에서 교직 채용을 거부당한 자가 속출하게 된다. 이에 더해 1975년 5월의 판결로 헌법재판소 또한 과격파 조령의 정당성을 확인하게 된다. "국가가 ……자유롭고 민주적인 법치국가적·사회국가적 기본질서를 거부하거나 그것에 싸움을 걸려는 지원자를 국가공무원으로서 인정하거나 그러한 시민을 국가공무원으로 세워두는" 것은 "싸우는 민주주의"라는 "헌법의 근본결단"에 근거해 허용될 수 없는 것이다.[104] 연방 및 주州의 차원에서 설치된 '헌법보호청'이 극히 애매한 기준을 기초로 하여 공무원 지원자의 '헌법충성'을 심사하는 이 과격파 조령은 국제적으로도 적지 않은 비난을 받게 되며, 1980년 전후로 대개 폐지되기에 이르지만, 독일 국내에서는 그 조령에 의해 모종의 정치적 체념이 퍼져가게 되었다.

Situation der Zeit, Frankfurt a. M. 1979, S.17.

102) 과격파 조령에 관해 일본어로 읽을 수 있는 간단한 해설로는 로드리히 바스너, 「서독의 공무(公勤務)에서의 "직업정지"에 관하여」, 스미다 쿠니시게 옮김, 『노동법률 순보』 No.955, 1978, 16-26쪽 및 미즈시마 아사호, 「서독에서의 '직업정지' 문제와 '정당특권'」, 『법의 과학』 7호, 1979, 205-219쪽이 있다.

103) »Beschluß der Regierungschefs des Bundes und der Länder vom 28. Januar 1972«, in: E. Denninger (Hg.), *Freiheitliche demokratische Grundordnung*, a.a.O., S.518.

104) »Beschluß Zweiten Senats des Bundesverfassungsgerichts vom 22. Mai 1975«, in: ebd., S.525f.

1970년대에는 1950/60년대의 사회적 안정성을 지탱하고 있던 여러 전제들이 소실되고 말았지만, 그것은 단지 좌익 테러에서만 기인하는 것은 아니었다. 더 본질적인 것은 브레튼 우즈 체제의 해체와 오일 쇼크에 의한 고도 경제성장의 종언이었다. 이러한 후기 자본주의의 위기에 의해 사회의 불안정성이 확대되는 가운데, 통치의 중심은 단순한 합법성 레벨에서 더 근본적인 레벨에서의 사회적 안정성의 확보로 옮겨가게 된다. 실정적인 합법성의 준수를 대신하여 그러한 합법성의 기초가 되는 근본가치의 방위가 전면에 나오게 되는 것이다.

'자유롭고 민주적인 기본질서'라는 근본가치가 일상적 레벨에서 남용되기 시작한 1970년대의 독일에서, 법학자 울리히 K. 프로이스는 "합법성"과 "기본질서"라는 두 수준이 이른바 "2단계 합법성"을 형성하고 있다고 진단하고 있었다.[105] 즉 '자유롭고 민주적인 기본질서'라는 "전투적인 실존적 가치결단"과 "실정적인 헌법률" 간의 병존이 그것이다.[106] 앞의 것은 말하자면 비상사태에 뒤의 것을 허공에 매달고서라도 지켜야만 하는 실체화된 가치질서인 것이다. 말할 것도 없이 슈미트에 의한 '헌법'과 '헌법률'의 구별을 뒤따르고 있는 이 '2단계 합법성'론은 이미 1930년대 초엽의 정치적 위기상황 속에서 좌익 슈미트주의자인 오토 키르히하이머가 지적하고 있던 것이다. 질서 그 자체의 위기 속에서는 구체적 상황에 즉각적으로 대응하기 위한 '조치'가 통상의 법규범을 대체한다. 합법성에 앞서서 그 해석과 운용에 안정성을 부여하고 있는 '자유롭고 민주적인 기본질서'라는 '초합법성'은 법률에 의해서가 아니라 집행기관의 유연한 운용에 맡겨진 조치에 의해서만 확보될 수 있는 것이다. 그리고 질서의 위기가 일상적인 것이라고 인식된 1970년대의 정세 속에서 비상사태에 제한되어 있던 대내적 안전의 확보도 '예방적인' 성격을 강화하면서 일상화되고, 집행기관에 의한 조치의 여지 또한 확대되어가게 된다. 이리하여 '기본질서' 그 자체를 방위하기 위한 다양한

---

105) Ulrich K. Preuß, *Legalität und Pluralismus*, Frankfurt a. M. 1973, S.9f.
106) Ebd., S.26.

조치에 의해 헌법의 '합법성'은 텅 비어버리고, 질서의 '정상성'의 확립이야말로 통치실천을 직접적으로 규정하게 되는 것이다.

질서의 유지가 법을 통해서라기보다는 정상성의 확보를 통해 행해지게 되는 경향은 1970년대가 되면 독일에 한정되지 않고 많은 선진국들에서 공통의 현상으로 드러나게 된다. 스튜어트 홀이 소장을 맡고 있던 버밍엄대학 현대문화 연구센터(CCCS)에 의한 공동연구 프로젝트의 보고 『위기를 단속하다』(1978)는 1970년대 전반기의 영국에서 '마깅(노상강도)'으로 불리며 화제가 됐던 범죄현상의 분석 속에서, 범죄가 더 이상 단순한 위법행위가 아니라 '정상성'으로부터의 일탈로서 인식되어온 사정을 진단하고 있다.

> 범죄는—이 ['영국적인 삶의 방식'이라는] 이데올로기를 통해—'악'으로 호출된다. 이 '악'이란 '영국다움'이라는 '정상성'의 반대측면이고, 혹시 그것을 못 보고 놓치게 될 때 정상성이라는 안정된 질서를 부패시키는 일이 있을 수 있는 것이다.[107]

이제 범죄의 단속 기준이 된 것은 법률이라기보다는 사회의 공통감각으로 통용되고 있는 정상성이다. 자연법으로부터의 독립에 기초해 있던 근대법에 대한 "신고전주의적인 수정", 즉 "범죄와 악의 연결, '법률'과 사람들의 전통적·관습적 '존재방식' 간의 결합, 일탈에 대한 제재로서의 처벌이라는 관념"에 의해 법에 고유한 영역은 일상적인 레벨에서 행해지는 정상화의 실천 속에서 점점 더 침식되어가는 것이다.[108]

또 니코스 풀란차스는 "권위주의적 국가주의"라고 명명한 1970년대 이래의 새로운 경향을 분석하면서, "국가행정의 불가항력적인 상승"이라는, 다름 아닌 슈미트적 진단을 내리고 있다. 이제 정치적 지배의 중심수단으로 부상하게 되는 것은 일반적 규범으로서의 법률이 아니라 법률의

---

107) Stuart Hall et al., *Policing the Crisis*, New York 2002, S.150.

108) Ebd., S.171ff.

운용을 통해 자신의 권한을 확대시키는 행정권력인 것이다. 그 무렵 통치의 표준이 설정되는 것은 실제의 법률위반자에 대해서가 아니라 법질서의 잠재적인 교란자에 대해서인 것이다. "일반적·보편적 규범에 의해 조직된 사회적 컨트롤은 행위의 유죄성을 조사하고, 충실한 주체와 법 바깥에 있는 주체를 분리하는 것이지만, 이제 그러한 컨트롤은 개인화된 통제와 결부된다. 이 개인화된 통제란 대체로 의심스럽고 잠재적으로 유죄라고 간주되는 사회체 구성원의 '심성'(추정상의 의견)에 맞춰 설정되는 것이다. ……의회에 의해 규정된 보편적이고 일반적으로 기록에 남겨져 있는 처벌행위로부터 유연하고 개별적인 행정적 통제(예컨대 정치범의 뜻 그 자체를 변경함)를 통해 틀을 설정하는 의심스런 사례로의 이행이 이뤄지고 있는 것이다. 그 결과, 물론 그렇다고 법률이 무효가 되는 것은 아니지만, 이제 법률은 다름 아닌 **후퇴한 형태로** 기능하게 되는 것이다."109)

정치학자 요아힘 히르쉬는 동시대 독일에서도 보이는 그러한 경향 속에서 "권위주의적으로 경직화된 안전국가[Sicherheitsstaat]로 향하는 국가의 기능전환"110)의 징후를 보고 있다. 그때 그가 이론적으로 의거하고 있는 것은 바로 동시대에 푸코가 주제로 삼고 있던 통치성의 전환에 관한 진단이었다. 푸코에 따르면 오늘날의 사회시스템은 과거의 "법전 시스템"으로부터 "규율 메커니즘"을 거쳐 이제는 "안전 메커니즘"으로서 구축되고 있다.111) 이 '안전 메커니즘'의 중심을 이루는 실천은 법(혹은 규율)을 통한 "규범화(Normierung)"라기보다는 좀 더 일상적인 레벨에서 작용하는 "정상화(Normalisierung)"이다.112)

---

109) Nicos Poulantzas, *l'Éat, le Pouvoir, le Socialisme*, Paris 1978, S.244.[250]
110) Joachim Hirsch, *Der Sicherheitsstaat*, Frankfurt a. M. 1980, S.118.
111) M. Foucault, *Séurité, Territoire, Population*, a.a.O., S.7ff.[8-11]
112) 푸코는 법권리에 기초한 절대왕정 이래의 근대적인 권력표상이 "법권리에 의해서가 아니라 기술에 의해, 법률에 의해서가 아니라 정상화[normalisation]에 의해, 형벌에 의해서가 아니라 컨트롤에 의해 기능하는 새로운 권력의 방법과는 전적으로 다른 이질적인 것"임을 지적하고 있다(Michel Foucault, *La volonté de savour*, Paris 1976, S.118[116]). 오늘날의 "안전메커니즘"을 규정하고 있는 "정상화

정상화 사회의 논리 속에는 종래의 법치국가적 규범이나 규칙이 점차로 텅 비어가게 되는 일이 포함되어 있다. 사회적·정치적 예외상태는 정상화 사회에선 정상성의 기분을 이루는 것이며, 이 사회에서는 국가제도의 위헌행위가 더 이상 개의치 않고 일상적인 사례가 된다.[113]

이러한 사회에서 문제가 되는 것은 법률에 기초한 정·부정이라기보다는 정상성이라는 관점에서 볼 때 "안전의 리스크"가 될 수 있는 "일탈자"이다.[114] 각 사람들의 행위가 '정상'인가 아닌가라는 것은 그 법적합성과는 관계가 없다. 합법적으로 행동하고 있을지라도 질서가 '정상으로' 기능하는 것을 방해하고 있는 것으로 간주될 수 있기 때문이다. 정상화의 실천은 법권리의 "분명히 합법적이지만 명확히 기능에 반하는 이용"[115]을 막도록 작동한다. 안전은 위법행위가 실제로 발생하기 전에 미리 '비정상적' 편차를 바로잡아 놓음으로써 확보되는 것이다. 이것이 뜻하는 것은 "정상성으로 무장함을 통한 예외상태의 예방"[116]에 다름 아니다. 이제 중요해지는 것은 법률의 준수가 아니라 '정상'으로 여겨지는 사회상태와의

(normalisation)"는 근대의 "규율메커니즘" 아래에서의 "규범화(normation)"와는 서로 구별되어야만 하는 것이다. 분명 규율도 '정상화'를 행하지만, 그러나 거기선 정상·비정상(異常)에 관한 결정은 규범에 대한 적합성을 기준으로 행해진다. "규율적 정상화가 최종적인 정상·비정상의 분할에 이르는 것은 규범을 출발점으로 할 때입니다. 따라서 저는 규율적 기술 속에서 일어나고 있는 것은 정상화라기보다는 규범화라고 말하고 싶습니다."(M. Foucault, *Séurité, Territoire, Population*, a.a.O., S.59.[71]) 다른 한편으로, 안전메커니즘은 "규율에 관해 관찰할 수 있는 것과는 전혀 역방향의 시스템"에 기초해 있다. 즉 "정상과 비정상의 확정표시"가 먼저 행해지고 그것이 규범을 결정하는 것이다. 거기서 "규범이란 시차적인 정상성 내부에서의 작용인 것입니다. 정상이 먼저 있고, 거기서 규범이 연역됩니다."(Ebd., S.65[78])

113) J. Hirsch, *Der Sicherheitsstaat*, a.a.O., S.112.

114) Ebd., S.118.

115) Ulrich K. Preuß, »Die Aufrüstung der Normalität«, in: *Kursbuch*, 56 (1979), S.28.

116) Ebd., S.35.

적합성이다. 단순한 형식상의 법적합성을 넘어 개개인의 행위나 심성을 규정하는 "정상의 개념"은 "일탈적인 현상에 대한 지각을 둔화시키고, 사회적·심리적 통합의 메커니즘을 벗어나는 모든 것에 대한 지각을 둔화시키는" 것인바, 그것은 말하자면 "센시빌리티를 잃어버리게 만드는 훈련"인 것이다.[117)]

프로이스는 어떤 공무원 지원자의 임관을 과격파 조령에 근거하여 거부한 상급 행정재판소의 다음과 같은 판결을 인용하고 있다.

> 독일 연방공화국은 바이마르 공화국과는 정반대로 기본법의 자유로운 질서에 대한 투쟁을 위해 기본권을 남용하는 일을 받아들이지 않는 민주주의이다. 그것은 오히려 시민에게 이 질서의 방위를 기대하며, 이 기본질서의 적에 관해서는 그 적이 설령 형식상으로는 합법성의 틀 내에서 활동하고 있을지라도 결코 허용하지 않는 민주주의이다.[118)] (강조는 인용자)

여기서 질서의 정상성에 적합한지 어떤지는 합법성의 틀을 따르는가의 여부와는 아무런 관계가 없다. 모든 사람은 법을 준수하든 아니든 "자유롭고 민주적인 기본질서로 언표되는 사회적 정상성의 잠재적인 '교란자', 나아가 동시에 잠재적인 '헌법의 적'"[119)]으로서, 정상화를 위한 감시와 컨트롤의 대상이 될 수 있는 것이다. 이러한 정상화 사회에서는 법의 정립과 해석과 운용 그 자체가 법을 넘어선 정상성의 관념에 기초하여 행해지게 되며, 정상성을 이루는 내용의 결정자에 의해 합법성은 텅 비어버리게 되는바, 말하자면 영속적인 예외상태가 초래되는 것이다.

슈미트에 관하여 말하자면, 분명 만년의 그는 이러한 '위기관리' 체제의 근거정초에 자신의 이론이 이용되는 것에 비판적인 태도를 보이기도 했다.[120)] 그렇지만 애초에 근본적으로 의심해봐야만 하는 것은 슈미트

---

117) J. Habermas, »Einleitung«, in: ders. (Hg.), *Stichworte zur ›Geistige Situation der Zeit‹*, a.a.O., S.17.

118) Ulrich K. Preuß, *Legalität und Pluralismus*, a.a.O., S.9.

119) J. Hirsch, *Der Sicherheitsstaat*, a.a.O., S.113.

가 상정하고 있던 질서의 정상성이라는 관념 그 자체이자 그러한 정상성의 '파수꾼'이라고 여겨진 심급의 존재 그 자체이다. 슈미트를 전도시켜 역설적으로 말하자면, 중요한 것은 "헌법의 파수꾼으로부터 헌법을 지키는"121) 일인 것이다.

4. 정상화의 변증법: 전후 독일의 역사경험

1979년 영국에서는 대처 정권이 탄생하고 1981년이 되면 미국에서 레이건 정권이 발족하는데, 이러한 신보수주의의 파도는 1980년대에 독일로도 밀려오게 된다. 1982년에는 FDP에 의한 연립 해소와 함께 정권을 잃은 SPD를 대신해 13년 만에 CDU/CSU가 여당의 자리를 회복한다. 이렇게 성립한 헬무트 콜 정권은 다음 해 3월 총선거에서 SPD에 압승을 거둔다. 하지만 이러한 보수화의 흐름 속에서도 1970년대 후반부터 80년대에 걸친 시기는 종래까지의 학생운동이나 APO와는 다른 사회운동이 확산된 때이기도 했다. 이 이른바 '새로운 사회운동' 혹은 '대안운동'은 원자력발전 반대운동, 환경보호운동, 평화운동, 여성운동 등 다양한 풀뿌리 운동으로 구성되어 있었고, '빈집 점거' 등으로 대표되는 각종 항의활동을 전국 각지에서 자발적으로 전개하고 있었다.122) 이런 가운데 종래의 극좌 테러리즘과는 다른 '시민적 불복종'이라는 문제가

---

120) 보수 계열의 신문 『벨트』의 1980년 4월 1일자에 '판크라츠'라는 서명으로 게재된 「카를 슈미트와 위기관리」라는 논설 기사는 아마도 1979년도 말부터 시작된 소련의 아프간 침공을 배경으로, 소련에 대한 당시 수상 헬무트 슈미트의 낮은 위기의식을 비판하고, 그러한 "정치적 영역에서의 적을 소속결정하는 일에 대한 무능력"은 "자유민주주의의 전형적인 병"에 다름 아니라고 힐난한다(Pankraz, »Carl Schmitt und das "crisis managements"«, in: *Die Welt*, 14. April 1980) 이에 대해, 같은 해 4월 25일자 지면의 독자투고란에서 슈미트는 짧게 응답하고 있다. "판크라츠, 자네가 무겁게 생각하는 일만 하라. 국제법에 입을 끼워 넣어서는 안 된다."(1980)

121) 잉게보르크 마우스의 표현에 의거한 것이다. Vgl. I. Maus, *Rechtstheorie und Politische Theorie im Industriekapitalismus*, a.a.O., S.237.[251]

122) 1970년대부터 80년대에 걸쳐 독일에서 전개된 '새로운 사회운동'에 관해서는 이제키 타다히사, 『독일을 바꾼 68년 운동』, 83-110쪽 참조.

하나의 토픽으로 부상하게 되는 것이다.

새로운 사회운동이 특히 번성함을 보였던 것은 중거리 핵미사일의 독일 배치에 반대하는 1983년 가을의 항의운동이었다. '뜨거운 가을'이라고 불린 이 항의운동을 하나의 계기로 하여, 하버마스는 이러한 새로운 사회운동이나 '시민적 불복종'에 대해 여전히 내전의 초래라는 비난을 퍼부었던 "권위주의적 리갈리즘[합법주의]"에 창끝을 겨눈다. 그는 독일의 보수적인 법조계나 저널리즘에 변함없이 영향을 남기고 있는 슈미트를 염두에 두고 '헌법의 파수꾼'론에 비판을 가하는 것이다.

> 라이히 대통령이나 총통을 대신하여 의회나 연방헌법재판소에 상위주권의 역할을 부여한다고 해서 슈미트의 테제의 설득력이 증가되는 것은 아니다. ……정통화를 행하는 헌법원리의 준수 및 실현을 둘러싼 논쟁을 궁극적으로 면제받는 심급 따위란 있을 수 없는 것이다.[123]

민주적 법치국가의 정통성은 '자유롭고 민주적인 기본질서'같이 실체화된 가치원리에 의해서가 아니라 보편적인 합의를 지향하는 절차적 원리를 통해서만 획득될 수 있는 것이다. 그런 보편화의 근거를 놓는 절차는 기존 질서의 정통성을 그때그때 의문에 부치는 이반에 의해서야말로 작동하는 것이고, '시민적 불복종'이란 그것을 위한 하나의 "실험"에 다름 아니다. 하버마스는 주관적·도덕적 확신에 기초해 모종의 위법행위를 결행하는 일도 있을 수 있는 개별 시민들이야말로, '헌법의 파수꾼' 따위가 아닌 민주적 법치국가의 "정통성의 파수꾼"으로 간주하는 것이다.[124] 그 어떤 질서의 '정상성'도 헌법기관도 그런 '정통성의 파수꾼'이 들이대는 '제도화 불가능한 불신'을 완전히 면할 수는 없다. 그러나 그런 질서가 허공에 매달린다는 뜻에서의 '예외적 상황'이야말로 질서에

---

123) Jürgen Habermas, *Die neue Unübersichtlichkeit*, Frankfurt a. M. 1985, S.91.[124-125]

124) Ebd., S.86ff.[118-121]

정통성을 주는 보편화 가능성의 시련과 검증의 장이 되는 것이다.

1980년대 독일에서는 정상성의 회복을 바라는 신보수주의적 희구가 단지 법학적 실천에만 머물지 않고 이데올로기적인 차원에서도 드러나게 된다. 즉 독일의 '정상' 국민적 아이덴티티의 재건이라는 것이 1980년대의 신보수주의에 의해 큰 관심사 하나가 되는 것이다.[125] 실제로 1986년에 시작되는 이른바 '독일 역사가 논쟁'의 배경에는 나치스라는 특이한 과거의 죄책 때문에 독일이 '정상' 국민적 아이덴티티를 갖지 못하고 있다는 것에 대한 보수 르상티망의 확산이 있었다. 또 1989년 베를린 장벽의 붕괴에 이어 1990년대에는 예상 밖의 속도로 독일 통일이 실현되는데, 이로써 독일이 이제 겨우 '정상' 국민국가로 회귀했다는 내셔널리즘적인 의식 또한 상당히 퍼져가게 된다.

이러한 정세 속에서 하버마스는 "독일은 정상 국민국가가 되었는가"라는 의문을 제시하고 카를 오토 아펠과 함께 "정상성으로의 회귀"라는 이데올로기를 반박하고 있다.[126] 전후 독일이 죄책을 짊어짐으로써 획득한 도덕적 통찰은 오히려 '정상' 국민적 아이덴티티로부터 자기비판적으로 몸을 떼어놓게 한다는 점에 있다는 것이다.

[아우슈비츠라는] 터무니없는 연속성의 단절에 의해, 독일인은 자신의

125) Vgl. R. Mehring, *Carl Schmitt zur Einführung*, l.Aufl., a.a.O., S.21ff.

126) 「정상성으로의 회귀?: 혹은 우리는 국민적 파국에서 무언가 특별한 것을 배울 수 있었던 것인가? 특수 독일적 관점에서 본 포스트 관습적인 도덕으로의 (세계)사적인 이행의 문제」라는 제목을 달고 있는 논문에서, 아펠은 초월론적 화용론을 독일 고유의 역사경험에 적용해 보이고 있다. 신보수주의는 "**관습적** 도덕의 '보편성'이라는—전(前)학문적—개념"에 호소하면서 나치스에서 전후 독일로 이르는 길을 그러한 관습적 도덕으로부터의 "일탈"이라고 힐난하는데(Karl-Otto Apel, *Diskurs und Verantwortung*, Frankfurt a. M. 1988, S.428), 아펠에게 문제인 것은 오히려 "관습적 도덕에서 **포스트 관습적** 도덕으로의 이행이라는 세계사적 문제"이며, 나아가 그것을 독일 고유의 "국민적 파국"과 결부시키는 일이었다(ebd., S.424f.). 즉 그에게 독일의 파국경험은 자신의 국민적 아이덴티티의 자명성을 해체하는 위기인 동시에 보편주의적이고 포스트 관습적인 도덕적 자기이해를 위한 기회가 될 수도 있는 것이었다.

> 정치적 아이덴티티를 정초함에 있어 보편주의적인 국가공민의 원칙들 이외의 것에 의존할 가능성을 잃어버리고 말았다. 그런 원칙의 빛 아래서는 더 이상 국민적 전통을 통째 그대로 계승할 수 없으며, 그렇기에 이제는 다만 비판적으로, 자기비판을 통해서만이 전통을 획득할 수 있는 것이다.127)

하버마스는 독일 통일을 향한 열광으로부터 거리를 두면서 어디까지나 전후 본 연방공화국의 유산을 고집한다. 그러나 그 경우의 유산이란 결코 본 공화국의 '정상성'이라는 이데올로기를 형성해왔던 '싸우는 민주주의'가 아니다. 오히려 그가 전후 독일에서 달성된 결정적 성과로 간주하는 것은 "고압적이고 위장적인 '정상성'의 의식을 회피함으로써만 우리들의 나라는 어느 정도 정상적인 관계들을 성립시켜왔다"는 "정상화의 변증법"에 다름 아니다.128) 독일의 특수한 역사경험 속에는 거꾸로 보편화 가능한 아이덴티티 형성으로의 길을 여는 계기가 내재되어 있다는 것이다. 하버마스는 거기서야말로 '정상성'의 회복을 금지당한 전후 독일의 '특수한 길'에 잉태된 역사적 잠재력을 발견하고 있는 것이다.

IV. 국가를 넘어서는 정치

1. 좌익 속의 슈미트: 이탈리아에서의 논쟁

1960년대부터 70년대의 시대정세 속에서 슈미트의 사상적 지위는 극히 양의적인 것이었다. 분명 그는 체제 쪽에서 추진하는 유사有事체제의

---

127) Jürgen Habermas, *Die nachholende Revolution*, Frankfurt a. M. 1990, S.219f. [「독일 마르크 내셔널리즘」, 『근대: 미완의 프로젝트』, 미시마 켄이치 편역, 이와나미 쇼텐, 2000, 193쪽]

128) Jürgen Habermas, *Die Normalität einer Berliner Republik*, Frankfurt a. M. 1995, S.171.

이론적 선행자로 간주되곤 했지만 다른 한편에서 APO 활동의 번성함과 함께, 좌파 정치학자 요하네스 아그놀리에게서 보이는 것처럼 예전 슈미트의 의회주의비판은 반체제 측에서 새로이 주목받게 되며, 또 실제로 슈미트 자신이 좌파 세력에 접근한 것처럼 보이기도 하는 발언을 공적으로 하기도 했었다.[129] 하지만 애초에 좌익 이론가에 대한 슈미트의 강한 영향은 전쟁 이전으로까지 거슬러 올라갈 수 있는 것이다. 특히 그 대표로 지목되는 것이 두 사람의 사회주의 국법학자, 즉 1928년에 슈미트 아래에서 학위를 취득한 오토 키르히하이머 및 그와 함께 1930년대 초엽의 베를린에서 슈미트와 밀접한 지적 교류를 나눴던 프란츠 노이만이다.[130] 나치스의 대두와 함께 슈미트와 결별하고 망명지 뉴욕에서 프랑크푸르트학파의 '사회연구소'에 참가한 그들은 '좌익 슈미트주의(Links-Schmittianismus)'로 불리는 한 가지 조류를 형성하게 된다. 노이만은 1942년 나치스 체제에 관한 고전적 연구서 『비히모스』를 간행하는데, 이 저작은 바이마르 시기 노이만과 함께 노동조합 변호사로서 활동하고 있던 에른스트 프렝켈이 1941년에 발표한 마찬가지로 고전적

---

129) 1970년 6월에 슈미트는 〈의회주의는 여전히 구제되어야만 하는가?〉라는 제목의 텔레비전 프로에 출현해, 보수 이론가 뤼디거 아르트만 및 68년 세대의 대표적 활동가 옌스 리튼과 함께 대담한다. 신문 지면에 공표된 리튼의 보고에 따르면, 그때 슈미트는 "우리 사회 속의 보수주의자에겐 더 이상 그 어떤 장소도 없다"고 하면서 자신의 입장과 아르민 몰러 사이에는 명확하게 "경계선"이 그어져 있다고 말한다(Jens Litten, »Geschmäth und auch bewundert«, in: *Deutsches Allgemeines Sonntagsblatt*, 28. Juni 1970, S.8). "'68년 세대'와의 바람기"라고 생각하게 만드는 그 발언의 진의에 대해 질문한 1970년 7월 2일자 포르스트호프의 편지에 대해(BwSFo:309f.), 슈미트는 7월 7일자 답신에서 리튼의 보고는 자신의 교정을 거친 것이 아니며 슈미트 자신은 몰러에 대해 아무런 다른 뜻을 품고 있지 않다고 쓰고 있지만(BwSFo:310), 결과적으로 이 사건은 몰러와의 서신교환을 실제로 3년 이상 중단하게 되는 계기가 된다. 이런 사정에 관해서는 출간되어 있는 슈미트-몰러 왕복서간 중에서 1970년 7월 4일자로 몰러가 슈미트 앞으로 보낸 편지에 붙인 편집자 주석 489번을 참조(BwSFo:399f.).

130) 키르히하이만과 노이만에 끼친 슈미트의 영향을 검토하고 있는 논고로는 Volker Neumann, »Verfassengstheorien politischer Antipoden. Otto Kirchheimer und Carl Schmitt«, in: *Kritische Justiz*, 14 (1981), S.235-254; ders., »Carl Schmitt und die Linke«, in: *Die Zeit*, 8. Juli 1983, S.32; Ellen Kennedy, »Carl Schmitt and the Frankfurt School«, in: *Telos*, 71 (1987), S.5-53.

인 나치스 분석『이중국가』와 나란히 슈미트의 이론 카테고리에 크게 의존하고 있던 것이다.[131] 슈미트주의의 좌익적 계보는 전후 독일에서는 잠시 끊어진 것처럼 보이지만[132], 유사체제가 확립되어 가던 1960/70년대의 정세 속에서 다시 부상하는바, 그중에서도 울리히 K. 프로이스는 마르크스주의적 입장을 취하면서도 다른 한편으로 슈미트와 키르히하이머의 이론 틀을 이용하면서 과격파 조령에서 드러나는 유사체제의 평상시화에 대한 비판을 전개하게 된다.

그러나 마르크스주의와 슈미트주의의 결합은 독일에서만 보였던 현상은 아니다. 그것은 특히 이탈리아에서도 커다란 사상사적 토픽 하나가 되었다.

이탈리아는 대단히 이른 시기부터 슈미트가 이론적으로 수용된 나라 중 하나이다.[133] 특히 1930년대에는 카를로 코스타마그나 같은 이탈리아 파시즘 국법학자와 슈미트 사이에 친밀한 교류가 생겨났고, 슈미트가 1936년 봄에 강연을 위해 로마를 방문하고 있을 때에는 무솔리니와의 대담이 실현되는 등[134], 이탈리아 파시즘에 의해 슈미트는 적지 않은 관심의 대상이 되고 있었다. 하지만 전후가 되면 슈미트가 이목을 집중시

---

131) 특히『비히모스』의 1절「국민사회주의의 법률과 테러」에는 조치에 의한 일반적 법률의 침식이라는 슈미트의 진단이 고스란히 나치스 법체제의 특징으로 서술되어 있다(Vgl. F. Neumann, *Behemoth*, a.a.O., S.440-458.[374-389]).

132) 단, 뤼베 등은 APO에 영향을 줬던 반의회주의적 "비(非)리버럴 좌익 슈미트주의"에 반대하면서, 자신들이 속한 리터 학파가 수용한 슈미트주의를 "리버럴 좌익 슈미트주의"로 특징짓고자 한다(Hermann Lübbe, »Carl Schmitt liberal rezipiert«, in: H. Quaritsch, (Hg.), *Complexio Oppositorum*, a.a.O., S.427-440).

133) 이탈리아에서의 슈미트 수용사를 개관하고 있는 것으로는 Günter Maschke, »Carl Schmitt in Europa«, in: *Der Staat*, 25 (1986), S.576ff.; ders., Der Tod des Carl Schmitt, a.a.O., S.98ff. 좀 더 상세하게는, Michele Nicoletti, »Review to 'Carl Schmitt nella Stampa Periodica Italiana (1973-1986)'«, a.a.O., S.217-224; Wolfgang Schieder, »Carl Schmitt und Italien«, in: *Vierteljahrshefte für Zeitgeschichte*, 37 (1989), S.1-21; Ilse Staff, *Staatsdenken im Italien des 20. Jahrhunderts. Ein Beitrag zur Carl Schmitt-Rezeption*, Baden-Baden 1991.

134) 이 경위에 관해서는 W. Schieder, »Carl Schmitt und Italien«, a.a.O., S.15f. 참조(BwSM:418).

키는 일은 거의 없어지며, 극우사상가 율리우스 에볼라135)나 정치학자 노르베르토 보비오가 슈미트와 서간을 교환했던 것이 얼마간의 예외였다고 하겠다.

슈미트가 이탈리아에서 재차 주목을 모으게 되는 것은 가톨릭 계열 보수사상가(머지않아 1990년대 우익정당 '북부동맹(Lega Nord)'의 이데올로그로서 유명해지는) 쟝프랑코 미리오 등의 번역에 의해 1972년에 『정치적인 것의 개념』을 포함한 여러 논문들이 출판되었을 때이다. 『'정치적인 것'의 카테고리(Le categorie del ›politico‹)』라는 제목의 이 단행본이 출간되면서 이탈리아에서는 '카를 슈미트 르네상스'라고 불리는 상황이 일어나게 된다.136) 그리고 그 영향은 전후 이탈리아의 정치사상이 전개되는 중심적 장이 되고 있던 마르크스주의 이론의 내부로까지 파급된다. 이리하여 생겨난 것이 마리오 트론티를 대표로 하는 이른바 '슈미트주의적 마르크스주의자들(Marxisti Schmittiani)'인 것이다.

트론티는 전후 이탈리아에서 좌파 세력의 중심을 이루고 있던 이탈리아 공산당(PCI)의 주류로부터는 벗어난 곳에 몸을 두고 있었다. PCI는 1956년도 제8회 당대회에서 의회제 민주주의로의 길을 결의하지만, 이에 맞서 고도의 산업적 발전을 이루고 있던 북부 이탈리아를 중심으로 공장노동자의 자발적인 자주관리를 주장하는, 직접 민주주의적이라고도 할 수 있을 마르크스주의 조류가 발생하게 된다. 그것이 1961년에 라니에로 판치에리에 의해 창간된 잡지 『붉은 수첩(Quaderni rossi)』이 대표하는 '노동자주의(operaismo)'이다.137) 1963년 『붉은 수첩』의 분열을 거쳐 1964년 이래로는 새로 창간된 『노동자계급(Classe oper-

135) 에볼라와 슈미트의 관계를 다루고 있는 것으로는 J.-W. Müller, *A Dangerous Mind,* a.a.O., S.210ff.

136) I. Staff, *Staatsdenken im Italien des 20. Jahrhunderts*, a.a.O., S.100.

137) 『붉은 수첩』을 중심으로 한 노동자주의의 전개에 관해서는 ebd., S.189ff. 『붉은 수첩』으로부터 1970년대 말엽 '아우토노미아 운동' 해체에 이르기까지의 노동자주의의 계보를 상세히 검토하고 있는 것으로는 Steve Wright, *Storming Heaven*, London/Sterling 2002.

aia)』으로 계승되는 이 노동자주의는 트론티를 위시하여 알베르토 아솔로자, 안토니오 네그리, 맛시모 카치아리 등의 참가 아래 특이한 마르크스주의의 계보 하나를 형성하게 된다.

이 노동자주의자들은 전후 포디즘 형태의 대규모 산업발달을 배경으로 자본주의 발전이 '사회 전체'를 '공장'으로 변화시키고 있다고 생각했다.[138] 그럴 때 중시되는 것은 (그람시처럼) 역사 과정의 필연성을 전망하는 전위당 지식인의 헤게모니 지도 따위가 아니라 현장의 공장 속 노동자의 정치조직이었다. 그들이 비판하는 것은 PCI의 주류가 되어 있던 경제결정론이었다. 자본축적의 역사 과정은 자본주의를 타도하는 노동자계급을 스스로 산출하는 것이 아니라 오히려 노동자계급을 자동화된 자본의 운동 속으로 편입시킬 뿐이었다. 필요한 것은 자본의 과정으로부터 자율적이기 위한 노동자 측에서의 실천인 것이다. 그럴 때 노동자계급은 우선 자기 자신이 곧 '노동력'이라는 점에서 이미 '자본의 일부' 혹은 '상품'이 되고 있다는 것, 그리하여 자신이 '자기 자신의 적'이 되고 있다는 것을 인식하지 않으면 안 된다.[139] 그들은 자본에 의한 통치를 거부하고 "자본주의가 사회적으로 **조직화**할 수 없는 **단순한 아나키**"가 되지 않으면 안 된다.[140] 그렇게 함으로써만 노동자계급은 자신의 "자주관리"를 손에 넣을 수 있는 것이다. 여기에서 노동자주의에 특유한 "노동의 거부"라는 전략이 나오게 된다.[141] 어느 쪽이든 노동자주의에서는 자본의 과정으로 환원될 수 없는, 노동자 측에 고유한 정치적 실천이 발견됐던 것이다. 트론티는 노동자의 투쟁을 자본의 운동 결과로 파생되는 것이라고 파악하는 관점을 비판한다.

---

138) Mario Tronti, »L'usine et la société«, in: ders., *Ouvriers et capital*, Paris 1977, S.60.

139) Ebd., S.65.

140) Mario Tronti, »Le plan du capital«, in: ders., *Ouvriers et capital*, a.a.O., S.97.

141) Vgl. Michael Hardt, »Introduction. Laboratory Italy«, in: Paolo Virno/ Michael Hardt (Hg.), *Radical Thought in Italy*, Minneapolis/London 1996, S.2.

> 우리는 우선 첫째로 자본주의의 발전을 생각했고 그 이후에만 노동자의 투쟁을 생각해왔다. 이는 잘못이다. 문제를 전도시킬 필요가 있다.…… 시작은 노동자계급의 투쟁이다. 진보한 사회자본의 단계에서 자본주의의 발전이란 노동자의 투쟁에 종속되는 것이며 그 투쟁 뒤에 오는 것이다.[142]

이렇게 경제 과정에 대한 정치적 계기의 자율성을 강조하는 점에서 노동자주의에 의한 슈미트의 수용이 준비되고 있었다고 하겠다.

트론티가 "정치적인 것의 자율성"이라는 테제를 명확히 드러냈던 것은 1970년대에 들어와서이다. 1972년 12월 보비오가 주재한 투린대학의 세미나에서 행한 동명의 보고에서 트론티는 전통적인 마르크스주의의 교설에 반대하면서 경제사회로부터 독립된 "권력의 자율성"을 발견해내고자 했다.[143] 즉 "자본에 고유한 발전과 노동자계급에게 고유한 권력"이라는 두 가지 위상을 구별하고, "노동자계급이 구성한 자율적 조직의 현대적 형식"으로서 "현대국가"를 다시 파악하고자 했던 것이다.[144] 그리고 바로 그런 노동자계급의 정치적 조직화가 지닌 의의를 내다보고 있다고 슈미트를 평가한 것이 1976년 로마에서의 세미나에서 이탈리아어판 『'정치적인 것'의 카테고리』를 다룬 트론티의 보고였다. 슈미트가 "적대하는 두 계급이라는 마르크스주의적 이분법" 속에서 자신의 적·동지 이론의 무엇보다 극단적인 표현을 발견하고 있다는 점에 기초하여 트론티는 "슈미트에겐 종종 노동자계급만이, 프롤레타리아트만이…… 진정으로 고유한 정치적 주체가 될 수 있다고 여겨졌다"[145]고 확언한다. 정치적인 것의 자율성을 구성하는 적·동지 결단에 대한 긍정적 평가는

---

142) Mario Tronti, »Léin en Angleterre«, in: ders., *Ouvriers et capital*, Paris 1977, S.60.

143) Mario Tronti, *Sull' autonomia del politico*, Milano 1977, S.9.

144) Ebd., S.19f.

145) Mario Tronti, »Su Schmitt «Le categorie del politico»«, in: ders., *Soggetti, crisi, potere*, Bologna 1980, S.77.

"홉스와 크롬웰"에 관한 1977년도 논문에서도 보이는바[146], 이렇게 트론티는 슈미트의 결단주의를 노동자계급의 정치실천에 응용하고자 했던 것이다. 그리고 트론티의 그런 논의가 마르크스주의에 대한 슈미트 이론의 적용가능성을 둘러싼 이탈리아에서의 논쟁의 계기가 되었다.

카치아리 또한 슈미트에게 촉발을 받은 마르크스주의자 중 하나이다. 그러나 그는 슈미트의 주권적 결단에서 보이는 "그 무엇 위에도 정초되어 있지 않은 결단" 따위란 불가능하다고 하면서 거절한다. "자율적인 결단을 이루는 국가란 근대 형이상학적 주체의 극단적인 체현"에 지나지 않으며, 오늘날의 국가는 좋은 싫든 복잡한 경제-생산 프로세스에 의존하지 않을 수 없게 되어버렸다는 것이다.[147] 그런 까닭에 오늘날(1970년대) 자본주의의 위기에 맞서 경제합리성에 대한 종속에서 놓여난 자율적 결단을 통해 대응한다는 것은 불가능하다. 그러나 카치아리는 다른 측면에서 결단주의 및 정치적인 것의 자율성이라는 테제를 받아들이고 있는 것이기도 하다. 그때 문제가 되는 것은 주권적 결단이라는 의미에서의 자율성이 아니다. 그는 위기를 "그렇지 않으면 '정상'이라고 할 수 있을 과정-진보의 중단"으로서 "그저 부정否定적인 것"으로만 간주하길 거부하고 오히려 "근거정초를 행하는 주체성으로 결단을 환원시키는 일의 불가능성"을 만들어내는 영속적인 조건으로 파악한다.[148] 오늘날의 결단주의는 국가든 뭐든 더 이상 기저를 이루는 주체에서 기인될 수는 없는 것이다. 결단의 자율성은 그 결단이 사회경제 프로세스에서의 여러 관계들이나 여러 대립들에 그때그때마다 마주한 상태에서 내려지지 않으면 안 된다는 점에 있는 것이다. 말하자면 카치아리는 "구체적 상황에서 구체적으로 결단하는 것의 필연성" 혹은 "결단의 그때그때마다적인 성격"을 주장함으로써 모종의 상황주의적인 결단주의의 입장을 취하고 있다.[149] 그 자신이 '정치적 낭만주의'와의 친근성을 인정하는 그런

146) Vgl. I. Staff, *Staatsdenken im Italien des 20. Jahrhunderts*, a.a.O., S.201.

147) Massimo Cacciari, »Transformazione dello Stato e progetto politico«, in: *Critica marxista*, 16 (1978). S.32f.

148) Ebd., S.31, 50.

(슈미트적이라기보다는 오히려 벤야민적인) "카타스트로프적 기회주의"에 의해[150], 카치아리는 적·동지 구별에 기초한 주체정립적인 결단주의를 비판하는 것이다. 결국에 트론티 또한 그런 카치아리의 비판은 인정하지 않을 수 없었다. 곧 "적·동지의 구별은 오늘날에는 너무도 안이한 이데올로기적 단순화에 빠지고 말았다."[151] 중요한 것은 정치적인 것을 오로지 국가 같은 주권적 주체를 정립하는 결단과 연관시켜 생각하는 일이 아니라, 경제사회 프로세스에 컨트롤을 가하는 결단이라는 시점에서 파악하는 일이며, 그것이야말로 "슈미트 이후의 마르크스주의"가 과제로 삼아야 할 것이 된다.[152]

그러하되 트론티나 카치아리의 이러한 논의는 "현실정치와 노동자주의 간의 결합"이며 단순한 라살레적 개량주의에 불과하다는 의혹까지도 초래하게 된다.[153] 실제로 그들의 슈미트 수용에서 발견되는 입장은 같은 시기인 1970년대 PCI가 내세우고 있던 새로운 정치노선에 대응하는 것이라고 볼 수도 있다. 즉 1973년 가을 PCI 서기장 엔리코 베르링구엘이 제기하고 1975년 제14회 당대회에서 강령으로 채택된 '역사적 타협' 정책이 그것이다. 1970년대 들어 전후 이탈리아에서 오래도록 정권을 담당해왔던 여당 그리스도교 민주당(DC)과의 양대 정당제에 이를 정도로 당세를 확대하고 있던 PCI는 자신의 정권 담당능력을 증명하기 위해 DC와의 협조노선을 내세우면서 자신을 '좌익적 대안'이라기보다 '민주적 대안'으로 위치 짓고자 했다.[154] 이 새로운 노선에 의해 PCI는 프랑스

---

149) Vgl. I. Staff, *Staatsdenken im Italien des 20. Jahrhunderts*, a.a.O., S.208f.

150) Massimo Cacciari, »Sinisteritas«, in: ders. et al., *Il concetto di sinistra*, Milano 1982, S.15.

151) Mario Tronti, »Politica e potere«, in: *Critica marxista*, 16 (1978), S.30.

152) Mario Tronti, »Marx e Schmitt«, in: Giuseppe Duso (Hg.), *La politica oltre lo stato*, Venezia 1981, S.34, 40.

153) Vgl. I. Staff, *Staatsdenken im Italien des 20. Jahrhunderts*, a.a.O., S.209.

154) 1970년대 말엽에 이르기까지의 전후 이탈리아 정치에 관해 참고했던 것은 Rudolf Lill, »Italiens 'Schwerregierbarkeit'«, in: Wilhelm Hennis/ Peter Graf Kielmansegg/ Ulrich Matz (Hg.), *Regierbarkeit*, Bd.Ⅱ, Stuttgart 1979, S.334-374. 여기서는 특히 S.365ff.

나 스페인 등의 다른 유럽 국가들의 공산당과 더불어 이른바 '유로 코뮤니즘'의 조류를 만들어냈던 것이다.

다른 한편 1960년대 후반의 학생반란에서 PCI의 '역사적 타협'에 이르는 이 시기에는 노동자주의의 활동 또한 큰 변용을 맞이하고 있었다. 1960년대 말에는 PCI의 정치지도에 대한 비판을 강화하고 있던 노동자주의자 속에서 『노동자의 힘(Potere Operaia)』, 『연속적 투쟁(Lotta Continua)』, 『매니페스토(Il Manifesto)』 등의 잡지로 대표되는, PCI에서 독립된 새로운 의회 외부 조직이 다수 일어서게 된다.[155] 동시에 이 시기에는 종래의 노동자주의 속에서 정치투쟁의 범례적인 주체로 간주되고 있던 공장노동자에 머물지 않는, 패미니즘 같은 새로운 사회운동의 주체들도 드러나게 된다.[156] 노동자의 조직인가, 이들 새로운 사회적 주체까지 포함한 활동형태인가라는 딜레마 속에서 네그리가 가담하고 있던 『노동자의 힘』은 1973년 해체되지만[157], 그것은 그 정치투쟁이 특정한 조직으로 중심화되지 않는 다양한 주체들에 의해 담당되는 70년대 중반의 '아우토노미아 오페라이아[노동자의 자율]'로 통하는 이정표였다고 할 수 있을 것이다. 그러나 다른 한편, 과거의 동일한 노동자주의자일지라도 트론티, 아솔 로자, 카치아리 등은 네그리와는 길을 달리하여 1960년대 말 이래로 PCI에 의한 의회정치 노선에 대한 관여를 강화하고 있었다. 그들에게 '정치적인 것의 자율성'이 뜻하는 것은 공장에서의 노동자계급이 행하는 실천에 대해 의회 안에서의 정당정치가 갖는 상대적 독립성으로 귀착되는 것이었다. 그때 국가는 단지 부정되고 파기되어야 할 억압장치로 간주되는 것이 아니라 "참된 계급 간 관계를 위한 매개의 중심"이라는 역할을 맡는 것으로 인정된다.[158] 그리고 노동자계

155) Vgl. S. Wright, *Storming Heaven,* a.a.O., S.116-117, 125-127.

156) Mario Dalmaviva/ Antonio Negri et al., »Do you remember Revolution?«, in: P. Virno/ M. Hardt (Hg.), *Radical Thought in Italy*, a.a.O., S.230-1[(1)30-31]

157) 『노동자의 힘』 그룹의 활동과 그 해체에 관해서는 S. Wright, *Storming Heaven*, a.a.O., S.131-151 참조.

급은 자신의 정치적인 힘을 단지 의회 바깥에서의 투쟁에서가 아니라 그 정권 담당능력에 있어서도 증명하지 않으면 안 된다. "정치적인 힘이란 통치할 수 있음을 가리켜 보이는 힘이다. 노동자계급의 통치하는 능력이야말로 우리가 만들어내고자 진력하고 있는 바로 그것이다."[159] 이렇게 '매개'로서의 국가의 의의를 인정함으로써 트론티 등은 과거 1960년대에 취하고 있던 노동자주의의 입장에서 이탈하는 것이지만, 그럼으로써 사실상 PCI적인 정치노선에 접근하게 되는 것이다.

'아우토노미아 오페라이아' 쪽은 1977년 이른바 '운동(movimento)'에 있어 정점에 이르지만, 그러한 의회 바깥에서의 저항운동의 고양은 동시에 '붉은 여단(Brigate Rosse)'으로 대표되는 일부 세력의 급진화를 야기했다.[160] 그리고 수상을 역임하기도 했던 DC의 총재 알도 모로가 1978년 '붉은 여단'에 의해 유괴·살해되는 사건을 계기로 이탈리아는 체제 측과 극좌 테러리즘이 폭력의 응수를 반복하는 '납의 시대'로 돌입한다. 슈미트로 하여금 "1932년도 독일의 정치·의회 상황과 놀랄 만큼 닮아 있다"고 말하게 했던 격렬한 좌우 대립의 시대가 그것이다.[161] 이러한 정세 속에서 '아우토노미아 오페라이아'는 격렬한 정치적 탄압에 의해 압살되고, 다른 한편 PCI는 자신을 '붉은 여단' 같은 과격파로부터 차별화하기 위해 특히나 정부 여당의 탄압적인 대테러 조치에 찬동해 보이지만 1978년 5월 선거에서 대패하게 된다. 결국 1980년대로 들어설 무렵에 '역사적 타협' 노선은 정권에 참여하지 못한 채로 '민주적 연대'의 이름 아래 정부 여당의 정책에 협력할 뿐인 막다른 골목에 이르고 말았던

---

158) M. Tronti, *Sull' autonomia del politico*, a.a.O., S.26f.

159) Mario Tronti, »Operaismo e centralità operaia«, in: Fabrizio D'Agostini (Hg,), *Operaismo e centralità operaia*, Roma 1978, S.24.

160) 이러한 1970년대 중반 이래의 정세에 관해서는 M. Dalmaviva/ A. Negri et al., »Do you remember Revolution?«, in: P. Virno/ M. Hardt (Hg.), *Radical Thought in Italy*, a.a.O., S.233[(1)32-35]

161) 1979년 9월 10일자로 슈미트가 피에란젤로 시에라 앞으로 보낸 편지에 의거한다(vgl. M. Nicoletti, »Review on Carl Schmitt nella Stampa Periodica Italiana (1973-1986)«, a.a.O., S.219).

것이다.

좌익의 혁명적 실천이라는 관점에서 보자면, 반드시 성공한 것이라고 볼 수는 없는 '유로 코뮤니즘'이지만, 만년의 슈미트는 여전히 그것이 지향하고 있는 '합법적 혁명'에 강한 근심을 보이고 있었다. 슈미트 최후의 논문 「합법적 세계혁명」(1978)은 바로 그 '유로 코뮤니즘'의 대두를 한 가지 계기로 하여 집필되었다. 그는 베르링구엘과 나란히 '유로 코뮤니즘'의 기수였던 스페인 공산당 서기장 산티아고 카리요가 그 저작 『'유로 코뮤니즘'과 국가』(1977) 속에서 혁명실천을 위하여 국가가 맡는 역할을 강조한 점에 주목한다. 슈미트에게 "국가권력의 문제는 변함없이 모든 혁명의 문제가 되어 있다"[162]는 카리요의 문제의식은 국가의 합법성을 혁명의 도구로 이용하려는 전략을 표현한 것에 다름 아니었다. 그런 까닭에 슈미트는 폭력수단을 이용하지 않고 국가권력의 획득을 지향하는 '유로 코뮤니즘' 속에서 단순한 개량주의가 아니라 오히려 국가를 안쪽으로부터 전복하려는 '합법적 혁명'의 위험을 보는 것이다.

> 국가가 이제 죽었다는 것은 전적으로 틀렸으며, 예전에 없을 만큼 필요한 것으로 계속 살아 있다. 즉 국가는 평화적 혁명이라는 이 기적을 이룩하려는, 합법성의 담당자인 것이다. (1978:322)

단순한 합법성의 체계로 환원되고 만 국가는 공산주의에 의한 세계혁명의 도구로 떨어진다는 슈미트의 인식은 그렇게 만년에 이르러서도 역시 유지되고 있는 것이다.

사후적으로 보자면(어쩌면 동시대적으로 보아도), 슈미트는 '유로 코뮤니즘'에 대해 불필요할 정도로 과민하게 반응하면서 완전히 과잉된 평가를 내리고 있다고 할 수도 있다. 그리고 그의 그런 판단의 배경에

162) 산티아고 카리요, 『'유로 코뮤니즘'과 국가』, 타카하시 카츠유키/후쿠사와 야스히로 옮김, 고도숏판, 1979, 11-23쪽.

있는 것은 언제나처럼 이제 "**국가는 정치적인 것의 독점**을 잃었다"(1970PT Ⅱ:21[242])는 인식에 다름 아니었다. 그러나 실제로 국가의 종언이라는 문제는 1970년대에 슈미트가 자신의 생애에서 몇 번이고 진단해왔던 것 이상으로 심각한 형태로 부상했던 것이다. 즉 전후 선진국의 고도경제성장을 지탱해왔던 포디즘 형태의 국가 혹은 케인즈주의적인 복지국가의 위기가 그것이다. 이와 더불어 이제 국가는 '생존배려'를 위한 행정관리라는 기능조차 할 수 있을 것인지가 의심스럽게 된다. 국가의 이른바 '통치능력(governability, Regierbarkeit)'이 심대하게 질문 받게 되는 것이다.

2. 통치불능: 후기 자본주의의 국가위기

1980년대에 들어와서도 이탈리아에서는 여전히 슈미트가 활발한 논의의 대상이 되고 있었다. 그러하되 그 역점은 현재의 정치상황에 비추어 슈미트의 이론이 가진 한계를 지적하는 방향에 맞춰지게 된다. 1980년 4월에는 파도바에서 슈미트에 관한 대규모 회의가 개최되는데, 트론티나 카치아리부터 미리오까지 좌우 두 진영의 이론가가 모인 이 회의에서 많은 참가자들이 특히 문제로 삼았던 것은 정치적인 것을 전적으로 국가에만 관련시키는 것의 타당성이었다. 테마가 되었던 것은 바로 '국가를 넘어서는 정치'였던 것이다.

슈미트는 1972년도 이탈리아어판 논문집 『'정치적인 것'의 카테고리』에 붙인 서문에서, 이제 국가는 "정치 독점"을 상실했기에 "정치적인 것의 새로운 담당자와 새로운 주체"에 대해 질문해야 할 "새로운 고찰 단계"가 출현했다고 언명한다(1971:271). 슈미트의 이러한 인식이 파두아 회의에서 행해진 논의의 전제가 됐던 것이지만, 좌우를 불문하고 참가자의 다수는 슈미트가 정치적인 것을 국가로 회수하고 말았다는 점을 문제시한다. 예컨대 마르크스주의 계열의 철학자 자코모 마라마오는 슈미트에게 보이는 "정치적인 것이라는 테마가 국가라는 테마로 비밀리에 재흡수되는 것"을 두고 "반동적"이라고 힐난하며[163], '신우익(la Nuova Destra)'으로 지목되는 미리오도 "슈미트는 국가와 정치를 등치시키는 것에 대한 노스텔지어로부터 벗어나지 못하고 있다"고 단정하면서 "정치는 이제 국가를 넘어서 표현되는 것이며, 국가는 단지 일시적인, 이미 극복된 정치현상에 지나지 않는다는 것이 명확해졌다"고 언명한다.[164] 슈미트가 언제나 근대국가의 종언을 문제로 삼아왔던 것을 생각하면, 그런 평가들이 반드시 정당한 것이라고는 할 수 없다. 하지만 그것보다, 그리도 많은 논자가 국가의 한계라는 것을 공통인식으로서 갖게 됐던 것에 주목해야 한다. 국가를 향한 비판은 더 이상 마르크스주의의 전매특허가 아니었다. 오히려 국가의 '통치능력'을 향한 의심은 이제 보수세력 쪽으로부터 강하게 주장되는 것이다. 미리오 같은 신우익은 다름 아닌 반국가주의의 깃발을 내걸고 '슈미트를 넘어설 것'을 주장한다. 거기서 표명되고 있는 것은 1970년대 이래의 경제위기에 대응하는 신보수주의의 새로운 정치 전략에 다름 아니었다.

이탈리아는 전후의 불안정한 정권운용으로 인해 선진국 속에서도 특히 '통치불능(ungovernability, Unregierbarkeit)'이라는 것이 문제가 된 나라였는데[165], 1970년대 초엽에 시작되는 사회복지국가의 위기와 함께 그런 '통치불능'은 모든 선진국들이 직면한 문제로 간주된다. 브레튼 우즈 체제의 붕괴와 오일 쇼크를 계기로 한 고도 경제성장의 종언에 의해 종래와 같은 복지국가는 더 이상 유지될 수 없다는 주장이 제기되었다. 그런 '통치불능'의 진단자들에게 위기를 심각화시키고 있는 원인을 민주주의적 요구가 정부에 초래하는 '하중 초과'에서 찾았다. 그런 견해가 가장 두드러지게 표명됐던 것이 '일본·미국·유럽 위원회(Trilateral commission)'가 1975년에 제출한 '민주주의의 통치능력'

---

163) Giacomo Marramao, »Carl Schmitt. La decisione senza presupposti e il fantasma dello stato«, in: G. Duso, (Hg.), *La politica oltre lo stato*, a.a.O., S.78.

164) Gianfrans Miglio, »Oltre Schmitt«, in: G. Duso, (Hg.), *La politica oltre lo stato*, a.a.O., S.42.

165) W. Schieder, »Carl Schmitt und Italien«, a.a.O., S.11.

에 관한 보고서이다. 1970년대에 들어서면서 선진국들을 덮치게 된 위기를 극복하기 위해 민간인들에 의해 결성된 이 위원회의 보고서는 도래할 신자유주의 시대를 미리 알리는 것이 되었다. 보고서의 집필책임자 중 하나인 사무엘 헌팅턴에 의하면 "민주주의의 활력 증대"는 이제 "민주주의의 통치능력의 저하"를 야기시키고 있다.[166] 국민이 정부에 과대한 요구를 부과하는 복지국가체제 아래서의 정부의 통치능력은 재정지출의 증대로 인해 오로지 약체화의 길을 더듬고 있다는 것이다. 그리고 정부의 그러한 '하중 초과'는 "민주주의사회의 자세나 그 구조적 특질에 깊이 뿌리내리고 있"는 것이라면서[167], 민주주의적 참가요구 그 자체에 위기의 책임을 지우게 된다. '일본·미국·유럽 위원회'의 보고서로 대표되는 그러한 시대진단이야말로 위기 극복을 위한 여러 신보수주의적 기획으로 이어지게 되는 것이다.

민주주의 국가의 '통치불능'을 주장하는 신보수주의자는 정부의 "부담 경감"에 의해 "통치능력"을 재확립하고자 하는데, 이는 대개 두 가지 방향성을 띠고 있었다.[168] 첫째 과잉된 기대와 요구를 짊어졌던 국가의 임무를 시장으로 전화시키는 것. 즉 공적인 서비스의 '민영화'에 의한 '작은 정부'의 실현이 그것이다. 둘째 실추된 권위와 정통성을 회복하기 위해 전통적·문화적 가치라고 여겨지는 것을 질서원리로서 재동원하는 것. 이 속에서는 '통치불능'의 한 가지 원인이 (다니엘 벨이나 어빙 크리스톨이 말하는) '적대적 문화'의 담당자인 진보적 지식인이 1960년대 반체제 운동을 통해 야기한 아노미에서 찾아지고, 위기는 '문화적 위기'로서 파악되는 것이다. 사회복지국가가 수행할 수 있는 '통치능력'에 대한 불신, 그리고 그런 사회국가를 대신하여 공동체 통치의 원리가

166) Michel Crozier/ Samuel P. Huntington/ Joji Watanuki, T*he Crisis of Democracies*, New York 1975, S.62ff.[16-18]

167) Ebd., S.164.[182]

168) 신보수주의에 의한 '통치불능'론에 관해서는 Claus Offe, »Unregierbarkeit«, in: J. Habermas (Hg.), *Stichworte zur ›Geistigen Situation der Zeit‹*, a.a.O., S.294-318; J. Habermas, *Die neue Unübersichtlichkeit*, a.a.O., S.31ff. [41-47]

되는 전통이나 문화로의 회귀. 이 두 측면에 기초하여 1970년대 이래의 신보수주의는 한편으로는 신자유주의로, 다른 한편으로는 문화적 보수주의로 드러나게 된다. 이리하여 1980년대가 되면 신보수주의의 대두는 전全선진국적인 현상이 되는데, 이때 우파 세력은 더 이상 국가를 주체로 하지 않는 새로운 문화적 정치의 전망을 제기하게 되는 것이다.

3. 두 개의 헤게모니 정치: 신우익과 컬처럴 스터디즈

신보수주의의 조류 속에서 전통적·문화적 아이덴티티의 회복이라는 것은 하나의 중심적 요구가 되었다. 예컨대 독일에서는 리터의 '콜로기움 필로소피쿰'이나 포르스트호프의 '에프라하 세미나'와 교류하고 있던 신보수주의자 베르나르트 빌름스가 미국과 소련의 세계내전에 속해 있는 마디 하나의 지위에 만족하고 있던 독일이 냉전구조의 형해화를 호기로 다시금 국민적 자기의식에 눈뜨기를 주장하면서, '정상' 국민적 아이덴티티를 갈망하는 1980년대 '역사수정주의'의 선편을 쥐었다. "세계내전의 극복을 향한 물음은 우리에겐 국민적인 실존의 물음이다."169) 그러하되 이런 아이덴티티에 대한 요구가 반드시 종래의 주권국가적 틀에 일치하는 형태로 행해졌던 것은 아니다. 실제로 프랑스 신우익 알랭 드 브누아에게 문화적 아이덴티티의 의지처는 유럽이었으며, 로만 슈눌 또한 미국과 소련에 대항한다는 의도 아래 '중앙 유럽'이라는 오래된 이념을 부활시켰다.170) 이러한 흐름 속에서 슈미트는 신우익에 의해 '국가주의자'로서가 아니라 '광역'의 이론가로서 다시 평가되는 것이다.

특히 이탈리아 신우익 미리오는 이탈이아 북부의 자치 확대를 요구하는 여러 운동들의 연합체로서 1990년대 초엽에 발족한 극우정당 '북부동맹'의 이데올로그가 되어, '이탈리아'라는 주권국가 그 자체로부터 관계

169) Bernard Willms, »Weltbürgerkrieg und Nationalstaat«, in: *Der Staat,* 22 (1983), S.518.

170) Roman Schnur, »Mitteleuropa in preußischer Sicht. Constantin Frntz«, in: *Der Staat*, 25 (1986), S.545-573. 특히 S.572.

를 끊고자 했다.[171] 그는 남부 이탈리아의 후진 지역을 경제적 하중으로 간주하는 북부 이탈리아의 불만을 배경으로, 종래의 주권국가의 '통치불능'을 언명한다. 북부의 로칼리즘은 "부패, 비효율, 공공적인 행정관리의 질적 저하에 맞선 반역"이라는 것이다.[172] 미리오에 따르면 근대국가는 애초에 정치권력에 의한 인위적 산물에 다름 아니며 그 어떤 자발적 유대에도 기초해 있던 것이 아니다. "거대한 '국민'국가가 통일된 채로 계속 존속될 것인가 해체될 것인가는 그것을 통합하는 정부의 효율성 여하에 달려 있다." 그리고 국가의 '통치능력'의 한계는 이제 백일하에 드러나고 있다는 것이다. "국가가 가진 규범으로는 더 이상 그 시민들을 강제적으로 동질화하여 그들의 다양한 요구를 만족시킬 수가 없다."[173]

이리하여 북부동맹은 1990년 중반 '파타냐'라는 북부 이탈리아의 옛 이름을 일깨우면서 북부의 분리 독립을 주장하기 이르는데, 그때 북부 지역은 동시에 더 이상 주권국가가 아닌 여러 지역들로 이뤄진 유럽적 연방의 일원이라는 아이덴티티까지 부여받게 된다. 탈국경적으로 활동을 전개하는 포스트 포디즘적인 중소기업이 집중된 북부 이탈리아의 관점에서 이탈리아라는 사회복지국가적 틀은 이제 질곡 이외에 다른 게 아니었다. 북부의 전통적인 아이덴티티는 그런 포스트 포디즘 형태의 산업이 국가로부터 상대적 자립성을 획득하고 경제 선진 지역인 중앙 유럽과의 결합을 강화하기 위해 동원되는 것이다. 여기서는 신우익에 의한 전통적·문화적 자기주장과 신자유주의적인 반국가주의 간의 결합이 현저한 형태로 드러나고 있다. 이렇게 경제적인 혁신성과 문화적인 보수성을 내포한 신우익의 새로운 실천에 관해 네그리와 나란히 아우토노미아 운동의 이론가인 파올로 비르노는 이렇게 개탄한다. "신우익은 반국가주의, 정치적 대표제를 벗어난 집단적 실천, 대중지성적 노동의 힘과 같은 요소들을 승인하고 그것들을 일시적으로 자신의 것으로 삼고

171) Vgl. J.-W. Müller, *A Dangerous Mind*, a.a.O., S.214ff.
172) Gianfranco Miglio, »Toward a Federal Italy«, in: *Telos*, 90 (1991), S.21.
173) Ebd., S.41.

있다. 그 요소들이 궁극적으로는 우리들이 가진 최고의 희망에 값하는 것들임에도 말이다."[174]

신보수주의는 1970년대 이래 문화나 전통의 가치를 강하게 내세움으로써 서서히 대중 속에서 그 기반을 강화했었다. 이러한 신보수주의의 영향력 확대의 한 가지 원인은 전적으로 문화의 영역을 주요 활동 영역으로 삼는다는 그 정치실천의 방법에 있었다. 즉 신보수주의의 정치전략은 사람들의 관념과 사상에 작용을 가함으로써 이데올로기상의 동의를 획득해가는 문화전략으로서의 성격을 띠고 있었던 것이다. 신우익의 사상가들은 그들이 '문화적 위기'의 원인으로 간주하는 68세대의 '대항적 문화'에 맞서 이번에는 우파 쪽에서의 문화실천을 통해 대항하고자 했다. 이는 곧 관념과 언설을 정치적인 투쟁수단으로 하는 이데올로기 정치에 다름 아닌 것이다. 실제로 미리오는 정치적인 투쟁의 형식은 '지식인'에 의한 '이데올로기의 발명'에 기초하여 결정된다고 주장한다.[175] 그리고 이러한 신우익의 문화전략을 크게 촉발시켰던 것이 그람시의 '문화 헤게모니' 개념이다. 정치투쟁은 이데올로기를 통한 '헤게모니'의 획득을 지향하면서 전개된다는 것이다. 이렇게 신우익은 말하자면 마르크스주의의 손으로부터 그람시를 탈취한다. 특히 그람시의 헤게모니론을 높이 평가하는 드 브누아는 스스로 '우익 그람시주의'를 표방하기에 이른다. 그는 "**이데올로기에 있어서의** 다수파는 **의회에서의** 다수파보다 더 중요하다"[176]고 하면서, 그 활동을 의회정치나 정당정치가 아니라 주로 민간 레벨에서의 출판이나 교육활동을 중심으로 하는 "메타정치적" 영토에서 전개했다.[177]

---

174) P. Virno, »Do you remember Counterrevolution?«, in: P. Virno/ M. Hardt (Hg.), *Radical Thought in Italy*, a.a.O., S.259.[(2)267]

175) G. Miglio, »Oltre Schmitt«, in: G. Duso, (Hg.), *La politica oltre lo stato*, a.a.O., S.45f.

176) A. de Benoist, *Vu de droite*, a.a.O., S.460.

177) 드 브누아가 주최한 GRECE〔유럽문명조사연구그룹〕에서의 "우익 그람시주의"에 기초한 '메타정치적' 활동에 관해서는 하타야마 토시오, 「'신우익' 현상: 프랑스 극우의 사상적 부흥」, 앞의 논문집, 24-26쪽 참조.

이와 같은 문화전략은 셸스키, 뤼베, 쿠르트 존트하이머 같은 독일 신보수주의자들에게서도 현저하게 발견될 수 있는 것이다. 그들은 지식인으로서의 자신의 역할을 좌익에 대항할 수 있을 의식이나 이데올로기를 형성하는 일에서 찾아내었다. 이런 신보수주의의 정치전략이 관심을 기울이는 것은 "언어라는 전장의 점거나 명명의 전략, 요컨대 언어정치라는 수단에 의한 이데올로기적 플래닝"[178] 이외에 다른 게 아니다. 이러한 언설실천을 통한 헤게모니의 획득을 지향하는 그들의 슬로건은 (보수사상가 한스 프라이어의 1931년 저작 『오른쪽으로부터의 혁명』과 그람시를 절충한 듯한) '오른쪽으로부터의 문화혁명'이었다. 이리하여 드 브누아나 몰러의 협력 아래에서 출판되어왔던 『크리티콘』을 시작점으로 하는 신보수주의의 다양한 저널리즘 활동에 의해 '역사수정주의'를 산출하는 1980년대의 풍토가 양성되어가는 것이다.

만년의 슈미트는 이렇게 대두된 신보수주의에 대해 반드시 호의적이었던 것은 아니다.[179] 그렇지만 신보수주의자의 문화 헤게모니 전략은 어휘나 개념의 형성을 둘러싸고 투쟁을 전개하고 있던 슈미트 자신의 언어정치를 충실하게 따른 것이라고도 할 수 있다.[180] 어쨌든 그러한 문화전략이야말로 1980년을 앞뒤로 한 유럽에서 신우익의 세력 신장에 큰 기여를 하게 됐던 것이다. 이 시기 신보수주의의 조류를 풀뿌리 대중적 차원에서 지탱하고 있던 것이 이데올로기 실천에서 우파 세력이 점한 우위였다. 문화나 전통과 같은 이데올로기적 차원에서 대중을 동원하고 자신의 헤게모니를 확립해가는 오른쪽으로부터의 문화전략에 비해 좌파 세력은 크게 뒤처지고 마는 것이다. 이러한 상황에 맞서 이번에는 왼쪽으로부터의 새로운 헤게모니 전략으로 응답하고자 했던 것이 스튜어트

178) J. Habermas, »Einleitung«, in: ders. (Hg.), *Stichworte zur ›Geistigen Situation der Zeit‹*, a.a.O., S.21.

179) 1979년 6월 14일자 줄리앙 프로인트 앞으로 보낸 편지에서 슈미트는 드 브누아의 『오른쪽에서 보다』(1977)에 대한 비판적인 의견을 표명하고 있다. "드 브누아 씨의 『오른쪽에서 보다』를 알고 계십니까. 이 책이 말하자면 보수혁명 속에 산입되는 것은 제게는 부당하며 불유쾌한 일로 여겨집니다."(BwSFr3:98).

180) Vgl. J.-W. Müller, *A Dangerous Mind*, a.a.O., S.213.

홀, 에르네스토 라클라우, 샹탈 무페 등 영국 '컬처럴 스터디즈'의 문화전략이었다.

1979년에 탄생한 대처 정권은 영국의 마르크스주의자에겐 커다란 도전이었다. 그것은 1970년대의 위기에 대한 오른쪽으로부터의 응답이었고, 종래의 사회민주주의적인 혁신 세력은 이른바 '대처리즘'을 앞두고 어쩔 도리 없이 줄곧 그 전선을 후퇴시켰다.

치명적이었던 것은 사회민주주의에 있어서의 '국가주의'의 입장이 대처의 신자유주의적인 언설에 적절한 표적이었다는 점이다. 목하 직면하고 있는 위기가 다름 아닌 국가의 '통치능력'의 위기라는 논의가 퍼져가면서 사회민주주의적인 코폴라티즘[(협동)조합주의·합의주의]과 복지국가 정책은 국가에 기생하는 기득권자를 산출하여 '통치불능'을 야기하는 원흉으로 간주됐던 것이다. 복지국가를 통한 물질적인 재분배라는 사회민주주의적 정책은 그 설득력을 잃어가게 된다. 이리하여 탄생한 대처 정권은 신자유주의 정책이 실업률의 회복 등에서 거의 성과를 거두지 못했음에도 노동자계급을 포함한 대중적인 지지를 유지하는 데에 성공하면서 1980년대를 관통하면서 정권을 계속 담당하게 된다. 스튜어트 홀을 위시한 마르크스주의 이론가들은 그러한 '대처리즘' 속에서 이제까지의 사회민주주의적 정치를 무력화시키는 근본적으로 새로운 정치실천의 한 가지 표현을 보았다. 즉 경제정책을 통한 물질적인 이해를 조정하는 것이 아니라 대중의 동의를 획득하기 위한 이데올로기 실천을 주요 수단으로 하는 헤게모니 정치가 그것이다.

후기 자본주의의 위기에 직면하여 신보수주의 쪽에서 행해진 헤게모니의 재구축을 분석하는 가운데, 홀, 라클라우, 무페는 종래의 좌익이 저들의 새로운 정치실천에 완전히 대응할 수 없었음을 비판한다.[181] 그들이 보기에 좌익의 실천은 많든 적든 문화나 이데올로기를 하부구조의 물질적·경제적 이해관계에 의해 규정된다고 보는 고전적인 유물론을

181) 이와 관련된 제반 이론상황에 대한 간명한 개설로는 카토 테츠로, 「〈권위주의적 포퓰리즘〉을 둘러싸고」, 『국가론의 르네상스』, 키요미즈쇼텐, 1986, 127-138쪽.

아직껏 질질 끌고 있는 것이었다. 복지국가 정책의 추진에 의해 이데올로기적 레벨에서도 사람들의 지지가 자연스레 획득될 것이라고 기대했었던 것이다. 그러나 그렇게 노동당 등의 좌파 세력이 '국가주의'를 고집하고 있는 사이에 대처리즘 쪽은 '반국가주의'를 강력한 '포퓰리스트적 슬로건'으로 설정함으로써 대규모적인 지지를 동원할 수 있었다. 대처가 "인민(people)과 함께" 하는 한편에서, 사회민주주의 쪽을 국가나 그 관료제와 유착된 집단으로 알리는 캠페인이 성공한 것이다.[182] 대처리즘은 우선 사회민주주의적 코폴라티즘 형태의 관료국가에 대한 사람들의 불만을 흡수하는 "반국가주의적인" 신자유주주의 언설에 의해, "권력블록"을 형성하는 기득권자로서의 "노동자"에 맞서 '인민'을 대치시키고 스스로를 '인민'의 편으로서 위치 부여하는 데에 성공했다. 다음으로 대처리즘은 가족, 국민, 문화, 전통 같은 "상식" 또는 "민중포퓰러도덕"을 대대적으로 동원한다.[183] 사람들의 '상식'에 호소하는 전통주의와 도덕주의에 의해 대처리즘은 '인민'을 자기 것으로 삼을 수 있었다. 이런 현상을 두고 홀은, 1970년대의 위기에 대한 오른쪽으로부터의 응답을 일찍부터 통찰하고 있던 니코스 풀란차스의 유작 『국가·권력·사회주의』(1978)에서 제기되고 있는 '권위주의적 국가주의'를 변경하여, 이데올로기를 통한 합의의 획득을 가리키는 개념인 '권위주의적 포퓰리즘'으로 설명하고자 했다. 신보수주의는 단순히 국가권력장치의 강화를 지향하고 있는 것이 아니라 오히려 '반국가주의적인' 언설을 통해 헤게모니를 구축하는 포퓰리즘이라는 것이다.

홀을 위시한 컬처럴 스터디즈의 이론가들에게 이제 좌익은 그런 이데올로기적 레벨에서의 헤게모니 획득의 실천을 우익 쪽에서 배우지 않으면 안 되는 것이었다. 그런 까닭에 그들에겐 오늘날의 좌익 정치실천은

182) Stuart Hall, »The Great Moving Right Show«, in: ders., *The Hard Road to Renewal*, London/New York, 1988, S.48-52.

183) Stuart Hall, »Popular Democratic vs Authoritarian populism. Two Ways of 'Taking Democracy Seriously'«, in: ders., *The Hard Road to Renewal*, a.a.O., S.142.

다름 아닌 그람시를 최대의 지적 원천으로 삼아야만 하는 것이다. 종래의 좌익이 포퓰리즘적인 문화전략에 대해 무력했던 원인은 결국 이데올로기가 사회적·정치적 세력을 구성하기 위한 자율적인 요소라는 점을 이해하지 못하는 "경제주의"에, 그리고 케인즈주의적 복지국가 그 자체의 위기에 대응할 수 없었던 '국가주의'에 있었다.184) 그렇기에 마르크스주의 이론은 문화전략을 향해 쇄신되지 않으면 안 되는 것이었다. 이데올로기는 결코 물질적 이해관계의 "반영"이 아니다. "이데올로기가 전장이므로, 다른 모든 종류의 투쟁은 이데올로기 속에 판돈을 건다."185)

이러한 인식의 연장선에서 라클라우와 무페는 공저 『헤게모니와 사회민주 전략』(1985) 속에서 좌익의 새로운 헤게모니 전략인 "래디컬 데모크라시"를 제기했던 것이다. 거기서는 과거의 경제중심적인 사회주의 전략 안에서 노동자계급이 보편적 주체로서 소지하고 있던 "존재론적 중심성"이 거부되며, 1970년대 이래로 "새로운 사회운동"(페미니즘, 에콜로지, 국민적·성적 마이너리티 운동 등등)으로 드러난 다양한 정치적 요구의 주체가 "절합"되는 "래디컬하고 다원적인 민주주의"가 주장된다.186) 그리고 그중에서도 무페는 1980년대 이래 헤게모니 편성에 기초한 정체성 정치를 구상하면서 적대성과 민주주의에 관한 슈미트의 논의를 재평가하게 된다. 이는 말하자면 신보수주의의 문화전략에 의해, 특히 자각적으로는 드 브누아나 미리오 등의 신우익에 의해 횡령되고 말았던 그람시를 다시 좌익 쪽으로 탈환함과 동시에, 그들 신우익의 유력한 사상적 원천 중 하나인 슈미트를 '래디컬 데모크라시'

---

184) Chantal Mouffe, »Democracy and the New Right«, in: *Politics & Power*, 4 (1981), S.232; Ernesto Laclau/ Chantal Mouffe, *Hegemony and Socialist Strategy*, London 1985, S.177.[179]

185) Stuart Hall, »The Battle for Socialist Ideas in the 1980s«, in: ders., *The Hard Road to Renewal*, a.a.O., S.142.

186) 이 시기에는 이탈리아에서도 아우토노미아 운동과 같은, 종래의 노동자에 한정되지 않는 다양한 주체가 담당하는 정치운동이 출현하는 가운데 트론티나 카치아리는 자신들의 "노동자 중심성"이라는 문제에 관한 재고를 재촉받고 있었다(vgl. F. D'Agostini (Hg,), *Operaismo e centralità operaia*, a.a.O.).

라는 좌익의 새로운 대안을 위해 영유하려는 시도라고 볼 수 있을지도 모른다.

맺음말

동서 냉전이 종결된 1990년대 이래 슈미트의 국제질서사상은 다시 각광받게 되었다. 그것은 경제와 테크놀로지에 의해 균질화된 세계가 실현되는 것처럼 보이기도 했던 냉전 이후의 세계정세 속에서, 도래할 글로벌 통치에 대응하는 새로운 전쟁형태 즉 인도적 개입이라는 것이 현행적인 문제로 주목을 모았기 때문이다. 냉전 종결 직후에 일어난 1991년도 걸프 전쟁을 시작으로 1993년 실패로 끝난 소말리아 개입, 1999년 코소보 분쟁에 따른 유고 공습 등, 말하자면 국제적인 정치경찰행동으로 행해진 이들 전쟁은 인권원리주의를 비판하는 신우익만이 아니라 좌파 이론가들에게도 과거 슈미트의 정전正戰 비판을 상기시키는 것이었다.[1] 이제 글로벌한 군사·경찰행동의 정통화라는 문제는 슈미트가 살았던 시대보다 더 현실감을 가진 형태로 부상했던 것이다.

현대에 정전의 부활이라는 문제는 2001년 9·11 테러에 이은 아프간 전쟁이나 2003년 이라크 전쟁에 의해 더욱 긴요한 물음이 되었다. 그러나 동시에 사후적인 경찰행동이라기보다는 오히려 예방적 조치로서 행해진, 그럼으로써 적지 않은 국제적 인도人道법규의 침해가 문제시가 됐던 이라크 전쟁과 더불어 슈미트의 이론에 내장된 다른 계기도 주목을 모으

---

1) 하버마스가 슈미트의 반보편주의를 비판하면서, (법제화된 절차에 의한 정통화라는 뜻에서의) 정전(正戰)론의 입장을 명확히 취했던 것은 걸프전쟁에 즈음해서였다(vgl. Jürgen Habermas, »Wider die Logik des Krieges. Ein Plädoyer für Zurükhaltung, aber nicht gegenüber Israel«, in: *Die Zeit*, 15. Februar 1991, S.40; ders., *Vergangenheit als Zukunft*, a.a.O., S.10-44[10-41]). 하트/네그리 또한 슈미트를 염두에 두면서, 보편주의적 정통화를 행하는 규범과 글로벌한 질서유지를 위한 군사력이 결합된 인도적 개입에서 냉전 이후 〈제국〉적 국제질서의 특질을 보고 있었다(vgl. M. Hardt/ A. Negri, *Empire*, a.a.O., S.8ff, 34ff.[22-38, 55-59]).

게 된다. 즉 법을 지키기 위해 법을 정지한다는 예외상태가 그것이다. 9·11 이후 미국의 '신세계질서'는 글로벌한 규모에서의 예외의 일상화 또는 "영속적인 예외상태"로서 파악되며, 경찰력에 의한 치안의 유지·관리 속에서 점점 더 침식되고 텅 비어버리게 된다는 것이다.2)

그렇다고 해서, 9·11 이후의 세계정치 속에서 아무리 힘의 실효성 쪽이 법이나 규범성에 대해 전면화되고 있는 듯 보일지라도 예외상태를 단지 벌거벗은 힘의 정치로 환원해버린다면, 그 이론적 사정거리를 잃게 될 것이며 현대세계에서 글로벌하게 작용하고 있는 통치의 역학에 대한 해명도 불충분한 채로 머물고 말 것이다. 예외상태는 규범에 대한 기술의 우위를 특징으로 하는 공간이며, 슈미트가 두려워했던 그것의 부정적인 측면에 이어지는 귀결은 법의 규범적 구속력이 그 기술적 성격에 의해 완전히 대체되는 사태이다. 그때 법은 단순히 폐기된다기보다는 비가시적 권력관계에 종속되며 그것을 영유하기 위해 싸우게 되는 일종의 기술적인 장치가 되어버리는 것이다.

그 지점으로부터 이끌리게 되는 것은 단순한 힘의 정치가 아니라 오히려 법 개념이나 언설규범을 둘러싼 투쟁이라는 슈미트적인 시야·좌표에 다름 아니다. 경찰이나 군대 같은 실력 수단이 정치투쟁의 결정적인 인자인 것은 아니다. 오히려 그러한 실력의 행사를 포함한 다양한 정치적 행동에다가 규범적인 틀을 채우려는 일정한 보편적 규칙을 영유하는 쪽이 한층 더 중요한 것이다. 슈미트의 통찰 중 하나는 정치적인 것이 직접적인 주장의 대립 속에서 드러나는 것일 뿐만 아니라, 그런 대립이 일어나고 조정되는 무대 그 자체의 결정이라는 더욱 근본적인 레벨에서

---

2) Vgl. G. Agamben, »Der Gewahrsam. Ausnahmezustand als Weltordnung«, a.a.O; M. Hardt/ A. Negri, *Multitude*, a.a.O., S.12-32[44-74]; J. Butler, *Precarious Life*, a.a.O., S.50-100.[97-164] 이들의 논의에서 법이 허공에 매달리게 되는 예외상태의 범형을 이루는 것은 전쟁포로나 테러 피의자가 모든 법권리의 바깥에 놓여 무기한으로 구속되고 있는 관타나모 등의 군사기지로 인식된다. 무엇보다 그들은 규율훈련으로부터 안전관리로의 전환이라는 후기 푸코의 논의에도 의거하고 있는데, 그런 한에서 9·11 이후의 미국 정치가 초래한 비인간화된 생의 공간으로서의 글로벌한 예외상태는 '통치성'의 출현이라는 좀 더 큰 위상에서 생겨나고 있다.

작용하고 있다는 것이다. 그런 까닭에 정치는 국제적인가 국내적인가를 불문하고, 룰의 장악에 의해 헤게모니를 획득하기 위한 투쟁이기를 멈췄던 적이 없다. 법이나 대의 같은 보편화 가능성의 요구가 없어지는 일은 없겠지만, 그 경우 문제로 삼아야 하는 것은 보편적 합의의 조달이라는 측면보다는 다름 아닌 그 항쟁적인 측면인 것이다.3)

현재 진행 중인 글로벌화 또한 바로 그런 관점에서 봐야만 한다. 그것은 결코 그 어떤 정치나 국가의 역학으로부터도 독립된 경제와 시장의 논리에 의해 진행되고 있는 게 아니다. 설령 순수하게 경제적인 현상인 것처럼 보일지라도, 그것에는 글로벌 스탠더드가 되는 룰이나 법규범을 둘러싼 정치투쟁의 역학이 불가피하게 작용하고 있다. 그리고 그러한 투쟁을 통해 헤게모니를 획득한 일정한 룰을 여러 국가들이 받아들이게 되는 것이 글로벌화라는 사건의 내실이라고 할 수 있다.

글로벌화의 시대에서도 결코 국가가 소멸하지 않는 이유가 거기에 있다. 국가는 가령 1970년대 이래 복지국가의 위기로 인해 재정 정책에 기초한 재분배 기능을 축소해왔을지라도, 여전히 법이나 룰을 결정하고 관철시키기 위한 가장 중요한 액터〔행위(행동·연기)자〕이기를 계속할 것이다. 따라서 국가는 시장과 경제의 룰을 둘러싼 싸움의 주요 전장이 되어왔다. 예컨대 1990년대 이래로 특히 금융시장에서 보였던 글로벌한 시장경제의 발달은 단지 불가피한 경제적 과정이라기보다는 여러 국가들이 신자유주의의 헤게모니를 받아들여 그 규범을 내면화함으로써 초래됐던 것이다. 그런 뜻에서 글로벌화는 오히려 하나의 정치적 과정이라고 해도 좋은 것이다.

이런 사정을 무페는 정당하게도, "정치의 종언"이 도래한 것처럼 보였던 1990년대에 슈미트를 원용하면서 거듭 지적하고 있었다. 글로벌화는

---

3) 이라크전쟁 시기에 자주 주장됐던 것처럼, 미국적인 "도덕적 제국"에 대항한 유럽적인 "국제법"이라는 대립은 그 자체가 정치적인 헤게모니 투쟁이며, 국제관계의 보편주의적 법제화라는 하버마스의 기획 또한 그것을 완전히 벗어나는 것이 아니라고 말하고 있는 것으로는 Martti Koskenniemi, »International Law as Political Theology. How to Read *Nomos der Erde*?«, in: *Constellations*, 11 (2004), S.506.

대안이 존재하지 않는 필연적인 과정이며 이 사실에는 그 어떤 정치적 이데올로기성도 없다고 주장하는 것 자체가 고도로 정치적인 성격을 띠고 있으며, 그런 주장을 명백한 것으로서 받아들인다면 그것은 신자유주의적 언설의 헤게모니로의 종속을 뜻하는 것이다.[4] 시장의 논리만을 따르는 것처럼 보이는 글로벌화 속에서도 정치적인 것이 소멸하는 일은 없다. 가령 신자유주의가 퇴조하고 그 헤게모니가 소실되어갈지라도 경제나 시장, 나아가서는 환경정책 등에 관한 국제적인 룰을 둘러싸고 전개되는 투쟁 자체는 여전히 계속될 것이다.

따라서 국가는 그 자체로 오히려 글로벌화의 담당자로서 기능하고 있다고 말할 수 있는 것이다. 그렇다고 그 점이, 오늘날의 글로벌화 속에서 국가의 성격이 종래의 그것과는 전혀 다름없이 변하지 않은 채로 계속되고 있음을 뜻하는 것은 아니다. 오히려 1990년대 이래 국가는 스스로 세계시장의 신자유주의적인 구조를 내면화하는 형태로 국내의 법적·제도적 전환을 수행해왔다. 국가는 말하자면 글로벌한 자본 운동의 일부로 스스로를 편입시키는 일종의 자기 식민지화를 행해왔던 것이다. 이러한 글로벌화에 의해 위기에 노출되고 있는 것은 국가 그 자체가 아니다. 오히려 이제 존립의 위기에 놓여 있는 것은 민주주의적 결정이라는 근대의 정치적 정통성의 기초가 되어왔던 '주권'국가 혹은 '국민'국가인 것이다.

말할 것도 없이 근대에 어떤 입법이 정통적인 정치적 결정으로서 인정받게 되는 것은 그것이 민주주의적 절차를 거쳤을 때이다. 하지만 그러한 전제는 공공지출의 확대에 의한 사회복지국가의 통치불능이 문제가 됐던 1970년대 이래로 서서히 텅 비게 된다. 언제나 너무 과대한 요구를 국가에 부과하는 민주주의의 과중 부하 때문에 국가가 시장경제에 의해 요구되는 통치에 응하지 못하게 된다고 간주된 것이다. 이리하여 통치능력의 회복을 위해 규제완화와 민영화에 의한 '작은 정부'가 지향됐

4) Chantal Mouffe, *The Democracy Paradox*, London/New York 2000, S.55ff., 118ff.[11-13, 178-183]

던 것이지만, 이는 국가 그 자체의 축소를 뜻하는 게 아니다. 민간의 활력을 끌어낸다고 여겨진 시장은 그 자체로 국가에 의해 정해진 법제도를 기초로 성립하고 있다. 그러므로, 일어난 일이라고 한다면 그저 국가의 역할이 직접적인 공공지출을 통한 재분배의 역할에서 사람들이 최대한 자유로이 활동하게 하는 인센티브를 만들어내는 제도적 틀의 구축 역할로 그 위상이 바뀐 것에 지나지 않는다. 그런 한에서 이 신자유주의 시대에도 국가의 폐기를 목표로 하는 시장원리주의 따위가 존재할 리는 없다. 1970년대 이래로 기획됐던 것은 경제구조의 세계적 변동에 대응한 국가의 새로운 법제도적 통치체제의 확립에 다름 아니었던 것이다.

하지만 민간에 속한 행위주체의 자기통치나 자기책임에 초점을 맞춘 그런 구조전환에 의해 종래의 국가가 행하는 입법의 정통화 원천은 붕괴되어간다. 이제 주권과 민주주의의 표현이라고 하는 근대적 메르크말[지표·특징·징표]은 법에 의해 부차적인 것이 된다. 분명 법의 제도화는 여전히 국가의 입법부를 통한 민주적 결정이라는 겉모습으로 행해지지만, 법에 요구되는 기능은 국민의 주권적 의지를 체현하는 것이라기보다는 신자유주의적으로 구축된 세계경제에 국내체제를 적합하게 만드는 것으로 이행해간다. 국가와 그 입법은 말하자면 글로벌한 시장경제의 국소적인 집행기관이 되는 것이다. 그렇게 국가의 법질서라는 것이 세계경제가 합법적으로 자기를 관철하기 위한 수단이 된다면, 글로벌화라는 것은 그저 민주적 정통성에 기초를 두지 않는 합법적 지배가 국가를 매개로 하여 초월적으로 확대됨을 뜻하는 것에 지나지 않게 된다. 이때 국가는 16세기에 탄생한 이래로 갖고 있던 주권이라는 규범근거를 잃게 되며, 19세기 이래로 그랬던 것처럼 국민(네이션)을 기초로 한 정치적 통일체로서의 성격 또한 희박해지게 된다. 즉 국가는 주권과 국민을 내버려두고 글로벌화된 경제 배치 속에서 기능하는 하나의 테크노크라시 장치가 됨으로써 살아남기를 도모하는 것이다. 이제 국가의 존립에 정통성을 부여하는 것은 신자유주의적인 시장 시스템의 통치요구에 적합한 경제합리성이 되는 것이다. 그렇게 국가는 글로벌화 속에서도 여전히 중요한 역할을 유지할 수 있지만, 그것은 주권과 국민에 대한 배신에 의해서이다. 국가는 더 이상 주권국가도 국민국가도 아니며, '경제국가' 혹은 '시장국가'라고도 부를 수 있는 것으로 변질되고 있다.

슈미트가 '국가의 종언'을 진단했을 때 염두에 두고 있던 것도 국가 그 자체의 소멸이 아니라 오히려 경제와 테크놀로지에 의해 근대적인 국가주권, 나아가서는 국민주권의 원리가 텅 비어버리는 사태였던 것이다. 이러한 프로세스는 전후 최고도의 경제성장을 지탱했던 포디즘 형태의 국가가 위기를 맞이한 1970년대를 거쳐 1990년대 이래의 글로벌화 속에서 래디컬하게 가속된다. 이제 슈미트가 눈앞에 두고 있던 '생존배려'의 행정 급부를 행하는 복지국가조차도 자명하지 않게 되었다. 오히려 국가는 글로벌 시장에서 자본의 자기운동을 내면화하고, 그 속에서 살아남고자 하고 있다. 이는 단지 반국가적인 시장원리주의가 아니라 모종의 '경제 내셔널리즘'에 의해 동기 부여된 국가의 생존 전략에 다름 아니다. 하지만 이때 살아남는 것은 국가이지 국민(네이션)은 아니다. 국가의 통치능력을 위해 필요해지는 것은 법권리 주체로서의 국민보다는 자본주의 생산의 변동에 유연하게 적응·합치할 수 있는 '자유로운' 개인이 된다. 국민 속으로 동화시키고 포섭한다는 통치실천은 상대적으로 뒤쪽 배경으로 물러나고 포스트 포디즘 형태의 산업양식이 갖는 유연성에 적응·합치될 수 없다고 여겨진 인간의 배재 공간이 온존된다. 종종 '브라질화'[5]라고도 지명되는 국민 내부의 분절과 계층화를 야기하는 가운데 국가는 신자유주의의 통치요구에 응하는 형태로 글로벌 경제에서 새로운 역할을 추구한다. 따라서 이러한 경제 테크놀로지적인 국가의 탈국민화된 살아남기란, 엄밀하게는 경제 내셔널리즘이라기보다는 오히려 '경제국가주의'라고 불러야 되는 것에 의해 사로잡혀 있다고 할 수 있을 것이다. 이러한 상황에 맞서 법권리를 보호하기 위한 내셔널한 공간은 그 한계가 엿보이며, 이로 인해 탈내셔널한 공간의 창출 쪽은 결정적으로

5) 〔노동의 불안정성을 가리키는 울리히 벡의 용어. '유럽의 브라질화', '노동의 브라질화' 등의 용례로 쓰임.〕

뒤처지고 있는 것이다.

이것이 글로벌화에 의한 '국가의 종언'이라는 이름 아래 현재까지 일어나고 있는 사태이다. 위기에 놓인 것은 국가가 아니라 국가를 기초로 한 근대의 민주주의적 공공公共공간이다. 이른바 '거버먼트〔정권·정부〕로부터 거버넌스〔통치·관리〕로'의 이행에 의해 국가는 자신의 내부에 종래와 같은 형태의 민주주의적 공개성이 미칠 수 없는 영역을 넓혀가고 있다. 민간의 액터가 주체가 되는 거버넌스에 공개성을 부여하는 것으로 여겨지는 '설명책임(어카운터빌리티)'은 여전히 너무도 취약한 원칙에 머물고 있으며, 그것이 국가의 행정부에 의한 거버먼트 이상으로 통치의 투명성을 가져온다는 보증은 없다. 그런 한에서 거버넌스는 적어도 제도적으로는 입법부의 통제 아래에 있는 관료기구보다 한층 더, 민주주의적 정통성을 결여한 테크노크라시 지배를 야기할 위험성마저 있는 것이다(이른바 '민주주의의 적자赤字'). 한없이 자유롭고 유연한 활동을 요구하는 세계시장에 대응한 국가의 구조전환과 더불어 주권·대표·법권리와 같은 종래의 정치적 공개성의 기초를 침식하고 있는 비밀의 영토가 확대된다. 근대의 정치적인 공공공간은 그 피안에 있는 비밀의 통치역학에 의해 찬탈된다. 즉 국가나 법은 경제 테크놀로지에 의한 글로벌한 통치실천의 전술적 수단으로 편입되어가는 것이다. 말하자면 현대의 '통치기밀아르카나 임페리'이라고 부를 수 있을 이러한 통치 테크닉의 영토야말로, 말년의 슈미트가 간신히 내다보고 있던 (국가주권의 이론에서 놓여난) 래디컬한 예외상태의 가능성에 다름 아닌 것이다. 인간의 조건으로서의 법권리가 허공에 매달리게 되는 글로벌한 예외상태의 공간은 인간을 비인간으로 만들 정도의 유연성에 의해 특징화되는 포스트 포디즘 체제에 몸을 두고 있는 우리들에게 비판적 사고의 불가피한 출발점이 되고 있다. 오늘날 정치적인 것에 관한 사고는 근대적인 주권이나 법권리의 피안에 있는 이 예외상태로부터 새로운 정치적 공공공간을 창출할 수 있는 가능성에 내기를 걸고 있는 것이다.

후기

이 책 『정전正戰과 내전: 카를 슈미트의 국제질서사상』은 2008년 봄 도쿄대학 대학원 총합문화연구과 국제사회과학 전공에 제출된 같은 제목의 박사논문을 약간 수정하고 가필한 것이다. 인용문헌 쪽수의 표기 실수나 오·탈자 등은 알아차린 한에서 모두 수정했고 조금이라도 읽기 쉽도록 문장을 손질했다고 하겠는데, 여전히 바로잡아야 할 부분이 있다면 독자들께서 지적해주시면 다행이겠다.

최근 몇 년, 슈미트는 전 세계적으로 하나의 붐이 되었고, 그중에서도 특히 그의 국제질서사상은 크게 각광받아왔다. 그 직접적 계기가 됐던 것은 아마도 9·11 테러 이후의 세계정세일 것이며, 정전론에 대한 그의 비판, 미국제국주의론, 예외상태론 등이 지금도 여전히 현행적인 사정거리를 지니고 있는 것으로서 주목받게 됐던 것이다. 그러한 정치정세는 필자 자신이 슈미트에 관한 연구로 향하게 됐던 꽤나 강력한 동기였음을 부정하기 어렵다. 실제로 슈미트 이론의 현행성은 많은 이들에게 촉발을 주고 있는 듯한데, 이 책을 집필하는 중에도 새로운 슈미트 연구가 각국에서 차례로 간행되었고, 눈이 닿지 못한 문헌이나 읽어보기는 했으나 이 책에 논의를 반영하지 못한 문헌도 다수 있었다. 이에 관해서는 필자의 향후 과제로 삼고 싶다.

말할 것도 없이 슈미트에 관해서는 이미 최근의 붐 이전부터 많은 연구들이 있었다. 특히 일본에서 슈미트는 전통적으로 커다란 관심의 과녁이 되어왔고, 1930년대 이래로 연구가 방대하게 축적되는 가운데 여러 탁월한 법학자나 정치학자가 큰 영향을 받아왔다. 일본은 이탈리아나 스페인과 나란히 전쟁 이전의 꽤나 이른 시기부터 슈미트를 수용했던 나라이며,

번역에 있어서도 그의 주요 저작은 빠짐없이 나와 있다고 할 수 있다. 당연이 이 책은 그런 연구자들에 의한 번역이나 선행연구에 많이 빚지고 있으며, 그런 환경이 없었다면 태어날 수 없었다고 할 수 있다.

단, 종래 일본의 슈미트 연구에서는 그의 사상이 가진 몇몇 측면들이 너무 고려되지 않아왔던 것도 사실이다. 전쟁 이전의 바이마르 시기나 나치스 시기의 헌법이론 및 정치이론에 관해서는 필자가 그 위에 부질없이 더할 필요가 없을 정도로 연구가 축적되어 있지만, 초기 1910년대의 저작 및 2차 대전 이후의 저작에 관해서는 아직 검토가 불충분한 채로 머물러 있는 것처럼 보인다. 슈미트의 사상 행로는 왕왕 이목을 많이 모으는 센세이셔널한 정치적 사건으로서의 나치 관여로 그 최종적 귀결에 이르렀던 것은 아니며, 전후에도 신학, 역사철학, 공간이론에 관한 흥미로운 논의가 다수 전개되고 있었다. 이 책은 거의 손대지 않고 남겨져 왔던 그런 측면들에 지면을 할애하여 해명을 시도했으며, 그럼으로써 종래의 일본에서 수용되어왔던 것과는 조금 다른 슈미트의 이미지를 제시했다고 하겠다. 그런 뜻에서 이 책은 단지 최근의 현행적인 정치정세에 이끌린 슈미트 해석에 머물지 않고 그의 사상을 내재적으로 연구하려는 사람들에게도 다소간의 공헌이 되지 않을까 한다.

그러하되 역시 현대세계가 직면하고 있는 상황에 대한 관심은 이 책의 주요 집필동기를 이루고 있다. 그것은 단지 9·11 이래의 문제만은 아니며, 오늘날의 글로벌화에 따르는 세계통치의 구조전환이나 그 속에서 국가가 갖는 의의라는 좀 더 넓은 시야·좌표에 관계되어 있다. 그것의 이론화를 위해 이 책에서는 예외상태론의 래디컬한 재해석을 단서로 삼고자 했다. (후기 푸코나 아감벤이 주목을 모음에 따라) 많은 사람들이 막연하게 의식할 수 있게 되긴 했지만 여전히 엄밀하게는 해명되고 있지 않은 이 주제를 이 책은 상당 정도 슈미트의 이론에 입각하여 내재적으로 설명할 수 있었다고 생각한다. 이 책에서의 그런 해명에 대해서는 이의가 있을지도 모르지만, 적어도 슈미트를 국가주권의 이론가로서 이해하는 것만으로는 일면적인바, 그의 정치사상은 좀 더 다양한 측면에서 재검토되어야만 하는 것이었다. 그의 사상에는 아직까지 전개되지 않은 채로 머물러 있는, 광범위한 사정거리를 지닌 논점들이 여전히 많이 남아 있다.

이 책은 필자의 주변에 있는 많은 사람들의 조력이 있었기에 비로소 세상에 나올 수 있었다. 우선 이미 오래도록 사귄 코마바 대학원 시절의 친구들과 나눈 우정 속에서 필자는 많은 학문적 시사와 착상을 얻어왔다. 뿐만 아니라 실제로 문헌 수집 등에서 그들의 신세를 졌던 경우도 있었으며, 그런 유형·무형의 조력 아래에서 이 책의 집필이 가능해졌다. 도쿄대 대학원 총합문화연구과 국제사회과학 전공의 다섯 분 선생님은 바쁜 중에도 시간을 쪼개 이 책의 기본이 된 박사논문의 심사를 맡아주셨다. 오랜 시간에 걸쳐 필자의 지도교수였던 야마와키 나오시 선생님, 타카하시 테츠야 선생님, 모리 마사토시 선생님, 사카이 테츠야 선생님에게 이 자리를 빌려 깊은 감사의 말씀을 드림과 동시에, 올해 2월 급서하신 시바타 토시코 선생님에 대해 감사와 애도의 마음을 표하고 싶다. 시바타 선생님에게는 생전에 셀 수 없을 정도로 신세를 졌음에도 임종의 힘겨운 때 쓸데없는 심사의 부담을 안겨드리고야 말았다. 선생님의 학은学恩에 보답하기에는 이 짧은 감사의 말씀으로는 도저히 미치지 못하겠지만, 이로써 삼가 고인의 명복을 빌고 싶다.

마지막으로, 이 책이 간행될 수 있는 계기를 만들어 준 카야노 토시히코 씨, 출판을 맡아주셨던 이분샤의 마에세 소스케 씨에게 깊은 감사의 뜻을 표하고 싶다. 카야노 씨는 아직 이 책이 마무리되기 전부터 필자의 저작 출판을 이분샤에 권해주셨고, 마에세 씨는 작금의 힘겨운 출판사정 속에서 장대한 이 책을 축약 없이 그대로 간행하는 일을 인정해 주셨다. 규모는 작지만 양질의 저작을 다수 작업하고 있는 이분샤에 이 책의 출판이 다소나마 기여할 수 있게 된다면 다행이겠다.

2009년 9월

오오타케 코지

참고문헌

1차 문헌

1. 칼 슈미트의 저작

[1910SS] : *Über Schuld und Schuldarten. Eine terminologische Untersuchung*, Breslau 1910.

[1911] : Der »Adressat«, in: *Die Reinlande*, ·21 (1911), S.429-430.

[1912GU] : *Gesetz und Urteil. Eine Untersuchung zum Problem der Rechtspraxis*, Müchen 1968.

[1912a] : »Kritik der Zeit«, in: *Die Reinlande*, 22 (1912), S.323-324.

[1912b] : »Don Quijote und das Publikum«, *Die Reinlande*, 22 (1912), S.348-350.

[1912c] : »Richard Wagner und eine neue „Lehre vom Wahn"«, in: *Bayreuther Bläter*, 35 (1912), S.239-241

[1913a] : »Juristische Fiktionenin«, in: *Deutsche Juristen Zeitung*, 18 (1913), S.804-806.

[1913b] : »Selbstanzeige des Buches „Gesetz und Urteil"«, in: *Kant-Studien*, 18(1913), S.165-166.

[1914WS] : *Der Wert des Staates und die Bedeutung des Einzelnen*, Tübingen 1914. (초역) 「법 · 국가 · 개인: 『국가의 가치와 개인의 의의』 서언」 『정치사상론집』, 服部平治/宮本盛太郎訳, 社会思想社, 1974年, 7-23頁.

[1914a] : »Selbstanzeige des Buches „Der Wert des Staates und die Bedeutung des Einzelnen"«, in: *Kant-Studien*, 19 (1914), S.529-530.

[1916N] : *Theodor Däublers „Nordlicht". Drei Studien über die Elemente, den Geist und die Aktualität des Werkes*, Berlin 1991.

[1916a] : »Diktatur und Belagerungszustand. Eine staatsrechtliche Studie«, in: [1995SGN], S.3-23.

[1917] : »Die Sichtbarkeit der Kirche. Eine Scholastische Erwäung«, in: *Summa*, 2 (1917), S.71-80. 「교회의 가시성: 스콜라철학적 고찰」

佐野誠訳『浜松医科大学紀要一般教育』第7号, 1993年, 93-104頁.
[1918a] : »Die Buribunken. Ein geschichtsphilosophischer Versuch«, in: Summa, 4(1918), S.89-106. (초역)「브리분켄의 사람들: 역사철학적 시론」, 프리드리히 키틀러 『그래머폰, 필름, 타이프라이터[축음기, 영화, 타자기] (下)』 石光泰夫/石光輝子訳, 筑摩書房, 2006年, 224-247頁.
[l918b] : »Pressebesprechung im Mai 1918 zur Friedensbewegungin«, in: [2005M], S.393-399.
[1919PR] : *Politische Romantik*, 1.Aufl., Müchen/Leipzig 1919. 『정치적 낭만주의』 橋川文三訳, 未来社, 1982年.
[1921D] : *Die Diktatur. Von den Anfängen des modernen Souveräitäsgedankens bis zum proletarischen Klassenkampf*, Berlin 1994. 『독재』 田中治/原田武雄訳, 未来杜, 1991年.
[1922PT] : *Politische Theologie. Vier Kapital zur Lehre von der Souveränität*, Berlin 2004. 『政治神学』 田中浩/原田武雄訳, 未来社, 1971年.
[1923RK] : *Römischer Katholizismus und politische Form*, Stuttgart 2002. 「로마 가톨릭교회와 정치형태」 小林公訳 『카를 슈미트 저작집 I: 1922-1934』 長尾龍一編, 慈学社, 2007年, 119-153頁.
[1924a] : »Die Diktatur der Reichspräidenten nach Artikel 48 der Weimarer Verfassung«, in: [1921D], S.211-257. 「라이히 대통령의 독재」 『대통령의 독재』 田中浩/原因武雄訳, 未来社, 1974年. 7-92頁.
[1924b] : »Die Kemfrage des Vökerbundes«, in: [2005FP], S.1-25.
[1925PR] : *Politische Romantik*, 2.Aufl., Berlin 1998. 『政治的ロマン主義』 大久保和郎訳, みすず書房, 1997年.
[1925a] : »Die Rheinlande als Objekt intenationaler Politik«, in: [2005FP], S.26-50.
[1925b] : »Der Status quo und der Friede«, in: [2005FP], S.51-72.
[1926LP] : *Die geistesgeschichtliche Lage des heutigen Parlamentarismus*, 2.Aufl., Berlin 1996. 『현대의회주의의 정신사적 지위』 稲葉素之訳, みすず書房, 2000年.
[1926KV] : *Die Kernfrage des Vökerbundes*, Berlin 1926.
[1926a] : »Zu Friedrich Meineckes „Idee der Staatsräson“«, in: [1988PB], S.45-52. 「프리드리히 마이네케의 『국가이성의 이념』에 부쳐」 『정치사상론집』, 前掲書, 59-78頁.
[1927a] : »Der Begriff des Politischen«, in: *Archiv für Sozialwissenschaft und Sozialpolitik*, 58 (1927), S. 1-33

[1927b] : »Der Vökerbund und Europa«, in: [2005FP], S.240-254. 「국제연맹과 유럽」 長尾龍一訳 『카를 슈미트 저작집 I: 1922-1934』, 175-186頁.

[1928VL] : *Verfassungslehre*, Berlin 2003. 『헌법론』 阿部照哉/村上義弘訳, みすず書房, 1974年.

[1928a] : »Vökerrechtliche Problem im Rheingebiet«, in: [2005FP], S.255-273. 「라인 지역의 국제법적 문제들」 長尾龍一訳 『카를 슈미트 저작집 I: 1922-1934』, 187-200頁.

[1929] : »Das Zeitalter der Neutralisierungen und Entpolitisierungen«, in: [1932BP], S.79-95. 「중성화와 비정치화의 시대」 『합법성과 정당성』 田中浩/原田武雄訳, 未来社, 1983年, 141-169頁.

[1930HP] : *Hugo Preuß. Sein Staatsbegriff und seine Stellung in der deutschen Staatslehre*, Tüingen 1930. 「후고 프로이스, 그 국가개념 및 독일국가학에서의 지위」 上原行雄訳 『카를 슈미트 저작집 I: 1922-1934』, 217-245頁.

[1930VPF] : *Der Völkerbund und das politische Problem der Friedenssicherung*, Leipzig 1930

[1930a] : »Staatsethik und pluralistischer Staat«, in: [1988BP], S. 133-145. 「국가윤리학과 다원론적 국가」 今井弘道訳 『ユリスプルデンテイア国際比較法制研究 Ⅱ』 石田喜久夫ほか編, ミネルヴァ書房, 1991年, 98-115頁.

[1931HV] : *Der Hüter der Verfassung*, Berlin 1996. 『헌법의 파수꾼』 北洋太郎訳, 第一法規, 1989年.

[1931a] : »Die Wendung zum totalen Staat«, in: [1988PB], S. 146-157. 「전체국가로의 전환」 服部平治/宮本盛太郎訳 『카를 슈미트 시사논문집』 古賀啓太/佐野誠編, 風行社, 2000年, 96-113頁.

[1931b] : »Staatsideologie und Staatsrealität in Deutschland und Westeuropa«, in: *Deutsche Richterzeitung*, 23(1931), S.271-272.

[1931c] : »„Die Weimarer Verfassung“ und „Der Völkerbund“«, in: Tommissen, Piet (Hg.), *Schmittiana IV*, Berlin 1994, S. 11-47.

[1931d] : »Hegel und Marx«, in: Tommissen, Piet(Hg.), *Schmittiana IV*, Berlin 1994, S.48-52.

[1932BP] : *Der Begriff des Politischen*, Berlin 2002. (1): 「(『정치적인 것의 개념』 1963년판을 위한) 서문」 中道寿一訳 『카를 슈미트 논집』 宮本盛太郎/初宿正典編, 木鐸社, 1978年, 89-103頁. (2): 『정치적인 것의 개념』 田中浩/原田武雄訳, 未来社, 1970年.

[1932LL] : *Legalität und Legitimität*, Berlin 1998.『합법성과 정당성』田中浩/原田武雄訳, 未来社, 1983年.

[1932a] : »Völkerrechtliche Formen des modemen Imperialismus«, in: [1988PB], S.162-180.「현대 제국주의의 국제법적 형태들」長尾龍一訳『카를 슈미트 저작집 I: 1922-1934』前掲書, 313-332頁.

[1933SBV] : *Staat, Bewegung, Volk. Die Dreigliederung der politischen Einheit*, Hamburg 1933.「국가·운동·민족」初宿正典訳『나치스와 슈미트』服部平治ほか訳, 木鐸社, 1976年, 7-81頁.

[1933a] : »Weiterentwicklung des totalen Staates in Deutschland«, in : [1988PB], S.185-190.「독일에서의 전체국가의 발전」『카를 슈미트 시사논문집』前掲書, 113-121頁.

[1933b] : »Machtpositionen des modernen Staates«, in: [1958VA], S.367-371.「현대국가의 권력상황」『정치사상논집』前掲書, 79-88頁.

[1933c] : »Der Geist aes neuen Staatsrechts«, in: *Deutsche Juristen Zeitung*, 38 (1933), S.959.

[1933d] : »Reich-Staat-Bund«, in :[1988PB], S.190-198.「라이히-국가-연방」長尾龍一訳『카를 슈미트 저작집 I: 1922-1934』前掲書, 333-343頁.

[1933e] : »Die deutschen Intellektuellen«, in: *Müchner Neueste Nachrichten*, 194, 18. Juli 1933, S. 1-2.「독일지식인」竹島博之訳『카를 슈미트 시사논문집』前掲書, 272-277頁.

[1933f] : »Frieden oder Pazifismus?«, in : [2005FP], S.378-387.

[1933g] : »Neue Leitsäze für die Rechtspraxis«, in: *Juristische Wochenschrift*, 62 (1933), S.2793-2794.

[1933h] : »Der Neubau des Staates-und Verwaltungsrechts«, in: Schraut, Rudolf (Hg.), *Deutscher Juristentag 1933. 4. Reichstagung des Bundes Nationalsozialistischer Deutscher Juristen e. V. Ansprachen und Fachvorträe*, Berlin 1933, S.242-252.

[1934PF] : *Das politische Problem der Friedenssicherung*, Leipzig 1934.

[1934DARD] : *Über die drei Arten des rechtswissenschaftlichen Denkens*, Berlin 1993.「법학적 사유의 세 종류」加藤新平/田中成明訳『카를 슈미트 저작집 I: 1922-1934』前掲書, 345-399頁.

[1934SZ] : *Staatsgefüge und Zusammenbruch des zweiten Reiches. Der Sieg des oügers über den Soldaten*, Hamburg 1934.

[1934NV] : *Nationalsozialismus und Völkerrecht*, Berlin 1934.

[1934a] : »Ein Jahr nationalsozialistischer Verfassungsstaat«, in: *Deutsches Recht*, 4 (1934), S.27-30.

[1934b] : »Nationalsozialismus und Rechtsstaat«, in: *Juristische Wochenschrift*, 63 (19 34), S.713-718.「나치즘과 법치국가」竹島博之訳『카를 슈미트 시사논문집』前掲書, 157-179頁.

[1934c] : »Nationalsozialistisches Rechtsdenken«, in: *Deutsches Recht*, 4 (1934), S.225-229.「나치즘의 법사상」佐野誠訳『카를 슈미트 시사논문집』前掲書, 22 1-233頁.

[1934d] : »Der Weg des deutschen Juristen«, in: *Deutsche Juristen Zeitung*, 39 (1934), S.691-698.「독일법률가의 길」佐野誠訳『카를 슈미트 시사논문집』前掲書, 234-245頁.

[1934e] : »Unsere geistige Gesamtlage und unsere juristische Aufgabe«, in: *Zeitschrift der Akademie für Deutsches Recht*, 1 (1934), S.11-12.

[1934f] : »Sowjet-Union und Genfer VB«, in: [2005FP], S.424-435.

[1934g] : »Bildung eines Ausschusses für Staats- und Verwaltungsrecht«, in: *Jahrbuch der Akademie für Deutsches Recht*, 1 (1933/34), S.207-211.

[1935a] : »Über die innere Logik der Allgemeinpakte auf gegenseitigen Beistand«, in: [2005FP], S.447-455.

[1935b] : »Was bedeutet der Streit um den „echtsstaat"?«, in: *Zeitschrift für die gesamte Staatswissenschaft*, 95 (1935), S.189-201.「'법치국가'를 둘러싼 논쟁의 의미」渡辺暁彦訳『카를 슈미트 시사논문집』前掲書, 197-213頁.

[1935c] : »Der Rechtsstaat«, in: Frank, Hans (Hg.), *Nationalsozialistisches Handbuch für Recht und Gesetzgebung*, Müchen 1935, S.3-10.「법치국가」竹島博之訳『카를 슈미트 시사논문집』前掲書, 180-197頁.

[1935d] : »Einleitung« u. »Nachwort«, in: Krauss, Günther/Schweinichen, Otto von, *Disputation über den Rechtsstaat*, Hamburg 1935, S.7-8, 84-88.

[1936a] : »Die geschichtliche Lage der deutschen Rechtswissenschaft«, in: *Deutsche Juristen Zeitung*, 41 (1936), S.15-21.「독일법학의 역사적 상황」『유럽법학의 상황』初宿正典/吉田栄司訳, 成文堂, 1987年, 131-148頁.

[1936b] : »Sprensung der Locarno-Gemeinschaft durch Einschaltung der Sowiets«, in: [2005FP], S.456-463.

[1936c] : »Die Ära der integralen Politik«, in: [2005FP], S.464-468.

[1936d] : »Aufgabe und Notwendigkeit des deutschen Rechtsstandes«, in: *Deutsches Recht*, 6 (1936), S.181-185.

[1936e] : »Faschistische und nationalsozialistische Rechtswissenschaft«, in: *Deutsche Juristen Zeitung*, 41 (1936), S.619-620.

[1936f] : »Die siebte Wandlung des Genfer Völkerbundes«, in: [2005FP], S.469-480.

[1936g] : »Die deutsche Rechtswissenschaft im Kampf gegen den jüdischen Geist«, in: *Das Judentum in der Rechtswissenschaft*, Berlin 1936, S.14-17, 28-34.「유대정신과 싸우는 독일법학」竹島博之訳『카를 슈미트 시사논문집』前掲書, 281-294頁.

[1936h] : »Politik«, in: [1995SGN], S.133-138.「정치」古賀啓太訳『카를 슈미트 시사논문집』前掲書, 258-263頁.

[1937a] : »Totaler Feind, totaler Krieg, totaler Staat«, in: [1988PB], S.235-239.「전면의 적, 총력전, 전체국가」長尾龍一訳『카를 슈미트 저작집 Ⅱ: 1936-1970』長尾龍一編, 慈学社, 2007年, 25-31頁.

[1937b] : »Der Begriff der Piraterie«, in: [2005FP], S.508-517.

[1937c] : »Der Staat als Mechanismus bei Hobbes und Descartes«, in: [1995SGN], S.139-151.「홉스와 전체국가」長尾龍一訳『카를 슈미트 저작집 Ⅱ: 1936-1970』前掲書, 11-23頁.

[1938L] : *Leviathan in der Staatslehre des Thomas Hobbes. Sinn una Fehlschlag eines politischen Symbols*, Stuttgart 2003.「리바이어던, 그 의의와 좌절」長尾龍一訳『카를 슈미트 저작집 Ⅱ: 1936-1970』前掲書, 33-97頁.

[1938WK] : *Die Wendung zum diskriminierenden Kriegsbegriff*, Berlin 1988.

[1938a] : »Völkerrechtliche Neutralität und völkische Totalität«, in: [2005FP], S.617-628.

[1938b] : »Das neue Vae Neutris!«, in: [2005FP], S.612-616.

[1938c] : »Selbstanzeige der „Wendung zum diskriminierenden Kriegsbegriff“«, in: *Zeitschrift für auslädisches öffentliches Recht*, 8 (1938), S.588-591.

[1938d] : »Über das Verhätnis der Begriffe Krieg und Feinde«, in: [1932BP], S.102-111.「전쟁 개념과 적 개념」長尾龍一訳『카를 슈미트 저작집 Ⅱ: 1936-1970』前掲書, 99-109頁.

[1939VGO] : *Völkerrechtliche Großraumordnung mit Interventionsverbot für raumfremde Mächte. Ein Beitrag zum Reichsbegriff im Völkerrecht*, 1.Aufl., Berlin/Wien 1939.

[1939a] : »Neutralität und Neutralisierungen. Zu Christoph Steding, „Das

Reich und die Krankheit der europäischen Kultur"«, in: [1988PB], S.271-295.

[1939b] : »Großaum gegen Universalismus. Der völkerrechtliche Kampf um die Monroedoktrin«, in: [1988PB], S.295-302.「일본의 '아시아 먼로주의'」長尾龍一訳『카를 슈미트 저작집 Ⅱ: 1936-1970』前揭書, 111-121頁.

[1939c] : »Inter pacem et bellum nihil medium«, in: *Zeitschrift der Akademie für Deutsches Recht*, 6 (1939), S.594-595.

[I939d] : »Führung und Hegemonie«, in: [1995SGN], S.225-233.

[1939e] : »Über die zwei großen „Dualismen" des heutigen Rechtssystem«, in : [1988PB], S.261-271.

[1940a] : »Über das Verhätnis von Völkerrecht und staatlichem Recht«, in: [2005FP], S.642-651.

[1940b] : »Die Raumrevolution«, in: [1995SGN], S.388-394.

[1940c] : »Die Auflösung der europäischen Ordnung im „international Law" (1890-1939)«, in: [1995SGN], S.372-387.

[1940d] : »Das „allgemeine deutsche Staatsrecht" als Beispiel rechtswissenschaftlicher Systembildung«, in: [1995SGN], S.166-183.「법학적 체계형성의 범례로서의 '독일 일반국법'」『유럽법학의 상황』前揭書, 93-130頁.

[1940e] : »Raum und Großraum im Völkerrecht«, in: [1995SGN], S.234-268.

[1940f] : »Die Stellung Lorenz von Stein in der Geschichte des 19. Jahrhunderts«, in: [1995SGN], S.156-165.「19세기 역사에서의 로렌츠 폰 슈타인의 지위」瀧井一博訳『ユリスプルデンティア国際比較法制研究 Ⅲ』石田喜久夫ほか編, ミネルヴァ書房, 1993年, 120-128頁.

[1941VGO] : *Völkerrechtliche Großraumordnung mit Interventionsverbot für raumfremde Mähte. Ein Beitrag zum Reichsbegriff im Völkerrecht*, 3.Aufl., Berlin/Leipzig/Wien 1941.

[1941a] : »Staat als ein konkreter, an eine geschichtliche Epoche gebundener Begriff«, in: [1958VA], S.375-385. (초역)「장 보댕과 근대국가의 성립」長尾龍一訳『카를 슈미트 저작집 Ⅱ: 1936-1970』前揭書, 123-130頁.

[1941b] : »Staatliche Souveräität und freies Meer. Über den Gegensatz von Land und See im Völkerrecht der Neuzeit«, in: [1995SGN], S.401-430.

[1941c] : »Das Meer gegen das Land«, in: [1995SGN], S.395-400.

[1942VGO] : *Völkerrechtliche Großraumordnung mit Interventionsverbot für raumfremde Mähte. Ein Beitrag zum Reichsbegriff im Völkerrecht*, 4.Aufl., Berlin 1991. 「역외 열강의 간섭금지를 동반하는 국제법적 광역질서: 국제법에서의 라이히 개념의 기여」 岡田泉訳 『나치즘과 슈미트』 前掲書, 83-167頁.

[1942LM] : *Land und Meer*, Stuttgart 2001. 『땅과 바다』 生松敬三/前野光弘訳, 慈学社, 2006年.

[1942a] : »Die Formung des franzöischen Geistes durch den Legisten«, in: [1995SGN], S.184-217.

[1942b] : »Beschleuniger wider Willen oder: Problematik der westlichen Hemisphäre«, in: [1995SGN], S.431-440.

[1943a] : »Die letzte globale Linie«, in: [1995SGN], S.441-452.

[1943b] : »Strukturwandel des Internationalen Rechts«, in : [2005FP], S.652-700.

[1948-50] : »Völkerrecht 1-4«, in : [2005FP], S.701-840.

[1949a] : »Gegenwartsfragen der Verfassung«, in: Hansen, Klaus/Lietzmann, Hans J. (Hg.), *Carl Schmitt und Liberalismuskritik*, Opladen 1988, S.171-174.

[1949b] : »Das Grundgesetz der Bundesrepublik Deutschland«, in: Hansen, Klaus/Lietzmann, Hans J. (Hg.), *Carl Schmitt und Liberalismuskritik*, a.a.O., S.175-194.

[1949c] : »Maritime Weltpolitik«, in : [1995SGN], S.478-480.

[1950LR] : »Die Lage der europäischen Rechtswissenschaft«, in: [1958VA], S.386-429. 『유럽법학의 상황』 初宿正典/吉田栄司訳, 成文堂, 1987年.

[1950ECS] : *Ex Captivitate salus. Erfahrungen der Zeit 1945/47*, Berlin 2002. 「옥중기」 長尾龍一訳 『카를 슈미트 저작집 Ⅱ: 1936-1970』 前掲書, 131-183頁.

[1950DC] : *Donoso Corté in gesamteuropäischer Interpretation. Vier Aufsäze*, Köln 1950. (초역) 「전 유럽적 해석에서의 도노소 코르테스 (1) (2)」 古賀啓太訳 『聖隷学園聖泉短期大学 人文社会科学論集』 第5号, 1989年, 13-37頁/同, 第6号, 1990年, 85-110頁.

[1950NE] : *Der Nomos der Erde im Völkerrecht des Jus Publicum Europaeum*, Berlin 1997. 『대지의 노모스』 新田邦夫訳, 慈学社, 2007年.

[1950a] : »Das Problem der Legalität«, in: [1958VA], S.440-451.

[1950b] : »Drei Stufen historischer Sinngebung«, in: *Universitas*, 5 (1950), S.927-931.

[1952a] : »Die Einheit der Welt«, in: [1995SGN], S.496-512.

[1952b] : »Zum Gedächtnis an Serge Maiwald«, in: [2005FP], S.872-876.

[1952c] : »Rechtsstaatlicher Verfassungsvollzug«, in: [1958VA], S.452-488.

[1953] : »Nehmen/Teilen/Weiden. Ein Versuch, die Grundfragen jeder Sozial-und Wirtschaftsordnung vom Nomos der richtig zu stellen«, in: [1958VA] S.489-504.

[1954a] : »Gespräh über die Macht und den Zugang zum Machthaber«, in: Schmitt, Carl, *Gespräch über die Macht und den Zugang zum Machthaber-Gespräch über den Neuen Raum*, Berlin 1994, S.7-33. 「권력 및 권력자에 이르는 길에 관한 대화」『정치사상론집』前揭書, 93-123頁.

[1954b] : »Welt großrtigster Spannung«, in: [1995SGN], S.513-517.

[1955a] : »Der neue Nomos der Erde«, in: [1995SGN], S.518-522.

[1955b] : »Der Nomos der Erde«, in: Heinz Friedrich (Hg.), *Lebendiges Wissen*, Stuttgart 1955, S.281-288.

[1955c] : »Die geschichtliche Struktur des heutigen Weltgegensatzes von Ost und West. Bemerkungen zu Emst Jügers Schrift „Der gordische Knoten“«, in: [1995SGN], S.523-551.

[1956HH] : *Hamlet oder Hekuba. Der Einbruch der Zeit in das Spiel*, Stuttgart 1999. 『햄릿 또는 헤카베』初見基訳, みすず書房, 1998年.

[1956a] : »Bücher für Morgen«, in; *Christ und Welt*, 6. Dezember 1956, S.9.

[1957a] : »Neujahrsgruss 1957«, in: Altmann, Rüiger/Gross, Johannes (Hg.), *Die Neue Gesellschaft. Bemerkungen zum Zeitbewußtsein*, Stuttgart 1958, S.68.

[1957b] : »Die andere Hegel-Linie. Hans Freyer zum 70. Geburtstag«, in: *Christ und Welt*, 25. Juli 1957, S.2. 「또 하나의 헤겔의 계보: 한스 프라이어의 탄생일에 부쳐」服部平治/宮本盛太郎訳『書斎の窓』No.289, 1979年, 30-34頁.

[1958VA] : *Verfassungsrechtliche Aufsäze aus den Jahren 1924-1954. Materialien zu einer Verfassungslehre*, Berlin 2003.

[1958a] : »Gespräch über den Neuen Raum«, in: [1995SGN], S.552-572.

[1959] : »Nomos-Nahme-Name«, in: [1995SGN], S.573-591.

[1960TW] : »Die Tyrannei der Werte. Überlegungen eines Juristen zur Wert-Philosophie«, in: *Säkularisation und Utopie. Ebracher Studien. Ernst Forsthoff zum 65. Geburtstag*, Stuttgart 1967,

S.37-62.「가치에 의한 전제專制」森田寛二訳『카를 슈미트 저작집 Ⅱ: 1936-1970』前掲書, 185-227頁.

[1962a] : »Die Ordnung der Welt nach dem Zweiten Weltkrieg«, in: [1995SGN], S.592-618.

[1962b] : »Dem wahren Johann Jakob Rousseau. Zum 28. Juni 1962«, in: *Zürcher Woche*, 29. Juni 1962, S .1.

[1963TP] : *Theorie des Partisanen. Zwischenbemerkung zum Begriff des Politischen*, Berlin 2002.『파르티잔의 이론』新田邦夫訳, 筑摩書房, 1995年.

[1965] : »Die vollendete Reformation. Bemerkungen und Hinweise zu neuen Leviathan-Interpretation«, in: [1938L], S.137-178.「완성된 종교개혁: 새로운 리바이어던 해석에 관하여」Peter Cornelius Mayer-Tasch 著『ホッブズと抵抗権』三吉敏博/初宿正典訳, 木鐸社, 1976年, 256-299頁.

[1967] : »Clausewitz als politischer Denker«, in: *Der Staat*, 6 (1967), S.479-502.

[1970PTⅡ] : *Politische Theologie Ⅱ. Die Legende von der Erledigung jeder Politischen Theologie*, Berlin 1996.「정치신학 Ⅱ」新正幸/長尾龍一訳『카를 슈미트 저작집 Ⅱ: 1936-1970』前掲書, 229-323頁.

[1970a] ; »Von der TV-Demokratie. Die Agressivität des Fortschritts«, in: *Deutsches Allgemeines Sonntagsblatt*, 28. Juni 1970, S.8.

[1970b] : »Gespräch über den Partisanen«, in: [1995SGN], S.619-642.

[1971] : »Der Begriff des Politischen. Vorwort von 1971 zur italienischen Ausgabe«, in: Quaritsch, Helmut (Hg.), *Complexio Oppositorum*, Berlin 1988, S.269-275.

[1978] : »Die legale Weltrevolution. Politischer Mehrwert als Prämie auf juristische Legaliät und Superlegalität«, in: *Der Staat*, 17 (1978), S.321-339.

[1980] : »Rat für Pankraz«, in: *Die Welt*, 25. April 1980.

[1988PB] : *Positionen und Begriffe im Kampf mit Weimar-Genf-Versailles 1923-1939*, Berlin 1988.

[1988a] : »Theodor Däubler, der Dichter des „Nordlichts"«, in: [2003T], S.348-363.

[1991G] : *Glossarium. Aufzeichnungen der Jahre 1947-1951*, Berlin 1991.

[1994VA] : *Das internationalrechtliche Verbrechen des Angriffskrieges und der Grundsatz „Nullum crimen, nulla poena sine lege"*, Berlin

1994.『공격전쟁론』新田邦夫訳, 信山社, 2000年.

[1995SGN] : *Staat, Großaum, Nomos. Arbeiten aus den Jahren 1916-1969*, Berlin 1995.

[2000AN] : *Carl Schmitt - Antwort in Nünberg*, Berlin 2000.
(초역)「뉘른베르크에서의 카를 슈미트의 심문」初宿正典訳『みすず』第333号, 1988年 11月, 50-64頁.

[2003T] : *Tagebücher, Oktober 1912 bis Februar 1915*, Berlin 2003.

[2005FP] : *Frieden oder Pazifismus? Arbeiten zum Völkerrecht und zur internationalen Politik 1924-1978*, Berlin 2005.

[2005M] : *Die Militärzeit 1915 bis 1919. Tagebuch Februar bis Dezember 1915. Aufsäze und Materialien*, Berlin 2005.

2. 카를 슈미트의 서간

한스예르크 비젤과의 왕복서간

[BwSV] : Viesel, Hansjörg, *Jawohl, der Schmitt. Zehn Briefe aus Plettenberg*, Berlin 1988.

줄리앙 프로인트와의 왕복서간

[BwSFr1] : Freund, Julien, »Choix de quelques letters de la correspondence de Carl Schmitt«, in: Tommissen, Piet (Hg.), *Schmittiana II*, Brüssel 1990, S.31-71.

[BwSFr2] : Freund, Julien, »Choix de quelques letters de la correspondence de Carl Schmitt«, in: Tommissen, Piet (Hg.), *Schmittiana IV*, Berlin 1994, S.53-91.

[BwSFr3] : Freund, Julien, »Choix de quelques letters de la correspondence de Carl Schmitt«, in: Tommissen, Piet (Hg.), *Schmittiana VIII*, Berlin 2003, S.27-119.

아르민 몰러와의 왕복서간

[BwSM] : Mohler, Armin (Hg.), *Carl Schmitt - Briefwechsel mit einem seiner Schüler*, Berlin 1995.

노르베르트 보비오와의 왕복서간

[BwSBo] : »Der Briefwechsel Schmitt - Bobbio«, in: Tommissen, Piet (Hg.),

In Sachen Carl Schmitt, Wien 1997, S.113-135.

알렉상드르 코제브와의 왕복서간

[BwSK] : »Der Briefwechsel Kojève - Schmitt«, in: Tommissen, Piet (Hg.), *Schmittiana VI*, Berlin 1998, S.100-124.

에른스트 윙거와의 왕복서간

[BwSJ] : Kiesel, Helmut (Hg.), *Ernst Jüger - Carl Schmitt. Briefwechsel. Briefe 1930-1983*, Stuttgart 1999. 『윙거=슈미트 왕복서간 1930-1983』 山本尤訳, 法政大学出版局, 2005年.

알바로 돌스와의 왕복서간

[BwSO] : Herrero, Montserrat (Hg.), *Carl Schmitt und Álvaro d'Ors. Briefwechsel*, Berlin 2004.

한스 블루멘베르크와의 왕복서간

[BwSBl] : Schmitz, Alexander/ Lepper, Marcel (Hg.), *Hans Blumenberg - Carl Schmitt, Briefwechsel 1971-1978, und weitere Materialien*, Frankfurt a. M. 2007.

에른스트 포르스트호프와의 왕복서간

[BwSFo] : Mußgnug, Dorothee/ Mußgnug, Reinhard/ Reinthal, Angela (Hg.), *Briefwechsel. Ernst Forsthoff - Carl Schmitt 1926-1974*, Berlin 2007.

옮긴이 후기

보다시피 이 저작 속에는 카를 슈미트의 일생에 걸친 거의 모든 글들이 인용되고 있다. 보기 드문, 망라網羅적인 인용이라고 하겠는데, 그런 인용문들의 그물망으로 포착된 슈미트의 사상 행로는 800여 개에 이르는 각주들 곁에서 다시 관계화되면서 이동하고 진전된다. 그런 관계적 이동의 내역과 흔적을 압축적으로 보여주는 한 대목을 인용하면 다음과 같다:

> 슈미트는 '장소확정(Ortung)'을 파괴하는 것 혹은 '장소상실(Entortung)'을 야기하는 것이라고 보편주의를 공격하며, 그런 보편주의는 슈미트에게 매번 여러 모습들로 변주되어갈 것이었다(추상적 규범주의, 법실증주의, 경제, 기술, 인도주의, 아메리카니즘, 코뮤니즘(러시아), 정전正戰, 유대인, 바다, 세계내전, 절대적인 적(절대적 적대), 종말론적 진보사관, 세계의 통일, 세계혁명적 파르티잔……). 그에게 문제였던 것은 그러한 장소상실에 대항하여 보편화할 수 없는 구체적 장소의 질서로서 (국제)법질서를 회복하는 일이었다. 그 어떤 법질서이든, 나아가 일반적으로 그 어떤 말이나 개념이든 그것이 본래 뿌리내렸던 일회적 장소로, 그것에 의미를 부여하는 고유의 장소로 되돌려놓지 않으면 안 되는 것이다. 그리하여 슈미트는 회복되어야만 할 역사적 일회성을 여러 형태들로 추구하게 된다(구체적 질서, 노모스, 광역, 정치적인 것, 취득(Nahme), 선線, 땅, 상황, 내밀한 비밀(Arcanum), 카테콘, 현실적인 적(현실적 적대), 토지적 파르티잔……). 그의 사상 행로는 일관되게 보편성(장소상실)과 일회성(장소확정)의 상극을 통해 전개되는 것이라고 해도 과언이 아니다.

슈미트적 개념들의 위와 같은 주름/펼침을, 저자는 인용문의 배치자로서 혹은 인용문이 이루는 관계의 재설정자로서 수행하고자 한다. 달리 말하자면, 인용으로 부조되고 부상되는 슈미트, 인용이라는(인용으로서의) 비평. 단독적인 해석과 자기주장에 매번 선행하는 방대한 인용 과정에서의 양질전화量質轉化와, 그 속에서 수행되는 인용자의 위치·위상에 대한 반복적인 반추와 조정. 그것은 나치의 월계관 쓴 황제법학자, 그 위광과 오욕 사이의 슈미트를, 말하자면 마성적-양의적 슈미트를 다시 사고하고 다르게 착근시키기 위해 선택된 방법일지도 모르겠다. 어찌됐든 그것은 이 저작의 인용이 갖는, 이 인용의 저작이 갖는 (미)덕이자 힘의 형질을 보여준다. 어쩌면 그런 인용의 힘과 덕, 인용력의 미·덕은 슈미트와 그의 테제·의지·시대를 독해하려는 특정한 맥락과 정세 혹은 모종의 의도와 기획을 품고 있는 이들을 멈춰서도록 하는, 그럼으로써 자신이 뿌리박은/뿌리박으려는 장소를 다시 다르게 관계화하도록 강제하고/거드는 시야와 좌표를 주는 것일지도 모르겠다. 바라건대, 이 저작이 그런 좌표의 축들을 원하는 사람들, 폭력과 구원의 갈림길을 표시해주는 그때그때마다의 이정표가 필요한 사람들, 그 소수의 사람들에게 약한 디딤돌이자 걸림돌이 될 수 있었으면 한다.

이 학술서의 번역본 출간을 계산 없이 단번에 결정한 출판인 강수걸 대표께, 그리고 원고를 치밀하게 살펴준 권경옥 편집장께 깊은 감사의 인사를 올린다. 저작권 협의를 포함한 매번의 연락에 친절히 응답해준 이분샤 마에세 쇼스케前瀨宗祐 대표께도 감사드린다.

2020년 1월

윤인로

찾아보기

ㅇ

ㅈ

제르게 마이발트 227-228, 317

ㅋ

오오타케 코지(大竹弘二, 1974~)

정치철학자. 와세다대학 정치경제학과를 졸업했고 도쿄대 총합문화연구과에서 박사 논문을 썼다. 『정전(正戰)과 내전』, 『공개성의 근원』, 『통치신론(新論): 민주주의의 매니지먼트』(공저)를 썼고, 하버마스의 『진리와 정당화: 철학논문집』(공역), 뒤트만의 『사유의 기억: 하이데거와 아도르노에 대한 시론』을 옮겼다. 현재 난잔대학 외국어학부(독일정치사상사) 준교수로 재직하고 있다.

윤인로(尹仁魯, 1978~)

총서 〈신적인 것과 게발트[Theo-Gewaltologie]〉, 〈제국 일본의 테오-크라시〉 기획자. 『신정-정치』, 『묵시적/정치적 단편들』, 『「폭력-비판을 위하여」의 행간번역』(근간)을 썼고, 『일본 이데올로기론』(근간), 『이단론 단장』, 『파스칼의 인간 연구』, 『선(善)의 연구』, 『유동론』, 『윤리 21』(공역)을 옮겼다.

정전(正戰)과 내전

초판 1쇄 발행 2020년 2월 28일

지은이 오오타케 코지
옮긴이 윤인로
펴낸이 강수걸
편집장 권경옥
편집 박정은 윤은미 이은주 강나래
디자인 권문경 조은비
펴낸곳 산지니
등록 2005년 2월 7일 제333-3370000251002005000001호
주소 부산시 해운대구 수영강변대로 140, 613호
전화 051-504-7070 | 팩스 051-507-7543
홈페이지 www.sanzinibook.com
전자우편 sanzini@sanzinibook.com
블로그 http://sanzinibook.tistory.com

ISBN 978-89-6545-630-8 93300

* 책값은 뒤표지에 있습니다.
* 이 도서의 국립중앙도서관 출판예정도서목록(CIP)은 서지정보유통지원시스템 홈페이지(http://seoji.nl.go.kr)와 국가자료공동목록시스템(http://www.nl.go.kr/kolisnet)에서 이용하실 수 있습니다. (CIP 제어번호: CIP2020006187)